ADOLF BRENNEKE

ARCHIVKUNDE

Brennecke.

ADOLF BRENNEKE

ARCHIVKUNDE

EIN BEITRAG ZUR THEORIE UND GESCHICHTE DES EUROPÄISCHEN ARCHIVWESENS

bearbeitet nach Vorlesungsnachschriften und Nachlaßpapieren
und ergänzt von

WOLFGANG LEESCH

Mit einer Photographie und einem Lebensbild Adolf Brennekes

1953

KOEHLER & AMELANG · LEIPZIG

CIP-Titelaufnahme der Deutschen Bibliothek

Brenneke, Adolf:
Archivkunde : e. Beitr. zur Theorie u. Geschichte d. europ. Archivwesens / Adolf Brenneke. Bearb. nach Vorlesungsnachschr. u. Nachlasspapieren u. erg. von Wolfgang Leesch. – Nachdr. d. Orig.-Ausg. Leipzig, Koehler u. Amelang, 1953. – München ; New York ; London ; Paris : Saur, 1988
ISBN 3-598-10785-4
NE: Leesch, Wolfgang [Bearb.]

Nachdruck der Originalausgabe

K. G. Saur Verlag GmbH & Co. KG, München 1988
(Mitglied der internationalen Butterworth-Gruppe, London)
Printed in the Federal Republic of Germany

Druck: WS-Druckerei, Mainz
Binden: Buchbinderei Schaumann, Darmstadt

ISBN 3-598-10785-4

ALBERT BRACKMANN

zum Gedächtnis

VORBEMERKUNG

Als Grundlage der Bearbeitung diente eine Nachschrift, die Dr. Willi Berger (gef. in Polen 8. 2. 1943), Dr. Paul Härle (gef. im Osten 27. 10. 1943) und der unterzeichnete Bearbeiter nach der Vorlesung Brennekes im Kursus 1937/39 des Instituts für Archivwissenschaft und geschichtswissenschaftliche Fortbildung zu Berlin-Dahlem angefertigt haben. Soweit bekannt, handelt es sich um die einzige vorhandene wörtliche Nachschrift der Brennekeschen Vorlesungen, und sie enthält den letzten zusammenhängend bis zum Ende durchgeführten Vorlesungszyklus. Als Ergänzung standen Aufzeichnungen Brennekes zur Verfügung, die er in den Jahren 1943 bis 1945 gemacht hat. Hinzugefügt wurden vom Bearbeiter die Archivgeschichten der kleineren deutschen Länder (IX 18 f) und der ehemaligen preußischen Provinzen (IX 18 g β), die Abschnitte über das Heeresarchivsystem (IX 18 a), über Ungarn (IX 17b), Schottland und Irland (IX 9b und c) und über Archivgutschutz und -pflege (IX 18 h) sowie die Literaturübersicht, der größte Teil der Textanmerkungen (soweit diese inhaltlich auf Brenneke zurückgehen, sind sie durch Br. gekennzeichnet) und die Register. Völlig neu bearbeitet sind unter Verwertung Brennekescher Gedankengänge und teilweise mit Benutzung neuerer Literatur die Einleitung und die Kapitel V, VI, VII 1 (römisches Archivwesen), VII 4—6, VIII 6 (Sachsen), IX 6 (Lateinamerika), IX 9a (England), IX 10 (USA), IX 14 (Rußland) und IX 18c (Baden). Die übrigen Kapitel haben — unter Wahrung der charakteristischen Formulierungen — eine straffere Form erhalten, die die durch den Vorlesungsstil bedingten Wiederholungen, Abschweifungen und unnötigen Breiten beseitigt; andererseits ist eine Fülle von Tatsachen und Daten aus der Literatur hineingearbeitet worden, die die allgemeinen geschichtlichen Betrachtungen verdeutlichen und das Bild der jeweiligen Archivorganisation abrunden sollen.

Der Gliederung des archivgeschichtlichen Teils liegen nicht die staatsrechtlichen Verhältnisse von heute oder aus der Zeit Brennekes zugrunde, sondern jede der modernen Archivorganisationen wird in ihrem geschichtlichen Rahmen, in dem sie entstanden ist und ihr erstes entscheidendes Wachstum erlebt hat, betrachtet, ohne daß daraus in irgendeiner Richtung politische Folgerungen gezogen werden dürfen. Daher erscheint das ungarische Archivwesen im Rahmen der Doppelmonarchie, das irische im Anschluß an das englische, die ehemaligen preußischen Staatsarchive, einschließlich Danzigs und Posens, im Rahmen des preußischen Archivwesens, während andererseits das hannoversche, das kurhessische und das nassauische Archivwesen, weil noch in der Zeit der Eigenstaatlichkeit wurzelnd, eine selbständige Betrachtung beanspruchen konnten. Die geschichtliche Darstellung des deutschen Archivwesens ist bis zum zweiten Weltkriege geführt worden: die ephemeren Weltkriegsbildungen konnten unberücksichtigt bleiben, die Entwicklung seit der tiefen Zäsur von 1945 entzieht sich noch der geschichtlichen Betrachtung und Ausdeutung. Lediglich auf die wichtigsten organisatorischen Veränderungen ist in den Textanmerkungen kurz hingewiesen; nähere Auskunft gibt die in der Literaturübersicht genannte Literatur (Abschnitt 42—44).

Ziel der Bearbeitung ist es gewesen, die Eigenart der Brennekeschen Leistung zu wahren, jene Verbindung von übersichtlichem Lehrbuch für angehende Archivare und tiefgründiger wissenschaftlicher Darstellung, die ganz durchtränkt ist von geschichtlichem Denken. Die Veröffentlichung, an der zahlreiche Fachgenossen — vor allen Oberarchivrat Dr. H. O. Meisner, der auch die Drucklegung vermittelt und in jeder Weise gefördert hat, und Staatsarchivdirektor Dr. Vollmer — durch Auskünfte, Anregungen und Literaturübermittlung Anteil haben, soll die Dankesschuld der jüngeren Archivarsgeneration abtragen für die fruchtbaren Anregungen, die ihr von Brenneke zuteil geworden sind.

Höxter/Weser, Dezember 1951 Dr. Wolfgang Leesch.

Vorbemerkung zum Nachdruck

Für den vorliegenden Nachdruck der Archivkunde wurde auf das inzwischen veraltete Literaturverzeichnis verzichtet. An seine Stelle wird in Kürze eine völlig überarbeitete und aktualisierte Bibliographie treten. Da die Anzahl der Titel sich inzwischen vervielfacht hat, wird diese Bibliographie als eigenständiger Band erscheinen.

Die aus technischen Gründen an einzelnen Textstellen bzw. in den Anmerkungen verbliebenen Verweisungen auf Titelnummern des alten Literaturverzeichnisses sind zu vernachlässigen. Die vollständigen Titelangaben sind in der neubearbeiteten Bibliographie verzeichnet.

Münster, Juli 1988 Dr. Wolfgang Leesch

ADOLF BRENNEKE

Geb. zu Gandersheim 23. Aug. 1875
Gest. zu Gelsenkirchen 20. Jan. 1946.[1])

Nach Herkunft, Wesensart und Lebensweg ist Adolf Brenneke ein echter Niedersachse gewesen. Sein Vater Heinrich Brennecke — der Buchstabe c im Namen, den auch der Sohn zunächst noch geführt hat, mußte später infolge des Irrtums eines Standesbeamten ausgeschieden werden — war Musiklehrer und Dirigent der kleinen Stadtkapelle zu Gandersheim, und auch die Mutter stammte aus einer Familie, aus der mehrere Musiker hervorgegangen waren. Aus diesem doppelten Erbe erwuchs seine große Liebe zur Musik: seine schönste Ferienfreude war gemeinsames Musizieren mit dem Vater, der die Geige spielte, am Klavier vergaß er Zeit und Stunde, und später als Staatsarchivdirektor in Hannover fand er immer noch die Muße, täglich mindestens eine Stunde am Flügel zu verbringen; als ihm dann in Berlin die gehäuften Dienstgeschäfte diese Lieblingsbeschäftigung unmöglich machten, blieb es seine stille Sehnsucht, sich in der Muße des Ruhestandes wieder der Musik widmen zu können.

Es war eine sonnige und frohe Jugend, die er zusammen mit seinen beiden jüngeren Geschwistern — der Bruder starb freilich schon im Jünglingsalter — in dem gastfreien väterlichen Hause mit dem großen Garten verlebt hat, und die Erinnerung daran wurde in ihm immer wieder lebendig, wenn er alljährlich die Ferien mit seiner Familie bei den Eltern verbrachte. In Gandersheim hat er zunächst die evangelische Volksschule und anschließend von 1885 bis 1890 das Realprogymnasium besucht, um dann auf das humanistische Gymnasium in Goslar überzuwechseln. Durch diese Umschulung verlor er ein Jahr, so daß er seine Reifeprüfung, in der er wegen seiner ausgezeichneten Leistungen von der mündlichen

[1]) Das vorliegende „Biogramm" beruht auf dankenswerterweise zur Verfügung gestellten Mitteilungen von Frau Elly Brenneke (Bad Godesberg), Staatsarchivdirektor Dr. Schnath (Hannover) und Bundesarchivdirektor Dr. Winter (früher Berlin). — Ein Nachruf auf Brenneke aus der Feder Albert Brackmanns befindet sich im „Niedersächsischen Jahrbuch für Landesgeschichte" Bd. 20 (1947) S. 215ff.

Prüfung befreit wurde, erst im März 1895 ablegen konnte. Sein Reifezeugnis trägt den Vermerk: In der Geschichte „hat er sich bei hervorragendem Interesse und Verständnis für historische Dinge ein wohl zusammenhängendes und sicher begründetes Wissen erworben“. Hier in der alten Kaiser- und Reichsstadt Goslar, im Anblick der vielen Zeugnisse einer großen Vergangenheit, vor allem aber dank dem anregenden Geschichtsunterricht seines Lehrers, des Gymnasialprofessors Kraft, dem er allezeit ein dankbares Andenken bewahrt hat, ist in ihm der Entschluß gereift, sich der Geschichte zu widmen und Archivar zu werden.

1895 bezog er die Universität, und nach dem Studium der Geschichtswissenschaft und Germanistik zu Jena, Göttingen, München und Marburg hat er im Dezember 1898 in Marburg zum Dr. phil. promoviert. Unter seinen Universitätslehrern ist es neben Georg von Below in Marburg vor allem Karl Brandi in Göttingen und Marburg gewesen, der ihn stark beeindruckt und mit dem er auch später die Verbindung aufrecht erhalten hat. In seiner Promotionsschrift über „die ordentlichen Staatssteuern Mecklenburgs im Mittelalter“ verfolgte er an Hand des Mecklenburgischen Urkundenbuches die Entwicklung der Bede, einer Grund- und Gebäudesteuer, und konnte entgegen der bisherigen Auffassung in scharfsinniger Ausdeutung des gedruckt vorliegenden Urkundengutes nachweisen, daß es sich bei der mit der deutschen Kolonisation eingeführten Bede ursprünglich um eine öffentlich-rechtliche Abgabe an den Landesherrn gehandelt hat, die erst später zu einem von der Grundherrschaft abhängigen Recht geworden ist.

Nach Ausbildung an der erst einige Jahre vorher von Sybel ins Leben gerufenen Archivschule in Marburg begann er seinen praktischen Archivdienst zum 1. Mai 1900 am Staatsarchiv Münster, das damals unter der Leitung Friedrich Philippis stand; nach dreijähriger Volontärzeit ist er hier zum 1. April 1903 wissenschaftlicher Hilfsarbeiter und zum 1. April 1904 Assistent geworden. Nachdem er sich zunächst mit Ordnungsarbeiten an Beständen im Staatsarchiv befaßt hatte, von denen aber nur die an den osnabrückischen Akten über das Amt Reckenberg und an den Urkunden und Akten der Stadt Herford zum Abschluß gelangt sind, scheint er sich vorwiegend der Inventarisierung des nichtstaatlichen Archivgutes, die damals noch in den Anfängen stand, zugewandt zu haben. Im Kreise Warendorf hat er nur die Archivalien der politischen und kirchlichen Gemeinden verzeichnet, der Kreis Tecklenburg dagegen ist von ihm allein inventarisiert worden. Aus der eingehenden Beschäftigung mit den dortigen Archiven ist als wissenschaftliche Leistung der münsterischen Jahre die Bearbeitung des geschichtlichen Teiles der „Bau- und Kunstdenkmäler des Kreises Tecklenburg“ hervorgegangen, deren Abschluß allerdings wohl erst in seine Danziger Zeit fällt. In Münster fand er in der Tochter des dortigen katholischen Schulrates Schürholz die Lebensgefährtin, mit der er sich 1909 in Gandersheim vermählte.

Die drei Jahre der Wirksamkeit an dem eben errichteten Staatsarchiv Danzig, an das Brenneke zum 1. Okt. 1905 versetzt wurde, ließen wenig Muße zu wissenschaftlicher Arbeit. Denn Max Bär, der von seinen Mitarbeitern der „kleine Tyrann" genannt wurde, spannte alle seine Beamten in seine in gewaltigem Arbeitstempo nach neuen zeitsparenden Ordnungsgrundsätzen vorangetriebenen Aufbauarbeiten ein. Die wissenschaftliche Tätigkeit erschöpfte sich hier — auch für Brenneke — in der Abfassung von behördengeschichtlichen Abrissen, die zunächst ihren Niederschlag in den Einleitungen zu den Repertorien der einzelnen Bestände fanden. Brenneke hat das strenge Regiment seines Chefs als wertvolle Schule empfunden und später stets mit Hochachtung von diesem — ihm selbst im Grunde ganz unähnlichen — hervorragenden Archivpraktiker und Organisator gesprochen.

Zum 1. Okt. 1908 erfolgte endlich die ersehnte Versetzung an das Staatsarchiv Hannover, wo er dann zum 1. Okt. 1910 zum Archivar ernannt wurde. Hier stand er seit 1910 unter dem sehr energischen und gelegentlich auch wohl harten Regiment Bruno Kruschs, der durch mancherlei Wunderlichkeiten bekannt war. Es spricht für Brennekes vornehme und verbindliche Art, daß er nicht nur ohne ernstere Reibungen mit Krusch auskam, sondern von diesem hochgeschätzt und als Nachfolger sowohl in der Leitung des Staatsarchivs wie in der großangelegten Arbeit zur Geschichte des hannoverschen Klosterfonds empfohlen wurde. Die sehr erhebliche dienstliche Beanspruchung der wissenschaftlichen Archivbeamten durch Krusch macht es erklärlich, daß Brenneke auch in Hannover zunächst noch nicht mit wissenschaftlichen Arbeiten hervortreten konnte. Seine ganze Kraft wurde vielmehr von jener Tätigkeit in Anspruch genommen, die er selbst später stets als die eigentliche und ursprüngliche Aufgabe des Archivars bezeichnet hat, von der Ordnungsarbeit an den Archivbeständen. Während er sich in Münster vorwiegend der Erfassung der nichtstaatlichen Archive gewidmet hatte und es sich in Danzig darum handelte, gewaltige Aktenmassen, vornehmlich des 19. Jhs., in rascher, schematischer Arbeit von Grund auf neu zu ordnen, stand in Hannover die archivarische Feinarbeit an älteren, bereits verzeichneten Beständen im Vordergrund, eine Aufgabe, für die Brenneke mit seiner tiefschürfenden und vorsichtig abwägenden Gründlichkeit mehr Neigung und Eignung mitbrachte als für die großzügige Arbeitsweise Bärs. Wenn er sich auch vorwiegend den von ihm wissenschaftlich bevorzugten Beständen, wie den Archivalien des Fürstentums Calenberg-Göttingen und den Konsistorialakten, zugewandt hat, so ist doch seine Gründlichkeit auch anderen Archivkörpern zugute gekommen: die Urkunden des Stadtarchivs von Osterode am Harz z. B. hat er mustergültig verzeichnet und dieser seiner Tätigkeit verdankt die Wissenschaft den ersten sicheren Hinweis auf Tilman Riemenschneiders Herkunft aus Osterode (vgl. C. Habicht in: Zeitschrift des Harzvereins 64, 1931 S. 1ff.).

Erst nach dem ersten Weltkriege, den er von 1914 bis 1918, zuletzt als Hauptmann d. L., mitgemacht hat, begann für Brenneke eine Zeit fruchtbarer wissenschaftlicher Arbeit, als ihn die Historische Kommission in Hannover 1919 beauftragte, als Nachfolger des 1918 gefallenen Dr. Halzig unter der Oberleitung von Bruno Krusch die Geschichte des hannoverschen Klosterfonds, d. h. der Klosterkammer und ihrer Vorbehörden, zu schreiben. Schon 1912 hatte Krusch diese Arbeit beantragt und begonnen und 1919 eine kurze zusammenfassende Übersicht über die Geschichte dieser Institution gegeben (Br. Krusch, Die hannoversche Klosterkammer in ihrer geschichtlichen Entwicklung, ihre Zwecke und Ziele und ihre Leistungen für das Wohl der Provinz in: Mitteilungen des Universitätsbundes Göttingen I, 3). Es ist bezeichnend für Brenneke, daß er gegen erhebliche Bedenken und Widerstände, auch von Seiten der geldgebenden Klosterkammer, allerdings unterstützt durch Fürsprecher vom Range Brandis und Kruschs, die Ausweitung des zunächst auf eine Institutionsgeschichte begrenzten Auftrages zu einer umfassenden Darstellung der vor- und nachreformatorischen Klosterherrschaft und der Reformation im Fürstentum Calenberg-Göttingen durchzusetzen vermochte. Die folgenden Jahre in Hannover sind wissenschaftlich ausgefüllt von der Arbeit an diesem großen Werke: mit Ausnahme der Gelegenheitsarbeit über Johann Bertram Stüves Stellung in der Geschichte der politischen Ideen und Parteien (1920) sind alle seine Aufsätze, auch der über die Northeimer Urkundenfälschungen (1926), Vorarbeiten oder Nebenfrüchte seines großen Hauptwerkes, dessen ersten bis 1584 reichenden Teil er schließlich, immer wieder gedrängt durch seine Auftraggeber, 1928/29 zum Abschluß brachte. Durch seine bald danach erfolgende Versetzung nach Berlin geriet die Arbeit an dem zweiten Teil, der die Zeit von 1584 bis 1634 umfassen sollte, ins Stocken; doch haben sich die Vorarbeiten hierzu und die Anfänge der Ausarbeitung erfreulicherweise in dem wieder aufgefundenen Nachlaß aus der Berliner Zeit erhalten.

Worauf es Brenneke bei seiner Arbeit ankam, hat er in seiner sehr charakteristischen Einleitung und in seiner Selbstanzeige im „Niedersächsischen Jahrbuch“ aufgezeigt: darzustellen, wie sich aus einem vorreformatorischen landesherrlichen Klosterregiment, dessen Herkunft und Ausbildung im einzelnen untersucht wird, das reformatorische landesherrliche Kirchen- und Klosterregiment entwickelt, wobei die Verbindung beider im Begriff der Kirchenvogtei gefunden wird, wie sich die Reformation vor dem Hintergrunde der innenpolitischen Strömungen und der außenpolitischen Verwicklungen schließlich, vor allem dank der Persönlichkeit der Herzogin Elisabeth, durchzusetzen vermochte und wie der reformatorische Fürstenstaat seine Landeskirche aufbaut. Als Grundthema klingt immer wieder die Spannung zwischen weltlicher und geistlicher Gewalt an, eine Spannung, die in Persönlichkeit und Schicksal der Reformationsfürstin Elisabeth, die Brenneke wegen ihrer menschlichen und politischen Bedeutung besonders angezogen und der er später eine eigene Abhandlung gewidmet hat, zu individuellem Ausdruck kommt. In der Erforschung und Darstellung der Institutionen, der staatlichen Einwirkung auf das geistliche Leben und auf die kirchlichen Ordnungen eines reformatorischen Fürstenstaates und der Herausbildung einer zweckgebundenen Sonderverwaltung des säkularisierten Klostergutes liegt die beispielhafte Bedeutung der Brennekeschen Arbeit.

In den wissenschaftlichen Organisationen seiner Heimat ist Brenneke erst verhältnismäßig spät in den Vordergrund getreten. Die Historische Kommission, die ihn schon bei ihrer Begründung 1910 zum Mitglied gewählt hatte, berief ihn 1924 in ihren Ausschuß und übertrug ihm 1927 die Schriftleitung des „Niedersächsischen Jahrbuches für Landesgeschichte", die er bis 1930 wahrgenommen hat. Dem Historischen Verein für Niedersachsen gehörte er seit 1908 an, aber erst 1925 wurde er Mitglied des Ausschusses und stellvertretender Schatzmeister und übernahm 1927 den Vorsitz, den er nach seiner Übersiedlung nach Berlin 1930 niederlegte. Seine überragenden Verdienste ehrte der Verein, indem er ihn anläßlich der Jahrhundertfeier 1935 zum Ehrenmitglied ernannte. Schon vorher, im Juli 1930, hatte ihn die Gesellschaft der Wissenschaften zu Göttingen in Anerkennung seiner wissenschaftlichen Leistung zum korrespondierenden Mitglied gewählt.

Als Leiter des Staatsarchivs Hannover (1. Okt. 1923 bis 30. Juni 1930) hat er weder im Geschäftsbetrieb noch an der Struktur des Archivs Veränderungen vorgenommen. Er war kein Organisator, überhaupt kein Archivpraktiker, seiner verhaltenen, konservativen Natur entsprach es viel mehr, die alten, überkommenen Formen, auch wenn sie nicht allen modernen Forderungen gerecht wurden, ruhig weiterzuführen.

So ist es wohl auch weniger seine Eignung als Archivleiter als vielmehr seine lautere menschliche und hervorragende wissenschaftliche Persönlichkeit gewesen, die den damaligen Generaldirektor der preußischen Staatsarchive Albert Brackmann bewogen hat, ihn als Nachfolger Melle Klinkenborgs zum Leiter („Zweiten Direktor") des preußischen Zentralarchivs, des Geheimen Staatsarchivs in Berlin-Dahlem, zu berufen (zum 1. Juli 1930). Es ist Brenneke nicht leicht gefallen, seinen langjährigen Wirkungskreis, der ihn voll befriedigte und in dem er sich eben erst die führende Stellung errungen hatte, zu verlassen, so verlockend ihm die neuen großen Aufgaben erscheinen mußten, die seiner in der neuen Stellung als

Leiter des größten deutschen Archivs warteten. Diese Aufgaben voll zu meistern, ist ihm, der in der ruhigen, beinahe etwas altväterischen Atmosphäre des hannoverschen Archivs groß geworden war, nicht vergönnt gewesen. Das Geheime Staatsarchiv war ein großer und komplizierter Organismus, den im einzelnen zu kennen und als Ganzes zu überblicken eine langjährige Vertrautheit voraussetzte, wie sie Klinkenborg noch besessen hatte, aber Brenneke, der seit März 1936 die bisher vom Generaldirektor selbst bekleidete Stellung des „Direktors des Geheimen Staatsarchivs" inne hatte, sich angesichts der angewachsenen Dienstgeschäfte nicht mehr erwerben konnte. Die gewaltige Vermehrung der Bestände und der Aufgaben des Archivs nach 1933 zwang ihn schließlich zu einer Gliederung in drei Abteilungen (für die Bestände bis zum 18. Jh., für die Registraturen des 19. und 20. Jhs. und für das brandenburgische Provinzialarchiv), deren erste er zunächst selbst übernahm. Zur Regelung fachlicher Fragen setzte er jeweils Kommissionen aus wissenschaftlichen Archivbeamten ein, deren Beratungsergebnisse er sich dann lediglich zur Entscheidung vorlegen ließ. Aber da er in diesen Kommissionen nicht selbst mitwirkte, verlor er die Beziehung zum Detail und verzichtete auf eigene Initiative. Auch in die brandenburg-preußische Landesgeschichte vermochte er nicht so tief einzudringen, wie es notwendig gewesen wäre, um in der Historischen Kommission oder im Verein für die Geschichte der Mark Brandenburg maßgeblich mitwirken zu können und damit dem Archiv seine führende Stellung im Wissenschaftsbetriebe zu wahren. Persönliche Mißhelligkeiten trugen dazu bei, seine dienstliche Stellung zu erschweren: die Freundschaft, die ihn mit Ernst Müller verband, blieb nicht mehr bestehen, nachdem er dessen Vorgesetzter geworden war; und das gespannte Verhältnis zu Brackmanns Nachfolger, das nicht nur in der Verschiedenheit des Charakters und der politischen Anschauung wurzelte, sondern auch in dem Mißverstehen zwischen dem reinen Verwaltungspraktiker und dem Theoretiker und Wissenschafter seinen tieferen Grund hatte, nahm immer schroffere Formen an. Brenneke war zu vornehm, zu wenig Kämpfernatur, hier Entscheidungen zu erzwingen; statt dessen verzehrte er sich in Reibereien und Konflikten.

Mag auch in Berlin seine dienstliche Tätigkeit nicht zu der erhofften Entfaltung gelangt sein, so trat doch hier an Brenneke eine neue Aufgabe heran, aus deren Bewältigung seine größte und nachhaltigste Leistung erwuchs: die Begründung einer eigenständigen archivwissenschaftlichen Methodik und archivgeschichtlichen Typologie. Wieder, wie schon im Falle der hannoverschen Klosterkammerarbeit, hat hier Brenneke einen ihm erteilten Auftrag — diesmal handelte es sich darum, an dem eben beim Geheimen Staatsarchiv eingerichteten Institut für Archivwissenschaft und geschichtswissenschaftliche Fortbildung vor angehenden Archivaren über das deutsche und ausländische Archivwesen zu dozieren — zu einer umfassenden Darstellung ausgeweitet und durch Herausarbeitung des Grundsätzlichen vertieft. Nach seiner Auffassung kann es nicht Aufgabe der Archivkunde und Archivgeschichte sein, den Inhalt der einzelnen Archive aufzuzählen und zu beschreiben — dafür ist vielmehr die historische Quellenkunde zuständig —, sondern sie hat grundsätzlich und geschichtlich zu untersuchen, auf welche Weise die einzelnen Dokumente zu größeren Einheiten zusammengefügt werden können und zu verschiedenen Zeiten zusammengefügt worden sind. Archivgeschichte als Formgeschichte, diesen Gedanken folgerichtig durchgeführt zu haben, ist das methodisch Neue an Brennekes Leistung. Welche Bestände im einzelnen in das Archiv gelangt sind, ergibt sich im allgemeinen aus der Landes- und Behördengeschichte, aber welcher Ordnung und Gliederung sie dort unterworfen worden sind, das zu untersuchen ist Aufgabe der Archivgeschichte. Struktur und Tektonik — um in Brennekes Terminologie zu reden — zusammen mit Zuständigkeitsabgrenzung, weniger der Inhalt an sich bestimmen die Eigenart, das Gesicht des einzelnen Archivs. Die Verbindung archivtheoretischer Formenkunde mit vergleichender Archivgeschichte führte ihn zur Aufstellung archivischer Formtypen, und mit deren Hilfe glaubte er, gewisse entwicklungsgeschichtliche Gesetzlichkeiten aufzeigen zu können, Gedanken und Begriffe, von denen zweifellos befruchtende Impulse auf die archivgeschichtliche Forschung ausgehen werden. Einen wertvollen Beitrag zur Problematik des Provenienzprinzips als Ordnungsgrundsatzes stellt seine Theorie des „freien Provenienzprinzips" dar, das die ausgleichende Mitte sein will zwischen den beiden gegensätzlichen Ausprägungen des Provenienzprinzips, dem französischen Fondsprinzip und dem niederländischen Registraturprinzip: „Die Norm heißt, eine Archivabteilung so zu gestalten, daß der organische Charakter eines Archivkörpers zu dem stärksten Ausdruck kommt, der praktisch möglich und erreichbar ist; dabei ist aber zunächst immer von der überlieferten Gestalt der Registratur auszugehen". Ausgehend von den verschiedenen Ausprägungen des Entwicklungsgedankens bei Herder und Goethe, wie er sie durch Meineckes „Entstehung des Historismus" kennengelernt hatte, dem Herderschen der vegetativ-biologischen Entfaltung des potentiell schon alles enthaltenden Keimes und dem Goetheschen der geschichtlichen Entwicklung, die sich nehmend und gebend mit der Umwelt auseinandersetzt, hat er den niederländischen Archivaren nachgewiesen, daß sie mit ihrem Entwicklungs- und Organismusgedanken unberechtigt biologische Vorstellungen in den geschichtlichen Ablauf hineingetragen haben, und mit dieser Kritik den Weg frei gemacht für seine philosophische und archivtheoretische Rechtfertigung einer in der Praxis schon vorher vielfach geübten freien Handhabung des Provenienzgrundsatzes (s. u. S. 85ff.).

Brenneke ist mit seinem Lehrgebäude nicht zum Abschluß gelangt; von Vorlesung zu Vorlesung wuchs der Stoff, aber auch die Gedankenfülle und die Gedankentiefe. Vielleicht hätte er nie daran gedacht, seine Untersuchungen für den Druck vorzubereiten, wäre man nicht 1943 an ihn herangetreten mit der Bitte, für das damals geplante „Sachwörterbuch für die deutsche Geschichte" die Artikel über das Archivwesen zu übernehmen. Trotz schwierigster Arbeitsbedingungen und Unzugänglichkeit seiner ausgelagerten Vorlesungsunterlagen hat er sich dieser Arbeit bis zu seinem Tode gewidmet und die meisten Artikel druckfertig vorbereitet. Aber deren Veröffentlichung wäre nur eine Notlösung gewesen: sein mit bewundernswerter Systematik aufgebautes Lehrgebäude, das inzwischen gegenüber den letzten Vorlesungen an methodischer Schärfe gewonnen hat, wird hier in alphabetisch aufgereihte Artikel aufgespalten. Der beschränkte Druckraum zwang zu äußerster Zusammendrängung einer Überfülle von Aussagen und damit zu stilistischer Überlastung und verhinderte, daß die schlichte Tatsachenmitteilung gegenüber dem Gedanklichen zu ihrem Recht kommt, so daß einem Leser, der Brennekes Gedankengänge nicht von seinen Vorlesungen her kennt, manches unklar bleiben muß; auch die Lebendigkeit und Anschaulichkeit, wie sie uns in den Vorlesungen häufig begegnet, ist hier nicht wieder erreicht.

Die letzten Jahre Brennekes sind von Tragik umwittert. Mit tiefer Sorge sah er, dem jeder Optimismus fremd war, auf die politische Entwicklung, der er auch innerlich ablehnend gegenüberstand. Den Tod seines einzigen Sohnes, der 1935 nach schwerer Krankheit starb, hat er nicht verwinden können; er wurde immer ernster, stiller und verschlossener. Schließlich ist auch ihm das Leid der Heimatlosigkeit, das so viele Deutsche dieser Tage erleben mußten, nicht erspart geblieben. An seinem 68. Geburtstage brannte seine Berliner Wohnung in einer Bombennacht nieder, so dass er nur das nackte Leben retten konnte. Nun begann für ihn, nachdem er seine Versetzung in den Ruhestand erhalten hatte (zum 1. Okt. 1943), an der Seite seiner Gattin ein ruheloses Wanderleben, das ihn über Halle nach Trier und, als dieses während der Eifelschlacht im Sept. 1944 von allen nicht Berufstätigen geräumt werden mußte, weiter nach Gelsenkirchen führte, wo er bis zum Kriegsende noch zweimal ausgebombt wurde. Alle diese schweren Schicksalsschläge hat er mit einer bewundernswürdigen Ruhe und Fassung ertragen, die sich auch auf seine Umgebung übertrug. Aber die Anstrengungen und der Hunger hatten seinen Körper zu sehr geschwächt, so daß er, der nie in seinem Leben ernstlich krank gewesen war, einer Gesichtsrose, die ihn Ende 1945 befiel, nach wenigen Wochen erlegen ist. Seine Asche ruht in seiner geliebten Geburtsstadt Gandersheim an der Seite seines Sohnes.

Brenneke ist ein schwerblütiger Niedersachse gewesen; er besaß nicht die Beweglichkeit zu rascher Umstellung auf neue Gegebenheiten, aber er hatte eine tief eindringende und immer tiefer bohrende Gründlichkeit und Ausdauer in allen seinen Arbeiten. Sein Vortrag und sein dienstliches Arbeiten mögen manchem schwerfällig und umständlich erschienen sein, aber alles, was er sagte und was er tat, war gediegen und echt. Sein Wort hatte höchstes Gewicht, ob er im Kollegenkreise sprach, ob er Entscheidungen in seinem Archiv fällte oder ob er sich auf Direktorenkonferenzen zur Diskussion äußerte. Bei seinen Untergebenen genoß er höchste Autorität, von der er aber nur selten Gebrauch machte; sie hingen mit großer Verehrung und Dankbarkeit an ihm, um so mehr, als er ein Feind jeder Reglementierung war und jedem seiner Beamten möglichst große Freiheit in seiner Arbeit ließ. Aber ihm fehlte jene Aktivität und fröhliche Beschwingtheit, die andere mitzureißen vermag. Er erschloß sich nur schwer und fand darum nur wenige neue Freunde, an seinen alten aber hielt er mit unverbrüchlicher Treue fest: so fuhr er regelmäßig zu den fünfjährlichen Zusammenkünften seiner Goslarer Konabiturienten, und in Hannover wie in Berlin hat er gern und oft an den Abenden seiner Burschenschaft teilgenommen. Mit Albert Brackmann, der ihn sehr hoch schätzte, verband ihn bis zum Tode enge Freundschaft. Im Kreise alter Freunde konnte er, der sonst Geselligkeit wenig suchte, von großer Lebendigkeit und Angeregtheit und voller Humor sein. Es war ein echter Humor, in den er auch sich selbst einbezog: als man ihn einmal während seiner Vorlesung heimlich photographiert hatte, wie er mit weitausholender Geste und Pathos vom englischen Public Record Office sprach, und ihm dann das Bild zeigte, soll er über seine etwas komisch wirkende Figur herzlich gelacht haben. Er war eine tief religiöse und zugleich eine tief empfindende und alles mitempfindende Natur; seine echte Religiosität gab ihm die Kraft, alle Schicksalsschläge der letzten Lebensjahre tapfer zu ertragen. Er war der Typ des vornehmen Gelehrten, der mit großer fachlicher Gelehrsamkeit eine tiefe philosophische Bildung verbindet: Religionsphilosophie und Geschichtsphilosophie waren seine Lieblingsfächer. und seine Lieblingslektüre waren Droysens und Burckhardts geschichtsphilosophische Werke, die er gerade in den letzten Lebensjahren immer wieder durchgearbeitet hat.

Mag sein wissenschaftliches Werk trotz der Fülle seines Wissens und seiner geistigen Interessen thematisch begrenzt und unvollendet geblieben sein, mag in seiner Diensttätigkeit manches, was man von ihm erwartete, unerfüllt geblieben sein, seine edle menschliche und wissenschaftliche Persönlichkeit ist des Andenkens gewiß, nicht nur bei den älteren Fachgenossen, die ihn persönlich näher kennengelernt haben, sondern auch bei einer ganzen Generation jüngerer Archivare, denen er Lehrer und Vorbild gewesen ist.

SCHRIFTENVERZEICHNIS

a) Selbständige Werke:

1. Die ordentlichen direkten Staatssteuern Mecklenburgs im Mittelalter, Diss. Marburg 1900; auch in: Jahrbuch des Vereins für Mecklenburgische Geschichte und Altertumskunde 65. Jg. (1900) S. 1 ff.
   Besprechung: H. Witte in: Histor. Zschr. Bd. 87 (1901) S. 332 f.
2. Inventare der nichtstaatlichen Archive des Kreises Tecklenburg, Münster 1903 (Inv. d. nichtstaatl. Archive d. Provinz Westfalen Bd. II Heft 1).
3. Die Bau- und Kunstdenkmäler des Kreises Tecklenburg (geschichtliche Einleitungen), Münster 1907 (Die Bau- und Kunstdenkmäler von Westfalen hrsg. v. Provinzialverband der Provinz Westfalen).
4. Inventare der nichtstaatlichen Archive des Kreises Warendorf (zus. m. Ernst Müller), Münster 1908 (Inv. d. nichtstaatl. Archive d. Prov. Westfalen Bd. II Heft 2).
5. Vor- und nachreformatorische Klosterherrschaft und die Geschichte der Kirchenreform im Fürstentum Calenberg-Göttingen 1. Halbband: Die vorreformatorische Klosterherrschaft und die Reformationsgeschichte bis zum Erlaß der Kirchenordnung, Hannover 1928 2. Halbband: Die Reformationsgeschichte von der Visitation ab und das Klosterregiment Erichs des Jüngeren, Hannover 1929.
   Besprechungen: a) Selbstanzeige in: Niedersächs. Jahrbuch 6. Jg. (1929) S. 307 ff.
   b) G. Wolf in: Mitt. aus der histor. Lit. N. F. Bd. 17 (1929) S. 129 ff.
   c) F. Cohrs in: Zschr. d. Ges. f. niedersächs. Kirchengesch. Bd. 34/35 (1929/30) S. 425 ff.
   d) F. Cohrs in: Theol. Lit.Ztg. 54. Jg. (1931) S. 254 ff.
   e) J. Heckel in: Savigny-Zschr. Bd. 49 (1929) S. 641.
   f) A. Saathoff in: Zschr. f. Kirchengesch. Bd. 49 (1930) S. 118.
   g) P. Kirn in: Göttinger Gelehrte Anzeigen 193. Jg. (1931) S. 154 ff.
   h) K. Bauer in: Histor. Zschr. Bd. 146 (1932) S. 123 ff.

b) Zeitschriftenaufsätze:

6. Johann Bertram Stüve in: Zschr. d. Histor. Vereins f. Niedersachsen Bd. 85 (1920) S. 97 ff.
7. Die älteste Gestalt der calenbergischen Landeskirche in: Zschr. d. Gesellsch. f. niedersächs. Kirchengesch. 28. Jg. (1923) S. 1 ff.
8. Die politischen Einflüsse auf das Reformationswerk der Herzogin Elisabeth im Fürstentum Calenberg-Göttingen (1538—55) in: Niedersächs. Jahrbuch 1. Jg. (1924) S. 104 ff.
9. Das Kirchenregiment der Herzogin Elisabeth im Fürstentum Calenberg-Göttingen in: Savigny-Zschr. Bd. 45 = Kan. Abt. Bd. 14 (1925) S. 62 ff.
10. Der Northeimer Markt und die Urkundenfälschungen im Kloster St. Blasien in: Hannoversches Magazin hrsg. v. Histor. Verein f. Niedersachsen 2. Jg. (1926) S. 29 ff.

11. Ein Brief des alten Beichtvaters Herzog Erichs des Älteren von Calenberg über die religiöse Haltung Erichs des Jüngeren in: Zschr. d. Ges. f. niedersächs. Kirchengesch. 36. Jg. (1931) S. 31 ff.
12. Herzogin Elisabeth von Braunschweig-Lüneburg, die hannoversche Reformationsfürstin, als Persönlichkeit in: Zschr. f. niedersächs. Kirchengesch. Bd. 38 (1933) S. 140ff.
13. Wie sollten nach der Auffassung des Antonius Corvinus, des Reformators der Hannoverschen Lande, sich Gemeinde und Kirche bauen? in: Zschr. f. niedersächs. Kirchengesch. Bd. 40 (1935) S. 41 ff.

c) Rezensionen:

14. Deutsche Literaturzeitung 29. Jg. (1908) Sp. 2997ff. über: Arnold Knops, Die Aufhebung der Leibeigenschaft (Eigenbehörigkeit) im nördlichen Münsterlande, Münster 1906.
Weitere Rezensionen, insbes. im „Niedersächs. Jahrbuch" u. in den "Forschungen zur Brandenburgischen und Preußischen Geschichte".

d) Schriftleitung des „Niedersächsischen Jahrbuchs für Landesgeschichte" 1927—1930.

e) Ungedrucktes:

15. Einleitung zum Repertorium für Abt. 29 des Staatsarchivs Danzig (insbes. über die Zuständigkeit der Oberratsstube, dann des ostpreußischen Etatsministeriums für Westpreußen) zw. 1905 u. 1910.
16. Das Klosterregiment der Wolfenbütteler Herzöge im Lande Calenberg-Göttingen 1585—1634 (Forts. v. 5; nur Anfang ausgearbeitet).
17. Besprechung von H. Ritter von Srbik, Wien und Versailles 1692—1697. Zur Geschichte von Straßburg, Elsaß und Lothringen, Wien 1944.
18. Archivwissenschaftliche Artikel zum geplanten „Sachwörterbuch für die deutsche Geschichte"; von den geplanten 18 Artikeln liegen folgende 15 ausgearbeitet vor: Archiv, Archivarische Terminologie, Archivgestaltungstypen, Archivische Ordnungsprinzipien, Archivische Zuständigkeit, Archivrecht und Eigentum an Archivalien, Archivtheorien (nur für 19. Jh. ausgearbeitet), Dynastische Archive, Heeresarchive, Kirchliches Archivwesen, Provenienzprinzip, Reichsarchive, Sippenarchive (Familien-, Adelsarchive), Stadtarchive, Wirtschaftsarchive.

f) Vorlesungsnachschrift:

19. Archivkunde. Vorlesungen am Institut für Archivwissenschaft und geschichtswissenschaftliche Fortbildung in Berlin-Dahlem 1937—39.

Der wissenschaftliche Nachlaß der Berliner Zeit und der Jahre 1944/45 befindet sich im Staatsarchiv Hannover (Hann. 91 Brenneke).

Das Titelbild, das Brenneke i. J. 1941 zeigt, ist freundlicherweise vom Hauptarchiv in Berlin-Dahlem zur Verfügung gestellt worden.

„La conservazione degli atti corrisponde ad un bisogno innato dell'umanità, bisogno che l'ignoranza potrà pur calpestare, ma sopprimere non mai."[1])

E. Casanova, Archivistica 1928 S. 505

EINLEITUNG

Casanova, aus dessen Feder wir das beste umfassende Werk über Archivwesen besitzen (Lit. Nr. 127), teilt die Archivwissenschaft (archivistica) ein in praktische Archivlehre oder Archivtechnik (archiveconomia), die in erster Linie die wissenschaftlichen Grundlagen für die äußere Behandlung der Archivalien (Aufnahme, Aufbewahrung, Konservierung und Restaurierung) schafft, in die eigentliche Archivkunde oder Archivtheorie (archivistica pura), die die Maßnahmen zur Nutzbarmachung, also die Methoden der inneren Ordnung, untersucht und sich mit Wesen und Typen der Archive befaßt, und in Archivrecht[2]), wozu schließlich noch die Geschichte des Archivwesens und der Archivwissenschaft tritt[3]). Wir wollen

[1]) „Die Erhaltung der Akten entspricht einem eingeborenen Bedürfnis der Menschheit, einem Bedürfnis, das die Unwissenheit wohl verachten, aber niemals unterdrücken kann."

[2]) Eine zusammenfassende Darstellung der Probleme des Archivrechts wäre eine dankbare Aufgabe. Die älteren Theorien über das Recht zur Führung von Archiven und die Bedeutung des Archivs für den Rechtswert der in ihm aufbewahrten Dokumente haben für Deutschland — im Gegensatz etwa zu den angelsächsischen Ländern — nur noch geschichtliches Interesse. Heute stehen die Fragen des Eigentumsrechts und des Rechtes auf Einsicht und Veröffentlichung im Vordergrunde. Es wäre darzulegen, daß Archivgut nicht nach den Gesichtspunkten des Fahrnisrechts behandelt werden darf, sondern den öffentlichen wie auch den nichtöffentlichen Archivalien ein Domanialcharakter, eine Bindung an die Stelle, bei der sie erwachsen sind, eigen ist, was in ihrer Unveräußerlichkeit, Unverjährbarkeit und Öffentlichkeit zum Ausdruck kommen müßte (vgl. italienisches Archivrecht und römischrechtliche Anschauungen). Auch die heute alle Auseinandersetzungen über „archivalische Flurbereinigungen" beherrschende Spannung zwischen den Forderungen des Eigentumsrechts und der vom Provenienzprinzip her bestimmten archivischen Zuständigkeit harrt einer Lösung (vgl. z. B. den Streit zwischen der Bundesrepublik und den Bundesländern um die österreichischen Klosterarchivalien und die Archive der kleinen vorhabsburgischen Territorien).

[3]) Auch in Frankreich begegnet die Unterscheidung von archivéconomie als Gesamtheit der praktischen Vorschriften für Einrichtung und Erhaltung des Archivs und archivistique, der Wissenschaft von Wesen, Entwicklung und Grund-

uns hier auf eine vertiefte Betrachtung der eigentlichen Archivkunde beschränken. Im Unterschiede zur Urkunden- und Aktenlehre betrachtet diese nicht die einzelnen Dokumente für sich, ihr kommt es vielmehr darauf an, zu untersuchen, auf welche Weise diese Dokumente in den verschiedenen Zeiten zu einem Ganzen, zum Archiv, zusammengefügt worden sind. Neben diese Frage nach dem inneren Aufbau, der Struktur des Archivs, tritt als zweites beherrschendes Problem das der Organisation der Archive, d. h. ihres Verhältnisses zu den übrigen Amtsstellen und der Abgrenzung ihrer Zuständigkeit. Aber eine Archivkunde, die nicht mehr als fertige Rezepte, als Regeln für den Archivar bieten wollte, wäre unvollkommen: zur Archivkunde gehört Archivgeschichte, die für uns keine antiquarische Liebhaberei sein kann. Denn ohne Kenntnis der Geschichte des Archivwesens und der archivarischen Theorien, deren Auswirkungen ja vielfach bis in die Gegenwart hineinreichen, wird uns kein Archiv in seinem innersten Aufbau verständlich werden. Eine solche Archivkunde auf der Grundlage der Archivgeschichte weist uns zugleich auch den Weg zu den archivalischen Quellen, aber sie will mehr sein als bloße Quellenkunde, als Geschichte und Beschreibung des Inhalts; sie soll als Formengeschichte erforschen, in welchen Formen sich der Inhalt ausgeprägt hat. Inhalt und Form, Kern und Schale gehören zusammen. Wie in der Urkunden- und Aktenlehre so ist auch in der Archivkunde die Kenntnis der Form notwendig für Verständnis und Kritik des Inhalts, und auch dem Forscher, der nur nach dem Inhalt forscht, kann die Form, die diesen Inhalt umfaßt, der Zusammenhang, in den er hineingehört, nicht gleichgültig sein. Aber wir begnügen uns nicht mit der Betrachtung der einzelnen Form; vergleichend und systematisierend wollen wir archivische Formtypen aufzuzeigen versuchen und schließlich zur Einsicht in archivische Entwicklungsgesetze gelangen.

Eine universale Archivgeschichte von allgemeinen Gesichtspunkten aus gibt es nicht: der „*Guide international des Archives*" (Lit. Nr. 19) begnügt sich, das Archivwesen der einzelnen Staaten nebeneinander zu stellen, ausländische Archivlehren bieten nicht mehr als gelegentliche Ausblicke. Der einzige Versuch einer deutschen Archivgeschichte unter allgemeinen Gesichtspunkten — Victor *Loewes* Arbeit (1921; Lit. Nr. 387) begnügt sich mit der bloßen Aneinanderreihung recht unterschiedlicher Archivgeschichten — ist Franz von *Löhers* Archivlehre (1890; Lit. Nr. 125) geblieben, die trotz vielen treffenden Einzelbemerkungen und seinem ausgeprägten Sinn für die große Bedeutung der Archive schon im Zeitpunkt des Erscheinens überholt war.

---

sätzen der Verwahrung, Gliederung und Auswertung der Archive (Charles Samaran, Archives in: Revue du Synthèse hrsg. v. Henri Berr Bd. 15 Paris Febr. 1938 S. 39ff.). Bei niederländischen Archivtheoretikern findet sich ebenfalls die Einteilung der Archiefwetenschap in Archiefeconomie und Archivistiek. Über den englisch-amerikanischen Begriff der archival economy s. u. S. 242.

Paul Kehr hat in seiner Besprechung (Histor. Zschr. Bd. 68 1892 S. 182 ff.) die ganze Schale seines Spottes über die vielen Wunderlichkeiten des Buches ausgegossen, insbesondere über das Spiel mit der heiligen Siebenzahl: sieben Gattungen von Archivalien, sieben Schriftarten, sieben Stände und sieben Kulturperioden werden miteinander parallelisiert; in jeder dieser sieben Kulturperioden hat jeweils einer dieser Stände, eine dieser Schriftarten und eine dieser Archivaliengattungen vorgeherrscht und so das Archivwesen jeweils auf eine neue Entwicklungsstufe emporgehoben. Zerstreute Notizen werden willkürlich verallgemeinert und, wo die Quellen zur Geschichte des Archivwesens versagen, werden sie durch Schlüsse aus dem Gange der allgemeinen Kulturgeschichte ergänzt. Von reicher Phantasie ist das Werk, das im Stile der damals beliebten populären Kulturgeschichtsdarstellungen abgefaßt ist, überwuchert und im ganzen hat es sein wissenschaftliches Ziel verfehlt, weil es die Archivgeschichte ganz in die allgemeine Kulturgeschichte einbettet und seine allgemeinen Gesichtspunkte nicht dem Archivwesen selbst entnimmt. Erst die Fülle von Literatur zur Geschichte der einzelnen Archive, die uns jetzt vorliegt und die wir zum erheblichen Teil der von Löher begründeten „Archivalischen Zeitschrift" verdanken, hat uns instand gesetzt, aus den zahlreichen Einzelheiten vergleichend allgemeine und überall wiederkehrende Züge der Entwicklung zu ermitteln und diese dann wieder in der Geschichtsbetrachtung fruchtbar werden zu lassen.

Der Versuch von Serafino *Pistolese* (Les Archives européennes 1934; Lit. Nr. 130), eine Archivgeschichte nach einheitlichen Gesichtspunkten zu gestalten, stellt die italienische Entwicklung in den Mittelpunkt und sucht ganz richtig von den politischen, wirtschaftlichen und sozialen Verhältnissen her die Ausprägungen und die Entwicklung der verschiedenen Archivformen zu erklären. Manche Begriffe, die wir hier erarbeitet haben, finden sich wieder, vor allem begegnet die gleiche dreigliedrige Periodisierung mit einer ähnlichen Kennzeichnung der Zeitabschnitte. Aber die Grundbegriffe des Archivwesens mangeln klarer Umgrenzung, die Grundlinien der Entwicklung treten nicht genügend hervor, und überhaupt ist die Arbeit nicht sehr tiefgründig. Ludwig *Bittners* Erläuterungen zum Gesamtinventar des Wiener Haus-, Hof- und Staatsarchivs (Lit. Nr. 508 V, 4) haben uns in der grundsätzlichen Betrachtung der Archivprobleme entschieden weiter vorwärts geführt.

Der Plan des vorliegenden Werkes ergibt sich aus unserem Ziel einer Archivkunde auf archivgeschichtlicher Grundlage. Nachdem wir die archivalischen Grundbegriffe geklärt haben, wollen wir die Archivtheorien, deren praktische Verwirklichung verschiedene Archivtypen ergibt, in ihrer geschichtlichen Entwicklung verfolgen und schließlich aus älteren theoretischen Gedankengängen die jetzt herrschenden Anschauungen, in deren Mittelpunkt das Provenienzprinzip steht, herauswachsen sehen. Ziel der anschließenden geschichtlichen Darstellung wird es dann sein, eine allgemeine Morphologie der Archive zu versuchen, die sich nicht mit der Aufzählung und geschichtlichen Beschreibung des Inhalts begnügt, sondern die einzelnen Archivformen in Vergleich miteinander setzt und in die aus der Theorie gewonnene Typologie einfügt. Bei einer derartigen Betrachtung wird uns die individuelle Entwicklung als Komponente der im Keim der Entstehung enthaltenen typischen Entwicklungsmöglichkeiten und der von außen herantretenden Faktoren, die hemmend, fördernd oder richtungändernd auf die Entwicklung eingewirkt haben, deutlich werden. In diesem Sinne wollen wir das antike und das mittelalterliche Archivwesen untersuchen, die Überwindung der mittelalterlichen Archivformen in den großen deutschen Landesarchiven betrachten und schließlich den Durchbruch der modernen Archivperiode seit der französischen Revolution im Ausland — verbunden mit einem Rückblick auf die dortige ältere Entwicklung — und in den deutschen Ländern verfolgen, wobei uns der enge Zusammenhang der Archiv- mit der Territorial- und Verwaltungsgeschichte bewußt bleiben muß.

1. TEIL

ARCHIVTHEORIE

I. GRUNDBEGRIFFE (TERMINOLOGIE)[4])

1. *Archiv und Akten*

Das Wort Archiv begegnet in dreifacher Bedeutung; es bezeichnet:

1. das Archivgebäude als Ganzes, also die Aufbewahrungsstätte der Archivalien, die Verwaltungs- und die Benutzungsräume;
2. denjenigen Teil des Archivgebäudes, in dem die Archivalien gelagert sind, das Magazin (Beständehaus, Speicher);
3. den Bestand an Archivalien im Magazin oder Teile davon, die ehemals selbständige Archive waren (Archivabteilungen, Archivkörper). (nach These 1)[5])

Es empfiehlt sich, zu unterscheiden zwischen den Bezeichnungen: archivalisch, archivarisch und archivisch, je nachdem, ob das Archivale, der Archivar oder das Archiv im Vordergrund der Betrachtung steht. (These 2)

Die Einzahl des mengenmäßig unbegrenzten Totalitätsbegriffs Akten heißt (amtliches) Schriftstück. Sobald mehrere Schriftstücke aktenmäßig unter einem Begriff zusammengefaßt sind, entsteht ein Aktenbündel (lose), Aktenheft oder Aktenband. Die Begriffe Akt, Akte, Aktenstück sind, weil sowohl für die Einzahl wie für die Mehrzahl gebräuchlich, möglichst zu vermeiden. (These 5)

In Aktenbündeln sind die Schriftstücke gewöhnlich chronologisch von unten nach oben, in Aktenheften und -bänden von vorn nach hinten angeordnet.

2. *Archivaliengattungen* (nach These 4)

Archivalien im engeren Sinne gliedern sich in Urkunden, Akten (einschließlich Briefe) und Amtsbücher; im weiteren Sinne gehören

---

[4]) Wir legen der Darstellung die Thesen von H. O. Meisner, Archivarische Berufssprache A. Z. Bd. 42/43 (1934) S. 260ff. zugrunde; sie sind hervorgegangen aus den Bemühungen des Deutschen Archivtages, eine für ganz Deutschland einheitliche, Fremdausdrücke möglichst vermeidende Terminologie zu schaffen, sollen uns aber hier als Leitfaden zur Erläuterung der archivalischen Grundbegriffe dienen. Br.

[5]) Die Niederländer bezeichnen mit „Archief" nur die einzelnen Archivkörper oder Registraturen, ein mehrere Archivkörper umfassendes Archiv dagegen als „Archiefdepôt".

zu den Archivalien auch Karten, Pläne, Siegel, Bilder, Filme, Phonogramme u. a., sofern diese auf geschäftsmäßigem Wege entstanden sind[6]).

Urkunden sind das älteste und aus dem Mittelalter fast ausschließlich erhaltene Eingangsmaterial in unseren deutschen Archiven; denn während man die Urkunde, also den Abschluß des Rechtsgeschäftes, als auserlesenes Schriftgut, das einen Rechtstitel verbrieft, sorgfältig aufbewahrte, gingen die Vorstadien, die vielfach auch schriftlichen Niederschlag gefunden hatten (Petitionen, Entwürfe u. ä.), gewöhnlich verloren.

Allmählich kam daneben der *Brief* zu größerer Bedeutung, aber auch er wurde nicht immer aufbewahrt. Natürlich konnte der Brief unter Umständen zum Abschluß eines Rechtsgeschäftes führen oder wenigstens darauf abzielen. Aus dieser Sonderform, dem geschäftlichen Briefe, sind die *Akten* entstanden. Während die einfachen Briefe fast ausschließlich aus empfangenem Material bestehen, enthalten Akten sowohl Eingangs- wie Ausgangsschriftgut und Innenlaufprodukte: man empfing die Schreiben und legte die Antwort in Einzelkonzepten nieder oder man begann eine Korrespondenz mit einem Einzelkonzept. Ein Wesensunterschied der Akten gegenüber den unzeremoniellen Briefen liegt darin, daß die Akten aus dem Urkundenwesen die Differenzierung in Arten (Reskripte, Handschreiben, Dekrete, Berichte, Ersuchungsschreiben usw.) und dementsprechende Stilformen übernommen haben. Im Gegensatz zu den Urkunden haben sie keine rechtliche Wirkungskraft, sondern stellen nur Überreste geschäftlicher Willensakte dar; und während die Urkunde dank ihrem „autarken" Charakter aus ihrem Inhalt voll verstanden werden kann, so daß man auf die Vorstadien verzichten konnte, erschließt sich das Verständnis der Akten in vollem Umfange eigentlich erst aus einer fortlaufenden Folge.

Amtsbücher — es kann sich auch um Rollen handeln — gehören zu demjenigen Teil des Registraturguts, der bei der Amtsstelle verbleibt, wo er entsteht. Sie unterscheiden sich von den „Aktenbänden" dadurch, daß in ihnen nicht wie bei jenen, der Verhandlungsstoff aus den verschiedensten Quellen zusammenfließt, sondern fortlaufende gleichmäßige Eintragungen entweder periodisch oder in einem Zuge vorgenommen werden. Die Amtsbücher bildeten das wichtigste Registraturgut der mittelalterlichen Kanzleien und sind im Ausland bis in die neuere Zeit hinein vorherrschend geblieben;

---

[6]) Solches Registraturgut stellte das Filmarchiv des Reichsarchivs und späteren Heeresarchivs zu Potsdam dar, das aus dem amtlichen Filmmaterial des Bild- und Filmamtes des Heeres hervorgegangen ist. Dagegen sind die Filmsammlungen des Stadtarchivs München oder des Ratsarchivs Dresden ebenso wie das „Phonogrammarchiv" im „Haus des Rundfunks" zu Berlin eher als zeitgeschichtliche Sammlungen anzusehen.

in Deutschland wurden sie bei den Städten länger als in den landesherrlichen Amtsstellen fortgeführt[7]).

Wie verhält sich unsere Gliederung in Urkunden, Akten und Amtsbücher zu der in einzelne Archivabteilungen? Bilden Urkunden, Akten und Amtsbücher ihrem Wesen nach eigene Abteilungen innerhalb des Archivs? Die mittelalterlichen Urkunden, die uns ja in der Regel als isolierte Stücke ohne ihre Vorverhandlungen überliefert sind, fassen wir zu besonderen Abteilungen zusammen. Ausländische Archive (Neapel, Barcelona, London u. a.) besitzen lange Reihen von Amtsbüchern (in Form von Bücherbänden oder Pergamentrollen), die vielfach vom Mittelalter bis in die unmittelbare Gegenwart reichen, als selbständige Abteilungen. Aber wie dort der zugehörige Schriftwechsel, sofern er sich erhalten hat, den Reihen der Amtsbücher (Register) angeschlossen wird, so sind auch in Deutschland die neuzeitlichen Urkunden, deren Vorverhandlungen ja in den Akten ihren Niederschlag gefunden haben, häufig mit ihren Akten vereinigt worden. Wenn wir nun heute im Archiv gewöhnlich diese Urkunden, soweit sie aus Pergament sind, aus den Akten herausnehmen — wobei natürlich in die Akten ein Hinweis auf den Verbleib der Urkunden gehört — und mit den mittelalterlichen Urkunden zu besonderen Urkundenabteilungen vereinigen, dann geschieht dies im wesentlichen aus äußeren Gründen der besseren Erhaltung von Siegel und Pergament. Aber auch der ausgesprochen formale Charakter der meisten der modernen Urkunden, deren Rechtsinhalt erschöpfend in den Vorverhandlungen und Entwürfen festgehalten ist, führt zuweilen zu gesonderter Aufbewahrung; z. B. gelangten alle Reichs- und preußischen Gesetze nach ihrer Verkündigung von dem zuständigen Ministerium im Original an das

[7]) In seiner Urkunden- und Aktenlehre ([2]1952 S. 21. Lit. Nr. 173) hat sich H. O. Meisner von seiner bisherigen Auffassung der Amtsbücher als selbstständiger Archivaliengattung abgewandt, weil sie sich durch kein Wesens merkmal von Urkunden und Akten abhöben, ihre Eintragungen vielmehr sehr häufig urkundlichen Charakter tragen; in diesem Falle seien sie zur Gattung der Urkunden, sonst zu der der Akten zu rechnen. Da das Amtsbuch in der Archivgeschichte vielfach eine bedeutende und selbständige Rolle neben Urkunden und Akten gespielt hat, wird man vom Blickpunkt der Archivkunde aus wohl besser an der Trias Urkunden, Akten und Amtsbücher festhalten, es sei denn, daß man Akten nur negativ als Zusammenfassung alles nichturkundlichen Materials definiert, wodurch natürlich ein Drittes ausgeschlossen wird; aber auch dann wird man den Amtsbüchern eine mehr als bloß formale Sonderstellung innerhalb der Gattung der Akten zugestehen müssen. Amtsbücher sind ihrem Ursprung nach interne Hilfsmittel der Verwaltung: Übersichten (Lagerbücher, Rechnungsregister, Kataster, Kopialbücher) oder Gedächtnisstützen (Protokollbücher, Namenslisten); auch die Eintragungen von Rechtsgeschäften haben ursprünglich keine rechtbeweisende oder rechtsetzende Kraft, sondern stellen nur Aufzeichnungen über Amtshandlungen dar (Bücher der freiwilligen Gerichtsbarkeit). Ebenso fehlt den Amtsbüchern aber auch die Zielstrebigkeit der Akten, die ja durch Aktion oder Reaktion die Geschäfte vorwärtstreiben wollen. Daß sie sowohl Urkunden wie Akten vertreten können, ist eine sekundäre, aus ihrem Charakter als „Hilfsmittel“ erklärliche Erscheinung.

Berliner Geheime Staatsarchiv oder an das Reichsarchiv, während die zugehörigen Akten, in denen sich der Wortlaut des Gesetzes im Entwurf wiederfindet, erst viel später abgegeben wurden, so daß sich hier auch gesonderte archivische Aufstellung ergab. Eine innere Notwendigkeit, für die einzelnen Archivaliengattungen getrennte Abteilungen zu bilden, besteht also nicht. Wenn wir dies dennoch häufig — vorwiegend aus äußeren Gründen der besseren Erhaltung oder geeigneteren Unterbringung — tun, dann müssen wir unbedingt darauf achten, daß organisch erwachsene Abteilungen entstehen, die nur Bestände vereinigen, die von einer einzigen Amtsstelle herrühren.

3. *Archiv- und Registraturbehelfe* (These 6)

A) *Archivverzeichnisse* sind:

1. für den Dienstgebrauch (meist handschriftlich)
   a) Übersichten
   b) Bandrepertorien (Findbücher)
   c) Zettelrepertorien (Findkarteien)
2. für die außeramtliche Benutzung (meist gedruckt)
   a) Übersichten
   b) Inventare.

Übersichten braucht jeder, der sich im Archiv zurecht finden soll, vor allem der neue Beamte. Sie geben Überblicke über die Haupt- und Unterabteilungen. Zu jeder Hauptabteilung findet sich ein kurzes und prägnantes Verzeichnis der Unterabteilungen, und von da aus gelangt man an das zugehörige Repertorium. Gewöhnlich enthalten die Übersichten auch die Lage der Archivalien im Magazin.

Für gewöhnlich suchen wir bestimmte Sachen, brauchen also nicht den ganzen Bestand einer Abteilung. Ehe wir an die Akten herangehen, müssen wir feststellen, in welchen Aktenbänden die betreffende Angelegenheit enthalten ist. Dem dienen die *Findbücher oder Bandrepertorien* (Registranden, Elenche; gewöhnlich für jede Abteilung mindestens eines), die uns zum einzelnen Aktenband hinführen. Repertorien sehen verschieden aus, je nachdem wie die Abteilungen gebildet sind (systematische Gliederung, Sachstichworte in alphabetischer Folge, chronologische Folge der Titel o. ä.). Den Anfang der Repertorisierung bildet gewöhnlich eine Kartei, später werden die Zettel abgeschrieben und in Bandform gebracht. Meist verzeichnen die Bandrepertorien die einzelnen Akteneinheiten in der Folge ihrer Lagerung. Es kommt aber auch vor, daß die Reihenfolge der Lagerung nicht mit der sachlichen Gliederung des Repertoriums übereinstimmt, nämlich dann, wenn man den ungeordneten Bestand in seiner zufälligen Lagerung auf Zetteln verzeichnet und diese dann nach einem Sachsystem oder nach alphabetischer Stichwörterfolge ordnet, ohne die Akten dementsprechend umzulagern (so beim sog. Bärschen Prinzip). Manchmal bleibt es bei den Zettelrepertorien, aber das Streben geht nach den übersichtlichen Bandrepertorien.

Eine Nebenform der Repertorien sind die sog. „*Analysen*", Verzeichnisse, die nach einer bestimmten Richtung hin näher ausgeführt sind. Es gibt ältere Abteilungen, die nur sehr kurze Sachbetreffe für ihre einzelnen Aktenpakete geben und nach einer genaueren Inhaltsangabe verlangen. Dazu tritt als subjektives Moment der Hunger nach dem Inhalt. Der Archivar muß ja bei Ordnungsarbeiten Entsagung üben und kann sich nicht in den Inhalt vertiefen wie bei Recherchen und wissenschaftlichen Arbeiten. Besteht nun aber ein objektives Bedürfnis nach Spezifizierung des Inhalts, wie z. B. bei den alten Schönbeckschen Reposituren des Berliner Geheimen Staatsarchivs, die sehr allgemein gehaltene Sachunterteilungen („Konvolute") enthalten — der alte Registrator erschloß den Inhalt durch seine Registraturhilfsmittel —, dann wird der Archivar gern das Verfahren der Analyse anwenden, um den Inhalt in mehr oder weniger ausführlichen Aufzählungen auszuschöpfen. Natürlich ist das Ergebnis ganz subjektiv, es fallen meist nur politische oder kulturelle Kuriosa ab. Im Berliner Geheimen Staatsarchiv hat dieses Verfahren besonders der Staatsarchivar Gottlieb Friedländer im 19. Jh. gepflegt. Nachdem man aber sah, daß die Auswüchse weit ab führten und kaum noch dem praktischen Bedürfnis dienten, hat man diese Methode ganz verlassen. Heute legt man dafür eingehende Sachweiser an. Wenn in einem Aktenband etwas enthalten ist, was nicht ohne weiteres unter dem Aktentitel darin vermutet werden kann oder was von ganz besonderer Wichtigkeit ist, dann hebt man es durch einen „*Intusvermerk*" („*Darin-Vermerk*") heraus.

Dem auswärtigen Benutzer, der sich vor dem Besuch des Archivs informieren will, kommen wir durch die Hilfsmittel für die *außeramtliche Benutzung* entgegen[8]). Die *gedruckten Übersichten* können sehr verschieden aussehen. Während die amtlichen Übersichten meist sehr knapp gehalten sind, geht man in den außeramtlichen meist weiter, z. B. gibt die Übersicht des Berliner Geheimen Staatsarchivs ausführliche Aufschlüsse über die innere Gliederung jeder Abteilung[9]).

---

[8]) Verzeichnisse von gedruckten Archivbehelfen in der anhängenden Literaturübersicht unter Archivgeschichte der einzelnen Länder u. unter: 47. Inventarreihen über nichtstaatliches Archivgut.

[9]) Den deutschen Übersichten entsprechen annähernd die französischen Inventaires (États) sommaires und den deutschen Inventaren die Inventaires analytiques, während es sich bei den Répertoires numériques um ganz knappe Bestandsübersichten, „Führer" durch die Bestände, handelt (Aufzählung der Nummern).

Sie bilden schon den Übergang zum *Inventar*[10]), das nahezu an ein gedrucktes Repertorium grenzt und meist mehr bietet, als in den Akten steht (behördengeschichtliche und allgemeingeschichtliche Anmerkungen, Hinweise auf Literatur und auf andere Archive). Neben *Gesamtinventaren*, die den gesamten Aktenbestand mehr oder weniger ausführlich wiedergeben (z. B. für österreichische staatliche Archive), finden wir *Ausleseinventare*, die aus allen Archivabteilungen Material über bestimmte Fragen zusammenstellen (z. B. die von der damaligen Landesbauernschaft Kurmark angeregte Inventarisierung des Archivmaterials über die bäuerlichen Besitzverhältnisse in der Kurmark)[11]). Eine dritte Gruppe von Inventaren könnte man in Anlehnung an die eben besprochene Form der Analyse „*analytische Inventare*" nennen; sie enthalten ausführliche Aktenverzeichnisse von historisch besonders bedeutsamen Beständen im Stile der Repertorien, geben aber darüber hinaus eingehende Inhaltsbeschreibungen der Akten, ähnlich wie die Analysen, nur ohne deren subjektiv bedingte Ungleichmäßigkeit. Ein einzigartiges Beispiel dieser Gattung ist das Küchsche Inventar des für die Reformationsgeschichte bedeutsamen politischen Archivs des Landgrafen Philipp von Hessen im Marburger Staatsarchiv (Lit. Nr. 473).

B) Registraturbehelfe: Der *Renner* (Rotulus, Series actorum, Vorsatzblatt), das Inhaltsverzeichnis eines Aktenbandes, erleichtert das Suchen nach einem bestimmten Einzelstück. Der Renner kann vom Registrator während des Entstehens oder beim Abschluß eines Bandes angelegt worden sein. Brauchbar wird er natürlich erst durch eine Foliierung (Blattzählung) oder Paginierung (Seitenzählung) des Aktenbandes.

Geschäftstagebücher oder Journale, die den Eingang, Auslauf und Innenlauf der Schriftstücke bei den Behörden festhalten, werden von diesen mit den Akten abgeliefert. Sie spielen eine besondere Rolle bei den alten Reposituren des Berliner Geheimen Staatsarchivs, die begrifflich sehr weitgefaßte Sachabteilungen („Konvolute") aufweisen. Suchen wir eine bestimmte Sache oder ein einzelnes Schriftstück, dessen Datum wir kennen, dann gelangen wir von dem Geschäftstagebuch des betreffenden Jahres zur Aktensignatur. Sucht man einen Aktenvorgang, dessen Betreff bekannt, dessen Datum aber unbekannt ist, dann helfen die Indices (Namen- und Sachweiser zu

---

[10]) Bei den „Inventaren" des Reichsarchivs zu Potsdam dagegen handelt es sich lediglich um ausführliche Bestandsbeschreibungen, nicht um Aktenverzeichnisse.

[11]) Zu den Ausleseinventaren gehören im Grunde auch die sog. „Vollinventare", die Material gleicher Art aus verschiedenen Archiven zusammenfassen wollen. Sofern es sich dabei um zersplitterte Bestände derselben Provenienz handelt, ist deren Vereinigung wenigstens im Verzeichnis zu begrüßen. Bedenklich aber ist es, wenn sich das Inventar zur historischen Quellenkunde weitet, die alle ein bestimmtes Thema betreffenden Bestände verschiedener Archive zusammensucht.

den Geschäftstagebüchern, meist in Bandform) weiter. Indices können auch erst im Archiv entstehen; auch jedes Repertorium sollte eigentlich am Schluß einen Index haben.

Verweiszettel (Remissorialien), die auf einen anderen Aktenvorgang, unter Umständen sogar auf einen ganzen Aktenband hinweisen, werden von dem Registrator in den Fällen, in denen ein Schriftstück sich nicht eindeutig einem Aktenbande einverleiben läßt, überall dort eingelegt, wo das betreffende Schriftstück ebenfalls hätte untergebracht werden können. Auch der Archivar muß Verweiszettel einlegen, wenn er eine Urkunde oder ein Schriftstück aus einem Aktenbande entnimmt, um sie anderswo einzuordnen, oder wenn er vom Registrator zerrissene Zusammenhänge wiederherstellen will.

Aktenpläne (Registraturschemata) geben den Aufbau der Registratur (Sammelaktei) wieder, während das *Aktenverzeichnis* sämtliche Aktenbände mit Betreffen und Daten in der durch das Registraturschema vorgeschriebenen Ordnung enthält.

4. *Archivtechnische Begriffe* (Thesen 7, 8 u. 9)

Wenn die Schriftstücke ihren Weg im Geschäftsgange der Kanzlei beendet haben, und „zu den Akten („z. d. A.") geschrieben" worden sind, gelangen sie in die Registratur, wo sie der Registrator in die entsprechend der Registraturordnung formierten Aktenbände in chronologischer Folge (nach Ausstellungs- oder nach Eingangsdatum) einordnet. Auf dem Umschlag (Tektur) des Aktenbandes wird Herkunft (Behörde, Registratur), Betreff (Rubrum) und Zeit sowie die Signatur (Kennzeichen[12]) vermerkt, die außerdem gern der schnelleren Übersicht wegen auf herausragenden Aktenschwänzen angebracht werden.

Wenn diese Aktenbände abgeschlossen sind und nicht mehr für die laufende Verwaltung benötigt werden, sind sie an das Archiv abzuliefern. Obwohl für die modernen Registraturen heute gewöhnlich periodische Ablieferungstermine (mehrjähriger Ablieferungsturnus) vorgeschrieben sind, steht die Entscheidung darüber, ob sie die Akten noch zu benötigen meint, ganz im Belieben der Behörde; wünschenswert wäre es vom Standpunkte der Archive, wenn feste Stichjahre angesetzt würden (wie z. B. in Dänemark) und die Behörden ältere Akten nur behalten dürften, wenn sie diese Notwendigkeit besonders begründeten. Alles im Archiv befindliche Material — Sammlungen und Nachlässe ausgenommen — stammt von irgendwelchen

---

[12]) Unter „Akten- oder Geschäftszeichen" dagegen versteht man gewöhnlich das aus Tagebuchnummer, Abteilungszeichen u. ä. zusammengesetzte Zeichen des einzelnen Schriftstücks. In der modernen tagebuchlosen Registratur nach Dezimalsystem enthält das Aktenzeichen als Hauptbestandteil die Aktensignatur, der gewöhnlich das Eingangsdatum zugefügt wird.

Amtsstellen, sei es unmittelbar von der Stelle, wo es entstanden oder empfangen ist, sei es von einer anderen Stelle, die es zunächst übernommen hatte. Jeder Abgabe soll die abgebende Behörde ein Abgabeverzeichnis beifügen. Vom Standpunkte des Archivs aus bedeutet jede Aktenablieferung einen Zugang (Akzession), der n ein Zugangsbuch (Akzessionsjournal) mit fortlaufender Nummer eingetragen wird; gewöhnlich wird die Zugangsnummer auf jedem Aktenband vermerkt. Vor der endgültigen Aufstellung werden die Akten durch den Archivar — bei neueren Verwaltungsakten meist schon am Ort der Behörde — auf ihren Wert hin gesichtet und die wertlosen Akten (Kassanda, Stampfmasse[13])) ausgeschieden (Kassation, Skartierung) und zur Vernichtung freigegeben, wozu allerdings auch die Genehmigung der Behörde erforderlich ist. Die früher beliebte Sichtung nur nach den Abgabeverzeichnissen ist bedenklich, weil der Wert der Akten aus den oft wenig zutreffenden Titeln nicht zu erkennen ist.

Aufgabe des Archivars ist es, die übernommenen Bestände zu ordnen, im Findbuch zu verzeichnen (Repertorisierung) und dieses mit Namen- und Sachweiser zu versehen (Indizierung). Sein besonderes Augenmerk hat er der Erhaltung und Pflege der ihm anvertrauten Archivalien (Konservierung) und der Wiederherstellung oder Ausbesserung beschädigter Archivalien (Restauration oder Renovierung) zuzuwenden.

Neben die Tätigkeit der Übernahme, Ordnung und Pflege der Archivalien tritt als zweite archivarische Aufgabe die Ausführung von Recherchen (Nachforschungen) für Auskünfte aus den Akten an die Verwaltung wie an private Forscher. Erst durch Recherchen dringt der Archivar tiefer in den Inhalt der Akten ein, weitet seine verwaltungsgeschichtlichen Kenntnisse und übt seinen Spürsinn; und darin liegt der Lohn jeder Recherche, nicht im sachlichen Ergebnis. Nach der Benutzung werden die Akten reponiert, d. h. an ihren Lagerort zurückgelegt.

Außer den Akten, die die Archive von den Behörden entsprechend ihrer Zuständigkeit empfangen und deren Ablieferung sie verlangen können, nehmen sie häufig Archivgut auf, das vom Eigentümer hinterlegt wird (Depositum, Hinterlegung, hinterlegter Bestand); solche Eigentümer können Kommunen oder Kommunalverbände, kirchliche Anstalten, öffentliche oder private Korporationen und Privatpersonen (Familienarchive, Nachlässe) sein. Von den Hinterlegungen, die im Interesse des Eigentümers liegen und meist auf unbestimmte Zeit geschehen, sind die Leihgaben zu unterscheiden, die meist auf begrenzte Zeit auf Wunsch des beliehenen Archivs (für Ausstellungen u. ä.) zur Verfügung gestellt werden.

---

[13]) Die Bezeichnung „Stampfgut" sollte man vermeiden, wenn auch tatsächlich oft wirkliches Gut eingestampft wird; die Korrelate sind vielmehr: Archivgut — Stampfmasse. Br.

5. *Aktengattungen* (These 8)

Allgemeine und Sonderakten (General- und Spezialakten): Auf den ersten Blick könnte es scheinen, als bedeute die Scheidung zwischen allgemeinen und Sonderakten die Zerreißung organisch gewordener Zusammenhänge der Registratur. Denn in Wirklichkeit entwickeln sich ja die allgemeinen Angelegenheiten nicht unabhängig von den besonderen Fällen, sondern beide hängen eng miteinander zusammen: eine allgemeine Anweisung ruft spezielle Maßnahmen hervor und spezielle Erfahrungen erweitern sich zu allgemeinen Gesichtspunkten. In der Registratur einer noch wenig entwickelten Verwaltung finden wir daher auch gewöhnlich das Allgemeine und das Besondere im engsten Verbande. Erst mit fortschreitender Intensivierung der Verwaltung entsteht das Bedürfnis, das Allgemeine gegenüber den vielen Einzelfällen herauszuheben oder auch den Einzelfall, der sich zu einem Sonderfall ausweitet, aus dem Ganzen auszusondern. In diesem Sinne beruht das Nebeneinander von Allgemeinem und Besonderem weniger auf einer logischen Scheidung, die das Allgemeine von vornherein mit begrifflicher Schärfe von dem Besonderen trennt, wie es etwa das französische Ordnungssystem der Fondsgliederung tut, als auf einer organischen Sonderung, die aus dem Geschäftsgange erwächst. Indem sich das Allgemeine als das Bedeutende und Weiterwirkende im Laufe der Geschäfte immer stärker heraushebt gegenüber den Abzweigungen und Verästelungen der Einzelfälle, wird die mannigfaltige Gliederung des organischen Lebens, das ja in der Registratur einen Ausdruck finden soll, erst wirklich deutlich.

Haupt- und Nebenakten: Bei dieser Sonderung liegt kein Nebeneinander von Allgemeinem und Besonderem vor, sondern meist eine besondere Angelegenheit, die nur nebenher läuft und das wirkliche Fortschreiten der Verhandlungen nicht beeinflußt. Dann legt der Registrator, um die eigentlichen Akten (Hauptakten) zu entlasten, Nebenakten (Beiakten, Adhibenden) an (z. B. über die Kosten des Verfahrens, das in den Hauptakten durchgeführt wird) und bildet aus ihnen besondere Bände, die den Hauptakten beigefügt werden (Adhibenda zu Bd. 1 usw.). Ihr historischer Wert braucht dem der Hauptakten nicht nachzustehen. Auch diese Sonderung bewirkt eine bessere, dem Organismusgedanken Rechnung tragende Gliederung der Registratur, indem man das Nebensächliche, das neben der eigentlichen Verhandlung herläuft, aus dieser herauslöst. Die Einteilung in Haupt- und Nebenakten wie die in allgemeine und Sonderakten hat sich erst im modernen Registraturwesen mit der Intensivierung des Geschäftsverkehrs herausgebildet, und der Archivar, der einen völlig zerstörten Zusammenhang vorfindet, muß, wenn es ihm notwendig erscheint, der Registratur nachschaffend eine solche Ordnung geben.

Reihen- und Sachakten (Serien und Dossiers)[14]: Diese Einteilung ist älter als die beiden vorigen. In der alten wie in der modernen Registratur gibt es Reihen- und Sachakten, und der Archivar muß oft bei der Neuordnung zerstörter Registraturen auf diese Einteilung zurückgreifen. Denn es gibt Akten, die nicht nach Sachprinzipien eingeteilt werden können. Reihenakten bilden sich dann mit Notwendigkeit — und sollten auch nur dann innerhalb der Sachregistratur geduldet werden —, wenn die Möglichkeit zu Sachzusammenfassungen gar nicht vorhanden ist (z. B. bei Gesandtschaftsberichten, Sitzungsprotokollen, Hauptberichten von Behörden und sonstigen Berichten, die verschiedene Sachen betreffen). Während bei Sachakten doch immer noch ein höherer zusammenfassender Betreff möglich ist, können wir für Reihenakten keine sachlichen Oberbegriffe bilden, weil der einzige mögliche Oberbegriff das Sachgebiet der Dienststelle oder des Korrespondenten wäre (z. B. in Gesandtschaftsberichten: auswärtige Angelegenheiten mit Rußland, England usw.). So wird man in der Registratur des Außenministeriums z. B. die Spezialberichte, die der Gesandte aus Paris über seine Handelsvertragsverhandlungen schickt, mit den Instruktionen und Gutachten der Wirtschaftsreferenten in besonderen Sachakten zusammenfassen unter dem Oberbegriff: Handelsvertrag mit Frankreich; seine laufenden Gesandtschaftsberichte dagegen bilden Reihenakten. Ebenso kann man für die Hauptberichte einer Behörde über die Aufgaben, die im ganzen Jahre erledigt worden sind, oder die Protokolle der Sitzungen eines Gremiums, in denen eine Reihe von Dingen zugleich besprochen worden ist, keinen sachlichen Oberbegriff finden; sie sind nur nach Ressorts abzugrenzen. Reihenakten lassen sich nur nach Korrespondenten und danach chronologisch ordnen. Amtsbücher können je nach ihrem Charakter sachlich gegliedert oder nach Art der Serien rein zeitlich angeordnet sein. Solche, die Eintragungen über verschiedenartige, einander zeitlich folgende Geschäfte enthalten, z. B. die über Akte freiwilliger Gerichtsbarkeit in den Städten oder die Ratsprotokolle, zeigen Serienform; so sind auch die Grundbücher der mittelalterlichen Städte (Auflassungsbücher oder Erbregister) nicht nach Grundstücken eingeteilt, sondern chronologisch geordnet. Amtsbücher dagegen, die einen zeitlichen Querschnitt geben (z. B. die Urbare der Grundherrschaften und die Landbücher der Territorialherren, wie etwa das Karls IV. für die Mark Brandenburg von 1375), enthalten sachliche Gliederung, wie sie sich für die städtischen Grundbücher zuerst in Danzig seit dem 14. Jh. nachweisen läßt (Realfoliensystem).

---

[14]) In der französischen Fachsprache wird bei den Sachakten zwischen Dossier und Liasse unterschieden, je nach dem, ob die sachliche Zusammenfassung von Schriftstücken bereits vom Registrator in der laufenden Registratur vorgenommen oder erst nachträglich in der reponierten Registratur oder im Archiv geschehen ist; entsprechend unterscheiden die Niederländer zwischen Dossier und Bundel.

Handakten (*Acta manualia*) enthalten innerdienstliche und vertrauliche Schriftstücke und persönliche Aufzeichnungen, die sich der einzelne Beamte für seinen persönlichen Gebrauch zusammengestellt hat; sie sollen gewöhnlich beim Ausscheiden des Beamten der Behörde übergeben werden und gelangen so in die Registraturen[15]).

Kommissionsakten erwachsen aus einem amtlichen Sonderauftrag eines Beamten und gelangen nach dessen Erledigung an die Registratur.

Personalakten sind in älterer Zeit nur als Sammelakten über ganze Beamtenkategorien geführt worden; erst in neuerer Zeit (19. Jh.) legt man Spezialakten für jeden einzelnen Beamten an, die mit diesem von Behörde zu Behörde wandern, wobei die abgebende Behörde sich häufig einen Retentaktenband anlegt, der über die Abgabe des Personalaktenbandes unterrichtet.

Eine erst aus den modernen Kassationsgesichtspunkten und vor allem den Grundsätzen der „Büroreform" erwachsene Gattung sind die sog. *Weglegeakten*, d. h. Akten verschiedenster Betreffe, die wegen ihrer ausgesprochenen Wertlosigkeit (z. B. Postquittungen, Firmenprospekte, Beschaffung von Bürobedarf) gar nicht in die Registratur aufgenommen, sondern in kurzen Zeitabständen vernichtet werden.

6. *Entwicklungsstufen des Schriftstücks (Begriffe der genetischen Aktenkunde)*[16])

Wenn ein Schriftstück eingegangen ist und den Eingangsvermerk (Präsentatum) erhalten hat (in der modernen Registratur tritt dazu noch die Nummer der Tagebucheintragung), erfolgt — bei Kollegialbehörden nach Vortrag und Beschluß (Conclusum) — die *Entwurfsanweisung (Dezernenten-Dekret, Angabe)*, die häufig auf der Rückseite bei der Adresse (Dorsualdekret), häufig am Textrand (Marginaldekret) eingetragen wird und vom Behördenchef an den Referenten oder von diesem an den expedierenden Sekretär gerichtet sein kann.

Der Sachbearbeiter oder der Expedient fertigt den *Entwurf (Konzept)* für die Antwort an; zuweilen folgt dem ersten ein zweiter oder gar dritter Entwurf; der abschließende, vom Behördenchef

[15]) Demgegenüber tragen die Handakten der Staatsanwaltschaften und Rechtsanwälte schon mehr den Charakter von Registraturen, die aus dem Verkehr zwischen den Parteien und mit dem Gericht erwachsen sind.

[16]) Die Begriffe der systematischen Aktenkunde, die die Schriftstücke nach Aussteller (Souverän, Behörde, Privatperson) und Stilmerkmalen (Rangverhältnis zwischen Aussteller und Empfänger, grammatische Konstruktion) klassifiziert, und die der analytischen Aktenkunde, die die Anwendung und Abwandlung des Formulars untersucht, sind für die Archivkunde, die ja die Schriftstücke nicht als Einzelne betrachtet, sondern verfolgt, wie sie miteinander zu größeren Einheiten zusammengewachsen sind, von untergeordneter Bedeutung.

oder von den Mitgliedern der Kollegialbehörde gezeichnete Entwurf ist das revidierte Konzept. Bei abgestufter Mitwirkung mehrerer Beamter konnte zur Revision noch eine Korrevision durch den Korreferenten und eine Superrevision durch den Behördenchef oder den Herrscher treten. Wenn der Sachbearbeiter mehrere Entwürfe aus eigener Initiative macht, dann kommt der erste Entwurf auch zu den Akten; ebenso wenn der erste Entwurf von der vorgesetzten Instanz verworfen wird. Schon in den Akten des 16. Jhs. sind oft verschiedene Stadien der Entwürfe erhalten, die oft von großem geschichtlichen Interesse sind, besonders wenn es sich um außenpolitische Entwürfe handelt. Wenn der Entwurf durch die zahlreichen Verbesserungen unübersichtlich geworden war, wurde schon in älterer Zeit eine Reinschrift des Entwurfs (Reinkonzept) angefertigt.

Dann folgt — gegebenenfalls nach einem ausdrücklichen Fertigungsbefehl (Ingrossetur) — die Herstellung der *Reinschrift* (*Mundum*). Oft wird aber diese Reinschrift nochmals korrigiert durch den Unterzeichner, weil sich neue Überlegungen eingestellt haben oder die Sachlage sich inzwischen verändert hat. Erst wenn die Reinschrift vom Behördenchef oder von den Mitgliedern des Kollegiums vollzogen ist, wird sie zur vollzogenen Reinschrift und diese, wenn sie die Kanzlei verlassen hat, zur *Ausfertigung*. Zunächst ist es noch eine unbehändigte Ausfertigung. Erst die behändigte Ausfertigung stellt das letzte Stadium des Aktenganges dar; in der Regel ist sie erkennbar am Praesentatum (Prs.) des Empfängers, das allerdings auch fehlen kann. Wenn die Ausfertigung unbehändigt geblieben ist, haben zumeist wichtige Gründe vorgelegen; die Motive für die Zurückbehaltung bei der ausfertigenden Behörde sind meist aus dem Zusammenhange der Akten zu erkennen. Die Aushändigung (Insinuation) erfolgte durch besonderen Boten, durch Abholung seitens des Empfängers oder durch postalische Zustellung.

Auf der unvollzogenen Reinschrift, zuweilen auch erst durch den Empfänger auf der behändigten Ausfertigung, wurde der Betreff (Rubrum) eingetragen. Mit Rücksicht auf die Sachgliederung der Registratur, die einen eindeutigen Betreff der einzelnen Schriftstücke verlangte, ging man seit dem 17. Jh. dazu über, in Berichten die einzelnen Materien auf Postscripta zu verteilen, die dem Hauptschreiben beigelegt wurden. Die im 16. Jh. vielfach den Hauptschreiben beigefügten „Zettel“ verfolgten dagegen noch nicht diesen Zweck, sondern enthielten nur vertrauliche Sondermitteilungen oder zufällige Nachträge. Gingen dennoch Berichte mit mehreren Materien ein, so hatte der Registrator Extrakte über jede Materie anzufertigen.

Die Begriffe *Urschrift (Original)* und *Abschrift (Kopie)* dürfen nicht mit Ausfertigung und Entwurf verwechselt werden. Wie Urschriften so gibt es auch Abschriften sowohl von ausgehändigten Ausfertigungen (als Einzelkopien oder in Kopialbüchern) wie auch von Entwürfen (Reinkonzepte).

In den spätmittelalterlichen Kanzleien wurde das ausgehende Material auszugsweise oder in vollständiger Abschrift nach dem Entwurf oder nach der Reinschrift in *Auslaufregistern* (meist nur „Register“ genannt) festgehalten, während die Entwürfe gewöhnlich vernichtet wurden. Das empfangene Material, soweit es rechtliche Bedeutung hatte, wurde in *Kopialbüchern* abgeschrieben, während die Originale in besonders sicheren Depots aufbewahrt wurden. Erst seit dem 16. Jh. begann man die Entwürfe der Ausgänge aufzubewahren und mit den Eingängen, die jetzt vorwiegend aus Akten bestanden, zu Vorgängen zu vereinigen, wodurch die moderne Sachregistratur entstand. In dieser sinken die Register von wichtigen Registraturbestandteilen zu bloßen Registraturhilfsmitteln herab und leben schließlich heute in der Form des modernen, Eingänge und Ausgänge zusammenfassenden Geschäftstagebuches weiter.

II. TYPEN DER INNEREN ARCHIVORDNUNG

1. *Die Formen der inneren Ordnung* (nach These 3)

Man unterscheidet:

1. *den Ausdruck vorarchivischen Wachstums wahrende („organisch gewachsene")* und

2. *künstlich geformte Archivabteilungen.* Zu den letzten gehören auch die sogenannten Sammlungen. Bei den ersten handelt es sich vorzugsweise um die aus den Registraturen abgegebenen Bestände. Bleibt nach der Übernahme der ursprüngliche Registraturaufbau im wesentlichen erhalten, so sprechen wir von *Registraturen* oder von *„Archivkörpern"*, ist er dagegen im Archiv nach einem neu erfundenen, weniger den behördlichen Funktionen als den wissenschaftlichen Bedürfnissen angepaßten Schema wesentlich umgestaltet worden, entsteht ein *Fonds* (französisches Ordnungssystem). Zu den künstlich geformten werden alle Archivabteilungen gerechnet, bei deren Bildung das Provenienzprinzip nicht *bewußt* zugrunde gelegt worden ist. Man unterscheidet die nach *praktisch-induktiven* und die nach *rational-deduktiven* Gesichtspunkten gebildeten künstlichen Archivabteilungen (nach These 3).

Organisches Wachstum ist eine vorarchivische Erscheinung; im Archiv kann nichts mehr organisch wachsen, was ins Archiv gelangt (und damit „Archivabteilung" wird), hat bereits sein Wachstum beendet. Wir haben daher genauer statt des bisher üblichen Begriffs „organisch gewachsen" von Archivabteilungen gesprochen, die den Ausdruck des vorarchivischen Wachstums auch im Archiv mehr oder weniger ausgeprägt erhalten haben. Im Gegensatz dazu ist in den „künstlich geformten" Archivabteilungen der Ausdruck des vorarchivischen Wachstums durch eine künstliche Umformung beseitigt worden; die künstliche Umformung vollzieht sich gewöhnlich erst im Archiv. In der Archivgeschichte treten die „künstlich geformten" Archivabteilungen lange vor den „organisch gewachsenen" auf, die erst ein Produkt des 19. Jhs. sind[17]).

[17]) Die Verwendung der Begriffe „organisch gewachsen" und „künstlich geformt" zur Bezeichnung der beiden gegensätzlichen Gruppen von archivalischen

2. *Vorarchivisches Wachstum darstellende (d. h. die Herkunftseinheit wahrende) Archivabteilungen (Registratur, „Archivkörper", Fonds).*

Wir unterscheiden als Arten der vorarchivisches Wachstum darstellenden Abteilungen Registraturen, „Archivkörper" und Fonds. Registratur ist eine Abteilung einer Amtsstelle, in der das Aktenmaterial, das im Geschäftsgang der Amtsstelle erwachsen ist, in einer bestimmten Ordnung niedergelegt ist, so daß es jederzeit aufgefunden werden kann, um für den Geschäftsgang wieder gebraucht zu werden. Hinsichtlich des Lebensweges der Akten unterscheiden wir die Trias: Kanzlei, Registratur und Archiv. In der Kanzlei wird der Schriftwechsel erledigt und kommt, wenn er den Geschäftsgang durchlaufen hat, in die Registratur. Wenn man nur noch selten für den Geschäftsgang auf ihn zurückzugreifen braucht, gibt man ihn in die reponierte Registratur (Altregistratur), wo er gewöhnlich einen Dornröschenschlaf hinter einem Schutzwall von Staub schläft. Erst wenn sich die Behörde vor Raummangel gar nicht mehr zu retten weiß, erinnert sie sich des Archivs und gibt diese Registratur teilweise oder vollständig dorthin.

Ordnungsformen ist recht unglücklich und kann zu Mißverständnissen Anlaß geben. Schon H. O. Meisner (Korr.bl. 78. Jg. 1930 Sp. 237ff.) hat darauf hingewiesen, daß bei der obigen Einteilung der Begriff „organisch" fehl am Platze ist. Weder die französischen Fonds noch die vom Registrator ohne Berücksichtigung der Behördenfunktionen nach rational gewonnenem Schema gegliederten Registraturen, die doch beide zur ersten Gruppe gezählt werden, bringen „organisches" Wachstum zum Ausdruck. Andererseits liegen gerade den im Sinne des Brennekeschen „freien Provenienzprinzips" (s. u. S. 85ff.) gebildeten „Archivkörpern", in denen „organisches Wachstum" seinen reinsten Ausdruck findet, vielfach nachträglich im Archiv vorgenommene Umformungen zugrunde. Aus den gleichen Gründen bleiben aber auch die von Brenneke vorgeschlagenen Begriffe „geschäftlich gewachsen" oder „vorarchivisch gebildet" als terminologische Zusammenfassung von Registratur, „Archivkörper" und Fonds unbefriedigend.

Der Unterschied zwischen den beiden Gruppen von Archivabteilungen liegt doch wohl vielmehr darin, daß in den „organisch gewachsenen" die Herkunftseinheit, wenn auch in ihrer inneren Gliederung vielleicht mehr oder weniger verändert, gewahrt ist (Provenienz, Herkunftsgemeinschaft), während die „künstlich geformten" Archivabteilungen gewöhnlich durch nachträgliche Mischung aus verschiedenen Herkunftseinheiten zusammengesetzt sind (Pertinenz, Mischbestand) oder zum mindesten keine bewußte Anwendung des Provenienzprinzips erkennen lassen.

Innerhalb der Gruppe der die Herkunftseinheit wahrenden Archivabteilungen findet Brenneke neben dem französischen Fondsprinzip, das nur die Umrisse der Registratur beibehält, und dem niederländischen Registraturprinzip, das (nach Br.) um jeden Preis den ursprünglichen Registraturaufbau erhalten will, eine dritte, vermittelnde Ordnungsform, das Prinzip des „Archivkörpers", das weder bloß restaurieren will (wie das Registraturprinzip) noch auf eine völlige Umgestaltung nach einem erfundenen Schema zielt (wie das französische Fondsprinzip), sondern — notfalls unter Umgliederung des vom Registrator stammenden Aufbaus — die ideale Registratur erstrebt, die als sinnvoll gegliederter „Organismus", eben als Archiv„körper", Funktionen und Geschäftsgliederung der Behörde zum Ausdruck bringt.

Welches sind nun die besonderen *Merkmale der Registratur*? 1. Sie enthält nur Material, das aus dem Geschäftsgange einer und derselben Amtsstelle stammt: Schreiben, die diese Stelle empfangen hat (Einlauf), Entwürfe der Schreiben, die von ihr ausgegangen sind (Auslauf), und schließlich Schriftwechsel, der innerhalb der Amtsstelle zwischen den Abteilungen und Referenten geführt worden ist und Aufzeichnungen der Amtsstelle (Innenlauf). Die Akten einer Registratur sind also alle von gleicher Herkunft, von gleicher Provenienz. Die Registratur enthält nichts, was nicht mit ihrem Geschäftsgange in Zusammenhang steht, es sei denn Vorakten, die bei einer anderen Behörde, deren Funktionen die neue Behörde fortsetzt, entstanden sind.

2. Dazu kommt als zweites Wesensmerkmal, daß die Bestände der Registratur in der Regel eine Gliederung erhalten haben und zwar eine oft mehrfach gestufte Ober- und Untergliederung. Mit einer solchen Gliederung ist aber das Wesen der Registratur noch nicht erschöpfend gekennzeichnet; denn irgendeine Gliederung wird ja auch jede andere Abteilung haben. Das Besondere, das von der Registratur — sowohl von der Sach- wie auch in gewisser Hinsicht von der ausgebildeten Serienregistratur (s. u. S. 219 ff. u. 232) — erwartet wird, ist vielmehr, daß sie in ihrer Gliederung die Funktionen, die Geschäftseinteilung der betreffenden Behörde widerspiegelt.

Wie kommen wir nun dazu, auf solche Registraturen den Begriff „organisch" anzuwenden und sie in ihrer idealen Ausprägung als „*Archivkörper*" zu bezeichnen? Zunächst müssen wir die Einschränkung machen, daß nicht alle Registraturen „Archivkörper"[18]) sind. Doch können Archivalienmassen, in denen die Bedingungen organischen Wachstums stecken, in eine Form gebracht werden, die dieses organische Wachstum zum Ausdruck bringt, selbst wenn sie nie eine solche Form gehabt haben. Wenn wir auf einen derartigen Bestand den Ausdruck „Archivkörper" anwenden, dann wollen wir damit zum Ausdruck bringen, daß die einzelnen Aktenbände und Schriftstücke so etwas wie Zellen eines lebendigen Körpers darstellen, die alle von der gleichen Lebenskraft durchpulst sind.

In einem solchen „Archivkörper", in dem alle Schriftstücke gleicher Herkunft sind, kommt mehr als eine bloße Sachverwandtschaft oder Sachverbundenheit, in ihm kommt eine wirkliche Sachgemeinschaft zum Ausdruck. Die Entstehung der Schriftstücke geht auf eine Persönlichkeit zurück, auf eine physische oder für gewöhnlich auf eine Behördenpersönlichkeit, die die Verhandlungen nach einem bestimmten Ziel hin vorwärtstreibt und den einheitlichen Willen, der hinter den Akten steht, verkörpert. In der Art, wie diese Persön-

[18]) Wir wollen den Brenneke eigentümlichen Begriff des „Archivkörpers" im Unterschied zu der üblichen blassen Bedeutung (Archivkörper = Registratur, Archivabteilung, Bestand) stets in Anführungszeichen setzen.

lichkeit zu dem ihr in den eingehenden Schriftstücken entgegentretenden fremden Willen Stellung nimmt, sei es, daß sie ihn zurückweist oder bekämpft, sei es, daß sie sich ihm unterordnet oder anpaßt, prägt sich unmittelbares Leben aus. Aber nur dort, wo die einzelnen Schriftstücke so eingeordnet sind, daß sie diesen lebendigen Prozeß zum Ausdruck bringen, wird die Registratur wirklicher Niederschlag des Lebens und der geschäftlichen Tätigkeit der Behörde sein können, und nur eine solche „organisch" gebildete Registratur können wir als „Archivkörper" bezeichnen.

Herkunftsgemeinschaft braucht noch nicht zu wirklicher Sachgemeinschaft und damit zur Bildung eines organischen Körpers zu führen. Bei Bibliotheken z. B. finden wir auch gelegentlich den Begriff der gemeinsamen Herkunft, der Provenienz, so wenn ein Bücherliebhaber seine Geschmacksrichtung oder ein Gelehrter seine Fachrichtung einer Büchersammlung aufgeprägt hat. Und trotzdem bilden diese Bücher, mögen sie auch noch so fein nach Ober- und Unterbegriffen gegliedert sein, im besten Falle eine Sachverwandtschaft, die in dem Geschmack oder der Fachrichtung des Sammlers ihre geistige Mitte hat. Ein „Archivkörper" dagegen ist der Ausdruck eines aus Entschluß und Tat erwachsenen, lebendig fortschreitenden Prozesses, auf den wir die Vorstellung des lebendigen Wachstums anwenden können. Eingriffe in diesen organischen Körper, Zerreißungen der Zusammenhänge bedeuten Verwundungen und Verstümmelungen, ja können sogar den Tod des organischen Lebens bedeuten.

Wie verhalten sich nun die Registratur und der „Archivkörper" zum *Briefwechsel*? Wir haben gesehen, daß in der Registratur alle Schriftstücke in einem inneren Zusammenhange stehen, indem das eine auf das andere hinweist und eins das andere auslöst. Etwas ähnliches finden wir im Briefwechsel verschiedener Personen, in dem auch die Briefe der beiden Seiten einander ergänzen, jeder Brief den folgenden auslöst und die Gedanken des vorangehenden Briefes weitergeführt, gleichsam auch vorwärtsgetrieben werden. Aber anders als die aktenerzeugende Amtsstelle pflegt der Briefschreiber von seinen Briefen, die ja zumeist aus der Stimmung des Augenblicks entspringen, keine Entwürfe zurückzubehalten, so daß wir erst die Briefreihen der beiden Schreiber vereinigen müssen, um den Zusammenhang zu gewinnen. Aber auch, wenn tatsächlich beide Schreiber Abschriften oder Durchschläge zurückbehalten sollten, entsteht noch keine Registratur. Und selbst, wenn wir an einen Briefwechsel denken, in dessen Mittelpunkt ein bestimmtes Thema steht, und andererseits berücksichtigen, daß die für den Briefwechsel charakteristische Ordnungsform der Serie auch in der Registratur begegnen kann (z. B. Gesandtenberichte), daß also hinsichtlich der Form gewisse Annäherungen zwischen Registratur und Briefwechsel möglich sind, dürfen wir den wichtigsten Wesensunterschied nicht übersehen: die Registratur besitzt eine ausgesprochene Zielstrebigkeit, ihr Schriftwechsel ist zu einer Zweckgemeinschaft vereinigt, er verfolgt einen geschäftlichen oder rechtlichen Zweck. Die Institutionen und Personen, die hinter der Registratur stehen, verhalten sich nicht wie Briefschreiber, die einen Gedankenaustausch pflegen, sie sind in ein tätiges Leben hineingestellt und müssen durch alle Widerstände, die ihnen entgegentreten, hindurch auf das Ziel lossteuern, das ihnen gesetzt ist. Daher können wir einen Briefwechsel, der auch eine derartige Ausrichtung auf ein geschäftliches Ziel zeigt, der etwas organisieren will, in die Nähe der Registratur stellen, so etwa den Briefwechsel eines Gelehrten, der ein gelehrtes Unternehmen organisieren will, oder den, den ein leitender Beamter in geschäftlichen Angelegenheiten in privater Form neben dem amtlichen Schriftwechsel führt und der oft aufschlußreicher ist als der amtliche Schriftwechsel.

Innerhalb der Gruppe der vorarchivisches Wachstum darstellenden Archivabteilungen haben wir dem „Archivkörper" und der Registratur den Fonds gegenübergestellt. „*Fonds*", bedeutet „Stamm-Masse"; so kommt bereits im Namen der Gegensatz zum „Archivkörper" zum Ausdruck, eben die Tatsache, daß der Fonds nicht mehr die Ausprägung des organischen Lebens ist. Der Fonds ist zwar auch, wie die Registratur und der „Archivkörper", einheitlicher Herkunft; aber seine Gliederung zielt nicht darauf, das innere Wesen, die Funktionen und Ziele der Institution widerzuspiegeln. Man war in Frankreich, wo das Fondsprinzip seine Ausprägung empfangen hat, der Meinung, es komme bei der Ordnung nur darauf an, eine möglichst bequeme und übersichtliche Benutzbarkeit zu sichern, die man an den oft komplizierten und unübersichtlichen französischen Behördenregistraturen vermißte. Man kam nicht darauf, daß die leichte Benutzbarkeit am besten durch Anpassung an Funktionen und Einteilung der Behörde zu erreichen ist, wie wir als Verfechter des Prinzips des „Archivkörpers" meinen, sondern wollte sie durch ein von Gesichtspunkten des wissenschaftlichen Forschers bestimmtes rationales System mit möglichster Allgemeingültigkeit erreichen. Hier haben also die Bedürfnisse der wissenschaftlichen Forschung in unorganischer Weise von außen her eingewirkt und die Bedürfnisse der Verwaltung zurückgedrängt. Dabei legte man sich nicht Rechenschaft darüber ab, ob denn wirklich die Fragestellungen der Forscher, die man dem Einteilungsschema zugrunde legte, auch in weiterer Zukunft noch gültig sein könnten und ob man mit diesen Maßstäben an Verwaltungsüberreste längst vergangener Zeiten herantreten durfte, oder ob nicht vielmehr jene Einteilung größere Allgemeingültigkeit beanspruchen kann, die das Leben der Behörde widerspiegelt, wie es wirklich war. Man glaubte, genug getan zu haben, wenn man — bildlich gesprochen — die Umfassungsmauern und die Fassade des alten Barockhauses beibehielt und beanspruchte, die Innenräume in moderner Klarheit und Bequemlichkeit ganz neu zu gestalten.

Das äußere Merkmal des Fonds ist gewöhnlich die Unterteilung nach Schlagworten in alphabetischer Folge, eine Unterteilung, die man gewinnt, indem man erwägt, auf welche Fragen der Forscher von der betreffenden Gattung von Fonds Antwort zu erwarten hat, und der man dann alle Fonds der gleichen Gattung schematisch unterwirft, ohne sich mit Untersuchungen über Behördenfunktionen plagen zu müssen.

„Archivkörper" und Registratur wie Fonds stellen Typen dar, die in dieser reinen Ausprägung nicht überall anzutreffen sind. Wir können oft Annäherungen zwischen ihnen feststellen: einerseits wird die Fragestellung des Forschers, die der Fondsgliederung zugrunde liegt, vieles einschließen, was Aufgabe der Behörde gewesen ist; andererseits werden aber nicht alle Registraturen Abbild des Wirkens ihrer Behörden sein und gerade die moderne schematisierte Registratur nach Dezimalsystem kann kaum noch beanspruchen, das individuelle Leben der Behörde einzufangen. Bei der Typenzuordnung solcher Zwischenformen werden wir nicht den tatsächlichen Ordnungszustand, sondern den Ausgangspunkt im Auge behalten müssen, also zunächst zu fragen haben, was man wohl mit der Einteilung beabsichtigt hat.

3. *Künstlich geformte Archivabteilungen (praktisch-induktives Ordnungsverfahren und rational-deduktives Ordnungssystem, territoriale Pertinenz)*

Das charakteristische Merkmal der künstlich geformten Archivabteilungen ist, daß sie den Begriff der einheitlichen Herkunft nicht kennen, daß er zum mindesten als zusammenfassender Oberbegriff fehlt, obwohl die Archivalien, die sie enthalten, sämtlich an ganz bestimmten Geschäftsstellen erwachsen sind. Damit ist nicht gesagt, daß der Herkunftsbegriff den künstlich geformten Archivabteilungen völlig fehlen müsse; er kann im Gegenteil eine erhebliche Rolle spielen, wofür die Schönbecksche Ordnung des Berliner Geheimen Archivs das beste Beispiel ist. Aber er tritt nicht in das Bewußtsein des ordnenden Archivars. Die ältesten Archivare waren Registratoren ihrer Behörde und für einen Registrator, der gewohnt ist, alles Material von derselben Amtsstelle zugewiesen zu erhalten, gibt es kein Herkunftsproblem. Wir können die Erscheinung, daß in den älteren Archiven die Akten, die diesen in herkunftsmäßiger Geschlossenheit zugeflossen sind, einer reinen Sachordnung ohne Herkunftswahrung unterworfen wurden, nur aus den geschichtlichen Verhältnissen verstehen.

Zum Verständnis des *induktiven Verfahrens* müssen wir uns die Verhältnisse des patriarchalischen deutschen Territorialstaates des

16. Jhs. klarmachen. Als neben die fürstliche Kanzlei, die im Mittelalter als einzige Zentralbehörde fungiert hatte, ein allmählich fest organisierter Rat als Kollegium trat und mit der Kanzlei verbunden wurde und als das moderne Aktenwesen in der Vereinigung von Eingangsschreiben und Ausgangsentwurf entstand, legten sich die einzelnen Expedienten, d. h. die Räte selbst oder die Kanzleisekretäre, eigene Aktendepots der von ihnen bearbeiteten Sachen an, die unmittelbar bei der Kanzlei in Gewölben, Truhen usw. aufbewahrt wurden. Da unter den Expedienten zumeist keine sachliche Geschäftsabgrenzung bestand, diese vielmehr für die verschiedensten Geschäfte, ganz wie es der Zufall ergab, herangezogen wurden, gab es zwischen den einzelnen Expedientendepots gewöhnlich keine sachliche Scheidung. Auch bei den geheimen Kammersachen, die von besonderen Kammersekretären expediert wurden, und die man gern in besonderen Gewölben von den gemeinen Landessachen absonderte (z. B. Wulf Theurings Gewölbe in Brandenburg, Kammergewölbe des Herzogs Julius von Wolfenbüttel), handelt es sich um keinen eindeutig umschriebenen Sachkomplex, sondern nur um Angelegenheiten, die sich der Fürst jeweils als besonders wichtig selbst vorbehielt. Als dann eine Differenzierung der Zentralbehörden einsetzte und sich neben dem Hofratskollegium Rentkamer, Konsistorium und als engeres Ratskollegium der Geheime Rat entwickelten, blieb weiterhin die Kanzlei unter dem Kanzler als der Spitze des Ratskollegiums Mittelpunkt für den Schriftverkehr dieser Behörden; nur die dem Fürsten vorbehaltenen Kammersachen wurden gesondert expediert. Schließlich ergab sich aber mit dem wachsenden Geschäftsverkehr die Notwendigkeit, die bei der Kanzlei befindlichen Expedientendepots, in die weiterhin von allen Zentralbehörden Material gelangte, zusammenzufassen und für diese abgelegte Generalregistratur der Zentralbehörden eine Ordnung zu finden. Der Registrator, der damit beauftragt wurde, sah nun diese chaotische Aktenmasse als einheitlicher Herkunft an, was um so näher lag, als sie tatsächlich ihren Mittelpunkt in der Kanzlei hatte, die Geschäfte bei allen Behörden in dem gleichen Geiste des patriarchalischen Territorialstaates geführt wurden und auch zwischen den Behörden noch starke persönliche Verflechtungen — Räte und auch Sekretäre gehörten oft mehreren Behörden an — bestanden.

Dieser Registrator und Archivar kam unmittelbar von den Kanzleigeschäften her und war vielfach noch weiterhin als expedierender Sekretär tätig; er schuf darum sein Sachsystem in engem Anschluß an die Behördenverhältnisse, zunächst nach einem einheitlichen Plan, dem man später, als den Behörden neue Aufgaben oder dem Staate Territorien zuwuchsen, ganz nach den Zufällen des Zugangs neue Sachgruppen anfügte. Mit dieser abgestuften Gliederung nach Ober- und Untergruppen entstand die moderne Sachregistratur als schöpferische Tat des deutschen Registrators des 16. Jhs. Als seit dem

Ende des 16. Jhs. die meisten Zentralbehörden ihre bisherigen Abgaben an die Generalregistratur einstellten, wurde diese das Vorbild für die neuen Behördenregistraturen. Das aus ihr erwachsende Aktenarchiv wurde eine der Grundlagen des seit dem Ende des 16. Jhs. sich bildenden Archivwesens; es trug zunächst noch die Bezeichnung „Registratur“ und erhielt erst im Laufe des 17. Jhs. den aus der griechischen Antike stammenden und im Mittelalter in verschiedenen Zusammenhängen auftauchenden Namen „Archiv“, der bis dahin meist den Urkundendepots vorbehalten geblieben war.

Die *deduktive Ordnungsmethode* erwächst aus ganz anderen historischen Voraussetzungen. Die zentralen Behörden des 18. Jhs. waren in sich sehr stark differenziert, der Geist des patriarchalischen Regiments war modernen Staatsanschauungen gewichen, aber neben den neuen Behörden des absolutistischen Verwaltungsstaates waren die alten Behörden des Territorialstaates des 16. Jhs. mit verengten Funktionen bestehen geblieben. Auch im Aktenwesen hatten sich entscheidende Veränderungen vollzogen: die verschiedenen Zentralbehörden hatten sich eigene Registraturen geschaffen, aus denen z. T. Behördenarchive erwuchsen. Die Fortsetzung der alten Generalregistratur bildete gewöhnlich das Archiv der obersten politischen Behörde, das vielfach in Sachauslese wertvolles Material aus anderen Behördenregistraturen an sich zog und diese dadurch verstümmelte, ohne daß es selbst mehr als ein Konglomerat zusammenhangloser, ausgelesener Stücke werden konnte. So ergab es sich von selbst, daß die Archivare, die auch vielfach nicht mehr die Geschäftsnähe der alten Registratoren besaßen, vor diesen Schwierigkeiten Zuflucht zu Theorien suchten und aus den naturrechtlichen Vorstellungen der Zeit heraus neue systematische Einteilungen schufen. Aus deduktiv abgeleiteten Oberbegriffen mit alphabetisch geordneten Untergruppen entstand ein großes umfassendes, vom Allgemeinen zum Besonderen fortschreitendes System, das Allgemeingültigkeit beanspruchte und in das alle Möglichkeiten einer Registraturentwicklung hineingepreßt werden mußten. Hatte der alte Registrator für jeden neuen Sachbegriff, der ihm auf Grund von behördlichen Veränderungen begegnete, eine neue Sachgruppe (Repositur, Designation) schaffen können, so mußte jetzt der Archivar alles in die a priori festgelegte Sacheinteilung einfügen. Aber auch auf die lebenden Registraturen der Behörden, die ja eine Herkunftseinheit darstellten, dehnte man schließlich das deduktive Verfahren aus und zerstörte hier die inneren Verbindungen zwischen den Akten.

Häufig wird noch das sog. *„territoriale oder lokale Pertinenzprinzip“* angeführt. Diese Pertinenz ist auch ein Betreff, aber einer, der nicht auf eine Sache zielt, sondern sich auf ein Land (territorial) oder auf einen Ort (lokal) bezieht. Unter ihm werden alle Akten oder Urkunden vereinigt, die sich auf bestimmte Länder oder Orte beziehen. Hier liegt also kein neues Prinzip vor, sondern ebenfalls ein

Betreffsprinzip, nur nicht ein Sachprinzip im engeren Sinne. Man könnte also sagen: Oberbegriff ist das Betreffsprinzip, das sich in territoriale Pertinenz und in Sachprinzip im engeren Sinne gliedert. Die Anwendung der territorialen Pertinenz führt jedenfalls zu keinem neuen Ordnungstyp; sie findet sich, meist vermischt mit sachlicher Pertinenz, sowohl in den induktiven wie in den deduktiven Ordnungsschemata[19]).

4. *Sammlung und Serie als Ordnungsprinzipien*

Den künstlich geformten Archivabteilungen stehen die *Sammlungen* nahe. In ihnen sind die Registraturzusammenhänge völlig aufgelöst. Sie enthalten Material, das aus Archivbeständen unter irgendeinem Oberbegriff zusammengezogen worden ist. Bei der Buntheit des Materials ist es häufig gar nicht möglich, eine sachliche Unterteilung durchzuführen, so daß man sich mit chronologischer oder alphabetischer Anordnung begnügen muß. Dem Wesen des Archivs, dem gewachsenes Material zuströmen soll, ist der Begriff der Sammlung im tiefsten zuwider.

Von diesem älteren ist der moderne Begriff der Sammlung, wie sie heute allein noch im Archivwesen gepflegt werden darf, klar zu scheiden. Während die moderne Sammlung nur Material enthält, für das das Archiv nicht zuständig ist und das zur Ergänzung der Archivbestände erworben wird (Nachlässe, Archive von Korporationen, Familien usw., Autographen, zeitgeschichtliches Material), hat man in älterer Zeit aus den eigenen Beständen Sammlungen interessanter Archivalien, sog. „Selecta", zusammengestellt (z. B. Sammlungen zum 30jährigen Krieg in Wien und in München) und damit die äußerste Form der Zersetzung des Gewordenen erreicht.

Eine weitere Ordnungsform stellt die *Serie* dar, die den „organisch gewordenen" Archivabteilungen nahe steht. Sie ist die älteste und primitivste Registraturform, die ihren Ausgang von der Ordnungsform der alten Auslaufregister genommen hat, wie sie nach römischem Vorbild zuerst in der päpstlichen Kanzlei Verwendung gefunden haben. Erst allmählich und zu ganz verschiedenen Zeiten, am spätesten in den westeuropäischen Ländern, in denen sie über das 16. Jh. hinaus als maßgebliche Ordnungsform beibehalten worden sind, traten sie hinter den Sachregistraturen zurück. Sie stellen eine Herkunftsgemeinschaft ohne jede sachliche Unterteilung dar; ihr in chronologischer Folge aufgereihter Inhalt kann nur durch Indices erschlossen werden. Während man das mittelalterliche Ausstellermaterial in

---

[19]) Natürlich können auch Registraturen, also Bestände einheitlicher Herkunft, eine territoriale Untergliederung aufweisen (z. B. bei Behörden der auswärtigen Politik). Hier kann freilich sowenig wie bei deren sachlicher Untergliederung von Pertinenz gesprochen werden.

den (Auslauf-)Registern nach reiner Serienordnung verzeichnete, zeigten die Kopialbücher, die das Eingangsmaterial in Abschrift enthielten und deren Eintragungen im Gegensatz zu denen der Auslaufregister gewöhnlich nicht laufend, sondern in größeren Zeitabständen erfolgten, und danach das Eingangsmaterial selbst eine Mischung von Serien- und Sachprinzip, indem man den chronologischen Serien gewisse Oberbegriffe formaler (Urkundenaussteller, -gattungen usw.) oder sachlicher Art (Ortsbetreffe, Rechtsgegenstände usw.) überordnete[19a]. Dort wo man das Serienprinzip von den Auslaufregistern auf das seit dem 16. Jh. aufkommende neue Aktengut übertragen hat (west- und nordeuropäische Länder), hat man aus den losen Akten unter Trennung von Austeller- und Eingangsmaterial Serien gebildet, die den weitergeführten Registerreihen angegliedert wurden. Wo man dagegen zur Sachregistratur übergegangen ist (deutsche Länder), haben sich Aktenreihen im allgemeinen nur da bis heute erhalten, wo eine mehr oder weniger regelmäßige Folge von verwandten Schriftstücken vorliegt, bei denen die Sachvielfalt im einzelnen Schriftstück eine sachliche Einteilung unmöglich macht (Gesandtenberichte, Hauptberichte von Behörden, Sitzungsprotokolle u. ä.), oder bei geringwertigem Eingangsmaterial, das keine weitere Bearbeitung im Geschäftsgange gefunden hat (z. B. Bittschriften). In den deutschen Archiven hat man vielfach die Reihen unter Mißachtung ihres Ordnungsprinzips in nach Sachbetreffen geordnete Bestände eingestopft (z. B. im Berliner Geh. Staatsarchiv Rep. 78 Lehnskanzlei). Für das mittelalterliche Eingangsmaterial, das bis ins 18. Jh. nach einem gemischten Serien- und Sachsystem, wie wir eben sahen, geordnet war, hat man im modernen Archiv meistens die reine Serienordnung unter Trennung der Provenienzen (Urkundenfonds) eingeführt.

5. *Zusammenfassende Leitsätze über die sechs Ordnungstypen*

1. „*Archivkörper*" und *Registraturen* weisen in ihrer Gliederung durchweg eine Sachgemeinschaft auf der Grundlage ihrer Herkunftsgemeinschaft auf.

2. Die Herkunftsgemeinschaft der *Fonds* ist nicht die natürliche Grundlage ihrer Sachgliederung, sondern diese Sachgliederung wird künstlich nach von außen herangebrachten (rationalen) Gesichtspunkten geschaffen. (Charakteristisch sind die Schlagworte sachlicher Art in alphabetischer Folge.)

[19a]) Die neuzeitlichen Einlaufregister, die auch in deutschen Territorial-Kanzleien begegnen und als Vorläufer des modernen Geschäftstagebuches angesehen werden können, wurden dagegen laufend geführt und weisen reine Serienordnung auf.

3. Die in *praktisch-induktivem Verfahren* künstlich, aber in Geschäftsnähe geschaffenen Archivabteilungen weisen in ihrer Gliederung noch eine gewisse Sachverbundenheit auf, weil die in ihnen zusammengebrachten Bestände verschiedener Herkunft von Amtsstellen stammen, die sich nur in allmählicher Differenzierung voneinander gelöst haben und deren Geschäfte in einem einheitlichen Geiste geführt wurden. Diese Abteilungen sind in ihren Anfängen nicht durch Auflösung bestehender Behördenregistraturen gebildet worden, sondern sind entstanden, als es bei den einzelnen Behörden noch nicht zu einem geordneten Registraturwesen gekommen war, oder haben wenigstens in ihren Anfängen nur Material aufgenommen, das bis dahin noch nicht in einen registraturmäßigen Zusammenhang gebracht worden war. Sie sind die ältesten nachmittelalterlichen Archivabteilungen und in ihnen ist zum ersten Mal eine scharf ausgeprägte Sacheinteilung zur Durchführung gekommen.

4. Die nach einem *deduktiv* gewonnenen Plan künstlich geschaffenen Archivabteilungen können in ihrer Gliederung nur noch Sachnachbarschaften oder Sachähnlichkeiten aufweisen und nur einen äußeren Zusammenhang des innerlich Verschiedenartigen herstellen, weil die in ihnen zusammengebrachten Bestände von verschiedenen Amtsstellen stammen, die in ihrem Wesen stark voneinander differenziert sind oder, weil aus verschiedenen Perioden der Verwaltungsgeschichte herrührend, ihre Geschäfte auch im Geiste verschiedener Staatsanschauungen geführt haben. Diese Abteilungen sind in der Regel durch Auflösung der Zusammenhänge einzelner Behördenregistraturen entstanden, seltener durch Zusammenfügung noch niemals in registraturmäßigen Zusammenhängen gewesenen Materials. (Charakteristisch ist auch hier die alphabetische Folge der Untergruppen in starrer unabänderlicher Festlegung, in die alle einzelnen Stücke eingeordnet werden müssen.)

5. *Sammlungen* enthalten vereinzelte, aus allen Zusammenhängen gelöste Schriftstücke, für die sich vielfach zusammenfassende Sachbegriffe nicht mehr finden lassen und die daher häufig lediglich in chronologischer oder alphabetischer Folge aufgestellt werden.

6. *Serien* sind in Herkunftsgemeinschaft erwachsene Archivabteilungen, in deren Gliederung aber die bestehenden Sachgemeinschaften entweder nicht zum Ausdruck kommen konnten (Sachhäufung im einzelnen Schriftstück) oder tatsächlich nicht zum Ausdruck gekommen sind, sondern unter einer Einteilung nach Korrespondenten, Geschäftskreisen, formalen Gesichtspunkten u. ä. (gegliederte Serien) oder unter bloßer zeitlicher Folge (ungegliederte Serien) völlig verborgen bleiben.

6. *Verhältnis der Ordnungstypen zueinander*

In der Wirklichkeit treten unsere sechs Ordnungstypen nicht säuberlich geschieden auf. Vielmehr herrscht eine bunte Mannigfaltigkeit der Ordnungsformen. Häufig begegnet uns der Übergang von einem Ordnungsprinzip zum anderen, wenn ein Bestand Umordnungen erfährt. Serien, besonders wenn sie lose waren, sind zuweilen schon vorarchivisch zu Sachregistraturen umgeformt worden (so teilweise in den nordischen Ländern, in England und in Frankreich). Sachregistraturen vermischter Herkunft sind gelegentlich im Archiv in Empfänger- und Ausstellerabteilungen getrennt und dann in zeitliche Folge aufgelöst worden. Oder man vereinigte Serien verschiedener Herkunft und behielt die Serienordnung bei. In beiden Fällen entstehen *unechte Serien*, d. h. Serien mit Herkunftsmischung. Wenn man aus den verschiedensten Registraturen einzelne Stücke nach einem gewissen Sachgesichtspunkt auswählt und diese dann vereinigt, oder auch, wenn Einzelstücke buntester, zufälliger Mischung zusammengebracht werden, wird der Bestand zur Sammlung, d. h. zur Mischung isolierter Stücke verschiedenster Herkunft.

Die einzelnen Ordnungstypen kommen zwar auch gleichzeitig nebeneinander vor, im ganzen läßt sich aber doch eine zeitliche Folge der vorherrschenden Typen festlegen: 1. Ursprünglich herrscht die Reihe vor, wie sie durch die Führung der Auslaufregister bedingt ist, 2. im 16. und 17. Jh. das praktisch-induktive Verfahren, 3. im 18. Jh. die deduktiven Systeme; 4. Sammlungen älterer Art entstehen im Zeitalter der deduktiven Systeme; 5. die bewußte Anwendung des Fondsprinzips kommt in der 1. Hälfte des 19. Jhs., 6. die des Registraturprinzips am Ende des 19. Jhs. auf.

III. PROBLEME DER UMGRENZUNG DES INS ARCHIV AUFZUNEHMENDEN STOFFES

1. *Verhältnis zwischen Archiv- und Bibliotheksgut*

Die Frage, welcher Charakter dem Archiv gegenüber der Bibliothek zuzuschreiben ist, war bereits im Theorienstreit zwischen Erhard und von Medem aufgetaucht (s. u. S. 53ff.). Striedinger hat diesen Unterschied nochmals, und zwar schärfer und genauer, formuliert. Archivgut sind danach solche Schriftstücke und Gegenstände, die 1. aus einer Registratur stammen oder, falls sie nicht tatsächlich einer Registratur angehört haben, Registraturfähigkeit besitzen und als ehemaliges Registraturgut an äußeren (Kanzlei- und Registraturvermerke) und inneren Merkmalen (Endzweck[20]) geschäftlich oder rechtlich im weitesten Sinne) erkennbar sind, und 2. für deren dauernde Aufbewahrung stets nur eine einzige Stelle, ein bestimmtes Archiv, zuständig ist.

Daß für jedes Archivale, das ja auf Grund seiner geschäftlichen Entstehung einer bestimmten Registratur angehört hat oder hätte angehören sollen, eine eindeutig bestimmte Zuständigkeit besteht, trifft nicht nur heute zu, wo diese Zuständigkeit vom Provenienzprinzip aus von vornherein festliegt, sondern gilt grundsätzlich auch für die Sachzuständigkeit der älteren Zeit, nur das diese jeweils erst formuliert werden mußte, was häufig zu Unklarheiten führte. Durch

[20]) Daß nicht der Entstehungszweck, sondern der Endzweck des Schriftstücks für die Zuordnung zum Archivgut maßgebend ist, zeigt Striedinger am Beispiel der Liebesbriefe, die im Ehescheidungsprozesse zu Beweisstücken und damit zu Teilen der Akten werden können. Durch einen solchen Zweckwandel können auch andere Gegenstände des täglichen Lebens zu Archivgut werden, z. B. Instrumente, die als corpora delicti in einem Strafprozeß eine Rolle spielen, Gegenstände, die als Rechtssymbole bei einer Rechtshandlung Verwendung finden, oder Muster, die einem Geschäftsbrief beiliegen. — Anders liegt der Fall, wenn ein solcher Zweckwandel bei Archivgut selbst eintritt, indem z. B. Schriftstücke einer Registratur als Beweisdokumente in einem Prozeß Verwendung finden (wie das in besonderem Umfange bei den Nürnberger Prozessen vorgekommen ist). Hier pflegt man sich verständigerweise damit zu begnügen, zu den Prozeßakten Kopien zu nehmen und die Originale in ihrem ursprünglichen Zusammenhange, in dem sie aus Funktion und Geschäftstätigkeit der Behörde organisch erwachsen sind, zu belassen. Denn es handelt sich ja hier nicht um Vorakten, da die Gerichtsbehörde keine Funktionen der Entstehungsbehörde weiterführt.

ihre bestimmte Zuständigkeit unterscheiden sich die Archive grundlegend von den Bibliotheken. Für Bibliotheksgut ist niemals nur eine bestimmte Bibliothek zuständig, grundsätzlich ist Sammelgebiet der Bibliotheken die ganze Welt. Wird einer Bibliothek eine beschränkte Sammelrichtung gesetzt oder beschränkt sie sich selbst, so bestehen dafür irgendwelche praktischen Gründe, etwa besondere Fachrichtungen oder Regionalismus bei den sog. Landesbibliotheken.

Eine Beschränkung liegt nicht im Wesen der Bibliothek an sich, ihre Sammelgegenstände können daher auch Archivalien sein, obwohl sie nicht Bibliotheksgut im eigentlichen Sinne sind; sie sollten es jedoch nur dann sein, wenn ihr registraturmäßiger Zusammenhang sich völlig aufgelöst hat und sie ganz vom Boden ihrer Entstehung losgerissen sind, und auch Archive, die für ihre Aufnahme zuständig wären, nicht vorhanden sind (z. B. Fragmente spätantiker Papyrusurkunden oder chinesischer Urkunden, die nicht von europäischen Geschäftsstellen empfangen worden sind, also nicht in einen europäischen Geschäftsgang hineingehören, sondern als Raritäten und Kuriosa in europäischen Besitz gekommen sind). Leider ist diese Forderung noch sehr weit von ihrer Verwirklichung entfernt: vor allem in Westeuropa sind die Bibliotheken vollgepfropft mit Archivalien, die dort unorganisch zu Sammlungen zusammengefaßt sind, obwohl zuständige Archive und organische Zusammenhänge vorhanden sind; die Nationalbibliothek zu Paris und das Britische Museum in London sind geradezu als Konkurrenzunternehmen zu den Archiven anzusehen. Auch die Handschriftenabteilung der ehemaligen Berliner Staatsbibliothek birgt wichtige Archivalien. Vielfach wird Archivgut durch Autographensammlungen den zuständigen Archiven entzogen, wofür die Darmstädtersche Autographensammlung der ehemaligen Berliner Staatsbibliothek ein besonders krasses Beispiel ist; sie ist entstanden, indem der Sammler durch Vermittlung des damaligen preußischen Kultusministers aus den Akten preußischer Ministerien markante Autographen herauslöste und die Originale durch beglaubigte Abschriften ersetzen ließ. Es wäre dringend erwünscht, daß das schwierige Problem der „Flurbereinigung" zwischen Archiv und Bibliothek, das schon mehrmals grundsätzlich angeschnitten worden ist, in Deutschland endlich seiner Lösung näher gebracht würde.

Dabei darf aber von Seiten der Archivare nicht übersehen werden, daß auch die Archive vielfach, wenn auch in viel geringerem Umfange, Bibliotheksgut besitzen: zuweilen sind zusammen mit Klosterarchiven literarische und liturgische Handschriften in die Archive gelangt[21]); das Berliner Geheime Staatsarchiv (Rep. 92) und das Brandenburg-Preußische Hausarchiv in Berlin-Charlottenburg (Rep. 47) beher-

---

[21]) Häufig enthalten freilich solche liturgischen Handschriften auch geschäftliche Aufzeichnungen, die erst im Zusammenhange mit Archivalien fruchtbar werden.

bergten Manuskripte König Friedrichs II., die eigentlich rein literarischen Charakters sind; das Staatsarchiv Hannover besitzt die Originalmanuskripte der Dramen des Herzogs Heinrich Julius von Wolfenbüttel. Einen Streitpunkt bildet die Frage, wie weit Archive auf Behördenbibliotheken Anspruch erheben können, die im Zusammenhang mit den Geschäften der Behörde erwachsen sind. Um eine solche Spezialbibliothek handelte es sich z. B. bei der Sammlung von Druckwerken und Manuskripten, die sich das Preußische Heroldsamt aufgebaut hatte und die nach dessen Auflösung (1919) vom Justizministerium zwischen der Staatsbibliothek und dem Geh. Staatsarchiv aufgeteilt worden ist, ohne daß der grundsätzliche Anspruch des Archivs anerkannt worden wäre. Wenn auch nicht auf jede Behördenbibliothek, so wird das Archiv doch auf derartige Spezialbibliotheken, die in engem Zusammenhange mit der Registratur erwachsen sind und deren besserer Benutzung dienen, Anspruch erheben dürfen[22]).

Bibliotheksgut im eigentlichen Sinne unterscheidet sich vom Archivgut durch seine Zweckbestimmung: während Archivgut, wie wir sahen, einen rechtlichen oder geschäftlichen Endzweck hat, liegt dem Bibliotheksgut ein literarischer Zweck, die Absicht einer Mitteilung, Belehrung oder Erbauung zugrunde. Zum Bibliotheksgut gehört also z. B. die Zeitung, auch die geschriebene, die ja Mitteilungen machen will, ebenso wie das Gesetz- und Verordnungsblatt, das die Gesetze bekanntgeben will, oder das juristische Handbuch, das belehren soll. Der private Brief, der ja ursprünglich eine bloße Mitteilung darstellt, kann sich aber in Archivgut verwandeln, wenn er öffentliche Dinge behandelt oder sein Schreiber durch hohe Stellung hervorragt (z. B. Fürstenbriefe oder Briefe von Politikern mit politischem Inhalt).

Natürlich gibt es Übergangserscheinungen, bei deren Zuordnung wir auf den *Haupt*zweck achten müssen: Annalen und Chroniken gehören in die Bibliotheken, obwohl sie sich auf Geschichtliches beziehen. Dagegen gehören geschichtliche Stoffe enthaltende Staatsschriften oder historische Darstellungen zu prozessualen Zwecken in die Archive; denn hier ist der Zweck der Mitteilung und Belehrung nicht überwiegend. Die berühmten Relationen (Schlußberichte) der venezianischen Gesandten z. B. gehören, obwohl sie sich in ihrer geschliffenen Form wie literarische Produkte lesen, ohne Zweifel zum Archivgut. Literarische Nachlässe von Dichtern, Musikern, Künst-

---

[22]) Für die Büchereien von Gerichtsbehörden hatte übrigens s. Zt. der preußische Justizminister den Anspruch der Archive in gewisser Weise anerkannt, wenn er in den „Vorschriften über Aussonderung und Vernichtung der Akten bei Justizbehörden“ vom 31. 12. 1927, Kap. 3, Abs. 4 (Preuß. Justizmin. Bl. 1928 S. 2) bestimmte: „Vorstehende Vorschriften finden auch auf ältere Bücher rechtsgeschichtlichen Inhalts, die für die Gerichtsbüchereien nicht mehr von Wert sind, ... Anwendung.“

lern und Gelehrten werden, auch mit ihren geschäftlichen Teilen, der Bibliothek überlassen, die von Staatsmännern, Politikern, hohen Verwaltungsbeamten und Militärs dagegen von den Archiven in Anspruch genommen, da das Rechtliche oder Geschäftliche in ihnen zu überwiegen pflegt. Als Grundsatz gilt eben: die Nebensache folgt der Hauptsache.

Schrift und Druck an sich sind keine Kriterien für die Unterscheidung von Archiv- und Bibliotheksgut: es gibt gedruckte Mandate seit dem 16. Jh. und andererseits Handschriften literarischen Charakters. Im übrigen wird der Name „Archiv" häufig auf Sammlungen angewandt, die nicht nur keinen Archivcharakter tragen, sondern überhaupt kein Archivgut enthalten. Das Goethe- und Schiller- und das Nietzsche-Archiv in Weimar stellen nur Handschriftensammlungen dar und sind als Teile von Bibliotheken anzusehen; wenn sich auch darin Schriftstücke geschäftlicher Art befinden, so überwiegen doch der Schriftwechsel zu Mitteilungszwecken und die literarischen Manuskripte. Die sog. „Zeitungsarchive" sind im Grunde nur Spezialsammlungen. „Film-" und „Phonogrammarchive" enthalten in der Regel Bibliotheks- und Museumsgut und können Abteilungen technischer Museen bilden. Aber wenn sie in politische, rechtliche oder geschäftliche Zusammenhänge hineingehören und nicht nur dem Zweck der Unterhaltung und Belehrung dienen, können sie auch Archivgut sein; so ist z. B. das Filmarchiv des früheren Reichsarchivs und späteren Heeresarchivs zu Potsdam aus der Tätigkeit militärischer Dienststellen erwachsen, die diese Kriegsaufnahmen zu Propagandazwecken herstellen ließen.

2. *Sammlungstätigkeit der Archive*

Wir haben gesehen, daß im Gegensatz zu den Bibliotheken, die mehr oder weniger planmäßig *sammeln*, die Archive aus den Registraturen, für die sie zuständig sind, *erwachsen*. Der Begriff der „Sammlung", der etwas willkürlich und nach subjektiven Gesichtspunkten Zusammengebrachtes bezeichnet, widerstreitet also dem Wesen des Archivs; die ältere im 17. und 18. Jh. beliebte Bildung von Sammlungen („Collectanea", „Selecta") durch Auflösung von Archivkörpern im Wege der Sachauslese wird heute allgemein verabscheut. Und doch wird die Frage, ob Archive heute, unter der Herrschaft des Provenienzprinzips, *neben* den Registraturen, die ihnen auf Grund ihrer Zuständigkeit zufließen, noch Sammlungen anlegen dürfen, allgemein bejaht. Meinungsverschiedenheit besteht nur über die Grenzen solcher Sammlungstätigkeit, die von den einzelnen Archiven verschieden weit gezogen werden. Daß es aber auch hier für jedes Archiv eine durch räumliche und fachliche Zuständigkeit bestimmte Grenze geben muß, kommt schon in der

Forderung zum Ausdruck, daß Archive nur dasjenige sammeln sollen, was zur Ergänzung und besseren Erschließung der Archivalien dient, auf deren Aufnahme sie Anspruch haben.

1. Unter den Gegenständen der in Frage kommenden Sammlungen befinden sich sowohl solche die als Archivgut anzusprechen sind, wie solche, auf die diese Bezeichnung im strengen Sinne nicht mehr anwendbar ist. Gegenstände der Sammlung können zunächst Archivkörper selbst sein, nämlich solche, für die das Archiv zunächst nicht zuständig ist, die aber, wenn sie sich einmal vom Ort ihres Ursprungs oder aus der Hand ihres Eigentümers lösen, an keine andere Stelle gegeben werden sollten als gerade an dieses Archiv. Dazu gehören in erster Linie die sog. politischen Nachlässe von Staatsmännern, Politikern, Verwaltungsbeamten, hohen Offizieren usw., die ja meist in einem mehr oder weniger organischen Zusammenhange überliefert sind oder leicht in einen solchen gebracht werden können; solche Nachlässe, die den Archivkörpern nahestehen, sollten alle großen Archive unter Beachtung der Grenzen ihres Zuständigkeitsbereiches sammeln. Weiter gehören dazu die Registraturen und Archive von Städten, Landgemeinden, sonstigen öffentlichen sowie privaten Korporationen, Familien, Gütern usw., die freiwillig zur besseren Sicherung einem Archiv auf Grund eines Verwahrungsvertrages mit oder ohne Vorbehalt des Rückforderungsrechts überlassen werden.

2. Eine zweite Gruppe von archivalischem Sammlungsgut stellen die zerstreuten, aus jedem Zusammenhange geratenen Archivalien dar, die in manchen Archiven als „kleinere Erwerbungen" in rein chronologischer Folge zusammengefaßt werden. Unter Umständen werden solche Stücke aus Autographensammlungen erworben; vereinzelt handelt es sich dabei sogar um Stücke, die einstmals den eigenen Archivkörpern entfremdet worden sind, im allgemeinen aber sind es Archivalien fremder Provenienz, die von öffentlichen oder privaten Geschäftsstellen herrühren, auf deren Registraturen das Archiv keinen Anspruch hat. Voraussetzung für die Aufnahme ist, daß diese Geschäftsstellen im Sprengel des betreffenden Archivs lagen oder daß die Stücke durch Besitzwechsel in den Archivsprengel geraten sind oder daß sie sachlich in Zusammenhang mit dessen Zuständigkeitsbereich stehen. Solche verstreuten Archivalien erwirbt man jedoch nur dann, wenn sie nach irgendeiner Richtung hin geschichtlichen oder kulturgeschichtlichen Wert haben und inhaltlich die Möglichkeit zur Ergänzung der eigenen Archivbestände bieten.

3. Einen weiteren Gegenstand der Sammlungstätigkeit bilden die technischen Hilfsmittel zur besseren Erschließung der Bestände: Autographensammlungen sollten die Archive sich anlegen, um die Handschriften von Staatsmännern, Verwaltungsbeamten, Geschäftsführern, Gelehrten usw., die in den Akten wiederkehren, aber auch um die der früheren Archivbeamten, die sich in den Repertorien

wiederfinden, festzuhalten; durch Vergleich können dann wichtige Feststellungen über Herkunft von Randbemerkungen und Eintragungen in Akten und Amtsbüchern getroffen werden. Doch sollte man für diesen Zweck nach Möglichkeit nur inhaltlich belanglose Stücke, am besten Kassanda, auswählen. Gleichen technischen Zwecken dient die Sammlung von Wasserzeichen und Papierproben zur Altersbestimmung undatierter Schriftstücke, von Siegeln und Siegelstempeln, von Siegel- und Wappenabbildungen, von Stamm- und Ahnentafeln.

4. Vielfach werden aber auch Archivalien, die in einen registraturmäßigen Zusammenhang im Archiv gehören, nach formalen Gesichtspunkten zu „Sammlungen" zusammengefaßt: Karten, Pläne, Grundrisse usw. werden meist zu einer allgemeinen Kartensammlung vereinigt, in die dann auch Material fremder Provenienz gelangt; hier sollte man wenigstens jedem Stück die Herkunftsbezeichnung beifügen. Bei Urkunden ist unbedingt, wenn sie zu einer besonderen Urkundensammlung zusammengefaßt werden, der Provenienz- oder Registraturzusammenhang der „Urkundenfonds" zu wahren; denn auch die mittelalterlichen Urkunden, die ja keinen Zusammenhang mit Akten aufweisen, besitzen einen Provenienzzusammenhang, der durch den gemeinsamen Empfänger bestimmt ist. Das Gleiche gilt von der Vereinigung von Amtsbüchern verschiedener Provenienz in einer eigenen Abteilung.

5. Das jüngste Gebiet archivarischer Sammlungstätigkeit stellen die sog. „zeitgeschichtlichen Sammlungen" dar, wie sie unter den Staatsarchiven zuerst das Wolfenbütteler unter Zimmermann aufgebaut hat und deren Pflege sich nach dem ersten Weltkriege vor allem das Reichsarchiv zu Potsdam mit stark propagandistischer Betonung gewidmet hat. Hier handelt es sich nicht mehr um Archivgut außerhalb der dem Archiv zukommenden Registraturen, sondern im wesentlichen um Bibliotheks- und Museumsgut. Die Archive sollen die rasch vergänglichen Gegenwartsstoffe sammeln, die sich schon wenige Jahre nach ihrem Erscheinen dem Zugriff des Sammlers entziehen und die doch, weniger durch den meist geringen Eigenwert des einzelnen Stückes als durch den typischen Wert, den sie als Masse gewinnen, Ausdruck geistiger, sozialer und wirtschaftlicher Strömungen werden können: Maueranschläge (Aufrufe, Bekanntmachungen, Werbungen), Gelegenheitsschriften und -gedichte, Programme von Festlichkeiten und Festreden, private Briefe, Tagebücher und Stammbücher, soweit sie Ausdruck von Zeiterlebnissen sind (Soldaten-, Wandervogel-, Studentenbriefe usw.), Zeitungen, Zeitschriften und Presseausschnitte, Bilder von Zeitereignissen u. ä. Die Sammlung solchen Gegenwartsmaterials, das ja erst Geschichtsquelle werden soll, erfordert vom Archivar einen sicheren historischen Blick für den zukünftigen Quellenwert, wenn nicht die Gefahr entstehen soll, daß das Archiv mit wertlosen Papiermassen vollgestopft wird.

Aber der Begriff „Zeitgeschichte" ist hier nicht auf die Gegenwart beschränkt, sondern bezeichnet ganz allgemein den Charakter, die besondere Signatur, die eigenartige Atmosphäre eines Zeitraums. Darum gehören in solche Sammlungen auch ältere Flugschriften über Zeit- und Streitfragen, Augenzeugen- und Erlebnisberichte, historische Bilder und älteres Material der oben gekennzeichneten Art. Besonders wichtig ist dieser zeitgeschichtliche Stoff für die Erkenntnis der deutschen Einheitsbewegung von 1848/49, die sich ja weitgehend in außeramtlichen Bahnen bewegt hat, und darum hatte sich das Reichsarchiv zu Potsdam dieser Aufgabe besonders angenommen. Auf dem Gebiete der Wirtschaft widmen sich jetzt auch die modernen Wirtschaftsarchive der Sammlung zeitgeschichtlichen Materials.

Leitende Gesichtspunkte für jegliche Sammlungstätigkeit von Archiven sind die Beachtung 1. der Grenzen des Zuständigkeitsbereichs und 2. der Bedeutung des Materials für die Erschließung der eigenen Bestände. Betont werden sollte auch stets, daß die Sammlungstätigkeit nur eine Nebenaufgabe des Archivs darstellt. Die Überbetonung der Sammlungsaufgabe seitens des Reichsarchivs hat die bedenkliche Folge gehabt, daß man bei den obersten Reichsbehörden zu der Auffassung gelangt ist, Archive seien Sammlungen, auf die man das Aktenmaterial nach Belieben verteilen könne, wie dies der berühmte Erlaß des RMin. d. Innern vom 11. Dez. 1931 über die Verwertung von Akten für wissenschaftliche Zwecke (gedr. A. Z. Bd. 42/43 1934 S. 253f.) hinsichtlich der Akten der Reichsbehörden ausspricht.

3. *Fragen der Aktenkassation*

Die Kassation dürfte die verantwortungsvollste und schwierigste Aufgabe sein, die dem Archivar gestellt ist. Hier wird die Spannung zwischen Provenienz und Pertinenz besonders deutlich. Denn nach dem Provenienzprinzip dürfen ja Registraturen nicht zerrissen, höchstens — so hatte man in Preußen 1909 das Provenienzprinzip durch Pertinenz eingeschränkt — organisch geteilt werden, und doch scheint der Prozeß der Aktenaussonderung, der Loslösung des Ephemeren von dem dauernd geschäftlich oder historisch Wertvollen, der auch unter der Herrschaft des Provenienzprinzips als zulässig gilt, tief in den Körper der Registratur einzuschneiden und überall Stücke aus dem Zusammenhange herauszureißen? Wir werden sehen, daß eine recht verstandene Kassation keine Auflösung organisch erwachsener Zusammenhänge bedeutet, sondern im Gegenteil die Registratur von Ballast befreit, das Wesentliche des Organismus heraushebt und damit die Übersichtlichkeit und Benutzbarkeit erhöht; so ist sie letzten Endes ein Teil jener Maßnahmen, durch die eine Registratur in einen „Archivkörper" umgewandelt wird.

Wenn eine lebende Behörde Teile einer noch nicht abgeschlossenen Registratur an ein Archiv abliefert, dann wird diese Registratur ebenfalls nach reinen Sachgesichtspunkten, die hier von den Bedürfnissen der Behörde bestimmt werden, zerrissen. Aber diese Trennung bleibt doch etwas Vorübergehendes: wenn im Archiv das strenge Registraturprinzip gewahrt wird, so passen beide Teile zusammen und lassen sich später wieder ineinander fügen.

Kassationen hat es auch schon in den alten Archiven gegeben. In den älteren Behördenarchiven, d. h. den Archiven, die aus der reponierten Registratur einer Behörde erwachsen sind, haben zuweilen, wenn Raumnot eintrat, Kassationen stattgefunden, jedoch sehr ungleichmäßig und planlos: meist vernichtete man einfach die ältesten Bestände, die die Verwaltung nicht mehr benötigte, und traf damit häufig gerade die historisch wertvollsten. Die moderne planvolle Kassation durch den Archivar dagegen geht von allgemeinen Wertgesichtspunkten aus und knüpft mit ihrer Wertauslese irgendwie an den Typ der alten Auslesearchive an, die sich im Gegensatz zu den Behördenarchiven gebildet hatten. In diesem Sinne können wir das moderne Archiv als Synthese der beiden älteren, einander gegenüberstehenden Typen, des Behörden- und des Auslesearchivs, auffassen. Vom Behördenarchiv hat es die Wahrung der Geschlossenheit der Registraturen übernommen, die durch die Auslesearchive mehr oder weniger zerrissen wurden, vom Auslesearchiv jedoch das Wertprinzip. Nur findet die Auslese nicht wie bei jenen unter jeweils verschiedenen, überwiegend politischen Gesichtspunkten statt, sondern beruht jetzt auf allgemeinen Wertungsgrundsätzen.

Die als wertlos erachteten Akten müssen zur Kassation bestimmt werden. Bleiben sie erhalten, wie es neuerdings regelwidrig häufig zugelassen wird, sind sie doch nicht mehr als geschlossene Registratur anzusehen, weil ja das eigentlich Wesentliche in dem weiter aufbewahrten Teile liegt. Einen geschlossenen Archivkörper stellt nur der zur Aufbewahrung bestimmte Teil dar; die zur Kassation bestimmten Stücke können bestenfalls noch Teile einer Sammlung werden. Vor der neuerdings an verschiedenen Stellen hervortretenden Tendenz, Teile derselben Registratur an mehreren Orten aufzubewahren, also mehrere scheinbare Archivkörper nebeneinander zu formieren, ist zu warnen; sie bedeutet in jedem Falle eine Zerreißung der Registratur.

Für die *Durchführung der Kassation* sind alle nicht aus der Praxis erwachsenen, sondern theoretisch ersonnenen Vorschriften wertlos; bindende Grundsätze sind hier in allgemeiner Form überhaupt nicht möglich. Immer nur für bestimmte Registraturgruppen lassen sich nähere Richtlinien herausarbeiten (sog. „Gruppengrundsätze")[23].

---

[23]) Solche Gruppengrundsätze hat zunächst das Reichsarchiv zu Potsdam, das sich bereits bei seiner Gründung dem Massenproblem der militärischen und

Hier seien zunächst einige *Leitsätze* angeführt, die im Berliner Geh. Staatsarchiv auf Grund der Hilleschen Grundsätze (Korr.bl. 49. Jg. 1901 S. 26ff.) von H. O. Meisner vor längerer Zeit aufgestellt worden sind.

A) Das Kassationsproblem im allgemeinen

1. „*Die Entscheidung ist möglichst sofort endgültig zu treffen. Der Entschluß, Archivalien vorläufig aufzuheben, ist in der Regel gleichbedeutend mit ihrer endgültigen Erhaltung, da man aus Mangel an Zeit und Arbeitskräften später kaum auf die Sache zurückkommt.*“
2. „*Extreme sind zu vermeiden. Es ist nicht allzu ängstlich zu konservieren, um nicht die Archive zu verstopfen, und nicht allzu leichtfertig auszuscheiden, denn damit vernichtet man geschichtliches Leben. Das Richtige liegt in der Mitte.*“
3. „*Allzugroße Abstraktion ist vom Übel.*“
4. „*Das Alter ist zu respektieren. Vor dem Jahre 1600 dürfte kaum etwas kassierbar sein.*“

Hier wäre zu erwägen, ob der Zeitpunkt nicht noch weiter vorzuschieben ist; denn auch vom 17. Jh. ist noch nicht soviel vorhanden, daß seine vollständige Aufbewahrung eine zu große Belastung darstellte. Anderswo hat man viel jüngere Stichjahre angesetzt (z. B. Frankreich 1830, Italien 1861).

5. „*Archivalien, die für einen bestimmten vorübergehenden Zweck gedient haben, sind im allgemeinen zu kassieren, sobald ihr Zweck erfüllt ist, z. B. statistische Erhebungen, Wohnungsenqueten, Wahllisten, militärische Aushebungen usw. Es wird höchstens aufgehoben, was dabei schließlich herausgekommen ist, nicht das gesamte Material, das als Unterlage gedient hat.*“
6. „*Archivalien über den Werdegang einer dauernden Einrichtung sind im allgemeinen aufzubewahren, z. B. Akten aller Instanzen, als deren Produkt ein Gesetz, eine Verordnung oder eine irgendwie vim legis habende Folge entstanden ist.*“

---

kriegswirtschaftlichen Akten gegenübersah, i. J. 1924 aufgestellt: 1. Bestimmungen zur Kassation von Akten militärischer Behörden und 2. Richtlinien für die archivalische Behandlung der Aktenbestände kriegswirtschaftlicher Organisationen. In den letzten Jahren hatte die preußische Archivverwaltung dem Kassationsproblem ihre besondere Aufmerksamkeit gewidmet und für die verschiedenen Behördengattungen Gruppengrundsätze aufstellen lassen (veröff. in: Mitteil. der preuß. Archivverw. 1938ff., s. Lit. übers. Nr. 231), die vielfach auf die sog. „Motivenberichte“ zurückgehen, die jeder Archivar über die von ihm vorgenommenen Kassationen einzureichen hatte.

B) Das Kassationsproblem im Hinblick auf den Betreff der Archivalien (der materiale Gesichtspunkt)

1. *„Akten betr. Rechte des Staates an Immobilien (z. B. Domänen, Forsten, Gebäude) sind stets und in jeder Gestalt aufzubewahren. Die Akten betr. Verwaltung derartiger Besitzobjekte dagegen nur in Auswahl, soweit sie besonderes oder historisches Interesse besitzen.“*
2. *„Akten betr. Rechte von Privatpersonen oder nichtstaatlichen Instanzcn des öffentlichen Rechts sind im allgemeinen nur dann aufzuheben, wenn sie überwiegend sachliches Interesse darbieten (z. B. Grundakten, Hypothekenbücher, Fideikommiß- und Lehnsakten, Verleihungen von Gerechtsamen aller Art, Prozeßakten) oder wenn sie geeignet sind, typische Vorgänge oder Rechte erkennen zu lassen (z. B. Steuerakten über hohe Vermögen) oder irgendwie markante Persönlichkeiten betreffen.“*

C) Das Kassationsproblem im Hinblick auf den Ursprung der Akten (die Herkunft)

1. *„Bei jeder Behörde ist besonders auf die Akten zu achten, die sich auf die dieser Behörde irgendwie eigenen Verwaltungsaufgaben beziehen, z. B. Akten betr. Einrichtung, Instruktionen, Lokal- und Geschäftsverteilung, Personal.“*
2. *„Generalakten sind in erster Linie bei Zentralbehörden aufzubewahren. Die Generalakten nachgeordneter Stellen werden in der Regel durch das Vorhandensein der Generalakten der Zentrale überflüssig gemacht.“*

Generalakten werden wir im allgemeinen nur dort aufheben, wo sie wirklich aus der Geschäftstätigkeit erwachsen sind und daher in engem Zusammenhange mit den übrigen Akten stehen, wo sie — wie Meinert formuliert — Aussteller-, nicht aber Durchgangs- oder Empfängerüberlieferung darstellen. Dies kann unter Umständen auch für die Generalakten der staatlichen Mittel- und Unterbehörden zutreffen, die wir darum stets ebenfalls auf ihre Bedeutung für die Erkenntnis der Tätigkeit der Behörden überprüfen müssen.

3. *„Akten der Mittelbehörden, sofern sie deren eigene Verwaltung und nicht die Vermittlung zwischen oberer und unterer Verwaltung betreffen, sind aufzuheben, z. B. Forst- und Domänenakten der Regierungen im Gegensatz zu deren Steuerakten. Von den älteren Akten der Oberpräsidien, die ja früher mehr oder weniger Durchgangsbehörden waren, ist vieles kassierbar.“*
4. *„Spezialakten der Unterbehörden sind wichtig, soweit sie der Gegenstand der eigenen Verwaltungstätigkeit dieser Behörden sind. Es sind meist Unica, die bei keiner anderen Behörde wiederkehren.“*

5. „*Bei Gerichten sind die Prozeßakten nur soweit aufzuheben, als daraus dauernde Rechte und Institutionen ersichtlich sind, z. B. Rechte über Flüsse, Seen, Berge, Forsten, Fischerei, wichtige zeitgeschichtliche Ereignisse, politische Prozesse, Charakteristika für die sittlichen Zustände einer Zeit. Untersuchungsakten sind ebenso zu beachten wie eingeleitete Verfahren. Für die anderen Tätigkeiten der Gerichte (freiwillige Gerichtsbarkeit) gelten die allgemeinen Grundsätze, d. h. entscheidend ist, ob sie sachliches Interesse bieten.*“

Neuerdings ist die Kassationsfrage wieder in den Mittelpunkt der Diskussion getreten. Die preußische Archivverwaltung hat eine besondere Kassationskommission mit der Ausarbeitung von Richtlinien beauftragt. Sie ist zwar vor Beendigung ihrer Arbeit wieder aufgelöst worden (1940), aus ihrer Tätigkeit sind aber zwei wichtige, grundsätzliche Ausarbeitungen erwachsen: das Referat H. O. Meisners auf dem Archivtag zu Gotha (A.Z. Bd. 45 1939 S. 34ff.) und die Abhandlung H. Meinerts (Mitt. d. preuß. Archivverw. Jg. 1939 S. 103ff.).

Meisner hat endgültig aufgeräumt mit der alten Vorstellung, man könne Kassationen rein intuitiv, nach Fingerspitzengefühl vornehmen; er fordert vielmehr richtiges archivarisches Denken, das sich über jede Kassationsmaßnahme Rechenschaft ablegt. Die von ihm entwickelten Gesichtspunkte für die Ermittlung der Archivwürdigkeit nach Alter (Stichjahr, vor dem grundsätzlich nichts kassiert werden darf), inhaltlichem Wert und Verhältnis der Akten zum Arbeitsbereich der Behörde (General- und Spezialakten bei Ober-, Mittel- und Unterbehörden, Durchgangsakten) entsprechen im wesentlichen seinen oben angeführten Leitsätzen. Er ist sich freilich darüber klar, daß alle solchen Grundsätze etwas Relatives an sich haben und niemals als bindende Normen, sondern nur als Regulative anzusehen sind, die der verantwortungsbewußten Entscheidung des Archivars noch erheblichen Spielraum lassen.

Meinert hat vor allem den Gesichtspunkt der Herkunft stark betont: die Archivalien dürfen nicht als isolierte Einzelstücke betrachtet werden, sondern müssen nach ihrer Bedeutung für die Erkenntnis der Amtsstelle, von der sie stammen, deren Struktur und Arbeitsweise wie deren Verhältnis zu anderen gleich-, über- und untergeordneten Amtsstellen gewertet werden. Die Kassation nach inhaltlichen Gesichtspunkten sieht er richtig als ein „Wertungsgeschäft“ an, für das es feste Wertmaßstäbe zu finden gilt. Mögen auch unsere heutigen Wertmaßstäbe — Meinert findet sie in der menschlichen Gemeinschaft und ihren Ausprägungen in Volk, Staat und Kultur — allgemeinere Gültigkeit beanspruchen als die Wertgesichtspunkte der alten Auslesearchive, sie bleiben doch relativ und gegenwartsgebunden, und die schwierige Aufgabe des kassierenden

Archivars ist es, die möglichen künftigen Wertungsgesichtspunkte und Fragestellungen der Verwaltung und der Wissenschaft vorauszuahnen und zu berücksichtigen.

Für uns, die wir vom Gedanken des organischen „Archivkörpers" ausgehen, erhebt sich als wichtigstes Problem die Frage: Können wir eine Registratur, an der wir eine Kassation vornehmen, als „Archivkörper" aufrecht erhalten oder bedeutet ein derartiges Herausreißen von Einzelstücken nicht deren Zerstörung? Wir dürfen das Kassationsverfahren niemals so ansehen, als ob es sich dabei darum handelte, aus einer bloßen Sammlung einzelner Sachen Unwichtiges herauszuholen. Bei der Kassation muß vielmehr immer der Blick auf das Ganze, den Zusammenhang des „Archivkörpers", gerichtet sein; das einzelne Schriftstück darf nicht in seiner Bedeutung isoliert betrachtet werden. Dann wird auch die Kassation ein Teil jenes Prozesses werden, durch den der Archivar aus einer Registratur einen „Archivkörper" gestaltet[24]).

---

[24]) Ein derartiges Kassationsverfahren mit dem Blick auf das Ganze ist natürlich nur gegenüber bedeutenderen Registraturen, die wirklich die Umgestaltung zu einem „Archivkörper" lohnen, möglich. Gegenüber weniger wichtigen Registraturen, wie etwa Gerichtsregistraturen und denen unbedeutender Lokalbehörden, wird die Kassation zur bloßen Sachauslese werden, die nur Archivtrümmer hinterläßt. Um trotzdem Geist und Arbeitsweise der Behörde festzuhalten, wird man in solchen Fällen Spezimina aufbewahren. Br.

IV. GESCHICHTE DER ARCHIVTHEORIEN UND DER ARCHIVWISSENSCHAFT

1. *Theoretiker des 16. und 17. Jhs.* *(praktisch-induktive Einteilungsprinzipien, Archivrecht)*[25]

Die Entstehung der Archivkunde geht auf die Entfaltung der Zentralbehörden in den deutschen Territorien des 16. Jhs. zurück, auf die Ausdehnung ihres Wirkungskreises über den älteren Wirkungskreis der Kanzlei hinaus, die eine Vermehrung des Schriftverkehrs zur Folge hatte. Jetzt rufen die allmählich stärker werdenden Bedürfnisse der deutschen Territorialkanzleien und der aus ihnen hervorgegangenen oder mit ihnen in Zusammenhang stehenden sonstigen Zentralbehörden, die aus älterer Zeit aufgehäuften Akten und Urkunden in eine feste Ordnung zu bringen und so aus toten Aktendepots geordnete Registraturen zu schaffen, auch die Theoretiker auf den Plan, die meist aus der Beamtenschaft der Territorien stammen.

Vielleicht war bei den deutschen Territorien das Bedürfnis nach einer Sachordnung besonders dringend, und daher kommt es wohl, daß gerade in den deutschen Territorien die Archivtheorie ihre stärkste Ausbildung gefunden hat. Wo man die durch die Registerführung gegebene Serienordnung ausgebaut hat, wie in Westeuropa, gab es keine Probleme, weil man einfach fortlaufend verzeichnete und weil sich ja die Aufspaltung in verschiedene Registerreihen, denen man als den „Leitarchivalien" das lose Material angliederte, ganz von selbst aus den Geschäftsbedürfnissen der Kanzlei und aus der Tätigkeitsverteilung innerhalb der Behörde und zwischen den Behörden ergab. Hier hatten sich schon vor der starken Vermehrung des Aktengutes verschiedene Zentralbehörden mit eigenen „Registraturen" (Registerreihen) und einem großen Beamtenapparat entwickelt, die auch nach dem Anwachsen des Geschäftsverkehrs die alte eingeübte Serienform beibehielten und auf das neue Schriftgut ausdehnten; dadurch erwuchs ihnen freilich der Nachteil, daß sie später, als die deutschen Kanzleien das aus dem Aufgeben der Serienordnung entstandene Chaos überwunden und in der Sachregistratur eine

[25]) Zugrunde liegt der Darstellung der Archivtheorien des 16.—18. Jhs. im wesentlichen der Aufsatz von Hans Kaiser (Lit. Nr. 174). Br.

die Geschäftsführung erleichternde Ordnungsform ausgebildet hatten, in Rückstand gerieten.

In den deutschen Territorien blieb die alte Kanzlei weiterhin die Mitte für die verschiedenen aus und neben dem fürstlichen Rat erwachsenen Zentralbehörden, ohne daß man zunächst zu sachlich abgegrenzter Geschäftseinteilung gelangte, zumal da zwischen den Behörden weiterhin sachliche und personelle Querverbindungen bestehen blieben. Infolge des wachsenden Schriftverkehrs verlor man bald die Übersicht und die damit anhebende Verwirrung zwang zur Zusammenfassung der einzelnen Expedientendepots und zu einer Neuordnung der gesamten Kanzleibestände, für die man das Sachsystem wählte. Damit tauchte hier zum ersten Male das Problem der inneren Gliederung auf und im Registrator bildete sich ein neuer, sich allmählich von der Kanzlei lösender Beamtentypus heraus, der nun selbständig zu dem neuen Problem Stellung nehmen mußte.

Der erste Theoretiker gehört noch dem 16. Jh. an: *Jakob von Rammingen*, Sohn eines Praktikers, des Jakob Ramminger, des eigentlichen Begründers des württembergischen Staatsarchivs in Stuttgart. Der jüngere Ramminger verfaßte zwei Büchlein über das Archivwesen: 1. „*Von der Registratur und jren Gebäuwen (Gebäuden) und Regimenten* ...“ Heidelberg 1571. Hier finden wir zum ersten Male den theoretischen Versuch, der Registratur, also dem Archiv in unserem Sinne, ihren Platz in der Behördenorganisation, und zwar, in einer halb institutionell und halb ideell gemeinten Forderung sogleich einen selbständigen Platz anzuweisen, wie er erst seit der Zeit der französischen Revolution und auch nur annähernd geschaffen worden ist. Die Registratur erscheint ihm als das dritte Regiment neben Kanzlei und Rentkammer, also neben den Behörden für Politik und Justiz einerseits und für Finanzverwaltung andererseits. Die Registratur ist die Spitze der Obrigkeit und aller ihrer Befugnisse, Nutzungen und Güter, die sie nur durch das Archiv erhalten kann, das ihr die schriftlichen Unterlagen über diese bereit hält. Bei dieser seiner hohen Wertschätzung des Archivs ist es nicht verwunderlich, daß er starkes antiquarisches Interesse an der Geschichte des Archivwesens seit dem Altertum zeigt. Die hohe Einschätzung des Archivs gilt vor allem seiner staatlichen Stellung: das Archiv ist wesentlich für das praktische Interesse des Territorialstaates da. Daneben vertritt er eine soziale Auffassung von der Bedeutung des Archivs für die Erhaltung eines allgemeinen Rechtszustandes (entsprechend der damaligen protestantischen Anschauung vom Verhältnis zwischen Untertanen und Obrigkeit, die im göttlichen Auftrage auch Pflichten hat): „Die Registratur ist Herz, Trost und Schatz eines Herrn, der sie hält und unterhält, sowohl wie seiner Untertanen und armen Leute, ja aller seiner Nachbarn.“ Denn es wird rein nach Recht festgestellt, was dem Einzelnen gehört. Andere Gesichtspunkte, etwa wissenschaftliche, treten gar nicht hervor.

2. *„Summarischer Bericht, was es mit einer künstlichen und vollkommenen Registratur für eine Gestalt“* Heidelberg 1571: Im Mittelpunkt steht die Erörterung der Prinzipien, nach denen ein Archiv geordnet werden soll und die er den damaligen einfachen Verhältnissen des Territorialstaates und seiner noch einheitlichen Registraturen entnimmt. Er schlägt eine Scheidung vor in Causae domini (Angelegenheiten des Landesherrn), Causae subditorum (Angelegenheiten der Untertanen, also innere Angelegenheiten) und Causae extraneorum (auswärtige Beziehungen), die er alle drei jeweils wieder nach Realia und Personalia sondert, ganz ohne Rücksicht auf die Herkunft, deren Begriff er noch gar nicht kennt, obwohl bereits verschiedene Amtsstellen in Ausbildung begriffen sind. Diese Einteilung entspricht unserem induktiven Ordnungsprinzip.

Balthasar Bonifacius, venezianischer Rechtsgelehrter, *De Archivis liber singularis* (10 Kapitel) Venedig 1632: Er gibt hauptsächlich Lesefrüchte über Archivwesen. Hier erscheint schon der Begriff „Archiv“ statt des früheren „Registratur“. In seiner Definition des Archivs betont er den publizistischen Charakter der Archive, indem er ihnen nur Acta publica überlassen will. Als Jurist legt er den Archiven besondere Weihe bei, die sie nicht verloren haben, auch wenn sie nicht mehr in Tempeln aufbewahrt werden wie früher; denn sie dienen dem Schutz des Rechts. Als Systematiker erweist sich Bonifacius aber mit seinen Ordnungsvorschlägen: er teilt zunächst ein nach Orten, dann nach Sachen, schließlich nach Zeiten, hat also ganz abstrakte Gesichtspunkte, die nicht irgendwelchen besonderen Verhältnissen entnommen sind. Hier liegt also keine praktisch-induktive Grundlage mehr vor. Sein allgemeiner Ausgangspunkt ist die lokale Pertinenz; aber diese Gliederung ist sehr künstlich, weil dadurch eine Spannung zwischen Sachen, die ja doch eigentlich entscheidend sind, und Orten entsteht, und die Frage bleibt, welcher Ort denn für die Eingliederung maßgebend ist. Aber er hat selbst gewisse Bedenken: Ordo ipse quiddam divinum, doch dem Menschen ist es nicht gegeben, diese göttliche Ordnung vollkommen zu erfüllen.

Ahasver Fritsch, schwarzburgischer Kanzler, *„Tractatus de jure archivi et cancellariae“* (7 Kapitel) Jena 1664: Nach Betrachtungen zur Geschichte und über Nutzen und Zweck der Archive bietet er neue Formulierungen des Archivrechts: bei den bisherigen theoretischen Erörterungen hatte man unter den Archiven der Gegenwart nur die Archive der deutschen Territorien und Reichsstädte beachtet, erst Fritsch erkennt, daß Archive auch bei Städten bestehen, die nicht Reichsstädte sind. Aber das Recht zur Anlegung eines eigentlichen, echten Archivs (aktives Archivrecht) soll nach Fritsch nur dem Kaiser und den Reichsständen zustehen, weil es ein Ausfluß der Landeshoheit sei, das Archivrecht im passiven Sinne aber bezieht sich auf ein nach der Art der Archive abgestuftes Vorzugsrecht der in ihnen enthaltenen Urkunden hinsichtlich der Beweiskraft (und Dokumente für den prozessualen oder sonstigen Beweis bereitzuhalten, ist nach Fritsch der eigentliche Zweck der Archive). Ein Dokument aus dem Archiv des Kaisers oder eines Kurfürsten hat vor Gericht besonderen Wert, dagegen das Material der sog. unechten Archive nur geringen Beweiswert. — Erst der Zusammenbruch des alten Reichs hat diese damals allgemein anerkannten Theorien beseitigt und seitdem wurden auch die Archive nichtstaatlicher Korporationen und Privatpersonen anerkannt. Die Autorität des Archivmaterials hängt ja von seinem eigenen Wert ab, nicht von der Bedeutung des aufbewahrenden Archivs.

Aber in diesen Theorien klingt zum ersten Male das Herkunftsprinzip und die Frage der Zuständigkeit der Archive an, indem dem Archivmaterial, das bei dem Kaiser und den Kurfürsten erwächst, besonderer Wert zuerkannt wird. Die Theorie vom passiven Archivrecht hat im Brauch mancher Archivverwaltungen fortgelebt, einmal entfremdetes Archivgut nicht mehr als vollgültige Stücke zurückzunehmen, sondern sie höchstens Sammlungen einzuverleiben, weil man nicht sicher weiß, was mit diesem Material in der Zwischenzeit geschehen ist.

Georg Aebbtlin, „Tractatio de archivis atque registraturis vulgo Anführung zu der Registraturkunst“ Ulm 1669: Er betont stark die praktische Wichtigkeit des Archivwesens: „Die Registratur ist ein solch Regiment, das nicht allein anderen Regimentern dient, sondern auf welches andere Regimenter sehen, ja nach ihm regieren und ihre Regimina regulieren müssen.“ Hier spricht ein hoher Stolz des Archivars, der sich als Fundament des Staates fühlt. Das Wesentliche des Buches ist eine neue Organisationseinteilung, keine inhaltliche, sondern eine rein formale, mit der ein bereits von Jakob von Rammingen angeschlagenes Thema fortgeführt wird: „Jede vollkommene Registratur hat drei Corpora: 1. das wohlverschlossene, nicht allgemein zugängliche Archivum, das alle wichtigen Privilegien und Urkunden im Original enthält“ (also im wesentlichen das ältere Eingangsmaterial, Urkundenarchiv), „2. das Cartophylacium, das auch den Kanzleibeamten zugänglich ist; es enthält die vom Kanzellariat und vom Fiscus erwachsenen Akten“ (also Schriftmaterial neuerer Art seit dem 16. Jh., Aktenarchiv), „3. die Registratura: sie enthält die Repertorien zu allen Beständen und die laufenden Akten für den Geschäftsgang.“ Es folgen praktische Anweisungen für verschiedene Arten der Lagerung, Ordnung und Signierung. Hier wird deutlich, daß Archiv im eigentlichen Sinne und Registratur im modernen Sinne damals zwar gesonderte Abteilungen waren, die aber als Teile einer einzigen Stelle, der „Registratur“, aufgefaßt wurden.

Bei den Archivtheoretikern der Zeit findet sich also die Einteilung nach rein praktischen Gesichtspunkten: Fürst, Land und auswärtige Verhältnisse (Rammingen), daneben schon in der Mitte des 17. Jhs.

auch ein rein rationales Einteilungsprinzip (Bonifacius) und eine Einteilung, die mehr auf die Organisation der Archive hinweist, die in Briefarchiv (Urkundenarchiv) und Aktenarchiv (Aebbtlin). In dieser letzten Einteilung wirkt die Scheidung nach, die uns schon im späten Mittelalter begegnet, als das Urkundengut in verschiedenen sicheren Depots weit außerhalb der Kanzlei verstreut lag, und die man beibehielt, als diese Depots in der Nähe der Kanzlei zusammengezogen wurden.

Veit Ludwig von Seckendorff, Teutscher Fürstenstaat Frankfurt 1660: Während im 16. Jh. Registrator und Archivar dieselbe Person war, unterscheidet er vom Registrator, der in der Kanzleistube für die Aufbewahrung der Akten sorgt, den Archivarius, der das Briefgewölbe unter sich hat, „darin die Originalurkunden, allerhand Sachen zur Landesregierung gehörig, wie auch der Parteien geschlossene und abgeurteilte Sachen, in Schrift verwahrt und in Ordnung gehalten werden müssen." Im Briefarchiv liegen die alten Originalurkunden, deren Wert man jetzt wieder erkennt, und „allerhand Sachen zur Landesregierung", also gibt das Briefarchiv nur eine Auswahl von politisch besonders wichtigen Akten; auch Prozeßmaterial, besonders wichtige Rechtsentscheidungen, werden dort aufbewahrt. In das Briefarchiv gehört also neben dem älteren Eingangsmaterial nur eine Auslese aus dem übrigen Material; hier klingt das Organisationsprinzip des Auslesearchivs an, das später vor allem Bachmann (1801) definiert und theoretisch abgehandelt hat.

Noch weitere Theoretiker des 17. Jhs. haben sich mit der Rechtsstellung der Archive befaßt. *Jacob Bernhard Multz von Oberschönfeld* (Öttingischer Geheimrat), *De jure cancellariae et archivi* Öttingen 1692: Er vertritt ein neues Einteilungsprinzip, das er aus den realen Verhältnissen des kleinen Territorialstaates schöpft, und das beinahe schon ein Registratur- und Behördenprinzip darstellt. Allerdings meint er es nicht streng provenienzmäßig, sondern er teilt ein nach Verzweigungen der Zentralbehörden in Kirchenregiment (Konsistorien), politische Leitung und Justiz (Kanzlei und Ratsstube) und Finanzverwaltung (Kammer). Danach müssen die Archive geschieden werden in das Archivum ecclesiasticum, das Archivum politicum in specie Cancellariae und das Archivum camerale (Kammerarchiv der Finanzbehörden). Hierin scheint sich eine völlige Trennung der zentralen staatlichen Archive nach den verschiedenen Verwaltungszweigen anzukündigen; aber dieses Einteilungsprinzip schillert bei Multz zwischen Sache und Herkunft, er denkt noch nicht daran, die Archive ausschließlich nach der Herkunft zu sondern.

Auch diese Gedankengänge sind weitergesponnen worden: als die Vorerörterung für die Konstituierung des Haus-, Hof- und Staatsarchivs in Wien begann und man sich überlegte, was hineingehören und wie man gliedern sollte, griff der mit der Organisation beauftragte Hofrat Taulow von Rosenthal auf eine ähnliche Teilung zurück, die man dann allerdings nicht ausgeführt hat (diese Gedankengänge hat Taulow nicht von Multz selbst, sie lagen also damals durchaus in der Luft). Aber Taulow hat nicht beabsichtigt, drei getrennte Archive einzurichten, sondern nur eine gewisse Richtung für die innere Ordnung geben wollen. Im Grunde liegt hier noch ein Sachprinzip vor, der Gedanke der Herkunft lag allen diesen Theoretikern noch durchaus fern; dazu war der zentrale Behördenkörper noch nicht differenziert genug. Immerhin kündet sich hier schon etwas Neues an, nämlich das Fach- und das Behördenarchiv; man bildet nicht mehr eine Generalregistratur, sondern die Behörden bewahren die Akten bei sich auf und daraus entstehen schließlich Behördenarchive. Es war eben doch nicht dazu gekommen, daß das Archivwesen ein eigenes Regiment darstellte.

Die Ergebnisse der gelehrten Traktate der Juristen und Fachleute sind dann zusammengefaßt dargeboten worden durch den Archivar der Stadt Straßburg, *Jacob Wencker*: *1. Apparatus et instructus archivorum ex usu nostri temporis vulgo Von Registratur und Renovatur* Straßburg 1713, vermehrt durch Urkundenbeilagen des Straßburger Stadtarchivs und Mitteilungen über die Archive verschiedener Reichsstädte, die ihm als Straßburger Archivar besonders nahe lagen. Diese Mitteilungen verraten den geschulten Praktiker, das Werk stellt nur eine Zusammenfassung dar und bietet wenig Neues.

In einem zweiten großen Sammelwerk hat Wencker dann alle bisher genannten und weitere hier nicht genannte Traktate des 17. Jhs. nochmals abgedruckt und so, in einem Corpus kodifiziert, dem 18. Jh. überliefert, das für uns die Hauptquelle zur Geschichte der Theorien des 17. Jhs. bildet: 2. *Collecta archivi et cancellariae jura* ... Straßburg 1715.

2. *Theoretiker des 18. Jhs.*
(rational-deduktive Ordnungsschemata)

Der juristische Formalismus, der den Theorien des 17. Jhs. seine Signatur gegeben hatte, erlosch im 18. Jh. nicht ganz. Noch *Johann Stephan Pütter* hat in seiner „*Anleitung zur juristischen Praxis*" Göttingen 1753, worin überall Archive erwähnt werden (bes. im 3. Teil: „Von Archiven"), vom Standpunkte des praktischen Juristen aus zur Einrichtung und Ordnung eines Archivs Stellung genommen.

Die archivarischen Fachleute, die am Ende des 18. und im Anfang des 19. Jhs. die Theorien fortgebildet haben, waren im allgemeinen vom Geist des Rationalismus erfüllt. Überall herrschte jetzt das Bestreben vor, das beste und allgemein gültige Einteilungsschema der Archive zu finden. Gedankengänge, die die innere Ordnung betreffen, stehen in dieser Zeit im Vordergrunde. Das Bestreben geht dahin, eine alle Einzelbestände zusammenfassende und vermischende Einteilung nach Sachen, denen sich eine topographische und chronologische Gliederung in der Regel unterordnet, zu finden. Mit der fortschreitenden Ausbildung der Behörden war die Ordnung von Akten aus verschiedenen Zeiten und von verschiedenen Behörden notwendig geworden, der Gedanke der Herkunft lag völlig fern und so mußte man, um all das Wesensverschiedene zu bewältigen, ein Einteilungsprinzip finden, das für alle Zeiten und für alle Verwaltungsverhältnisse gültig sein konnte.

Nur ein Einziger, der Geheime Archivar auf der Plassenburg, *Philipp Ernst Spiess*, hat sich diesem Geiste nicht unterworfen: auch er sieht in seiner Schrift „*Von Archiven*" Halle 1777 in den Archiven „ein Kleinod, eine Brustwehr wider alle Ansprüche widrig gesinnter Nachbarn", von dem die Ruhe des Staates abhängt. Bei ihm tritt also noch der außenpolitische Gesichtspunkt hervor, während vorher nur das juristische Moment im Vordergrunde stand. Ihm ist die praktische Bedeutung entscheidend, aber er fordert vom Archivar auch umfassende wissenschaftliche Ausbildung, der Archivar soll nicht nur Praktiker sein, Rechtswissenschaft, Geschichtswissenschaft, Registraturkunde beherrschen, sondern auch in allen Gebieten der historischen Hilfswissenschaften bewandert sein. Er hält die Mitteilung gemeinnütziger Nachrichten an Forscher zur Vermeidung falscher Angaben in wissenschaftlichen Büchern für erforderlich, sieht also eine wissenschaftliche Benutzung für notwendig an, allerdings nur für gelegentliche Korrekturen. Er hat also als erster in der Theorie — in der Praxis gab es schon früher wissenschaftliche Benutzung — das Archiv für wissenschaftliche Benutzungen zur Verfügung gestellt. Bezüglich der Archivalien fordert er Zusammenziehung, soweit sie zerstreut sind. Er behandelt die Probleme der Aktenkassation und fordert die Anlegung archivalischer Hilfsmittel einschließlich wissenschaftlicher Bibliothek.

Auch Spiess war von einem allgemeinen Archivplan ausgegangen. Er hat nun aber gefunden — und dies ist das Bemerkenswerte —, daß die Bestände sich nicht restlos in seinen schönen rationalen Plan einordnen lassen. Er bekennt vielmehr: „Die Erfahrung hat mich bishero belehrt, daß der beste Plan derjenige ist, den die Urkunden selbst an die Hand geben." (§ 27). Hier ist also das induktive Prinzip bewußt durchgeführt, während es vorher nur unbewußt angewandt worden ist. Man muß also, je nach den Verhältnissen, den Beständen selbst ablauschen, wie sie geordnet werden müssen, was sie in sich selbst für eine Ordnung tragen, denn jeder Bestand trägt in sich seinem Inhalt nach verschiedene Gliederungen, und die bestmögliche muß man herausfinden. Er hofft, nach Prüfung seiner Bestände einen Ordnungsplan vorlegen zu können. Diese bewußt induktive Methode, der die Zukunft gehörte, taucht hier zuerst einmal blitzartig auf und aus ihr erwächst später das Provenienzprinzip.

Der kursächsische Archivregistrator *Carl Gottlob Günther* („*Über die Einrichtung der Hauptarchive, besonders in teutschen Reichslanden*" Altenburg 1783) ist reiner Systematiker in Anlehnung an Pütter. In ähnlichen Bahnen wandeln dann *Johann Christoph Gatterer* in seiner „*Praktischen Diplomatik*" Göttingen 1799, *Friedrich Stuss* („*Von Archiven*" Leipzig 1799) und das Muster dieser Gattung *Karl Friedrich Bernhard Zinkernagel* („*Handbuch für angehende Archivare und Registratoren*" Nördlingen 1800), der das umfassendste System entwickelt, aber einen von vornherein fertigen Registraturplan vorlegt, der als der beste, stets anwendbare gepriesen wird.

Georg August Bachmann (Herzogl. Zweibrückischer Geheimer Archivar), „*Über Archive, deren Natur und Eigenschaften, Einrichtung und Benutzung nebst praktischer Anleitung für angehende Archivbeamte in archivalischen Beschäftigungen*" Amberg und Sulzbach 1801: Er rückt vom Gedanken eines mehr oder weniger immer passenden Generalarchivplans ab, weil ihm die Verschiedenheit der örtlichen Verhältnisse zu groß zu sein scheint; trotzdem legt er das Muster eines Ordnungsplans für ein fürstliches Archiv vor. Nach seiner Auffassung ist die jeweils richtige Ordnung den staatsrechtlichen Verhältnissen des betreffenden Landes zu entnehmen, nicht den Archivalien selbst, wie nach Auffassung von Spiess.

Damit dieser Archivplan besser durchzuführen ist, hält Bachmann es für nützlich, daß er auch der Einteilung der Registraturen, aus denen Material in Auswahl an das Archiv gelangt, zugrunde gelegt wird. Denn darin lag ja hauptsächlich das „Unglück", daß die Behörden ihre Registraturen nach ihren eigenen Bedürfnissen und nach ihrer eigenen Geschäftsordnung anlegten; und wenn man dann das aus den verschiedenen Registraturen ausgelesene Material im Archiv zusammenfügen wollte, paßte es nicht zusammen. Bachmann meint, daß der „Fehler" im Ursprungsorte liege, nicht in der Ordnung der Archive, sondern der Registraturen, die er daher alle einheitlich geordnet zu sehen wünscht. Bachmann empfindet durchaus richtig den Zusammenhang zwischen Archiv und Registratur: er ahnt den Kernpunkt des Problems, gewisse Übereinstimmung zwischen Archiv und Registratur zu schaffen, aber für ihn ist nicht die Gestalt, zu der die Registratur im Geschäftsgange erwachsen ist, maßgebend, vielmehr soll die staatsrechtliche Theorie des Archivars, nicht die lebendige Wirksamkeit der Behördenorganisation, der Registratur das Gesetz diktieren.

Er gesteht zwar verschiedene Einteilungen in verschiedenen Ländern zu, aber innerhalb eines Landes will er uniformieren. Das Archivwesen ordnet er ganz in die Staatstätigkeit ein: der Archivar ist für ihn nicht Antiquar, sondern ein schöpferisch dem staatlichen Leben dienender Beamter; Gutachten und Deduktionen bedeuten seine wichtigste Aufgabe, er muß politische Bedürfnisse befriedigen. Wissenschaftliche Arbeiten werden daneben zugelassen, besonders soweit sie für das Archiv und seine Haupttätigkeit von Nutzen sind; und als in solchem Sinne nützlich sieht Bachmann auch die Archivgeschichte an, denn Abrisse der Geschichte der Archive bringen ungemein viel Akten und Umstände ans Licht, die praktisch brauchbar sind. Bachmanns Archiveinteilung hat auch eine gewisse historische Bedeutung erlangt, besonders in den bayrischen Archiven ist sie wirksam geworden.

Diese Archivtheorien des 18. und beginnenden 19. Jhs. haben vielfach auch auf die Einteilung der Registraturen Einfluß gewonnen, weswegen wir zahlreiche nicht der Behördentätigkeit angepaßte Registraturen aus dieser Zeit haben.

Die theoretischen Erörterungen „mechanischer" (rationaler) Ordnungsprinzipien hörten auch im 19. Jh. noch nicht auf: *Josef Anton Oegg*, *„Ideen einer Theorie der Archivwissenschaft"* Gotha 1804 stellt vier Systeme der Urkundeneinteilung auf: das chronologische, Personal-, Real- und Lokalsystem. — Der Archivar des Kantons Aargau *Franz Xaver Bronner* (*„Anleitung, Archive und Registraturen nach leichtfaßlichen Grundsätzen einzurichten und zu besorgen"* Aarau 1832) schlägt als Haupteinteilung vor: Realien mit „scientifischer" Gliederung, Localien mit geographischer Gliederung und Personalien mit alphabetischer Anordnung. — Sogar 1869 erschien noch einmal ein solcher schematischer Versuch: *Karl Menzel*, *„Über Ordnung und Einrichtung der Archive"* (Histor. Zschr. Bd. 22 1869 S. 225ff.), der letzte Ausläufer dieser Theorien. Noch bis in die neuere Zeit befassen sich manche Handbücher mit solchen Theorien[26]).

3. *Meinungsstreit der preußischen Theoretiker Erhard, Hoefer und von Medem*

(Zweckbestimmung und Organisation der Archive)

Schon zu Anfang des 19. Jhs., in der Zeit der Umwälzung des ganzen Archivwesens, zu der die französische Revolution den Anstoß gegeben hatte, tritt das Bedürfnis hervor, in einer eigenen periodischen Zeitschrift die aktuell gewordenen Fragen zu erörtern. Der erste derartige Versuch ist allerdings nicht zur Entfaltung gekommen: die *„Zeitschrift für Archivs- und Registraturwissenschaft"*, die vom Archivar Paul Österreicher und vom Oberregistrator F. Döllinger in Bamberg herausgegeben wurde, ist nur in 4 Heften erschienen (1806). Österreicher steht nicht mehr auf dem Standpunkt einer lebendigen Wechselbeziehung zwischen Archiv und Registratur, nach seiner Auffassung ist das Archiv fast ausschließlich für Urkunden bestimmt.

---

[26]) Weitere ältere Literatur bei L. Rockinger in: Dt. Staatswörterbuch Bd. I (1857) S. 312 Anm. (Lit. Nr. 146.)

Das zweite derartige Unternehmen, die „*Zeitschrift für Archivkunde, Diplomatik und Geschichte*", die vom Geheimen Kabinettsarchivar in Berlin L. F. Hoefer, dem Archivar in Münster H. A. Erhard und dem Archivar in Stettin F. L. von Medem herausgegeben wurde, brachte es auf zwei stärkere Bände (Hamburg 1834—36). In dieser Zeitschrift erhob sich ein Disput zwischen den Herausgebern selbst, der für die damalige Übergangszeit sehr charakteristisch ist.

Infolge der französischen Revolution und der Auflösung des alten Reichs und damit des ganzen Privilegienwesens des Ancien régime waren viele Institutionen, deren rechtliche Unterlagen im Archiv gelegen hatten, zusammengebrochen. Jetzt hatte die praktische Bedeutung der Archive für die Verwaltungsbehörden und das Gerichtswesen abgenommen; „Seele des Staatswesens", „Herz, Trost und Schutz des Landesherrn", „Brustwehr des Staates" konnte man jetzt die Archive nicht mehr nennen. Auf der anderen Seite war unter dem Einfluß der Romantik die Liebe zur Heimatgeschichte erwacht. Zünftige Gelehrte und Dilettanten begannen nun an die Pforten der Archive zu klopfen. Welche Richtung sollte jetzt die Entwicklung der Archive nehmen? Wohin sollten sie im Behördensystem des Staates eingeordnet werden? Sollten sie Verwaltungsbehörden bleiben oder in das Lager der wissenschaftlichen Anstalten übergehen?

F. L. von Medem weist in seinem Aufsatz: „Zur Archivwissenschaft" (Zeitschrift Bd. 1 S. 1ff.) in Anspielung auf die Folgen des Reichsdeputationshauptschlusses darauf hin, daß jetzt viele Archive ihren „publizistischen Charakter" verloren hätten und durch die Vereinigung mit einem größeren Ganzen in ein neues Verhältnis getreten seien (die Archive der geistlichen Staaten z. B. waren von deren Rechtsnachfolgern übernommen worden, die aber an ihnen kein aktuelles Interesse mehr hatten; sie standen daher fast ausschließlich der wissenschaftlichen Benutzung zur Verfügung). Das Staatsinteresse erfordere aber, diese historisch zusammengefügten Archive zu eigenen Institutionen zu organisieren, die für den Staat verschiedenartigen Wert haben, auch für das äußere Leben und die praktischen Staatszwecke gewisse Bedeutung behalten, besonders aber der Geschichtsforschung reiche Quellen bieten könnten. Daraus erwachse dem Archiv eine gedoppelte Natur und darin liege sein eigentliches Wesen: die Archive gehörten der Vorzeit wie der Gegenwart an und könnten von dem mit der Vorzeit beschäftigten Forscher wie von dem in der Gegenwart sich bewegenden Verwaltungsbeamten mit gleichem Nutzen ausgewertet werden. Aus dieser Doppelheit ergibt sich ihm folgende Einteilung der Archive: 1. Urkundenarchiv, das auch die Amtsbücher und die ältesten Briefschaften enthält, und 2. eine einzige Archivregistratur, die die nach kritischer Sichtung für aufhebenswert befundenen Akten umfassen soll; diese muß in enger Verbindung mit den laufenden, ausschließlich praktischen

Zwecken der Gegenwart dienenden Registraturen der modernen Verwaltungsbehörden stehen, da sie sich ja aus diesen ergänzen soll, während die Bedeutung der Urkunden für die praktischen Staatszwecke zurücktritt. Man kann das Archiv den Akademien und Universitäten oder auch den mit der eigentlichen Staatsverwaltung betrauten Behörden zuordnen. Da aber letzten Endes der Staat es ist, der auch für die Wissenschaft sorgt, empfiehlt es sich, das bestehende Band zur Verwaltung hin nicht abreißen zu lassen und die Archive den Administrationsbehörden anzureihen, allerdings unter der Bedingung, daß sie in diesem Verband als selbständige, organisierte Behörden, nicht mehr bloß als Anhängsel von Verwaltungsbehörden erscheinen. So wird auch dem wissenschaftlichen Interesse am besten Rechnung getragen. Im übrigen sind beide Interessen, das wissenschaftliche und das praktische, gleichberechtigt; die Bearbeitung der Urkundenabteilung soll mehr wissenschaftlich sein, in der Archivregistratur eine dem Registraturdienst entsprechende Verwaltungstätigkeit vorherrschen. Daher sollen Wissenschafter als Leiter und Archivregistratoren als Beamte nebeneinander arbeiten.

Nach *Heinrich August Erhard* (Ideen zur wissenschaftlichen Begründung und Gestaltung des Archivwesens Zschr. Bd. 1 S. 183ff.) läßt sich der Begriff des Archivs nicht aus der Geschichte ableiten. Darum stellt er eine für seine Zeit gültige, die erste moderne Definition des Begriffs „Archiv" auf: „Ein Archiv im allgemeinen ist eine Sammlung, auf dem Wege der Geschäftsführung entstandener, in sich abgeschlossener, als Belege für geschichtliche Verhältnisse dienender schriftlicher Nachrichten". Er erläutert seine Definition folgendermaßen: „Das Archiv grenzt hiernach an zwei verwandte, aber doch ganz bestimmt verschiedene Institute: auf der einen Seite an die Bibliothek, die nebst anderen auch solche Sammlungen umfaßt, welche sich auf die Geschichte beziehen und zu Belegen für dieselbe dienen, sich aber von dem Archive dadurch unterscheidet, daß die in ihr aufbewahrten Gegenstände nicht unmittelbar auf dem Wege der Geschäftsführung, sondern auf dem Wege des literarischen Forschens und Arbeitens entstanden sind; und auf der anderen Seite an die Registratur, die zwar schriftliche, auf dem Wege der Geschäftsführung sich ergebende Verhandlungen umfaßt, aber nicht für die abgeschlossenen, sondern für die noch im Laufe der Geschäfte fortgehenden bestimmt ist."

Obwohl nun das Archiv sich aus der Registratur ergänzt, so ist Erhard doch der Meinung, daß es der Bibliothek näher stehe, denn es nimmt gleich der Bibliothek historisch vollendetes Material in sich auf und verändert sich trotz dem Wechsel der äußeren Verhältnisse wegen der Abgeschlossenheit seiner Bestände in seinem inneren Wesen nicht. Ein Archiv kann also nach denselben feststehenden Gesichtspunkten aufgebaut werden wie eine Bibliothek, im Gegensatz zur Registratur, die sich ja mit der Entwicklung der

Amtsstellen verändert. Vor allem die Landesarchive, die die wichtigsten Materialien der Landesgeschichte bewahren und deren höchste Aufgabe es ist, der Wissenschaft zu dienen, gehören zu den wissenschaftlichen Instituten. Damit dem Archiv der Charakter eines wissenschaftlichen Instituts gewahrt werde, braucht man es nicht auf seine eminent historischen Teile, die mittelalterlichen Urkunden, zu beschränken, sondern auch die Akten haben eine noch nicht genügend erkannte und geschätzte historische Bedeutung. Nur soll man lediglich solche Akten aufnehmen, die 1. ganz abgeschlossene Verhandlungen enthalten und 2. für die geschichtliche Erkenntnis noch von Wichtigkeit sind.

Für die Wichtigkeit und Aufbewahrungswürdigkeit der Akten und Urkunden stellt Erhard besondere Wertmaßstäbe auf, die als Vorläufer unserer modernen Richtlinien für Kassation anzusprechen sind. Sie laufen hinaus auf eine sehr enge und knappe Auslese, auf eine Ausschließung sehr wesentlichen archivalischen Materials, was sich tatsächlich in Magdeburg und Münster, wo Erhard tätig war, stark ausgewirkt hat. Bezüglich seines Begriffes der Wichtigkeit lehnt er einen Unterschied zwischen einem geschichtlichen und einem Verwaltungsinteresse ab; er erkennt nur den Wert der Archivalien als geschichtlicher Belege an, da sie ja abgeschlossene Verhandlungen enthalten, woran ein Verwaltungsinteresse zwar möglich, aber dann von einem geschichtlichen Interesse nicht wesensverschieden ist. Den Begriff „abgeschlossene Verhandlungen“ versteht Erhard aber im strengsten Sinne: „Über Domänen, Forsten, Steuern und Abgaben sowie Stiftungen, die noch heute bestehen, dürfen irgendwelche Verhandlungen nicht in die Archive gelangen.“ Erst wenn Domänen verkauft, Steuern und Abgaben abgelöst, Stiftungen aufgelöst sind, öffnen sich die Tore des Archivs den betreffenden Unterlagen. Bis dahin gehören die Akten, wenn sie in der kurrenten Registratur nicht mehr bleiben können, in die „alte oder reponierte Registratur“, die für ihn kein Archiv, auch keine verbindende Mitte zwischen Registratur und Archiv, sondern ein Bestandteil der Behördenregistratur ist. In jedem Fall aber will Erhard Urkunden und Akten der neuen Periode, selbst wenn sie bereits abgeschlossene Verhandlungen betreffen, vorerst aus dem Archiv ausschließen.

Auch wenn das Archiv seinen Stoff von den Amtsstellen bezieht, so muß es doch den wissenschaftlichen Anstalten des Landes angeschlossen werden, denn als Anhängsel einer der Verwaltungsbehörden würde das Archiv an Ansehen verlieren und in seinem wissenschaftlichen Charakter gemindert werden. Andererseits fürchtet Erhard, daß die Archive bei einer Verbindung mit den Universitäten aus dem unmittelbaren Gesichtskreis der Staatsbehörden gerückt und zu nebenher laufenden Universitätsinstituten, zum bloßen Mittelpunkt gelehrter Forschung werden könnten; er hatte wohl das warnende Beispiel des Breslauer Archivs vor Augen, das sich zu eng an die Universität angeschlossen hatte. Am besten sei deshalb eine ganz freiständige Stellung als wissenschaftliche Staatsanstalt unter Aufsicht einer möglichst hohen Staatsbehörde, die der Archivverwaltung möglichst freie Hand läßt und eine weitgehende wissenschaftliche Nutzung, soweit nicht in einzelnen Fällen politische Rücksichten dagegen sprechen, zuläßt.

Was die Verteilung der Archive im Gesamtstaat anbelangt, so spricht er sich für eine Konzentrierung aus, ist aber gegen eine völlige Zentralisierung innerhalb Preußens. Am meisten verspricht er sich von der Gründung von Provinzialarchiven, über denen ein „Haupt- und Generalarchiv" in Berlin stehen soll. Für die Abgrenzung der Archivzuständigkeit wollte er allerdings territoriale Pertinenz angewandt wissen.

Angesichts seiner Betonung des wissenschaftlichen Charakters der Archive ist es nicht überraschend, daß Erhard für ein allgemein gültiges Ordnungsschema eintritt. Das Sachprinzip entnimmt er dem Bibliothekswesen und lehnt es ausdrücklich ab, die Archivalien nach der Herkunft von den Amtsstellen zu unterscheiden — interessant ist, daß er den Herkunftsgrundsatz überhaupt kennt —, da die Archivalien gewöhnlich bei der Art ihrer Überlieferung unvollständig seien und der Ergänzung und Vervollständigung im Rahmen einer Sachgliederung nach wissenschaftlichen Betreffen bedürfen. Die Hauptabteilungen will er allerdings sowohl bei den Akten wie bei den Urkunden nach Territorien und Landesteilen aufstellen, „von denen sich die Archivalien herschreiben." Er versteht darunter keine ausgesprochene territoriale Provenienz d. h. gesonderte Territorialarchive im Sinne der Ordnung Lacomblets in Düsseldorf, innerhalb deren über alle Behördenprovenienzen hinweg sachliche Gliederung herrscht, sondern ihm schwebt eine territoriale oder lokale Pertinenz vor, innerhalb deren größere zusammenhängende Bestände territorialer Provenienz erhalten bleiben (als Beispiel führt er sein Schema der Urkundenabteilung des Staatsarchivs Magdeburg an). Innerhalb der territorialen Gruppen sieht er Unterteilung nach Sachbetreffen vor. Sein Sachprinzip ist eine Mischung von deduktivem und induktivem Verfahren: seine Schemata beanspruchen keine Allgemeingültigkeit; jedoch sollen die Hauptglieder möglichst in gleicher Reihenfolge wiederkehren. In diese nach Pertinenz geordneten staatlichen Archivalien empfiehlt er die Archivalien der Klöster, Stifter und Korporationen einzuverleiben, falls nicht die Wahrung gesonderter Fonds besonders begründet ist. Falls sie nicht eingegliedert werden, sollen sie dasselbe Einteilungsschema befolgen wie die großen Territorialgruppen.

Hinsichtlich der Organisationsformen erstrebt Erhard die Bildung von Archiven nach Ausleseprinzip; er will diesen Archivtyp, den es von früher her in mancherlei Variationen gab, in seiner eigenen Zeit in einer ganz bestimmten, nämlich theoretischen Richtung fortsetzen als wissenschaftliches Auslesearchiv. Das Gegenstück zum Typ des Auslesearchivs ist das Behördenarchiv, das geschlossene Behördenregistraturen bewahrt, eben das was Erhard „reponierte Registratur" nennt. Hier ist immerhin noch die Wahrung von Registraturzusammenhängen möglich, auch wenn man für die innere Gliederung ein Sachprinzip wählt. Für den Typ des Auslesearchivs dagegen ist es charakteristisch, daß die Registraturzusammenhänge zerrissen sind; daher empfindet Erhard hier die Provenienz als Fragment und sucht folgerichtig einen neuen geistigen Zusammenhang durch sein Sachschema herzustellen.

L. F. Hoefer („Über Archive und Registraturen" Zschr. Bd. 1 S. 248ff.) hält die enge Verbindung zwischen Archiv und Registratur für wünschenswert. Ursprünglich seien die beiden als getrennte Begriffe gar nicht zu denken gewesen, erst das allmählich sich einstellende Bedürfnis, für jeden Geschäftskreis eine gesonderte Registratur einzurichten, habe das Archiv in den Hintergrund gedrängt und in Vergessenheit geraten lassen. Erhards enge Definition der „abgeschlossenen Verhandlungen", die das Archiv völlig von jeder Beziehung zur Registratur abschneiden und zum bloßen Antiquitätenkabinett machen würde, lehnt er ab. Das Vorbild des Berliner Geheimen Staatsarchivs, dem Hoefer angehörte und das ja in erster Linie die reponierte Registratur des Geheimen Rats gewesen war, wird unmittelbar deutlich.

Für eine Instruktion zur Ordnung der Archive lassen sich nach Hoefer nur Grundzüge geben, weil jedes Archiv sein eigenes Wesen hat. Er kennt die alte gefestigte Einteilung im Geheimen Staatsarchiv, die lange in Geltung war, und verzichtet daher auf neue Ordnungsvorschläge. Ihn beschäftigt nicht die Frage, wie weit die Archive wissenschaftliche Anstalten seien. Für ihn ist das aktuelle Problem, ob und wie weit die Verbindung des Archivs mit der Registratur, die in Berlin mit dem Verschwinden der Geheimen Etatskanzlei zerrissen war, wieder hergestellt werden kann. Er strebt zurück zu den Grundlagen des Behördenarchivs, will aber darüber hinaus fortschreiten zum Hauptarchiv, wie es mehr oder weniger ausgebildet vorher auch schon vorhanden war und als dessen Ausprägung ihm das Berliner Geheime Staatsarchiv vor Augen gestanden haben mag.

Die Aufgabe, das Ergebnis der Kontroverse zu formulieren, übernahm *von Medem* mit seinem Aufsatze: „Über den organischen Zusammenhang der Archive mit den Verwaltungsbehörden" (Zschr. Bd. 2 S. 1ff.). Schon nach dem ganzen Gehalt der Archive müsse ihre nächste und vorzüglichste Bedeutung sein, der Wirksamkeit der Behörden und damit dem Bedürfnis der Gegenwart zu dienen. „Der Zusammenhang der Archive mit den Verwaltungsbehörden und den Registraturen kann nie aufgehoben werden und auf diesen inneren sachlichen Verband, welcher die Archive in das Interesse der Gegenwart herüberzieht, ist bei ihrer Organisation und Verwaltung hauptsächlich Rücksicht zu nehmen. Keineswegs soll aber hiermit behauptet sein, es müßten beide trotz aller Verwandtschaft doch so wesentlich von einander verschiedenen Institute nach gleichen Grundsätzen behandelt werden oder wohl gar eins zu dem andern in eine Art von Abhängigkeit treten ... Es hieße, das Wesen der Archive durchaus mißkennen, wollte man sie zu Anhängseln der Registratur machen." (S. 9f.).

Wollte man den Gedanken, alles dem praktischen Leben dienende Material den Archiven fernzuhalten, mit absoluter Schärfe durchführen, so würden die Archive dadurch so zerstückt und lückenhaft werden, daß sie nicht nur dem praktischen Leben, sondern auch der wissenschaftlichen Forschung nicht mehr dienen könnten. Den Archivar kann es vor der Einseitigkeit, zu der die anhaltende Beschäftigung mit der Vergangenheit leicht führt, nur bewahren, wenn er sich mit Fragen der Verwaltung häufig befassen muß und so in die Bedürfnisse der Gegenwart eingeführt wird. Im übrigen, meint v. Medem, bestehe tatsächlich kein so tiefer Gegensatz zwischen der Ansicht, die die Archive als wissenschaftliche Anstalten mit freiständiger Stellung konstituiert wissen will, und jener, nach der sie in den organischen Verband der Verwaltungsbehörde gehören. Beide Richtungen stimmten außerdem darin überein, den wissenschaftlichen Charakter der Archive erhalten zu wollen. Den Begriff der „abgeschlossenen Verhandlungen" ebenso wie die Altregistraturen und die daraus bei den Behörden erwachsenden Verwaltungsarchive lehnt er zwar ab, findet aber sonst Übereinstimmung mit den beiden anderen Herausgebern. Er fühlt sich Erhard zweifellos näher als Hoefer, der ihm zu dürftig zu sein scheint[27]).

Strittig blieb zwischen den Herausgebern die Frage der Einordnung der Archive als wissenschaftliche Anstalten oder als Verwaltungsbehörden. Erhard wie von Medem sind von verschiedenen Standpunkten ausgegangen und schließlich zu ähnlichen Lösungen gelangt. Beide trafen Vorsorge, daß das Archiv als solches nicht mit der Registratur vermischt würde. Beide kannten sie ein Archiv im historischen Sinne und ein für praktische Zwecke gedachtes Verwaltungsarchiv. Von Medem wollte ein Verwaltungsarchiv, wenn auch in Auslese, als „Archivregistratur" neben das Urkundenarchiv als das eigentliche Archiv stellen, es aber nicht wissenschaftlich, sondern registraturmäßig bearbeiten lassen. Erhard wollte das

---

[27]) Einige Jahre später nahm Nathanael von Schlichtegroll mit seinem Aufsatz: „Abhandlungen über Archivrecht und Archivwesen", der in der vom nassauischen Archivdirektor Friedrich Traugott Friedemann herausgegebenen „Zeitschrift für die Archive Deutschlands" (Bd. 1 Gotha 1846 S. 203ff.) erschien, das Thema wieder auf: er betont auf das schärfste den Charakter des Archivs als Glied des Verwaltungsorganismus und fordert vom tüchtigen Archivar die Fähigkeiten eines Verwaltungsorganisators. Br.

Verwaltungsarchiv dem historischen Archiv ganz fernhalten und es bei der jeweiligen Behörde belassen. In dem Bestreben, die Eigenständigkeit des Archivs gegenüber der Registratur festzuhalten, zerschnitt er die Verbindung zwischen beiden.

Sollte in Zukunft einmal der starke Zufluß an Aktenmassen zur räumlichen Scheidung zwingen, so darf daraus doch niemals eine Scheidung von historischen und Verwaltungsarchiven im Erhardschen Sinne werden. Als historische Archive dürfen höchstens solche mit Registraturen toter Behörden anerkannt werden. Unterscheidungsbegriff zwischen historischen und Verwaltungsarchiven ist dann nicht der der „abgeschlossenen Verhandlungen“, sondern der der „abgeschlossenen Registraturen“; er ist also nicht durch Sachbetreffe bestimmt, sondern aus dem Herkunftsprinzip erwachsen. Die Behörden, für die das Archiv zuständig war, sind verschwunden, aber ihre Aufgaben werden von neuen Behörden übernommen, und so stehen dem historischen Archiv die Archive der lebenden Behörden gegenüber. Ein qualitativer Unterschied besteht freilich zwischen einem solchen historischen und einem solchen Verwaltungsarchiv nicht; denn für praktische Verwaltungszwecke können auch die abgeschlossenen Archive in Frage kommen.

Gegenüber Erhard und von Medem vertrat Hoefer das zukunftsvolle Prinzip mit der Forderung einer engen Verbindung des Archivs zur lebenden Registratur und damit zur Verwaltung. Diese Verbindung war zu jener Zeit im Geheimen Staatsarchiv verloren gegangen, und die Staatsarchive in den Provinzen, die zunächst die Archivalien der untergegangenen Territorien aufzunehmen hatten, fühlten noch nicht das Bedürfnis, Anschluß an die lebenden Registraturen zu gewinnen. Aber schließlich ist die Verbindung überall gefunden worden. Das Hoefersche Prinzip hat also gesiegt, und damit war der Behördencharakter des modernen Archivs festgelegt.

Gleichwohl bleibt eine gewisse Spannung bestehen. Das alte Ausleseprinzip, wie es noch Erhard vertreten hatte, läßt sich nicht ohne weiteres ausschalten. Denn kein Archiv kann sich ohne Auslese bilden; alles was sich in der Registratur befindet, können die Archive unmöglich aufnehmen. Aufgabe muß es daher sein, eine Synthese von Ausleseprinzip und Wahrung des Herkunftzusammenhangs zu finden, ein Problem, das immer von neuem beim Kassationsverfahren dem Archivar gestellt ist und das heute darüber hinaus durch gewisse Bestrebungen, ausgeschiedenes zentrales Material rein lokaler Bedeutung lokalen Archiven zu überlassen, einen neuen Aspekt bekommen hat.

Im Ganzen trägt das Archivwesen auch heute noch einen Januskopf, der zugleich der Verwaltung und der Wissenschaft zugewandt ist, und völlig verschwinden kann dieses Doppelgesicht nicht, solange das Archiv neues Material aus den Behörden empfängt und der Staat auf älteres zurückgreifen muß. Daß der Archivar täglich in die Regierungskanzlei gehe, um durch das Studium der Expedition den Zusammenhang zu wahren, kann unter den heutigen komplizierten Verhältnissen nicht mehr gefordert werden. Andererseits läßt sich aber feststellen, daß den meisten Verwaltungsbeamten die Fühlung mit den Archiven verloren gegangen ist. Noch heute kann der Archivar besser historische Grundlagen für praktische Rechts- und Verwaltungsfragen darbieten als der Verwaltungsbeamte selbst. Da aber eine solche Aktendarbietung nur eine wissenschaftliche sein kann, muß die wissenschaftliche Aufgabe des Archivars heute im Vordergrund stehen; und diese völlige Durchtränkung mit wissenschaftlichem Geist gefordert zu haben, ist das eigentliche Verdienst Erhards. Dennoch müssen wir der einseitigen Auffassung der Archive als wissenschaftlicher Anstalten eine andere entgegenstellen: das Material, das in die Archive kommt, ist gewachsen und gebildet worden in einer ganz anderen als der wissenschaftlichen Welt. Es ist aus dem geschäftlichen und politischen Leben heraus entstanden, sein ganzes Werden und Wachsen war gegenüber der Wissenschaft absichtslos, wie das Wachsen der Natur. Sinn und Ziele, die sich mit dem Wachsen der Archivalien ursprünglich verbunden hatten und die auch im Archiv immer wieder aufleben können, dürfen wir nicht aus den Augen verlieren; der wissenschaftsfremde Ursprung muß in Organisation und Verwendung der Archive wirksam bleiben. Grundlage des Archivs ist Dienst für Staat und Volk, die wissenschaftliche Verwendung ist erst die Krönung des Ganzen, ein Geschenk der Spätzeit.

Einigkeit bestand unter den drei Theoretikern darüber, daß das Archiv sich nunmehr aus alten Bindungen im Behördensystem lösen und als eine selbständige Institution hervortreten müsse. Auch über die Ausschließung gewissen Registraturmaterials vom Archiv waren sie gleicher Meinung. Am bedeutsamsten aber war, daß hier zum ersten Male das Wesen der archivischen Zuständigkeit zum Gegenstand theoretischer Erörterungen gemacht wurde; für Erhard war sie durch den Begriff der „abgeschlossenen Verhandlungen" auf tote Gegenstände begrenzt, für Hoefer, dem sich von Medem anschloß, bestimmte sie sich durch die enge Verbindung zu den lebenden Registraturen der verschiedenen Behörden. In diesen drei Gedanken, der Eigenständigkeit des Archivs, dem Recht auf Kassation und der Bestimmung der archivischen Zuständigkeit im Sinne Hoefers, liegt die fruchtbare Wirkung der Diskussion.

4. *Der Werdegang des Herkunftsprinzips im 19. Jh.* *(französisches Fonds-, niederländisches Registratur- u. preußisches „Archivkörper"prinzip)*

a) *Das Gutachten der Berliner Akademie von 1819.*

Die historische Richtung, die besonders von den Herausgebern der „Zeitschrift für Archivkunde, Diplomatik und Geschichte" vertreten wurde, hat schließlich zu einer neuen Theorie über die innere Ordnung der Archive geführt, die im historischen Denken wurzelte. Als diese Theorie in ihrer schärfsten Formulierung ausgesprochen wurde, war sie in der Praxis schon bis zu einem gewissen Grade verwirklicht worden. Seitdem die Zentralbehörden sich immer mehr verzweigt hatten, war ja an Stelle der einen zentralen Kanzlei des 16. Jhs. längst eine Vielfalt von Registraturen getreten, die häufig, wenn sie in das Hauptarchiv übernommen wurden, als geschlossene Körper beisammenblieben. Dazu kamen seit den Säkularisationen der napoleonischen Zeit zahlreiche Archive von Klöstern und Stiftern in die staatlichen Archive, die mit den dortigen staatlichen Registraturen überhaupt keinen Zusammenhang hatten. Dem neu erwachten historischen Denken mußte sich bald die Erwägung aufdrängen, ob nicht alle diese Körper als etwas historisch Gewordenes in ihrer alten Ordnung erhalten werden müßten. Daneben hat allerdings bis in die Mitte des 19. Jhs. noch sehr stark der Geist der Systematik, der die Archive besonders im 18. Jh. beherrscht hatte, weitergewirkt und zu künstlichen Bildungen geführt.

Die erste Stelle, die die neuen Theorien zum Ausdruck brachte, war die Historisch-Philologische Klasse der Berliner Akademie der Wissenschaften in ihrem Gutachten vom 6. April 1819[28]). In diesem Gutachten an die preußische Staatsregierung wird widerraten, die verschiedenen Archive durcheinanderzumengen und als vorteilhaft — vor allem für die Bearbeitung der speziellen Landesgeschichte — bezeichnet, „wenn die Archive der verschiedenen Landschaften, Stifter und Klöster auch nach ihrer Vereinigung in *einer* Stadt oder in *einem* Lokal doch noch gesondert blieben". Das Provenienzprinzip ist hier noch nicht klar ausgedrückt. Die Registraturen der verschiedenen Behörden sind hier noch nicht als selbständige Einheiten erkannt; offenbar lag hier die Erfahrung eines Wissenschafters zugrunde, der nur die Archive der verschiedenen Landschaften getrennt wissen wollte.

---

[28]) Gedruckt bei Koser, Neuordnung des preuß. Archivwesens S. 10ff. (Lit. Nr. 400). — S. a. u. S. 369f.

b) *Reform der Departementsarchive in Frankreich i. J. 1841 (Fondsprinzip)*

Den ersten amtlichen Ausdruck fand das Provenienzprinzip in Frankreich[29]) und zwar in dem Zirkular des französischen Innenministers über die Ordnung der Departements- und Kommunalarchive vom 24. April 1841[30]), in dem die „Respektierung der Fonds", d. h. die Achtung vor den historisch gewachsenen Archivkörpern, gefordert wird. Diese Lösung wurde allein schon durch die praktische Notwendigkeit erzwungen, über die Massen der in den Departementsarchiven seit der Revolutionszeit lagernden Archivalien Herr zu werden. Ein allgemein anerkannter Grundsatz ist dieser „Respect des Fonds" durch die genannte Verordnung freilich nicht geworden. Die Bestände des Pariser Nationalarchivs waren schon vorher ganz aus dem rationalen Geist der Revolution heraus neu geordnet worden, und erst in jüngerer Zeit ist man im Nationalarchiv dazu übergegangen, dem historischen Denken Raum zu geben und die alten Registraturzusammenhänge wenigstens auf dem Papier wieder herzustellen.

Das Programm von 1841 galt zunächst nur für das in den Departementalarchiven aufgehäufte Material, das in der Revolutionszeit hin und her bewegt worden war, bis es zur Bildung von Departementalarchiven kam, und das man seither ganz vernachlässigt hatte. Daß dieses neue Prinzip kein wissenschaftliches, sondern ein rein praktisches war, zeigte sich darin, daß man in der Folge eine organische Wiederherstellung der Archivkörper gar nicht anstrebte, sondern lediglich verbot, sie zu zerreißen. Für die innere Ordnung des einzelnen Fonds (Struktur) wie für die Zusammenfügung der verschiedenen Fonds (Tektonik) schrieb man mehr oder weniger einheitliche und schematische, nach rationalen Gesichtspunkten bestimmte Ordnungen vor, die der Vielfältigkeit des Materials nicht Rechnung trugen.

Betrachten wir zunächst die *Aufstellung der Fonds* innerhalb des Ganzen des Departementalarchivs. Während das Berliner Geheime Archiv in der Aufstellung seiner Repositionen keinem festen System gefolgt ist, sondern ausgehend von einem anfänglichen Plan bald je nach der Entwicklung der Amtsstellen und der Erweiterung des Staates nach Bedarf neue Repositionen rein akzessionsmäßig angefügt hat, bilden die Franzosen große Sachgruppen (Séries) als allgemein gültiges Schema, in das die Fonds hineinpassen müssen.

Die strenge Unvermischbarkeit galt im Grunde nur für die Fonds antérieurs (zusammengefaßt in den Sachgruppen A — I), d. h. für die Zeit bis zum revolutionären Stichjahr 1790. Diese Fonds sollten

---

[29]) Vgl. dazu: Hans Kaiser (Lit. Nr. 725).

[30]) Gedruckt in Lois, Instructions, Règlements relatifs aux Archives départementales, communales et hospitalières, Paris 1884 S. 17ff.: Instruction pour la mise en ordre et classement des Archives départementales et communales.

in jedem Departementsarchiv unter die folgenden großen Sachgruppen (Séries), die sich in Archives civiles und Archives ecclésiastiques schieden, eingeordnet werden:

Archives civiles:

A. Actes du pouvoir souverain et domaine public
B. Cours et juridictions
C. Administrations provinciales
D. Instruction publique, sciences et arts
E. Féodalité, familles, notaires, communes, état civil et corporations
E-Supplément: Fonds des Communes
F. Fonds divers se rattachant aux archives civiles

Archives ecclésiastiques:

G. Clergé séculier
H. Clergé régulier
H-Supplément. Fonds des hospices
I. Fonds divers se rattachant aux archives ecclésiastiques.

Die Fonds aus der Zeit von 1790 bis 1800 faßte man zu einer Zwischenabteilung zusammen, die ursprünglich offenbar nicht beabsichtigt war:

Période intermédiaire (1790—1800)

L. Administration de 1789 à l'an VIII (pér. révolutionnaire)
Q. Domaines (biens nationaux)

Die Bestände des modernen Departements seit 1800 (Sachgruppen K, M—P, R—Z) faßte man als einen einzigen großen Fonds moderne auf:

K. Lois, ordonnances et arrêtés
M. Police et administration générale
N. Administration et comptabilité départementales
O. Administration et comptabilité communales
P. Finances
R. Guerre et affaires militaires
S. Travaux publics
T. Instruction publique, sciences et arts
U. Justice
V. Cultes
X. Établissements de bienfaisance
Y. Établissements de répression
Z. Affaires diverses.

Daß man die verschiedenen Behörden und Registraturen der Departementsverwaltung aus der Zeit nach 1800 als geschlossene Einheiten in diesem Schema hätte unterbringen können, wird sich kaum behaupten lassen; das war auch in der Tat nicht beabsichtigt.

Man konnte Teile von Registraturen vielleicht zusammenlassen; insofern konnten hier noch Herkunftseinheiten bestehen bleiben. Aber vieles mußte doch durch diese mechanische und allgemein gültige Sachgliederung auseinandergerissen werden. Für die Zeit nach 1800 haben die Franzosen also überwiegend Pertinenzen, keine Provenienzen.

Etwas anders verhält es sich mit den Beständen der Departementsarchive aus der Zeit vor 1800. Hier respektierte man tatsächlich innerhalb der großen Sachgruppen die Fonds, d. h. man ließ die Stamm-Masse — eine organische Vorstellung dürfen wir mit dem Worte Fonds nicht verbinden —, so wie man sie gefunden hatte, nach Möglichkeit beisammen. Aber im Grunde stehen auch hier gar nicht die Fonds an der Spitze, sondern ein Sachsystem, dem sie eingeordnet wurden, also Pertinenz, die in gewissem Grade Provenienz zuläßt. Die Oberbegriffe sind starr und unveränderlich und sollen überall anwendbar sein. Die Tatsache, daß sie z. B. auch in den ganz anders gearteten Verhältnissen des Staatsarchivs Zürich angewendet wurden, zeigt, daß ihnen nichts Historisches anhaftet. In einige mögen geschlossene Herkunftseinheiten hineinpassen, manche mögen zwischen Pertinenz und Provenienz schillern; im ganzen gesehen sind es aber sachliche Oberbegriffe, die die Fonds irgendwie schneiden und auseinandertreiben müssen. Denn es ist recht zweifelhaft, ob es in allen Provinzen des alten Frankreichs besondere Behörden für Unterricht, Wissenschaft und Kunst gegeben hat, deren Aktenfonds sich in Gruppe D, oder besondere Behörden für Kommunalaufsicht, deren Aktenfonds sich in Gruppe E — die Kommunalarchive selbst stecken ja in Gruppe E-Supplément — unterbringen ließen.

Soweit die alten Fonds unter den Sachgruppen A — I und Teile der neueren Fonds in den Sachgruppen K — Z unzertrennt blieben, stand doch ihre *Untergliederung* nicht im Zeichen der alten Registraturgliederung, sondern vollzog sich nach rationalen Grundsätzen des sogen. Dossiersystems. Die alten Fonds vor 1789 waren weitgehend in Serienordnung aufgebaut und sollten jetzt, soweit es möglich war, in eine Untergliederung nach Sachgesichtspunkten (classement par matieres) gebracht werden, der man jedoch nicht die Geschäftsgliederung der Behörden zugrunde legte. Vielmehr empfahl man, ohne allerdings ein bindendes Schema aufzustellen, vom Allgemeinen zum Besonderen und vom Wesentlichen zum Unwesentlichen fortzuschreiten und die Schriftstücke innerhalb der Schlagworte topographisch, chronologisch oder alphabetisch zu klassifizieren[31]). Man schuf Begriffe, die von außen her an den Fonds herangetragen wurden,

---

[31]) Z. B. sollten Angelegenheiten einer Domäne vor denen eines einzelnen Grundstücks eingruppiert werden; innerhalb einer Gruppe, die Angelegenheiten von Gemeinden oder Gütern betraf, wurde topographische, innerhalb einer Gruppe, die Schriftstücke über Privatpersonen enthielt, alphabetische, für Sammlungen von Gerichtsurteilen chronologische Ordnung empfohlen.

wobei die Fragestellung, die sich bei Nachforschungen ergab, maßgebend war. Man ging nicht mit geschichtlichem Denken an die Untergliederung dieser Fonds heran, sondern mit logischem Denken. Diese schematische Entwicklung, die an sich schon in den damaligen Vorschriften vorgezeichnet war, wurde noch verstärkt durch die Rücksicht auf die Inventare, die in allen Departements möglichst nach dem gleichen Schema veröffentlicht werden sollten. Und dabei hatte doch das alte Frankreich auch unter dem Absolutismus eine Mannigfaltigkeit der historischen Erscheinungen des Verwaltungslebens besessen.

Für die *Gemeindearchive* ist schließlich ein allgemein gültiges Schema vorgeschrieben worden, das auf die historisch gewachsenen Einheiten keine Rücksicht mehr nimmt, vielmehr alle Bestände einem System reiner Sachkategorien unterwirft:

Fonds ancien (antérieur à 1790)

AA. Actes constitutifs et politiques de la commune. Correspondance générale
BB. Administration communale
CC. Finances, impôts et comptabilité
DD. Biens communaux, eaux et forêts, traveaux publics, voirie
EE. Affaires militaires, marine
FF. Justice, procédures, police
GG. Cultes, instruction, assistance
HH. Agriculture, industrie, commerce
JJ. Documents divers, inventaires, objets d'arts etc.

Fonds moderne (postérieur à 1790)

A. Lois et actes du pouvoir central
B. Actes de l'administration départementale
D. État civil
E. Administration générale de la commune
F. Population, économie sociale. Statistique usw.

Das Ordnungssystem von 1841 war also trotz der Respektierung der Fonds kein historisches und organisches, sondern ein mechanisches. Wenn man in neuerer Zeit von französischer Seite erklärt hat, daß die Dokumente jetzt überwiegend nach Fonds zusammenliegen, so ändert das nichts an der Tatsache, daß die Franzosen 1841 von einem rationalen Sachschema ausgegangen sind und damit den Gedanken der Herkunft in einer Weise verbunden haben, die noch keinen rechten Ausgleich der Spannungen zwischen den beiden entgegengesetzten Prinzipien brachte. Maßgebend war nicht der Entwicklungsgedanke, sondern die Rücksicht auf die Bequemlichkeit; man wollte die unnötige Auseinanderlegung der Stamm-Massen ersparen. Zwar klingt das Herkunftsprinzip an, das Dossierprinzip nähert sich in seiner praktischen Wirkung unserer heutigen Untergliederung. Doch sind die Franzosen in ihrem Ordnungssystem ausschließlich von allgemeinen Grundsätzen und von der Rücksicht auf den späteren Forscher, niemals aber von der Struktur der Behörde ausgegangen, während wir heute überzeugt sind, daß wir jeder Kategorie von Forschern und Benutzern am besten dienen, wenn wir uns bei der Ordnung der Struktur der Behörde anpassen. Denn der Forscher soll den Weg nachgehen, auf dem die Akten entstanden sind; das ist entwicklungsgeschichtliches Denken gegenüber dem normativen der Franzosen.

c) *Das Provenienzprinzip im dänischen Ministerialarchiv (1861)*

Ein weiterer Schritt auf dem Wege zu einem entwickelten Provenienzprinzip wurde 1861 im *dänischen Ministerialarchiv* gemacht, als man dort für die Aufstellung der Akten das System der Registraturen zugrunde legte. Das Ministerialarchiv war aus einer Vereinigung von Behördenarchiven erwachsen, die also mehr oder weniger geschlossene Registraturkörper darstellten. Nur aus solchen, aus Behördenregistraturen gebildeten Archiven konnte eine dem modernen Provenienzprinzip angemessene Ordnung erwachsen, während Archive, die sich auf dem Wege der Wertauslese gebildet haben (Auslesearchive), wie etwa das dänische Geheime Archiv, stets zu rein rationalen Ordnungsprinzipien neigen[32]).

d) *Theodor Sickels Entwicklungsgedanke (1869)*

Von einem weiteren Versuch, dem Herkunftsprinzip zum Durchbruch zu verhelfen, wissen wir aus den Darlegungen Ludwig Bittners[33]). Danach hat *Theodor Sickel* 1869 die Anwendung des Entwicklungsgedankens in Wien gefordert, jedoch ohne dauernden Erfolg, da sich vor allem der Direktor des Haus-, Hof- und Staatsarchivs von Arneth dagegen verschloß. Sickel gelangte dazu von seiner Urkundenlehre aus, in der er ganz entwicklungsgeschichtlichen Grundsätzen gefolgt war. Er mußte dabei auf die Formen und den Geschäftsgang der Kanzleien achten und ist von da aus auf die Archive gestoßen. Er hat unter dem Einfluß des Entwicklungsgedankens schon ziemlich klare Formulierungen für das Herkunftsprinzip gefunden, wenn er fordert, man müsse in den Archiven das Material so aufstellen, wie es in den Kanzleien entstanden ist.

---

32) S. a. V. A. Secher (Lit. Nr. 189)

33) Gesamtinventar des Wiener Haus-, Hof- und Staatsarchivs (Lit. Nr. 508 V, 4) Bd. 1, Einleitung S. 144.

e) *Einführung des Registraturprinzips im Geheimen Staatsarchiv zu Berlin 1881*

Ein weiterer Schritt zur Verwirklichung des Entwicklungsgedankens ist im *Berliner Geheimen Staatsarchiv* getan worden. Hier wurde durch das Regulativ von 1881 das sogen. Provenienz- oder Registraturprinzip (hier als identisch angesehen) für die Durchführung der Ordnungsarbeiten vorgeschrieben und 1896 auf die übrigen preußischen Staatsarchive ausgedehnt, ohne daß es dort auch auf die älteren Bestände angewendet werden mußte[34]).

Bis dahin hatte man im Geheimen Staatsarchiv von den nach 1815 entstandenen neuen Provinzen und den neuen Behörden keine Notiz genommen, sondern hatte die Akten der neuen Amtsstellen immer wieder in die Sachabteilungen des alten Archivs, nämlich in die Reposituren des Archivs des Geheimen Rats, hineingestopft. Wie das im einzelnen geschehen ist und welche Verwirrung dadurch entstanden ist, hat Bailleu anschaulich geschildert. Nur gute Kenner des Archivs konnten sich damals noch zurechtfinden. Daß man nach 1815 zunächst an keine Neuordnung gedacht hatte, war gar nicht so erstaunlich. Denn die Schönbeckschen Reposituren bedeuteten ja eigentlich eine Gliederung nach Pertinenz. Daß sie in der Wirklichkeit im großen und ganzen einheitlicher Provenienz waren, beruhte eigentlich nur auf dem glücklichen Zufall, daß sie fast ausschließlich Akten des Geheimen Rates enthielten. Diese Tatsache beachtete man nicht und übersah auch, daß inzwischen ein ganz neues Preußen mit neuen Staatsanschauungen entstanden war, das die Geschäfte in einem ganz anderen Geiste führte als das Preußen des 17. und 18. Jhs. und daß deshalb die Akten der neuen Behörden nicht recht zu denen der alten passen konnten. Man beachtete nicht, daß schon die alten Reposituren, die Schönbeck so weitmaschig angelegt hatte, daß sie ewig erweiterungsfähig schienen, nicht mehr alle zentralen Registraturen des 18. Jhs. aufgenommen hatten und vermutlich schon damals aus den Fugen geraten wären, wenn sie das getan hätten.

Die Verwirrung war schließlich so groß, daß man es als eine Erlösung empfand, als der Gedanke auftauchte, die Akten einfach so liegen zu lassen, wie sie hereinkamen. Um wieder Ordnung zu schaffen, erließ man das neue Reglement, verfaßt von dem damaligen Staatsarchivar Max Lehmann und genehmigt von dem Direktor der Staatsarchive Heinrich von Sybel. Lehmann hat sich in seiner Selbst-

---

[34]) Regulativ für die Ordnungsarbeiten im Geheimen Staatsarchiv v. 1. Juli 1881 (gedr. in: Mitt. der k. preuß. Archivverw. Heft 10 1908 S. 16ff.). Durch Verfüg. v. 12. Okt. 1896 ist dieses Regulativ den Staatsarchiven zur Nachachtung mitgeteilt worden. Eine Anzahl von Staatsarchiven hat in den folgenden Jahren entsprechende, ins einzelne gehende Sonderanweisungen erhalten.

S. a. Paul Bailleu (Lit. Nr. 180).

biographie (Mitteilungen des Universitätsbundes Göttingen Bd. 4 1922) mit Stolz als „Erfinder des Provenienzprinzips" bezeichnet.

Die wesentlichen Sätze des Regulativs von 1881 sind:

„*Die Aufstellung des Geheimen Staatsarchivs erfolgt nach der Provenienz seiner Bestände.* (§ 2)

Alle diejenigen Reposituren, welche nicht dazu bestimmt sind, die Akten einer noch funktionierenden Behörde aufzunehmen, werden für immer geschlossen, in dem Sinne, daß keine Akzession denselben überwiesen werden darf, es sei denn, daß sie sich als integrierender Bestandteil der betreffenden Repositur erweist. (§ 3)

Jede Behörde erhält, sobald sie Akten abzuliefern beginnt, eine ausschließlich für sie bestimmte Repositur. Innerhalb derselben werden die Akten in der Ordnung und mit den Marken belassen, die sie im Geschäftsgange der betreffenden Behörde erhalten haben (§ 4 Abs. 1)."

Nur in dem Falle, daß sich eine Akzession als Nachzügler erwies, sollte sie also in eine der alten Reposituren kommen. Damit wurde dem Unfug ein Ende gemacht, daß man — mit Bailleus Worten zu sprechen — „neuen Wein in alte Schläuche füllte". Wir gewinnen hiermit den Begriff der abgeschlossenen Registratur im Gegensatz zu Erhards Begriff der abgeschlossenen Verhandlungen. Daß man die Akten in der Ordnung und mit den Signaturen, die sie im Geschäftsgang der Behörde erhalten hatten, beließ, war das nackte Registraturprinzip; es schien das Ei des Kolumbus zu sein. Auch bei Teilen von Registraturen, die noch einen Zusammenhang gewahrt hatten, sollte am Aufbau nichts geändert werden. Auch sind die Registraturen keiner über ihnen stehenden Sachgliederung unterworfen, durch die sie zerrissen und anders zusammengefügt werden könnten, wie in den französischen Departementalarchiven. Es ist bezeichnend, daß das neue Prinzip zuerst in voller Konsequenz in einem Archiv durchgeführt worden ist, das aus einem Behördenarchiv hervorgegangen war, daher seine Bestände in ihrem Zusammenhang bewahrt hatte und keine Registraturzerreißungen kannte.

Das neue Prinzip trat also in der Form des Registraturprinzips hervor, d. h. die innere Ordnung, die die Registratur bei der Behörde erhalten hatte, war bindend für die Aufstellung im Archiv. Dies setzte freilich den optimistischen Glauben voraus, daß die Registraturen für alle Zeiten eine brauchbare Form für die archivische Aufstellung bieten müßten, einen Glauben, der nur aus der historischen Situation verständlich wird. Denn was man nach dem neuen Prinzip aufstellen wollte, das war die preußische Ministerialregistratur in ihrer hervorragend durchgeformten Gestalt, die ihr das Reformzeitalter gegeben hatte, und man glaubte, daß sie die Norm alles künftigen Registraturwesens bleiben werde.

f) *Theoretische Begründung des Registraturprinzips durch die Niederländer*

Das neue Ordnungsprinzip, das im Berliner Geheimen Staatsarchiv zur bewußten, folgerichtigen Anwendung kam, hat erst nachträglich seine wissenschaftliche Begründung erhalten und zwar nicht in Preußen, sondern in den Niederlanden[35]), wo es in der Praxis schon lange bestanden hatte und 1897 amtlich eingeführt worden war[36]). Man hat es daher im Gegensatz zum französischen Fondsprinzip das „preußisch-holländische Prinzip" genannt, eine Bezeichnung, auf die wir jetzt nach eingehender Kenntnis des niederländischen Systems lieber verzichten wollen.

Die Grundgedanken der niederländischen Theorie sind: „*Ein Archiv*[37]) *ist ein organisches Ganzes ... Es kann also nicht willkürlich geschaffen werden, wie man eine Sammlung historischer Handschriften zusammenstellt ... Jedes Archiv hat seine eigene Persönlichkeit, seine Individualität, die der Archivar kennen lernen muß, bevor er an die Ordnung geht ... Jedes Archiv ... muß seiner Eigenart entsprechend behandelt werden* (§ 2). *Das System der Einteilung muß sich auf die ursprüngliche Gliederung des Archivs gründen, die im allgemeinen mit der Einrichtung der Behörde, von der das Archiv stammt, übereinstimmt.* (§ 16)"

Damit war erst das entscheidend Neue in der Theorie aufgedeckt. Die Ordnungsprinzipien werden nicht vom Archivar erdacht, sondern von der Geschichte und vom Leben selbst geschaffen. So wie die Dokumente im Zusammenhang mit geschichtlichen Ereignissen und als Niederschlag des täglichen Lebens zusammengekommen sind, so müssen sie aufbewahrt werden. Die Archive sind Organismen, die nicht willkürlich zerstört und nicht aus dem Boden gerissen werden dürfen, aus dem sie entsprossen sind.

Die Gliederung der Registratur einer Behörde bestimmt das Ordnungs- und Einteilungssystem des Archivs. Ein nach Provenienzen geordnetes Archiv wird also den Aufbau der Verwaltung getreu widerspiegeln. Die Ordnung nach dem Provenienzprinzip ermöglicht auch eine sichere und ungehemmte wissenschaftliche Forschung. Bei der Vielfalt der Möglichkeiten, einzelne Gegenstände unter den zur

---

[35]) S. Muller, J. A. Feith und R. Fruin, Handleiding voor het Ordenen en Beschrijven van Archieven, Groningen 1. Aufl. 1898; deutsche Ausgabe von Hans Kaiser, Leipzig 1905 (Lit. Nr. 126). — Das Werk gibt keine systematische Darstellung, sondern enthält die im Auftrage der niederländischen Archivarsvereinigung abgefaßten Leitsätze für die praktische Archivarbeit mit ausführlichen Erläuterungen der Verfasser.

[36]) Regulativ des Min. d. Inn. v. 10. 7. 1897 für die Ordnungsarbeiten in den niederländischen Archiven.

[37]) Unter „Archief" verstehen die Niederländer eine Registratur, einen Archivkörper oder „Bestand", während das Archiv als Zusammenfassung mehrerer Registraturen „Archiefdepôt" genannt wird.

Verfügung stehenden Stichworten unterzubringen, lassen Sacheinteilungen den Archivar und den Forscher oft ihr Ziel verfehlen. Geht aber der Forscher von der Institution aus und folgt ihren Funktionen nach, so muß er immer sein Ziel erreichen[38]). Dieses Prinzip hat sich heute fast überall durchgesetzt und bedeutet zweifellos den sichersten Gewinn, den die Archivkunde uns gebracht hat. Es ist das allgemein gültige Prinzip geworden, nur enthält es kein fertiges generelles Einteilungsschema, wie man es im 17. und 18. Jh. zu finden hoffte, sondern stellt nur ein Regulativ dar für die je nach dem Charakter des Bestandes wechselnden Einteilungsschemata.

g) *Einschränkungen des Registraturprinzips*

Die niederländische Theorie war ganz auf den Entwicklungsgedanken aufgebaut: der Archivar kann nichts schaffen, er darf das Gewordene nur übernehmen oder es gegebenenfalls restaurieren. Mit diesem verband man nun einen neuen Gedanken, den des „Organismus", der zum Schlachtruf wurde, wie in Preußen „Provenienz" und in Frankreich „Fonds". Die Niederländer unterstellten also, daß alles, was sich entwickelt habe, organisch sei. Hier mußten die ersten theoretischen Zweifel ansetzen. Sind die beiden Begriffe „entwicklungsgeschichtlich" und „organisch" tatsächlich gleichbedeutend? Gewiß, der Organismus entwickelt sich, aber schließlich entwickelt sich auch Pathologisches und Unorganisches. Und sollen wir Pathologisches um jeden Preis konservieren, nur weil es sich auch entwickelt hat? Muß nicht gerade der folgerichtig durchdachte organische Gedanke uns davon abhalten, den Entwicklungsgedanken absolut zu setzen, wie es die Niederländer taten? Und schließt nicht der Begriff des Organismus den Gedanken der Entwicklung in sich, während das Umgekehrte, wie wir eben sahen, nicht der Fall ist?

Bald haben sich aber auch von der Praxis her Zweifel gemeldet; man empfand, daß man es bei der einfachen Wiederherstellung der Registraturen nicht bewenden lassen konnte. So hat sich dieses enge Registratursystem in der Praxis längst zu einem freieren Prinzip erweitert, das freilich bisher nirgends theoretisch niedergelegt ist.

Schon auf dem Verwaltungswege können in die Registratur Akten der vorausgegangenen Behörde als sogen. *Vorakten* gelangt sein, weil sie für die von der Nachfolgebehörde geführten Verhandlungen noch benötigt wurden und deshalb den Akten der neuen Behörde einverleibt werden mußten. Ob man diese Vorakten in der neuen Registratur beläßt oder in die alte Registratur zurücklegt, muß im Einzelfall entschieden werden, wobei vor allem zu prüfen ist, ob diese Vorakten bei der neuen Behörde nur als totes Depot geruht

[38]) S. darüber Paul Kehr in: Nachr. v. d. kgl. Gesellschaft der Wissensch. zu Göttingen. Philos.-histor. Klasse 1912, I S. 68.

haben oder ob sie in lebendige Beziehung zur Geschäftstätigkeit der Behörde getreten sind. Auch wird man zweckmäßigerweise die Vorakten nur dann in den ursprünglichen Registraturverband zurückführen, wenn es sich um größere und geschlossene Teile handelt[39]).

Andere Zweifelsfälle hat von der Praxis her Johannes Schultze (Lit. Nr. 186) zur Diskussion gestellt. Er wirft zunächst die Frage auf: In wieweit ist die *Scheidung oder Rekonstruktion im Verwaltungswege vermischter Registraturen* notwendig und zweckmäßig? Es handelt sich hier um alle die Fälle, in denen nicht Vorakten in Frage stehen. In den großen Kirchen- und Schulregistraturen sind zuweilen ältere Provenienzen aus den verschiedenen Territorien und von den verschiedenen geistlichen und weltlichen Behörden zusammengeströmt, die man dann nach Orten oder Sachbetreffen zusammengefaßt hat (z. B. „Kultusarchiv" der Magdeburger Regierung im Staatsarchiv Magdeburg). Auch bei Gerichtsbehörden sind häufig Akten verschiedener Amtsstellen, die sich mit dem Streitobjekt befaßten, zusammengeflossen. Auch hier erhebt sich die Frage, ob man die Provenienzen wieder scheiden soll, eine Frage, die im Einzelfall ganz verschieden zu beantworten ist.

Während also diese erste Frage, die Schultze aufwirft, nur von der Praxis her und je nach der Lage des Falles zu entscheiden ist, rührt seine zweite Frage an ein grundsätzliches Problem: Ist der *Grundsatz der Unteilbarkeit und Zusammenbringung*[40]) *der Registraturen,* der in Preußen nur für die brandenburg-preußischen Zentralbehörden und die Zentralverwaltung des ehemaligen Königreichs Westfalen in Anwendung gebracht wird (gem. Verfügung v. 1907), allgemein in Geltung zu setzen? Mit dieser Frage gelangen wir aus dem Gebiet der Ordnungsprinzipien auf das der Organisation der Archive und der Regelung ihrer Zuständigkeit.

Bei der Eingliederung der Bestände in die Archive nach Provenienz müssen gewisse Spannungen auftreten, wenn sich die Verwaltungsbezirke der Behörden geändert haben. Dies war das große Problem in Frankreich, wo man eine unhistorische Verwaltungseinteilung getroffen hatte; nicht so brennend war es in Preußen, wo

[39]) Während das Regulativ von 1881 noch die Zurückführung der Vorakten in die Registratur der älteren Behörde forderte (§ 4 Abs. 2), machte die Verfügung von 1907 die Entscheidung davon abhängig, ob die Vorakten vor der Abgabe an das Archiv planmäßig mit der neuen Registratur verschmolzen und in Repertorien oder Indices erfaßt waren. Wo dies nicht der Fall war, sollten die Vorakten als Registratur der Vorbehörde selbständig aufgestellt werden (Verf. an die Staatsarchive betr. die Ordnungsarbeiten v. 6. Juli 1907, gedr. in: Mitt. d. preuß. Archivverw. Heft 10 1908 S. 22 f.).

[40]) D. h. hier die Zurückführung von Registraturteilen, die infolge von territorialen Veränderungen abgesprengt worden sind, in den ursprünglichen Registraturverband (betr. Registraturen der Zentralverwaltung des Königreichs Westfalen, deren Spezialakten 1814 auf die Nachfolgestaaten aufgeteilt worden waren und bis heute dort verblieben sind).

man sich bei der Bildung der neuen Provinzen nach Möglichkeit an die historischen Territorialgrenzen gehalten hat. Soweit aber nun doch Abweichungen vorgekommen waren, entstand die Frage, wie man die Zuständigkeit für die Akten der Behörden regeln sollte, deren Amtsbereich sich auch auf jetzt zu einer anderen Provinz gehörige Gebiete erstreckt hatte. In der Zeit, bevor das Provenienzprinzip aktuell wurde, hatte man sich weithin nach dem Prinzip der territorialen Pertinenz gerichtet und die Akten in das Staatsarchiv derjenigen Provinz getan, auf deren Gebiet sie sich bezogen. Dies war freilich sehr regellos geschehen und hatte oft zu erheblichen Widerständen geführt, so vor allem seitens Lacomblets in Düsseldorf, der sich gegen die Zerschneidung der von ihm als Einheit angesehenen Territorialarchive zur Wehr setzte.

Dieser Zustand der nach territorialer Pertinenz aufgeteilten Registraturen sollte nach der Verfügung des Generaldirektors vom 6. Juli 1907 als ein historisch gegebener hingenommen werden; nur die aus den Registraturen der brandenburg-preußischen Zentralbehörden nach territorialer Pertinenz abgesplitterten Registraturteile wollte man wieder in den ursprünglichen Registraturverband zurückführen. Ähnliches hatte man ja bereits 1881 für die Registraturen der Zentralbehörden des ehemaligen Königreichs Westfalen, um diese dem Wettstreit der preußischen Provinzialarchive zu entziehen, beschlossen. Die abgesprengten Registraturteile der sonstigen Behörden sollten in den fremden Archiven verbleiben, dort aber gesondert aufgestellt werden. Man übertrug im übrigen grundsätzlich das Provenienzprinzip auf die Zuständigkeitsabgrenzung der Archive (Abs. 2) und sah die angeordnete Beibehaltung des aus den früheren Teilungen erwachsenen Zustandes ausdrücklich nur als eine aus praktischen Erwägungen geborene Einschränkung des Grundsatzes an.

Erst die Bildung des Staatsarchivs Danzig[41]), dessen Begründer Max Bär die Bestandteile des Staatsarchivs Königsberg angefordert hatte (1902/03), die sich auf Westpreußen beziehen, führte zu einer grundsätzlich neuen Regelung, die dann 1909 in einer allgemeinen Verfügung festgelegt wurde[42]). Danach konnten ausnahmsweise dann, wenn aus einem Verwaltungsbezirk ein anderer selbständig und gleichgeordnet herausgelöst worden ist (Fall Danzig) oder wenn sich die Zuständigkeit einer Behörde über mehrere Provinzen (nicht identisch mit Archivsprengeln) oder Teile verschiedener Provinzen erstreckt (Beispiel: Oberbergämter in Bonn und Halle), die Regi-

---

[41]) S. darüber: Max Bär, Die Begründung des Staatsarchivs Danzig in: Korr. bl. 52. Jg. (1904) Sp. 423ff. und Max Bär, Das kgl. Staatsarchiv zu Danzig 1912 S. 19ff.

[42]) Leitsätze für die in den Staatsarchiven zum Zwecke der Abgabe oder des Austausches von Archivalien zu bewirkenden Ordnungsarbeiten vom 7. 9. 1909 §§ 7 und 8.

straturen (nach territorialer Pertinenz) geteilt werden, wobei man aber an getrennter Aufstellung festhielt[43]). Mit seiner Entscheidung: „Registraturen können geteilt, sie dürfen (dann) aber nie mit anderen vermischt werden“ ließ der Generaldirektor Koser zwar das Provenienzprinzip auch weiterhin für die Zuständigkeit der Archive gelten, schränkte es aber durch die territoriale Pertinenz ein.

Dieser neue Grundsatz konnte bedenkliche Folgen haben. Zwar beschränkte man die Teilung von Registraturen ausdrücklich auf einander gleichgeordnete Verwaltungsbezirke und nahm auf diese Weise das Berliner Geheime Staatsarchiv, das ja Massen von Akten besaß, die sich regional auf preußische Provinzen bezogen, von vornherein aus, zugleich machte man aber noch eine zweite Ausnahme, die keine innere Berechtigung hatte: die Akten der Zentralverwaltung des ehemaligen Königreichs Westfalen, die nach 1814 auf mehrere der späteren preußischen Provinzialarchive (Marburg, Münster, Hannover, Magdeburg) aufgeteilt worden waren, sollten ebenfalls in Berlin vereinigt werden. Schließlich dehnte man den Grundsatz der territorialen Aufteilung von Verwaltungsregistraturen sogar auf die Behörden der Außenpolitik aus. Von den drei Archiven der Provinz Hannover umfaßten die Sprengel der beiden kleineren Osnabrück und Aurich die Gebiete, die erst 1803/15 an Hannover gefallen waren. Jetzt gab man nicht nur die Akten der hannoverschen Ministerien des 19. Jhs., die sich auf die Regierungsbezirke Osnabrück und Aurich bezogen, dorthin ab, sondern brachte sogar das Departement Osnabrück der Registratur des Geheimen Rates, also die außenpolitischen Akten, die sich auf das Fürstentum Osnabrück, damals eine Sekundogenitur des Welfenhauses, bezogen, und ebenso die Bentheim und Lingen betreffenden Akten des Geheimen Rates und des Außenministeriums zu Hannover in das Osnabrücker Staatsarchiv. Da die Registraturverhältnisse aber keine scharfe Zerschneidung zuließen, ist ein Teil in Hannover zurückgeblieben und so die Verwirrung vollkommen geworden.

Demgegenüber wirft nun Schultze die Frage auf, ob man nicht besser die Bestände zusammenlassen und die archivische Zuständigkeit nach dem Sitze der Behörde bestimmen solle; eine sehr begrüßenswerte Lösung. Dann wäre das Archiv, in dessen Sprengel eine Behörde (auch eine Zentralbehörde, für die kein eigentlich zuständiges Zentralarchiv besteht, wie z. B. die des Königreichs Westfalen) ihren Sitz gehabt hat, für die gesamten Akten dieser Behörde, auch für die auf andere Sprengel bezüglichen, zuständig. Bei Lokalakten hatte man übrigens schon früher, vor allem in

[43]) Das neue Prinzip konnte natürlich nur auf die teilbaren Spezialakten angewandt werden; an eine Teilung der Generalakten dachte man nicht, so daß jede Teilung im Grunde für das empfangende Archiv unbefriedigend bleiben mußte. Auch die lokalen Registraturen gelangten ungeteilt in das Archiv, in dessen Sprengel der betreffende Bezirk lag (Leitsätze § 4).

Belgien und den Niederlanden, den Sitz der Behörde ohne Rücksicht auf ihre frühere territoriale Zugehörigkeit als maßgeblich für die Zuweisung an das Staatsarchiv angesehen[44]).

Besonders dringlich sind diese Fragen bei Gebietsabtretungen an andere Mächte geworden[45]). Nach dem Tilsiter Frieden mußte Preußen dem neuen Herzogtum Warschau nicht nur die Akten der in Warschau befindlichen preußischen Behörden herausgeben, sondern auch Akten des Generaldirektoriums über die dortigen Gebiete. Nach dem ersten Weltkriege ist die Frage für Deutschland nicht sehr akut geworden, da das Aktenabkommen mit Polen sich nur auf die Akten der lebenden Behörden bezog, also kein eigentliches Archivabkommen darstellte. Österreich dagegen hat sich, obwohl die Bestimmungen des Vertrages von St. Germain unklar gehalten sind, unter dem Druck der Nachfolgestaaten teilweise die Anwendung des Pertinenzprinzips auf die Zentralregistraturen gefallen lassen müssen[46]).

Schultze stellt dann noch die Forderung auf, daß auf die Entscheidung über die Beibehaltung des vorgefundenen Ordnungszustandes einer Registratur die Frage der Benutzbarkeit und der Arbeitserleichterung von entscheidendem Einfluß sein müsse, d. h. man solle unter Umständen, wenn auch nur in Ausnahmefällen, für die Behandlung registraturmäßiger Körper in den Archiven vom Provenienzprinzip Abstand nehmen, wenn dadurch eine praktisch bessere Lösung für die Aufstellung des betreffenden Bestandes erzielt werden kann. Hier wäre der Verzicht auf die Unvermischbarkeit der Provenienzen oder nur der Verzicht auf die überlieferte

---

[44]) Durch Verfüg. d. Gen.Dir. der preuß. Staatsarchive vom 10. 2. 1938 ist — unter ausdrücklicher Aufhebung der Leitsätze von 1909 — die Teilung von Registraturen nach Pertinenz untersagt worden. Die Registraturen sollen ungeteilt an dasjenige Staatsarchiv überwiesen werden, in dessen Sprengel der Sitz der Behörde liegt oder lag; ebenso sollen, wie schon bisher, lokale Registraturen nach dem Sitze ihrer Behörde, unabhängig von ihrer behördlichen Unterstellung, zugewiesen werden. — Die in dieser Verfügung vertretene Meinung, durch die Leitsätze von 1909 sei eigentlich auch die Aufteilung der Registraturen der Oberbehörden (Oberpräsidium usw.) in den Provinzen mit mehreren Staatsarchiven (Hessen-Nassau, Hannover, Rheinprovinz) vorgesehen gewesen, beruht auf irriger Auslegung; denn hier handelt es sich weder um Herauslösung eines selbständigen und gleichgeordneten Verwaltungsbezirks noch um Behörden, deren Zuständigkeit sich über mehrere Provinzen erstreckt. Br.

[45]) Auf eine glückliche Lösung dieser Fragen bei völkerrechtlichen Abtretungen weist Schultze (nach Muller-Feith-Fruin) hin: als 1713/15 Obergeldern geteilt wurde, blieb das Archiv als Einheit bestehen, nur wurde jedem Teilinhaber das Benutzungsrecht zugestanden. Br.

[46]) Die obige Erörterung bewegt sich im Rahmen der archivischen Zuständigkeit d. h. sie betrifft nur die Zuweisung von Akten, die sich bereits im Archiv befinden (Archivalienfolge). Hinsichtlich der noch bei lebenden Behörden befindlichen Registraturen wird die Forderung, die Akten geschlossen bei der ursprünglichen Amtsstelle zu lassen, nicht durchzusetzen sein, weil die Verwaltungskontinuität die Abgabe der Akten an die neu zuständige Behörde verlangt, wo sie als Vorakten geführt werden; als solche sind sie auch im Archiv zu behandeln.

innere Registraturgliederung denkbar. Es sind also eigentlich zwei verschiedene Fragen, die hier aufgeworfen werden. Daß man die Provenienz respektiert, aber nicht das Registraturprinzip (für die innere Gliederung) anwendet, geschieht häufig. Aber auch Mischung von Provenienzen lediglich um der angeblichen Übersichtlichkeit willen finden wir namentlich dann, wenn kurzlebige Behördensysteme einander ablösen; so hat man z. B. in Hannover noch nach der Einführung des Provenienzprinzips in Berlin die Akten aus der Zeit der französischen (1803—06), preußischen (1806) und westfälischen (1806/10—13) Fremdherrschaft in Hannover nicht nach den Registraturen der Amtsstellen der Besatzungsmächte getrennt, sondern die aller Zentral- u. Lokalbehörden nach einem Sachprinzip in einander gearbeitet, so daß die Akten jeder der drei Besatzungsperioden je eine einzige Designation bilden (Abt. Hannover Des. 49—51). Daß dadurch die Benutzung erleichtert worden wäre, kann man kaum sagen; vielmehr hat erst die Aufzeichnung der Provenienzen durch Sattler im Anhang des Repertoriums die Benutzbarkeit gefördert. Günstiger wäre es gewiß gewesen, man hätte die Ordnung nach Provenienz durchgeführt und die sachlichen Zusammenhänge in einem Sachverzeichnis der Bestände festgehalten. Bei modernen Heeresarchivalien taucht übrigens auch angesichts der besonders in Kriegszeiten häufigen Umgliederung der Kommandostellen die nicht unberechtigte Frage auf, ob man nicht im Interesse der Übersichtlichkeit in einzelnen Fällen zur Pertinenz übergehen soll.

h) *Meinungsstreit Weibulls mit Winter und den Niederländern*

Der Generalangriff gegen das Provenienzprinzip ging von dem schwedischen Landesarchivar in Lund Karl Gustaf Weibull aus (Lit. Nr. 182). Er wirft dem „preußisch-holländischen Provenienzprinzip“ vor, daß es nur eine rekonstruierende und restaurierende Tätigkeit zulasse; die Arbeit des Archivars an einer zerstörten Registratur gleiche der des Paläontologen, der aus den Knochen eines Vorwelttieres dessen Gerippe rekonstruiert (ein Bild, das die Niederländer selbst gebraucht hatten). Die Archive sind nach Weibull kein Selbstzweck, sondern haben die archivalischen Fragen der wissenschaftlichen Forscher zu beantworten, und diese Möglichkeit schaffen nur die Franzosen mit ihren schematischen und übersichtlichen Schlagworten innerhalb der von ihnen respektierten Fonds.

Die Antwort auf Weibull gab Georg Winter (Lit. Nr. 183 u. 184). Er glaubt feststellen zu können, daß Weibull einer irrigen Voraussetzung zum Opfer gefallen sei. Er kenne nämlich nur die Alternative zwischen Serien- und Dossiersystem, welch letzteres er der Sachuntergliederung der französischen Fonds gleichstelle. Er habe keine Ahnung, daß es in Preußen eine Sacheinteilung nach anderem Prinzip gebe. Er scheine anzunehmen, daß das Serienprinzip auch den preußischen Registraturen zugrunde liege. Richtig sei, daß man sich bei Serienakten nicht auf die registraturmäßige Aufstellung beschränken kann, sondern sie durch Verzeichnung der einzelnen Vorgänge und deren sachliche Gliederung zugänglich machen muß. Es gebe also tatsächlich Fälle, in denen es mit der Restaurierung einer Registratur nicht getan ist; aber solche Fälle hätten bei der Aufstellung des Provenienzprinzips für die preußischen Registaturen, die ja im allgemeinen kein Seriensystem kennen, nicht vorgelegen. Die Anpassung der Registraturordnung an die Formen der behördlichen Tätigkeit sei kein spielerischer Selbstzweck, wie Weibull vorgeworfen hatte, sondern gerade die sicherste Grundlage für die archivalische Forschung und die historische Erkenntnis, zu der auch die Kenntnis der registraturmäßigen Behandlung von politischen Fragen und Vorgängen der inneren Verwaltung gehöre. Winter hält also die überlieferte Form der alten Registratur selbst für eine wichtige Grundlage der historischen Forschung; gerade aus ihr könne der Forscher sich die Arbeitsweise und Organisation klarmachen.

Richtig daran ist, daß Formen immer irgendwie Ausdruck eines Inhalts und darum nicht bedeutungslos sind. Aber diese Bedeutung kann die Registraturgliederung doch nur gewinnen, wenn sie wirklich die Funktionen der Behörde aufweist, und das kann man uneingeschränkt wohl von den preußischen Ministerialregistraturen der Reformzeit in ihrer klassischen Höhe, auf der sie sich später nicht gehalten haben, jedoch nur mit Einschränkung von den Serienregistraturen sagen, in denen ja nicht jede Behördenfunktion in einer selbständigen Serie zum Ausdruck kommt, wenn auch jede Serie Niederschlag einer oder mehrerer Behördenfunktionen ist. Zwar gibt Winter selbst zu, daß die Anwendung des von ihm verteidigten Prinzips eine gewisse Höhe technischer Registraturvollkommenheit voraussetze, und erwägt für den Fall, daß eine solche nicht vorliegt, gewisse Abweichungen vom strengen Registraturprinzip, ja er empfiehlt sogar die Anwendung des „Bärschen Prinzips“ auf gelichtete und zersplitterte Bestände; im übrigen aber hält er die „preußisch-holländische“ Ausprägung des Provenienzprinzips als Ausgangspunkt archivarischer Überlegungen weiterhin für unerschüttert und kommt über ein System der Aushilfen nicht wesentlich hinaus. Im letzten Grunde trifft auch ihn Weibulls Vorwurf gegen die Niederländer, sie rekonstruierten die ursprüngliche Organisation der Registratur um jeden Preis und begnügten sich dabei, die offenbaren Fehler, die im Laufe der Zeit begangen wurden, zu berichtigen.

Der Standpunkt der Niederländer, der durch Jahrzehnte als unantastbar gegolten hatte, blieb durch Weibulls Angriff nicht ganz unerschüttert. Zwar waren ihre allgemeinen Leitsätze in verschiedene Sprachen übersetzt worden und hatten sich vor allem im Norden durchgesetzt. In Schweden war das niederländische Prinzip 1903 durch den Reichsarchivar Hildebrand amtlich eingeführt worden, als grundlegendes Ordnungsprinzip erkennen es u. a. an: der Däne V. S. Secher (Lit. Nr. 188 u. 189), der Engländer Hilary Jenkinson (Lit. Nr. 128), der Italiener Eugenio Casanova (Lit. Nr. 127) und der Este O. Liiv (Lit. Nr. 129). Doch jetzt zeigte es sich, daß die Niederländer, deren prägnante Leitsätze theoretisch den Übergang zu einem freieren Provenienzprinzip anzubahnen schienen, in der Ausführung ihres Programmes in engeren Auffassungen befangen blieben, als man zunächst erwarten konnte, ja daß sie schließlich beim engsten und krassesten Registraturprinzip endeten. Die Niederländer wollen unter allen Umständen Serienregistraturen erhalten oder wiederherstellen, selbst wenn ihre Umordnung nach einer der Organisation der Behörde zu entnehmenden Sacheinteilung möglich wäre. Weibull hat klar herausgestellt, daß sie ihre Forderung nicht auf gebundene Serien, die ja kaum andere Ordnungsmöglichkeiten bieten, sondern auch auf lose Stücke erstrecken, die nach dem Schema der gebundenen Serien, nicht aber sachlich geordnet werden sollen. Ein Zugeständnis allerdings machten die Niederländer: nur wenn gar keine Bindung der Akten an Serien möglich ist, wird die Neuordnung nach Dossiersystem freigegeben, dessen Vorzüge vor dem Seriensystem sie nicht verkennen. In jedem Falle soll aber für die Einteilung eines Archivkörpers in erster Linie die ursprüngliche Gliederung der Registratur und erst in zweiter Linie die Geschäftsorganisation der Behörde maßgebend sein. Hauptsache bleibt ihnen immer die Registratur, wie sie geworden ist, das Entwicklungsprinzip herrscht unbedingt vor.

Weibull steht auch auf dem Boden des Herkunftsprinzips. Eine Vermischung der Herkunft, wie sie im schwedischen Reichsarchiv um 1850 durch Bildung von großen Sachgruppen (Ecclesiastica, Topographica, Biographica usw.) aus den verschiedenen Serien der Verwaltungsabteilung vorgenommen worden ist, lehnt er ab. Er gesteht auch zu, daß es nicht möglich ist, alle Arten von Serien wieder aufzulösen, aber dort, wo dies möglich ist, insbesondere für die losen Stücke fordert er das Dossiersystem. Aber nach den Grundsätzen der Franzosen läßt er für die Sachgliederung nicht die Organisation der Behörden als Hauptgesichtspunkt gelten, sondern immer nur die praktische Rücksicht auf den Forscher. Nur einmal spricht er von der Gruppierung der Akten nach den Gegenständen der Geschäfte, durch die auch der Forschungsgesichtspunkt berücksichtigt sei (A.Z. Bd. 42/43 S. 64), ohne zu bemerken, daß er sich damit vom Ausgangspunkt der Franzosen entfernt. Wir gestehen dem französischen Fondsprinzip nicht den Vorrang zu wie Weibull, aber wir stehen auf seiner Seite gegen die Niederländer: nicht starre Erhaltung aller Arten von Registraturformen ist uns das Wesentliche, sondern das Sichtbarmachen des in ihnen festgehaltenen Lebens und Funktionierens der Behörde[47]).

---

[47]) In der Besprechung der Kontroverse Weibull—Winter hat H. O. Meisner (Jahresber. f. dt. Gesch. 9/10. Jg. 1933/34, S. 184f.) den Unterschied zwischen

i) *Grundsätze zur Behandlung mangelhafter Registraturen*

In der Praxis haben wir längst erkannt, daß das Registraturprinzip gewisse Grenzen hat. Seine Vorbedingung ist ein technisch fortgeschrittener Zustand der Registratur und ihr Schritthalten mit der Organisation der Behörde. Für *schlecht aufgebaute* Bestände, zu denen wir auch jene Monstra rechnen müssen, die im 18. und 19. Jh. nach staatsrechtlichen Schemata oder nach alphabetischen Schlagworten unzulänglich aufgegliedert worden sind, wird nach unserer Meinung eine Auflösung und neue Zusammenstellung nach den inneren Beziehungen der betreffenden Behörde der Konservierung vorzuziehen sein.

Wenn man *Trümmer ohne jede Registraturüberlieferung* vor sich hat, wird man sie schließlich nur nach einem historischen Idealschema ordnen, wie es am besten dem Gesamtbestande z. Zt. seines Entstehens entsprochen hätte, aber als reale Erscheinung niemals dagewesen ist. Etwas Ähnliches wollten ja auch die Registratoren des 16. Jhs., wenn sie einen Haufen Akten, die bisher noch nie eine feste Ordnung gehabt hatten, in eine Form zu bringen suchten. Auch sie erstrebten eine geschäftsnahe Gliederung, nur daß sie unter den damaligen unkomplizierten Verhältnissen die Provenienzen vermischen durften.

Wie steht es nun aber mit modernen Registraturen, die oft eine bewegte Geschichte hinter sich haben? Die Funktionen und der Aufbau der Behörden und die *Registratureinteilungen wechseln zuweilen rasch*, und dann wird es praktisch unmöglich, alle einzelnen Stadien einer Registraturentwicklung im Archiv festzuhalten. Hier muß ein Mittelweg gefunden werden: wir können gewisse Aktengruppen, die in jedem Registraturschema wiederkehren, beibehalten und im übrigen durch Synthese aus den verschiedenen zeitlich aufeinander folgenden Einteilungsbegriffen neue Gruppen bilden. In dieses neu gewonnene Schema werden wir dann die aufeinander folgenden Registraturen, die oft nur einer Registraturverbesserung ihr Dasein verdanken, ohne daß damit eine Änderung im Behördenaufbau verbunden wäre, und die oft nur kurze Zeiträume umfassen, einordnen, wobei darauf zu achten ist, daß wichtige Einschnitte der Behördengeschichte nach Möglichkeit auch im Registraturaufbau zum Ausdruck kommen. Vielfach begnügt man sich allerdings aus Zeitmangel mit einer Notlösung: man stellt die aufeinanderfolgenden Registraturen einfach neben einander und nähert sich damit dem Akzessionsverfahren.

Man wendet das Verfahren der *Aufstellung nach Akzessionen* sogar häufig dann an, wenn gar keine Änderung in der Registratur

---

den drei Ausprägungen des Provenienzprinzips, der französischen, der preußischen und der niederländischen, hervorgehoben, aber auch die Problematik und Künstlichkeit einer Neugestaltung der Registratur im Archiv betont.

vorliegt, sondern nur eine neue Ablieferung einer im Archiv bereits vertretenen Registratur eingeht, indem man die Ablieferungen A, B, C usw. nebeneinander stellt, obwohl sie leicht ineinander zu arbeiten wären. Dieses Akzessionsverfahren[48]) hat sogar in der Archivgeschichte gelegentlich eine erhebliche Rolle gespielt (Urkundenarchiv zu Lissabon). Dieses Übel zu vermeiden, lassen wir uns jetzt, wenn von den Behörden terminmäßig abgeliefert wird, eine Abschrift des ganzen Repertoriums herstellen und kennzeichnen darin die jeweiligen Ablieferungen; auf diese Weise erhalten wir einen Überblick über den gesamten Bestand der Registratur und über die noch zu erwartenden Ablieferungen.

k) *Die moderne schematisierte Registratur (Dezimalklassifikation)*

Ein neues Problem ist den Archiven in der fortschreitenden Mechanisierung der modernen Registraturen erwachsen. Während im 19. Jh. die preußischen Verwaltungsbehörden, etwa die Regierungen und Landratsämter, ein ausgesprochenes Eigenleben hatten und ihre Geschäfte trotz gleichem äußeren Behördenaufbau doch verschiedenartig, je nach der Gestalt ihres Bezirkes in wirtschaftlicher, sozialer und konfessioneller Hinsicht, führten, macht sich heute überall eine gewisse Uniformierung bemerkbar. Man ist daher vielfach dazu übergegangen, *allgemein bindende Registraturschemata für gewisse Behördenkategorien* aufzustellen. So hat man z. B. für die Registraturen der Polizeiverwaltungen feste Vorschriften erlassen, wobei man der Abgrenzung der Aktengruppen Wertgesichtspunkte zugrunde gelegt hat, der Art, daß das nichtaufhebenswerte Material und das von zeitlich begrenztem Werte in bestimmten Gruppen zusammengefaßt wird. 1935 hat das damalige Reichsjustizministerium ein bindendes Aktenschema — nach Vierziffernsystem — für die Verwaltungsakten der Gerichte und sonstigen Justizbehörden eingeführt; für die Prozeßakten erübrigte sich ein solches Schema, da diese gewöhnlich nach Serien (Alphabet der Beklagten o. ä.), zuweilen unter Zusammenfassung von Prozeßgruppen nach Sachgesichtspunkten, geordnet sind.

Bei der Aufstellung solcher Registraturschemata ist man seit den 20er Jahren meist von dem neuen System der Dezimalklassifikation ausgegangen, das von dem nordamerikanischen Bibliothekar Dewey (gespr. djuĭ) für bibliothekarische Zwecke 1876 erdacht und später vom Internationalen Bibliographischen Institut in Brüssel verbessert

---

[48]) Man sollte dies nicht als „System" proklamieren, sondern lieber schamhaft verhüllen, daß es solche Notlösungen überhaupt gibt. Br.

worden ist[49]). Diese Klassifikation übertrug man nun mit entsprechenden Abwandlungen auf das Registraturwesen[50]), wobei man gewöhnlich eine vierfache Untergliederung wählte, die also eine vierstellige

---

[49]) Literatur über die Dezimalklassifikation im Bibliothekswesen:

Karl Diesch, Katalogprobleme und Dezimalklassifikation. Eine bibliothekswissenschaftliche Untersuchung und Abwehr. Leipzig 1929 (ablehnend).

Karl Diesch, Die Dezimalklassifikation in: Minerva-Zschr. 4. Jg. (1928) S. 112ff.

Georg Schneider, Handbuch der Bibliographie. Leipzig 1923 S. 155ff. (ablehnend).

Wilhelm Weinreich, Zur Frage der Dezimalklassifikation in: Minerva-Zschr. 5. Jg. (1929) S. 40ff. (Anhänger).

Classification decimale universelle. Tables pour classement .... hrsg. v. Institut International de Bibliographie in Brüssel. Brüssel 1929ff. (Bibliothekarisches Schema).

[50]) Registraturschemata nach Dezimalsystem:

a) in der Justizverwaltung:

Anweisung für die Verwaltung des Schriftgutes in Justizverwaltungsangelegenheiten vom 18. Dez. 1935 . Berlin 1936 (obligatorisch für Verwaltungsregistraturen des Reichsjustizministeriums, der Gerichte, Staatsanwaltschaften und Vollzugsbehörden)

b) in der Reichspostverwaltung:

Allgemeine Dienstanweisung für Post und Telegraphie Abschn. XI, 1 Geschäftsbetrieb bei den Reichspostdirektionen (Rahmengeschäftsordnung RGO) Berlin Reichsdruckerei 1936 Anl. 14 und Beil. 1 (seit 1928 obligatorisch für gesamte DRP. vom Reichspostministerium über Reichspostdirektionen bis zu den Post- und Telegraphenämtern)

c) in der Reichsfinanzverwaltung:

Verf. d. RM. d. Fin. v. 3. Nov. 1928 (obligatorisch seit Jan. 1929 für Reichsfinanzministerium, Oberfinanzpräsidien, Finanzämter, Hauptzollämter, Zollfahndungsstellen, Bezirkszollkommissariate, Zollämter, Reichsbauämter und Reichsforstämter; die mit Buchstaben bezeichneten Hauptverwaltungsgebiete: Haushalts-, Kassen- und Rechnungswesen, Reichssteuern, Landessteuern, Zölle, Verbrauchsabgaben, Organisation und Verwaltung, Personalabteilung bilden jeweils eine eigene Registratur nach Vierziffernsystem)

d) in der preußischen staatlichen Polizeiverwaltung:

Seit 1931 Einheitsaktenpläne (EAP. 1) obligatorisch für alle staatlichen Polizeiverwaltungen, auf der Grundlage des von der staatlichen Polizeiverwaltung Magdeburg nach Dezimalsystem aufgestellten Aktenplans schrittweise eingeführt: 1931 für Verwaltungspolizei (Rderl. d. Min. d. Inn. v. 22. Apr. 1931 MBliV. 415), 1933 für Kriminalpolizei (Rderl. des M. d. Inn. v. 10. März 1933 MBliV. 318), 1934 für Schutzpolizei (Rderl. d. R. u. preuß. Min. d. Inn. v. 9. Nov. 1934 MBliV. 1446)

e) bei der Deutschen Reichsbahn:

Seit Jan. 1928 Einheitsaktenplan für Hauptverwaltung und Reichsbahndirektionen (Verw.-Vorschr. XV: Denkschr. für das Aktenwesen nebst Einführungsbestimmungen Anl. 1), seit Febr. 1932 in verkürzter Fassung für Betriebs-, Maschinen- und Verkehrsämter, Vermessungsämter und Ausbesserungswerke (Verw.-Vorschr. VIII: Geschäftsanweisung für die Büros der Reichsbahnämter v. 14. Jan. 1932) und seit März 1932 in weiterer Verkürzung für die Dienststellen d. h. Bahnmeistereien, Bahnhöfe, Güterabfertigungen usw. (Verw.-Vorschr. XI: Dienstvorschrift für den Schriftverkehr der Dienststellen v. 22. Febr. 1932). Gliederung und Untergliederung analog

Zahl ergab (daher auch „Vierziffernsystem" genannt). Dabei bezeichnet der Tausender die Hauptgebiete, der Hunderter die Gruppen, der Zehner die Untergruppen und der Einer den einzelnen Aktenband (Ordner); weitere Unterteilung kann durch Dezimalbrüche ausgedrückt werden. Für die Teilung der Registratur in Hauptgebiete, der Hauptgebiete in Gruppen usw. stehen also die Ziffern 0 bis 9, aber auch nur diese zur Verfügung. So wird bereits hier die entscheidende Schwäche des Systems offenbar, die mangelnde Elastizität: erweiterungsfähig ist das Schema nur in Richtung auf Unterteilung hin, nicht in der Breite und es setzt bei seiner Planung eine weit ausschauende Einbeziehung aller Entwicklungsmöglichkeiten der Registratur voraus, wie sie in der Praxis, die mit unvorhergesehenen Funktionsänderungen in der Behörde rechnen muß, niemals möglich sein kann. Am ehesten dürfte es für die Behörden der sogen. Betriebsverwaltung (Post, Eisenbahn usw.) und für schematisch gleiche Behörden der Hoheitsverwaltung (Polizei, Justizverwaltung usw.) geeignet sein, während bei regional differenzierten Behörden, wie

---

dem Dezimalsystem, aber an Stelle der 10 Ziffern die 26 Buchstaben des Alphabets, die zugleich mnemotechnische Bedeutung haben.

f) für die Kommunalverwaltungen:

(Fakultativer) „Einheitsaktenplan für die Verwaltungsgliederung" hrsg. v. Deutschen Gemeindetag 1937. — S. a. Fritz Nordsieck, Organisation und Aktenführung der Gemeinden[3] 1941 S. 96ff. (Einheitsaktenplan) u. Anh. S. 1ff. (Musteraktenverzeichnis für Gemeinden, in Anlehnung an den Einheitsaktenplan des Deutschen Gemeindetages bearb. v. Richard Buder)

Einheitsaktenpläne für einzelne Gebiete im Auftr. d. Bezirksgeschäftsstellen des Dt. Gemeindetages oder seiner Rechtsvorgänger, insbes. f. Westfalen (Hegener-Lesker 1928), Thüringen (Heß-Setzkorn 1928), Württemberg (Flattich 1934, [4]1950), Land Sachsen (1934), Bayern.

Obligatorischer Einheitsaktenplan für Gliederung der Haushaltspläne der Gemeinden (Muster für Einheitsaktenplan von 1937), eingeführt durch:

1. VO. (d. RM. d. Inn.) über die Aufstellung und Ausführung des Haushaltsplans der Gemeinden („Gemeinde-Haushaltsverordnung") v. 4. Sept. 1937 (zunächst nur für Gemeinden über 3000 Einwohner) RG.Bl. 1937 S. 921
2. Vereinfachung des Haushalts-, Kassen- und Rechnungswesens der Gemeinden mit weniger als 3000 Einwohnern, Rderl. d. RM. d. Inn. vom 8. Febr. 1944 (vereinfachtes Muster)
3. (Preuß.) VO. über ein vereinfachtes Gemeinde-Finanzgesetz v. 24. Febr. 1934 (f. d. ehrenamtlich verwalteten Gemeinden und Gemeindeverbände) Preuß. Ges. Samml. 107

g) in der evangelischen Kirche:

Aktenordnung für die evangelischen Kirchgemeinden und Pfarrämter hrsg. v. Archivamt d. Dt. evgl. Kirchenkanzlei v. 2. Juli 1943, Ges.bl. d. Dt. Evgl. Kirche Ausg. A Jg. 1944 S. 25ff. (fakultativer Einheitsaktenplan nach Dezimalsystem für Pfarr- und Superintendenturregistraturen, soll auch auf Archivbestände ausgedehnt werden).

h) für die Sparkassen:

Die Schriftgutablage der Sparkassen hrsg. v. Dt. Sparkassen- und Giroverband. Betriebswirtschaftliche Beratungsstelle, Berlin vor 1936 (fakultativer Einheitsaktenplan nach Dezimalsystem)

Kreisverwaltungen und Kommunen, Variationen erforderlich werden, die den Hauptzweck des Systems, die Allgemeingültigkeit und die allgemeine Verständlichkeit, fragwürdig erscheinen lassen. So dürfte die Hauptbedeutung der Dezimalklassifikation in ihrer Verbindung mit der sogen. „Büroreform"[51]) liegen, deren Erörterung den Rahmen der archivtheoretischen Betrachtungen überschreitet. Vom Standpunkte unserer Archivtheorie aus können wir nur feststellen, daß dieses Prokrustesbett der zehn Zahlen, in die man das Eigenleben der Registraturen pressen will, im Grunde genommen, wenn auch unter Wahrung der Herkunft, eine Wiedereinführung der rationalen allgemeingültigen Schemata des 18. Jhs. bedeutet, diesmal in Gestalt arithmetischer Rationalisierung und Uniformierung.

Aber zwei weitere Fragen tauchen im Zusammenhange mit der Dezimalklassifikation auf, die zu Schicksalsfragen des Archivwesens werden können. Es wäre durchaus möglich, daß von ihr die Überwindung des modernen Zentralarchivs und des Provenienzprinzips, die uns beide als Vollendung der bisherigen Archivgeschichte er-

---

[51]) Die Büroreform hatte außer 1. der einheitlichen Aktenbezeichnung nach dem Vierziffernsystem als weitere Aufgaben 2. die Ersetzung der handgehefteten Liegeakten durch mechanische Stehordner, die für die laufende Verwaltung manche Vorteile bringen (Zeitersparnis beim Einlegen, elastische Handhabung des einzelnen Schrifstücks innerhalb des Ordners), der Unterbringung im Archiv aber Schwierigkeiten machen (Platzverschwendung), weswegen man vielfach zur Umlagerung in Ablegemappen übergegangen ist; 3. die Ersetzung der Geschäftstagebücher und der dazugehörigen Hilfsmittel durch vereinfachende Eintragungsbehelfe (Ordnungskarteien, Einsenderkarteien, später meist Rückkehr zur Buchform), wobei man als Geschäftszeichen, das an die Stelle der früheren Geschäftstagebuchnummer tritt, die in vier Ziffern ausgedrückte Aktensignatur nimmt, der man die Behördenabteilung und das Briefdatum zufügt (z. B. I/1221/ 1. 3.)

Als Muster hatte Brecht, der Begründer und Propagator der Büroreform, die Registratur I (Abt. Verfassung und Verwaltung) im ehemaligen Reichsministerium des Innern ausgebaut. Die GGO. (Gemeinsame Geschäftsordnung für die Obersten Reichsbehörden 1926) und die OGHR. (Ordnungsgrundsätze für die Aktenverwaltung der höheren Reichsbehörden 1932) enthalten Vorschriften der Büroreform für die zentralen Reichsbehörden.

Literatur:

A. Brecht, Die Geschäftsordnung der Reichsministerien. Ihre staatsrechtliche und geschäftstechnische Bedeutung. Zugleich ein Lehrbuch der Büroreform. Berlin 1927.

A. Brecht, Die Büroreform in der Verwaltung in: Deutsche Juristenzeitung 1926 Sp. 628ff.

H. O. Meisner, Fragen derBüroreform in: Mitt.bl. d. preuß. Archivverw. Jg. 1941 S. 14ff.(dazu Jg. 1941 S. 112f.).

W. Triebel, Geschäftsvereinfachungen in der preußischen allgemeinen Verwaltung. Köln 1931.

K. Gombel, Dewey in der Registratur in: Minerva-Zschr. 7. Jg. (1931) S. 105ff.

W. Günther, Die praktische Durchführung der Büroreform bei den Behörden 1930.

H. Hausmann, Die Büroreform als Teil der Verwaltungsreform. Berlin 1925.

scheinen, ausgehen könnte. Eine Ausdehnung der bisherigen Ansätze, die Registraturen aller untergeordneten Behörden unter ein allgemein bindendes Dezimalschema zu zwingen, auf alle Verwaltungszweige könnte zur Bildung von vertikal gegliederten Behördenarchivsystemen führen, wie es bisher nur in der früheren deutschen Heeresarchivverwaltung in gewisser Weise verwirklicht war, aber in Ansätzen auch in anderen Verwaltungszweigen, z. B. der Verkehrsverwaltung, spürbar ist. Ob es dann gelingen wird, diese Behördenarchivsysteme wenigstens unter einer einheitlichen archivarischen Fachspitze zusammenzufassen, wird entscheidend werden dafür, wie weit das Archivwesen seine Eigenständigkeit bewahren kann.

Darüber hinaus ergibt sich von der Dezimalklassifikation her noch ein weiterer Ausblick: bei durchgängiger Anwendung dieses Ordnungsschemas wäre die Zusammenfügung gleichartiger Betreffe in vertikaler Richtung, d.h. zwischen über- und untergeordneten Stellen, oder auch in horizontaler Richtung, d.h. zwischen gleichgeordneten Stellen innerhalb des gleichen Ressorts, theoretisch in gewissem Umfange denkbar, und damit wäre das Provenienzprinzip durch eine neue Sachverbundenheit verdrängt. Trotz der nicht hoch genug zu wertenden Bedeutung des Provenienzprinzips läßt sich eben doch nicht dessen Zeitbedingtheit und Abhängigkeit von dem derzeitigen Registraturwesen verkennen.

l) Das Bärsche Prinzip

Ein weiteres Ordnungsverfahren, das im Zusammenhange mit dem Provenienzprinzip steht, aber eigentlich nur eine Notlösung darstellt und als solche ins Leben getreten ist, ist das sogen. „Bärsche Prinzip“[52]), das der Danziger Archivdirektor Max Bär seit 1903 im neuen Danziger Staatsarchiv zur Beschleunigung der Ordnungsarbeiten, also rein aus den Bedürfnissen der Praxis eingeführt und schließlich — entgegen dem Reglement von 1896, das die Neuordnung alter Bestände nach Provenienz nicht für erforderlich hielt — auch auf alle alten Bestände mit Ausnahme des Danziger Stadtarchivs ausgedehnt hat. Später hat er nach dem gleichen Verfahren den Umbau des Staatsarchivs Koblenz[53]) begonnen.

Dem Bärschen Prinzip steht die Instruktion für die französischen Departementalarchive näher als das preußische Provenienzprinzip. Denn bewußt wurde in Danzig von der inneren Wiederherstellung der alten Registraturen abgesehen, wegen der Gleichmäßigkeit auch dann, wenn ältere Repertorien vorlagen. Aber auch in Danzig respektierte man die Fonds und zwar noch entschiedener und un-

---

[52]) Vgl. darüber: Max Bär, (Lit. Nr. 191), Abschn. 5 Ordnungsarbeiten.

[53]) Vgl. darüber: E. Schaus (Lit. Nr. 455).

bedingter als in Frankreich. Die Akten wurden im Repertorium in einer Untergliederung nach Schlagworten verzeichnet, die in alphabetischer Folge erscheinen. Im Unterschied zum französischen System sollten die Schlagworte nicht nach der mutmaßlichen Fragestellung der archivalischen Forschung gebildet, sondern im ganzen den Funktionen und der Geschichte der betreffenden Behörde entnommen werden, wobei man sich augenscheinlich nicht recht klar machte, daß eine alphabetische Schlagwortfolge niemals die systematische Geschäftseinteilung einer Behörde wiedergeben kann. Diese alphabetischen Schlagwortfolgen, die eigentlich aus dem individuellen Charakter der einzelnen Behörde erwachsen sollten, wurden bald zum Schema für gleichgeordnete Behörden und nur die jedem Repertorium vorausgeschickten behördengeschichtlichen Einleitungen lassen noch die Individualität der Behörde zur Geltung kommen.

Dazu trat noch eine zweite Besonderheit, die das Ordnungsverfahren beschleunigen sollte. Man gliederte jede Provenienz nach einem allgemeinen Schema in große Sachgruppen[54]) und lagerte die Akten innerhalb jeder Sachgruppe völlig systemlos und zufällig in der Reihenfolge, wie sie dem Archivar bei der Verzettelung in die Hand gekommen waren. Die Aktenbände erhielten innerhalb der Sachgruppen fortlaufende Nummern, die auf den Zetteln als Signaturen wiederkehrten. Nach Beendigung der Verzeichnung wurden die Zettel nach Schlagworten und innerhalb der Schlagworte in chronologischer Folge geordnet und in ein Bandrepertorium übertragen, in dem nun die als Signaturen dienenden laufenden Nummern völlig durcheinander stehen, so daß zu jedem Repertorium eine Konkordanz zwischen Nummern und Schlagworten (in der Nummernfolge) erforderlich ist. Frühere Signaturen der Aktenstücke dem Repertorium beizufügen, hielt Bär für überflüssig; für die später im Grenzmarkarchiv vereinigten Bestände wurde dies erst nach dessen Überführung in das Geheime Staatsarchiv zu Berlin nachgeholt. So sind die Bärschen Repertorien eigentlich keine Findbücher, die die Lagerung der Akten wiedergeben, sondern eher als Sachindices mit gewisser systematischer Zusammenfassung zu bezeichnen. Daß die völlige Systemlosigkeit der Aktenlagerung, die zunächst die Ordnungsarbeiten erheblich beschleunigte, bei späterer Aktenentnahme sehr hemmend wirken mußte, zumal da auch die einzelnen Bände desselben Aktenbetreffs verstreut lagen, braucht kaum betont zu werden.

Im ganzen gesehen bedeutet das Bärsche Prinzip mit seiner völligen Mißachtung jeder bisherigen Registraturordnung eine Abkehr vom preußischen Provenienzprinzip und eine Annäherung an das franzö-

---

[54]) Dieses Sachgruppenschema war aus den idealen preußischen Registraturverhältnissen erwachsen und paßte oft schlecht auf die dürftigen polnischen Registraturen, so daß vielfach einzelne Gruppen leer blieben. Br.

sische Fondsprinzip. Der Vorteil der rascheren Ordnung war mit dem Verzicht auf organische Gliederung und mit der Schwerfälligkeit der späteren Aktenbenutzung teuer erkauft.

m) *Das freie Provenienzprinzip („Archivkörper")*

Unsere modernen Registraturen zeigen nicht mehr jene vollendete Gestalt und feingliedrige Durchformung, wie sie die preußischen Ministerialregistraturen in ihrer klassischen Zeit aufweisen. Wir können uns nicht mehr damit begnügen, sie in ihrer zufälligen Gestalt bestehen zu lassen oder einfach zu restaurieren, sondern müssen uns die Freiheit nehmen, sie wesentlich umzuformen. So haben wir uns tatsächlich in der Praxis schon lange von dem ursprünglichen Registraturprinzip, wie es 1881 formuliert worden war, entfernt und sind zu einem freien Provenienzprinzip gelangt, das jedoch in der Theorie bisher noch keine Formulierung und Rechtfertigung gefunden hat. Wohl haben Schultzes und Weibulls Bedenken gegen das Registraturprinzip uns auf diesem Wege gefördert, aber zu einem tieferen Verständnis der neuen Prinzipien in ihrem Verhältnis zum bisherigen Registraturprinzip ist auch Schultze nicht gelangt.

Wir müssen ausgehen von den niederländischen Grundgedanken der Entwicklung und des Organismus. Mit dem Begriff der Entwicklung verbanden die Niederländer die (biologische) Vorstellung einer gradlinigen, von äußeren Kräften unbeeinflußten Entfaltung aus dem ersten Keim heraus nach den in diesem Keim bereits beschlossenen Wesensgesetzen und gelangten von da her zu der Vorstellung eines Organismus, der auf jeder seiner Entwicklungsstufen die vollendete Ausprägung der ihm innewohnenden Gesetzlichkeit darstelle. Der Gedanke an eine echte geschichtliche Entwicklung mit all ihren Unvollkommenheiten und ihrer Abhängigkeit von zufälligen äußeren Einwirkungen oder auch nur an die mögliche Unvollkommenheit oder gar Krankhaftigkeit des gewachsenen Organismus scheint ihrer optimistischen Lebensauffassung fremd.

Auf die geschichtlich gewordene Registratur können wir jene von den Organismen in der Natur abgeleiteten niederländischen Vorstellungen nicht übertragen. Gewiß hat jede Registratur eine Entwicklung, aber diese ist ihr im Plane ihrer Entstehung noch nicht eindeutig bestimmt; auch ist es nicht allein die geschäftsführende Stelle, die diese Entwicklung bestimmt, sondern mannigfache Einflüsse aus Behördenveränderungen und politischen Tendenzen werden wirksam. Das zufällig letzte Stadium der Entwicklung, das die Niederländer restaurieren wollen, braucht durchaus nicht lebendiger Ausdruck der Funktionen der Behörde zu sein. Wie ein Registrator häufig seine Registratur mit einem bestimmten Stichjahr abgeschlossen und eine neue aufgebaut hat, ohne daß ihn eine Veränderung in seiner Behörde dazu berechtigt hätte, nur weil die alte vielleicht zu unübersichtlich geworden war oder weil ein neues Jahrhundert begann, so hat andererseits manche Registratur einen grundlegenden Wandel ihrer Behörde überdauert, ohne daß in ihr dieser Wandel seinen Ausdruck gefunden hat. Das Leben habe die Registraturen geschaffen, meinen die Niederländer; aber bei Lichte besehen, hat sie ein Registrator geschaffen, der einen Zopf trug.

Während die Niederländer den Organismusbegriff rein biologisch auffassen, gehen wir von dem philosophischen Begriff des Organismus aus: während jene die Registratur — nicht nur dem Inhalt nach, sondern auch als Gestalt — als etwas naturhaft Gewachsenes ansehen, das die Vollkommenheit des natürlichen Organismus auf jeder Stufe der Entwicklung verwirklicht, wissen wir, daß jedes Registraturgebilde das unvollkommene Werk von Menschen ist, aber im innersten Wesen eine lebendige, von einheitlichem Geist durchwehte Wechselbeziehung zwischen dem Ganzen, das nur durch die Glieder lebt, und den Gliedern, die in ihrer Funktion auf das Ganze ausgerichtet sind, aufweist, jene Wechselwirkung, die kennzeichnend ist für den natürlichen Organismus. Was den Niederländern Realität ist, bedeutet daher für uns ideale Forderung an den Registrator wie an den Archivar: das innere Wesensgesetz des Organismus in der äußeren Gliederung der Registratur zu verwirklichen. Wir müssen, wie es schon Theodor von Sickel für die Urkundenlehre gefordert hat, der geschichtlichen Entwicklung in allen ihren Ausprägungen nachspüren[55]), um so die Gesetze zu finden, nach denen wir die Registratur als Organismus gegebenenfalls neu zu formen haben. Das „freie Provenienzprinzip", wie wir es verstehen, ist uns kein fertiges Rezept, kein Einteilungsschema, keine Rechtfertigung einer bloßen Restaurierung, die den Archivar zum „verlängerten Registrator" entwürdigt, sondern ein Regulativ, aus dem wir unsere Normen schöpfen. So gelangen wir schließlich zu einem normativen Denken und erfüllen damit — anders, als Winter es wollte — die Forderungen Weibulls. Aber unsere Normen entnehmen wir nicht der Ratio, der Sphäre des logischen Denkens, sondern dem Organismus selbst, der in sich den Gedanken der Entwicklung einschließt (während umgekehrt der Begriff der Entwicklung, von dem die Niederländer ausgingen, nicht unbedingt den des Organismus zu enthalten braucht). Unsere Aufgabe ist es nicht, „Registraturen" um jeden Preis zu konservieren und damit vielleicht monströse Zufallsbildungen für immer zu erhalten, sondern „Archivkörper" organisch zu bilden. So wird die Tätigkeit des Archivars, der den Niederländern als bloßer Restaurator galt, zu einer schöpferischen Aufgabe; es gilt, mit künstlerischem Ein-

[55]) Die geschichtliche Entwicklung findet sich in den alten Repertorien und den alten Aktensignaturen; wenn wir diese aufbewahren und damit die Stadien der Registraturgeschichte festhalten, haben wir den entwicklungsgeschichtlichen Forderungen Genüge getan, auch wenn wir die Registratur neu gestalten. Br.

fühlungsvermögen dem Bestande die geheimen Gesetze seines Werdens und Wachsens abzulauschen und in den Formen zum Ausdruck zu bringen[56]).

Von dem neu gewonnenen Provenienzprinzip aus können wir nun noch zu einer letzten Frage aus der praktischen Ordnungstätigkeit im Archiv Stellung nehmen, zur Frage, ob wir Registraturen um ihrer sachlichen Einheit willen von ihrer ursprünglichen Herkunft lösen dürfen. Unser Provenienzgedanke bedeutet ja nicht allein, die geschlossene Herkunft zu wahren, sondern Herkunft und Sache in ein angemessenes Verhältnis zu setzen, eine Synthese zwischen beiden zu schaffen; in diesem Sinne können wir Provenienz als „Sachgemeinschaft auf der Grundlage der Herkunftsgemeinschaft" formulieren. Nun kann es Fälle geben, in denen der Schwerpunkt auf der Sachgemeinschaft liegt und die Behördenpersönlichkeit, die dahinter steht, gleichgültig wird. Ein Wechsel der Herkunftsstelle ändert dann an dem Wachsen der Sachgemeinschaft in der Fortführung der Geschäfte nichts. Der Archivkörper hat sich von der ursprünglichen Herkunftsstelle als selbständiger Organismus vollständig gelöst und wächst auch bei mehrfachem Wechsel der Geschäftsstelle im alten Geiste weiter. So gab es z. B. im Berliner Geheimen Staatsarchiv eine Domänenregistratur, die als Einheit zusammenblieb, obwohl die Domänen zunächst vom Finanz- und vom Hausministerium und später vom Landwirtschaftsministerium verwaltet worden sind. Ebenso ist die Medizinalregistratur vom Kultus- zum Innenministerium gewandert, die Bauregistratur hat sich zwischen Ministerium für Handel und Gewerbe, Ministerium für öffentliche Arbeiten und Finanzministerium bewegt, und auch die Bergregistratur hat ihre Behörde mehrfach gewechselt. Im Reichsarchiv zu Potsdam war die Kolonialregistratur ein besonders markantes Beispiel: aus einem Referat in der Handelsabteilung des Auswärtigen Amtes erwachsen, ist sie zur eigenen Abteilung im Auswärtigen Amte und zum Reichsamt und Reichsministerium geworden, um schließlich 1920 in die Politische Abteilung des Auswärtigen Amtes als Abwicklungsstelle zu gelangen. Allerdings darf man diese Ordnungsgesichtspunkte nur da anwenden, wo eine solche Registratur einen größeren in sich geschlossenen Sachkomplex mehr oder weniger selbständig geführter Geschäfte umfaßt und wo der Übergang zu einer neuen Behörde keinen Bruch bedeutet. Die Entscheidung darüber kann nicht auf Grund schematischer Vorschriften gegeben werden, sondern muß aus organischem Denken erwachsen[57]).

---

[56]) Musterbeispiel für eine derartige schöpferische Archivordnung ist der Aufbau des Politischen Archivs des Landgrafen Philipp von Hessen im Staatsarchiv Marburg durch Friedrich Küch (Lit. Nr. 473). Eine solche schöpferische Gestaltung kann aber nur an großen und bedeutenden, nicht an beliebigen Dutzendregistraturen zu wirklich fruchtbarem Ergebnis führen. Br.

[57]) Das moderne Archivwesen hat zwar im Laufe des 19. Jhs. seine Eigenständigkeit innerhalb des staatlichen Behördensystems, nicht aber seine Eigen-

n) *Das Provenienzprinzip als Regulativ für Ordnung und Zuständigkeit der Archive und als Forschungsprinzip.*

Wir haben das Provenienzprinzip bisher als Regulativ für die *innere Ordnung* des Archivs kennengelernt. Aber indem wir uns um der provenienzmäßigen Ordnung willen in die Bestände versenken und das Werden und Funktionieren der Behörden zu erkennen suchen, bemerken wir, daß das Provenienzprinzip mehr ist als ein selbstgenügsames Ordnungsprinzip von bloß antiquarischem Interesse, daß mit ihm vielmehr eine neue wissenschaftliche Anschauungsweise erwächst: die Gliederung des Staatsarchivs oder des Stadtarchivs wird jetzt zum Ausdruck des Aufbaus und der Geschichte des Staates oder des städtischen Gemeinwesens mit allen ihren Einrichtungen.

Indem dann das Provenienzprinzip zum maßgeblichen Grundsatz auch für die *Organisation* der Archive, d. h. für die gegenseitige Abgrenzung ihrer Zuständigkeit, geworden ist, kommt nun auch der Archivgeschichte als Geschichte der archivischen Organisationsformen eine neue Bedeutung zu für das Verständnis

---

gesetzlichkeit zu erringen vermocht: während der Archivar eines Auslese- und Hauptarchivs des 18. Jhs. — der Archivar eines Behördenarchivs war im Grunde genommen nur ein aus dem Geschäftsbetriebe herausgehobener Registrator — eine souveräne Stellung gegenüber der Registratur einnahm, deren Bestände er nach einem selbstgefundenen Ordnungssystem umgliederte (innere Ordnung), nachdem er nach einem vom Archiv aus bestimmten Ausleseprinzip die Bestände ausgewählt hatte (Zuständigkeit), ist der moderne Archivar unter der Herrschaft des Provenienzprinzips sowohl hinsichtlich der inneren Ordnung wie hinsichtlich der Zuständigkeit (Behandlung der Vorakten) in Abhängigkeit vom Registrator geraten. Die Wiedergewinnung der Eigengesetzlichkeit des Archivs gegenüber der Registratur dürfte der tiefere Sinn des von Brenneke vertretenen „freien Provenienzprinzips" sein.

Er hat das neue Prinzip theoretisch entwickelt im Gegensatz zum „Registraturprinzip" der niederländischen Archivare, das er als Folie benutzt und darum vielleicht etwas zu einseitig deutet. Begründet hat er das Prinzip von seiner Auffassung des allgemeinen Provenienzprinzips her, indem er die ideale Registratur, den „Archivkörper", versteht 1. als „Sachgemeinschaft auf der Grundlage der Herkunftsgemeinschaft" und 2. als Organismus und indem er 3. das Provenienzprinzip als bloßes Regulativ, nicht als bindende Norm ansieht. Wenn die unter der Hand des Registrators „gewachsene" Registratur nicht zu einem sinnvoll gegliederten Ganzen, zu einem gesunden Organismus, geworden ist, dann erhält der Archivar vom Organismusgedanken her das Recht, nachträglich einen solchen wohlgegliederten Organismus zu gestalten (Eigengesetzlichkeit hinsichtlich der inneren Ordnung), der freilich gegenüber einer wirklich gewachsenen Registratur immer etwas Künstliches, „Homunculushaftes" an sich haben wird, und von der Auffassung als Sachgemeinschaft her vermag er sich dort, wo sich Behördenprovenienz und Registratureinheit überschneiden (Problem der Vorakten), in freier Entscheidung über die Grenzen der behördlichen Zuständigkeit hinwegzusetzen. Durch die Auffassung des Provenienzprinzips als Regulativ, das dem freien Gestaltungswillen des Archivars gewissen Spielraum läßt, wird die Tätigkeit des Archivars ins Schöpferische erhöht. Damit bekommt die Arbeit des Archivars aus sich heraus, nicht mehr nur durch ihre Verbindung mit der Wissenschaft, ein neues Ethos.

der Verfassungs- und Verwaltungsgeschichte und der allgemeinen Landesgeschichte, und sie hört damit auf, bloß ein kurioser Abschnitt der allgemeinen Kulturgeschichte zu sein.

Und schließlich weitet sich das Provenienzprinzip zum *Forschungsprinzip*, das eine hervorragende Bedeutung für die historische Quellenkunde gewinnt. Gerade wenn die Quellen sehr zerstreut sind, bietet das Provenienzprinzip dem Forscher den einzigen Weg, sie wieder aufzufinden. Wir haben dafür auf dem Gebiete der mittelalterlichen Geschichte das Beispiel des von Paul Kehr geleiteten Unternehmens der Göttinger Gesellschaft der Wissenschaften zur Herausgabe der (in den europäischen Archiven befindlichen) älteren Papsturkunden; hier sind überall der Editionstätigkeit geschichtliche Studien voran- und zur Seite gegangen, und überall in den fremden Ländern haben sich die Bearbeiter in archivgeschichtlichen Studien Rechenschaft von der Entwicklung der Archive und ihrer Bestände gegeben. Auf dem Gebiete der neueren Geschichte hat das von Karl Brandi geleitete Unternehmen zur Herausgabe der Korrespondenz Karls V. nach der gleichen Methode gearbeitet, die sich angesichts der starken Zerstreuung der Registraturen des Kaisers als unumgänglich erwies. So hat das Provenienzprinzip in seiner dreifachen Bedeutung 1. als Ordnungsprinzip und 2. als Organisationsprinzip für die Archive wie auch 3. als Forschungsprinzip seine unerschöpfliche Fruchtbarkeit erwiesen.

V. DIE SPANNUNG ZWISCHEN SACH- UND HERKUNFTSPRINZIP ALS ZENTRALPROBLEM DER ARCHIVKUNDE UND IHRE BEDEUTUNG FÜR STRUKTUR UND ORGANISATION DER ARCHIVE

Jedes Archivale ist — wie wir gesehen haben — gekennzeichnet durch seine Registraturzugehörigkeit oder zum mindesten Registraturfähigkeit. Jedes Archivale gehört an oder sollte angehören einer bestimmten Registratur, als Eingang (behändigte Ausfertigung), Ausgang (Entwurf) oder Innenlaufschriftstück ihrer Kanzlei, und für jedes Archivale ist ein bestimmtes Archiv und nur dieses zuständig. Wenn wir Archivalien nach ihrer gemeinsamen Herkunft aus derselben Registratur ohne jede sachliche Gliederung zusammenfassen, gelangen wir zur Ordnungsform der Serie, in der die einzelnen Schriftstücke gewöhnlich in chronologischer Folge aneinandergereiht sind, einer Ordnungsform, mit der die Aktenfülle der modernen Registraturen nicht mehr zu bewältigen ist und von der man selbst dort abgegangen ist, wo sie sich bis in die Neuzeit als vorherrschend gehalten hatte (insbesondere in England); nur da, wo sie sich von selbst ergibt, weil eine Sacheinteilung unmöglich ist (z. B. Gesandtenberichte, Protokolle), behält man sie auch heute noch bei. Faßt man dagegen die Archivalien nach ihrem Inhalt ohne Rücksicht auf ihre Herkunft zusammen, so entsteht eine Sammlung, eine Ordnungsform, die wir heute nur noch dort gelten lassen, wo jeder Herkunftszusammenhang verloren gegangen ist (isolierte Einzelstücke). Wir sehen also: Registraturzugehörigkeit und Inhalt, Herkunft und Sache müssen beide berücksichtigt werden, wenn wir ein Archiv aufbauen. Und tatsächlich enthält jede moderne Registratur eine Sacheinteilung und trägt jeder moderne Aktenband als Aufschrift Herkunftsangabe und Sachbetreff nebeneinander.

Wie sind nun Herkunft und Sache miteinander in Beziehung zu setzen, wie ist die Spannung, die zwischen beiden besteht, zu lösen? Wie gewinnen wir jene echte Sachgemeinschaft, in der nicht mehr die Verhandlungen über dieselbe Angelegenheit nur nebeneinander stehen, sondern der innere Zusammenhang, der sie durchzieht, der gemeinsame Wille, der sie vorwärts treibt, spürbar wird? Wenn wir Aktenbände (die in sich ja Herkunftseinheiten darstellen) aus verschiedenen Registraturen, sofern sie dieselbe Angelegenheit betreffen, vereinigen wollten, dann wäre zunächst Voraussetzung, daß diese Registraturen völlig gleichartig gebaut sind, wie dies mit der modernen schematisierten Registratur mit Dezimalklassifikation erstrebt wird; aber selbst unter diesen Voraussetzungen ergäbe sich keine Sachgemeinschaft, sondern höchstens eine Sachverbundenheit, weil in der fremden Registratur ein fremder Wille und eine andere Sicht der Dinge als bestimmend entgegentritt und weil die inneren Zusammenhänge, die die in Frage stehenden Verhandlungen mit ähnlichen derselben Behörde verbinden, zerrissen sind. Sachgemeinschaft ist eben nur auf der Grundlage der Herkunftsgemeinschaft möglich. Aber nicht jede Herkunftsgemeinschaft enthält notwendig Sachgemeinschaft: das Archiv des (österreichischen) k. k. Ministeriums des Innern enthält die Akten der Vorbehörden, wie sie seit dem 16. Jh. mit annähernd gleichen Funktionen aufeinander gefolgt sind, von der Hofkanzlei, der Österreichischen Hofkanzlei und der Böhmischen Kanzlei über das Directorium in publicis et cameralibus zur Vereinigten böhmisch-österreichischen Hofkanzlei und dem k. k. Ministerium des Innern hin. Diese Bestände gleicher Herkunft aber aus ganz verschiedenen Verwaltungsperioden hat man im 20. Jh. zusammengefaßt und einem Registraturschema des 19. Jhs. unterworfen (s. u. S. 290). Auch hier kann keine Sachgemeinschaft entstehen, denn die Akten aus so verschiedenen Zeiten wie dem 16. Jh. und dem 19. Jh. können durch keine konkrete und treffende Sachbezeichnung vereinigt werden. Sachgemeinschaft ist nur dann möglich, wenn hinter den Aktenbeständen wirklich nur ein einziges Behördensubjekt steht, das mit einem einheitlichen Willen und aus einem einheitlichen Geist heraus die Geschäfte vorwärts treibt. In dem idealen „Archivkörper", wie wir ihn erstreben, ist die Synthese von Herkunft und Sache, aber unter Vorherrschaft der Herkunft, verwirklicht.

Die Wandlungen in dem Verhältnis zwischen Herkunft und Sache haben in der Archivgeschichte zur Ausbildung der verschiedenen Strukturtypen geführt, die wir bei der Betrachtung der Ordnungsformen kennengelernt haben. Aber nicht nur die Struktur, d. h. die innere Ordnung der Archive, wird durch dieses Verhältnis bestimmt, auch für die Organisation der Archive, d. h. für ihre Beziehungen zu den übrigen Behörden und die Abgrenzung ihrer Zuständigkeit untereinander, ist es maßgebend. Wir können dem Archiv sein Material nach Herkunft zuweisen, wie wir es heute allgemein tun, wenn wir das gesamte Schriftgut bestimmter Amtsstellen in ein bestimmtes Archiv aufnehmen — dies braucht jedoch nicht unbedingt auch eine Struktur unter Vorherrschaft der Herkunft zur Folge zu haben —, oder auch nach der Sache, wie früher in Bayern, wo seit der „Archivreform" von 1799 aus den Registraturen sämtlicher Zentralbehörden die das Herrscherhaus betreffenden Archivalien an das Geheime Hausarchiv, die die inneren Verhältnisse betreffenden in das Geheime Landesarchiv und die die auswärtigen Verhältnisse betreffenden in das Geheime Staatsarchiv gelangten; in diesem zweiten Falle ist allerdings auch nur eine innere Ordnung nach Sachen möglich. Die Organisationstypen, die sich aus der verschiedenartigen Lösung der Spannung zwischen Herkunft und Sache ergeben, werden uns noch beschäftigen. Aber auch hier gilt für uns heute dasselbe wie hinsichtlich der Struktur: die Herkunft muß der Sache übergeordnet sein.

VI. DEFINITION DES WESENS UND EINTEILUNG DER ARCHIVE IN ARTGRUPPEN NACH HERKUNFT, STRUKTUR UND ORGANISATION

Von Anfang an ist das harmonische System der Archivorganisation und -struktur, wie wir es als Ergebnis des 19. Jhs. heute im allgemeinen vorfinden, nicht vorhanden gewesen. Wir wollen nun, ehe wir zur individuellen geschichtlichen Betrachtung übergehen, die Entwicklungsmöglichkeiten, die sich aus der Theorie ergeben, zu ermitteln versuchen, um dann festzustellen, wie weit diese in geschichtlich ausgeprägten Archivtypen zum Ausdruck gekommen sind. Die Gesichtspunkte, nach denen wir die Archive zu vergleichen haben, um diese Typen aufzufinden, wollen wir an Hand dreier neuerer, zeitlich unterschiedener Definitionen über das Wesen der Archive gewinnen, wobei es uns darauf ankommen muß, gerade auch für die ältere Zeit zutreffende Begriffsbestimmungen aufzuweisen, durch die sich das Archiv von den benachbarten Institutionen abhebt.

1. Heinrich August Erhard (1834): „*Ein Archiv im allgemeinen ist eine Sammlung auf dem Wege der Geschäftsführung entstandener, in sich abgeschlossener, als Belege für geschichtliche Verhältnisse dienender schriftlicher Nachrichten.*" (Zschr. f. Archivkunde I S. 186, Lit. Nr. 176)
2. S. Muller, J. A. Feith und R. Fruin (1898): „*Ein Archiv*[58]) *ist die Gesamtheit der geschriebenen, gezeichneten und gedruckten Dokumente, von Amts wegen von einer Behörde oder einem ihrer Beamten empfangen oder ausgefertigt, sofern diese Dokumente bei der Behörde oder deren Beamten bestimmungsgemäß verbleiben sollten. Ein Archiv ist ein organisches Ganzes.... Auch Behörden und Beamte privat-rechtlicher Körperschaften können ein Archiv bilden*[59]).

[58]) In den Definitionen der Niederländer und Casanovas ist der Begriff „Archiv" — unter dem Einfluß des Provenienzprinzips — zu einer abgeschlossenen Herkunftsgemeinschaft verengt und wäre zweckmäßiger mit Archivabteilung oder Archivkörper wiederzugeben. Die Erhardsche Begriffsbestimmung schließt dagegen auch die sog. „künstlich geformten Archivabteilungen" ein.

[59]) „§ 1. Een archief is het geheel der geschrevene, geteekende en gedrukte bescheiden, ex officio ontvangen bij of opgemaakt door eenig bestuur of een

3. Eugenio Casanova (1928): „*Das Archiv*[58]) *ist die geordnete Sammlung der Schriftstücke, die sich bei einer Institution oder Einzelperson im Verlaufe ihrer Tätigkeit gebildet hat und zur Erreichung der politischen, rechtlichen und kulturellen Zwecke der betreffenden Institution oder Einzelperson aufbewahrt wird*“[60]).

Aus den obigen Definitionen ergeben sich vier Gesichtspunkte: wir können das Wesen des Archivs abgrenzen 1. der Herkunft nach, 2. der formalen Begrenzung des Inhalts nach, 3. in organisatorischer Hinsicht und 4. dem Zwecke nach[61]).

1. Nach Erhard ist das Archiv „auf dem Wege der Geschäftsführung entstanden“, nach den Niederländern sind die Archivalien „von Amts wegen von einer Behörde oder einem ihrer Beamten empfangen oder ausgefertigt“, nach Casanova haben sie „sich bei einer Institution oder Einzelperson im Verlaufe ihrer Tätigkeit gebildet“. Casanovas Definition ist zu blaß, sie könnte in gleicher Weise auf literarische Produktion angewandt werden. Erhard und die Niederländer dagegen haben den entscheidenden Punkt, durch den sich das Archiv der Herkunft seines Inhalts nach von der Bibliothek abhebt, richtig erkannt: die Herkunft aus der Geschäfts- und Verwaltungssphäre. Verdienstvoll an der niederländischen Formulierung ist die Unterscheidung zwischen empfangenen und ausgefertigten Dokumenten, die beide für sich allein schon archivbildend sein können, eine Tatsache, die für das Verständnis des mittelalterlichen Archivwesens mit seinem Dualismus von Aussteller- und Empfängerarchiv von grundlegender Bedeutung ist.

2. Die materiale Bestimmung des Inhalts des Archivs erweist sich als schwierig, weil manche Gattungen von Dokumentationsgut, die im Archiv Aufnahme finden, auch in nichtarchivischen Sammlungen wiederkehren, andererseits aber Gegenstände aller Art, nicht nur „geschriebene, gezeichnete und gedruckte Dokumente“, als Anlagen zum Schriftwechsel in das Archiv gelangen können.

Eine formale Begrenzung des Inhalts finden wir nur bei Erhard in dem Begriff der „abgeschlossenen“ Verhandlungen, mit dem er

---

zijner ambtenaren, voorzoover deze bescheiden bestemd waren, om onder dat bestuur of dien ambtenaar te blijven berusten.

§ 2. Een archief is een organisch geheel . . . .

§ 3. Ook besturen of ambtenaren van privaatrechtlijke lichamen kunnen een archief vormen.“ (Handleiding S. 1; Lit. Nr. 126).

[60]) „L'archivio è la raccolta ordinata degli atti di un ente o individuo costituitasi durante lo svolgimento della sua attività e conservata per il conseguimento degli scopi politici, giuridici e culturali di quell'ente o individuo.“ (Archivistica S. 19, Lit. Nr. 127).

[61]) Nach Herkunft, Organisation und Zweck unterscheidet sich das Archiv von der Bibliothek, der formalen Begrenzung des Inhalts und dem Zwecke nach von der Registratur.

den Wesensunterschied des Archivs gegenüber der Registratur herausstellen wollte, während die Niederländer und Casanova, der ja Archiv und Registratur gleichsetzt, zu diesem Punkte schweigen. „Abgeschlossenheit“ des Archivs besagt, daß die in ihm ruhenden Bestände nicht mehr, wie die Akten der Registratur, wachsen können, und daraus ergibt sich die ganz andere Haltung, mit der der Archivar, auch wo er keine wissenschaftliche Nebenabsicht hegt, im Unterschied zum Registrator den Beständen gegenübertritt. Während der Registrator bei der Aufstellung des Aktenplanes und der Bildung der Aktenbände die Entwicklung seiner Registratur noch nicht absehen kann und oft modifizieren muß, übersieht der Archivar das Ganze und kann mit überlegenem Abstand einheitliche Ordnungsgrundsätze zur Geltung bringen.

Schwierigkeiten macht die praktische Ausdeutung des Begriffs der Abgeschlossenheit. Eine Abgrenzung zwischen Archiv und Registratur nach Altersjahren der Bestände (wie in Dänemark) wäre zu schematisch. Erhards Auffassung, wonach Verhandlungen erst abgeschlossen und archivreif werden, wenn die von ihnen betroffenen Objekte für immer aus dem Gesichtskreis der Verwaltung getreten sind (z. B. Grundstücke und Häuser erst nach Veräußerung oder Abbruch, Stiftungen erst nach ihrer Auflösung), ist zu eng. Ihr nahe steht die Auffassung, die häufig in kleinen Stadtarchiven begegnet, daß nur das Schriftgut einer vergangenen Verwaltungsperiode (also etwa der Zeit vor 1815) zum Archivgut gehöre. Die Niederländer wollen nur Registraturgut toter Behörden oder abgeschlossene Registraturen lebender Behörden ins Archiv übernehmen, eine Anschauung, die durchaus dem organischen Denken entspricht, andererseits aber die Gefahr großer reponierter Registraturen mit sich bringt. Man wird deshalb vielleicht am zweckmäßigsten formulieren: auch Registraturgut, sofern es nicht mehr laufend von der Verwaltung benötigt wird, ist in das Archiv abzuliefern oder wenigstens archivarisch zu verwalten, um später, wenn die Registratur abgeschlossen ist, zu Archivgut zu werden, das für geschichtliche Zwecke zur Verfügung steht.

3. In organisatorischer Hinsicht betrachten Erhard und Casanova das Archiv als Sammlung, während die Niederländer in betontem Gegensatz dazu in ihm ein organisches Ganzes sehen, das nicht geschaffen, sondern gewachsen ist. Die Definition der Niederländer ist geschichtlich einseitig; denn sie trifft nur auf die nach dem Provenienzprinzip aufgebauten Registraturen zu. Erhard, der ja den Gedanken des wissenschaftlichen Auslesearchivs vertrat, glaubte in dem Begriff der Sammlung ein weiteres Unterscheidungsmerkmal gegenüber der Registratur gefunden zu haben. Und tatsächlich hat die Sammlung in der Archivgeschichte eine erhebliche Rolle gespielt. Aber wir lehnen heute die Auffassung, ein Archiv könne auf dem Wege

der Sammlung entstehen, entschieden ab, und ein Wesensmerkmal des Archivs ist die Sammlung niemals gewesen. Und doch gibt es ein Wesensmerkmal, das das Archiv auch in organisatorischer Hinsicht von der Bibliothek scheidet und das für die älteren künstlich gebildeten Archivabteilungen ebenso gilt wie für die modernen, die Herkunftseinheit wahrenden Registraturen: die eindeutig feststehende Zuständigkeit, die im modernen Archiv von der Herkunft, in älterer Zeit vielfach von der Sache her (besonders bezeichnend in Bayern) bestimmt ist.

4. Den Zweck des Archivs sieht Erhard ganz vom Standpunkte des Wissenschafters aus, wenn er die Archivalien „als Belege für geschichtliche Verhältnisse" anspricht, Casanova dagegen einseitig nur vom Standpunkte der produzierenden Stelle, der die Bestände „zur Erreichung politischer, rechtlicher und kultureller Zwecke" dienen sollen, während die Niederländer keine Zweckbestimmung nennen. Gewiß sind die Archive gewachsene Gebilde und nicht, wie die Bibliotheken, der wissenschaftlichen Forschung zuliebe geschaffen; ihre ursprüngliche Aufgabe ist der Dienst an der Verwaltung gewesen, und auch heute noch muß die Bindung an die Verwaltung Grundlage ihrer Organisation und ihres Aufbaus bleiben, wollen wir nicht Gefahr laufen, das Archiv zu desorganisieren und zur bloßen Sammlung des wissenschaftlich interessanten Materials zu machen. Aber immer schon ist das Archiv nicht nur Hilfsmittel der Politik und Verwaltung, sondern auch Quelle der Vergangenheit gewesen, mag auch die ältere Geschichtsforschung häufig offiziösen Charakter tragen. Die doppelte Zwecksetzung ist dem Archivwesen seit alter Zeit eigen, nur die Akzente haben sich verschoben, und die einseitige Betonung der geschichtlichen Aufgabe seit dem 19. Jh. weicht heute schon wieder einem größeren Verständnis für die Belange der Verwaltung. In dem Dominieren des geschichtlichen Zweckes im weitesten Sinne, sowohl für die Forschung wie für die Verwaltung, liegt der zweite Wesensunterschied des Archivs zur Registratur, die nur aktuellen Aufgaben zu dienen hat[62]). Und aus der geschichtlichen Aufgabe ergibt sich ein weiteres Kennzeichen des Archivs, das schon in Erhards Gedanken der wissenschaftlichen Auslese anklingt, die Beschränkung auf das „Archivwürdige", d. h. die Auswahl alles dessen, was geschichtlichen Dauerwert besitzt, während alles nur für die aktuellen Bedürfnisse der Amtsstelle benötigte Material ausgeschieden wird.

Alle diese eben herausgearbeiteten Wesensmerkmale des Archivs in Geschichte und Gegenwart könnte man zusammenfassend etwa

---

[62]) Diesen in der Zweckbestimmung liegenden Wesensunterschied erkennt sogar unausgesprochen Casanova an, der doch Archiv und Registratur als wesensgleich ansehen möchte.

so umschreiben[63]): *„Archiv ist der Inbegriff von Schriftstücken und sonstigen Dokumenten, die bei physischen oder juristischen Personen aus deren geschäftlicher oder rechtlicher Tätigkeit erwachsen sind und als Quellen und Belege der Vergangenheit zur dauernden Aufbewahrung an einem gegebenen Orte bestimmt sind.“*

Wir wollen uns nun die theoretisch möglichen Ausprägungen der einzelnen Wesenszüge des Archivs vor Augen führen, um auf diese Weise die Gestaltungstypen[64]) zu finden, mit deren Hilfe wir die verwirrende Fülle der archivischen Erscheinungswelt erfassen können. Klar sein müssen wir uns freilich, daß wir damit nur Hilfsmittel gewonnen haben, um etwas Fließendes erfaßbar zu machen, nicht aber eindeutig umgrenzte, einander ausschließende Realitäten vor uns haben. Wir treiben keine Klassifikation um ihrer selbst willen; es wird sich vielmehr stets nur darum handeln, von jedem Wirklichkeitsgebilde den Grundton aufzunehmen, ohne die mitschwingenden Untertöne zu überhören.

1. *Herkunftstypen:*[65]) Der Herkunft ihres Inhalts nach stammen die Archive, wie wir eben gesehen haben, aus einer Verwaltungs- und

---

[63]) In Anlehnung an die von Ludwig Bittner gegebene Definition des modernen Archivkörpers (Gesamtinventar des Wiener Haus-, Hof- und Staatsarchivs Bd. 1 Wien 1936 Einl. S. 9) vom Bearbeiter formuliert. Brenneke hatte auf eine eigene Definition verzichtet, da es ihm hier nur auf die Gewinnung von Gesichtspunkten für die Typenbildung ankam. — Die obige Definition will in ihren (von Bittner abweichenden) Formulierungen die Herkunft aus der Verwaltungssphäre („aus geschäftlicher oder rechtlicher Tätigkeit erwachsen“), den zwiefachen Zweck für Wissenschaft und für Verwaltung („Quellen und Belege der Vergangenheit“), die Zuständigkeitsabgrenzung („an einem gegebenen Orte“) und den Unterschied zur Registratur („zur dauernden Aufbewahrung bestimmt“ und „der Vergangenheit“ angehörig, also abgeschlossen) zum Ausdruck bringen und schließt — im Unterschied zu Bittner, der nur den Archivkörper definiert — die Archive, die aus mehreren gesondert gebliebenen oder mit einander vermischten Archivkörpern derselben Zuständigkeitsbestimmung bestehen, ebenfalls ein („Inbegriff von Schriftstücken...“).

[64]) S. dazu den Plan der Archivgestaltungstypen hinter S. 104.

[65]) Brenneke hatte als Ausgangspunkt für die Aufstellung seiner Herkunftstypen die Idealtypen gewählt, mit denen Eduard Spranger (Lebensformen 1914) das mögliche Verhalten des Individuums zur Umwelt klassifiziert (politisch, sozial, religiös, theoretisch, ästhetisch, ökonomisch), und die zugleich Sinngebiete der menschlichen Kultur bedeuten: aus der menschlichen Tätigkeit innerhalb dieser Sinngebiete können Archive erwachsen, freilich nur auf politischem und sozialem Gebiete, in den anderen Kultursphären jedoch nur dann, wenn diese Tätigkeit geschäftlichen oder rechtsgeschäftlichen Charakter trägt.

Daß hier in die Archivorganisation wesensfremde Gesichtspunkte hineingetragen werden, sich also der Fehler Franz von Löhers auf anderer Ebene wiederholt, liegt auf der Hand. Auch müßte diese Einteilung — folgerichtig durchgeführt — zum Rückfall in sachliche Zuständigkeitsabgrenzung führen, indem man etwa alle wirtschaftlichen Akten staatlicher und städtischer Behörden oder geistlicher Anstalten den Archiven der ökonomischen Sphäre zuweist. Es erwies sich deshalb als unumgänglich, diese Typisierung Brennekes durch eine andere zu ersetzen, die aus der Definition des Archivs als einer in der Verwaltungs- und Rechtssphäre wurzelnden Institution abgeleitet ist.

Geschäftstätigkeit, die letzten Endes in einer Rechtssphäre wurzelt. Um auf theoretischem Wege die möglichen Herkunftstypen zu finden, werden wir daher von den möglichen Rechtssphären auszugehen haben. Im Machtbereich des Staates — die überstaatliche Rechtssphäre und ein in ihr etwa im Entstehen begriffenes Archivwesen (der internationalen Organisationen) schalten wir aus unserer Betrachtung aus — begegnen uns in den Bereichen des öffentlichen und des privaten Rechts öffentliche und private Archive. Der Aufgliederung des öffentlichen Rechts in Staats-, kommunales Verwaltungs- und Kirchenrecht entsprechen die Typen der staatlichen, kommunalen und kirchlichen Archive, die je nach ihrer Verwaltungstätigkeit mannigfach untergegliedert sein können.

Als eine weitere Gruppe treten uns entgegen die Körperschaften, Anstalten und Stiftungen des öffentlichen Rechts sowie die privatrechtlichen Verbände und Institutionen, die sich dank ihrer öffentlichen Bedeutung aus den sonstigen Einrichtungen des Privatrechts herausheben. Zu dieser Gruppe gehören vor allem auch die politischen Parteien und Verbände und die größeren wirtschaftlichen und sozialen Interessenvertretungen, die teils dem öffentlichen (Wirtschaftskammern), teils dem privaten Rechtsbereich (Gewerkschaften, Innungen) zugehören; diese üben vornehmlich eine Verwaltungstätigkeit aus, während die einzelnen Wirtschaftsbetriebe von privatem Gewinnstreben geleitet werden und dem privaten Rechtsbereich zuzurechnen sind.

Familienarchive begegnen gewöhnlich in Verbindung mit der Verwaltung landwirtschaftlichen, gewerblichen oder Kapitalbesitzes (Guts-, Betriebs-, Bank-, Versicherungsarchive), werden aber zumeist als das dominierende Element angesehen, was sich darin zeigt, daß bei Besitzveräußerung sehr häufig die auf den Besitz bezüglichen Archivalien zusammen mit dem Familienarchiv im Familieneigentum verbleiben. Bei Familienarchiven, denen eine derartige Besitzgrundlage fehlt, handelt es sich in der Regel um eine Sammlung von Nachlässen der Familienglieder. Ihnen den archivalischen Charakter abzusprechen, wie dies die Niederländer tun, weil hier kein organisches Wachstum vorliege, geht wohl aber doch nicht an; denn hier ist immerhin der Grundsatz eindeutiger Zuständigkeit gewahrt. Den archivalischen Sammlungen der Geschichtsvereine, Museen und Bibliotheken (z. B. Archive des Vereins für Geschichte und Altertumskunde Westfalens in Münster und Paderborn, des Britischen Museums) dagegen mangelt dieser Grundsatz; hier handelt es sich um unechte Archive, die zwar Archivalien enthalten, ihrer Organisation nach aber bibliothekarische Wesenszüge tragen[66]).

[66]) Der Begriff der archivalischen (bezw. archivischen) Sammlung begegnet uns in dreifacher Bedeutung: 1. Als Herkunftstyp finden wir die Sammlung bei nichtarchivischen Instituten (als archivalische Sammlung); sie trägt hier mehr bibliothekarische Züge. 2. Ihr verwandt ist der moderne Begriff der archivischen

2. *Strukturtypen*: Die Wahrung des Herkunftszusammenhanges ist zu verschiedenen Zeiten und in den verschiedenen Archiven sehr verschieden gewesen. Je nach dem Grade der Ausprägung der sechs möglichen Typen der Herkunftswahrung, wie wir sie bereits kennengelernt haben, dem Verhältnis zwischen Aussteller- und Eingangsmaterial und dem Vorherrschen des Serien- oder des Dossiersystems bestimmt sich die Struktur, d. h. der innere Aufbau der Archivabteilungen.

In den großen Archiven, die mehrere Archivabteilungen oder Archivkörper umfassen, tritt die Struktur zweifach in Erscheinung, als Struktur der einzelnen Archivabteilung wie als Struktur des ganzen Archivs, d. h. als Art der Zusammenfügung der einzelnen Archivabteilungen, wofür wir im Unterschied zur „Struktur" der Archivabteilung die Bezeichnung „*Tektonik*" wählen wollen. Struktur und Tektonik brauchen nicht notwendig nach den gleichen Grundsätzen gebildet zu sein, und aus solchen Verschiedenheiten erwachsen zuweilen erhebliche Spannungen, in deren Folge häufig die Struktur unter dem Einfluß der Grundsätze der Tektonik modifiziert wird. So sind z. B. die Bestände der französischen Departementsarchive aus der Zeit vor 1790 unter „Respektierung der Fonds", also nach Provenienzprinzip, aufgestellt worden, aber diese Herkunftseinheiten hat man zu großen, rational gebildeten Sachgruppen, die in allen Departementsarchiven wiederkehren, zusammengefaßt, und von diesen geht nun das Bestreben aus, alles ihnen nach Sachgesichtspunkten zukommende Material, auch aus den Registraturen (Fonds) benachbarter Sachgruppen, an sich zu reißen und damit diese Registraturen zu zersplittern. Wie hier eine sachlich gestaltete Tektonik die nach Provenienzen gebildeten Strukturen verändert, so hat in Breslau ein tektonischer Aufbau nach territorialer Pertinenz die herkunftseinheitlichen Strukturen völlig zerstört. Hier hat Stenzel alle Archive der schlesischen Zentralbehörden, der Behörden der einzelnen Fürstentümer und Städte, der Klöster und Adelsfamilien auf drei große Abteilungen, die nach territorialer Pertinenz begrenzt und in zehn nach modernen staatsrechtlichen Gesichtspunkten gebildete Sachgruppen gegliedert waren, aufgeteilt: 1. alle Gesamtschlesien oder mehrere Landesteile, 2. alle die einzelnen Fürstentümer und Ortschaften betreffenden Gegenstände und 3. Sammlung der Personalien; das Ergebnis war die Auflösung aller Herkunftszusammenhänge. Eine nach Provenienz aufgebaute Tektonik trifft in der Regel mit einer Struktur nach Provenienz zusammen, hat also

---

Sammlung, nur daß es sich hier um Material — überwiegend nichtarchivalischen Charakters — handelt, das unter dem Gesichtspunkt der Ergänzung des zum Zuständigkeitsbereich des Archivs gehörenden Archivgutes erworben wird. 3. Als Ordnungsform begegnet die ältere archivische Sammlung („Selecta"); hier handelt es sich um Archivalien, die unter die Zuständigkeit des Archivs fallen, dort aber unter Zerstörung aller Herkunftszusammenhänge rein sachlich zusammengefaßt worden sind.

keine störenden Wirkungen zur Folge. Aber während z. B. in Münster eine Tektonik nach Territorialprovenienz über einer Struktur nach Behördenprovenienz steht, hat in Düsseldorf und Wiesbaden eine derartige Tektonik die Einführung der Territorialprovenienz auch als Strukturprinzip zur Folge gehabt: Lacomblet und Götze haben die alten Territorialarchive als Einheiten angesehen und unter Vermischung der dortigen Behördenregistraturen sachlich geordnet[67]). Während Territorialprovenienz als tektonisches Prinzip in den älteren Beständen der Archive der Länder und Provinzen begegnet, die aus mehreren Territorien zusammengewachsen sind, finden wir eine Tektonik nach Behördenprovenienz in der Regel in den modernen Verwaltungsarchiven: das Reichsarchiv zu Potsdam z. B. ist von H. O. Meisner streng nach der geschichtlichen Entwicklung des Behördenorganismus seit 1867 aufgebaut worden, indem dabei jeder obersten Reichsbehörde die nachgeordneten höheren Reichsbehörden mit zentralem Geschäftsbereich angeschlossen sind. Gelegentlich hat man den Grundsatz der Behördenprovenienz auch auf ältere Bestände mit pertinenzmäßiger Struktur ausgedehnt und so deren Auflösung und allmähliche provenienzmäßige Neugliederung bewirkt wie z. B. Witte in Neustrelitz. Gewöhnlich aber paßt man heute die Tektonik den Prinzipien der jeweiligen Struktur an, um umwälzende Neuordnungen, durch die alle älteren Archivhilfsmittel unbrauchbar werden, zu vermeiden.

3. *Organisationstypen*: Sie bestimmen sich nach der Stellung des Archivs zu den Registraturen und im Behördensystem überhaupt und nach dem Verhältnis der Archive zueinander und finden ihren Ausdruck in der Regelung der archivischen Zuständigkeit. Die Untersuchung der theoretischen Möglichkeiten für das Verhältnis des Archivs zu Registraturen, Behörden und anderen Archiven soll uns ermöglichen, die Archivtypen aufzufinden, die uns später tatsächlich bei der geschichtlichen Betrachtung wieder begegnen werden.

In den Zeiten geringer Differenzierung der Verwaltung konnte allein der Grad der Geschäftsnähe des Materials zur Kanzlei als der einzigen Verwaltungsstelle für die Bildung unterschiedlicher Archivtypen von Bedeutung sein. Während man das Material, das unmittelbar der Geschäftstätigkeit der Kanzlei diente (Auslaufregister, Finanzbücher, Kataster, Lehnregister, Korrespondenzen und Kanzleihilfsmittel wie Kopialbücher und Inventare), in unmittelbarer Nähe der Kanzlei belassen mußte, konnte man das

---

[67]) Wir lehnen heute Territorialprovenienz als Strukturprinzip zugunsten von Registratur- oder Behördenprovenienz allgemein ab. Es dürfte deshalb ein Anachronismus sein, wenn heute gelegentlich Territorialprovenienz sogar als Zuständigkeitsprinzip gefordert wird, indem man z. B. einem Stadtarchiv die Archive aller im Bereich der Stadt gelegenen staatlichen Behörden, aufgehobenen und noch bestehenden kirchlichen Anstalten, Wirtschaftsbetriebe usw. einverleiben möchte.

Material, das für unmittelbare Verwaltungsaufgaben entbehrlich war, aber einen dauernden politischen oder Rechtswert besaß, also in erster Linie die empfangenen Rechtstitel, in Depots an besonders sicherem Orte (Burgen, Kellergewölben, Kirchen und Klöstern, Stadttürmen usw.) unterbringen, von wo man es nur in dem seltenen Falle, daß die Abschrift im Kopialbuch der Kanzlei nicht ausreichte, vielmehr das Original vorgewiesen werden mußte, wieder hervorholte. Territorialherren, die keine feste Residenz hatten, führten gern ihre Depots — häufig in Verbindung mit Schatz und Kleinodien — bei sich (archiva viatoria, archives ambulantes), und oft behielten diese Depots, auch wenn sie zu archiva stataria geworden waren, ihre Verbindung mit der Schatzkammer bei („Schatzarchive", „Schatzgewölbe")[68].

Mit der Differenzierung der Verwaltung ergaben sich neue, andersartige Möglichkeiten der Archivbildung. Einerseits bildeten sich — zuerst gewöhnlich für die Finanzverwaltung — Sonderbehörden mit eigenen Registraturen, andererseits erwuchs neben dem zur allgemeinen Verwaltung berufenen fürstlichen Rat (Ratsstube, Hofrat), mit dem die Kanzlei verbunden war, ein dem Fürsten verbundenes engeres Gremium (Kammersekretäre oder Kammerräte, Geheimer Rat), das die geheimen politischen Angelegenheiten, insbesondere die Außenpolitik, bearbeitete. Die überragende Stellung, die diese neue Kollegialbehörde einnahm, erlaubte ihr, als Ergänzung des hochpolitischen eigenen Registraturmaterials (einschließlich der neueren Urkunden wie Haus- und Staatsverträge) wichtiges politisches Material aus den Registraturen der anderen Behörden an sich zu ziehen und führte dazu, daß auch die im Zeitalter dei bella diplomatica und Erbfolgekriege erneut wichtig gewordenen Rechtstitel der alten Depots zur Verfügung dieser obersten politischen Behörde gelangten. Diesem neuen, der dynastischen Politik dienenden Auslesearchiv, das später durch Hinzutreten einer „Auslese" von politischen Eliteregistraturen (an Stelle bloßer Einzelauslese) zum Hauptarchiv, d. h. zum wichtigsten, für die obersten Regierungsbehörden zuständigen Archiv, werden konnte, standen als Komplementärerscheinung die aus der Verwaltung erwachsenen Behördenarchive, d. h. die nach der Auslese verbliebenen, archivarisch verwalteten und vom Auslese- oder Hauptarchiv unabhängigen Registraturen der Verwaltungsbehörden, gegenüber, die sich, indem sie Material anderer Behörden ihres Fachgebietes aufnahmen, zu Facharchiven weiten konnten. Dieser Dualismus findet

[68]) Auf diesen Dualismus von Kanzleiarchiv und Empfängerdepot als Grundlage des mittelalterlichen Archivwesens weisen übrigens neuerdings auch R. Koss und O. Bauer (Archiv korúny české I 1939) hin: die abendländische Archivgeschichte habe zwei Wurzeln, die „Schatzarchive" und die „Kanzleiarchive", denen das Begriffspaar Urkunden — Akten in hohem Maße als Korrelat entspreche (nach W. Goldinger, Lit. Nr. 7).

m 19. Jh. — nunmehr unter wissenschaftlichen Vorzeichen — seinen Nachklang in dem Gegenüber von historischem Archiv, das alles der historischen Forschung wertvolle Schriftgut, insbesondere die alten Urkunden, aufnehmen sollte, und Verwaltungsarchiv, in dem das angeblich für die Wissenschaft wertlose, nur von der Verwaltung benötigte Registraturgut, insbesondere die neuen Akten, verbleiben sollte (vgl. bayrische Registraturdepots)[69]).

Als mit dem Durchbruch des modernen Staatsgedankens in der französischen Revolution alle alten Institutionen verschwanden und die Archive, die mit ihnen verbunden gewesen waren, frei wurden, war der Weg bereitet für den Archivtypus, der die neue Archivperiode kennzeichnet: das moderne Zentralarchiv, das — im Unterschiede zum Hauptarchiv des 18. Jhs., das zwar das vornehmste Archiv war, aber doch neben sich noch Fach- und Behördenarchive duldete, ja zumeist infolge seines Ausleseverfahrens sogar als Korrelat erforderte — den *grundsätzlichen* Anspruch erhebt (mag dessen Verwirklichung auch noch nicht allen Zentralarchiven gelungen sein), die Registraturen aller Staatsbehörden in sich aufzunehmen, also universale Zuständigkeit zu besitzen[70]). Die beiden Möglichkeiten der Verwirklichung des Zentralarchivgedankens hat bereits die französische Revolution erprobt. Zunächst schuf man im Pariser Nationalarchiv ein einziges, für die gesamte Staatsverwaltung zuständiges Zentralarchiv; und als sich dieser Plan als unmöglich erwies, übertrug man mit der Begründung der Departementsarchive den Gedanken des Zentralarchivs auf die mittleren staatlichen Verwaltungsbezirke und schuf so das moderne Provinzialarchivwesen. Als zweiter Wesenszug des modernen Archivwesens ergab sich aus der Verwirklichung der Zentralarchividee die Lösung des Archivwesens aus der Unterordnung unter die verschiedenen Staatsbehörden, seine Eigenständigkeit: das Zentralarchiv wird zur selbständigen Behörde, und die zentrale Archivverwaltung, die jetzt, Zentralarchiv und Provinzialarchive überwölbend, erwächst, wird zu einem eigenständigen Zweig der

---

[69]) Die in den heutigen Staatsarchiven häufig begegnende Trennung in historisches und Verwaltungsarchiv beruht auf zeitlicher Scheidung des einer älteren Verwaltungsperiode angehörenden Materials von dem modernen; ihr entspricht die moderne Bezeichnung „historisches Archiv" für ein Archiv, das keine Bestände lebender Behörden mehr aufzunehmen bestimmt ist (so zunächst nach der Regelung von 1932 die thüringischen Landesarchive) Dieser moderne Begriff hat mit den eben genannten Theorien nichts zu tun, deckt sich aber auch nicht mit Erhards Begriff des „historischen Archivs" (s. o. S. 58f.).

[70]) Die grundsätzlich allumfassende Zuständigkeit dieses Archivtyps soll durch die Bezeichnung „Zentralarchiv" zum Ausdruck gebracht werden, während die Bezeichnung „Generalarchiv" (Casanova: archivio generale) eigentlich jedes für mehrere Behörden zuständige Archiv, also nicht nur das allumfassende Zentralarchiv, betrifft; nur muß man sich vor dem Mißverständnis hüten, als finde sich der Typus des Zentralarchivs nur auf der Ebene der staatlichen Zentralverwaltung, und zwischen Zentralarchiv und zentralem (Behörden- oder Fach-) Archiv, d. h. Archiv zentraler Behörden, scheiden.

Staatsverwaltung. In Ländern, wo das Zentralarchiv noch nicht verwirklicht ist, wie in Spanien, tritt an die Stelle der zentralen Archivverwaltung ein korporativer Zusammenschluß, der häufig staatliche und nichtstaatliche Archive umfaßt. Das letzte Ziel der Entwicklung ist ein allgemeiner, durch die zentrale Archivverwaltung geleiteter Archivalienschutz, der öffentliches wie privates Archivgut erfaßt.

Die Möglichkeiten, die sich aus dem Verhältnis der Provinzialarchive zur zentralen Stelle (Zentralarchiv oder Hauptarchiv) und untereinander ergeben, haben ebenfalls in der Archivgeschichte ihre Verwirklichung gefunden. Die Säkularisationen und Mediatisierungen der napoleonischen Zeit hatten den deutschen Mittelstaaten Massen neuen Archivgutes zugeführt, für dessen Aufbewahrung im Lande Archiv-Depots eingerichtet werden mußten. Die im beginnenden 19. Jh. überall spürbaren zentralistischen Tendenzen drängten darauf, diese Depots an zentraler Stelle zu vereinigen, was auch in den Mittelstaaten geschehen ist. In Bayern, wo sich dies aus räumlichen Gründen als unmöglich erwies, ging man zur Auslese über; die nach der Auslese im Lande verbliebenen Bestände wurden in „Registraturdepots" zusammengefaßt und diese als Provinzialbehörden-Archive den Kreisregierungen unterstellt, um später zusammen mit den verbliebenen neubayrischen Außenarchiven dem Reichsarchiv als Filialen angegliedert zu werden; erst 1921 sind die bayrischen Provinzialarchive zu selbständigen Behörden unter der bayrischen zentralen Archivverwaltung geworden. In Preußen dagegen sind die Provinzialarchive als selbständige Behörden ins Leben getreten und ihre Bestände sind vom zentralen Archiv — mit kleinen Ausnahmen — nicht angetastet worden. Bei der Abgrenzung der Zuständigkeit zwischen den Provinzialarchiven traten in Preußen wenig Schwierigkeiten auf, weil sich hier im allgemeinen die Grenzen der modernen Verwaltungsbezirke mit denen der alten Territorien deckten (Fall H g). Auch dort, wo der Archivsprengel über die modernen Verwaltungsgrenzen hinausgreift, wie z. B. in Norwegen, wo zu den Sprengeln der „Stiftsarchive" mehrere Ämter gehören, tritt keine Zerreißung von Registraturen auf (Fall H f). Wenn sich die modernen Verwaltungsgrenzen und die ihnen nachgebildeten Archivsprengel nicht mit den Grenzen historischer Territorien decken, stehen Territorialarchive, die über den Archivsprengel hinausragen, in Gefahr, zerrissen zu werden (Fall H h, z. B. Archiv des Fürstbistums Münster). Heute vertreten wir jedoch die Anschauung, die alten Archive geschlossen zu erhalten (Beispiel: die italienischen Territorialarchive, die jetzt zugleich die Aufgaben moderner Provinzialarchive erfüllen) und halten das belgische Vorbild für das zweckmäßigste, wonach die Territorialarchive geschlossen demjenigen Provinzialarchiv zugewiesen werden, in dessen Sprengel die Behörden des Territoriums einst ihren Sitz hatten (Fall H i).

Die vorstehend ermittelten Herkunfts-, Struktur- und Organisationstypen können mannigfache Verbindungen miteinander eingehen. Aber gewisse Verbindungen schließen einander aus oder kommen historisch nicht vor, zwischen anderen Typen wieder bestehen gewisse Wahlverwandtschaften. Ein politisches Archiv, das seiner Organisation nach ein Auslesearchiv darstellt, wird in der Regel ein altes Empfängerdepot zur Grundlage haben und als Struktur, da es ja nur auserlesene Sachen besitzt, das Sachprinzip, niemals aber das Registraturprinzip, aufweisen. Ein Verwaltungsarchiv dagegen, das Behörden- oder Facharchiv ist, kann ein altes Ausstellerarchiv mit Amtsbüchern, kaum aber ein Empfängerarchiv zur Grundlage haben und wird vermutlich in seiner Struktur das Provenienzprinzip, möglicherweise auch das praktisch-induktive Sachprinzip, aufweisen.

Wenn wir nun die Archivgeschichte der deutschen und der europäischen Länder im Überblick betrachten, wollen wir erproben, ob sich unsere Archivgestaltungstypen, die uns unmittelbar aus der Betrachtung des Archivwesens erwachsen sind, nicht dazu eignen, uns zu einer brauchbaren Periodisierung der Archivgeschichte zu verhelfen.

2. TEIL

GRUNDZÜGE EINER ALLGEMEINEN ARCHIVGESCHICHTE

VII. DAS ANTIKE UND DAS MITTELALTERLICHE ARCHIVWESEN

(Dualismus von Aussteller- und Empfängerarchiv).

1. *Das antike Archivwesen*

Orientalisches Archivwesen. In Mesopotamien und Ägypten, bei den Phönikern und Juden gab es Lagerstätten für Schriftstücke von öffentlichem Interesse, wie wir durch die Geschichtsschreiber, besonders Josephus, und durch Ausgrabungen und Funde wissen. Aber hier scheint, besonders in Ägypten, ein Mischtypus von Archiv und Bibliothek vorgelegen zu haben, und die Auslese des aufzubewahrenden Materials war nur von dem Gesichtspunkt der politischen Propaganda bestimmt. Dagegen hat man an anderen Stellen Vorderasiens Schriftfunde gemacht, die man als wirkliche Archive ansprechen kann, so das Archiv der Hethiter in Boghazköj. Auch in Ägypten liegen Archivreste im eigentlichen Sinne vor, nämlich die Tontafeln aus dem Archiv des Ketzerkönigs Amenophis IV. in el-Amarna, die sich als Briefe vorderasiatischer Könige und Vasallen in Keilschrift erweisen, während die Alabastertäfelchen wahrscheinlich als Archivetiketten gedient haben. Auch das Material, das Ktesias für seine persische Geschichte benutzt hat, scheint archivalischen Charakter gehabt zu haben. Sehr verbreitet waren im alten Orient die Tempelarchive, die vielleicht — wie im Mittelalter die kirchlichen Archive — den ältesten Archivtypus darstellen; sie enthielten die Aufzeichnungen der Priester über ihre Amtshandlungen und das aus der Verwaltung des Tempelgutes erwachsene Schriftgut, nahmen aber vielfach auch — wie die kirchlichen Archive des Mittelalters — wichtiges weltliches Material auf.

Griechisches Archivwesen. Bei den Griechen scheint sich ein eigentliches Archivwesen erst spät entwickelt zu haben. Das Athen der Blütezeit wie auch andere Stadtstaaten und Kolonien besitzen jedoch bereits Archive. Ausgangspunkt ist hier nicht das Registraturwesen im modernen Sinne gewesen, sondern die Publizierung der Gesetze, Staatsverträge, Siegerlisten, Orakelsprüche usw. durch öffentliche Aufstellung. Nach der demokratischen Umwälzung von 460 wurde dieses Material sieben Νομοφύλακες (Nomophýlakes, Gesetzwahrern) anvertraut und in das *Βουλευτήριον* (Bouleutǽrion, Rathaus) auf dem Markt als den Mittelpunkt des öffentlichen Lebens gebracht; hier wurde für die dauernde Verwahrung im Original oder in Abschrift gesorgt, auch wenn die Gültigkeit der Gesetze und Verträge erloschen war.

An der Südseite der *'Αγορά* (Agorá, Marktplatz), anstoßend an das *Βουλευτήριον* (Bouleutǽrion, Rathaus), hatte man im 4. Jh. eine Hauptsammelstelle im *Μητρῷον* *(Metróon)*, dem Heiligtum der Großen Mutter, eingerichtet. In dieses *staatliche Hauptarchiv* gelangten die von der *Βουλή* (Boulǽ, Rat) und dem *Δῆμος* (Dǽmos, Volksversammlung) erlassenen Gesetze und Beschlüsse als *Αὐτόγραφα* (Autógrapha, Originale) oder *Αντίγραφα* (Antígrapha, Abschriften) mit den Protokollen des Rates und der Volksversammlung, dagegen von den Gerichtsakten anscheinend nur die Strafprozesse wegen ihres öffentlichen Charakters (z. B. die Verteidigungsschrift des Sokrates); weiter Rechnungen über Einnahmen und Ausgaben des Staates nach Passierung der Revisionsstellen, die darüber dem Rat und der Volksversammlung Rechenschaft abzulegen hatten; auch je ein Staatsexemplar der Dramen der großen Tragiker fand sich hier, weil das griechische Drama ja eine Staatsangelegenheit war und weil die Schauspielerexemplare nach dem Staatsexemplar revidiert wurden, hier also ein rein geschäftlicher Vorgang stattfand, der mit dem Charakter des griechischen Dramas als einer großen staatlichen Kulthandlung zusammenhing. Was nicht zu den Staatsurkunden, d. h. den Urkunden, die für keinen Einzelempfänger bestimmt waren, gehörte, kam nicht in das Metróon, sondern wurde in den *Amtslokalen der einzelnen Behörden*, zu deren Bereich es gehörte, vermutlich im Sinne einer Registratur, verwahrt; in dieser Scheidung wird die spezifisch antike Auffassung der Archivalien deutlich. Das im Metróon niedergelegte Material hatte ursprünglich mehr den einseitigen Charakter eines Ausstellerarchivs, das aber keine geschlossenen Registraturen, sondern nur ausgewähltes Material von öffentlicher Bedeutung enthielt[71]). Später kamen dorthin auch bestimmte Akten einzelner Behörden im Original oder in Abschrift, so daß damit wohl schließlich eine gewisse Annäherung an ein Hauptarchiv erreicht wurde. Die Aufsicht hatte der *Γραμματεὺς τῆς βουλῆς* (Grammateús tæs Boulǽs, Ratsschreiber), unter dem verschiedene Schreiber (*Ὑπογραμματεῖς*, Hypogrammateís), zu deren Ressort auch die Führung der Versammlungsprotokolle gehörte, gewisse Aufsichtsrechte über die einzelnen Abteilungen gehabt zu haben scheinen. Die eigentlichen archivarischen Arbeiten wurden von Staatssklaven (*Δημόσιοι*

---

[71]) Zu vergleichen ist das Verfahren der preußischen Ministerien gegenüber dem Preußischen Geh. Staatsarchiv, in das alle Gesetze, Verordnungen und Staatsverträge im Original sogleich nach der Veröffentlichung oder nach Jahresfrist gelangten, während die zugehörigen Akten erst viel später mit der Registratur abgegeben wurden. (s. o. S. 9f.) Br.

Dæmósioi) ausgeführt, was die geringe Schätzung der Arbeit in der antiken Welt kennzeichnet. Später kommt als Bezeichnung für das Archiv außer Ἀρχεῖον, (Archeîon), das daneben stets auch seine ursprüngliche Bedeutung „Amtsgebäude" behält, Γραμματοφυλάκιον (Grammatophylákion) und Χαρτοφυλάκιον (Chartophylákion) auf; die Beamten hießen daher auch Γραμματοφύλακες (Grammatophýlakes).

Das athenische Archiv im Metróon gehörte zum Typus der Auslesearchive, nur daß hier nicht, wie später im Mittelalter, das Eingangsmaterial, sondern das Ausstellermaterial die Grundlage bildete. Darin kommt der völlig andersartige Charakter des antiken Stadtstaates gegenüber dem mittelalterlichen Staatswesen, auch gegenüber der mittelalterlichen Stadt zum Ausdruck: Privilegien für Einzelne gab es eben im antiken Staate nicht. Das Auslesematerial bestand aus dem, was allgemeinen Charakter hatte und für alle von Bedeutung war. Es kamen nur bestimmte auserwählte Gruppen von Archivalien in das Archiv, aber nicht das am meisten geheim zu haltende Material, sondern gerade die Archivalien, die das Öffentlichste enthielten, das einstmals publiziert worden war. Diesem Auslesearchiv mit ausgesprochen öffentlichem und allgemeinem Charakter standen die bei den Behörden verbleibenden, mehr geschlossenen Spezialregistraturen als „Behördenarchive" gegenüber.

Daß man das athenische Hauptarchiv nicht im Rathaus, wo es entstanden war, belassen hat, sondern im Heiligtum der Großen Mutter aufgestellt hat, ist verschieden gedeutet worden: nach Curtius (Lit. Nr. 252) geschah es aus kultischen Gründen, weil von der Gunst der Großen Mutter die Erhaltung des Staates abhängig war, nach Wilamowitz, weil im Rathaus kein Platz mehr für Archivalien war; aber dies war sicherlich nur ein mitwirkender Faktor, nicht die allein bestimmende Ursache. Diese Überführung hatte nicht den Charakter einer Verselbständigung des Archivwesens, wie hohen Wert man auch dem Archiv beilegen mochte. Das Hauptarchiv im Heiligtum der Großen Mutter blieb vielmehr dauernd, ebenso wie die Nebenarchive bei den Behörden, in unmittelbarer Verbindung mit den obersten Staatsbehörden (wie ja auch der Name Ἀρχεῖον, Archeîon d. h. Gebäude einer Ἀρχή, Archǽ, Regierungsstelle, Behörde besagt).

Dementsprechend war der Zweck der Aufbewahrung und der engen Verbindung mit der Ratskanzlei vorwiegend der Gebrauch durch die Behörde. Daneben bestand aber eine weitgehende Öffentlichkeit entsprechend dem Ursprung des Archivs und dem öffentlichen Charakter des Gesetzesmaterials: Privatleute durften sich Abschriften nehmen, was besonders die öffentlichen Redner taten, aber ausnahmsweise auch Geschichtsschreiber für ihre historischen Forschungen.

Es gab in Griechenland auch ein Archiv einer religiösen Korporation, das Orakelarchiv der Priester zu Delphi. Daneben bestanden noch in zahlreichen anderen Städten eigene Archive.

Römisches Archivwesen. In Rom wiederholen sich nach Herkunft und Organisation die Grundzüge des griechischen Archivwesens. Auch hier sind die ältesten Staatsurkunden auf öffentlichen Tafeln (Tabulae publicae) ausgestellt worden. Noch in späterer Zeit sind internationale Verträge auf ehernen Tafeln in den Tempeln und an den öffentlichen Gebäuden des Kapitols ausgestellt worden, wo sie in der ersten Kaiserzeit durch Brand zugrunde gegangen sind. Abschriften wurden nicht hergestellt, so daß Cicero mit Recht das römische Archivwesen wegen dieser mangelnden Vorsorge unter Hinweis auf die athenischen *'Αντίγραφα* (Antígrapha, Kopien) getadelt hat. Die ältesten Aufzeichnungen der römischen Magistrate über ihre Amtshandlungen (Commentarii), die den Keim des späteren Registerwesens bilden, hatten den Charakter von privaten Notizen der Beamten als Gedächtnishilfe. Sie wanderten nach Beendigung der Amtszeit des Beamten in dessen Tablinum, das Privatarchiv, wie es sich in jedem römischen Patrizierhause befand. Nur die Commentarii der Priesterkollegien über die priesterlichen Amtshandlungen blieben in den Tempeln, wo mithin die ältesten öffentlichen Archive Roms entstanden.

Später wurden die Leges, die Senatus consulta und die Plebiscita, nachdem sie eine Zeitlang im Cerestempel am Aventin untergebracht gewesen waren, in das *Aerarium Saturni* oder *populi Romani,* das sich ursprünglich im Saturntempel[72]), später (seit 78 v. C.) in einem eigenen Gebäude befand, gegeben, wo sie zusammen mit dem römischen Staatsschatz unter Aufsicht der Censoren verwaltet wurden. Dieses Archiv entwickelte sich bald auf der Grundlage seines Ausstellermaterials — ganz ähnlich wie das athenische Archiv im Metróon — zum Hauptarchiv. Für die schriftliche Niederlegung und Ablieferung der Gesetze und Beschlüsse war der jeweilige antragstellende Magistrat verantwortlich. In der Kaiserzeit kamen noch die kaiserlichen Edikte und Dekrete hinzu; weiter befanden sich hier die Protokolle der Senatsverhandlungen und der Beamtenwahlen und verschiedene Personallisten (Beamte, Geschworene, fremde Gesandte usw.) und Bevölkerungslisten; auch Verwaltungs- und Rechenschaftsberichte von Provinzstatthaltern gelangten hierher, und später wurde auch das entbehrliche Verwaltungsschriftgut der Provinzbehörden hierhin abgeliefert. Wie das athenische Hauptarchiv hatte das römische Aerarium überwiegend den Charakter eines Ausstellerarchivs. Trotz seiner räumlichen Nähe zum Saturntempel ist das Archiv nicht zu einem Teil des Heiligtums oder des Staatsschatzes geworden, sondern hat seine Bindung zu den Behörden behalten. Unter der Aufsicht der Censoren, später der Quaestoren und schließlich in der Kaiserzeit des Präfecten hatten Scribae quae-

[72]) Saturn war der Gott des Landbaus und der Schöpfer aller äußeren Ordnung, also auch des Archivwesens. Br.

storii oder ab aerario, besonders angesehene Subalternbeamte, die häufig aus dem Ritterstande stammten oder durch ihre Tätigkeit in diesen gelangten, die eigentliche Leitung. Sie waren von Hause aus Finanzbeamte der im Aerarium befindlichen Staatskasse und führten dort die öffentlichen Rechnungsbücher; in späterer Zeit inspizierten sie als Begleiter der Quaestoren das provinziale Rechnungswesen und die provinzialen Censusarchive und übernahmen das ältere Material der Statthaltereiarchive in das Aerarium. Die Ordnungsarbeiten in den Archiven wurden, überwiegend nach chronologischer Gliederung, durch Staatssklaven (Servi publici) oder Freigelassene (Apparitores) ausgeführt, die als Amtsbezeichnung den Titel Tabularii oder in der Kaiserzeit auch Scriniarii trugen.

Neben dem Hauptarchiv im Aerarium gab es noch eine Reihe von Behördenarchiven. Im *Atrium libertatis* in der Nähe des Forums befand sich ein Behördenarchiv der Censoren, die hier auch die auf ihre Amtsgeschäfte bezüglichen Gesetze verwahrt zu haben scheinen. Ihr eigentliches Behördenarchiv jedoch hatten die Censoren im *Aedes Nympharum* auf dem Marsfelde, wo sie neben ihrem Amtslokal das auf die Schätzung der Bürgerschaft bezügliche Material aufbewahrten; allerdings scheinen sie nach Beendigung ihrer Amtszeit vielfach ihr Material in das Aerarium gegeben zu haben. Das schon genannte *Archiv im Cerestempel* am Aventin, das eine Zeitlang Plebiscita und Senatus consulta enthalten hatte, stand unter der Aufsicht der Volkstribunen und der plebejischen Aedilen und scheint vor allem Material von plebejischem Interesse aufgenommen zu haben. Daneben gab es weitere Tabularia — so lautete die allgemeine Bezeichnung für Archiv, die zugleich auch für registerführende Verwaltungs- und gewisse Finanzbehörden galt — bei den anderen Behörden und bei den religiösen Körperschaften.

In der Kaiserzeit entwickelte sich aus dem kaiserlichen Staatsrat und aus der kaiserlichen Kanzlei, in der die Berichte der Feldherren und der Provinzstatthalter einliefen und aus der die kaiserlichen Befehle ausgingen, in der also die gesamte offizielle Korrespondenz des imperialen Roms konzentriert war und wo in zwei Abteilungen, einer griechischen und einer lateinischen, konzipiert wurde, das *Tabularium* oder *Sanctuarium Caesaris*, das sich im kaiserlichen Palast, in unmittelbarem Zusammenhange mit der Kanzlei, befand. Es enthielt in erster Linie die verschiedenen Gattungen der Commentarii principis, d. h. Auslaufregister der kaiserlichen Konstitutionen, Gnadenakte, Rechtsentscheide und des sonstigen ausgehenden Verwaltungsschriftwechsels, sowie Protokolle über Verhandlungen mit Gesandtschaften und über sakrale, richterliche und sonstige Amtshandlungen des Kaisers, in die gewöhnlich das zu diesen Ausgängen und Verhandlungen in Beziehung stehende Material in rein chronologischer Folge eingefügt wurde; wir haben hier die Anfänge des im Mittelalter vorherrschenden Serienprinzips. Hier befand sich auch das Grundmaterial der Feldvermessung, insbesondere die Normalmaße, sowie Dokumente über private Besitzverhältnisse wie Schiedssprüche in Grenzstreitigkeiten, Grenzfestsetzungen, Bodenaufteilungsrezesse u. ä., die hier hinterlegt werden mußten.

In den kaiserlichen und den senatorischen Provinzen waren mit dem Census, d. h. dem Steuerwesen, und der Domänenverwaltung, besondere Behördenarchive verbunden (Tabularia publica, auch Tabularia Caesaris oder principis genannt), die unter der Leitung von Subalternbeamten, den Tabularii (Freigelassenen) oder Commentarienses (Freigelassenen oder Sklaven) standen; solche *provinzialen Censusarchive* gab es nicht nur in den Provinzhauptstädten, sondern auch in den Städten der Distrikte, in die jede Provinz für Steuerzwecke eingeteilt war. Die Censusarchive in den Provinzhauptstädten sind zu unterscheiden von den *Archiven der Provinzstatthalter*, die das aus deren Verwaltungs- und Richtertätigkeit erwachsene Material enthielten, aber ihre älteren Bestände an das Aerarium zu Rom abgeliefert zu haben scheinen. Daneben gab es noch *Tabularia der provinzialen Concilia* (Landtage) und *Tabularia municipalia* oder *civitatis* der Provinzstädte, die das aus der Gemeindeverwaltung erwachsene Material, insbesondere die Gemeindebeschlüsse, enthielten.

Ein sehr wesentlicher Teil der römischen Geschäftsführung vollzog sich in der Form der Abfassung von Commentarii, die ihrem Ursprung nach Protokollbücher und Auslaufregister darstellten und von denen das mittelalterliche Amtsbücherwesen seinen Ausgang genommen hat. Die Anfänge der magistratischen Commentarii liegen in den schon erwähnten privaten Aufzeichnungen der Beamten über Amtshandlungen, Verhandlungen und Beschlüsse, die erst gegen Ende der Republik öffentlichen Charakter annahmen und in die öffentlichen Archive abgeliefert werden mußten. In ähnlicher Weise — auch in rein chronologischer Folge — waren die von der kaiserlichen Kanzlei geführten Commentarii principis angelegt. Seit der Kaiserzeit nahm man alles auf die Amtstätigkeit bezügliche Material, auch Eingänge, auf, indem man, sofern es sich um Wachstafeln handelte, diese in die Polyptycha (Wachstafelbücher) einlegte, oder sofern es Papyri waren, diese zu Rollenform aneinander klebte. So enthielten jetzt die Acta senatus nicht mehr nur die Senatus consulta, sondern auch die Sitzungsprotokolle, Anträge und den sonstigen Akteneinlauf; in die Acta ordinis, die über die Geschäftstätigkeit der Ratskörperschaften der Munizipalstädte geführt wurden, nahm man außer den Gemeindebeschlüssen auch die Sitzungsprotokolle und sämtlichen Schriftwechsel, mit dem sich der Rat zu befassen hatte, auf; in den Commentarii der Gerichtsbehörden wurden die Verhandlungsprotokolle, die Originaleingaben der Parteien, Beweismaterial und sonstiger Schriftwechsel in rein chronologischer Folge und ohne Trennung der einzelnen Prozesse aneinandergefügt.

Seit der Kaiserzeit erhielten die Eintragungen in den Commentarii öffentlichen Glauben; daraus entstand die Auffassung, die schriftliche Eintragung der Amtshandlung oder des Beschlusses in den Commentarii sei als Originalausfertigung anzusehen, und die Kanzleien schickten ihre Schreiben und die Gerichte ihre Bescheide an die Parteien in Form beglaubigter Abschriften aus den Commentarii. Auch die Gesetze und Beschlüsse, die früher durch ordnungsgemäße Abfassung (relatio) und Niederlegung im Archiv (delatio) wirksam geworden waren, erhielten jetzt ihre Rechtsgültigkeit durch Eintragung in die in den Archiven befindlichen Registerbücher, die als Originalfassung galt. Die gleiche Beweiskraft besaßen auch die bei den Provinzgemeinden geführten Gesta municipalia, in denen die vor der Stadtverwaltung abgeschlossenen Rechtsgeschäfte Privater festgehalten wurden oder in die man Urkunden über solche Rechtsgeschäfte einfügte. Das römische Registerwesen hat über die päpstlichen Register in das Mittelalter und bis in die Neuzeit hinein stark nachgewirkt, und auch das Moment der rechtlichen Beweiskraft hat sich teilweise, z. B. im englischen Registerwesen, bis in die Gegenwart erhalten.

Wie in Athen scheint auch bei den römischen Archiven ein enger Zusammenhang mit den Behörden und ihren Kanzleien bestanden zu haben; der Typus des Behördenarchivs herrscht vor. Auch das Hauptarchiv, das sich durch die Wichtigkeit und den öffentlichen Charakter seines Ausstellermaterials heraushob, stand in engen Beziehungen zu den obersten Staatsbehörden, die regelmäßig dahin ablieferten; ja in späterer Zeit erhielten die Gesetze und Beschlüsse erst durch ihre Hinterlegung im Hauptarchiv, die als Veröffentlichung galt, Rechtskraft. Eine einheitliche und selbständige Archivverwaltung, wie sie sich im Abendland im 19. Jh. herausgebildet hat, ist in der Antike nirgends anzutreffen.

2. *Das päpstliche Archivwesen*

Die Brücke von dem antiken zum mittelalterlichen Archivwesen bilden die Archive der christlichen Bischöfe und besonders das des Papsttums. Den Päpsten haben für ihre Verwaltungsorganisation und für ihr Kanzleiwesen die römischen Einrichtungen als Muster gedient; in ihrer Kanzlei und in ihrem Archivwesen herrschen daher römische Einflüsse vor. Die Nachrichten über die Errichtung eines besonderen Archivdepots im 4. Jh. sind unsicher; darüber, daß archivalisches Material überhaupt verwahrt wurde, haben wir Nachrichten zuerst aus dem 5. Jh. Im 7. Jh. ist ein Archiv im Lateran nachweisbar, das mit der päpstlichen Kanzlei in enger Verbindung stand; päpstliche Beamte der Kanzlei waren zugleich Archivbeamte. Die Archivalien umfaßten Urkunden und Briefe in kirchlichen Angelegenheiten, die die Kanzlei empfangen hatte, Briefe und Rechnungen aus der Verwaltung des Patrimoniums, Constituta der Konzilien und Registerbücher über die ausgegangene päpstliche Korrespondenz[73]). Wie es den römischen Verhältnissen entspricht, scheint auch hier das Ausstellermaterial überwogen zu haben.

An spätantike, besonders hellenistische Institutionen erinnert auch die Stellung des päpstlichen Archivs in organisatorischer Hinsicht, seine Verbindung nicht nur mit der Kanzlei, sondern auch mit der Bibliothek. Der Chef der Kanzlei, der Primicerius notariorum, verwaltet das Archiv und die Bibliothek. Ob diese Verbindung von Archiv und Bibliothek, wie wir heute urteilen würden, eine Verfallserscheinung des Hellenismus war oder nur eine Vereinfachung der Organisation, ist schwer zu entscheiden. Beim Papsttum ist sie jedenfalls keine Verfallserscheinung, eine solche Verbindung lag gerade einer kirchlichen Verwaltung besonders nahe, die auf die Benutzung des geistlichen Rüstzeugs im dogmatischen Kampfe, der sich ja vor allem auf den Konzilien abspielte, angewiesen war. Man gebrauchte schon früh die Archivalien wie das Bibliotheksgut auf den Konzilien, und die Verbindung von Archivalien mit Bibliotheksgut erklärt sich daraus, daß das Bibliotheksgut also zugleich auch Geschäftszwecken diente. Das ging so weit, daß man aus Rücksicht auf das geistliche Rüstzeug, das man auch für organisatorische und Machtzwecke gebrauchte, den Bibliothecarius als Kanzlei- und Archivleiter einsetzte. Seit der Mitte des 11. Jhs. führte der Chef des Archivs den Titel Cancellarius, daneben auch zeitweise den Titel Bibliothecarius.

Nachdem unter Innozenz III. ein neues Gebäude für die Kanzlei bei St. Peter geschaffen war, lockerte sich allmählich das Band zwischen Archiv und Kanzlei. Es ist ein wichtiger Prozeß, wenn sich das Archiv von seinem Ursprungsorte zu lösen beginnt. Die räumliche Vereinigung aller Bestände unter sich und mit der Kanzlei hatte schon früh aufgehört: die Urkunden der Frankenkönige und die Schreiben der byzantinischen Kaiser nebst den Akten der Konzilien waren in der Krypta von St. Peter (*Confessio S. Petri*), dem ältesten uns bekannten Depot, niedergelegt. Eine solche Absonderung des wertvollsten Materials, wie sie sich in der Archivgeschichte immer wiederholt, ist eine ganz natürliche Stufe in der Organisationsentwicklung der Archive; in der Antike allerdings kannte man noch keine Depots, sondern das Archiv stand in engem Zusammenhange mit seinem Ursprungsort. Ein weiteres Depot befand sich im 11. Jh. im Urkundenturm (Turris chartularia) am Fuße des Palatin, im 12. Jh. ein in den Stürmen des Investiturstreites geflüchtetes Depot am Berge Soracte. Zweifellos sind schon im Hochmittelalter viele alte Bestände zugrunde gegangen. Gerade der ursprüngliche Zweck

---

[73]) Nur in den ersten Zeiten nahm man in die Register auch Abschriften des eingegangenen Materials auf. Br.

der Depots erfüllte sich oft nicht, sondern vielfach wurden sie später vergessen und gingen verloren.

Im 13. Jh. wurde nun auch die Verbindung des nicht in abgesonderten Depots verwahrten Materials zur Kanzlei ganz gelöst; das Archiv befreite sich, zusammen mit der Bibliothek, von der Aufsicht der Kanzlei, Archiv und Bibliothek wurden Bestandteile des päpstlichen Schatzes (ähnlich wie das römische Hauptarchiv im Aerarium des Saturntempels); damit hörte ihre Wertung vorwiegend vom Geschäftszweck her auf. Die Aufsicht über sie lag in der Zeit von Papst Innozenz III. beim Camerarius, die Verwaltung bei zwei Thesaurarii (Ende d. 13. Jhs.). Diese Bestände wurden nun als besonders wertvoll mit dem Schatz zusammen überallhin mitgenommen (Archivum viatorium), was natürlich verhängnisvoll war. Wechselvolle Schicksale des Archivs auf Reisen und Fluchten der Päpste in Italien und nach Südfrankreich sowie Raub und Wiedergewinnung eines Teils des Archivs waren die Folgen, bis schließlich im 14. Jh. die Überführung des Hauptteils nach Avignon erfolgte. Nach dem „babylonischen Exil" versuchte man seit Martin V. (1417—31), die in Rom gebliebenen Bestände mit denen aus Avignon zu vereinigen, aber erst im 18. Jh. hat man das alte Material wieder vollständig aus Avignon zurückgeholt. Sixtus IV. (1471—84) sammelte die zerstreuten Bestände und sonderte sie — ein wichtiger organisatorischer Vorgang — als *Bibliotheca secreta* von der Bibliotheca publica, der eigentlichen Bibliothek, d. h. er führte die Scheidung von Archiv- und Bibliotheksgut nach dem Gesichtspunkt des Geheimen und des Öffentlichen durch. Damit war die endgültige Lösung der lange währenden Verbindung von Archiv und Bibliothek vollzogen.

Daneben gab es noch ein anderes Sammelbecken für Archivmaterial, das sich schon vor 1475 auf der *Engelsburg* gebildet hatte und sich weiter ergänzte. Hier wurden die ältesten Privilegien und die wertvollsten Stücke aus dem Eingangsmaterial, wohl unter Heranziehung der alten Urkundendepots, zu einem selbständigen Archiv vereinigt. So war auch hier in einem gewissen Grade, nämlich im Hinblick auf das Schwergewicht des Materials und den Ausgangspunkt der Archivbildung, eine Trennung von Kanzlei-(Bibliotheca secreta) und ausgewähltem Eingangsmaterial (Archiv auf der Engelsburg) durchgeführt.

Dieser Dualismus blieb im wesentlichen auch erhalten, als Papst Paul V. 1612 das eigentliche „*Vatikanische Geheimarchiv*" schuf, indem er Archivalien aus der Bibliotheca secreta und von den neu entstandenen päpstlichen Behörden, insbesondere der Apostolischen Kammer, vereinigte und indem er auch Bestände aus der Engelsburg hinzufügte. Beide Archive, das Vatikanische wie das auf der Engelsburg, empfingen weiterhin Bestände, wobei man häufig Registraturen nach Sachgesichtspunkten zerriß und auf beide Archive verteilte. Der Schwerpunkt des Vatikanischen Archivs lag in den päpstlichen

Registern, also im Ausstellermaterial. Erst 1759 wurde die Verwaltung der beiden Archive unter einem Präfekten, der jedoch dem Kardinalbibliothekar untergeordnet blieb, verbunden, und 1798 erfolgte auch die räumliche Vereinigung im Vatikan, aber der provenienzmäßige Zusammenhang der beiden Teile wurde nicht wiederhergestellt. 1810 kam das päpstliche Archiv auf Befehl Napoleons für sein Universalarchiv nach Paris in das Palais Soubise, aber 1817 wurde es wieder zurückgebracht und erhielt jetzt sein dauerndes Heim in den Vatikanischen Gärten.

Das Archiv von 1798 vereinigte im wesentlichen nur Archivdepots, die keinen inneren Zusammenhang mehr hatten. Geschlossene Registraturen sind erst später von päpstlichen Behörden eingeliefert worden, vor allem die des päpstlichen Staatssekretariats mit den wichtigen Nuntiaturberichten und außenpolitischen Korrespondenzen und das umfangreiche Archiv der Rota Romana (Gerichtsbehörde, insbesondere für Benefizialprozesse). Dadurch wurde die Beziehung des Archivs zu den päpstlichen Behörden aufgenommen, und aus dem Archiv der päpstlichen Kanzlei entstand jetzt eine Art päpstliches Hauptarchiv, das die verschiedensten Registraturen der Kurialbehörden, wenn auch nicht mehr in organischem Zusammenhange, umfaßte. Sogar Archive römischer Adelsfamilien sind hineingelangt, während andererseits besonders im 16. und 17. Jh. vielfach Archivalien päpstlicher Behörden durch die Behördenleiter in den Besitz römischer Familien gelangt sind. Im heutigen päpstlichen Archiv sind auf diese Weise ganz verschiedene Ordnungssysteme übereinandergeschichtet, verschiedene rational gebildete Sachsysteme, auf die man infolge der Verbindung mit der Bibliothek verfallen war. Der Forscher muß heute im päpstlichen Archiv dem Provenienzprinzip als Regulativ folgen, wenn er fruchtbare Arbeit leisten will[74]). Durch Aufnahme von Beständen aus fast allen päpstlichen Behörden ist das Archiv im angehenden 20. Jh. schließlich zum Zentralarchiv der römischen Kurie geworden, neben dem noch als selbständige Behördenarchive die der *Congregatio S. Officii* (oberste Aufsicht in Glaubensangelegenheiten), der *Sacra Poenitentiaria* (Gerichtsbehörde für Beichtangelegenheiten) und der *Congregatio de propaganda fide* (für Missionswesen) bestehen.

Zur wissenschaftlichen Benutzung wurde das päpstliche Archiv erst 1881 durch Leo XIII. freigegeben, der durch Ernennung eines eigenen Kardinalarchivars erst die völlige Gleichstellung des Archivs mit der Bibliothek durchführte. Die Eröffnung bedeutete für die Erforschung der früh- und der hochmittelalterlichen Geschichte eine Enttäuschung, denn aus den hochmittelalterlichen Zeiten ist nur ein Torso erhalten, der aber noch immer eine Anziehungskraft auf die Forscher ausübt.

---

[74]) Eine ähnliche Schichtung von Ordnungssystemen finden wir in anderen italienischen Staaten, z. B. Neapel. Br.

3. *Das Archivwesen des alten deutschen Reichs (bis 1806)*

Die Verbindung mit der Spätantike ist von den weltlichen Herrschern des Abendlandes hinsichtlich des Archivwesens nicht voll aufgenommen worden. Nur in *Byzanz* blieb man streng in spätantiken Bahnen, was durch den festen Sitz des Herrschers und der Kanzlei und durch die frühe Scheidung von Staats- und Krongut, die die Stetigkeit der Verwaltung beim Wechsel der Dynastien sicherte, bedingt ist. Im Abendland haben die *Ostgoten* für Kanzlei, Registratur und Archiv vielleicht entsprechende spätantike Einrichtungen übernommen (vgl. Formelsammlung Cassiodors). Bei den *Langobarden* hob man zwar das Material, das vorwiegend aus der Tätigkeit der eigenen Kanzlei stammte (jedoch ohne Registerführung), am Königshofe oder in der königlichen Pfalz zum Gebrauch für Rechtszwecke auf, aber daraus entstand kein geordnetes Archivwesen. Auch die *Merowingerkönige* deponierten die Steuerrollen und die zurückbehaltenen Doppel der Diplome, also Produkte der eigenen Kanzlei, in der Schatzkammer.

In der *Karolingerzeit* entsteht der Begriff des Pfalzarchivs (Archivum oder Armarium sacri palatii); wahrscheinlich sind während der Reisen des Königs einzelne Depots auf den Pfalzen liegen geblieben und dort schließlich verlorengegangen. Als Aachen unter Karl dem Großen in den letzten Jahren zur festen Residenz wurde, entstand dort ein Auslesearchiv, das wahrscheinlich mit der Hofbibliothek verbunden war, nach päpstlichem Vorbild. Es enthielt wichtiges Kanzleimaterial (Gesetze, Testamente, Konzilsbeschlüsse, Abschriften bedeutungsvoller ausgegangener Diplome) wie auch Eingangsmaterial (Verträge, Schreiben auswärtiger Fürsten); Registerbücher wurden aber nicht geführt.

Unter den *späteren Karolingern und den folgenden deutschen Kaisern* verlautet nichts von einem geordneten und grundsätzlich zu erhaltenden Reichsarchiv, der Begriff Archivum imperii wurde damals auch für den Schatz verwandt; also hatte man wohl damals nur gelegentliche Archivdepots, die dem Schatz einverleibt wurden (Pars-pro-toto-Bezeichnung). Eine eigentliche Archivorganisation war wegen des Wanderlebens des Hofes und des extensiven Herrschaftsbetriebes unmöglich; auch war keine entwickelte Verwaltung da, die zu einer Archivorganisation gedrängt hätte. Aus Arbeiten wie dem Codex Udalrici darf man nicht auf planmäßige Sammlung von Acta imperii und Ansätze zu einem Reichsarchiv schließen, weil es sich hier ja nur um private Sammlungen einzelner Diktatoren und Notare der kaiserlichen Kanzlei handelt (ähnlich den privaten Aufzeichnungen über Amtshandlungen, die die römischen Politiker in älterer Zeit in ihren Tablina aufbewahrten). Wenn auch die kaiserliche Politik zeitweise eine stärkere Ballung von Registraturgut erforderlich machte, so ist dieses doch immer schnell wieder zerronnen. Die planmäßige Erhaltung einer Registratur hat man nicht versucht.

Es liegt etwas Großartiges in der Unbekümmertheit unserer alten Kaisergeschlechter um die Verwahrung ihres Materials; darin kommt die universale Stellung der Kaiser zum Ausdruck, ein Bedürfnis nach Sicherung lag nicht vor. Erst die *Staufer* lernten im Normannenstaat einen intensiven Herrschaftsbetrieb, einen Beamtenstaat mit fester Hauptstadt, kennen. Hier war aus der Führung von Finanz- und anderen Amtsbüchern ein wirkliches Registerwesen hervorgegangen, und unter Friedrich II. entstand hier ein Archivum curiae und ein geordnetes Archivwesen der Provinzialbehörden. Aber die umfangreiche Überlieferung aus der Normannenzeit ist nicht erhalten und aus Friedrichs II. Zeit nur Reste. Auf das Reich hat Friedrich II. das normannische Verwaltungssystem mit vollem Bewußtsein nicht zu übertragen versucht.

Bei dem plötzlichen Tode *Heinrichs VII.* (1313) war das Archivmaterial, das sich bei den Reichskleinodien befand, in Italien (Pisa und Turin) zurückgeblieben und ist heute noch z. T. in verschiedenen italienischen Archiven verstreut. Aber vor die Zeit Rudolfs von Habsburg ging dieses Material nicht zurück, und es befanden sich dabei außer minderwichtigem Eingangsmaterial (Bittschriften, Berichte) nur Abschriften von Privilegien, die zur Bestätigung eingereicht waren, Formulare und zurückbehaltene Konzepte, Beratungsprotokolle und Amtsbücher, aber keine Register, die zwar schon (seit 1311) geführt wurden, aber auf die Reise nach Italien nicht mitgenommen worden waren. Das Ganze stellt eigentlich kein Archiv dar, sondern einen Bestand von Manualakten der Kanzlei und ist bezeichnenderweise vom Nachfolger nicht beansprucht worden, während die Reichsjuwelen zurückgeholt worden sind.

Aus der Zeit *Ludwigs des Bayern und Karls IV.* sind Reste von Registern erhalten, aber der Begriff eines Reichsarchivs blieb auch damals noch unbekannt, die Akten galten als Privatbesitz des Herrschers und seines Hauses. Erst im Anfang des 15. Jhs. taucht beim Wechsel der Dynastie die Forderung auf (Ruprecht gegen Wenzel), alles Material „daz zu dem rîche gehôret“ herauszugeben, was aber damals noch nicht anerkannt und erfüllt worden ist. Sigismund hat dann zwar alles Material an die Habsburger abgegeben, aber diese waren ja seine Erben.

Erst seit *Friedrich III.* erfolgte in der Registerführung eine Trennung von landesherrlichem und Reichsmaterial. Die reichsständische Opposition forderte von *Maximilian I.* 1495 zu Worms die Sammlung aller dem Reiche gehörigen Dokumente, bei wem sie sich auch befänden, und die Leitung dieses aus Fragmenten zusammengesetzten Reichsarchivs und der zukünftig zufließenden Archivalien durch das geplante ständische Reichsregiment. Maximilian umging diese Forderung, indem er dem Reichsregiment nur die Verwahrung der aus dessen eigenem Bereich entstandenen Akten auftrug, und versprach bei der Einsetzung des Reichskammergerichts, alle Register,

Urkunden und Lehnsbücher, die Reichshändel beträfen, sowohl die bisherigen wie die künftig erwachsenden, zwischen dem Reichskammergericht und der römischen Kanzlei des Kaisers aufzuteilen. Hier liegt also die künstliche Konstituierung eines Reichsarchivs aus einmaligem Entschluß heraus vor, nachdem sich ein solches Archiv aus der Entwicklung des Reichs heraus nicht hatte organisch bilden können. Nachdem aber 1502 die ständische Mitregierung ausgeschaltet war, entstand schließlich nur ein aus dem Geschäftsgang der kaiserlichen Kanzlei erwachsenes und mit dem Kaiser eng verbundenes Archiv. 1506 wies Maximilian der sogen. Hofbuchhaltung, in der keine strenge Scheidung zwischen kaiserlichem und erbländischem Geschäftsbereich bestand, und den von ihm geschaffenen Zentralbehörden als ständigen Sitz Innsbruck zu und errichtete dort eine Hof- und Reichsregistratur mit Beamten für die Hof- und Reichsverwaltung, zunächst in einem angekauften Bürgerhaus. Dies könnte als endgültige Begründung eines Reichsarchivs gelten, wenn nicht bald wieder Absplitterungen erfolgt wären. Mit dem Tode Maximilians brach diese Entwicklung ab.

Karl V. ließ ohne Anknüpfung an ältere Vorgänge und ohne Rücksicht auf die anfangs von ihm anerkannten Rechte des Mainzer Erzbischofs als Erzkanzlers die kaiserliche Kanzlei durch seine „Großkanzler" (die beiden Granvella u. a.) leiten, die durch Reichsvizekanzler (Held u. a.) in der eigentlichen Geschäftsführung vertreten wurden. Reste aus dieser Reichsregistratur Karls V. sind über Augsburg nach Wien gelangt, das übrige ist auf der Expedition nach Algier verlorengegangen oder von Sekretären mitgenommen und verstreut worden. Das Material aus der niederländischen Kanzlei Karls V. ist erst später (im 18. Jh.) nach Wien gekommen.

In Wien entstand 1559 mit der *Neuorganisation der Reichshofkanzlei,* auf deren personelle Besetzung, Registratur und Archiv der Erzbischof von Mainz als Erzkanzler gewissen Einfluß errang, und *des Reichshofrats* eine ganz neue Lage. In der Reichshofkanzlei, die als Kanzlei des Reichshofrates diente und zugleich dem Kaiser und dem Reichsvizekanzler zur Erledigung der politischen Geschäfte zur Verfügung stand wurde nach 1559 eine besondere österreichische Abteilung gebildet, die 1620 zur selbständigen österreichischen Hofkanzlei wurde, womit die alte Verbindung zwischen Reichs- und erbländischen Behörden gelöst war. Erst damit war die wichtigste Voraussetzung für die Fortbildung der bisherigen Ansätze zu einem Reichsarchiv in Wien gegeben, nämlich die dauernde organische Verbindung des Archivs mit der Registratur einer ausschließlichen Reichsbehörde. Allerdings konnte sich dieser Keim nicht recht zu einem Behördenarchiv entfalten, da das Archiv in der Folge nur Eingangsmaterial von besonderer rechtlicher Bedeutung erhielt: Reichs- und Deputationshauptschlüsse, kaiserliche Wahlinstrumente, Vollmachten fremder Souveräne zu den Reichsfriedensschlüssen, Staatsverträge mit Reichsgliedern und fremden Staaten; das übrige Material dagegen verblieb in den Registraturen der Reichshofkanzlei. 1627 erhielt die Reichshofkanzlei auch einen großen Teil der in Innsbruck noch lagernden Reichsakten aus der Zeit Maximilians und besonders die Akten des kaiserlichen Kammergerichts Friedrichs III. Die Herausgabe der Reichsregisterbücher des 15. Jhs. und derjenigen Maximilians wurde allerdings in Innsbruck verweigert, weil sie als Austriaca betrachtet wurden, was nicht zutraf, da ja seit Friedrich III. eine formale Trennung zwischen Reichs- und erbländischen Angelegenheiten durchgeführt war. Erst 1751 wurden diese Registerbücher von Innsbruck nach Wien gebracht und getrennt von den übrigen Reichsakten im neuen Haus-, Hof- und Staatsarchiv in Wien niedergelegt, im 19. Jh., nach dem Ende des Reichs, schließlich der Lehns- und Gratialregistratur des Reichshofrates angeschlossen.

Die Reichshofkanzlei hatte entsprechend ihrer lateinischen und deutschen Expedition auch in jeder Registratur eine lateinische und eine deutsche Abteilung. Die Reichskanzleiordnung von 1559 unterschied zwischen registrierten und nichtregistrierten Konzepten; für nichtregistrierte Konzepte ordnete sie Eintragung von Auszügen in eigene Bücher an (also besondere Geschäftsbücher neben den alten Registern der Privilegien). Aber diese Bestimmungen wurden in der Folge nicht konsequent durchgeführt. Dem Geschäftsgange entsprechend bestanden folgende Registraturen der Reichshofkanzlei: 1. Die Registratura actorum publicorum (für auswärtige Verhandlungen) war nach Ländern geordnet und enthielt in jeder Ländergruppe Berichte der kaiserlichen Gesandten, auch der Prinzipalkommission am Reichstage, und Instruktionen an sie, sowie Korrespondenzen mit fremden Staatsoberhäuptern; hier war das Korrespondentenprinzip maßgebend. Aber neben diesen Länderserien kannte man auch die Zusammenlegung nach bestimmt abgegrenzten Materien und Verhandlungsgegenständen; dies stellt das erste Eindringen der Sachordnung in die serienmäßige Führung der Registratur dar. 2. Die Lehns- und Gratialregistratur, die die Akten der Privilegienbestätigungen und Standeserhöhungen sowie die Reichsregisterbücher enthielt, und 3. die Judizial-(Prozeß-)Registratur, die die Prozeßakten des Reichshofrats mit den Reichshofratsprotokollen enthielt, waren alphabetisch nach Namen der Empfänger oder Kläger, also nach Serienprinzip, geordnet. Die Registraturinstruktion von 1764 ordnet demgegenüber an, daß die General-Länderrubriken der politischen Registratur nach vorangegangener chronologischer Ordnung in ihre besonderen Species zergliedert werden sollten, d. h. in die zusammengehörigen Akten einer Verhandlung im registraturtechnischen Sinne; man wollte also die Serienakten in Sachfaszikel umordnen. Hier zeigt sich ganz spät noch der Ansatz zum Übergang von der Serien- zur Sachregistratur, der aber bis zum Ende des alten Reichs nicht mehr zum Abschluß gelangt ist.

Nach der Auflösung des Reiches wurden 1807 1. die Registratura actorum publicorum, die außer den diplomatischen Akten auch Reichstags-, Reichsdeputations- und kammergerichtliche Visitationsakten, Kreisassoziations- und Reichskreisakten, Reichsfriedensunterhandlungen, Akten über die Wahl der römischen Könige sowie die der geistlichen Kur- und Reichsfürsten, Angelegenheiten der katholischen Kirche im Reiche und Verhandlungen mit der Kurie, Originalkonzepte zu den „Vorträgen" (Immediatberichten) des Reichsvizekanzlers an den Kaiser, also eigentlich Angelegenheiten des Kaisers, Erzkanzlers und Vizekanzlers, nicht des Reichshofrates, enthielt, sowie 4. das eigentliche Archiv der Reichshofkanzlei, in dem sich, wie erwähnt, nur Staatsurkunden befanden, dem österreichischen Haus-, Hof- und Staatsarchiv zur Aufbewahrung über lassen. Die übrigen Reichsakten des Reichshofrates, nämlich 2. die Lehns- und Gratialregistratur und 3. die Judizialregistratur, ferner einige Nebenregistraturen, nämlich 5. die Registratur der Reichskanzlei-Justizkommission (für die Erbschafts- und Vormundschaftsakten der zur Reichshofkanzlei gehörenden Personen), 6. die Registratur der auf die Personalien und die innere Verfassung des Reichshofrats und der Reichshofkanzlei bezüglichen Akten und 7. die des Reichshofkanzlei-Taxamtes, sowie alle Reichsregister bis 1806 (außer den 1751 aus Innsbruck nach Wien gebrachten) wurden 1807 von Kaiser Franz übernommen, damit sie allen Berechtigten, besonders den Gerichtshöfen und den Parteien, zur Verfügung stünden, und bis 1840 ist eine Reichsakten-Hofkommission für die Abwicklung aller Ansprüche aus dem Alten Reich in Tätigkeit gewesen. Zunächst fielen 1809 die Reichsarchivalien, die sich im Haus-, Hof- und Staatsarchiv befanden, zusammen mit den Akten der Staatskanzlei und der Reichsakten-Hofkommission Napoleon in die Hände, der sie nach Paris in sein Universalarchiv bringen ließ. Ein Teil der Registratura actorum publicorum, der mit den Akten der Staatskanzlei nach Sachprinzip vermischt worden war, kam 1815, der Rest aber erst 1819 nach Wien in das Haus-, Hof- und Staatsarchiv zurück. Die der Reichsakten-Hofkommission für Prozeßzwecke überwiesenen Akten wurden im Laurenzergebäude am Fleischmarkt verwahrt. Nach der Auflösung der Kommission 1840 übernahm die Haus-, Hof- und Staatskanzlei, der das Haus-, Hof- und Staatsarchiv unterstellt war, die Erledigung der noch einlaufenden Akteneinforderungen. 1843 wurden die nichtpolitischen Registraturen des Reichshofrates, nachdem man bereits mit Aktenabgaben an die deutschen Bundesländer nach Betreffsprinzip begonnen hatte, zur Filiale des Haus-, Hof- und Staatsarchivs erklärt und 1851 die Wiedervereinigung aller Archivalien des Reichshofrats und der Reichskanzlei im Rahmen dieses Archivs von Kaiser Franz Joseph genehmigt; aber die Vereinigung geschah zunächst nur verwaltungsmäßig, räumlich erst 1902. Auch fügte man die Teile nicht organisch ineinander, was den damaligen Ordnungsgrundsätzen widersprochen hätte. Zu den Abgaben an deutsche Bundesländer brachte das Jahr 1841 noch einen weiteren Verlust: aus der Gratialregistratur schied man die Reichsadelsakten aus, die als besondere Abteilung dem Adelsarchiv der Vereinigten böhmisch-österreichischen Hofkanzlei zugewiesen wurden. Die verbleibenden nichtpolitischen Reichshofratsregistraturen wurden nach 1849 in drei Abteilungen, Judizial-, Lehns- und Gratialregistratur, gegliedert.

Ein selbständiges Archiv oder gar Hauptarchiv des alten Reichs, das mehr als ein abgestoßenes Depot oder eine eng an die Ursprungsbehörde geknüpfte Registratur gewesen wäre, hat es also nicht gegeben. Erst im 19. Jh., nach dem Ende des Reiches, hat sich im Rahmen des österreichischen Hauptarchivs ein Reichs-Hauptarchiv, freilich in mancherlei Provenienzmischung, gebildet, das dort jedoch nicht einmal zu einer eigenen Archivabteilung geworden ist.

Reichserzkanzlerarchiv. Aus der Reichstätigkeit des Erzbischofs von Mainz ist noch ein besonderes Archiv hervorgegangen. Als sich am Ende des 15. Jhs. bei den Reichstagen eine feste Geschäftsordnung und ein schriftlicher Verkehr herausgebildet hatten, entstand beim Erzkanzler eine eigene Kanzlei, die von der Mainzer Territorialkanzlei geleitet wurde. Die Registratur war gemeinsam, nur die beiden Serien liefen nebeneinander her. Bei ihr befanden sich Reichsgesetze (Reichstagsabschiede bzw. Reichsschlüsse) und -verordnungen, Wahl- und Krönungsakten, Kurvereins- und Akten fürstlicher Kollegialtage, Reichsmatrikeln und -anschläge, Kreis- und Assoziationsakten, Ordnungen der Reichskanzlei und der Taxämter und Akten über das Reichskriegswesen, Münz-, Zoll- und Reichspostakten usw.[75]). 1740 wurde das damals noch vereinigte Archiv organisatorisch von der Kanzlei gelöst und 1782 das Reichserzkanzlerarchiv räumlich und organisatorisch vom Mainzer Territorialarchiv getrennt und unter besondere Leitung gestellt. Damals schon begann eine wissenschaftliche Benutzung durch die Mainzer Urkundenschule. 1792 wurden die beiden Archive vor den Franzosen nach Amsterdam, 1794 nach Aschaffenburg geflüchtet. Nach Absplitterung einzelner Teile aus dem Mainzer Territorialarchiv, die sich auf das Oberamt Aschaffenburg bezogen und in Aschaffenburg zurückgelassen wurden und später an Bayern gefallen sind (heute im Staatsarchiv Würzburg), kamen die beiden Mainzer Archive, die 1814 in den Bereich des Generalgouvernements in Frankfurt gefallen waren, 1818 in das Deutsch-Ordenshaus in Sachsenhausen bei Frankfurt und damit unter den Schutz der Präsidialmacht Österreich. 1852 wurden sie nach Wien geschafft, nachdem Bayern, Hessen-Darmstadt und

[75]) Wie weit es sich bei der 1626 als „Kammerdienerregistratur" bezeichneten Spezialregistratur des Kurfürsten, die den hochpolitischen Briefwechsel des Kurfürsten, insbesondere mit dem Kaiser, enthielt, um landesfürstliches oder Reichsmaterial handelt, ist schwer zu entscheiden. Br.

Preußen gefragt worden waren und keinen Einspruch erhoben hatten; Österreich betrachtete sich nur als Depositar, gab aber trotzdem die Akten in das Laurenzergebäude.

Das Archiv der Mainzer (zentralen) Landeskanzlei, von dem schon 1818/20 auf das Eichsfeld und Erfurt bezügliche Akten an Preußen und 1858 ein Teil der auf Hessen bezüglichen Akten an dieses ausgeliefert worden waren, wurde, soweit es nicht in Aschaffenburg verblieben war, 1884 unter Preußen und Hessen geteilt, die Spezialakten nach territorialer Pertinenz, die Generalakten nach Willkür[76]). Das Mainzer Erzkanzlerarchiv dagegen blieb, ebenso wie die Ecclesiastica des Mainzer Landesarchivs, bei Österreich.

Reichserbmarschallsarchiv. Ein drittes Reichsarchiv ist in Regensburg aus dem Amt der Grafen von Pappenheim als Reichserbmarschälle entstanden. Das Archiv, an dessen Spitze der Reichsquartiermeister stand, bildete sich um 1663. Es enthielt Verhandlungen über Introduktion, Legitimation und Einquartierung der Gesandten und Akten der Kriminalgerichtsbarkeit der Reichserbmarschälle über das Gesinde der Gesandten, also rein formale Angelegenheiten von untergeordneter Bedeutung. Nach der Auflösung des Reichs haben sich nur dürftige Reste im Pappenheimschen Hausarchiv und im Haus-, Hof- und Staatsarchiv erhalten, das übrige ist kassiert oder verschollen. Auch die Akten der *ständigen kaiserlichen Prinzipalkommission* am Reichstag zu Regensburg sind in Resten in das Haus-, Hof- und Staatsarchiv gelangt.

Reichskammergerichtsarchiv. Ein weiteres außerhalb des zentralen Sitzes des Reiches entstandenes Archiv ist das des Reichskammergerichts. Es befand sich seit 1498 in Frankfurt, seit 1527 in Speyer, unter der Aufsicht des Mainzer Erzkanzlers, der das Personal bestellte, in unmittelbarer Verbindung mit dem Kammergericht, bis es durch die Reichskriege mit den Franzosen zerrissen wurde: 1681 wurde ein Teil der Akten nach Frankfurt geflüchtet, der Rest in Speyer 1688 beschlagnahmt und nach Straßburg geschafft. Im Frieden von Rijswijk wurde die Rückgabe der Akten bestimmt und das Kammergericht, das 1693 nach Wetzlar übergesiedelt war, übernahm den französischen Teil der Akten nach Aschaffenburg und den Frankfurter Teil nach Wetzlar, wo dieser 1808 wieder mit dem Aschaffenburger Teil unter der Obhut des Großherzogs von Frankfurt zusammengefaßt wurde. 1813 wurden diese Akten von Preußen beschlagnahmt und diesem 1818 durch einen Bundestagsbeschluß zu Eigentumsrecht übertragen. 1821 wurde eine Bundestagskommission zur Aufteilung des Archivs unter die Bundesglieder eingesetzt, die aber erst 1855 die Aufteilung unter die deutschen Länder durchführte: in Wetzlar verblieben unter der Aufsicht des preußischen

---

[76]) Der preußische Anteil gelangte in die Staatsarchive Wiesbaden, Koblenz, Marburg und Magdeburg sowie in das Geh. Staatsarchiv zu Berlin.

Justizministers nur die Akten, die sich auf das damalige preußische Staatsgebiet erstreckten und der sogenannte „untrennbare Bestand", nämlich Protokolle, Urkundsbücher und die eigentlichen Verwaltungsakten des Gerichts sowie die Akten über Prozesse aus den nicht mehr zum Bundesgebiet gehörigen Reichsteilen; das übrige Material wurde aufgeteilt, und zwar nach dem Sitz der Vorinstanz des Gerichts. 1883 wurde das Wetzlarer Archiv als 17. preußisches Staatsarchiv von der preußischen Archivverwaltung übernommen. Es stellte ein Behördenarchiv dar, dessen Bestände aber nur noch für wissenschaftliche Benutzung, die sich hauptsächlich auf Familienforschung und auf das alte Reichsrecht (Paul Wigand) erstreckt, von Wert sind. Schließlich hat die preußische Archivverwaltung 1924 auch die auf das altpreußische Gebiet bezüglichen Akten an die preußischen Staatsarchive Koblenz, Düsseldorf, Münster, Magdeburg, Stettin und Sigmaringen aufgeteilt und den untrennbaren Bestand an die damalige Reichsarchivfiliale in Frankfurt a. M. abgegeben, wo er den Archivalien des Bundestages und der Zentralorgane von 1848/49 angegliedert wurde.

Die *Akten der Reichsvikariate* sind über den Reichshofrat nach Wien gelangt, die *Akten der Direktorien der Reichskreise* und die der *Kreistage*, soweit sie sich erhalten haben, sind in den verschiedenen deutschen Territorialarchiven aufgegangen.

4. *Das kirchliche Archivwesen*

Wie der päpstliche Stuhl knüpften auch die Bischöfe, die Dom- und Kollegiatstifter und die Klöster an das römische Schreibwesen an und vermittelten es den weltlichen Herrschern. Aber die Entwicklung der kirchlichen Archive lief nicht parallel zu der des päpstlichen Archivwesens: die Germanisierung der Kirche im Frankenreich (Eigenkirchenwesen) und die Ausbildung des fränkischen Urkundenwesens verursachten vielmehr eine andere Entwicklung. Bischöfe, Stifter und Klöster sind nicht wie die Päpste in erster Linie Aussteller gewesen und haben daher kein ausgedehntes Registerwesen entwickelt. Sie standen zunächst in Abhängigkeit von weltlichen Machthabern (Kirchenvögten, Eigenkirchenherren) und waren zur Wahrung ihrer Rechte auf das Eingangsmaterial angewiesen, das sie der Gunst der weltlichen Herrscher und Grundherren und der kirchlichen Oberen verdankten (Gründungsurkunde, Privilegien über Immunitäten, Exemtionen, Schenkungen usw., fromme Stiftungen). Daher entstand in der kirchlichen Sphäre viel eher das Bedürfnis nach einer Archivbildung als in den weltlichen Territorien mit ihrem extensiven Herrschaftsbetrieb und dem häufigen Wechsel der Geschlechter, wo mehr verliehen und verschenkt als durch Privilegien empfangen wurde. Von den Empfängerdepots der geistlichen Anstalten, die sich seit dem 10./11. Jh. nachweisen lassen und in denen in der Folgezeit vielfach auch die weltlichen Großen ihre wichtigen Privilegien sicher stellten, hat das deutsche Archivwesen seinen Ausgang genommen. Der feste Wohnsitz, der zudem durch den kirchlichen Frieden geschützt war, erleichterte die dauerhafte Verwahrung, und tatsächlich haben die kirchlichen Anstalten in Deutschland — im Gegensatz zu Italien, wo schon früh infolge der zahlreichen Kloster- und Stifterinkorporationen lebhafte Archivalienverschiebungen innerhalb der kirchlichen Sphäre stattgefunden haben — bis in die Zeiten der Säkularisationen hinein ihre Archive am Ort der Entstehung belassen. Aufbewahrt wurden die Urkunden in Truhen und Laden (cista ecclesiae, capsula, archa) — häufig gemeinsam mit dem Kirchenschatz oder den wertvollen liturgischen Gewändern — in besonders geschützten Teilen der Kirchen: im Turm, in Gewölben oder in der Sakristei (sacrarium, in Bamberg auch Segerer genannt); in den romanischen Teilen des Frankenreiches scheint man gelegentlich sogar eigene Baulichkeiten dafür geschaffen zu haben (Reims, domus chartarum in Fontanelle). Vereinzelt begegnet auch noch eine Sonderauslese der hervorragendsten Privilegien an besonders gesichertem Ort (z. B. Peterskloster zu Erfurt). Das Archiv wurde in Klöstern und Stiftern gewöhnlich durch den custos armarii, der zugleich Schatzmeister und Bibliothekar war, an den Bischofskirchen durch den für die kirchlichen Geräte zuständigen Domküster (Thesaurar) oder durch den Bibliothekar (librarius) verwaltet und unterstand der Aufsicht zweier oder mehrerer Kapitelsherren (z. B. Schlüsselherren zu Bamberg, Halberstadt und Breslau). So ergab es sich häufig, daß das bischöfliche Urkundenarchiv ganz unter die Aufsicht des Domkapitels geriet und mit dessen Eingangsmaterial, den auf die domkapitularischen Besitzungen bezüglichen Urkunden, vereinigt wurde (z. B. Halberstadt und Bamberg, wo seit dem 15. Jh. aus der bischöflichen Kanzlei ein neues reines Ausstellerarchiv mit Amtsbüchern und Akten erwächst). Wo der Bischof die Verfügung über sein Empfängerdepot behielt, brachte er dieses gern auf einem seiner festen Schlösser unter (z. B. der Bischof von Würzburg auf Festung Marienberg, der Bischof von Havelberg auf Schloß Wittstock).

Schon früh begann man, um einen Überblick über den verbrieften Besitzstand zu gewinnen und das umständliche Zurückgreifen auf die Originale zu vermeiden, Abschriften der Privilegien in Kopialbüchern (Kopiaren oder Cartularien) anzulegen in einer aus Serienprinzip, formalen (Aussteller, Urkundengattung) und sachlichen Gesichtspunkten gemischten Anordnung, die dann auch für die Ordnung der Urkunden selbst maßgebend wurde. Vorläufer dieser Kopialbücher sind die in der urkundenlosen Zeit des 9. bis 11. Jhs. vor allem bei den bayrischen geistlichen Grundherren üblichen Traditionsbücher, in die man kurze „Akt"-Notizen über die zum eigenen Nutzen getätigten Rechtsgeschäfte und Schenkungen an Grund und Boden eintrug. Weiterhin erwuchsen aus der Wirtschaftsführung Urbarien (Lagerbücher), die einen systematischen Überblick über den Besitz geben, und Heberegister, in die — geordnet nach den Abgabepflichtigen — die regelmäßigen Einnahmen eingetragen wurden. Die geistliche Tätigkeit veranlaßte die Führung von Nekrologien, in die die Todestage der Wohltäter und Brüder, an denen Seelenmessen zu halten waren, eingetragen wurden und die man häufig für weitere, geschichtliche Notizen benutzte, und von Verbrüderungsbüchern, d. h. Verzeichnissen der in Gebetsbruderschaft verbundenen Lebenden. So erwuchs neben dem Eingangsmaterial, das wegen seiner rechtlichen Bedeutung besonders sorgsam gehütet wurde, aus den wirtschaftlichen und geistlichen Funktionen eine auf die täglichen Geschäftsbedürfnisse zugeschnittene eigene Produktion. Bei den deutschen Klöstern führte dies allerdings nicht zur Ausbildung eines durchgebildeten Kanzleiwesens; vielmehr wurden hier die mit dem Schreibwerk betrauten Mönche für archivarische wie für bibliothekarische Aufgaben, für die Führung der Wirtschaftsbücher wie für die Anfertigung literarischer und religiöser Handschriften und Abfassung von Chroniken, herangezogen. Da aber weiterhin — der Bedeutung wie dem Umfange nach — das Eingangsmaterial bei weitem überwog und eine ausgebildete Kanzlei fehlte, scheint in den deutschen Klöstern das Nebeneinander von Empfänger- und Ausstellerarchiv nicht in der gleichen Weise wie bei Städten und Landesherren in Erscheinung getreten zu sein[77]. Nur für die österreichischen Klosterarchive des 18. Jhs. hat man allgemein eine archivische Zweiteilung nachweisen können[78], die auf jenen älteren Dualismus zurückgeht: hier stehen sich in der Regel (seit dem 16. Jh.) das „Prälaturarchiv“, das sich unter der Aufsicht des Klosteroberen in der Klausur — in dessen Wohnung oder in der Sakristei — befand und neben Privilegien, Besitzurkunden und Urkunden über geistliche Stiftungen die Korrespondenz des Klosteroberhauptes, Profeßbriefe und Testamente der Konventualen sowie Kopialbücher und Archivverzeichnisse enthielt, und das in der Klosterrentei befindliche „Hofrichterarchiv“ gegenüber, das die aus der Wirtschaftsführung und der Ausübung der grundherrlichen Rechte, vor allem der Gerichtsbarkeit, erwachsenen Amtsbücher und Akten sowie auch Prozeßakten barg.

---

[77]) Gelegentliche Beispiele finden sich aber auch hier: die Bursfelder Benediktinerkongregation z. B. verwahrte ihr Urkundenarchiv bei St. Peter in Erfurt, später bei St. Martin zu Köln, während Schriftwechsel, Visitationsakten und Rechnungen an den jeweiligen Kongregationspräsidenten weitergereicht wurden (s. P. Volk, Das Archiv der Bursfelder Benediktinerkongregation 1936 Einleitung; Lit. Nr. **328**).

[78]) W. Latzke in: Gesamtinventar des Wiener Haus-, Hof- und Staatsarchivs Bd. 3 (1938) S. 319f. (Lit. Nr. **327**).

Die Bischöfe und die übrigen geistlichen Landesherren legten sich spätestens im 14. Jh. eine ständige Kanzlei zu und glichen ihr Archivwesen dem der weltlichen Territorialherren an. Ein weiteres Feld der Kanzleitätigkeit eröffnete sich hier in der Ausübung freiwilliger Gerichtsbarkeit, die von den Urkundenbeglaubigungen durch die Bischöfe, den sogen. „Vidimierungen", seit dem 13. Jh. ihren Ausgang nahm und dann den neuen bischöflichen Offizialatsgerichten übertragen wurde. Aus der übrigen geistlichen Gerichtsbarkeit und Verwaltungstätigkeit des Bischofs erwuchsen Urkunden und Akten der streitigen Gerichtsbarkeit, Synodal- und Visitationsakten. Die Domkapitel und Kollegiatstifter bewahrten ihre Statuten und Sitzungsprotokolle und die für die Aufnahme in das Kapitel geforderten Adelsnachweise, die sogen. „Aufschwörungen". Von diesen im geistlichen Bereich erwachsenen Archivalien waren die beim Bischof als Landesherrn und beim Domkapitel als landständischer Körperschaft erwachsenen Archivalien gewöhnlich nicht streng geschieden. Bei den weltlichen Behörden des Bischofs, dem Geheimen Rat und dem Kabinett als obersten politischen Behörden, der Hofkammer für die Verwaltung der bischöflichen Domänen, dem weltlichen Hofgericht, der Lehnkammer, bildeten sich — nach dem Vorbild der weltlichen Territorien — Behördenarchive, aus denen häufig das des Geheimen Rates als Hauptarchiv hervorragte. Dieses Behördenarchivwesen kehrt im geistlichen Bereich wieder: neben dem bischöflichen Hauptarchiv, dem „Generalvikariatsarchiv", finden wir des öfteren ein besonderes Offizialatsarchiv und Archive der Archidiakonate, die allerdings meistens mit Dignitäten des Domkapitels oder hervorragender Kollegiatstifter verbunden waren; neben dem Hauptarchiv des Domkapitels bestanden häufig noch besondere Archive der einzelnen Offizien (etwa ein Dompropstei-, ein Domkellnerei-, ein Domküsterei-, ein Domdechaneiarchiv), der Domvikare und der domkapitularischen Gerichte, und auch bei bedeutenden Kollegiatstiftern lassen sich Ansätze zu derartigen Behördenarchiven feststellen.

Durch die Säkularisationen des 16. und 17. Jhs., die unter dem Einfluß der Reformation standen, wurden die Landesbistümer, Stifter und Klöster der protestantischen Staaten und Städte sowie die geistlichen Territorien Norddeutschlands erfaßt, blieben jedoch zunächst weitgehend als protestantische Anstalten und weltliche Fürstentümer erhalten; ihr Vermögen wurde vielfach als zweckgebunden gesondert vom staatlichen oder städtischen Vermögen verwaltet, und ihre Archivalien blieben im allgemeinen — häufig sogar noch weiterhin am Orte ihrer Entstehung — geschlossen erhalten. Die Säkularisationen des 18. und 19. Jhs., im Zeitalter der Aufklärung und der französischen Revolution, die vor allem die übrigen geistlichen Staaten und die dortigen kirchlichen Anstalten betrafen, waren dagegen nicht durch den Konfessionswechsel bedingt, sondern stellten staatliche Maßnahmen dar, durch die die geistlichen Anstalten und Territorien aufgehoben und restlos der modernen Staatsverwaltung eingegliedert wurden. Da die katholische kirchliche Organisation erhalten blieb, mußte sich der Staat damit begnügen, die die geistlichen Güter betreffenden und die aus der Territorialverwaltung stammenden Archivalien einzuziehen, während die rein kirchlichen Bestände der Klöster und Stifter häufig an benachbarte Pfarreien gelangten oder bei den Domkapiteln konzentriert wurden und die der Bischöfe und z. T. auch der Domkapitel zur Grundlage der späteren Diözesanarchive wurden. Der Mangel an Folgerichtigkeit bei der Durchführung dieser Scheidung hat vielfach Zersplitterung und Zerstreuung geistlicher Archive zur Folge gehabt, insbesondere dort, wo man beim Verkauf geistlicher Güter auch die darauf bezüglichen Archivalien veräußerte. Nur die Pfarrkirchen und ihre Archive sind von den Säkularisationen verschont geblieben. Die Hospitalarchive, die in Deutschland nicht die gleiche Bedeutung erlangt haben wie in den romanischen Ländern, befinden sich häufig in den Stadtarchiven.

5. *Das städtische Archivwesen*

Nach den Kirchen, Stiftern und Klöstern haben am frühesten die Städte für ihre Archivalien Sorge getragen, früher als das Reich, die Landesherren und die kleineren Dynasten. Dabei konnten die deutschen Städte nicht wie die Kirche an das antike Urkundenwesen anknüpfen; nur die Städte in den romanischen Rechtsgebieten Frankreichs und Italiens haben ihr Kanzlei- und Archivwesen im Anschluß an das der römischen Munizipien, in denen die Gesta municipalia durch die städtische Behörde (curia) teilweise bis ins 8. Jh. weitergeführt wurden, entwickelt. An eine Urkundenausstellung war zunächst nicht zu denken und an Urkundenempfang erst, als sie zu Städten im Rechtssinne geworden waren; daher gehen ihre Urkunden nur bis ins 12. Jh., vereinzelt bis ins 11. Jh. (Worms) zurück. Wie die Kirchen und Klöster vom Eigenkirchenherrn und vom Vogt abhängig waren und ihre ältesten und wichtigsten Dokumente aus dem Prozeß ihrer allmählichen Emanzipation stammen, so erwuchsen die Städte — sowohl die ehemaligen römischen Städte und die Bischofsstädte wie auch die gegründeten Städte, selbst wenn die Gründung von einem Unternehmerkonsortium (Lübeck, Freiburg i. Br.) ausgegangen war — unter der Herrschaft des Stadtherrn, und ihre Freibriefe bilden die Etappen auf dem Wege ihrer Verselbständigung und Lösung aus dem Machtbereich des Stadtherrn. Die Regelung der Rechtsstellung der Stadt gegenüber dem Reich und dem Landesherrn, der häufig zugleich Stadtherr war, und ihre äußere Sicherung durch Bündnisse, Schutz- und Grenzverträge mit den umliegenden weltlichen und geistlichen Gewalten fanden ebenfalls ihren Niederschlag in urkundlichen Verbriefungen. Auf die sorgfältige Verwahrung dieser Dokumente, bei denen es sich um die eigentlichen Rechtsgrundlagen der Stadt handelte und in denen ihre äußere Sicherheit verankert war, mußte allein schon der Selbsterhaltungstrieb dringen. Aber auch die Erhaltung der übrigen Rechtstitel, die aus Abmachungen mit kirchlichen Anstalten, Stiftungen und Genossenschaften innerhalb des städtischen Bereichs und aus privaten Rechtsgeschäften des Rates (Grunderwerb, Kapitalgeschäften) erwuchsen, war von großer Wichtigkeit. Erleichtert wurde den Städten die Sicherung dieses ältesten Archivgutes durch die feste örtliche Bindung, die sie mit den Kirchen und Klöstern gemeinsam hatten und durch die sie sich von den von Burg zu Burg wandernden Landesherren unterschieden, und durch die vom Fortbestand der Geschlechter oder Einzelpersonen unabhängige Kontinuität der Verwaltung. Dank ihrer geschützten Lage sind die deutschen Städte auch nur vereinzelt und in der ältesten Zeit ihrer Archivbildung zur Deponierung bei kirchlichen Stellen, wie sie uns sehr häufig bei den Landesherren begegnet, geschritten.

Die Städte gehören also — ebenso wie die Kirchen und Klöster, aber anders als das Papsttum und der deutsche König — rechtlich zunächst in erster Linie zu den Nehmenden, nicht zu den Gebenden, und dementsprechend stellen ihre ältesten Archive *Empfängerarchive* dar, in die aus eigener Kanzleitätigkeit nur vereinzelte Stücke von besonderer Bedeutung wie städtische Statuten und Willküren aufgenommen wurden. Aufbewahrt wurde dieses ältere Eingangsmaterial in eisenbeschlagenen Kisten im Rathause (cista civium oder civitatis in Hamburg und Breslau), in Räumen, die unter der Aufsicht der Kämmerei standen und häufig zugleich städtische Kleinodien und Geldvorräte enthielten (Urkundenkammer in Lüneburg, Losungsstube in Nürnberg, Rathauserker in Breslau; in kleineren Städten noch bis heute zuweilen im Tresor der Stadtkasse), in Gewölben hinter der Ratskapelle der Stadtkirche (Tresekammern der großen alten Hansestädte: in der Frauenkirche zu Bremen, in der Marienkirche zu Lübeck bis in die Gegenwart hinein) oder auch in städtischen Türmen (in Köln zunächst in der Burg des Stadtvogtes, seit Anfang des 15. Jhs. im Ratsturm hinter dem Rathause, in Frankfurt a. M. im Festungsturm hinter der Leonhardskirche, seit dem 15. Jh. in dem Frauenrode-Turm neben dem Römer). In Nürnberg hat man sogar noch eine Auslese besonders wichtigen Eingangsmaterials bis ins 17. Jh. hinein in der Sakristei der Sebalduskirche untergebracht. Die Aufsicht lag entweder bei der Kämmerei (Lüneburg, Breslau, Nürnberger Losunger) oder bei einer Kommission des Rates (Gewölbeherren zu Köln), und regelmäßig durfte das Urkundenarchiv, das gewöhnlich durch mehrere Schlüssel gesichert war, nur in Anwesenheit mehrerer, dafür zuständiger Amtspersonen geöffnet werden, was recht selten notwendig wurde, da die städtische Kanzlei für ihre Geschäftsbedürfnisse Kopialbücher oder Urkundenrepertorien anzulegen pflegte. Verzeichnet wurden die Urkunden zuweilen nach ihrer zufälligen Lage in den Laden, die man durch Zahlen oder Buchstaben (z. B. siebenfaches und siebenfarbiges Alphabet in Nürnberg) unterschied, oder nach einem Ordnungsschema, das chronologische Folge mit formalen (nach Ausstellern oder Urkundengattungen) und sachlichen Einteilungsprinzipien verband. In den meisten Städten haben diese Urkundendepots bis ins 18. Jh. hinein einen sorgfältig gehüteten Dornröschenschlaf geschlafen und haben erst zu dieser Zeit eine Neuordnung erfahren — durch Ratskommissionen, städtische Sekretäre oder sogar durch Rechtsgelehrte (Dr. jur. Joh. Carl Heinrich Dreyer in Lübeck seit 1758, Stampeel in Hamburg, Syndikus Ley in Köln seit 1724) — und Anschluß an die übrigen Archivalien gefunden.

Während bei den Päpsten und den deutschen Königen das Ausstellermaterial und bei den kirchlichen Anstalten das Eingangsmaterial überwog, prägt sich bei den deutschen Städten noch deutlicher und schroffer als bei den Landesherren der Dualismus zwischen Eingangs- und *Ausstellermaterial* aus. Dank der intensiven Verwaltung und der nach Schriftlichkeit drängenden kollegialen Regierungsweise bildete sich schon verhältnismäßig früh eine organisierte Kanzlei aus: seit dem ausgehenden 13. Jh. treten an die Stelle der von Fall zu Fall herangezogenen geistlichen Schreiber ständige, besoldete Stadtschreiber. Einen ausgedehnten Tätigkeitsbereich erhielt die Kanzlei, seitdem die vor dem Stadtgericht oder dem Rat durch die Bürger getätigten Übertragungen von Eigentum oder Rechten an Liegenschaften schriftlich festgehalten wurden, teils durch vom Stadtgericht oder vom Rat ausgestellte Urkunden, teils durch Eintragung in städtische Amtsbücher (zuerst in Köln Mitte des 12. Jhs. als pergamentene „Schreinskarten", die Anfang des 13. Jhs. zu „Schreinsbüchern" zusammengeheftet wurden). In diese „privatrechtlichen Stadtbücher", die vor allem im sächsischen Rechtsgebiet seit Mitte des 13. Jhs. allgemeine Verbreitung fanden, trug der Stadtschreiber zunächst auch die wichtigsten Angelegenheiten der städtischen Verwaltung, wie Ratsverordnungen, Rats- und Bürgerlisten, Steuer- und Kämmereirechnungen, ein. Erst allmählich legte man für diese Zwecke eigene Amtsbücher an, die sich immer mehr differenzierten. Bis ins 18. Jh. hinein hat die städtische Verwaltung ihren wesentlichen, ja fast ausschließlichen Niederschlag in diesen „Stadtbüchern" gefunden, und angesichts der Fülle und Mannigfaltigkeit des überlieferten Materials ist die Stadtbücherforschung (Paul Rehme) zu einem selbständigen Zweig der deutschen Rechtsgeschichte geworden. Man hat neben den privatrechtlichen Stadtbüchern folgende Gruppen unterschieden[79]): 1. Die Statuten- und Privilegienbücher enthalten in Abschrift die autonomen Satzungen und die Rechtsgrundlagen der Stadt. 2. Die Verwaltungsbücher umfassen u. a. Ratslisten und -protokollbücher, Bürgerbücher über die Bürgeraufnahmen, „Gedenkbücher" über verschiedene öffentliche oder privatrechtliche Geschäfte des Rates, Missiv- oder Briefbücher, in die die ausgehende Korrespondenz eingetragen wurde. Dazu kommen 3. die zahlreichen Finanzbücher, die mannigfach differenziert waren in Kämmereiregister, Steuerregister über Einnahmen aus Schoß- und sonstigen städtischen Steuern, Register über Einnahmen aus Zöllen und indirekten Steuern, (Akzisen), Grundsteuerkataster, Brandversicherungskataster, Baukostenregister, Einnahme- und Ausgaberegister der verschiedenen städtischen Ämter, Zinsbücher über die öffentlichen Schulden der Stadt (Abschriften oder Verzeichnisse der von der Stadt ausgestellten Schuldbriefe oder Tabellen für die Zinszahlungen) usw. 4. Die Justizbücher erwachsen aus der streitigen Gerichtsbarkeit des Rates und des Stadtgerichts; zu ihnen gehören u. a. Stadtgerichtsprotokollbücher, Brüchtenregister oder Bußbücher (Verzeichnisse der Strafgelder), Urfehdebücher (Verzeichnisse der Urfehdeversprechen der von der Stadt gerichtlich Bestraften), Urgichtbücher (Aufzeichnungen von Geständnissen, insbesondere bei peinlicher Befragung), Acht- oder Verfestungsbücher (Verzeichnisse der aus der Stadt Verwiesenen). Auch die privatrechtlichen Stadtbücher gliederte man später vielfach nach der Art des Rechtsgeschäfts auf in Auflassungsbücher oder Erbregister für die Grundverkäufe, Rentenbücher für Grundrentenkäufe, Pfand- oder Satzbücher für Immobiliarverpfändungen, Schuldbücher für Eintragung von privaten Schuldverschreibungen und Testaments- oder Gemächtbücher für Eintragung testamentarischer Verfügungen. Aus den Auflassungs- Renten- und Pfandbüchern sind die staatlichen Hypothekenbücher des 18. Jhs. und die modernen Grundbücher erwachsen, als man von der rein chronologischen Eintragung der Rechtsgeschäfte zum Realfoliensystem, d. h. zur Gliederung des Buches nach Grundstücken (zuerst in Danzig seit 1382), überging und diesen Eintragungen nicht nur rechtbeweisende, sondern rechtbegründende Kraft verlieh[80]).

Gegenüber Urkunden und Amtsbüchern tritt bis ins 18. Jh. hinein das aus dem auswärtigen Schriftverkehr erwachsene *Akten-*

---

[79]) Konrad Beyerle, Die deutschen Stadtbücher in: Deutsche Geschichtsblätter Bd. 11 (1910) S. 145ff; Paul Rehme, Über deutsche Stadtbücher als Geschichtsquelle 1913. — Bestandsübersicht: Paul Rehme, Stadtbücher des Mittelalters in: Festschr. d. Leipziger Jurist. Fakultät f. Dr. Victor Ehrenberg, Leipzig 1927 S. 171ff.

[80]) In manchen Gegenden haben auch die Landgemeinden den Stadtbüchern entsprechende Amtsbücher geführt: die Schöffenbücher der schlesischen Dorfgerichte z. B. stellen eine Parallele zu den privatrechtlichen Stadtbüchern dar, die altwürttembergischen „Fleckenbücher" sind vorwiegend Statuten- und Privilegienbücher, in die man chronikalische Aufzeichnungen aufgenommen hat.

gut in den Stadtarchiven dem Umfange nach in den Hintergrund. Die ausgehenden Schreiben wurden im Wortlaut oder dem Inhalt nach häufig in Missivbüchern festgehalten, die also den päpstlichen Auslaufregistern entsprechen (nur daß es sich hier nicht um rechtswirksames Material handelt), während die eingegangenen Schreiben gewöhnlich nach Serienordnung in chronologischer Folge, zuweilen untergegliedert nach Korrespondenten oder Regierungszeiten der Bürgermeister, aufbewahrt wurden.

Neben dem bei der Kanzlei erwachsenen und der obersten städtischen Behörde unterstellten Hauptarchiv (Archiv des Senats in Frankfurt a. M., Lübeck und Hamburg, Syndikatsarchiv in Köln), dessen Grundlage Amtsbücher und auswärtige Korrespondenz bildeten und das im 18. Jh. in der Regel auch das alte Urkundendepot aufnahm, entstanden bei den einzelnen städtischen Ämtern und Kommissionen kleinere Behördenarchive. In Nürnberg z. B. gab es neben dem seit der Mitte des 15. Jhs. nachweisbaren Kanzleiarchiv, das dem „Kleinen Rat" diente und den „Kanzleiherren" unterstellt war, der damit verbundenen „oberen Registratur" mit den Akten der vor den Reichsgerichten geführten städtischen Prozesse und dem unter Aufsicht der Losunger stehenden Urkundendepot noch eine Reihe von Ämterarchiven: die Registraturen des Losungsamtes (der obersten Finanzbehörde), des Landpflegamtes (der obersten Verwaltungsstelle des reichsstädtischen Territoriums), des Kriegs- und Zeugamtes, des Bauamtes, der beiden Waldämter, der reichsstädtischen Gerichte, des Scholarchats, Vormundschafts- und Kirchenamtes, des Stadt- und Landalmosenamtes und der Kloster- und Spitalämter. Archivalische Fürsorge durch Ordnungsarbeiten, zuweilen sogar durch Einsetzung von hauptamtlichen Archivaren, ließ man — ähnlich wie im landesherrlichen Archivwesen — im allgemeinen im 18. Jh. nur dem Hauptarchiv und dem Urkundenarchiv zuteil werden. Wie im staatlichen Bereiche erfolgte die Überwindung dieses Nebeneinanders von Hauptarchiv und Behördenarchiven und damit die Begründung des modernen Zentralarchivs, das dann auch Anschluß an die lebenden Registraturen fand, erst im 19. Jh.: in Nürnberg erfolgte die Zusammenfassung 1803, kurz bevor das gesamte Archiv vom bayrischen Staate beschlagnahmt wurde, in Lübeck im Anfange des 19. Jhs., nachdem in der französischen Zeit die Registraturen der aufgelösten städtischen Ämter eingeströmt waren, in Köln dagegen erst 1857 und in Frankfurt a. M., wo man bereits im 18. Jh. die älteren Bestände der Ämterregistraturen zu einem Nebenarchiv vereinigt hatte, i. J. 1878. Auch hier tauchte mit dem Zusammenströmen der verschiedenen Registraturen für die inzwischen eingetretenen wissenschaftlichen Archivare die Verführung zur Provenienzmischung durch Bildung eines einzigen Ordnungsschemas für das gesamte Zentralarchiv auf; dieser Gefahr sind z. B. Kriegk in Frankfurt a. M. (seit 1863) und Wehrmann in Lübeck (1854—92) erlegen, Wehrmann hat sogar bei der Einordnung der Ämterarchive in das Senatsarchiv alle Entwürfe, deren Ausfertigungen sich in einer anderen Registratur fanden, vernichtet. Eine Scheidung in historisches und Verwaltungsarchiv mit dem Grenzjahr 1814 hat man 1863 in Frankfurt a. M. durchgeführt; noch heute halten sehr viele kleinere Stadtverwaltungen diese Zweiteilung aufrecht, indem sie irrigerweise nur die Bestände vor 1815 als „Archiv" bezeichnen und nebenamtlicher wissenschaftlicher Betreuung für wert halten, während die Bestände des 19. Jhs. als „reponierte Registratur" der Gefahr des Verfalls preisgegeben sind.

Wie für die Territorien und kirchlichen Anstalten bedeutet die erste Hälfte des 19. Jhs. auch für die Entwicklung der Städte einen wichtigen Einschnitt. Die Reichsstädte verloren durch die Mediatisierung ihr Territorium und wichtige Hoheitsrechte, was sich z. T. auch auf archivalischem Gebiet einschneidend ausgewirkt hat. Zwar haben die französischen Mediatisierungen am Ende des 18. Jhs. die Archive der Reichsstädte des linken Rheinufers (Speyer, Worms, Köln, Aachen) unangetastet gelassen und ebenso sind Preußen (gegenüber Nordhausen, Mühlhausen, Dortmund, Wetzlar, später Frankfurt a. M. und Lübeck) und Hannover (gegenüber Goslar) verfahren. Dagegen haben Kurhessen (in Gelnhausen), Hessen-Darmstadt (in Friedberg in der Wetterau), Baden (in Offenburg und Überlingen, sogar in der *einstigen* Reichsstadt Konstanz), teilweise auch Württemberg, wo man aus reichsstädtischen Archivalien von Hall ein „gemeinschaftliches Archiv" des Staates und der Stadt Hall errichtet hat (in Ravensburg, Wangen, Buchhorn, Ulm, Rottweil, Gmünd, Esslingen, dagegen kaum in Heilbronn, Reutlingen, Isny und Biberach), und am radikalsten Bayern, das sogar das Archiv der Reichsstadt Nürnberg vollständig verstaatlicht und zur Grundlage des dortigen Kreisarchivs gemacht hat (in Schweinfurt, Rothenburg o. d. T., Dinkelsbühl, Memmingen, Kaufbeuren, Kempten, Lindau, Weißenburg, Windsheim, Regensburg, Augsburg, dagegen nicht in Nördlingen), den reichsstädtischen Archiven alle Bestände entnommen, die als Ausfluß der nunmehr staatlichen Hoheitsrechte angesehen wurden, wobei man vielfach recht willkürlich und systemlos vorging. Die Landstädte, die zumeist schon im 17. und 18. Jh. ihre Autonomie an den Landesherrn verloren hatten und bei dieser Gelegenheit vielfach ihre wertvollsten Rechtstitel an das landesherrliche Archiv abgeben mußten, haben infolge der Verstaatlichung des Gerichtswesens im 19. Jh. ihre Gerichtshoheit — einige Landstädte besaßen sogar die hohe Gerichtsbarkeit — und damit in der Regel auch die aus der Tätigkeit des Stadtgerichts erwachsenen Amtsbücher und Akten an den Staat verloren. Die immer wieder von den Städten erhobene Forderung auf Rückgabe dieses Materials, die man mit dem Provenienzprinzip als Regulativ für die archivische Zuständigkeit begründet, wird die staatliche

Archivverwaltung nicht überhören können, während die weitergehende Forderung auf Überlassung der Registraturen der lokalen staatlichen Behörden eben um des Provenienzprinzips willen bedenklich ist.

Die Aufgaben des Stadtarchivs haben sich in älterer Zeit nicht im Dienste für die Verwaltung erschöpft. Gerade die alten Stadtschreiber, denen die Betreuung des Archivs oblag, haben neben ihrer Kanzleitätigkeit als Stadtchronisten fruchtbar gewirkt und umgekehrt geht das Streben des modernen Stadtarchivars, der die Einseitigkeit der historischen Blickrichtung des 19. Jhs. erkannt hat, dahin, nicht nur Stadthistoriograph und Sammler aller — nicht allein der amtlichen — Quellen zur Stadtgeschichte zu sein, sondern auch erster wissenschaftlicher Berater der Stadtverwaltung zu werden.

6. *Dynastische Archive*
(Archive landesherrlicher und standesherrlicher Häuser)

Das Archivwesen des hohen Adels, der Dynasten, steht — soweit es nicht in der staatlichen Sphäre aufgegangen ist — in der Mitte zwischen dem des niederen Adels, dessen Familien- und Gutsarchive dem privaten Rechtsbereich angehören, und den Landesarchiven, die den Niederschlag der Ausübung staatlicher Hoheitsrechte enthalten. Wie in den Archiven des niederen Adels finden sich in den dynastischen Archiven die aus der Regelung der Rechtsverhältnisse innerhalb der Familie oder Sippe (Erbverträge, Eheverträge, Testamente, Erbfolgeordnungen, Senioratsbestimmungen usw.) wie die durch Ausübung von grundherrlichen und Besitzrechten erwachsenen Dokumente (Besitztitel und Niederschlag der Verwaltung des Besitzes und der Rechte) und daneben intime Familienkorrespondenz nichtgeschäftlicher Art sowie die auf einzelne Familienmitglieder zurückgehenden schriftlichen Nachlässe, die aus einer außerhalb des Familienbereichs ausgeübten geschäftlichen Tätigkeit (als Politiker, Militärs usw.) hervorgegangen sind oder Schriftstücke verschiedenartigen nichtgeschäftlichen Charakters aufweisen. Aber das für die Dynasten charakteristische Streben, staatliche Hoheitsrechte an sich zu ziehen, und die Ausübung solcher Rechte durch die Dynastenfamilien, denen der Aufstieg in die volle Eigenstaatlichkeit gelungen ist, rücken diese Archive in die Nähe der staatlichen.

Die *mittelalterlichen Dynasten*, die aus dem großgrundbesitzenden karolingischen Amtsadel hervorgegangen sind und als Blutsaristokratie bis ins 15. Jh. bestanden haben, sind — im Gegensatz zu dem Ministerialenadel, in dem sich Unfreie und Freie in ritterlicher Berufsausübung für einen Herrn zusammenfanden — gekennzeichnet als „mit allen ihren bekannten Ahnen freie Herren einer Grundherrschaft, die allein durch ihre Geburt fähig sind, Herrschaftsrechte zu besitzen, zu erwerben und auszuüben“[81]) (insbesondere in der Regel Hochgerichtsbarkeit und Reichsunmittelbarkeit), die sich zur Territorialhoheit weiten können. Die Dynasten zerfielen in die lehnrechtlich geschiedenen Gruppen der Fürsten, die Reichslehen trugen, der nichtgefürsteten Grafen und der Herren. Seit dem 16. Jh. kommt ein neuer Dynastenstand auf, dessen Merkmal die Reichsstandschaft ist, die dem aus dem Ministerialenstand erwachsenen niedern Adel fehlt. In diesem, der aus den beiden Gruppen des reichsunmittelbaren (Reichsritterschaft mit beschränkter landesherrlicher Gewalt) und des landsässigen Adels bestand, sind die mittelalterlichen Dynastenfamilien, die keine Landeshoheit zu erringen vermocht hatten, aufgegangen, während andererseits in die neue Schicht des hohen Adels manche Reichsministerialen- und bedeutenden Ministerialengeschlechter mit Erlangung der Reichsstandschaft aufgestiegen sind (z. B. Reuß). Das Archivwesen der kleineren mittelalterlichen Dynasten entspricht dem landesherrlichen Archivwesen auf seiner ältesten Entwicklungsstufe: das Eingangsmaterial überwiegt nach Bedeutung wie nach Umfang. Die dynastischen Rechtstitel (Privilegien und Lehnbriefe des Königs, Verträge mit geistlichen und weltlichen Standesgenossen, rechtliche Auseinandersetzungen innerhalb der eigenen Sippe) werden in Depots auf der Burg oder bei Eigenklöstern oder -kirchen sichergestellt. Bei der Ausstellung der Urkunden (Privilegien oder Belehnungen für Stifter, Klöster, Städte und Vasallen des eigenen Herrschaftsbereiches) herrscht die Empfängerherstellung vor. Nach dem Aussterben des Geschlechts geht das Archiv über auf den Rechtsnachfolger, häufig einen Landesherren, der sich das halbstaatliche Territorium einverleibt. Die Archive fortlebender Geschlechter nehmen den Charakter adliger Gutsarchive an.

Der zweite Typus dynastischer Archive, das *Hausarchiv*,[82]) ist eine späte und künstliche Schöpfung, die erst Daseinberechtigung erhält, als der konstitutionelle Staat des 19. Jhs. die Vorstellung von der Einheit von Herrscher und Staat und die Verzahnung von Hofstaat und Staatsverwaltung grundsätzlich aufhebt und die fürstlichen Hausgüter von den staatlichen Domänen scheidet. Zweifacher Art war das Material, das man für die Hausarchive auswählte: 1. als Haussachen pflegte man alle die fürstliche Familie angehenden Dokumente auszulesen, von den dynastischen Rechtstiteln des Hochmittelalters über die neueren (Länderteilungen, Erbverträge,

---

[81]) Otto Forst-Battaglia, Vom Herrenstande Heft 1, Leipzig 1916. — S. a. Otto Frhr. v. Dungern, Der Herrenstand im Mittelalter, Papiermühle 1908 und Aloys Schulte, Der Adel und die deutsche Kirche, Stuttgart 1910. — Über Standesherren s. O. Hammann, Die deutschen Standesherren und ihre Sonderechte 1888.

[82]) Die unglückliche Bezeichnung „Hausarchiv“ für reponierte Registratur, die gelegentlich bei Behörden begegnet, hat mit dem dynastischen Hausarchiv natürlich nichts zu tun.

Testamente, Fideikommißsachen) bis zu den privaten Familienkorrespondenzen, Personenstandsangelegenheiten und sonstigen Nachlaßpapieren der Mitglieder des regierenden Hauses; dazu kam 2. das Registraturgut der modernen Behörden der Hof- und Krongüterverwaltung, deren Vorakten bis ins 16. und 17. Jh. zurückreichen, als die Hofbehörden noch zugleich staatliche Aufgaben zu erfüllen hatten.

Während es in *Wien* nicht zur Entstehung eines Hausarchivs gekommen ist, weil die vorgesetzte Behörde des Haus-, Hof- und Staatsarchivs zugleich mit den Funktionen des Außenministeriums auch die des Ministeriums des königlichen Hauses wahrnahm und daher auch die Haus- und Hofsachen (u. a. als geschlossenen Komplex das Lothringische Hausarchiv) in sein Archiv übernahm, entstand in *München* bereits durch die „Archivreform" von 1799 ein Hausarchiv, das sich auf die Haussachen einschließlich der alten dynastischen Rechtstitel beschränkte. Das nach 1804 gegründete *Darmstädter* Hausarchiv dagegen hat nicht nur die Haussachen einschließlich der ältesten dynastischen Urkunden der thüringischen und hessischen Landgrafen und der Grafen von Ziegenhain, sondern auch die Registraturen der modernen Hofbehörden (Hofmarschallamt) an sich gezogen und das Hessen-Homburgische Hausarchiv übernommen. Daneben besteht als reines Privatarchiv das Großherzogliche Familienarchiv, das im Staatsarchiv deponiert ist; es enthält lediglich die Hanau-Lichtenbergischen Haussachen sowie die Nachlässe der Eltern und mütterlichen Großeltern des vorletzten Großherzogs. In *Kurhessen* sind sowohl die Haussachen wie auch (nach der Auflösung des Kurstaates) die Registraturen der modernen Hofbehörden an das Staatsarchiv gelangt, während das Hausarchiv in Philippsruhe im wesentlichen nur die Registraturen des Zivilkabinetts und des Militärkabinetts und Familienpapiere des 19. Jhs. enthält. In *Dresden* sind die beiden Hausarchivbildungen, die ältere, die nur die Haussachen aufnimmt, und die jüngere mit den Hofregistraturen in zwei getrennten Archiven verwirklicht: das „Archiv des Hauses Wettin", das im Anfang des 20. Jhs. als Abteilung des Hauptstaatsarchivs geschaffen wurde, enthält die Haussachen mit Ausnahme der alten dynastischen Rechtstitel, die man dem Hauptstaatsarchiv belassen hat, während das „Archiv des Oberhofmarschallamtes", das 1922 als Depositum des Königshauses in das Hauptstaatsarchiv gelangt ist, die Bestände der Hofbehörden mit Vorakten seit 1600 besitzt. *Oldenburg* verwahrt in dem als Depositum im Staatsarchiv befindlichen „Hausarchiv Holstein-Gottorp-Oldenburg" nur Familienpapiere neuerer Zeit, während die Hofbehörden noch nicht abgeliefert haben. In *Karlsruhe* ist man zu einer Dreiteilung gelangt. Hier hat man 1873 neben das „Großherzogliche Familienarchiv", das aus der Absonderung einiger älterer Haus- und Hofsachen zwischen

1810 und 1822 entstanden war, eine zweite Sonderbildung, das „Geheime Staatsarchiv", gestellt, in das alle diplomatischen, politischen, Reichs- und Kreisakten aus dem Generallandesarchiv gelangen sollten. Bei der endgültigen Abgrenzung der Zuständigkeit (1878) beließ man dem Familienarchiv, das als Privatarchiv der großherzoglichen Familie angesehen wurde, lediglich die Personalia der regierenden Baden-Durlacher Linie seit dem Regierungsantritt des Markgrafen Karl Wilhelm (1709), während sämtliche älteren Haus- und Hofsachen (vor 1806), einschließlich der älteren Baden-Durlacher und sämtlicher Baden-Badener Personalia, an das Geheime Staatsarchiv übergingen, das unter der Bezeichnung „Haus- und Staatsarchiv" als staatliche Behörde mit dem Generallandesarchiv verbunden wurde und nach 1918 diesem als besondere Abteilung einverleibt worden ist. Die Registraturen der Hofbehörden des 19. Jhs. mit Vorakten aus dem 18. Jh. befinden sich in provenienzmäßiger Aufstellung im Generallandesarchiv selbst, wohin sie im wesentlichen wohl erst nach 1918 gelangt sind. In *Berlin* befanden sich die Haussachen im „Geheimen Archivkabinett", während die Hofsachen auf die Reposituren des Archivs des Geheimen Rates aufgeteilt waren. Den Anstoß zur Gründung eines Hausarchivs gaben hier geschichtliche Studien über die Anfänge des hohenzollerischen Hauses, die der damalige Kronprinz Friedrich Wilhelm in den 30er Jahren angeregt hatte; zunächst wollte man sich auf die ältesten dynastischen Rechtstitel beschränken, doch unter dem Einfluß der Revolution entschied man sich 1852 für radikale Herauslösung aller das königliche Haus betreffenden und von der Hof- und Krongüterverwaltung stammenden Bestände, wobei man vor der Zerreißung organischer Zusammenhänge (insbes. Rep. 9 u. Rep. 89 des Geh. Staatsarchivs) nicht zurückgeschreckt ist. Das Archiv wurde zuständig für die Familienpapiere der Mitglieder des königlichen Hauses und für die Registraturen des Hausministeriums und der ihm nachgeordneten Behörden. Später erhielt es aus dem bayrischen Kreisarchiv Bamberg die Haussachen des alten Plassenburger Archivs der fränkischen Linie und 1866 die Registraturen des hannoverschen und des kurhessischen Hausministeriums.

Unter den Hausarchiven der deutschen Länder nimmt das Münchener als das älteste auch insofern eine Sonderstellung ein, als es weiterhin als Archiv des Landes angesehen wurde, während die Gründungen des 19. und des 20. Jhs. in das Privateigentum des Fürstenhauses übergingen, gleichgültig ob sie als besondere Abteilung im staatlichen Archiv verblieben (Dresden, Oldenburg, Schwerin, Weimar, Meiningen, Coburg, Zerbst) oder zu einem selbständig verwalteten Archiv geworden sind (Berlin, Darmstadt[83]). Stuttgart,

[83]) Nach 1918 ist das Darmstädter Hausarchiv in den gemeinsamen Besitz von Staat und großherzoglichem Haus übergegangen, während das preußische gemeinsame Verwaltung (Kondominat) erhielt.

Detmold, Bückeburg, Karlsruher „Familienarchiv", Kurhessisches Hausarchiv in Philippsruhe). Eine Sonderstellung nimmt das Fürstliche Hausarchiv zu *Schleiz* ein, das man 1867 begründet hat, indem man das gesamte Schleizer Landesarchiv mit seinen überwiegend staatlichen Beständen zum fürstlichen Eigentum erklärte. Nachdem dieser Tatbestand 1922 bestätigt worden war, verlor das Archiv jegliche Verbindung zur staatlichen Archivverwaltung[83a]). Auch das *Bückeburger* Hausarchiv hat erhebliche staatliche Bestände behalten, während umgekehrt das Karlsruher „Familienarchiv" die älteren Haussachen dem „Haus- und Staatsarchiv" hat überlassen müssen.

Ein letzter Typ dynastischer Archive begegnet uns in den *Herrschafts- und standesherrlichen Archiven*, unter denen wir die Archive niederen Adels und landsässiger Herrschaften, die durch Sonderrechte und Standeserhöhungen aus dem übrigen Adel herausgetreten sind, und hohen Adels, der durch abgestufte Mediatisierung seine Reichsunmittelbarkeit verloren, aber gewisse Vorrechte und seinen dynastischen Charakter behalten hat, verstehen. Zur ersten Gruppe gehörten vor allem die sogen. „Standesherrschaften" und „Freien Standesherrschaften" in den ostdeutschen Gebieten, die ja keinen einheimischen Dynastenstand besaßen, in Schlesien, der Lausitz und Sachsen sowie in den österreichischen Kronländern. Zur zweiten zählten die im 17. und 18. Jh. auf Grund vertraglicher Abmachungen mediatisierten Reichsunmittelbaren, die als wichtigste Hoheitsrechte Hochgerichts- und Religionsbann behielten (z. B. die Grafen von Stolberg-Wernigerode, die 1714 ihre Reichsunmittelbarkeit verloren, aber dank einem Nebenbesitz die Reichsstandschaft behalten konnten) und vor allem die von den einseitig verfügten Mediatisierungen von 1803 und 1806 betroffenen Reichsstände, die 1815 als „Standesherren" wichtige Vorrechte und die Ebenbürtigkeit des hohen Adels wiedererlangten. In den standesherrlichen Archiven sind gewöhnlich die alten Territorialarchive verblieben; in vielen von ihnen — zumal in denen der ehemaligen „Entschädigungsherren", d. h. der durch Gebiet des Fürstbistums Münster entschädigten linksrheinischen Reichsstände — befinden sich sogar die Archive der vom einstigen Territorialherrn säkularisierten Klöster. Nur gelegentlich, z. B. in Hessen-Darmstadt, hat der Staat die hoheitsrechtlichen Archivalien aus den standesherrlichen Archiven an sich genommen.

[83a]) Das Schleizer Hausarchiv ist 1945 in Schleiz verbrannt.

VIII. DIE GROSSEN DEUTSCHEN LANDESARCHIVE BIS 1815

(Überwindung des Dualismus von Aussteller- und Empfängerarchiv, Entstehung eines Facharchivwesens und eines neuen Dualismus von Behördenarchiven und Hauptarchiv)[84]

1. *Die Entstehung des modernen Aktenwesens und der Sachregistratur*

Die deutschen weltlichen Territorien sind weit später als die Städte und die geistlichen Anstalten, aber früher als das Reich zu einer Archivbildung gelangt und haben hinter den Städten, mindestens im Anfange, an Intensität des Geschäftsverkehrs und Sorgsamkeit der Verwahrung zurückgestanden. Mit der Erneuerung des Privaturkundenwesens seit dem 12. Jh. wurden auch die Fürsten neben den Bischöfen zu Urkundenausstellern, aber sie besaßen zunächst noch keine eigene geordnete Kanzlei, ihre Urkunden beruhen vielmehr meist auf Empfängerherstellung. Seit dem ausgehenden 13. Jh. bildete sich mit der Entstehung der Landeshoheit eine Kanzlei unter einem Protonotar als Keimzelle der zentralen Landesverwaltung, wenn auch noch nicht in behördenmäßiger Form. Jetzt wurden alle Lehnsträger im Lande durch Beamte ersetzt, und in den Territorien begann ein intensiver Herrschaftsbetrieb im Gegensatz zur extensiven Reichsverwaltung. Nun beginnt auch die Zahl der ausgestellten Urkunden und der Amtsbücher zu wachsen. Die Wende vom 13. zum 14. Jh. bildet also tatsächlich einen Einschnitt in der Archivgeschichte. Aber eine geregelte, ausnahmslos eigene Urkundenherstellung in der landesherrlichen Kanzlei findet sich erst im 14. Jh. und damit auch erst die sonstige Eigentätigkeit der Kanzlei. In größerem Umfange setzt jetzt die Führung von Registern über die Ausgänge, von Lehns- und von Schatz- und sonstigen Steuerregistern sowie von Rechnungsbüchern ein; es entstehen als Übersichten über den gesamten Besitz und alle Einkünfte die Landbücher und Landtafeln. So bildet sich also auch ein landesherrliches Buchwesen, das aber nicht den gleichen Umfang wie das städtische Buchwesen angenommen hat.

[84]) In vergleichender Darstellung soll diese Entwicklung am zentralen Archivwesen von Brandenburg - Preußen, Bayern, Österreich, Württemberg und Sachsen aufgezeigt werden. Er.

Jetzt wären die Voraussetzungen für Archivbildung voll gegeben gewesen. Wenn trotzdem von diesem ganzen Material aus den Anfängen eines geregelten landesherrlichen Kanzleiwesens vielfach nur wenig auf uns gekommen ist, so war auch hier das Fehlen einer festen Residenz wie bei den Kaisern und der häufige Wechsel der Herrschergeschlechter schuld, deren hinterlassenes Urkunden- und Kanzleimaterial nicht immer den Nachfolgern zufiel und wegen des Fehlens einer stärkeren Verdinglichung des Begriffs der Landesherrschaft von ihnen auch nicht beansprucht wurde. So haben die Hohenzollern von ihren Vorgängern in Brandenburg nur geringfügige Bestände in ihr eigenes Archiv übernommen; die Register der Luxemburger über die Mark sind nicht im Lande geblieben, sondern nach Prag und Wien gekommen.

Aber die Landesherren zeigten nicht dieselbe Gleichgültigkeit gegenüber der Aufbewahrung der Archivalien wie die Herrscher des Reichs, was sich besonders deutlich in ihrem Verhalten gegenüber den nicht aus der Tätigkeit der eigenen Kanzlei herrührenden Beständen, den empfangenen Urkunden, zeigt. Welchen Wert maßen die Landesherren diesem Eingangsmaterial bei, fühlten sie sich mehr als Gebende oder als Nehmende? Zwar waren die Fürsten nicht in dem gleichen Maße schutzbedürftig wie die kirchlichen Anstalten in ihren Anfängen, aber auch sie mußten sich, je mehr ihre Stellung eine rechtlich fixierte wurde, von ihren Privilegien, Lehnsbriefen und urkundlichen Verträgen bei der Auseinandersetzung mit geistlichen und weltlichen Fürsten, mit Reichsstädten und mit ihren eigenen Städten und Ständen abhängig fühlen und neben ihren Herrschaftsrechten auch die ökonomischen Rechte sichern. Wenn auch dieses Material spärlicher überliefert ist als das der Klöster, so hat hier ebenfalls das Fehlen der Residenzen und die Kurzlebigkeit der Geschlechter schuld. Aber nicht überall herrschte eine völlige Vernachlässigung, sondern das Eingangsmaterial wurde vielfach früh in festen Depots, wenn auch oft zerstreut, niedergelegt. Als Aufbewahrungsorte wählte man die Burgen, wie die Wettiner fast ausschließlich, häufig aber übergaben die Fürsten ihre Urkunden ihren Eigen- oder Familienklöstern (schon die Babenberger in Österreich hatten ihr Urkundenarchiv im Kloster Neuburg, die Habsburger im Kloster Lilienfeld). Ferner würdigten die Fürsten auch die Städte ihres besonderen Vertrauens; so übergaben die Wittelsbacher in der Mark ihre Urkunden dem Rate von Frankfurt a. d. O., die Luxemburger wieder benutzten die Burg Tangermünde, und Karl IV., der auf dem Karlstein ein Depot angelegt hatte, ließ dorthin auch einen Teil seiner brandenburgischen Urkunden schaffen. Die Hohenzollern bewahrten ihre märkischen Urkunden zeitweise auf den Burgen zu Tangermünde und Brandenburg und im Berliner Grauen Kloster in der Nähe der im Hohen Hause befindlichen Kanzlei aut und gaben sie, nach der Übersiedlung von Hofstaat und Kanzlei in das Cöllner Schloß (1451), in das Dominikanerkloster in Cölln, bis sie schließlich um 1500 in den sogen. „Grünen Hut", den Turm des Cöllner Residenzschlosses, also in die Nähe der Kanzlei, gelangten, wo sie bis ins 19. Jh. verblieben sind. In ähnlicher Weise geschah auch in den anderen Territorien die Deponierung an verschiedenen Stellen, in Klöstern, Burgen, Städten usw. Anders sind die Verhältnisse in Italien und Spanien (Neapel, Barcelona), wo viel früher wirkliche Verwaltungsarchive entstanden sind und wo man jedenfalls früher als in Deutschland die Zusammenziehung des Materials bewerkstelligt hat, wenn nicht überhaupt dort von Anfang an die Masse geschlossen zusammengeblieben ist.

In Deutschland bildeten sich Mittelpunkte für die zerstreuten Depots erst, seitdem eine organisierte Zentralverwaltung mit ständigen Ratskollegien und eine ausgebildete Kanzlei unter einem weltlichen Kanzler entstanden waren, zuweilen im Anschluß an „Samtarchive", die die den verschiedenen fürstlichen Linien gemeinsamen Urkunden (Erbverbrüderungen, Lehnsexpektanzen usw.) aufnahmen. In älterer Zeit stellte die fürstliche Kanzlei selten einen solchen Mittel- und Sammelpunkt dar, sie wurde es gewöhnlich auch dann nicht, wenn sich umfangreiches, aus eigener Tätigkeit herrührendes Registraturmaterial angehäuft und erhalten hatte. Auch als nach Zeiten schnellen Wechsels der Herrschergeschlechter langlebige deutsche Geschlechter ihre Herrschaft angetreten hatten, der Herrschersitz und damit auch der Kanzleisitz fest geworden waren und die Depots allmählich am Orte der Kanzlei zusammengezogen wurden, trat gewöhnlich keine innere Verbindung der Urkunden mit der Kanzleiregistratur ein, obwohl der Kanzler wie vordem über die zerstreuten Depots jetzt über das vereinigte Depot die Aufsicht führte. Es handelte sich eben überwiegend um Depots von ausgewählten Eingängen, denen man besondere Bedeutung beimaß und die man deshalb, wie in den Städten, gesondert von dem Kanzleimaterial aufhob. In diese gesonderten Depots, über deren Inhalt man z. T. schon modern anmutende Kopiare und Urkundenverzeichnisse besaß, wurden zuweilen Bestandteile der Kanzleiregistratur wie Register, Rechnungsbücher und einzelne Schreiben, die man bei diesen belassen hatte, hineingeschoben. Aber überwiegend behielten die Depots ihren Charakter als (Auslese-) Empfängerarchive und blieben weiterhin wie in den Städten getrennt von den Kanzleiregistraturen.

Diese nahmen seit dem 16. Jh., als sich die bisher wechselnden Hofräte und Räte von Hause aus zu beständigen Kollegien formiert hatten, die mit der Kanzlei in engster Verbindung standen, und als mit der Vermehrung des Schreibwerks sich der Charakter der Kanzlei änderte, eine neue Gestalt an: es entsteht das moderne Aktenwesen. Die mittelalterliche Kanzleiproduktion hatte aus Ausstellermaterial

(Amtsbüchern) bestanden, bei dem man nur die weniger wichtigen Eingänge (Briefe, Bittschriften usw.) gelegentlich belassen hatte, während die rechtswichtigen Eingänge (Urkunden) getrennt aufbewahrt wurden. In der modernen landesherrlichen Kanzlei trat allmählich das Amtsbuchwesen zurück, vor allem verschwand überwiegend die Form der Zusammenfassung der Konzepte oder Kopien der Ausgänge in Buchform und damit zumeist, wenn auch nicht ausnahmslos, die Serienordnung. An die Stelle der Registerkonzepte trat das Einzelkonzept, das in der Nähe der Eingänge aufbewahrt wurde. Die Korrespondenzen, die früher nur Vorstadien der Urkunden gewesen waren, wurden immer umfangreicher und ihre Aufbewahrung für den Fortgang der Geschäfte wichtig. Andererseits wurden die Urkunden, die selbständige Bedeutung behielten (z. B. Staatsverträge) und die man den Urkundendepots zuwies, gegenüber dem übrigen Eingangsmaterial (Briefe usw.) seltener, und daher legte man die weniger wichtigen Urkunden zusammen mit den übrigen Eingängen jetzt vielfach in die Korrespondenzen an der gehörigen Stelle ein.[85])

Aber diese Vereinigung des neueren Eingangsmaterials mit dem Ausstellermaterial brauchte nicht notwendig zu einer neuen Ordnungsform sachlicher Gliederung zu führen. In den westeuropäischen und nordischen Staaten hat man noch lange an der alten Ordnungsform der Serie festgehalten, wie sie sich vor allem in den alten Auslaufregistern ausgeprägt hatte und nunmehr auch auf die Eingänge und deren Registrierung übertragen wurde (Ausbildung der neuzeitlichen Serienregistratur). Voraussetzung für die Beibehaltung der Serie war allerdings eine starke Differenzierung der Auslauf- und der Einlaufregister, denen hier die Originalschriftstücke in chronologischer Folge angeschlossen wurden. In den meisten deutschen Territorien dagegen übertrug man die mittelalterliche Registrierung der Ausläufe gar nicht oder nur eingeschränkt auf das neuere Schriftgut. Damit verlor die alte Serienform ihren Halt, neue Ordnungsformen mußten gefunden werden. Die zunächst unternommenen Versuche einer Zusammenfassung von Originaleingängen und Einzelkonzepten zu kleinen Sachgruppen (z. B. in Dresden) führten mit wachsendem Geschäftsverkehr zu einem großen Chaos, bis schließlich die Not dazu zwang, die verstreut bei den Expedienten und Referenten lagernden abgelegten Akten zu einer Registratur zusammenzufassen und für diese eine umfassende sachliche Gliederung zu finden. Es ist die große Leistung der deutschen Registratoren des 16. und beginnenden 17. Jhs., in der Sachregistratur die neue Ordnungsform geschaffen zu haben.

---

[85]) Einige Beobachtungen über solche Wandlungen in deutschen Kanzleiregistraturen finden sich bei Otto Stolz, Archiv und Registraturwesen der oberösterreichischen (tirolisch-schwäbischen) Regierung im 16. Jh. in: A.Z. Bd. 42/43 (1934) S. 81ff., bes. S. 104ff. und S. 113ff. (Lit. Nr. 563). Br.

Aber auch nach dieser Wandlung der Kanzleiregistratur, die ja nunmehr auch die große Masse der Eingänge aufbewahrte, behielten die alten Urkundendepots, in denen weiterhin die besonders wichtigen Eingänge aufbewahrt wurden, ja in die vielfach die entbehrlich werdende ältere Kanzleiproduktion (Amtsbücher) hineingelangte (z. B. Wiener und Innsbrucker Schatzgewölbe), ihre selbständige Bedeutung, sie galten vielfach als das eigentliche Archiv und, wenn man sie mit anderen Archiven vereinigte, galten sie dort als auserlesene Kleinodien. Sie hatten bis in die neuere Zeit hinein eine eigene Geschichte und haben darüber hinaus die ganze Entwicklung des Archivwesens bis ins 19. Jh. aufs stärkste beeinflußt.

Die Entwicklung der seit dem ausgehenden 16. Jh. in Bildung begriffenen Archive war durch zwei Faktoren bedingt: 1. durch das Material, das die Grundlage für die Archivbildung abgab, wofür die jetzt meist an einer Stelle konzentrierten Urkundendepots oder die neue Sachregistratur der zentralen Kanzlei in Frage kamen, und 2. durch die Behörde, die die Archivbildung an sich zog und die Art, wie sie dies tat.

1. Die mittelalterliche Urkunde lebte im landesherrlichen Bereiche vor allem in Staats- und dynastischen Hausverträgen weiter; im allgemeinen betraf sie also Rechte des Staates und der Dynastie, und es kam nun darauf an, ob sich eine Behörde fand, die sie als „Rüstzeug" dieser Rechte wertete und gebrauchte. Dies ist weitgehend geschehen; denn einen wesentlichen Bestandteil der Territorialpolitik des 17. und 18. Jhs. bildet das Streben nach Erfüllung und Erweiterung der alten Rechtstitel sowohl hinsichtlich des inneren Ausbaus der landesherrlichen Rechte wie der Ausdehnung des Territoriums (Zeitalter der Erbfolgekriege). Damit ergab sich die Notwendigkeit, die Urkunden aus ihrem archivalischen Dornröschenschlaf hervorzuholen und an die Kanzlei heranzuziehen. So konnten sie als politisches Rüstzeug starke Anziehungskraft auf die in den neuen Registraturen befindlichen Akten von gleicher Wichtigkeit für Staat und Dynastie ausüben und diese nach Betreffsauslese aus ihrem bisherigen Zusammenhange herauslösen. Dadurch haben sie in die Archivbildung vielfach große Unruhe, ja unter Umständen erhebliche Desorganisation gebracht, andererseits aber auch dem Archiv, in das sie gelangten, ein besonderes Gewicht gegeben und ihm einen mächtigen Auftrieb verliehen (Entwicklung zum Hauptarchiv).

2. Neben dem fürstlichen Rat des Mittelalters entwickelten sich seit dem 16. Jh. mehrere Zentralbehörden: zu dem Hofrat traten eine Kammer für Finanzangelegenheiten und ein Konsistorium für das Kirchenregiment, die allerdings immer noch in gewisser Hinsicht durch die zentrale Kanzlei zusammengehalten wurden. Daneben zeigte sich die Tendenz, die geheimen von den gemeinen Landessachen, die im Plenum des Hofrats behandelt wurden, zu trennen und einem

kleineren, dem Fürsten besonders nahe stehenden Gremium (Kammersekretäre, Geheime Kammerräte) vorzubehalten, an dessen Stelle sich bald ein Geheimer Rat formierte, während der Hofrat meist auf Gerichtsfunktionen beschränkt wurde, eine Tendenz, die im 18. Jh. in der Bildung des fürstlichen Kabinetts mit der Kabinettskanzlei in ähnlicher Weise gegenüber dem Geheimen Rat wiederkehrt. Dieser verlor nämlich im 18. Jh. vielfach seine bisherige Bedeutung, indem sich die Außenpolitik und das Kriegswesen, seine wichtigsten Funktionen, von ihm lösten und verselbständigten. Je nach dem, ob sich das bei der älteren Zentralbehörde erwachsene Kanzleiarchiv der neuen Zentralinstanz, dem Geheimen Rat, anschloß oder ob diese zu neuer Archivbildung überging, und je nach dem Grade der Bindung des Archivs an die Registratur dieser Behörde wurde die Entwicklung des Archivwesens nach einer bestimmten Richtung hin beeinflußt.

Die Struktur und die Organisation der großen deutschen Landesarchive, deren Geschichte wir nun verfolgen wollen, sind ohne Beachtung dieser beiden Faktoren nicht zu verstehen.

2. *Brandenburg-Preußen*

Als man am Ende des 16. Jhs. im Schlosse zu Cölln an der Spree die nicht mehr laufenden Registraturbestandteile der obersten märkischen Regierungsbehörden aus den verschiedenen Amtsräumen zusammenbrachte und diese in Verwirrung geratenen Bestände zu einer Gesamtregistratur aufzubauen begann, vereinigte man auch die Urkunden zum „*Kästlein-Archiv*", (so genannt nach der Ordnung der Urkunden in 16 Kästen i. J. 1453). Wie das Aktenarchiv so wurde auch das Urkundenarchiv in Reposituren (anfangs 2, unter Schönbeck 9, nach der Neugliederung durch Magirus i. J. 1684 12) gegliedert, die aber mit den übrigen Reposituren keinen Zusammenhang hatten, sondern für sich durchgezählt wurden (später „K-Reposituren" zur Unterscheidung von den Aktenrepposituren genannt). Erst 1710 erhielt dieses abseitige Urkundenarchiv einen neuen Auftrieb durch Vereinigung mit der „Registratura in publicis" („Kabinett der geheimen Staatsakten"), in der die besonders geheimen Akten des Kurfürsten, die man dem Geheimen Archiv nicht anvertrauen wollte, Staatsverträge mit den zugehörenden Verhandlungen und sonstige Geheimakten der auswärtigen Politik, sowie Familienpapiere des regierenden Hauses zusammengefaßt waren und die seit 1685 durch eigene Beamte verwaltet wurde. So entstand aus dieser Verbindung in dem neuen „*Geheimen Archivkabinett*" (auch „Kabinettsarchiv" genannt) ein Auslesearchiv, das nach Betreffsauslese das geheimste und wichtigste Material über die Rechte des Staates und des königlichen Hauses enthielt. Die Akten kristallisierten sich um die Urkunden, indem sie in die sachlich entsprechende Repositur eingeordnet und so auch in dem Urkundenrepertorium von Magirus a. d. J. 1684 nachgetragen wurden. Im 18. Jh. erfolgte schließlich ein weiterer bedeutsamer Zuwachs durch die (seit 1742) jährlichen Abgaben des durch Friedrich Wilhelm I. geschaffenen Kgl. Kabinetts, bei denen es sich jedoch wiederum nur um einen Teil, nämlich in erster Linie um diplomatische und militärische Akten handelte, während die Verwaltungsakten des kgl. Kabinetts, die an das Generaldirektorium und die Geheime Kriegskanzlei gelangten, dort z. gr. T. verloren gegangen sind; jene wurden im Archivkabinett als besondere Abteilung mit eigenen Fachsignaturen aufbewahrt. Ja sogar Schriftgut aus der unmittelbaren Sphäre des Königs, wie die Schriften Friedrichs II. beispielsweise auf den verschiedensten Gebieten, die nicht Archivgut im eigentlichen Sinne sind (Gedichte, philosophische Abhandlungen, Architekturangelegenheiten u. a.), gelangte hierher. Innerhalb des Geheimen Archivs bildete das Archivkabinett einen abgeschlossenen Körper, der von besonderen Kabinettsarchivaren verwaltet wurde, die meist zugleich Beamte des Kgl. Kabinetts waren und von denen zwei (der ältere Thulemeier und Hertzberg) später sogar Minister geworden sind. Diese Sonderstellung hat das Archivkabinett bis ins 19. Jh. zu wahren gewußt. 1848 bis 1851 wurde es schließlich im Zusammenhang mit der Gründung des Hausarchivs aufgelöst, wobei diesem das Material über das Königliche Haus zufiel, während das übrige auf die Reposituren des Geheimen Staatsarchivs aufgeteilt und der unteilbare Rest in Rep. 131 untergebracht oder besonders aufgestellt wurde (Staatsverträge, Urkunden).

Im 18. Jh. ist also die ursprüngliche Bedeutung des alten Empfängerarchivs noch einmal sehr deutlich hervorgetreten, als es mit Beständen verbunden wurde, die den gleichen Wert für die Dynastie und für den Gesamtstaat besaßen, jedoch formal sich völlig von ihm unterschieden, indem sie nicht nur empfangenes Material enthielten. An das alte auserlesene Eingangsmaterial, das ja nicht ein Gegenstand antiquarischen Interesses war, sondern die Rechtstitel des Königs und des Gesamtstaates enthielt, schlossen sich also jetzt neue Urkunden mit den dazugehörigen, auserlesenen Aktengruppen an, die von höchster Bedeutung für die Dynastie und den Staat waren. Bei diesem Vorgange handelte es sich freilich um eine reine Betreffsauslese, da man nicht die Registraturen der wichtigen Behörden geschlossen übernahm, sondern nur die Sachen, die von Bedeutung waren, aus den einzelnen Registraturen herauszog und dem Archiv einverleibte.

Unabhängig von dem aus dem Empfängerdepot erwachsenen „Archivkabinett" vollzog sich die Bildung des *Kanzleiarchivs* seit dem 16. Jh. Im Schloß zu Cölln hatten sich in verschiedenen Gewölben Aktendepots gebildet, die aus den Registraturen der Ratsstube und der Amtsstellen stammten, die den ersten Ansatz zu einer Finanzverwaltung darstellten, der Hofrentei und der kurfürstlichen Kammer;

es handelte sich also schon um Aktenmaterial differenzierter Herkunft, wenn auch aus derselben kurfürstlichen Kanzlei. Diese Aktendepots, die gemäß der Hofordnung von 1537 alle unter der Aufsicht des Kanzlers standen, befanden sich nicht in einer einheitlichen sachlichen Ordnung, sondern waren meist durch Ablage der Akten nach Referaten und Expeditionen entstanden. Insbesondere hatte der Kammerrat, der der Person des Kurfürsten unmittelbar zur Verfügung stand, sein eigenes Gewölbe. Dort lagen die wichtigsten, geheimen Sachen, während in den übrigen Gewölben die Akten der Ratsstube, also die gemeinen Landessachen, lagen.

Es war ein politischer Anlaß, der den Anstoß zur einheitlichen Aufstellung und damit zur Archivbildung gab. Kurfürst Joachim Friedrich suchte nach den aktenmäßigen Vorgängen, die das Testament seines Vaters Johann Georg eingeleitet hatten. Hätte er nach bestimmten dynastischen Urkunden gesucht, so wäre vielleicht die Entwicklung anders verlaufen. Da diese aktenmäßigen Vorgänge nicht zu finden waren, beauftragte er 1598 Erasmus Langenhain mit der Durchführung einer Gesamtordnung, deren Fortsetzung dann Johann Zernitz übernahm. Aber erst Christoph Schönbeck wurde der eigentliche Organisator des Archivs. Entscheidend für dessen weitere Entwicklung wurde 1. die Tatsache, daß es der 1604 gebildeten obersten Landesbehörde, dem Geheimen Rat, unterstellt wurde, und 2., daß Schönbeck seine Sachgliederung in Repossituren und Konvolute so weitmaschig gestaltete, daß diese Repossituren immer aufnahmefähig blieben und in den alljährlichen Ablieferungen der Akten des Geheimen Rates keine Stockungen einzutreten brauchten oder neue Einteilungen notwendig wurden. Diese enge Verbindung des Archivs mit einer lebenden Behörde, die das Archiv geradezu zur reponierten Registratur machte und dem Archivar zugleich die Funktionen des Registrators übertrug, — es gab noch eine Zwischenregistratur, die aber gewöhnlich die in der Geheimen Kanzlei produzierten Akten nur für ein Jahr aufbewahrte, um sie dann geschlossen dem Archiv zu übergeben, und die auch nur Verwaltungsakten aufnahm, während die diplomatischen Akten unmittelbar in das Archiv gelangten — hat dem Geheimen Archiv bis ins 19. Jh. hinein seinen besonderen Charakter verliehen. Die Schattenseite dieser engen Verbindung war freilich, daß es dadurch zu einem Behördenarchiv wurde und Schönbecks Wunsch, auch die Akten der übrigen Zentralbehörden (Kammergericht, Hofrentei, Konsistorium, Amtskammer, Kriegskanzlei, Jagdkanzlei, Hofkammer, Generalkriegskommissariat) aufzunehmen, sich auch später nicht erfüllte; so sind die Akten der anderen brandenburgischen Zentralbehörden z. gr. T. verlorengegangen.

Dieses Archiv war also, abgesehen von den ältesten Teilen, von einheitlicher Provenienz. Schönbeck ist bei seiner Aufstellung nicht vom Provenienzprinzip ausgegangen, sondern von einer reinen Sacheinteilung, wobei er seiner Gliederung die Bedürfnisse der Behörde und die aus der Geschichte des brandenburgischen Staates gewonnenen Gesichtspunkte zu Grunde legte, also praktisch-induktiv vorging. Er dachte nur an die Sache und hätte das sicher auch getan, wenn er die verschiedensten Provenienzen übernommen hätte. Er hat die Sachbetreffe der einzelnen Konvolute ganz weit gefaßt; das Sachdenken dieser älteren Registratoren ist eben noch primitiv und den Ansätzen zu einer Begriffsbildung im Spätmittelalter nahe stehend. Innerhalb der Konvolute wurden die einzelnen Vorgänge nach der alten Serienordnung, in rein chronologischer Folge, niedergelegt[86]). Innere Zusammenhänge treten stärker nur in den die auswärtige Politik betreffenden Reposituren hervor, teils wegen der besonderen Art der Ablage, teils wegen der Intensität des Schriftverkehrs. Bei der inneren Verwaltung sind solche Zusammenhänge geringer, hier finden sich vorwiegend nur isolierte Vorgänge. Die einzelnen Konvolute stellen in sich nur eine Sachverbundenheit, keine innere Sachgemeinschaft dar. Die äußeren Zusammenhänge werden immer wieder gestört durch Material, das aus anderen Zusammenhängen stammt, aber auch die chronologische Reihenfolge wird häufig durchbrochen durch kleine Gruppen in das jüngste Stück der Verhandlung eingelegter Schriftstücke, die in Sachgemeinschaft miteinander stehen und schon seit den Zeiten Schönbecks trotz dem jährlichen Abgabeturnus zusammen abgelegt worden sind. Die Entwicklung drängte bereits von der Sachverbundenheit zur Sachgemeinschaft hin, die erst später in der größeren Dichte der modernen Registratur voll zum Ausdruck kommen konnte; denn zu einer Sachgemeinschaft gehört gewissermaßen ein längerer Atem, eine länger fortlaufende Verhandlung über dieselbe Sache[87]).

Die bewußte und strenge Anwendung des Provenienzprinzips war unter den damaligen Registraturverhältnissen nicht zu erwarten. Die Kanzleien begannen mit der Ablage der Akten in einer Weise, die häufig zu Expedientendepots führte. So war es unter einfachen Verhältnissen nur natürlich, daß bei den ersten zusammenfassenden Registraturen und Archivbildungen keine Sonderung nach der Provenienz eintrat. Dieses Problem konnte erst im 18. und 19. Jh. akut werden nach der Differenzierung des Behördenwesens, vor allem aber als infolge des Reichsdeputationshauptschlusses von 1803 Akten der verschiedensten Herkunft an einer Stelle zusammengezogen wurden und sich nun die Alternative ergab, ob das Gewicht und die

[86]) Die Aktenbetreffe innerhalb der Konvolute wurden durch die in der Zwischenregistratur jahrgangsweise angelegten alphabetischen Indizes der Namen und Stichworte und die im Archiv angelegten „Registraturbücher" (für die Verwaltungsakten) und „Publikabücher" (für die diplomatischen Akten, die unmittelbar vom Geheimen Rat abgegeben wurden) erfaßt, in denen die Schriftstücke innerhalb eines Sachschemas chronologisch verzeichnet wurden.

[87]) Vgl. a. Georg Winter, Ordnung und Verzeichnung loser Akten im Geheimen Staatsarchiv in: Mittbl. d. preuß. Archivverw. 1938 S. 44ff.

Masse des einzelnen Bestandes und eine gewisse vis inertiae die Aufrechterhaltung von Sonderbeständen zur Folge hatte oder ob unter dem Eindruck der rationalen Theorien auch die größeren Bestände auseinandergerissen und nach einer durchgreifend neuen Sachgliederung geordnet wurden. Wo das geschah, wie überwiegend nach 1803, da bestand auch keine Sachverbundenheit mehr.

Im Geheimen Staatsarchiv wurde man vor diese Frage nicht gestellt. Solange die enge Verbindung des Archivs mit der Geheimen Etatskanzlei anhielt, also bis zu deren Auflösung i. J. 1803, konnte man hier im großen und ganzen die Herkunftseinheit wahren, freilich unter Verzicht auf die Akten der meisten anderen Zentralbehörden. Die wichtigste Zentralbehörde der inneren Verwaltung, das 1722 aus der Vereinigung der Domänen-, Steuer- und Heeresverwaltung entstandene Generaldirektorium, behielt die eigene Registratur zurück, die nach 1808 den Grundstock des „*Ministerialarchivs*" beim Finanzministerium bildete. Auch andere Behörden hatten ihre Sonderregistraturen: die Akten der Lehnskanzlei gelangten an das Kammergericht, die der Jagdkanzlei wurden dem Generaldirektorium angeschlossen, die der Kriegskanzlei bildeten den ältesten Teil des späteren Archivs der geheimen Kriegskanzlei. Das Kabinettsministerium (‚Departement der auswärtigen Affairen"), nach dessen Ausscheiden dem Geheimen Rat lediglich die Departements für Justiz, die geistlichen und die sogen. Hoheitssachen verblieben, gab seine Akten überwiegend an das Geheime Archiv, wo sie auf die Schönbeckschen Reposituren aufgeteilt wurden; nur die besonders geheimen Akten gelangten an das Archivkabinett. Mit der Auflösung der Geheimen Etatskanzlei i. J. 1803 wurde die Entwicklung des „Geheimen Staatsarchivs" (wie es seit 1803 hieß) unterbrochen: die Departements, aus denen bald Fachministerien wurden, bildeten eigene Registraturen und stellten jede Aktenablieferung ein; nur das Ministerium des Auswärtigen und das Departement für Haus-, Hoheits- und Lehnssachen, aus dem 1819 das Hausministerium erwachsen ist, lieferten noch bis 1817 ab.

Wenn trotz dem allmählichen Verfall und Absterben des Geheimen Rates das Geheime Archiv schon im 18. Jh. zum Hauptarchiv werden und diese Stellung im 19. Jh. wahren konnte, so verdankt es dies dem einmaligen Glücksfall, daß ihm das Archivkabinett als Auslesearchiv *an*gegliedert, aber nicht *ein*gegliedert wurde. Das Geheime Archiv verband somit im 18. Jh. in sich die Vorzüge beider Archivgestaltungstypen, die sonst damals einander gegenüberstanden: 1. den Auftrieb, den ihm das Auslesearchiv in Richtung zum Hauptarchiv gab, ohne die destruktive Wirkung der Sachauslese, und 2. die Herkunftseinheit des Behördenarchivs ohne dessen Vereinzelung.

3. *Bayern*

Anders als in Brandenburg ist die Geschichte des Archivwesens in Bayern verlaufen. Nach der Vereinigung der bayrischen Teilgebiete wurden im Anfang des 16. Jhs. alle Urkundenbestände bei der Zentralbehörde des Landes, dem Hofrat, und bei dessen Hofkanzlei in dem inneren von zwei nebeneinander liegenden Gewölben des „Alten Hofes", die beide der Aufsicht der Hofkanzlei unterstanden, zusammengefaßt, während das äußere Gewölbe allerhand Registraturgut der Kanzlei sowie Kopialbücher über die Urkunden des inneren Gewölbes enthielt. Als man am Ende des 16. Jhs. eine einheitliche Organisation dieser Bestände ins Auge faßte, schien eine Zusammenfassung von Urkunden- und Aktenarchiv bevorzustehen. Aber eine Veränderung in der zentralen Behördenorganisation trat hindernd dazwischen. Seit der Mitte des 16. Jhs. zog der Fürst zur Erledigung wichtiger Fragen nicht mehr das Hofratskollegium, sondern einzelne Ratgeber (Kammersekretäre, Geheime Kammerräte, Geheimräte usw.) heran, die in den Gemächern des Fürsten, gesondert von der Kanzlei und unabhängig vom Gesamtkollegium, verhandelten. So wurde der Hofrat mehr und mehr der wichtigsten Kompetenzen beraubt, bis er schließlich im 18. Jh. als Justizbehörde der Mittelinstanz fungierte. Die persönlich dem Fürsten zur Verfügung stehenden Räte schlossen sich 1572 zum Geheimen Rat zusammen, dessen Geheime Kanzlei 1586 einen Oberstkanzler als Leiter erhielt, während der Hofkanzler die Leitung der dem Hofrat zugehörigen bisherigen Kanzlei behielt. Man bestimmte nun 1589, daß das Urkundenarchiv aus dem „Alten Hof" in die „Neue Veste", d. h. in die Residenz zum Herzog und dem Geheimen Rat, gebracht werde. Dieser Beschluß kam zwar nicht zur Ausführung, man ließ das Urkundenarchiv weiterhin im inneren Gewölbe des „Alten Hofes"; aber man befahl, daß es mit den ungeordneten Aktenbeständen und Urkundenkopiaren des äußeren Gewölbes nicht vermischt werden dürfe. Auch organisatorisch sollte es zu keiner Verbindung beider Archive kommen. Der Geheime Rat sah das Urkundenarchiv im inneren Gewölbe als seine besondere Domäne an, hielt es unter Verschluß und stellte es unter die Obhut eines seiner Mitglieder, obwohl es räumlich von ihm getrennt lag. Zwar nahm er auch die Aufsicht über das zwischen 1589 und 1595 neu gebildete Aktenarchiv im äußeren Gewölbe [88]) in Anspruch, mußte aber hier dem Hofkanzler ein Mitverschlußrecht einräumen, das dieser für das Urkundenarchiv nicht bekam. Verwaltet wurde das Aktenarchiv von Sekretären und Räten des Hofrats, die sich teils auf die Sorge für das Archiv

---

[88]) Der Entwurf einer Registraturordnung von 1595 scheidet zum ersten Male grundsätzlich das Material der beiden Gewölbe, indem er dem äußeren die Kopien der Urkunden des inneren Gewölbes und das Aktenmaterial, das im wesentlichen aus der Kanzlei des Hofrates stammte, zuweist.

beschränkten, teils auch in der Ratsstube tätig waren. Im Anfang des 17. Jhs. entglitt dem Geheimen Rat, der 1596 seine erste Aktenabgabe vorgenommen hatte, jede Aufsicht über das Aktenarchiv. Dieses blieb fortan fest mit dem Hofrat verbunden, während der Geheime Rat seine eigenen Akten bald in seiner Registratur festhielt. Es gab also von nun an ein äußeres Hofrats-, das Aktenarchiv und ein inneres Archiv des Geheimen Rats, das *Urkundenarchiv*.

Nach der Archivordnung vom 14. Aug. 1640 (gedr. A. Z. Bd. 9 1884 S. 94ff.) sollten im inneren Archiv außer Urkunden auch Rechtsgutachten (Deduktionen) über Rechts- und Erbansprüche des Herrscherhauses verwahrt werden (Punkt 3). Es war als eine abgesonderte Rüstkammer zur Wahrung und Erweiterung dynastischer und politischer Rechte gedacht; aber eine Angliederung von bedeutsamem Aktengut, die eine Entwicklung zum Hauptarchiv hätte anbahnen können, fand nicht statt, man begnügte sich mit der Abgabe von Akten und Korrespondenzen der herzoglichen Familie, insbesondere Nachlässen der Herzöge, und von sonstigen Haussachen.

In diesem Sinne ist das Archiv im 17. und 18. Jh. ausgebaut worden. Es blieb damit künstlich isoliert und von der weiteren Entwicklung, wie sie in seinem Inhalt gelegen hätte, ausgeschlossen. Auch Urkundenbestände aus dem Lande (Gerichte, Rentämter, Klöster) wurden hierher eingefordert, also auch Material der nichtzentralen Instanzen dem Archiv einverleibt. Es stand weiterhin unter der Aufsicht des Geheimen Rates, der Geheime Archivarius war stets ein Mitglied dieses Kollegiums, die Arbeit wurde von Geheimen Registratoren geleitet. Erst 1756 ist das Archiv in die Residenz gebracht, also auch räumlich mit dem Geheimen Rat vereinigt worden, zu spät, noch in eine lebendige Verbindung mit den Akten des Geheimen Rates zu kommen; denn inzwischen war dessen „Geheime Landesregistratur" fest aufgebaut.

1778 wurde das Urkundenarchiv nach der Vereinigung von Bayern und Kurpfalz (1777) trotz seiner Erstarrung wegen der politischen Bedeutung, die man ihm noch immer beimaß, zum Hauptarchiv aller bayrischen und pfälzischen Lande rechts und links des Rheines erklärt. Aber es zeigte sich, daß in den pfälzischen Archiven eine derartige Isolierung der Urkunden nicht mehr bestand, so daß man die dortigen Urkunden nicht ohne weiteres dem Münchener Urkundenarchiv eingliedern konnte. Inzwischen war es auch immer deutlicher geworden, daß eine Benutzung der Urkunden, ohne daß man die Akten zur Hand hatte, ungenügend war, und darum erweiterte man schließlich im Rahmen der großen Neuorganisation des Archivwesens 1799 das Urkundenarchiv durch ein Aktenarchiv, dessen Bestände man dem Hofratsarchiv entnahm, zum Geheimen Landesarchiv.

Das nach 1589 organisierte Äußere oder *Aktenarchiv*, das im Anfang des 17. Jhs. seine organisatorische Bindung an den Geheimen Rat völlig gelöst hatte und nur noch dem Hofrat, mit dem es auch räumlich verbunden war, unterstand, schien als Archiv des Hofrats zu einem Behördenarchiv werden zu sollen. Aber wie das Urkundenarchiv nicht nur zentrales, sondern auch Material aus dem Lande an sich zog, so war auch das Aktenarchiv von vornherein nicht ausschließlich nur für die Aufnahme der älteren Akten des in seinen Funktionen immer mehr eingeschränkten Hofrats bestimmt. Vielmehr gelangten hierher auch vereinzelt Akten des Geheimen Rates und der früher selbständigen Herrschaften. Die schon genannte Archivordnung von 1640 bestimmte, daß in das äußere Archiv alle mit der Statuierung von Rechtsverhältnissen endigenden Verhandlungen, nämlich Reichs-, Kreis-, Deputations- und Münztagsakten, ferner die Verhandlungen mit den benachbarten Fürsten nebst den daraus erwachsenen Verträgen und die Verhandlungen mit den Ständen, also Grenz- und Landschaftssachen, kommen sollten. Alle Zentralkollegien sollten überhaupt das in ihren Registraturen entbehrliche Material an das Aktenarchiv abgeben und über das übrige vierteljährliche Verzeichnisse anlegen, die die Archivare für die späteren Anforderungen und für Recherchen benutzen könnten. Schließlich sollten auch die Verwaltungsstellen des Landes, die Rentämter, über ihr Material berichten, so daß man auf diese Weise eine allgemeine Übersicht über die gesamten Aktenverhältnisse des Landes erreicht hätte. Zweifellos war hier in vorbildlicher Weise eine dauernde Verbindung des Archivs mit allen Registraturen des Landes angebahnt, woran es in Brandenburg gefehlt hat. Diese Konzeption, die in dieser Form nicht Wirklichkeit wurde, ist in ihrer Fortschrittlichkeit und Großzügigkeit in jener Zeit beispiellos und nimmt schon in etwa den Gedanken des modernen Zentralarchivs vorweg. Man hatte es auf ein zentrales Aktenarchiv abgesehen, das sich auf Reichs-, Landes-, Grenz- und Hoheitssachen, also auf bestimmte politische Akten, die rechtliche Zustände schaffen, erstrecken sollte, wollte somit ein Aktenarchiv von ausgesucht wichtigem Material schaffen, wobei die Grenze eines Auslesearchivs weit überschritten wurde, indem man auch politische Akten in weiterem Sinne, Verhandlungen über Krieg und Frieden, ferner mit den Grund- und Salbüchern das ganze Material der inneren Verwaltung hineinnehmen wollte. Doch wurde nur älteres historisches Material aufgenommen, keineswegs haben laufende Ablieferungen wie in Brandenburg stattgefunden. Das Archiv war trotz seiner Verbindung mit den wichtigsten Registraturen nicht Instanz für Akten bestimmter Herkunft, sondern Instanz für bestimmte Sachgruppen aus diesen Registraturen. Dieser Zug zur Sachzuständigkeit anstelle einer Herkunftszuständigkeit entsprach der allgemeinen Richtung der Zeit, die in Sachen, nicht in Provenienzen dachte. Bei richtiger Durchführung hätte ein großes Hauptarchiv, wenn auch nicht im vollen Provenienzzusammenhange, erwachsen müssen. Da aber das Urkundenarchiv keinen lebendigen Zusammenhang mit der Registratur seiner Behörde, des Geheimen Rats, hatte und da das Aktenarchiv sehr früh seine Verbindung zu diesem verloren hatte, der ihm auserlesenes politisches Material hätte bieten und auch aus anderen zentralen Registraturen hätte vermitteln können, konnte keines der beiden Archive den in ihm liegenden Keim entwickeln und zum alleinigen Hauptarchiv werden; die Konzeption von 1640 blieb unverwirklicht, und die Sachzuständigkeit hat im bayrischen Archivwesen nur ihre auflösende Wirkung geltend gemacht.

Dem Plan von 1640 hatte offenbar der Gedanke zugrunde gelegen, das Aktenarchiv solle als Auslese- und Hauptarchiv eine Ergänzung zum Urkundenarchiv bilden. Dieses hatte Rechtstitel, und nach der Planung von 1640 bekam auch das äußere Archiv bestimmte Verhandlungen, die in Rechtstiteln gipfelten, ferner Grenz- und Hoheitssachen u. ä. Voraussetzung dafür war allerdings, daß die Leitung beider Archive, wenn sie schon nicht vereinigt wurden, bei der obersten politischen und Verwaltungsbehörde, dem Geheimen Rat, lag, von dem aus auch der Aufbau des Aktenarchivs in ständiger Fühlung mit dem Urkundenarchiv und seinen Anforderungen hätte durchgeführt werden müssen. Da dieser jedoch seine Registratur, die seit 1769 „*Geheime Landesregistratur*" hieß, dauernd bei sich behielt, war diese Entwicklung abgeschnitten, und auch, als das Urkundenarchiv 1756 wegen der wachsenden Bedeutung der Urkunden in die Residenz an den Sitz des Geheimen Rates übergeführt worden war, kam keine Verbindung zwischen Akten und Urkunden zustande.

Nach 1726 hatte auch das auswärtige Departement des Geheimen Rates eine eigene Kanzlei und Registratur erhalten, aus der sich 1769 die „*Geheime Staatsregistratur*" (später „Geheimes Staatsarchiv" genannt, in der Herzog-Max-Burg) als besonderes Archiv entwickelte. Während aber die Geheime Landesregistratur weiterhin Behördenarchiv des Geheimen Rats bzw. des Konferenzministeriums unter Ausschluß des auswärtigen Departements blieb, überschritt die Geheime Staatsregistratur sofort die Grenzen des Behördenarchivs in Richtung auf Sachzuständigkeit hin: sie sollte sämtliche vom Reiche herrührenden Rechtstitel im allgemeinen, sowie die aus dem Rechte der Kriegsführung und des Abschlusses von Verträgen und aus der Regelung von Grenzfragen herrührenden Akten und die Lehns- und landständischen Akten aufnehmen. Diese Zuständigkeit deckte sich weitgehend mit der des äußeren Aktenarchivs nach der Archivordnung von 1640, nur daß dieses durch das Hinzukommen von Finanz-, Kultus- und Justizakten mehr den Charakter eines allgemeinen Landesarchivs hatte. Damit war nun auch von dieser Seite her die Entwicklung des alten Aktenarchivs zum Hauptarchiv abgedrosselt; denn sowohl die neueren politischen wie die neueren Verwaltungsakten gelangten in die beiden neuen Aktenarchive, die Staats- und die Landesregistratur, während das äußere Aktenarchiv durch seine Bindung an den Hofrat auf ein totes Geleise geraten war.

So standen am Ende des 18. Jhs. vier zentrale Archive nebeneinander: das innere Archiv der Urkunden, das äußere Landes- oder Hofratsarchiv der Akten, das Geheime Staatsarchiv, das beim Departement des Auswärtigen entstanden war, und die Geheime Landesregistratur des Geheimen Rates bzw. des Konferenzministeriums. Es schienen sich also Facharchive, wenn auch nicht in rein herkunftsmäßiger Begrenzung, zu entwickeln. Aber da die sachliche Abgrenzung der Zuständigkeit nach der Ordnung von 1640 nicht durchgeführt, vielmehr durch die Gründung des Geheimen Staatsarchivs verwischt worden war, und da das Urkundenarchiv ohne Zusammenhang mit dem äußeren Akten- und dem Staatsarchiv schwer benutzbar war, trat bald eine erhebliche Verwirrung ein, so daß keine Archivstelle über die Bestände der übrigen unterrichtet war und keine Behörde mehr ihre auf die Archive verteilten Akten zu finden vermochte.

Nach längerem Erwägen verschiedener Projekte kam es 1799 zu einer Lösung. Man löste das äußere Aktenarchiv, das 1777 aus dem „Alten Hof" in das Wilhelminische Gebäude der Herzog-Max-Burg verlegt worden war und nunmehr den Namen „Landesarchiv" trug, auf und vereinigte den größeren Teil der Bestände — im wesentlichen Akten der Registratur des Hofrats — mit dem inneren Urkunden- oder Geheimen Archiv zum „*Geheimen Landesarchiv*". Wäre das von vornherein geschehen, so wäre ein sehr bedeutendes Archiv entstanden. Das Urkundenarchiv wurde jetzt die Grundlage; es war ja als Hauptarchiv angesehen worden, das immer wieder für Fragen der dynastischen Politik herangezogen wurde. Neben dem neuen Geheimen Landesarchiv blieb das 1769 geschaffene *Geheime Staatsarchiv* für auswärtige Angelegenheiten bestehen; dazu trat als Neuschöpfung das *Geheime Hausarchiv*, eine durch Sachauslese — insbesondere aus dem früheren Urkundenarchiv — entstandene Sammlung von Hausangelegenheiten, die ja damals noch von keiner eigenen Behörde oder Registratur bearbeitet wurden. Aber auch für die Abgrenzung der Zuständigkeit der beiden anderen Archive griff man zu einem aus den damaligen staatsrechtlichen Theorien gewonnenen Sachsystem. Gewiß war auch schon die Zuständigkeit der alten Archive sachlich bestimmt, aber sie hatten immerhin eine größere Behördenregistratur als Grundlage ihrer Bestände. Auch hatte der Archivordnung von 1640, die zweifellos aus den praktischen Erfahrungen der Verwaltung und Politik erwachsen war, als letztes Ziel die Schaffung eines einzigen Akten-Hauptarchivs vorgeschwebt. Nun aber kam man in dieser Spätzeit zu einer völligen Neuschöpfung, indem man drei große Archive nebeneinanderstellte — alle drei in ihrer Sphäre als „Hauptarchiv" gedacht — und nach rational gewonnenen Gesichtspunkten voneinander abgrenzte. Das mußte zu einer völligen Umwälzung aller Bestände führen.

Das Allgemeine Archivstatut vom 26. Juni 1799, dessen Urheber der Jurist von Krenner war, teilte die für Staat und Herrscherhaus wichtigen Archivalien in drei Gruppen, wobei der Begriff des Rechtstitels für Auslese wie für Einteilung maßgebend war: 1. die das höchste Personal des Kurhauses betreffenden Haussachen, also Länderteilungen, Erbverträge, Testamente, kaiserliche Privilegien des Hauses, Fideikommißsachen, Reichs- und Erbämtersachen, Personenstandsangelegenheiten der Herrscherfamilie, Familienkorrespondenzen usw.; 2. die die kurfürstlichen Erbländer und deren Verhältnis zu den angrenzenden (d. h. hier: enklavierten) Reichsständen betreffenden Landessachen, also die Ankunftstitel der in Bayern eingegliederten Herrschaften und Grafschaften und deren Sal- und Lagerbücher, Grenzbeschreibungen, Hoheitsrechte (Jagd, Forst, Bergwerke usw.), Landschaftsangelegenheiten, Finanz-, Steuer- und Gerichtsangelegenheiten, geistliche Angelegenheiten, Lehnssachen, Verhältnisse zu den angrenzenden deutschen Staaten, soweit sie aus der Nachbarschaft entsprungen sind und vom Lande selbst herrühren, usw. 3. die das Verhältnis zum Reich und dessen Staaten sowie zu den ausländischen Staaten betreffenden Staatssachen, also Verhandlungen und Verträge mit fremden Staaten, Kriegführung, Verhältnis zur Kurie, Reichstagssachen, Reichsangelegenheiten (Kaiserwahl, Kurfürstentage, Kreissachen, Reichskammergericht, Matrikularwesen, Reichshofrat), aktives und passives Gesandschaftsrecht usw.

Wie sehr diese Sacheinteilung von den zufälligen staatsrechtlichen und politischen Verhältnissen des Jahres 1799 abhängig war, zeigte sich sofort, als man an die Durchführung ging; in der Folgezeit unternahm man daher immer neue, ebenso untaugliche Versuche der Zuständigkeitsbegrenzung. Krenner hatte, wenn er auch nicht, wie dies später in Preußen geschah, die Hausarchivalien als Eigentum der Herrscherfamilie ansah, die Zuständigkeit des Hausarchivs zu weit gefaßt; demgegenüber wollte K. H. Ritter von Lang, der spätere Reichsarchivdirektor (1812—15), dem Hausarchiv nur Archivalien privatrechtlichen Inhalts und zwar nur die der regierenden Linie zubilligen, während das Material der ausgestorbenen Linien als historisch ebenso wie die die Territorialfragen betreffenden Archivalien (Landesteilungen, Erb- und Hausverträge) in das Landesarchiv, das spätere Reichsarchiv, gelangen sollten. Auch Bachmann in Zweibrücken sah alle Rechtstitel als staatliche Urkunden an. Doch beließ es das Archivstatut vom 24. April 1812 hinsichtlich des Hausarchivs beim alten.

Noch problematischer war die Abgrenzung zwischen Landes- und Staatsarchiv. Denn die Unterscheidung zwischen ius publicum externum und ius publicum internum wurde schon in den nächsten Jahren umgestoßen, als mit Säkularisation und Mediatisierung zahlreiche Staaten, zu denen bisher auswärtige Beziehungen bestanden hatten, zu Teilen des bayrischen Staatsverbandes wurden, und als mit dem Verschwinden des Reiches auch die diesbezüglichen Akten historisch wurden. So hatte das Staatsarchiv noch 1799 die Haussachen und Rechtstitel, die es 1778 aus dem kurpfälzischen Archiv in Mannheim empfangen hatte, an das Haus- und an das Landesarchiv abgeben müssen. Da man aber bald den territorialen Verschiebungen seit 1803 nicht mehr zu folgen vermochte, bestimmte man im Statut von 1812, daß die Akten über Differenzen mit den mediatisierten, vordem im Verhältnis auswärtiger Staaten gewesenen Reichsständen beim Geheimen Staatsarchiv verbleiben sollten, nachdem vorher schon Lang dafür eingetreten war, nur die Schlußrezesse mit den Mediatisierten (wie 1799 die „Ankunftstitel") ins Reichsarchiv zu übernehmen. Bei den Archiven der neuen Landesteile erwies sich die Trennung in auswärtige und innere Akten bald als unmöglich, man führte sie geschlossen in die neuen Provinzialdepots über, das Geheime Staatsarchiv blieb somit auf die außenpolitischen Archivalien der Wittelsbacher in Bayern und in der Pfalz beschränkt.

Die drei großen Archive stellten nur Auslesearchive dar; erhebliche Teile von für Haus und Staat nicht rechtswichtigen Zentralakten blieben außerhalb. Die nach der Auslese für die drei neuen Hauptarchive übrig bleibenden Akten der *Geheimen Landesregistratur* wurden nach 1801 auf die Registraturen der 1799 von Montgelas aus den drei Departements des Geheimen Rates geschaffenen vier Departements des Staatsministeriums und der seit 1799 zur „Generallandesdirektion" erweiterten „Oberlandesregierung", die erst 1806 zum Departement des Inneren umgewandelt wurde, verteilt. Andere zentrale Bestände wanderten in das oberbayrische Registraturdepot zu München (das spätere Kreisarchiv), so u. a. die Hofkammerregistratur, die vielfach für das äußere Archiv bestimmte Akten an sich gezogen hatte, oder z. T. auch in das niederbayrische Registraturdepot in Landshut (das spätere dortige Kreisarchiv).

Von den drei Archiven wurden das Geheime Haus- und das Geheime Staatsarchiv 1799 dem Departement des Äußeren unterstellt, während das Geheime Landesarchiv, das seit 1810 die Bezeichnung „Allgemeines Reichsarchiv" führte, zunächst der Generallandesdirektion unterstand, bis es 1801 unter das Gesamtstaatsministerium kam, wobei das staatsrechtliche Referat des Außendepartements federführend wurde. Somit bestand von 1801 bis 1835, als das Reichsarchiv dem Ministerium des Innern untergeordnet wurde, wenigstens eine organisatorische Verbindung der drei Archive; als diese abriß, blieb auch der Archivalienaustausch unvollendet.

Ein Urkundenarchiv als Grundlage, wie es beim Geheimen Landesarchiv der Fall war, konnte in dieser Spätzeit nur noch seine negativen Tendenzen auf Betreffsauslese hin zur Geltung bringen, ohne daß es dem neuen Archiv noch Auftrieb und politische Bedeutung hätte geben können. Und wie hier im 18. Jh. die Einschätzung der Urkunde als Rechtstitel doppelt verheerend in Richtung auf sachliche Wertauslese und auf rationale Abgrenzung der Zuständigkeit gewirkt hat, so machte sich im 19. Jh. ihre wissenschaftliche Überschätzung in der Langschen Unterscheidung von historischen und nichthistorischen Akten und in der Theorie der archivalischen, d. h. zur Ergänzung der Urkunden wichtigen, und der nichtarchivalischen Akten desorganisierend bemerkbar.

4. *Österreich*

In Österreich kam es erst 1749 zur Gründung eines größeren zentralen Archivs auf der Grundlage der Urkundendepots, die damals überhaupt erst vereinigt wurden. Die längere Dauer der österreichischen Länderteilungen hatte eine solche Trennung mit sich gebracht, obwohl die habsburgische Hausordnung von 1364 ausdrücklich die Unteilbarkeit des Archivs festgelegt hatte.

Die Keimzelle des österreichischen *Urkundenarchivs* bildet das Depot der Babenberger, das seit 1137 in Kloster Neuburg nachweisbar ist und wohl um 1180 seine erste Ordnung erfahren hat. Als Erben übernahmen es die Habsburger und deponierten die wichtigsten Urkunden im Kloster Lilienfeld, wohin im Anfang des 14. Jhs. auch ihre eigenen Bestände gelangten. Nachdem weiteres Eingangsmaterial und auch Auslaufregister hinzugekommen waren, teilte man im Zuge der Erbteilungen von 1379 und 1406/11 das Material nach landschaftlichen Gesichtspunkten auf die drei Linien auf; größere Depots befanden sich in Wien, Wiener Neustadt, Innsbruck und Graz.

Erst Maximilian I. trug sich mit der Absicht einer Wiedervereinigung, plante 1501 ein großes „Briefgewölbe" hinter der tirolischen Kanzlei in Innsbruck zu bauen und setzte 1512 zur Vorbereitung der Gründung eines österreichischen Zentral-Urkundenarchivs in der Wiener Burg eine Kommission ein, der auch der Humanist Cuspinian angehörte. Doch erst unter Ferdinand I. kam es zu einer Konzentration an zwei Orten: der wichtigere Teil, Archivalien der habsburgischen Linien und Archive der von den Habsburgern beerbten Dynastengeschlechter, fand sich im Wiener Schatzgewölbe zusammen, während das Übrige, Material der älteren tirolischen Linie, aber auch Gemeinschaftliches des Erzhauses, in das Schatzgewölbe der Tirolischen Kanzlei zu Innsbruck (später wegen seiner räumlichen Verbindung mit den Kleinodien „Schatzarchiv" genannt) gelangte, wo sich bereits Registraturmaterial der von Maximilian I. geschaffenen Zentralbehörden befand.

Beide, sowohl das *Archiv im Wiener Schatzgewölbe* wie auch das *Innsbrucker Schatzarchiv*, wurden von 1527 bis 1547 von einem Neffen Cuspinians, Wilhelm Putsch, der an beiden Orten weilte, verwaltet und sachlich, teilweise unter Wahrung alter Herkunftszusammenhänge, an die wieder Urkunden anderer Herkunft nach dem Sachprinzip angegliedert wurden, geordnet und in mehrbändigen Repertorien verzeichnet. Putsch ist durchaus von sachlichen Betreffen ausgegangen; er hat sehr stark die lokale Pertinenz angewendet, daneben auch die Gliederung nach Ausstellern. Aber trotz der Anwendung neuer Prinzipien weicht er von den mittelalterlichen Ordnungsgrundsätzen nicht ganz ab. Die Herkunftszusammenhänge ließ er nicht bewußt bestehen, sondern Material, das von demselben Dynastenzweig der Habsburger empfangen worden war, blieb nur deshalb in den meisten Fällen zusammen, weil es annähernd die gleichen Betreffe zeigte. Was von anderen Teilen des Hauses oder von Vordynasten empfangen war, gliederte er nach Pertinenz seinen Gruppen an. Dieses mehrbändige Repertorium von Putsch, der erste Versuch, mit dem Sachprinzip durchgreifend Urkunden zu ordnen, ist eine überaus interessante Erscheinung. Erst Taulow von Rosenthal hat diese Ordnung nach 1749 zerstört und die Territorialpertinenz über Putsch hinaus konsequent durchgeführt.

Infolge der Länderteilung nach dem Tode Ferdinands I. (1564) blieb in dem Wiener Schatzgewölbe nur ein Teil des Urkundengutes zurück. Urkunden und Amtsbücher, die die Länder der innerösterreichischen und der oberösterreichischen (tirolischen) Linie betrafen, wurden ausgeschieden und kamen nach Graz und zum kleineren Teil nach Innsbruck. Gleichwohl blieb das Archiv in Wien in seinem alten Gefüge, erhielt aber keine Verbindung zu den neuen Registraturen, die ihre neueren Urkunden mit den Akten zurückhielten. In seiner Erstarrung behielt es ein ausschließlich spätmittelalterliches Gepräge. Bis 1749 blieb es den niederösterreichischen Regierungen unterstellt, war also ein unter Aufsicht und zeitweise in der Verwaltung einer Behörde stehendes Depot. Inzwischen hatte sich in der *Wiener Schatzkammer*, der Aufbewahrungsstätte der Kleinodien, unter der Aufsicht des Obersthofmeisters und des Oberstkämmerers ein weiteres Depot gebildet, das Urkunden über Angelegenheiten des Erzhauses umfaßte. Auch als seit 1665 die gesamten habsburgischen Erblande wieder von einem Herrscher regiert wurden, kam es zu keinem Zusammenschluß der 1565 zerstreuten Urkundenbestände, weil die Dreiteilung in der Verwaltung weiter bestand: 1. die niederösterreichischen Lande (Erzherzogtum Österreich unter und ob der Enns) mit Ungarn und Kroatien, Böhmen, Mähren und Schlesien; 2. die oberösterreichischen Lande (Tirol und Vorarlberg) mit den Vorlanden (oberelsässischer Sundgau, Breisgau, den aargauischen Waldstädten am Rhein, sowie den Landvogteien im Unterelsaß und in der Ortenau und den schwäbischen Herrschaften); 3. die innerösterreichischen Lande (Steiermark, Kärnten, Krain, Istrien mit Triest). So blieben auch die Archivzentren Innsbruck und Graz neben den beiden Depots in Wien bestehen.

Das Fehlen eines Hauptarchivs, eines zentralen Depots, machte sich fühlbar. Erst unter Maria Theresia kam es bei einem politischen Anlaß — beim Abschluß des österreichischen Erbfolgekrieges konnten die den Rechtsfragen dienenden Dokumente nicht gefunden werden — im Jahre 1749 zur Gründung eines Mittelpunktes, des *Wiener Haus-, Hof- und Staatsarchivs.*[89])

Man dachte nicht daran, sämtliche auswärts lagernden Urkundenbestände hier zusammenzubringen. Es war auch nicht beabsichtigt, bestimmte Urkundenarchive geschlossen heranzuziehen. Vielmehr handelte es sich um ein Auslesearchiv, dessen Zuständigkeit nicht nach der Herkunft, sondern nach den sachlichen Voraussetzungen bestimmt wurde. Es waren die politisch-dynastischen Interessen, die die Betreffe und die Auslese bestimmten. Nach den Gründungsdekreten[90]) sollte das neue Archiv aufnehmen: 1. alle eigentlichen Haussachen, nämlich Erbteilungen und Vergleiche, Testamente, Vormundschaftsbestellungen, Heiratsverträge, Verzichte; 2. alle Urkunden, die den gesamten Staat oder die Monarchie betreffen, nämlich Ländererwerbungen, Bündnisse, Staatsverträge, Friedensschlüsse usw.; von einer dritten Gruppe, allen Partikularrechten der Länder, nämlich deren Konstitutionen und Privilegien, Verpfändungen, Grenz- und Landbeschreibungen usw., die das Dekret von 1749 einforderte, verlangte man in den beiden späteren Dekreten (von 1750 und 1752) mit Rücksicht auf die Interessen der Stände nur noch Abschriften und verzichtete schließlich ganz darauf. Das Schatzgewölbe zu Wien, dann die in Innsbruck und Graz, ferner alle Landesarchive der österreichischen Erblande und schließlich alle Kanzleien und Registraturen der österreichischen Zentral- und Mittelbehörden, namentlich in Wien, sollten dieser Auslese unterzogen werden.

Nach diesem Plane nahm der Hofsekretär beim Directorium in publicis et cameralibus Theodor Anton Taulow von Rosenthal 1749 die Bereisung und Besichtigung in Angriff, mit dem böhmischen Kron- und Landesarchiv in Prag beginnend. 1752 war alles Material in Wien beisammen und wurde in der Hofburg untergebracht. Es bestand fast ausschließlich aus Eingangsmaterial (Urkunden). Die Bestände des Wiener Schatzgewölbes, der Wiener Schatzkammer und des böhmischen Kronarchivs in Prag gelangten vollständig in das

---

[89]) Das Archiv erhielt 1749 zunächst den Namen „k. k. Geheimes Hausarchiv", 1750 „k. k. Geheimes Hauptstaatsarchiv" (auch „General-Hausarchiv", „Haus- und Geheimes Archiv", „Universal-Hausarchiv", „Universal-Haus- und Kronarchiv"), 1806 „k. k. Geheimes Hof- und Hausarchiv" und 1810 durch Hormayr seinen endgültigen Namen „k. k. Geheimes Haus-, Hof- und Staatsarchiv", von dem 1848 der Zusatz „Geheim" und 1918 der 1875 nach dem Ausgleich in „k. u. k." umgewandelte zweite Zusatz wegfielen.

[90]) Instruktion für die Auslese in Prag vom 13. Sept. 1749, für die in Innsbruck vom 26. Sept. 1750 und für die in Graz vom 15. Jan. 1752.

neue Archiv, aus Innsbruck und Graz[91]) sowie aus den übrigen Prager Archiven übernahm man nur eine Auswahl. Die Sichtung der Landesarchive und der Registraturen der landesfürstlichen Zentral- und Mittelbehörden blieb in den Anfängen stecken, die niederländischen, italienischen und ungarischen Archive blieben unberücksichtigt. Vereinzelt wurde außer Urkunden auch ältere Kanzleiproduktion (Register usw.) nach Betreffgesichtspunkten übernommen.

Aus den Zentral- und Mittelbehörden hatte man insbesondere Urkundengut der zweiten Gruppe (Friedensverträge, Bündnis- und Staatsverträge) erhofft und dabei vor allem an die Registratur der Reichskanzlei, des Hofkriegsrates, der böhmischen Kanzlei und der österreichischen Hofkanzlei, des Directorium in publicis et cameralibus und der Staatskanzlei gedacht. Doch erhielt das neue Haus-, Hof- und Staatsarchiv nur aus der österreichischen Hofkanzlei und aus dem Directorium einzelne Urkunden, von der Reichshofkanzlei dagegen nicht die gewünschten Staatsverträge, sondern 1755 zum ersten Male wichtige Akten, die zumeist aus der ehemaligen österreichischen Abteilung der Reichskanzlei aus der Zeit vor 1620 (Bildung einer selbständigen österreichischen Hofkanzlei) stammten und unter dem Gesichtspunkt des Betreffs als nicht zum Reich, sondern zu Österreich gehörig angesehen wurden.

Wie weit sich dieses neue Archiv, eine eminent politische Bildung, die Rüstkammer zur Verteidigung des Erzhauses, von seiner Grundlage als Auslesearchiv aus, in das nicht alle alten Empfängerdepots, sondern nur eine Auslese aus ihnen gelangt war und an das sich allmählich auch Akten nach Betreffsauslese anschlossen, zum Hauptarchiv entwickeln konnte, hing davon ab, an welche Behörde es Anschluß finden würde. Die Behördenreform Maria Theresias, die 1749 eine einheitliche Zentralverwaltung für die deutschen und böhmischen Länder geschaffen hatte, brachte hier die Entscheidung im Sinne des Hauptarchivs.

Die österreichische Zentralverwaltung aus der Zeit vor der Reform Maria Theresias geht auf die Hofsratsordnung Ferdinands I. von 1527 zurück, die der durch den Anfall von Böhmen und Ungarn 1526 entstandenen Habsburgermonarchie ihr Verwaltungszentrum gab. Dem regierenden Habsburger unterstanden vier Herrschaftskomplexe, die Reichsangelegenheiten, die Erblande, das Königreich Böhmen und das Königreich Ungarn, wovon die Erblande infolge der Teilungen des 15. Jhs. (1406—90) und des 16. Jhs. (1564 bis 1619/65) bis ins 18. Jh. hinein in die schon genannten drei Ländergruppen mit eigener Verwaltung (Regierung oder Hofrat und Schatz- oder Raitkammer, später auch Geheimer Rat in Innsbruck und Graz und Hofkriegsrat in Graz) zerfielen.

---

[91]) Der Rest der Grazer Urkunden gelangte 1784 in das Hofkammerarchiv.

Die räumliche Zuständigkeit der einzelnen Zentralbehörden war verschieden. Der Hofrat, ursprünglich die oberste politische und Verwaltungsbehörde, war für die Erblande und als Reichshofrat für die Reichsangelegenheiten zuständig, seit 1559 trat seine Aufgabe als Revisionsinstanz in Rechtsstreitigkeiten ganz in den Vordergrund; seit dem Ende des 17. Jhs. wurden die Rechtsangelegenheiten der Erbländer von dem Judizialsenat der österreichischen Hofkanzlei bearbeitet. Neben dem Hofrat hatte sich im 16. Jh. für die geheimen und die auswärtigen Angelegenheiten beim Herrscher als engeres Gremium der Geheime Rat gebildet, aus dem 1669 durch eine noch engere Auswahl die Geheime Konferenz erwuchs; der Geheime Rat war für die Erblande, Böhmen und Ungarn zuständig. Als Ausfertigungsstelle für Hofrat und Geheimen Rat bestand die Hofkanzlei unter dem Hofkanzler oder Vizekanzler, die die Zuständigkeit beider Behörden in sich zusammenfaßte, d. h. die Angelegenheiten aller vier Herrschaftsbereiche bearbeitete; Mitte des 17. Jhs. wurde sie zu einer selbständigen Behörde mit eigenem Beschlußrecht und kollegialer Verfassung. Um dem Einfluß des Mainzer Erzkanzlers auf die Angelegenheiten der habsburgischen Territorien zu begegnen, wurden diese 1620 in der österreichischen Hofkanzlei unter eigenem Hofkanzler verselbständigt. Für die innere Verwaltung Böhmens bestand in Prag die Böhmische Kanzlei, die 1627 nach Wien verlegt wurde. Daneben gab es eine ungarische und eine siebenbürgische Kanzlei, zu denen nach 1715 noch die italienische und die niederländische Kanzlei traten. Die Hofkammer war 1527 als Zentralbehörde für die Erblande, Böhmen und Ungarn den dortigen Länderkammern übergeordnet worden. Im 18. Jh. bestanden neben ihr zeitweise drei weitere oberste Finanzbehörden: die Universal-Bankalität, die Ministerial-Banco-Deputation und die ständige Geheime Finanzkonferenz. Wie bei der Hofkammer erstreckte sich der Einflußbereich des 1556 zu einer ständigen Behörde formierten Hofkriegsrates auf die gesamten habsburgischen Besitzungen; Hofkammer und Hofkriegsrat überdauerten die Reformen Maria Theresias und wurden 1848 in Ministerien verwandelt, deren Zuständigkeit sich nach dem Ausgleich von 1867 als k. u. k. Finanzministerium und k. u. k. Reichskriegsministerium auf beide Reichshälften erstreckte.

Die Verwaltungsreformen Maria Theresias beschränkten sich auf die Erblande und Böhmen. An die Stelle der Österreichischen Hofkanzlei und der Böhmischen Kanzlei traten 1749 unter Trennung von Justiz und Verwaltung die Oberste Justizhofstelle als höchste Justizverwaltungsbehörde und höchste Gerichtsinstanz und das Directorium in publicis et cameralibus als oberste Verwaltungsbehörde auch in Finanzsachen. Nach Auflösung des Directoriums Ende 1761 wurde die politische Verwaltung wieder von der finanziellen getrennt und der jetzt als Einheit restituierten Böhmisch-Österreichischen

Hofkanzlei übertragen, die sich schließlich (1848) in das Ministerium des Innern verwandelte. Der Hofkriegsrat und die seit 1762 wieder auch für die Erblande und Böhmen zuständige k. k. Allgemeine Hofkammer blieben weiterhin auch für Ungarn zuständig. Die Angelegenheiten des Erzhauses und die Außenpolitik wurden der Geheimen Haus-, Hof- und Staatskanzlei übertragen, die 1742 aus dem Haus-, Hof- und Staatsdepartement der österreichischen Hofkanzlei erwachsen war und als Nachfolgerin des Geheimen Rats und der Geheimen Konferenz zur wichtigsten Zentralbehörde des Gesamtstaates wurde. Auch die Hofrechnungskammer, der die Kontrolle der Einnahmen und Ausgaben des Staates und die oberste Leitung des Staatsrechnungswesens oblag, war für alle drei Reichsteile gemeinsam. Die Kabinettskanzlei für den unmittelbaren Schriftverkehr des Herrschers erlangte in Österreich nicht die Bedeutung wie etwa in Preußen das Kgl. Kabinett. Die Verbindung zwischen dem Herrscher und den Zentralbehörden übernahm der 1760 geschaffene Staatsrat (bis 1848), der nur beratende Funktionen hatte. Diese Behörden, 1848 in Ministerien umgewandelt, blieben auch nach dem Ausgleich von 1867 beiden Reichshälften gemeinsam als k. u. k. Ministerium des Kaiserlichen Hauses und des Äußeren, k. u. k. Reichskriegsministerium und k. u. k. Finanzministerium sowie k. u. k. Oberster Rechnungshof und Kabinettskanzlei des Kaisers. Daneben hatte jede Reichshälfte ihr eigenes Finanz- und Verteidigungsministerium (seit 1848). Gemeinsames parlamentarisches Gremium waren die Delegationen beider Reichshälften, die sich aus je 60 Mitgliedern des Reichsrats und des Reichstages zusammensetzten.

In den Kronländern (seit 1867 Niederösterreich, Oberösterreich, Salzburg, Tirol, Vorarlberg, Steiermark, Kärnten sowie Böhmen, Mähren, Schlesien, Galizien, Bukowina, Dalmatien, Krain und Küstenland) traten nach 1848 an die Stelle der von Maria Theresia eingesetzten landesherrlichen Gubernien oder Repräsentationen und Kammern unter Gouverneuren (verschiedentlich auch Regierung, Deputation, Landeshauptmannschaft genannt) kollegiale Landesregierungen (in Salzburg, Kärnten, Krain, Schlesien und Bukowina) oder Statthaltereien unter Statthaltern, während die Selbstverwaltung dem vom Landtag gewählten Landesausschuß unter dem Landmarschall (in Niederösterreich, Böhmen und Galizien) oder Landeshauptmann anvertraut war.

Das 1749 geschaffene Archiv war zunächst dem Directorium in publicis et cameralibus untergeordnet worden, dessen Sekretär Taulow von Rosenthal ja die Archivbildung eigentlich vollzogen hatte. Der Vizekanzler Bartenstein wurde der erste Direktor dieses Archivs. Nach der Auflösung des Directoriums kam es nicht unter die Aufsicht der Vereinigten böhmisch-österreichischen Hofkanzlei, die ja gegenüber dem Directorium verengte Kompetenzen hatte, sondern wurde 1762 der Haus-, Hof- und Staatskanzlei unterstellt. Diese Veränderung gab dem Schicksal des Archivs die entscheidende Wendung und hat ihm später auch den Namen gegeben. Sie bewirkte, daß dem Archiv künftig die wichtigen Akten der Haus- und Staatspolitik und insbesondere der auswärtigen Politik zuflossen; so verwandelte sich das Auslesearchiv schließlich in ein Hauptarchiv, ja im 19. Jh. schien es zeitweise sogar, als solle es zum Zentralarchiv Österreichs werden. Wäre es der Vereinigten böhmisch-österreichischen Hofkanzlei angegliedert worden, so wäre zum mindesten sein Charakter ein ganz anderer geworden; es wäre ein Behördenarchiv oder allenfalls ein Auslesearchiv von engerer Reichweite entstanden. Allerdings blieb die Verbindung des Archivs zur Haus-, Hof- und Staatskanzlei zunächst eine organisatorische, d. h. man beschränkte sich auf ressortmäßige Unterstellung; eine organische Bindung, wie etwa die des Geheimen Archivs in Preußen zum Geheimen Rat, bestand noch nicht, die Haus-, Hof- und Staatskanzlei behielt vielmehr ihre Akten zunächst bei sich zurück. Auch räumlich blieb das Archiv in der Hofburg von ihr getrennt.

Maria Theresia betraute 1762 ihren Staatskanzler Fürsten Kaunitz sowohl mit der Oberaufsicht wie mit der Direktion des Archivs. Nach dem Tode Taulows von Rosenthal griff Kaunitz stärker ein, da er mit dem Zustande, in dem er das Archiv antraf, nicht zufrieden war. Er maß ihm einen hohen Wert bei: es sei das Hauptmittel zur Aufklärung der nationalen Geschichte und die wesentlichste Hilfe, die Aktivansprüche zu verteidigen und fremde Forderungen abzuwehren. Auch Metternich hat später dem Archiv seine tätige Hilfe angedeihen lassen, so daß der damalige Direktor des Archivs ihn als den zweiten Schöpfer des Archivs preisen konnte.

Nach dem Tode des Kaisers Franz I. wurde 1765 das *Lothringische Hausarchiv* als Ganzes überwiesen. Es stellt keineswegs einen einheitlichen Archivkörper dar, sondern eine nach Betreffen aus den verschiedenen lothringischen Behördenregistraturen ausgewählte Sammlung, die in Florenz nach sachlichen Gesichtspunkten geordnet worden war. Die weitere Entwicklung des Haus-, Hof- und Staatsarchivs stand wieder ganz im Zeichen der Auslese. 1771/72 empfing es zum ersten Male eine Anzahl Urkunden aus der Staatskanzlei. 1769, 1773 und 1778 wurden Reichsarchivalien nach Betreffsgesichtspunkten überwiesen, und zwar 1773 und 1778 aus der in Prag zurückgebliebenen Reichskanzleiregistratur der Zeit Kaiser Rudolfs II., aus der einige Bestände durch Plünderung im 30jährigen Kriege nach Schweden gelangt waren. Diese Reichsarchivbestände waren neben den 1751 aus Innsbruck geholten Reichsregistern aus dem 15. und 16. Jh. noch die homogensten Gruppen des Archivs. Da die Zuständigkeit durch Sachauslese bestimmt war, konnte der Ordnung nur Sacheinteilung zugrunde gelegt werden. Taulow knüpfte nicht an die Einteilung von Putsch an, sondern schuf nach territorialer

Pertinenz drei große Abteilungen, die österreichische, die böhmische und die ungarische, sowohl für die Urkunden wie für die Akten und Amtsbücher (bei der ungarischen Aktenabteilung deckte sich Pertinenz weitgehend mit Provenienz, unter den Urkunden dagegen befanden sich keine ungarischer Provenienz). Diese Systematik war noch erträglich, aber nach Taulows Tode behielt man nur seine Einteilung in die drei Gruppen bei und setzte bei den Akten an die Stelle seiner Sachgliederung rein chronologische Reihen, wodurch die Zerstörung organischer Zusammenhänge erheblich weiter getrieben wurde.

Auf eine neue Entwicklungsstufe gelangte das Archiv in der napoleonischen Zeit, als Josef Fhr. von Hormayr[92]) sein Leiter wurde. Trotzdem zahlreiche Bestände entführt worden waren, brach er grundsätzlich mit dem Prinzip der Sachauslese und drang auf Hereinnahme geschlossener Registraturen. Durch Übernahme von Akten gab er dem Archiv ein anderes Gesicht und verlieh ihm durch die Wahl der Bestände in kurzer Zeit universale Bedeutung. Die Erwerbung des venezianischen Staatsgebiets (1797) erbrachte 1805 wesentliche Teile der venezianischen Archive, zur gleichen Zeit wurden die Archive der Reichsstifter Trient und Brixen, des Erzstifts Salzburg und der reichsunmittelbaren Propstei Berchtesgaden sowie Teile des Innsbrucker Archivs zugewiesen. 1807 wurde die politische Registratur der Reichshofkanzlei einverleibt, ferner die 1794 aus Belgien vor den Franzosen geflüchteten Archive sowie das Archiv der Niederländischen Hofkanzlei in Wien. 1808/11 fand die Abgabe der im Kabinett des Kaisers, bei der Staatskanzlei, beim Oberstkämmereramt und bei der Hofkommission in Familienangelegenheiten noch liegenden Urkunden des kaiserlichen Hauses und der Staatsverträge statt, wodurch die urkundliche Rüstkammer des Erzhauses noch weiter ausgebaut wurde. Metternich erhielt vom Kaiser die Ermächtigung, das Archiv zum Zentralinstitut aller für die Geschichte und das Interesse des Staates wichtigen Urkunden und Instrumente auszugestalten. Zu diesen zählte Metternich in einem Erlaß an die Staatsbehörden alle Urkunden der aufgehobenen und in das Eigentum des Staates übergegangenen Klöster. Tatsächlich wurden von 1811 bis 1814 zahlreiche Urkunden der aufgehobenen Klöster Ober- und Niederösterreichs, Steiermarks und Kärntens, Böhmens und Mährens in das Haus-, Hof- und Staatsarchiv eingeliefert. Hierbei ist Hormayr allerdings seinem Prinzip nicht treu geblieben und hat vielfach nur eine Auswahl der Urkunden aufgenommen. Bei den Akten jedoch ging er, wie gesagt, überwiegend auf eine Einverleibung geschlossener Archivkörper aus, gelangte aber noch nicht zu einer bewußten Anwendung des Herkunftsgrundsatzes, sondern teilte die neu übernommenen Registraturen auf das alte

---

[92]) Referent der Staatskanzlei für das Archiv 1802—08, Direktor 1808—1813.

Ordnungsschema auf. So wurde die Zerstörung organischer Zusammenhänge weiter fortgesetzt.

Wenn auch das Haus-, Hof- und Staatsarchiv in seiner inneren Gliederung keine geschlossenen Archivkörper aufwies, so war doch seine Zuständigkeit nicht mehr auf auserlesene Sachen beschränkt, sondern auf auserlesene Archivkörper hin erweitert, eine Ausweitung, die in seinen Anfängen ebenso beschlossen lag wie die Entwicklung zu einem zentralen Urkundenarsenal. Das Empfängerarchiv verlangte nach einer Ergänzung der Urkundenbestände durch zusammenhängende Verhandlungsreihen gleicher Bedeutung, ein Bestreben, das keinen Erfolg gehabt hätte, wenn das Archiv an eine Amtsstelle von untergeordneter Bedeutung angeschlossen worden wäre. Die Haus-, Hof- und Staatskanzlei jedoch, zu der das Archiv in organisatorischer Beziehung stand, hat seine Belange verständnisvoll gefördert und dadurch die Entwicklung des ursprünglichen Empfängerarchivs zum Hauptarchiv möglich gemacht. Immerhin haben die im Empfängerarchiv keimhaft beschlossenen verschiedenen Entwicklungsmöglichkeiten im Laufe des 19. Jhs. eine gewisse Desorganisation und ein Schwanken zwischen den Richtungen auf ein Zentralarchiv, auf ein Hauptarchiv der obersten Staatsbehörden, auf ein bloßes Auslesearchiv und schließlich gar nur auf ein Facharchiv für die auswärtigen Angelegenheiten hervorgerufen. Die Bestrebungen, das Hauptarchiv zu einem wirklichen Zentralarchiv zu entwickeln, hätten sich nur verwirklichen lassen, wenn seine Zuständigkeit auch auf die Registraturen lebender Behörden, insbesondere der großen Zentralbehörden, ausgedehnt worden wäre; von diesen nahm das Archiv jedoch nur Urkunden und einzelne auserlesene Akten auf, während die geschlossen übernommenen Registraturen lediglich von aufgelösten Amtsstellen stammten.

Da es dem Archiv, wie gesagt, auch unter Metternich nicht gelang, Beziehungen zu den Registraturen lebender Behörden aufzunehmen, waren die Registraturen der großen Zentralbehörden längst zu Facharchiven angeschwollen. Das *Allgemeine K. u. K. Kriegsarchiv* war auf Anregung des Prinzen Eugen 1711 aus der Registratur der Hofkriegskanzlei bzw. des Hofkriegsrates geschaffen worden und hatte auch Militärakten der Staatskanzlei und der Reichshofkanzlei an sich gezogen. Das *Hofkammerarchiv* stellte in wunderbarer Geschlossenheit die Registratur der obersten Finanz- und Wirtschaftsbehörde des Erzhauses für die deutschen Länder, für Böhmen und Ungarn dar und ging in seinen Beständen, unter denen sich auch ältere Urkunden befanden (z. B. seit 1784/1859 der Restbestand aus dem Grazer Schatzgewölbe), bis in das ausgehende 15. Jh. zurück. Auch *bei der Vereinigten Böhmisch-Österreichischen Hofkanzlei* hatte sich schon im 18. Jh. ein *Archiv* gebildet, das 1848 an das neue österreichische Innenministerium überging.

5. *Württemberg*

Als auf Grund der Wiedervereinigung der beiden württembergischen Teilgebiete (1482) die Archivalien des Landes am Anfange des 16. Jhs. in Stuttgart konzentriert worden waren, sonderte man alsbald die „vorzüglichen Stücke“, d. h. die Originalurkunden von den übrigen, den „gemeinen“, und schuf, indem man so die „*Hofregistratur*“ mit dem Urkundenmaterial der Kanzleiregistratur gegenüberstellte, jenen Dualismus, der uns auch anderswo als Ausgangspunkt der Archiventwicklung entgegentritt. Während die Kanzleiregistratur, in der sich ältere und neuere Registraturbestandteile zusammenfanden, in unmittelbarer Verbindung mit der Kanzlei blieb, wurde die Hofregistratur unter die Aufsicht der fürstlichen Räte gestellt und erhielt 1504 einen besonderen Hofregistrator in der Person des älteren Jacob von Rammingen, des Vaters des Archivtheoretikers, der vorher im Auftrage des Herzogs das Nürnberger Stadtarchiv besichtigt hatte. Die Urkunden wurden von ihm und seinen Nachfolgern nach einem sachlichen Schema geordnet: 1. Beziehungen zu den geistlichen Ständen, 2. zu den weltlichen Ständen, 3. Angelegenheiten der Landschaft. Nach der Instruktion von 1558 sollten sie in Generalregistern und durch Kopialbücher erfaßt werden unter Zugrundelegung der Rammingerschen Einteilung der drei Titel. 1560 erhielt die Hofregistratur, die Herzog Christoph (1550—1568) unter seine unmittelbare Aufsicht stellte, einen eigenen Anbau am Schlosse, zu dem der Herzog durch eine Wendeltreppe gelangen konnte. Nach der Reformation, z. T. erst im 17. Jh., kamen noch die Urkunden der Stifter, Klöster und sonstigen geistlichen Anstalten hinzu, deren Besitz als selbständiges, von Kirche und Staat unabhängiges Stiftungsvermögen zentralistisch durch den Kirchenrat verwaltet wurde. Die Registratoren und Räte waren dafür gewesen, die geistlichen Urkunden zur Verfügung des Kirchenrates zu stellen, Herzog Christoph entschied sich aber für die Aufbewahrung in seinem weltlichen Urkundenarchiv.

Inzwischen hatte sich die Gestalt des Archivs wesentlich gewandelt. 1556 wollte der erste Registrator, dem inzwischen ein zweiter zur Seite gestellt worden war, nach Möglichkeit nur Pergamenturkunden aufnehmen, Akten nur dann, wenn sie signiert wären. Die Räte stellten damals fest, daß „schlechte und papierene Sachen“, die des Herzogs Gerechtsame nicht betrafen, bisher nur in der Kanzlei aufbewahrt worden seien, doch hielten sie eine dauernde Zurückhaltung der Akten, ohne die die Urkunden nicht zu verstehen waren, nicht für richtig. Dem Herzog selbst kam es bei der Auffüllung seines Urkundenmaterials aus der Kanzlei nur auf die Wahrung seiner Gerechtsame an, unabhängig davon, ob es sich um Pergament oder Papier, um Urkunden oder Akten handelte. So wuchs die Hofregistratur über ein reines Urkunden- oder Empfängerarchiv hinaus und nahm auch Akten, die dynastische Rechte und besonders wichtige Angelegenheiten der inneren und äußeren Landesgeschichte betrafen, in Einzelauslese, noch nicht in geschlossenen Registraturen, aus allen Zentralbehörden auf (Auslesearchiv).

Von 1611 bis 1662 war die Hofbibliothek mit der Hofregistratur vereinigt, und beide hatten gemeinsame Beamte, was die Bestrebungen, lediglich bestimmte Sachen aufzunehmen, nur fördern konnte, denn diese Beamten dachten bibliothekarisch. Im 17. und im 18. Jh. sammelten sich bei der Hofregistratur Zeichnungen, Bücher u. ä. So wurde sie zu einem Mittelding zwischen Archiv, Bibliothek und Kunstsammlung und galt als wissenschaftliche Sammelstelle. Diesen Charakter nehmen Auslesearchive häufig an, zumal wenn das Ausleseverfahren nicht fest bestimmt ist. 1758 wurde alles nicht-archivalische Gut an die Bibliothek, die Gemäldegalerie und an andere Institute abgegeben. Der fürstliche Hausschatz wurde noch bis 1818 im Archiv aufbewahrt.

Das Archiv unterstand unmittelbar dem Herzog und der herzoglichen Kammer- und Hofkanzlei, an deren Stelle 1629 der Geheime Rat trat. Aus den Funktionen des Kammersekretärs hatte sich im 17. Jh. ein Herzogliches Kabinett entwickelt, das als oberste politische Behörde neben den Geheimen Rat trat. Zunächst stand das Archiv nur dem Herzog und seinen Geheimen Räten zur Verfügung; ein schon von Herzog Christoph proklamiertes Archivgeheimnis ließ die übrigen Staatsbehörden mit Ausnahme des Kirchenrats, des Verwalters des altwürttembergischen Kirchenguts, überhaupt nicht zur Benutzung zu. Erst später erreichte das Archiv eine innere Bindung an die beiden obersten Landesbehörden, den Geheimen Rat und das Herzogliche Kabinett, von denen es nun auch Akten empfing, allerdings nur in Auslese. Schließlich wurde es für die meisten Zentralregistraturen zuständig, empfing aber aus diesen nur das für die Landesgeschichte und für die Dynastie hervorragend wichtige Material. Es enthielt Bestände der alten Hofkanzlei und der früheren herzoglichen Räte und empfing außer vom Geheimen Rat und vom Herzoglichen Kabinett auch einzelnes Material vom Oberrat, der nach der österreichischen Zeit geschaffenen Kollegialbehörde für Verwaltung und Justiz, die 1700 zum Regierungsrat wurde, von der Rentkammer, vom Kirchenrat. vom Konsistorium. der obersten Verwaltungsbehörde für Kirche und Schule, und von anderen Hofbehörden. So wurde das „*Haus- und Staatsarchiv*", wie es seit 1806 hieß, zum Auslesearchiv der lebenden Zentralbehörden. Als notwendiges Gegenstück zu diesem Auslesearchiv mußten sich naturgemäß *Fach- und Behördenarchive* aus den bei den Behörden zurückbleibenden, nicht auserlesenen Beständen bilden, unter denen das *beim Oberrat* (das spätere Archiv des Innern) und die *beim Kirchenrat* und *bei der Rentkammer* (später zum Finanzarchiv vereinigt) die bedeutendsten waren.

Die in das „Haus- und Staatsarchiv" gelangenden Akten konnten infolge der Sachauslese nur eine sachliche Ordnung finden. Das Rammingersche Generalschema der drei Titel behielt man bei der Neuordnung im 17. Jh. auch für die inzwischen hinzugekommenen Akten bei und wählte als Untergliederung Sachgruppen in Mischung mit topographischer Gliederung. wobei man die Gruppen rein alphabetisch folgen ließ (z. B. Baden — Bayern — Bergwerksachen — Bestallungen usw.).

Die Auslesetendenz war durch die Unterstellung unter den Herzog und seine Geheimen Räte und die frühe Verbindung zum Herzoglichen Kabinett, die beide Interesse daran hatten, das ihnen wichtige Material aus allen Zentralbehörden zur Verfügung zu haben, wesentlich gefördert worden und konnte sich darum bis ins 19. Jh. erhalten. Erst damals ging man, wie früher schon das Wiener Haus-, Hof- und Staatsarchiv unter Hormayr, von der Einzelauslese zur Auslese von Eliteregistraturen über und nahm schließlich die geschlossenen Registraturen des Geheimen Rats, des Herzoglichen bzw. Königlichen Kabinetts, des Staatsministeriums und des Ministeriums des Auswärtigen, also der Behörden der obersten Staatsführung und der auswärtigen Politik, auf. Der Dualismus jedoch zwischen dem Hauptarchiv in Stuttgart und den in Ludwigsburg vereinigten Facharchiven hat sich in Resten bis in die Gegenwart erhalten.

6. *Sachsen*[93])

In Sachsen wurden 1485 aus Anlaß der letzten grundlegenden Landesteilung im Hause Wettin die Archivalien aus den verschiedenen Schlössern des Landes[94]) in Leipzig gesammelt. Es handelte sich um Urkunden aus den verschiedenen Depots und um die aus der Tätigkeit der Kanzleien der Teilfürstentümer (Wettinische Landesteilungen 1265—1307, 1382—1440 und 1445—1482) erwachsenen Amtsbücher. Nach der Aufteilung auf die beiden Linien i. J. 1487 wurden die auf die albertinischen Länder bezüglichen Bestände in das Dresdener Schloß gebracht. Ein gemeinsames Archiv blieb zunächst in Leipzig und kam 1554 von dort nach Wittenberg in den Turm des Schlosses, wo es bis zu seiner Aufteilung i. J. 1802 verblieb.

---

[93]) Unter Benutzung eines ursprünglich für die nicht erschienene Beschorner-Festschrift (1942) bestimmten, noch ungedruckten Aufsatzes von Werner Ohnsorge, Das „kursächsische Archiv" im Zeitalter des Absolutismus und Johann Friedrich Reinhardt, der in den „Blättern für Deutsche Landesgeschichte" 1953 erscheinen soll.

[94]) Das alte markgräfliche Archiv der Wettiner auf Schloß Weida und ein Teil des Wittenberger Archivs der Askanier (in der Allerheiligenkirche), das 1423 mit den Kurlanden an die Wettiner gelangt war, kamen 1437 nach Meißen (Inventar von 1437), wo sich bereits ein Wettinisches Archiv befand. Weitere Empfängerdepots waren im 15. Jh. auf den Schlössern Rochlitz, Colditz und auf der Wartburg.

Im Dresdener Schloß hatten sich bereits seit Anfang des 16. Jhs. zwei räumlich getrennte Archive gebildet. In einem Nebengewölbe der Silberkammer des Grünen Gewölbes, also in unmittelbarer Nähe des fürstlichen Schatzes, befanden sich unter Aufsicht des Kanzlers, später des Kammermeisters, die wichtigsten Urkunden, denen laufend das ganze 16. und 17. Jh. hindurch neuere Dokumente von besonderem rechtlichen und politischen Wert (wichtige Haus- und Staatsverträge, Testamente, Vormundschaftssachen u. ä.) angeschlossen wurden. Ein anderes Gewölbe neben dem Elbtor des Schlosses, in das die Bestände aus der Zeit vor 1485 gelangt waren, nahm bis ins ausgehende 16. Jh. das seit der Landesteilung in der Kanzlei erwachsene Schriftgut, also vornehmlich „Händel", auf. Dieses zunächst noch völlig ungeordnete „Kanzleiarchiv", das bis 1663 dem von Kurfürst Moritz 1547 geschaffenen Hofrat, der späteren „Landesregierung", unterstellt war, wurde zwischen 1575 und 1579 in einer weitläufigen Gemeinschaftsarbeit der Kanzlei unter Leitung des Sekretärs Lorenz Ulmann einer rein induktiven und ganz unsystematischen Ordnung unterzogen (fünfbändiges Repertorium von 1579) und 1579 in das nunmehr sogenannte „Große Briefgewölbe" des neuerbauten Kanzleihauses übergeführt.

Die Entwicklung zu einem Hauptarchiv hin hätte nun von einem dieser beiden Archive seinen Ausgang nehmen können, vom Urkundenarchiv neben der Silberkammer auf dem Umwege über ein Ausleseärchiv wie in Stuttgart oder vom Kanzleiarchiv im „Großen Briefgewölbe", das auch ältere Urkunden besaß, wie in Berlin. Daß keine dieser beiden Möglichkeiten in Sachsen verwirklicht worden ist, sondern hier bis ins 19. Jh. das Behördenarchivwesen vorherrschend wurde, liegt wohl vor allem daran, daß keines der beiden Archive an die neue oberste Landesbehörde, den Geheimen Rat, organischen Anschluß gefunden hat. Dieser war — wie auch in anderen deutschen Ländern — durch Zusammenschluß der fürstlichen Kammerräte als Gremium zur Beratung der Angelegenheiten der hohen Politik 1574 entstanden und hat sich bald ein eigenes Büro, die Geheime (Reichs-) Kanzlei unter dem Geheimen Reichssekretär, geschaffen; ihr trat seit dem Ende des 16. Jhs. als zweite Kanzlei des Geheimen Rats die „Geheime Kammerkanzlei" zur Seite, die seit Mitte des 16. Jhs. unabhängig von der fürstlichen Kanzlei als Schreibstube der fürstlichen Kammersekretäre entstanden war (Repertorium ihrer Registratur von Jeremias Jahn 1588/90) und bis zur Schaffung einer einheitlichen Kanzlei des Geheimen Rates i. J. 1717 bestanden hat. Der Hofrat, der nunmehr unter der Bezeichnung „Landesregierung" im wesentlichen auf Justizangelegenheiten beschränkt wurde, besaß in der „Hof- oder Justitienkanzlei" ebenfalls seine eigene Kanzlei. So hatte sich hier die alte landesfürstliche Kanzlei, die anderswo vielfach noch lange die bindende Mitte für die Zentralbehörden geblieben ist und daher zum Ansatzpunkt für die

Bildung eines Hauptarchivs werden konnte, schon früh in drei Schreibstuben gespalten. Da sowohl die *Landesregierung* wie die beiden Kanzleien des *Geheimen Rats* ihre Registraturen bei sich behielten, entstanden jetzt neben den beiden alten Archiven, die dadurch von der Weiterentwicklung abgeschnitten wurden, ausgesprochene *Behördenarchive*.

Nachdem der Plan des Kurfürsten Johann Georgs II. von 1663, ein Auslese- und Hauptarchiv auf der Grundlage des Urkundenarchivs neben der Silberkammer unter Hinzuziehung der wichtigen Bestände des alten Kanzleiarchivs im „Großen Briefgewölbe", das nunmehr der Geheimen Reichskanzlei unterstellt wurde, zu schaffen, in den Anfängen seiner Verwirklichung steckengeblieben war, tauchten erst 1697 wieder derartige Bestrebungen auf, die zunächst auch noch das Urkundenarchiv neben der Silberkammer zur Grundlage des neuen Archivs machen wollten. Aber der Kammerrat Reinhardt, der seit 1699 die Archivreform tatkräftig in Angriff nahm, ging von dem Kanzleiarchiv des „Großen Briefgewölbes" aus, dessen von ihm entworfenes Ordnungsschema er auf die Behördenarchive (bei der Geheimen Reichskanzlei, der Geheimen Kammerkanzlei, der Landesregierung usw.) übertragen wollte, um diese dann mit dem Kanzleiarchiv zum „Hauptarchiv" zu vereinigen. Doch infolge des Widerstandes der Geheimen Räte vermochte er in dem 1702 konstituierten „Hauptarchiv" (seit 1710 „Geheimes Archiv" genannt) nur das alte Kanzleiarchiv im „Großen Briefgewölbe" mit dem Urkundenarchiv der Silberkammer zu vereinigen und erhielt seit 1716 die älteren Bestände der Geheimen Reichskanzlei sowie einige Stücke aus dem Rentkammerarchiv und aus dem Archiv der Landesregierung. Das *Geheime Konsilium* (Geheimes Konseil), die Nachfolgebehörde des Geheimen Rates, behielt seine Akten zurück und auch die neue Zentralbehörde, die sich August der Starke 1704 als Instrument seiner absoluten, Sachsen und Polen einbeziehenden Regierungsgewalt und als Gegengewicht gegen den von den Ständen nicht unbeeinflußten Geheimen Rat geschaffen hatte, das Geheime Kabinett, begründete 1708 in dem „*Geheimen Kabinettsarchiv*" ein eigenes Behördenarchiv. So wurde das Geheime Archiv bald zu einem historischen Archiv, das von der organischen Bindung an eine lebende Behörde und damit von jeder Weiterentwicklung abgeschnitten war.

Da es sich bei den im Geheimen Archiv zusammengefaßten Archivalien um ungenügend oder gar nicht geordnete Bestände verschiedener Herkunft handelte, ist es angesichts des damaligen Ordnungsdenkens nicht überraschend, daß man für die von Grund auf auszuführende Neuordnung ein systematisches Sachprinzip wählte. Auch brachte die Lösung des Archivs aus der unmittelbaren, engen Bindung an den Geheimen Rat bzw. das Geheime Konsilium eine gewisse Entfremdung gegenüber den Bedürfnissen des praktischen Geschäftsverkehrs mit sich, was den systematischen Charakter des inneren Aufbaus noch verstärken mußte. Wenn man eine strenge Scheidung von Urkunden und Akten vornahm, so hat dem wohl schon der moderne formale Gesichtspunkt zugrunde gelegen, jedenfalls sicherlich nicht die Rücksicht auf politische und dynastische Interessen, die doch gerade die Heranziehung auserlesener Akten zur Ergänzung der Urkunden nahegelegt hätten. Das von Reinhardt für die Ordnung der Urkunden gewählte Schema ist auch im Hauptstaatsarchiv des 19. Jhs. beibehalten worden. Von den drei großen Urkundenabteilungen waren die beiden letzten (Urkunden betr. Klöster und Stifter und Urkunden betr. Ämter, Städte und Dörfer) nach dem Alphabet der Orte, die erste (Urkunden betr. das kurfürstliche Haus) nach „Generaltiteln", d. h. Sachtiteln, in alphabetischer Folge untergegliedert. Die Akten teilte man — in Umbildung des ursprünglichen Planes von Reinhardt — ohne Rücksicht auf ihre Herkunft in große Gruppen ein, die nach sachlichen, geographischen oder personalen Gesichtspunkten durch Stichworte in alphabetischer Folge bezeichnet und jeweils nach den gleichen Gesichtspunkten untergegliedert waren. Dieses deduktive Einteilungsschema, das im Laufe des 18. Jhs. von Reinhardts Nachfolgern weiter ausgebaut worden ist, hat nicht nur den inneren Aufbau der Behördenarchive beeinflußt, sondern ist auch für die Neuordnung des Hauptstaatsarchivs Mitte des 19. Jhs., der ebenfalls rational-deduktive Gesichtspunkte zugrunde lagen, von Bedeutung gewesen.

Neben dem älteren „*Archiv der Landesregierung*" und den schon genannten Archiven des Geheimen Kabinetts und des Geheimen Konsiliums entstanden im Laufe des 18. Jhs. noch weitere Behördenarchive, deren bedeutendste das 1736 begründete „*Archiv der Geheimen Kriegskanzlei*" und das „*Kammerarchiv*", ein 1731 aus den Registraturen der Finanzbehörden des Landes geschaffenes Facharchiv, waren.

Während diese neuen Archive in organischer Verbindung mit den Behörden verblieben, aus deren Registraturen sie sich gebildet hatten, erlangte das Geheime Archiv 1702 eine gewisse Selbständigkeit gegenüber dem Geheimen Rat und gegenüber dem Geheimen Konsilium, dessen Aufsicht es allerdings später wieder unterstellt wurde, verlor dadurch aber den Anschluß an die lebenden Registraturen. Wohl nahm es durch das Gewicht seiner Urkundenbestände und seiner älteren Akten eine Sonderstellung gegenüber den Facharchiven ein; aber es blieb ein historisches Archiv, das keinen nennenswerten Zuwachs mehr erhielt. Auch der Weg zum Auslesearchiv blieb ihm versperrt; denn die einzige Behörde, die nach dem Schwinden der politischen Bedeutung des Geheimen Rates derartige Auslesebestrebungen wirksam hätte unterstützen können, das Geheime Kabinett, beschränkte sich auf sein Behördenarchiv. Und auch die Urkunden konnten dem Geheimen Archiv keinen Auftrieb mehr geben; sie hatten gewissermaßen ihre Zeit verschlafen, denn Rechtstitel spielten in der dynastischen Politik Sachsens, das seit 1635 keine territoriale Erweiterung mehr erfahren hat, ebensowenig wie in der polnischen Politik eine nennenswerte Rolle.

7. *Zusammenfassung*

Am unglücklichsten ist die Entwicklung in *München* verlaufen. Hier hat die Urkunde dank der ungünstigen Behördenunterstellung ihre zerstörerische Macht besonders kraß zur Geltung bringen können. Indem der Geheime Rat als oberste politische Behörde das Urkundendepot unter seine Obhut nahm, schien sich die Entwicklung eines Hauptarchivs auf der Grundlage der Urkunden anzubahnen. Da aber keine Aktenabgaben des Geheimen Rates erfolgten und auch das dem Hofrat unterstellte Aktenarchiv vom Urkundendepot getrennt blieb, vermochte sich das letztere nicht wesentlich weiterzuentwickeln. Trotzdem war seine Fernwirkung noch groß genug, dem Aktenarchiv, das ja anfangs auch noch Bindungen zum Geheimen Rat hatte, die Richtung auf ein Auslese- und Hauptarchiv für die wichtigsten Zentralregistraturen und sogar für lokale Registraturen aufzuprägen, wie dies in der Archivordnung von 1640 zum Ausdruck kam. Aber da der Hofrat, mit dessen Registratur das Aktenarchiv in organischer Verbindung stand, in seinen Funktionen immer weiter eingeschränkt wurde und nicht mehr genügend Einfluß besaß, den Auslesebestrebungen seines Archivs Zugang zu den anderen Registraturen zu verschaffen (wie es allein der Geheime Rat vermocht hätte), blieb auch das Aktenarchiv auf dem Wege zum Auslese- und zum Hauptarchiv stecken. Da man bei der Auslese für das Aktenarchiv unter Einwirkung der Urkunden von dem Begriff des Rechtstitels ausging, entstand zwischen Urkunden- und Aktenarchiv ein merkwürdiger Parallelismus; als sich dann im „Geheimen Staatsarchiv" noch ein weiteres Auslesearchiv mit der gleichen Tendenz auf Rechtstitel hin bildete, führte dies alles zu einer Unklarheit in der Zuständigkeitsabgrenzung, die schließlich zu der radikalen „Reform" von 1799 zwang. Indem man an die Stelle der bisherigen drei Auslesearchive, die immerhin teilweise noch geschlossene Behördenregistraturen als Grundstock ihres Bestandes aufwiesen, drei gleichberechtigte „Hauptarchive" setzte, die nach einer auf Grund staatstheoretischer Systematik abgegrenzten Sachzuständigkeit aus allen Registraturen ausgelesenes Material an sich ziehen sollten, zerstörte man alle organischen Zusammenhänge. Schließlich hat, wie wir später sehen werden, die Urkunde im 19. Jh., diesmal von ihrer wissenschaftlichen Einschätzung aus, in der Theorie von den „archivalischen" und „nichtarchivalischen Akten" ihren destruktiven Einfluß von der zentralen auf die lokale Sphäre ausdehnen können, indem auch die Zuständigkeitsabgrenzung zwischen zentralen und Provinzialarchiven Sachgesichtspunkten unterworfen wurde. Erst im 20. Jh. hat man wenigstens auf organisatorischem Wege, durch Zusammenschluß der zentralen Archive und durch Archivalienaustausch zwischen zentralen und Provinzialarchiven, die ärgsten Schäden dieser Entwicklung auszugleichen versucht.

Das Gegenstück dazu bietet die Geschichte des *Berliner Geheimen Staatsarchivs*, die in jeder Hinsicht organisches Wachstum zeigt. Den Ausgangspunkt bildete hier das Behördenarchiv der obersten politischen Behörde, des Geheimen Rats. Eben in der Zeit, als neben und innerhalb des Geheimen Rats andere Zentralbehörden gleicher Bedeutung entstanden und damit die Gefahr auftauchte, daß das alte Behördenarchiv durch neue Behördenarchive zurückgedrängt werden könnte, traten die Urkunden, die bisher abseits gelegen hatten und nun durch die Verbindung mit einer Registratur geheimster Staatsakten wieder Bedeutung erhielten, in Erscheinung. So bildete sich innerhalb des Behördenarchivs des Geheimen Rats ein selbständiges Auslesearchiv, das sein Ausleseprinzip aus der politischen Wichtigkeit des Materials, nicht aus dem Rechtstitelcharakter ableitete und bald zur Aufnahme von Eliteregistraturen überging; es gab dem Behördenarchiv den notwendigen Auftrieb in der Richtung zum Hauptarchiv, ohne daß die destruktiven Tendenzen der Urkunde wesentlich zur Wirkung kommen konnten. Indem das Archiv dank seiner bisherigen Bedeutung im 19. Jh. die Tendenzen zur Bildung von Facharchiven überwinden und den 1803 verlorenen Anschluß an lebende Registraturen wiedergewinnen konnte, war ihm der Weg zum modernen Zentralarchiv freigegeben.

Zwischen diesen beiden Polen bewegt sich die Geschichte der übrigen drei großen Landesarchive, die wir verfolgt haben. Das *Wiener Haus-, Hof- und Staatsarchiv* entstand als künstliche Schöpfung durch einen einmaligen Akt. Da man die Auslese zunächst auf Urkunden beschränkte, schien sich keine Möglichkeit zu lebendiger Fortentwicklung des Archivs zu bieten, bis die Entscheidung durch die Unterstellung unter die Staatskanzlei, die wichtigste politische Behörde des Staates, fiel, womit der auf das für Staat und Kaiserhaus bedeutsame Material gerichtete Auslesecharakter des Archivs noch unterstrichen wurde. Dank der Unterstützung durch die Staatskanzlei, mit der allerdings nur eine organisatorische Verbindung bestand, konnte man bald auch politisch wichtige Akten verschiedener Behörden übernehmen und schließlich den entscheidenden Schritt zur Übernahme geschlossener Eliteregistraturen aufgelöster Amtsstellen tun. Daß es erst im 19. Jh. gelang, Verbindung zu lebenden Registraturen zu finden, mag auch ein Grund dafür sein, daß das Haus-, Hof- und Staatsarchiv nicht den Weg zum Zentralarchiv gefunden hat, sondern Hauptarchiv mit Zuständigkeit für die obersten Ratskollegien und die Behörden der Außenpolitik geblieben ist.

In *Stuttgart* wurde das Empfängerarchiv durch die Entscheidung des Herzogs, der die seine Gerechtsame betreffenden Akten mit den Urkunden vereinigt wissen wollte, i. J. 1556 zum Auslesearchiv für alle Zentralbehörden. Durch die unmittelbare Unterstellung unter den Herzog und seine Geheimen Räte und durch die engen Beziehungen zu den beiden hohen Landesbehörden, dem Geheimen Rat und dem Herzoglichen Kabinett, wurde die Auslesetendenz in günstiger Weise gefördert. Da die Auslese sich in engen Grenzen hielt, behielten die als Komplement zum Auslesearchiv erwachsenen Fach- und Behördenarchive noch bedeutsames Material zurück. Erst im 19. Jh. ging man zur Auslese geschlossener Registraturen der Behörden der obersten Staatsführung und der auswärtigen Politik über. Der Dualismus von Hauptarchiv und Facharchiven ist erst im 20. Jh. und auch nur in organisatorischer Weise überdeckt worden. Wie das Berliner Archiv den Idealtypus des aus einem Behördenarchiv erwachsenen Hauptarchivs, so stellt Stuttgart den eines aus einem Auslesearchiv in organischer Bindung an die Registraturen der politischen Zentralbehörden erwachsenen Hauptarchivs dar.

Während in Berlin die Urkunden noch zur rechten Zeit wirksam geworden waren, um das inzwischen ausgebildete Behördenarchiv zum Hauptarchiv emporzuheben, blieben sie in *Dresden* wirkungslos. So konnte sich hier nur eine Zahl von Behördenarchiven bilden, denen gegenüber sich das „Geheime Archiv“ nur als historisches Archiv durch das Alter seiner Bestände und den Mangel einer Verbindung zu lebenden Registraturen heraushob. Das moderne Zentralarchiv ist hier schließlich i. J. 1834 durch einen Verwaltungsakt aus der Konzentration mehrerer gleichgestellter Behörden- und Facharchive entstanden.

Von den drei seit dem 16. Jh. nebeneinander begegnenden Archivalienformationen, 1. dem wichtigen Eingangsmaterial (Originalurkunden), 2. der älteren Kanzleiproduktion (Auslaufregister, Kopialbücher, Urkundenverzeichnisse), die vielfach mit Eingängen geringerer Bedeutung, insbesondere Briefen, vermischt war, und 3. der Sachregistratur, die Eingänge und Ausgänge unter sachlichen Begriffen vereinigt, hat in den deutschen Territorien im Gegensatz zu den westeuropäischen Ländern die zweite Gruppe in der Neuzeit keine selbständige Rolle mehr gespielt. Die ältere Kanzleiproduktion ist jetzt entweder den Urkundendepots oder den Kanzleiregistraturen angegliedert worden, und ihre Nachfolger, die neuzeitlichen Amtsbücher, soweit sie nicht überhaupt zu bloßen Registraturhilfsmitteln herabsanken, haben — vielleicht abgesehen von den Rechnungsbüchern der Kassenverwaltung — nicht mehr registraturbildend in der Art der mittelalterlichen Kanzleiproduktion oder der westeuropäischen Register zu wirken vermocht. Erst in neuer Zeit hat man zuweilen in den Archiven die Amtsbücher aus formalen Gründen von Akten und Urkunden gesondert aufgestellt.

Im 16. Jh. begegnet uns in den deutschen Territorien ein Dualismus zwischen sorgfältig aufbewahrten Empfängerdepots und weniger sorgfältig in der Nähe der Kanzlei untergebrachten Kanzleidepots. Das Urkundengut für sich bot wenig Möglichkeiten zur Entwicklung; denn unter den späteren Urkunden hatten nur noch die wenigen Staats- und dynastischen Verträge öffentliche Bedeutung als Rechtstitel. Aber auch ein aus einer Kanzleiregistratur erwachsenes Archiv konnte, wenn nicht andere Faktoren hinzutraten, nicht über den Rahmen eines Facharchivs hinauswachsen. So waren beide Archivtypen, sollte der Weg zum Hauptarchiv und darüber hinaus zum modernen Zentralarchiv nicht versperrt bleiben, aufeinander angewiesen, und die Überwindung dieses Dualismus ist der Inhalt der zweiten großen Periode der Archivgeschichte vom 16. bis 18. Jh. Je nach dem, ob Urkundendepot oder Kanzleiregistratur zum Ausgangspunkt der Archivbildung wurde und wie stark die Einwirkung war, die in der weiteren Entfaltung des Archivwesens von den alten Urkunden ausging, nahm die Entwicklung einen unterschiedlichen Verlauf.

Das *Urkundendepot* konnte als politisches Arsenal zum Mittelpunkt werden, indem es auserlesene Akten an sich zog (Stuttgart, Wien), es konnte unter Wahrung seiner politischen Bedeutung gesondert von dem Aktenarchiv verbleiben, um früher (München) oder später (Berlin) seine Wirkung auf das Aktenarchiv geltend zu machen, oder es konnte als totes Depot aus der Archiventwicklung ausscheiden, weil die Territorialpolitik keinen Gebrauch von Rechtstiteln machte (Dresden). Durch ihre Richtung auf Sachauslese konnten die Urkunden eine doppelte Wirkung ausüben, einerseits dem Archiv einen Auftrieb zum Hauptarchiv hin geben, andererseits aber durch die Zerstörung der Registraturzusammenhänge destruktiv wirken. Wenn man nun bei der Wertauslese, statt von dem Begriff des Rechtstitels auszugehen, d. h. vorzugsweise Akten, die in Rechtstiteln gipfeln, auszuwählen (so in München), von dem allgemeineren Begriff der politischen Bedeutung ausging, d. h. die wichtigen geheimen Akten in das Archiv aufnahm, konnte man leichter den Weg von der Einzelauslese zur Übernahme geschlossener Eliteregistraturen finden (Wien, Stuttgart) und damit die destruktive Wirkung des Ausleseprinzips abschwächen.

Durch die Einwirkung der Urkunden erhalten die Akten des Auslesearchivs eine bestimmte, nämlich eine politische Zwecksetzung und treten damit in Gegensatz zum Verwaltungscharakter der Behörden- und Facharchive, die sich als Komplement zum Auslesearchiv aus den nach der Sachauslese zurückbleibenden Akten der Behörden bilden müssen. Wie den toten Urkundendepots die Beziehung zu den Akten, so fehlt den Behörden- und Facharchiven die Beziehung zur alten Urkunde, und wenn sich in Facharchiven gelegentlich auch Urkunden finden (z. B. im Wiener Hofkammerarchiv), so sind diese nur ganz sekundär und spät dorthin gelangt, als sie auf die Archiventwicklung keinen Einfluß mehr nehmen konnten.

Der zweite Faktor, der die Archiventwicklung entscheidend beeinflußt, ist die *Behörde*, der sich das Archiv anschließt. Je nach der Bedeutung, die die Behörde im Staatsganzen einnimmt und im Verlaufe der Geschichte zu wahren vermag, und je nach dem Grade der Bindung des Archivs an diese Behörde ist die Geschichte des Archivs eine andere. Ein in seiner politischen Bedeutung gewürdigtes Urkundendepot wird gewöhnlich die wichtigste politische Behörde an sich ziehen, und nur sie hat die nötige Macht, seiner Auslesetendenz auch die übrigen zentralen Registraturen zu öffnen (Wien, Stuttgart). Die Bindung des Archivs an seine Behörde kann nun eine organische sein, d. h. sich auf die dortigen Registraturen beziehen und sich in regelmäßigen Aktenabgaben auswirken (Stuttgart), oder eine bloß organisatorische, d. h. sich auf behördliche Unterstellung beschränken (Wien), die aber immerhin durch Fürsorge für das Archiv und Heranziehung von Akten aus anderen Amtsstellen, insbesondere von aufgelösten (Wien), dem Archiv wesentlichen Auftrieb geben kann, während die Lösung des Archivs von seiner Behörde (Dresdner Geheimes Archiv 1702, Berliner Geheimes Archiv 1803) zu dauernder oder vorübergehender Stagnation geführt hat.

Der eigentliche und vornehmste Zweck der Archive ist in dieser Archivperiode gewesen, der Verwaltung und Politik des Landes und den Rechten des Fürsten zu dienen; vielfach waren die Leiter der Archive Politiker oder Juristen und Mitglieder der obersten Landesbehörden. Daneben gab es auch andere Wertungen des Archivs, so wenn man in Stuttgart das Archiv zur Kunstkammer machte oder zur Bibliothek in Beziehung setzte. Auch die wissenschaftliche Bedeutung der Archive wurde mehr und mehr sichtbar, Sammlungen und Nachlässe wurden als Ergänzungen der Bestände angekauft, wie es z. B. das Geheime Archiv in Berlin im Falle des Präsidenten der Akademie der Wissenschaften Frhrn. v. Gundling oder des Hallischen Universitätskanzlers Joh. Peter von Ludewig tat. Auch das Archivgeheimnis wurde gelegentlich schon im 17. und 18. Jh. durchbrochen, indem man das Archiv für historische Untersuchungen zur Verfügung stellte. Auch die Archivbeamten selbst haben sich vielfach historischen Arbeiten, im allgemeinen in amtlichem Auftrage, gewidmet. Die Zulassung privater wissenschaftlicher Archivbenutzung bleibt allerdings ein Sonderfall, und erst das 19. Jh. hat ihr die Archive in weitgehendem Maße geöffnet.

Die französische Revolution, die die Bedeutung der Rechtstitel beseitigte, sowie der Reichsdeputationshauptschluß und die napoleonischen Staatenbildungen, die eine gewaltige territoriale Umwälzung zur Folge hatten, gaben den Anstoß zu einer nie dagewesenen Bewegung des Archivwesens. Die damit anhebende neue Archivperiode stellte den Landesarchiven zwei große Aufgaben: 1. die Überwindung des jüngeren Dualismus von Hauptarchiv und Facharchiven durch die Bildung des modernen Zentralarchivs und einer einheitlichen Archivverwaltung als eines eigenen staatlichen Verwaltungszweiges und 2. die Eingliederung des aus den neu erworbenen Territorien erwachsenen Archivgutes, sei es durch Konzentration im zentralen Landesarchiv, sei es durch Schaffung eines Provinzialarchivwesens. Sachsen, das keinen Gebietszuwachs erhalten hatte, stand nur vor der ersten Aufgabe, Baden, das aus einem kleinen Territorium zum Mittelstaat emporgeschossen war, nur vor der zweiten, Preußen, Bayern, Österreich und Württemberg hatten beide Aufgaben zu lösen. Von ihnen weist nur Preußen sowohl hinsichtlich der Bildung des Zentralarchivs wie auch bei der Schaffung eines Provinzialarchivwesens eine organische Entwicklung auf, während die drei anderen Länder die Idee des Zentralarchivs nur auf organisatorischem Wege und erst im 20. Jh. (Württemberg 1921/24, Bayern 1921, Österreich 1940) haben verwirklichen können. Von der Begründung eines Provinzialarchivwesens konnte man in Württemberg und schließlich auch in Baden bei der Kleinheit der staatlichen Verhältnisse absehen; in Bayern und Österreich gelang es im Gegensatz zu Preußen nicht, den neuen Provinzialarchiven gegenüber den zentralen Archiven eine klar abgegrenzte Zuständigkeit hinsichtlich der älteren Bestände zu sichern. Da in Österreich die Initiative zur Bildung von Provinzialarchiven von den Kronländern, z. T. sogar von privater Seite, ausging und die Länderautonomie bei der Archivbildung von Bedeutung war, hat sich dort nicht, wie in Preußen und Bayern, eine geschlossene, die zentralen wie die provinzialen Archive umfassende selbständige Archivverwaltung bilden können.

Wie diese Tendenzen sich nach manchen Rückschlägen und auf manchen Irrwegen durchgesetzt haben, ist Aufgabe der Darstellung des deutschen Archivwesens im 19. und 20. Jahrhundert.

IX. DAS MODERNE ARCHIVWESEN SEIT DER FRANZÖSISCHEN REVOLUTION

(Überwindung des Facharchivwesens durch das moderne Zentralarchiv, Entstehung moderner Archivverwaltungen und Bildung von Provinzialarchiven).

1. *Frankreich*

Die Französische Revolution bedeutete den Durchbruch zu einer neuen Welt auch in der Geschichte der Archive. Sie schuf die Voraussetzungen für das, was wir als die charakteristischen Merkmale der neuen Archivperiode ansehen können: Zentralisierung der Archivalien im modernen Zentralarchiv, Verselbständigung der Archivverwaltung zu einem eigenen Verwaltungszweig, Öffentlichkeit der Archive und ihre organische Verbindung mit den Behörden und deren Registraturen sowie Organisierung ihrer Verwertung für die Wissenschaft.

Im alten Frankreich bestand als ältestes und bedeutendstes Archiv der *Trésor des Chartes* in der Sainte Chapelle, der auf der Grundlage der alten Urkundenschatzkammer, des Thesaurus chartarum, um 1200 von König Philipp August gegründet worden war und bis 1568 auch als Archiv der königlichen Kanzlei, insbesondere zur Aufnahme der Auslaufregister der Königlichen Erlasse, diente, also Material der königlichen Politik aufnahm; daneben erhielt er die königlichen Hausangelegenheiten und die Archive der vom Königtum erworbenen Territorien. Im 13. Jh. spaltete sich die Curia regis, die älteste Zentralbehörde, in den *Conseil du roi* (besonders für Außenpolitik), die *Chambre des comptes* (für Finanzverwaltung) und das *Pariser Parlament*, das außer seiner Tätigkeit als Gerichtshof auch politische Aufgaben (Registrierung der königlichen Ordonnanzen) hatte. Neben diese Schicht älterer Zentralbehörden, die teilweise später in Gegensatz zum Königtum gerieten, trat seit dem 16. Jh. eine neue Gruppe von Zentralbehörden, die sich das Königtum schuf, die *Staatssekretäre*, aus denen heutige Ministerien erwachsen sind, und der *Generalkontrolleur der Finanzen*. Alle diese Zentralbehörden schufen sich ihre eigenen Behördenarchive, unter denen sich die der Staatssekretäre für Krieg, für Marine und für auswärtige Angelegenheiten bis ins 20. Jh. als selbständige Behördenarchive behauptet haben. Der *königliche Kanzler*, der bisher in den Trésor des Chartes abgeliefert hatte, schuf sich 1568 ebenfalls ein eigenes Archiv. Auch in der regionalen Sphäre, in der sich auf der Grundlage der Provinzen als historischer Landschaften mehrere Verwaltungseinteilungen überschnitten, unter denen die in Finanzbezirke, die Generalitäten unter den kgl. Intendanten, die wichtigste war, gab es zahlreiche Behördenarchive der Verwaltungsbehörden, der Gerichtshöfe und der ständischen Ausschüsse. Dazu kam eine unendliche Zahl von nichtstaatlichen Archiven: die Kommunalarchive, die geistlichen Archive, die Archive auf den Landsitzen des Adels und die von Hospitälern und Universitäten.

Das Unglück hat es gewollt, daß das einzige Archiv, das den Keim zu einem Hauptarchiv in sich barg, der Trésor des Chartes, ein Auslesearchiv auf der Grundlage des alten Eingangsmaterials, nicht zur rechten Zeit in die rechte Behördenverbindung gelangte; es blieb zu lange der königlichen Kanzlei angeschlossen, als diese schon keine politische Bedeutung mehr hatte, und wurde später dem Pariser Parlament angegliedert, das kein Interesse daran nahm. Nur gelegentlich empfing es noch in Konkurrenz mit dem Archiv des Staatssekretärs des Auswärtigen Dokumente von besonderer Wichtigkeit, wie z. B. den Friedensvertrag von Osnabrück, und wurde schließlich zum historischen Archiv. So herrschte im alten Frankreich das Behördenarchivwesen uneingeschränkt. Im Laufe des 18. Jhs. hat man Maßnahmen zur Überwindung dieser Dezentralisation ergriffen: so hat man 1764 im Cabinet des Chartes eine Sammelstätte alter Urkunden geschaffen; die Archivalien in den Provinzen hat man bei den Intendanten konzentrieren wollen. Infolge derartiger Zentralisierungsbestrebungen sind schließlich zahlreiche Archivalien in die Bibliotheken gelangt. Die chaotische Vielfältigkeit im französischen Archivwesen, die nirgends einen Ansatzpunkt zu einer zentralen Organisation bot, macht es verständlich, daß die französische Revolution, die durch ihre politische und soziale Umwälzung die Archive von ihrem alten Grunde löste, zur völligen Neuschöpfung eines Archivwesens ohne historische Verknüpfung geschritten ist.

Bereits in den Anfängen der Revolution tauchte als völlig wurzellose, an nichts Älteres anknüpfende Bildung das Zentralarchiv Frankreichs, das *Pariser Nationalarchiv*, auf. Es war zunächst nicht als allgemeine Bergungsstelle für das entwurzelte und herrenlose Archivgut des alten Frankreichs gedacht, sondern wurde, nach seiner Gründung als Archiv der Nationalversammlung i. J. 1789, durch Dekret vom 12. September 1790 als das Archiv bestimmt, das — gleichsam als Ehrenhalle für die Werke der Revolution — alle Akten über die Verfassung, das öffentliche Recht, die Gesetze und die Verwaltungseinteilung Frankreichs in sich aufnehmen sollte; es war also als ein Auslesearchiv gedacht für das Material, das aus den konstitutiven Akten der Nationalversammlung erwuchs[95]). Wesentlich war aber, daß von vornherein die Absicht bestand, diesem Archiv einen ganz allgemeinen, öffentlichen Charakter zu geben und darin die Denkmäler der wichtigsten Taten und Geschicke der Nation aufzubewahren. Das ganze Pathos der Revolution übertrug sich auf diese Archivbildung, was auch in der Namengebung: „Nationalarchiv" zum Ausdruck kommt.

Das alte Archivgut dagegen versank einstweilen im Chaos der Revolution. Es blieb von Plünderungen nicht verschont, außerdem den Mißgriffen der Revolutionsbehörden und schließlich auch den vom Rationalismus beherrschten Vorstellungen ausgesetzt, die man damals von der Methode hatte, archivalische Quellen für die Geschichtsforschung brauchbar zu machen. Als sich dann die Hauptflut der Revolution verlaufen hatte, in der jedoch viel Unersetzliches verlorengegangen war, am meisten durch die häufigen Umlagerungen, und als man sich zu einer grundsätzlichen Sicherung entschloß, trug man in den Kommissionen der Gesetzgebenden Versammlung immer noch sehr widerstrebend den Tendenzen Rechnung, die das alte Material erhalten wollten. Alle alten Einrichtungen waren ja zusammengebrochen, und damit wurde alles Archivgut frei, eine völlig neue Situation, die es noch nie gegeben hatte. Diese an sich verwirrende Lage bot aber die Möglichkeit zu einer radikalen Zusammenfassung der Archivalien, nachdem diese sich von den einzelnen Behördenkörpern gelöst hatten, an denen sie bisher gehaftet hatten. Nun ergab sich das Problem, wie man die chaotischen Archivalienmassen eingliedern sollte.

Radikale Strömungen wollten, da eine neue Zeit mit einem ganz neuen Verhältnis des Individuums zu Staat und Nation angebrochen sei, jede Überlieferung der alten Zeit tilgen. Demgegenüber machte sich bei den maßgeblichen amtlichen Stellen, wenn man dort auch der revolutionären Forderung nach Austilgung der archivalischen Denkmäler des Feudalismus eine gewisse Berechtigung zuerkannte, doch die Erwägung geltend, daß man hier um der staatlichen und nationalen Interessen willen Grenzen setzen müsse. Daher wies man 1793 das herrenlose Archivgut der früheren Verwaltungen, Körperschaften und Institutionen dem Nationalarchiv zu, dem durch Erlaß vom 2. Nov. 1793 die Section domaniale et administrative für das moderne Aktengut und die Section judiciaire et historique, in die die alten Archivalien gelangen sollten, angegliedert wurden. Das berühmte Gesetz vom 25. Juni 1794 (7 Messidor II) erklärte das Nationalarchiv zum centre commun für das gesamte Archivgut

---

[95]) Diese Grundlegung eines Aussteller-Auslesearchivs erinnert lebhaft an den Ausgangspunkt der Archive des klassischen Altertums, die ja aus der Sammlung des Gesetzesmaterials erwachsen sind. Br.

des Staates und ordnete eine Sichtung des vorrevolutionären Archivgutes durch einen besonderen Ausschuß (Agence temporaire des titres, später Bureau de triage) an nach Wertungsgesichtspunkten, die aus den damaligen staatlichen Bedürfnissen erwachsen waren. Man bildete vier Wertgruppen, in die das Material durch den Sichtungsausschuß eingeteilt werden sollte: 1. die Papiers utiles, die insbesondere die Unterlagen für die Verwaltung der als Staatseigentum eingezogenen Kirchen- und sonstigen Güter enthielten, sollten dem Nationalarchiv zugewiesen werden; 2. die Chartes et Monuments appartenant à l'histoire, aux sciences et aux arts, die der historischen Forschung dienen konnten, wollte man der Pariser Nationalbibliothek und den Distriktsbibliotheken übergeben; 3. die Titres féodaux, d. h. die die Adelsfamilien und Adelseinrichtungen betreffenden Dokumente, sollten vernichtet werden, ebenso wie 4. die Papiers inutiles, die den Munitionsfabriken zur Verwendung überlassen werden sollten. Man ging also von vornherein von einer Sachunterscheidung aus; der Gedanke, die Dokumente einer Institution in ihrem Zusammenhange zu belassen, taucht nirgends auf.

Damals sind viele Archivalien, die man als historisch bedeutsam ansah, aus ihrem Zusammenhange herausgerissen worden und in Bibliotheken gewandert, so insbesondere sämtliche Kopialbücher (Cartularien). Daraus erklärt es sich, daß die französischen Bibliotheken noch heute in viel größerem Umfange Archivgut besitzen als die deutschen. Aber angesichts der Traditionslosigkeit der neu erstandenen Archive waren die Bibliotheken im damaligen Frankreich die einzigen Stellen, bei denen man Archivgut retten konnte, und dieses gab zugleich den Bibliotheken den erwünschten bedeutsamen geschichtlichen Hintergrund. Zur vollständigen Auslieferung der historischen Bestände an die Bibliotheken ist es nicht gekommen, die Schwierigkeiten, alle einzelnen Archivkörper nach diesen Wertgesichtspunkten zu sezieren, waren doch zu erheblich. Doch wurde die Kassation der angeblich unerheblichen und der des Feudalismus verdächtigen Bestände vielfach fortgesetzt. Erst in der Restaurationszeit setzte eine rückläufige Bewegung ein, als die zurückgekehrten Emigranten ihre Archive einforderten und auch der Staat zur Feststellung der Rechte des Adels auf das diesbezügliche Material zurückgreifen mußte. Indem man jetzt die in den Depots erhaltenen Documents féodaux heraussuchte, brachte man neue Verwirrung in das Archivwesen.

Aber das Pariser Nationalarchiv war gar nicht in der Lage, die gewaltigen Archivalienmassen aufzunehmen und zu verarbeiten. Die verschiedenen Provinzialbehörden hatten zu Beginn der Revolution ihr Material an die Nachfolgebehörden, also zumeist an die Distrikts- oder Departementsverwaltungen, übergeben. Bald bildeten sich auch — auf Grund eines Dekrets vom 5. Nov. 1790 — in den Distrikten, den Unterbezirken der Departements, Archivdepots zur

Aufnahme des Schriftgutes der Nationalgüter (d. h. der eingezogenen Güter des Klerus und später auch der Emigranten). Zur Verwaltung dieser Güter benötigte man an Ort und Stelle deren Archivalien, die aus diesem Grunde auch gewöhnlich in ihrem Zusammenhange erhalten blieben. Das schon genannte Gesetz vom 25. Juni 1794 ordnete dann an, daß in den Distrikten überall dort, wo ein öffentliches Bedürfnis vorlag, Sammelstellen für das gesamte ältere Archivgut anzulegen waren, die dem Nationalarchiv als „Centre commun" unterstehen sollten (Art. 3). Man betrachtete aber diese Archivdepots lediglich als Sektionen des Nationalarchivs, in das ihr Inhalt wohl später fließen sollte, wenn er nach den bekannten Wertungsgesichtspunkten gesichtet war. So war aus dem Ausstellerarchiv für die historischen Denkmäler des revolutionären Frankreichs ein gewaltiges Zentraldepot der Archivalien aus ganz Frankreich geworden, in das zentrale wie lokale Bestände übernommen werden sollten.

Dieser Gedanke des großen Zentralarchivs ist dann von Napoleon, der sich auch hierin als Erbe der Revolution erwies, ins Utopische gesteigert worden, als er durch die Edikte von 1810 und 1811 sein *„Universalarchiv" zu Paris* schuf. in das nicht nur die bedeutenden Archivalien aus dem französischen Kaiserreich und den einverleibten Ländern, sondern auch alles Material von besonderer Bedeutung für die französische Geschichte oder von allgemeinem Interesse aus den besiegten Staaten, insbesondere aus Österreich, Italien und Spanien einverleibt wurde; dieses gewaltige Zentralarchiv stellte also ein Auslesearchiv dar.

Erst das Gesetz vom 26. Okt. 1796 (5 Brumaire V) machte den Tendenzen zur unbeschränkten Zentralisierung, die sich inzwischen als undurchführbar erwiesen hatte, ein Ende. Im Anschluß an die 1789 eingeführte Verwaltungseinteilung in Departements wurden Departementsarchive in den Departementshauptstädten mit Beibehaltung der Unterstellung unter das Nationalarchiv geschaffen, in denen das für die staatliche Verwaltung notwendige Material, darunter natürlich auch die geistlichen Archive, aus den Distriktsdepots konzentriert werden sollte, während die kommunalen und die Hospitalarchive, die ja in den romanischen Ländern eine große Rolle spielen, wieder an ihre Ursprungsstellen zurückzugeben waren. Damit war das moderne Provinzialarchivwesen, dessen Merkmal die Konzentration alles staatlichen Archivgutes des betreffenden Verwaltungsbezirks ist, geschaffen. Allerdings hatte man zu Trägern der archivalischen Überlieferung Verwaltungseinheiten gemacht, die selbst völlig unhistorische Bildungen waren und an die daher die historischen Archivkörper keinen organischen Anschluß finden konnten. Da man den Umfang der Departements sehr klein bemessen und bewußt auf jede historische Kontinuität bei der Grenzziehung verzichtet hatte, wurden alte Territorial- und Verwaltungsbezirke vielfach durchschnitten und dadurch die Verteilung der lokalen Archivalien noch weiter kompliziert, die ohnehin schon schwierig war, da im alten Frankreich Inkongruenz verschiedener nebeneinander stehender Verwaltungs- und Gerichtsbezirke vorgelegen hatte. Auch soweit man bei der Aufteilung nicht nach lokalem Pertinenzprinzip verfuhr, sondern sich darauf beschränkte, die in jedem Departement lagernden Sammeldepots in der Departementshauptstadt zu vereinigen, mußte es angesichts der vorangegangenen häufigen Umlagerungen doch zu vielfachen Zerreißungen alter Archivkörper kommen. Zur Zeit der Reform Guizots wurde zwar die Zusammenfügung der Stücke gleicher Provenienz verfügt, aber nur z. T. durchgeführt, so daß sich noch heute derartige Provenienzaufspaltungen auf verschiedene französische Departementsarchive feststellen lassen.

Außer dem Prinzip der Zentralisierung und der damit in Zusammenhang stehenden Begründung einer einheitlichen, selbständigen, im Nationalarchiv gipfelnden Archivverwaltung hat das Gesetz vom 25. Juni 1794, das wir als Grundgesetz der neuen Archivperiode ansehen können, noch ein zweites völlig neues archivalisches Prinzip aufgestellt, das der Öffentlichkeit der Archive, das Wilhelm Wiegand (Korr.blatt des Gesamtvereins 55. Jg. 1907 Sp. 425) die „Erklärung der archivalischen Menschenrechte" genannt hat[96]. Wenn auch das Prinzip der allgemeinen Zugänglichkeit der Archive die Voraussetzung der wissenschaftlichen Forschungsarbeit ist, so ist seine Proklamation doch weniger aus wissenschaftlichen Bedürfnissen heraus erfolgt, vielmehr war der Grundgedanke, daß jeder französische Bürger die Möglichkeit zur Einsichtnahme in die Bestände haben solle, um seine materiellen Interessen, die sich an die Liquidierung der alten Feudalrechte und Besitzverhältnisse knüpften, wahrzunehmen. Einzig aus solchen materiellen Erwägungen heraus hatte ja auch der Staat anfangs die Documents domaniaux aus der archivalischen Überlieferung herausgehoben und zur archivischen Aufbewahrung bestimmt, während das historisch bedeutsame Material den Bibliotheken überlassen wurde.

Die Gesetze von 1794 und 1796 bilden Marksteine, von denen die neue Archivperiode ihren Ausgang genommen hat. Aber die Prinzipien, die sie proklamiert hatten, setzten sich in der Praxis keineswegs vollständig durch. Vielmehr hat in der Folge jede intensive Pflege der Archive wieder aufgehört. Die Departementsarchive blieben ungeordnete Depots, während das Nationalarchiv — ganz entsprechend seinem ursprünglichen Charakter eines Auslesearchivs und Sammeldepots — nach dem bibliothekarischen Sachprinzip auf-

[96]) Art. 37: „Tout citoyen pourra demander dans les dépôts, aux jours et aux heures, qui seront fixés, communication des pièces qu'ils renferment; elle leur sera donnée sans frais et sans déplacement et avec les précautions convenables de surveillance."

gebaut wurde. Man schuf Gruppen, wie z. B. Mélanges historiques, Monuments historiques, Museum diplomaticum, die aus den verschiedensten Provenienzen herstammten. Andererseits blieben bedeutende Bestände, wie der Trésor des Chartes und das Archiv des Pariser Parlaments geschlossen beieinander. Im übrigen spiegeln sich die Grundsätze der Revolution in der Wertung und inneren Gliederung wider, die das Nationalarchiv durch seine beiden Leiter Camus (1789—1804) und Daunou (1804—15, 30—40) erhalten hat. Die mit Buchstaben bezeichneten Abteilungen tragen Sachtitel oder Titel von Verwaltungszweigen und Namen von Institutionen. Sie wurden — ähnlich wie die ebenfalls nach Buchstaben bezeichneten Sachgruppen (Séries) der Departementsarchive — in übergeordneten Sektionen (ursprünglich sechs) zusammengefaßt:

1. Section législative (das Revolutionsarchiv; Buchst. A—D).
2. Section administrative (ältere und neuere Verwaltung, nach Sachen auseinandergelegt; Buchst. E—H).
3. Section historique (darin nebeneinander trotz ihrer Verschiedenartigkeit der Trésor des Chartes und die Monuments historiques, Monuments ecclésiastiques und Mélanges historiques; Buchst. I—M).
4. Section topographique (Karten und Pläne; Buchst. N).
5. Section domaniale (darin die Titres domaniaux, die eigentlich in andere Sektionen gehörten; Buchst. P—T).
6. Section judiciaire (Registraturen von Gerichtsbehörden; Buchst. V—Z).

Später wurde diese obere Gliederung vereinfacht, und heute gibt es außer dem Sekretariat der Archivverwaltung nur noch eine Section ancienne und eine Section moderne; das Grenzjahr zwischen beiden ist 1789.

Die archivalischen Grundprinzipien der großen Revolution in die Wirklichkeit überzuführen und das neue französische Archivwesen erst zu begründen, blieb dem Julikönigtum und der Anregung des Historikers und Ministers Guizot vorbehalten. Jetzt wurde in die Departementsarchive Ordnung gebracht unter Respektierung der Fonds, deren Untergliederung jedoch möglichst schematisch erfolgen sollte und für deren Zusammenfassung zu großen Sachgruppen ein allgemein gültiges Schema aufgestellt wurde (s. darüber o. S. 62ff.). Ferner begann man Übersichten des Archivinhalts der Öffentlichkeit zu unterbreiten. Die Verwertung des Inhalts der Archive für die Wissenschaft wurde jetzt organisiert, indem man in den Staatshaushalt — in Frankreich früher als anderswo — Mittel einsetzte für eine „Collection des documents inédits pour servir à l'histoire de France", die der Öffentlichkeit und der Wissenschaft nicht nur archivalische Quellen aus dem Mittelalter, sondern aus allen Zeiträumen der französischen Geschichte erschließen sollte. Auch auf die

Kommunal- und Hospitalarchive wurden die schematischen Ordnungsvorschriften und die Veröffentlichung der Inventare ausgedehnt. Diese Archive traten gleichfalls unter den Schutz und die geregelte Aufsicht der obersten Archivleitung, die diese den Departementsarchiven übertragen hat. Hier sind also sehr früh fachlicher Archivschutz und fachliche Archivpflege verwirklicht worden. Nachdem man in der Revolution diese Archive anfangs zentralisiert hatte, konnte man auf Grund der späteren Rückgabe den Anspruch erheben, sie dauernd zu überwachen. Der Archivschutz der kirchlichen und der privaten Archive ist seit der Revolution im Sinne der Konzentration gelöst: sie sind damals z. gr. T. in das Nationalarchiv, die Departements- und die Kommunalarchive gelangt, Reste kirchlicher Archive sind nach dem Trennungsgesetz von 1905 übernommen worden.

Die oberste Archivleitung wechselte zwischen den Fachministerien. Anfangs lag sie meist bei dem Innenministerium, seit 1870/84 ist das Unterrichtsministerium zuständig, und nach diesem Vorbild hat man sich vielfach auch in anderen Ländern gerichtet. In dieser Unterstellung unter die Unterrichtsverwaltung spricht sich eine bestimmte Auffassung vom Archivwesen aus, die dann naheliegt, wenn die alte Tradition zerrissen ist und das Material nur wissenschaftlichen Zwecken dient. Der Sitz der Archivleitung, die ein Sekretariat oder Departement des Ministeriums bildet, befindet sich im Palais Soubise, räumlich vereint mit dem Nationalarchiv, das von ihr zugleich geleitet wird. Neben diesem obersten Sekretariat gibt es seit 1897 als beratende Stelle eine Oberste Archivkommission (Commission supérieure des Archives), die aber schon Vorgänger hatte in den parlamentarischen Kommissionen der Revolutionszeit und später in Kommissionen beim Innenministerium; auch dieser Kommissionsgedanke ist in anderen Ländern nachgeahmt worden. Ferner stehen zur Beaufsichtigung der Archive wie der Bibliotheken dem Unterrichtsministerium drei Generalinspektoren zur Verfügung. Das Nationalarchiv selbst ist seit 1800 von der Volksvertretung, der es bis dahin unterstellt war, losgelöst, bis 1815 unterstand es dem Ersten Konsul, dann Kaiser, später verschiedenen Fachministerien. Zeitweise waren das Nationalarchiv und die Departementsarchive verschiedenen Aufsichtsstellen unterstellt (1870—1884); erst seit 1884 besteht wieder eine einheitliche Archivleitung beim Unterrichtsministerium.

Auch die Verbindung der einzelnen Archive mit den Registraturen der neueren Behörden hat immer mehr geregelte Formen angenommen. Die Departementsarchive sind die Empfangsstätten für die Akten der departementalen Verwaltungs-, Finanz- und Gerichtsbehörden, die jeweils in den Séries modernes zusammengefaßt sind, geworden, das Nationalarchiv hat die gleiche Stellung zu den Ministerien und sonstigen Zentralbehörden, ist aber doch nicht das umfassende Zentralarchiv geworden, als das es in der Revolution geplant war. Das *Ministerium der Auswärtigen Angelegenheiten* und das *Kriegsministerium* haben eigene Archive (gegründet 1628 bzw. 1688) behalten, Facharchive von großer Bedeutung, deren Bestände bis ins 16. bzw. 17. Jh. zurückgehen. Die Geschlossenheit dieser Archive und vor allem das Gewicht der auswärtigen Politik und des Kriegswesens haben wohl die Eingliederung ihrer Bestände in das Nationalarchiv während der Revolutionszeit verhindert. Das Kriegsarchiv ist seit 1792 in zwei große Abteilungen geschieden: Archives historiques, das das kriegsgeschichtliche, operative Material enthält, und Archives administratives oder Archives de la guerre i. e. S. mit dem aus der Heeresverwaltung erwachsenen Material; beide Archive sind nach dem Grenzjahr 1791 jeweils in Archives anciennes und Archives modernes geteilt. Das Archiv des Ministeriums der Auswärtigen Angelegenheiten hat vor einigen Jahren Akten der nachgeordneten Dienststellen in das Nationalarchiv gegeben. Dorthin sind auch am Anfang des 20. Jhs. die älteren Akten aus den Facharchiven des *Marineministeriums* und des *Kolonialministeriums* gelangt, während die des *Finanzministeriums* 1871 in Paris verbrannt sind. Bestände des 19. Jhs. befinden sich noch im *Archiv der Kammer der Deputierten*, des *Senats*, des *Staatsrats*, des *Kassationshofs* und des *Rechnungshofs*.

Die französische Revolution hat also eine ganz neue Archivwelt geschaffen und die Organisation, die daraus hervorging, hat alle Aufgaben gelöst, die ihr gestellt wurden. Freilich die einheitliche und selbständige Archivverwaltung über das ganze Staatsgebiet hin, die auf diesem Wege das erste Mal erwuchs, hat nicht an ältere historische Archive angeknüpft, wie sonst fast überall, sondern entsprechend der Wandlung der französischen Verwaltung — wenigstens in der staatlichen Sphäre — alles neu geschaffen. Auch die Gliederung dieser neuen Archive ist in zentralistischer Weise schematisch beeinflußt. Dadurch sind viele historische Zusammenhänge zerrissen worden und viele gekünstelte Bildungen entstanden. Ein allgemeingültiges Muster für alle Länder konnten daher die französischen Methoden nicht werden, so sehr die Schöpfung von Provinzialarchiven und ihre einheitliche Zusammenfassung mit dem Zentralarchiv in einer Fachverwaltung an sich wünschenswert ist. Ein nachahmenswertes Vorbild dagegen bedeuten der Durchbruch zur Öffentlichkeit, ferner die Inventarisierungsarbeiten und Quellenpublikationen als Antrieb für die Wissenschaft und schließlich die gesetzlich geregelte Aufsicht über die nichtstaatlichen Archive.

2. *Belgien*

Das moderne belgische Archivwesen ist von gleichem Ursprung wie das französische, weil das belgische Staatsgebiet während der

Revolutionszeit mit Frankreich vereinigt war und daher hier die gleichen Einrichtungen geschaffen worden sind. Durch das Gesetz vom 26. Okt. 1796 wurden in sechs von den neuen, nach französischem Muster — allerdings mit gewisser Rücksicht auf die historischen Territorialgrenzen — gebildeten Verwaltungsbezirken Departementsarchive angelegt, in denen die Urkunden „zum Zwecke der Sammlung der rechtlichen Unterlagen für die Nationaldomänen" geordnet werden sollten; aus ihnen sind die heutigen Staatsarchive Brüssel, Gent, Lüttich und Namur, sowie die Archive Luxemburg und Maastricht erwachsen.

Später — etwa zur gleichen Zeit wie in Frankreich unter dem Julikönigtum — ist man dann in dem inzwischen losgetrennten Königreich Belgien zu einer neuen Organisation geschritten. Die treibende Kraft war hier L. P. Gachard, „der europäische Musterarchivar", der dem belgischen Archivwesen die wissenschaftliche Richtung und den modernen Aufbau gegeben hat. Schon seit 1837 wurden unter seiner Leitung die belgischen Archivinventare herausgegeben und damit der Öffentlichkeit in großen Zügen der Inhalt der Archive erschlossen. Auch hier ist, durch die kgl. Verordnung vom 17. Dez. 1851 (Art. 9), das Fondsprinzip — und zwar nicht so eingeschränkt wie in Frankreich — eingeführt worden: bei der Ordnung der Depots sollten die verschiedenen Dokumente wieder zu Fonds zusammengefaßt werden. Allmählich erhielten alle belgischen Provinzen ihre eigenen *Staatsarchive:* Antwerpen in *Antwerpen* (1896), Brabant in *Brüssel* (1796), Westflandern in *Brügge* (1837), Ostflandern in *Gent* (1796), Hennegau in *Mons* (1819), Lüttich in *Lüttich* (1796), Limburg in *Hasselt* (1869), Luxemburg in *Arlon* (1849), Namur in *Namur* (1848). Das 1834 geschaffene Staatsarchiv Tournai wurde 1895 wieder aufgelöst und gab seine Bestände an das Staatsarchiv Mons.

Aber die Organisation, die man jetzt dem belgischen Archivwesen gab, beruht doch auf anderer Grundlage als die französische Reform Guizots. Die nach 1815 geschaffenen Provinzen setzen unter Wiederaufnahme der historischen Namen im wesentlichen die bisherigen Departements fort, zuweilen umfassen sie annähernd das ganze Gebiet eines historischen Territoriums, vielfach aber sind in ihnen Teile und Splitter mehrerer Territorien aufgegangen. Als man nun die Departementsarchive, die zunächst als kaum beachtete Depots liegengeblieben waren, in Beziehung zu dieser neuen Verwaltungsgliederung setzte, hat man sich — anders als in Frankreich (s. o. S. 182) — weder einer Zerreißung der alten Landesarchive nach territorialer Pertinenz schuldig gemacht, noch hat man in den neuen Staatsarchiven lediglich die zufällig in den neuen Verwaltungsbezirken liegenden Registraturen vereinigt, sondern man hat die Zuständigkeiten streng nach der Herkunft abgegrenzt: in das Archiv der Provinzialhauptstadt kommen die Archivalien der Behörden und Institute, die im gegenwärtigen Gebiet der Provinz ihren Sitz hatten oder noch haben; die Aufteilung der Registraturen nach Pertinenz soll auch dann vermieden werden, wenn sich eine Registratur überwiegend auf eine andere Provinz bezieht. Dieser Grundsatz war damals neu und ist auch heute noch vorbildlich.

Bei dieser Regelung der Zuständigkeiten ist denn auch die Bedeutung der einzelnen Staatsarchive sehr verschieden; einige (Antwerpen, Arlon, Brügge und Hasselt) enthalten nur Bestände lokaler Behörden und geistlicher Institute, allerdings z. T. mit wertvollem Urkundengut, andere wieder geschlossene Territorialarchive: das alte flandrische Territorialarchiv liegt im Staatsarchiv Gent, dem nebst Brüssel reichhaltigsten Archiv des Landes, das des ehemaligen Bistums Lüttich in Lüttich, wo sich auch das Limburger Territorialarchiv befindet, das des Hennegau in Mons, das der alten Grafschaft Namur in Namur, das Brabanter in Brüssel. Teile alter Territorialarchive befinden sich außer Landes, oder auch unter Nichtachtung der Herkunft in Brüssel: z. B. liegen die Archivalien des alten Herzogtums Luxemburg aus der Zeit seit der Mitte des 16. Jhs. im Staatsarchiv Luxemburg, während die Urkunden nach Brüssel gelangt sind. Brüssel war in der französischen Zeit auch nur als Departementsarchiv eingerichtet worden; die Zentralakten der ehemaligen österreichischen Niederlande hatte man — soweit sie nicht 1794 nach Wien geflüchtet waren — nur deshalb dort gelassen, weil sie in diesem Bezirk gelegen hatten. Aber schon die oranische Regierung folgte diesem tatsächlichen Zustand und erhob Brüssel zum „Archiv des Königreichs" für die südlichen Provinzen entsprechend dem Archiv im Haag im Norden. Infolge der Reorganisation Gachards wurde nun auch hier die Regelung der Zuständigkeit nach der Herkunft maßgebend: alle Registraturen der Zentralbehörden, die in den ehemaligen österreichischen Niederlanden bestanden hatten, wurden dem „Archiv des Königreiches" zugeteilt. Die Staatsarchive in den Provinzen sind der Aufsicht der königlichen Gouverneure unterworfen, aber fachlich dem Archiviste Général du Royaume, der zugleich das Zentralarchiv leitet, unterstellt. Dieser untersteht als Leiter des gesamten belgischen Archivwesens dem Unterrichtsminister.

Das *Hauptarchiv des Königreichs zu Brüssel* (Archives Générales du Royaume) ist eines der reichsten Archive Europas, ein Spiegelbild des regen staatlichen Lebens in den Zeiten Karls des Kühnen, Karls V. und Philipps II. Es enthält als wichtigste Bestände 1. die zentralen Registraturen der burgundischen, spanischen und österreichischen Zeit, u. a. die des Geheimen Rates, des Finanzrates, des Staats-, des Kriegssekretariats, der verschiedenen Verwaltungskommissionen (Junten) und vor allem die sehr bedeutende der Rechnungskammer; dieser sind die territorialen

Urkundenarchive von Brabant, Limburg, Luxemburg und Namur sowie die sogen. Papiers d'État et de l'Audience, eine Sammlung von Archivalien, die gegen Ende der österreichischen Herrschaft (1775) der Rechnungskammer zur Verwahrung übergeben worden waren (Tresorprinzip!), angegliedert; 2. Registraturen alter Gerichtshöfe, wie z. B. des großen Rates zu Mecheln, des Rates von Brabant, des Rates von Geldern; 3. die Registraturen der modernen Zentralbehörden seit 1792. Seit 1928 ist ihm — allerdings bei räumlicher Trennung — angeschlossen 4. das 1919 gegründete sogen. „Kriegsarchiv", eine bunte Sammlung von Material aus der Zeit des Weltkrieges, sowohl Archivgutes verschiedener Provenienz (Registraturen der für die Kriegsdauer geschaffenen Amtsstellen, auf die Kriegsverhältnisse bezügliche Akten aus den Registraturen der Gemeinden und der deutschen Okkupationsbehörden, das 1918 beschlagnahmte Schriftgut deutscher Reichsangehöriger) wie auch zeitgeschichtlichen Sammlungsgutes (Flugschriften, Zeitungen, Plakate, Filme usw.). Das Staatsarchiv der Provinz Brabant ist mit dem Hauptarchiv verbunden.

Neben dem „Hauptarchiv des Königreiches" gibt es noch zwei zentrale Facharchive, das des *Außenministeriums* und das des *Verteidigungsministeriums*, das sich im Armeemuseum befindet.

In den Provinzen sind von den „Staatsarchiven" die dem Greffier der jeweiligen Provinz unterstehenden „*Provinzialarchive*" zu unterscheiden. Hier handelt es sich aber nicht um eine Scheidung zwischen staatlichem und provinzialem Archivgut, sondern ursprünglich um einen zeitlichen Schnitt nach der großen Zäsur der Revolutionszeit (1794), die ja auch in Frankreich durch alle Archive hindurchgeht. So standen sich zunächst in jeder Provinz historisches Archiv und modernes Verwaltungsarchiv gegenüber; und die Aufbewahrung der nachrevolutionären Bestände in Verwaltungsarchiven hat sicherlich dazu beigetragen, daß in Belgien — anders als in Frankreich (s.o. S. 63f.) — auch bei den modernen Aktenbeständen die Vermischung der Fonds vermieden worden ist. Inzwischen ist allerdings die Übernahme der Bestände der Provinzialarchive in die Staatsarchive grundsätzlich freigegeben worden und sind auch schon zahlreiche Bestände aus der Zeit des neuen Königreichs Belgien dahin gelangt, so daß die Provinzialarchive ihren ursprünglichen Charakter verloren haben und jetzt nur noch als sehr umfangreiche reponierte Registraturen anzusehen sind.

So hat Belgien früh eine einheitlich durchgebildete Archivorganisation erhalten; in ihr ist ein ausgeprägt historischer Zug unverkennbar, der die Abwendung von ihren aus dem französischen Archivwesen abzuleitenden Ursprüngen bewirkt hat.

3. *Italien*

Auch das italienische Archivwesen zeigt französische Einflüsse, die aber hier nicht so weitgehende Wirkungen ausüben konnten, weil weder in der Zeit der Großen Französischen Revolution noch in der nach der Julirevolution ein einheitlicher italienischer Staat bestanden hat, in dem ein einheitliches Archivwesen hätte erwachsen können. Diese Tatsache hat Italien vor Uniformierung und Zentralisierung bewahrt. Zur Zeit der Gründung des Einheitsstaates war man schon zu weit fortgeschritten in der Konsolidierung der Archive der einzelnen Staaten, als daß man jetzt noch anders hätte verfahren können. So blieb das Archivwesen weiter im großen und ganzen wenigstens an historische Landschaften geknüpft und hat man die Bestände der alten Landesarchive nicht nach der modernen unhistorischen Verwaltungseinteilung (in Provinzen) aufgeteilt, obwohl ihre moderne Zuständigkeit sich jeweils auf ihre Provinz beschränkt. Im ganzen gesehen verlief die Entwicklung des italienischen Archivwesens im 19. Jh. nicht parallel zu der des deutschen trotz dem weitgehenden Parallelismus der politischen Geschichte, weil in Italien schließlich der unitarische Staat, in Deutschland nur ein föderalistischer geschaffen wurde. Außerdem zeigt das moderne Archivwesen in Italien einen stärker bürokratischen und schematischen Zug in der Einwirkung der Zentrale auf die innere Entwickling der Archive, als es etwa bei der größten deutschen Archivverwaltung, der preußischen, der Fall war, wenn auch nicht einen so weitgehenden Schematismus und Zentralismus wie das französische Archivwesen.

Gegenüber der Zentralisation auf dem Gebiet des staatlichen Archivwesens in Italien zeigt das nichtstaatliche eine weit stärkere Dezentralisation und Zersplitterung als in Deutschland. Vor allem das Schicksal der geistlichen Archive war hier ein ganz anderes als in Deutschland, wo in der Reformationszeit und nach dem Reichsdeputationshauptschluß die säkularisierten Archive doch überwiegend geschlossen in die sichere Verwahrung der Besitznachfolger, vielfach in die landesfürstlichen Archive, gelangt sind. Die Säkularisationsmaßnahmen während der französischen Besetzung und Staatenbildung in der napoleonischen Zeit, denen in Venedig schon um 1770 Einziehungen geistlichen Besitzes vorangegangen waren, haben hier Zerreißung und völlige Zerstreuung zur Folge gehabt. Teile der geistlichen Archive kamen an die Domanialverwaltungen, wo sie sehr nachlässig behandelt wurden; anderes gelangte in die staatlichen Archive, wenn auch häufig in aufgelöster Ordnung, oder in städtische Archive, wenn auch nicht immer an die zuständige Stelle, vieles endlich in private Sammlungen. Später folgten die Säkularisationen im Königreich Italien nach 1866, die auch nicht zu einer geregelten Aufnahme von Klosterarchiven in die Staatsarchive führten; vielmehr sollten die Klosterarchive — insbesondere in den Provinzen, die noch keine Staatsarchive hatten — grundsätzlich den Bibliotheken zugeführt werden, damit sie in größerer Nähe des Ortes ihrer Entstehung blieben. Auch die Fundamentalordnung von 1875, die die Abgabe der geistlichen Archive an die Staatsarchive anordnete, berücksichtigte nur die nach den Säkularisationen an die staatliche Verwaltung abgegebenen, nicht aber die in städtischem oder privatem Gewahrsam befindlichen Archivalien. So sind die Klosterarchive Italiens weitgehend atomisiert worden, eine Erscheinung, deren Anfänge übrigens schon in der Zeit weit vor den Säkularisationen liegen, als man als Folge der Inkorporationen von Klöstern in andere geistliche Anstalten oder der Bildung von Kongregationen (Klöstervereinigungen) Teile der Klosterarchive vom Orte ihrer Entstehung wegholte und bei anderen geistlichen Stellen konzentrierte. Bistümer, Kapitel und Kollegiatstifter dagegen blieben, als rein dem Gottesdienst gewidmet, dauernd von der Säkularisation verschont; auch manche von den alten großen Klöstern sind durch zeitweilige Umwandlung in ein Kapitel gerettet worden (z. B. Monte Cassino). Bei der großen Zahl der italienischen Bischofskirchen sind immerhin noch sehr zahlreiche geistliche Archive mit Urkundenschätzen von hoher Bedeutung bestehen geblieben.

Der Grund zu den heutigen italienischen staatlichen Archivverhältnissen ist in den Einzelstaaten gelegt worden. Hier kam es in manchen Fällen schon im 16. Jh. zur Konzentration einzelner großer Registraturen und Archivkörper, zur Bildung von Staatsarchiven. So wurden im *Königreich Neapel* schon 1540 die Reste des Archivs Kaiser Friedrichs II., von dem sich nur noch ein Register erhalten hat, das alte Archiv der Anjous aus dem 14. Jh. und mehrere Archive der aragonesischen Zentralbehörden zu einem Gesamtarchiv im Castel Capuano vereinigt, das dann aber totes Depot blieb. Es handelte sich hier um ein spätmittelalterliches Verwaltungsarchiv, das nicht nur Register über die ausgegangenen Urkunden, sondern auch Register über die Weisungen der Zentralbehörden an die bereits im Mittelalter vorhandenen lokalen Verwaltungsstellen enthielt, also schon ein ausgedehntes amtliches Schriftwesen, eine Art Aktenbildung zeigt. Diese frühe Bildung eines zentralen Aktenarchivs, die aus dem stark ausgeprägten Zentralismus der Staatsverwaltung zu verstehen ist, hat nur in Barcelona eine Parallele. Die Urkunden spielten hier eine geringe Rolle. Bei der Verlagerung des Schwergewichts auf Verwaltung und auswärtige Politik kam es auf die Wahrung der Rechtstitel, die in den Urkunden enthalten waren, nicht mehr im einzelnen an. Leider spiegelt sich diese kontinuierliche Entwicklung nicht in der inneren Ordnung wider. Durch systematische Neuordnungen, deren Zeitpunkt nicht mehr festzustellen ist, sind die Serienzusammenhänge zerstört worden. Echte Serien sind kaum noch anzutreffen, man hat vielmehr die Register nach Indiktionszahlen im Datum, nach Herrschernamen oder anderen formalen Gesichtspunkten zusammengestellt.

Ganz anders, aber wohl ähnlich wie in den deutschen Landesarchiven, ging die Archivbildung in *Parma* vor sich. Durch einen organisatorischen Akt wurde 1592 ein „Herzogliches Archiv" begründet. Es wird kaum etwas anderes als ein zentralisiertes Empfängerarchiv gewesen sein; denn hier hat man doch wohl mehr Wert auf alte Rechtstitel gelegt als in Neapel-Sizilien. Ein Teil wurde 1735 von Herzog Karl von Bourbon nach Neapel, in sein neues Königreich, verschleppt, wo er sich, nachdem ein kleiner Bestand 1766 nach Parma zurückgelangt war, noch heute befindet (Carteggi Farnesiani).

Ein neuer Archivtypus des 18. Jhs. stellt sich uns dar in der künstlichen Archivgründung in *Florenz*, die eine gewisse Parallele in der des Wiener Haus-, Hof- und Staatsarchivs hat. Jedoch lag dieser Schöpfung des Großherzogs Leopold von Toscana vom Jahre 1778, die die Urkunden von aufgehobenen Klöstern und aus verschiedenen staatlichen Archivdepots zu einem Archivio diplomatico zusammenfaßte, nicht mehr der Gedanke zugrunde, ein politisches Arsenal zu schaffen. Unter dem Einfluß der jungen Urkundenwissenschaft verfolgte er damit vielmehr einen rein theoretisch-wissenschaftlichen Zweck, ja vielleicht war es überhaupt nur eine dilettantische Spielerei, da ja damals die Diplomatik, wie später das Wappenwesen, eine Liebhaberei vornehmer Leute war. Man wollte die verschiedensten Urkunden, nach Formen und Typen zusammengelegt, vorzeigen können, der Großherzog war selbst Protektor des Archivs und hatte große Freude daran. Man könnte hier eher von einem „Urkundenmuseum" als von einem Archiv sprechen. Der innere Zusammenhang ging dabei natürlich völlig verloren, wenn man auch wenigstens in den Inventaren die Provenienz der Urkunden festhielt.

Eine ähnliche Bildung vollzog sich nach Florentiner Vorbild in *Mailand*; hier wurde der offizielle Name tatsächlich „Museo diplomatico". Die Urkunden sind nach Gattungen, die man der Systematik der damaligen diplomatischen Lehrbücher entnahm, nach äußeren und inneren Merkmalen eingeteilt.

In *Venedig* lagen die Archive alle bei den Behörden, bei denen sie entstanden waren, oder bei deren Nachfolgern. Venedigs Archivwesen hat überhaupt gegenüber dem aller anderen italienischen Stadtstaaten eine eigene Struktur bewahrt, die ihre Grundlage in Behördenarchivbildungen hat. Nur bei den geistlichen Archiven, die nach den Einziehungen in der Zeit um 1770 auf verschiedene Behördenarchive der Domanial- und der Finanzverwaltung aufgeteilt worden waren und jetzt zum großen Teil im Staatsarchiv ruhen, wo sie zur Gruppe der Domanialarchive gehören (zusammengefaßt unter der Bezeichnung „Manimorte"), waren die Provenienzzusammenhänge weitgehend zerstört, so daß hier eine ausgeprägte Sachsystematik an die Stelle der Provenienzwahrung treten konnte.

In den *übrigen Stadtstaaten* standen sich zumeist das Archiv des Staatssekretariats oder der Staatskanzlei als der hervorragenden Behörde der neuen monarchischen Gewalt und das alte republikanische Stadtarchiv gegenüber, das seine auf die innere und auf die äußere Politik bezüglichen Akten, die sog. Acta secreta, an die monarchische Staatsregierung hatte abgeben müssen und nun auf das aus der kommunalen Gesetzgebung, Vermögensverwaltung und Polizei erwachsene Material, die sogen. Acta publica, beschränkt war. Daneben bestanden weitere zentrale Registraturen und Archivdepots. Bei der früher das Territorium beherrschenden Kommune bildete sich ein neues Stadtarchiv.

Erst unter den Einwirkungen der französischen Revolution ging man in den einzelnen Staaten zur Zentralisierung über. Für das von Napoleon geschaffene *Königreich Italien* sollte ein italienisches Zentralarchiv in *Mailand* entstehen, mit der gleichen Rolle, wie das Nationalarchiv in Paris. Hierhin wurden viele alte Fonds in Bewegung gesetzt, besonders von den aufgehobenen Klöstern, erreichten aber vielfach nicht ihr Ziel und wurden zerstreut. Die Fonds, die wirklich hereinkamen, wurden dann auseinandergerissen und nach den Regeln der Sachsystematik mißhandelt.

In *Venedig* ließ Vizekönig Eugen Beauharnais die zahlreichen Behördenarchive, im allgemeinen unter Wahrung der Provenienz, zu drei großen, räumlich getrennten Gruppen von Archiven, den politischen, den Justiz- und den Domanialarchiven vereinigen. Erst 1815 wurden die drei Gruppen von Archiven zu einer einzigen zusammengefaßt und damit das berühmte Staatsarchiv Venedig eigentlich erst begründet, das allerdings trotz seinem Alter und der frühen Bedeutung der Republik reichere Schätze zur neueren als zur älteren Geschichte birgt. Geschlossene venezianische Bestände, die nach 1797 nach Wien gelangt waren, sind später wieder zurückgegeben worden.

In *Neapel* begründete König Murat 1808 das Archivio generale, später Archivio grande genannt, mit den Akten der neapolitanischen Zentralbehörden seit dem Jahre 1545, dem Zeitpunkt, mit dem das alte angiovinisch-aragonesische Archiv im Castel Capuano abschloß. In der Restaurationszeit wurde das neue Archiv systematisch nach den Hauptfunktionen der Staatsverwaltung (Politik, Inneres, Finanzen, Justiz und Krieg) in fünf große Abteilungen (Uffici) ohne Rücksicht auf Behördenherkunft eingeteilt, so daß die Bestände derselben Behörde je nach der Beziehung, die sie äußerlich zu einem bestimmten Zweig des staatlichen Lebens hatten, auf mehrere dieser Abteilungen verteilt wurden. Die Urkunden vereinigte man zu einem großen „Diplomatico", das unter Vermischung aller Urkundenfonds zunächst nach formalen (lateinische und griechische Pergamente), dann nach sachlichen Gesichtspunkten untergegliedert wurde; innerhalb der Sachgruppen wurden die Urkunden zu chronologisch geordneten Bänden zusammengebunden, ohne daß man, wie früher in Florenz, für eine genaue Inventarisierung nach Provenienzen gesorgt hätte. Als das Archiv 1845 seine heutigen Räume bezog, wurde mit ihm das alte aragonesische Archiv aus dem Castel Capuano vereinigt. Die Ordnung des Archivwesens wurde systematisch ausgebaut durch ein Archivgesetz von 1818, die Legge Organica, deren Grundzüge im Aufbau der neueren italienischen Archivverwaltung teilweise wiederkehren. Es wurde damals für die beiden Teile des Königreichs beider Sizilien je eine Oberintendantur (Sovrintendenza degli Archivi) im Anschluß an die beiden Zentralarchive (Archivi grandi) in Neapel und Palermo geschaffen. Der einheitlichen Archivverwaltung unterstanden auch die durch Gesetz vom 16. Dez. 1816 bei den Präfekturen geschaffenen Provinzialarchive (Archivi nazionali), für deren Bildung man aus Frankreich Anregungen empfangen hatte, und die später wieder Vorbild werden sollten für die Reform des französischen Departementsarchivwesens durch Guizot.

Damit hören die unmittelbaren Einflüsse der französischen Revolution auf. Eine neue Periode beginnt, als 1852 der berühmte Archivorganisator Francesco Bonaini unter deutscher Beratung, nämlich Johann Friedrich Böhmers[97]), das *toskanische Archivwesen* neu regelt. Nach Böhmers Vorschlägen hat er in Florenz aus dem Archivio diplomatico von 1778 und den seit 1818 miteinander vereinigten älteren Aktenarchiven, dem Archivio delle Riformagioni (Archiv des alten republikanischen Stadtregiments) und dem Archivio Mediceo (Archiv der Mediceischen Staatskanzlei), sowie den Archiven der neueren Behörden Toskanas ein großes Archivio centrale geschaffen und zugleich die Veröffentlichung von Inventaren und Quellenpublikationen sowie die Gründung einer Paläographenschule nach dem Vorbild der Pariser Ecole des chartes in sein Programm aufgenommen (gegründet zu Florenz 1857 als Scuola di Paleografia et Diplomatica). Böhmer und Bonaini haben damals zuerst den übrigen italienischen Archiven durch das Beispiel von Florenz die wissenschaftliche Richtung vorgezeichnet. Ihre Anregungen haben auf die Neuordnung der Staatsarchive von Genua, Bologna und Modena und schließlich auf die Neuorganisation des gesamtitalienischen staatlichen Archivwesens bestimmend gewirkt.

Im neuen *Königreich Italien* stand man vor der Aufgabe, auf diesen Bahnen weiterzugehen. Das Verschwinden der Einzelstaaten stellte vor eine neue Situation. Der endgültigen Regelung ging eine öffentliche Diskussion voraus, in der Persönlichkeiten von Ruf zu Wort kamen. Es entstand so eine von allgemeinem Interesse getragene, auf hoher Ebene sich bewegende Literatur, in der man über die

---

[97]) Denkschrift Böhmers: Quelques Pensées sur les Archives de la Toscane 1850.

Richtung, die dem inneren Wesen der Archive zu geben war, über ihre Zwecke, über die Ordnungsprinzipien und über die Frage des Ausgleichs zwischen Zentralisation und Dezentralisation eifrig verhandelte (in Deutschland hat man leider nie solch allgemeines Interesse am Archivwesen genommen). Diese Erörterungen wurden schließlich in einer 1870 zur Vorberatung eingesetzten Kommission fortgeführt. Die Entscheidung fiel mit der Königlichen Generalordnung vom 27. Mai 1875: alle Staatsarchive, die, wahrscheinlich im Anschluß an die Ressortstellung, die sie vorher in den Einzelstaaten eingenommen hatten, auch im Königreich Italien zunächst unter verschiedene Zentralstellen geraten waren, wurden nunmehr dem Minister des Inneren unterstellt, womit stärker die Zusammengehörigkeit mit der Verwaltung als mit der Wissenschaft betont wurde. Als ein begutachtendes und den Minister beratendes Organ wurde ein Archivrat aus Sachkundigen, aber nicht der Archivverwaltung angehörenden Männern geschaffen (Consiglio superiore per gli Archivi); aus ihm bildete sich 1902 noch ein engerer Ausschuß, die Giunta per gli Archivi. Die bisher in Turin bestehende „Generaldirektion der Archive" wurde aufgelöst. Nach dem Vorbild von Neapel und Toskana wurden für staatliche und nichtstaatliche Archive inspizierende Zwischeninstanzen, die 10 Sovrintendenze, deren Bezirke sich mit den historischen Landschaften deckten, eingesetzt, und diese Ämter den Archivdirektoren des Inspektionsbezirks übertragen (1891 wieder aufgehoben). Im Vorschreiben von Ordnungsschemata ging man zwar nicht so weit wie in Frankreich, jedenfalls respektierte man von jetzt an allgemein die Fonds; doch lag ein gewisser Bürokratismus und Zentralismus in der gleichmäßigen Regelung der Grundeinteilung aller Archive, die man jetzt vornahm (wie bei den französischen Departementsarchiven). Überall bildete man hier die gleichen Hauptsektionen (Gerichtsakten, Verwaltungsakten und Notariatsakten), denen die zugehörigen Klassen nach Behörden, Körperschaften, Notaren usw. einzugliedern waren. Für das Ganze sollte ein Inventar, für jede Sektion ein Index, für jede Klasse ein Repertorium nach den Anweisungen des Archivrats geschaffen werden, der damit tief in die innere Archivordnung eingreifen konnte. Die Verbindung der Archive mit den Registraturen der Behörden wurde hergestellt und überall die Aktenabgabe geregelt. Gegenüber der wissenschaftlichen Forschung vertrat man weitgehende Liberalität im Gegensatz zu früher[98]).

[98]) Die weitere Ausgestaltung dieser Organisation hat ihren Niederschlag im „Generalreglement der Staatsarchive" vom 9. Sept. 1902 (s. Korresp.blatt 51. Jg. 1903 Sp. 143f.) und im „Reglement für die Staatsarchive" vom 2. Okt. 1911 (s. A.Z. Bd. 32 1912 S. 313ff.) gefunden. Außer der Einsetzung der Giunta (1902) ist die Betonung des Rechts des Staates auf seine Archivalien, die im Privatbesitz oder im Nachlaß von Staatsbeamten angetroffen werden, und das Recht des Innenministers, die Ordnung und Inventarisierung nichtstaatlicher öffentlicher Archive zu erzwingen, bemerkenswert.

Bei der Neuregelung des staatlichen Archivwesens in Italien 1875 hat man die in Frankreich durchgeführte Zentralisierung und Schematisierung durch die Abstufung der Archive nach ihrer historischen Stellung vermieden. Man gliederte die staatlichen Archive in folgende Gruppen:

1. die *Zentralarchive der früheren Einzelstaaten* (jetzt Archivi di Stato[99]) genannt) behielten weiter diesen Rang. Diese alten Territorialarchive, die, z. T. bereits unter den Einflüssen der französischen Revolution, eine modernisierte Form erhalten hatten, in *Turin*, *Cagliari* (auf Sardinien), *Genua*, *Mailand*, *Venedig*, *Parma*, *Florenz*, *Neapel*, *Palermo*, überragen an Umfang und an Reichtum und Alter die Staatsarchive in den nördlichen Ländern; sie umfassen die zentralen und die lokalen Akten der ehemaligen Staaten (bis 1861). Zu dieser Gruppe kam 1871 als neue und zunächst unscheinbare Schöpfung das *Archivio di Stato in Rom* hinzu, das bei seiner Gründung nur die Akten von den Kirchenstaatsbehörden erhielt, die beim italienischen Einmarsch 1870 nicht im Vatikan lagen, sowie die Bestände aufgehobener Klöster, Stifter und Hospitäler. Erst allmählich erwuchs neben ihm das *Archivio del Regno* (seit 1946: Archivio della Repùbblica), das Zentralarchiv des Königreichs, das bald über alle anderen zentralen Archive emporstieg. Ihm fehlt jedoch der historische Hintergrund, und darin ähnelt es dem früheren deutschen Reichsarchiv zu Potsdam. Eigene zentrale Behördenarchive besitzen das *Außenministerium* und das *Justizministerium* sowie die gesetzgebenden Körperschaften (*Senat, Kammer der Deputierten*); auch die *Generalstäbe der drei Wehrmachtsteile* haben eigene Archive.

2. Zu den nichtzentralen oder *provinzialen Staatsarchiven* (Archivi di Stato) wurden zunächst gerechnet *Brescia*, *Lucca*, *Mantua*, *Modena*, *Pisa* und *Siena*. Alte historische stadtstaatliche Archive dienten ihnen als Grundlage, und deshalb sind sie z. T. in besserer Ordnung als die großen Archive, weil sie die alten Zusammenhänge besser gewahrt haben, in denen hier das alte Material früher gelegen hatte, und weil sie nicht von den Reformen nach der französischen Revolution ergriffen worden waren. Hinzu kamen als Neugründungen die Provinzialarchive *Bologna*, das gleichfalls mit Kirchenstaatsmaterial ausgestattet war, *Reggio nell' Emilia* und *Massa*.

3. Damit hatte allerdings erst ein geringer Teil der 92 Provinzen des neuen Italiens ein eigenes Provinzialarchiv. So blieb die Neugründung weiterer vorbehalten; sie sollten auch Archivgut,

---

[99]) Im Gegensatz dazu bezeichnet Archivio dello Stato ganz allgemein den Archivtypus des Staatsarchivs.

das bisher von den Zentralarchiven aufbewahrt worden war, erhalten, ferner Archive aufgelöster Klöster und zur Verfügung stehende Notariatsarchive aufnehmen, im übrigen aber nur zur Verwahrung des neueren Verwaltungsschriftgutes dienen. Nach dem Weltkrieg wurden mit abgegebenen Beständen aus Wien und Innsbruck die Provinzialarchive (Archivi di Stato) in *Trient, Bozen* und *Triest* geschaffen; dazu kamen noch *Fiume* und das ehemalige dalmatinische Statthaltereiarchiv zu *Zara.* In den Provinzen ohne eigenes Staatsarchiv bleiben die Bestände vorläufig in Archivdepots (Sezioni di Archivi di Stato).

4. Eine Sondergruppe bilden noch die 23 *alten Provinzialarchive Neapels und Siziliens* (Archivi provinciali di Stato)[100]), die zunächst nicht in die Reihe der staatlichen Archive aufgenommen wurden, deren Unterhaltung vielmehr den Provinzen übertragen wurde. Sie waren wohl zu zahlreich und zu gering in ihrem Wert und paßten nicht ohne weiteres in die neue Verwaltungsorganisation hinein. Später wurde daran gedacht, sie doch der staatlichen Archivverwaltung anzuschließen und die dortigen Notariatsarchive mit ihnen zu verbinden; aber erst im Januar 1932 sind sie tatsächlich der staatlichen Archivverwaltung eingegliedert worden.

Jetzt hat schon die Hälfte aller Provinzen des Staates, die sich ja nicht an die alten Territorien anlehnen, sondern Departementscharakter tragen, ein eigenes Staatsarchiv. Trotz dieser unhistorischen Verwaltungseinteilung sind die historischen Bestände in den alten zentralen Territorialarchiven ungeteilt beieinander geblieben, die neueren Zugänge beschränken sich auf die Registraturen der Behörden derjenigen Provinz, in der das alte Territorialarchiv seinen Sitz hat und für die es jetzt zugleich als Provinzialarchiv zuständig ist. Die Organisation der kleineren Provinzialarchive scheint noch sehr im argen zu liegen, auch fehlt es hier wohl oft an fachmännischer Verwaltung.

Der allgemeine Archivalienschutz über Kommunal-, Bistums-, Kapitel-, Pfarrei- und sonstige Körperschaftsarchive sollte nach den Bestimmungen von 1875 durch die Oberintendanten ausgeübt werden. Nachdem diese aber 1891 beseitigt worden waren, hat man eine neue Grundlage für den Archivschutz zu schaffen gesucht. Das Reglement von 1902 setzte für diese Gattungen nichtstaatlicher Archive die Niederlegung von Inventaren im Staatsarchiv des betreffenden Bezirks fest. Wenn dies nicht geschah, sollte der Minister des Inneren

---

[100]) Im neapolitanischen Gebiet: Aquila, Avellino, Bari, Benevent, Campobasso, Caserta, Catanzaro, Chieti, Cosenza, Foggia, Lecce, Potenza, Reggio di Calabria, Salerno und Teramo.

Auf Sizilien: Agrigento, Caltanisetta, Catania, Messina, Syrakus und Trapani. Palermo und Neapel dienen zugleich als Provinzialarchive.

berechtigt sein, die Ordnungs- und Inventarisierungsarbeiten des betreffenden Archivs auf Kosten des Besitzers ausführen zu lassen. Diese Regelung war etwas schwerfällig und ist wohl kaum sehr wirksam geworden. Schließlich hat das Archivgesetz vom 22. Dez. 1939 (Nuovo ordinamento degli archivi del regno) alle öffentlichen Archive — unter Ausschluß der kirchlichen — und alle Privatarchive von öffentlichem Interesse unter Staatsaufsicht gestellt, die von den Leitern der großen, alten Staatsarchive als Oberintendanten ausgeübt wird. Die Notariatsarchive, in denen Protokolle und Akten der Notare eines Bezirkes zusammengefaßt werden — je nach dem Zuständigkeitsbezirk als Archivi notarili comunali, mandamentali oder distrettuali unterschieden — sind bei der frühen Wirksamkeit des Notariatswesens und dem Reichtum seiner Urkundenproduktion von großer Bedeutung und hohem Alter; die Notariatsprotokolle entsprechen den Urkundenregistern. Sie in den Archivalienschutz einzubeziehen, ist in der Generalordnung von 1875 versäumt worden, die Sorge für sie hat man durch besonderes Gesetz (vom 25. Juli 1875) den Notariatskammern überlassen. Sie geben heute vielfach ihre älteren Bestände als Deposita an die Staatsarchive.

4. *Spanien*

Das spanische Archivwesen trägt sehr stark historische Züge und ist auf dem Wege zur modernen zentral geleiteten staatlichen Archivverwaltung, den der viel jüngere italienische Staat sehr bald nach seiner Gründung gegangen ist, bei der Bildung einer halbstaatlichen freiwilligen Korporation stehengeblieben. Hier sind die historischen Archive der mittelalterlichen Territorien als „Kronarchive" bis heute in ihrer alten Form bestehen geblieben und übertreffen z. T. an Alter und Bedeutung die meisten anderen europäischen Archive. Andererseits hat sich aber im 18. und 19. Jh. ein starker Zug zur Zentralisierung der Archivalien bemerkbar gemacht, der allerdings nicht zur Bildung eines modernen Zentralarchivs in seiner Ausschließlichkeit geführt, sondern nur gewisse Gruppen von Archiven, insbesondere die geistlichen Archive, erfaßt hat. Beide Tendenzen sind in den beiden Hauptländern des späteren Einheitsstaates, in Aragon und in Kastilien, in ganz verschiedenem Maße zur Geltung gekommen.

Im alten *Aragon* bestehen noch heute in den „Kronarchiven" die alten Territorialarchive fort: für das Königreich Navarra zu *Pamplona*, für das Prinzipat Katalonien und das Königreich Aragon zu *Barcelona*, für das Königreich Valencia zu *Valencia* (seit 15. Jh.), für das balearische Königreich zu *Palma auf Mallorca* (seit 15. Jh.); ein weiteres für Aragon zu *Saragossa* (seit 15. Jh.) wurde in der französischen Zeit zerstört. Zentralistische Pläne, diese Archive zu einem einzigen Kronarchiv zu vereinigen, wie sie der bedeutende aragonesische Archivar Francisco Javier de Garma y Durán (1740 bis 1783) vertrat, kamen nicht zur Ausführung.

In *Kastilien* haben sich die älteren Territorialarchive nicht in selbständiger Gestalt erhalten, so daß Kastilien den alten Kronarchiven Aragons nichts gegenüberzustellen hat. Das *Archivo general de Galicia in La Coruña* ist eine künstliche Schöpfung des 18. Jhs., hervorgegangen aus dem Archiv des Gerichtshofes für Galicien. Etwas früher sind die Archive zu *Valladolid* und zu *Granada* entstanden, die offenbar auch mehr die Bedeutung provinzialer Konzentrierungen im Anschluß an bestehende Kanzleien oder Behörden hatten, wenn sie auch eine gewisse Verbindung mit den älteren Territorialeinheiten (Kgr. Altkastilien, Kgr. Granada) eingingen. In dem stärker zentralisierten Kastilien erscheint vielmehr an der Spitze das *Archivo general de la Corona de Castilla in Simancas*, das entgegen seinem Namen keine territoriale Gründung des Mittelalters ist, sondern erst im 16. Jh. entstand, als sich die letzte Erweiterung der kastilischen Macht, die Personalunion Kastiliens und Aragons, schon vollzogen hatte, so daß es sich im 16. und 17. Jh. zugleich zum eigentlichen Zentralarchiv der spanischen Monarchie entwickeln konnte. Als einziges bildete sich sonst noch organisch das *Archivo general de Indias in Sevilla*, das aus den Registraturen der in Cadiz befindlichen Verwaltungsbehörden für die amerikanischen Besitzungen seit dem 16. Jh. erwachsen ist, also ein Kolonialarchiv darstellt, jedoch seine jetzige Gestalt erst im 18. Jh. erhalten hat. Eine ganz junge Schöpfung ist das *Archivo central in Alcalá de Henares* bei Madrid, bestimmt zur Aufnahme geistlicher Archive, besonders der der aufgehobenen Ritterorden, die bis 1789 gewisse Territorialhoheit besaßen, sowie der Archive der Inquisitionstribunale. Das *Archivo historico nacional zu Madrid* ist die jüngste künstliche Schöpfung, die dann eine organische Weiterbildung fand. In ihm erreichten die schon in der älteren spanischen Entwicklung liegenden, aber besonders durch die französische Revolution entfachten Zentralisierungsbestrebungen ihren Gipfel. Was von den geistlichen Archiven erhalten war, kam aus dem ganzen Land (mit Ausnahme von Katalanien) hier hinein, ferner liefern, nachdem die Entwicklung in Simancas abgebrochen ist, die modernen Zentralbehörden ihre Akten teilweise dahin ab.

Wenden wir uns zunächst dem Archivwesen von *Aragon* zu. Das *Archivo general de la Corona de Aragón in Barcelona*, das Hauptarchiv der Krone von Aragon, ist vielleicht überhaupt das reichhaltigste ältere Archiv des Abendlandes. Es wurde wiederentdeckt durch die Studien Heinrich Finkes und die Forschungen Paul Kehrs für sein Unternehmen der älteren Papsturkunden. Schon 1264 bestand ein Regium publicum archivum Barcinonae, das Urkundenbestände der Markgrafen von Barcelona, die im Anschluß an das Frankenreich beim

Maureneinfall emporgekommen waren, und des Prinzipats von Katalonien enthielt und nach der Personalunion von Katalonien mit Aragon (1164) zum Zentralarchiv beider Territorien wurde. Es war also zunächst Empfänger-, dann bald auch Kanzlei- und Kronarchiv, behielt aber nicht dauernd diesen Charakter und wurde schließlich zum historischen Archiv, weil sich seit der Vereinigung Aragons mit Kastilien Simancas als Zentralstelle in den Vordergrund schob. Umfassende Teile der Urkundenbestände in Barcelona stammen schon aus der Zeit vor der frühesten Erwähnung, darunter der Liber feudorum vom Ende des 12. Jhs., der die Reihe der Cartularien (Kopialbücher) und Register eröffnet. Der Schwerpunkt liegt im 13. bis 15. Jh., aber auch aus der Zeit Karls V. sind infolge der damals noch fortbestehenden aragonesischen Autonomie und der Tätigkeit des am kastilischen Hof zu Valladolid vertretenen aragonesischen Rates noch wichtige Bestände hier. Sie sind allerdings teilweise erst sehr viel später, als man immer noch irgendwie an der Vorstellung eines autonomen Aragons festhielt, dorthin gelangt.

Das Archiv zu Barcelona ist eine ganz einzigartig frühe Konzentration; die ältesten Archivinventare stammen schon aus dem 14. bis 16. Jh. Wenn auch die Grundlage von Eingangsmaterial gebildet wurde, so hat sich der Schwerpunkt doch sehr bald auf das Kanzleimaterial verschoben, das von den verschiedenen Zentralbehörden zusammengezogen wurde. Nirgends im übrigen Europa außer in Neapel finden wir eine solche kontinuierliche Entwicklung vom mittelalterlichen Urkundenarchiv zum frühneuzeitlichen zentralen Aktenarchiv, auch nicht in Frankreich, wo der Trésor des Chartes als Ausgangspunkt hätte dienen können, oder in England, wo die Machtentfaltung des normannischen Königtums die Voraussetzung dazu bot, aber die Gegenwirkung des Parlaments die Zentralisierung verhinderte. Barcelona ist das Muster eines lückenlos erhaltenen und organisch aus dem Mittelalter erwachsenen Aktenarchivs, das dann vom Beginn des 18. Jhs. bis zur Mitte des 19. Jhs. einer Neuordnung nach sachsystematischen Gesichtspunkten unterworfen wurde, die freilich der beabsichtigten Erleichterung der Forschung nicht dienen konnte, vielmehr nur alte Zusammenhänge zerstörte. Indem sich dieses sachsystematische Denken, das u. a. zur Zusammenfassung aller Papsturkunden des Archivs in einem Bulario führte, mit Zentralisierungstendenzen verband, kam man Mitte des 18. Jhs. zu dem Plane, nicht nur die Bestände aller aragonesischen Kronarchive, sondern auch die der Städte und der Privatarchive und in gewissem Maße auch der Bischofs-, Kathedral- und Klosterarchive zu vereinigen und aus allen Papsturkunden ein großes Bulario general zu bilden, das vor allem dem Zwecke einer wissenschaftlichen Publikation dienen sollte. Dieser Plan des Archivars Garma y Durán, der die denkbar einseitigste Ausprägung des rationalen, von Gesichtspunkten der wissenschaftlichen Forschung geleiteten archivarischen

Denkens darstellt, kam glücklicherweise nicht zur Ausführung. So hat in diesen auch heute noch stark partikularistisch gestimmten Gebieten trotz zeitweiliger Gegenströmungen das Archivwesen schließlich überwiegend seine historische Dezentralisation bewahrt.

Neuen Zuwachs erhielt das Archiv durch die Säkularisationen (Desamortizaciónes) der napoleonischen Zeit und der konstitutionellen Periode (1820—23), die in Katalonien jedoch die Bischofs- und die diesen an Bedeutung überlegenen Kathedral-(Kapitels-) Archive, die noch heute Urkundenbestände von sehr hohem Alter enthalten, fast ganz verschonte. Allerdings mußten die Urkunden der säkularisierten geistlichen Anstalten bald für Domanialzwecke an die staatlichen Finanzbehörden (Delegaciónes de Hazienda) herausgegeben werden, von denen sie erst in jüngster Zeit, nachdem sie arg geplündert worden waren, wieder an das Kronarchiv in Barcelona zurückgelangt sind.

In *Kastilien* und seinen von den Mauren zurückeroberten Gebieten (Neukastilien, Cordoba, Sevilla, Jain, Granada) hat eine so frühe archivalische Zentralisation nicht stattgefunden. Die Empfängerdepots lagen gegen Ende des Mittelalters auf verschiedenen Schlössern und Festungen verstreut (insbesondere im Schloß von La Mota und im Alcazar von Sagovia). 1509 wurden Register und Akten bei der Kanzlei in Valladolid, die damals nur noch zentrale Gerichtsbehörde (Audiencia) war, gesammelt. Damals wurde auch zum ersten Mal ein Kronarchivar ernannt. Die meisten und wichtigsten Kronurkunden sind wohl später, besonders beim kastilischen Aufstand 1520/21, vernichtet worden. Damit schien einer Entwicklung, wie wir sie vielfach in Deutschland antreffen, der Boden entzogen zu sein. Doch es kam anders; 1542 wurde auf Vorschlag des spanischen Staatssekretärs Lic. Pedrosa durch Karl V. das düstere Schloß zu *Simancas*, wohl wegen seiner Sicherheit und Lage in der Nähe der alten kastilischen Hauptstadt Valladolid, zum Sitz eines neu zu begründenden Kronarchivs bestimmt und 1545 Antonio Catalan. Hofjurist und Mitglied der zentralen Gerichtsbehörde in Valladolid, zum ersten Archivar ernannt. Während der Regierung Karls V. kamen nur wenig umfangreiche Bestände hierher, als wichtigstes der geringe Rest der geretteten Urkunden, dazu auserlesene allgemeine Verwaltungs- und Finanzakten, als Beweisunterlagen für die ältesten Rechts- und Hoheitsansprüche der Krone (daher Verwaltung durch einen Juristen!). Als Arsenal, dem man die wichtigsten politischen dokumentarischen Waffen hätte entnehmen können, war es aber schon damals veraltet; denn die wichtigsten Hilfsmittel für die politischen Auseinandersetzungen lagen längst in der diplomatischen Korrespondenz. So zeigt der Anfang dieses Archivs ganz charakteristisch, wie Karl V. noch tief in einer älteren Welt wurzelte. Die systematische Überführung der königlichen Papiere, der Akten des Staatssekretariats und aller sonstigen kastilischen und gesamtspanischen Zentralbehörden in registraturmäßigen Zusammenhängen, wobei allerdings vielfach Durcheinandermengung vorkam, an das Archiv von Simancas veranlaßte erst Philipp II., der auch zum Archivar nicht mehr einen Juristen, sondern einen Kanzleibeamten des Staatssekretariats ernannte. Damit begann eine ganz neue Entwicklung für das Archiv, das damals im wesentlichen schon seine jetzige Gestalt erhielt. Weitere Maßnahmen zur Vervollständigung des Archivs mißglückten allerdings, statt dessen gelangte das Material in die Bibliotheken, und schließlich verlor man es an zentraler Stelle aus den Augen. Der Struktur- und Organisationswandel des Archivs zur Zeit Philipps II. war von typischer Bedeutung: aus dem kastilischen Auslese- und Kronarchiv wurde das Hauptarchiv für Kastilien und ganz Spanien. Der spanische Zweig der Habsburger hat also schon im 16. Jh. das vollzogen, was die deutsche Linie erst am Anfang des 19. Jhs. fertig brachte, als sie in das Wiener Haus-, Hof- und Staatsarchiv geschlossene Archivkörper statt der bisherigen Einzelauslese übernahm. Aber da niemals eine organische Verbindung des Archivs mit den Zentralbehörden zustande gekommen war, es sich vielmehr stets nur um gelegentliche Aktionen handelte, fehlte die Stetigkeit der Entwicklung. Nachdem im 18. Jh. die Hauptstadt nach Madrid verlegt worden war, hörten schließlich die Zugänge ganz auf; das Archiv nahm einen rein historischen Charakter an. Es ist im wesentlichen ein Aktenarchiv, in dem sich keine nennenswerten älteren Urkundenbestände befinden. Als Ersatz für die Urkunden hatte man zunächst allerlei Material, das irgendwie Rechtstitel enthielt, zusammengebracht: Haus- und Staatsverträge und sonstige Angelegenheiten des königlichen Hauses, die heute als „Hausarchiv" eine besondere Abteilung bilden. Den Hauptbestand bilden die Akten der kastilischen, dann spanischen Zentralbehörden von der Mitte des 15. bis zum Ende des 18. Jhs., insbesondere der „Kastilischen Kammer" (Cámera de Castilla), einer Steuerbehörde, des königlichen Hofgerichts (Consejo real de Castilla), des „Generalfinanzarchivs", der Militär- und Marinebehörden, und als bedeutendster der Bestand des spanischen Staatssekretariats für das Auswärtige (Secretaria de Estado), wozu noch die Registraturen der Provinzialsekretariate der auswärtigen Besitzungen (Neapel, Sizilien, Mailand und Portugal) kommen. Die einzelnen Registraturkörper scheinen im großen und ganzen getrennt erhalten zu sein.

Als das Archiv zu Simancas 1844 durch königliches Dekret für die wissenschaftliche Benutzung geöffnet wurde, gingen sogleich auch ausländische Forscher dorthin. Der erste war der belgische Archivar Gachard, der Material zur Geschichte des niederländischen Aufstandes suchte. Die Franzosen forschten nach Material über die großen Kriege Frankreichs mit Spanien, und vor allem die Engländer haben die auf die Geschichte ihres Landes bezüglichen Bestände im amtlichen

Auftrage systematisch ausgeschöpft[101]). Auch die Spanier selbst, die schon im 17. und 18. Jh. reiche archivalische Forschungen, besonders in Barcelona, betrieben hatten, wandten sich nun nach Simancas. Besonders wichtig wurde eine der französischen „Collection" entsprechende Sammlung unveröffentlichter Dokumente zur spanischen Geschichte durch die Historische Kommission der Akademie in Madrid, die „Collección de los Documentos inéditos para la historia de España".

Inzwischen war durch die französische Revolution der Sturm der Säkularisationen entfacht, der in der napoleonischen Zeit die Klöster und in der sogen. konstitutionellen Periode (1820—23) die Ritterorden und, abgesehen von Katalonien, auch die Kapitelarchive erfaßte. Wie in Frankreich und in Italien kamen die beschlagnahmten Archivfonds nicht in die Landesarchive (nur in Barcelona machte man einen solchen Versuch, der nur z. T. glückte), sondern zunächst in die in jeder Provinz eingerichteten Archivdepots der Finanzverwaltung (Delegaciónes de Hazienda), wo sie schweren Schaden erlitten. Immerhin wurden damals die wissenschaftlichen Interessen nicht ganz außer acht gelassen. So kam es zu dem Beschluß, den eigentlich historischen Stoff dieser geistlichen Archive der 1711 gegründeten Kgl. Historischen Akademie (Real Academia de la Historia) in Madrid zu überweisen. Schließlich vereinigte das 1866 neu errichtete *Archivo histórico nacional in Madrid* die Bestände der Historischen Akademie mit den bisher in den Finanzarchivdepots verbliebenen (1898). Den Anfang des jetzigen modernen Zentralarchivs bildeten also die gesamten geistlichen Archive aus dem nichtkatalonischen Spanien. Das bedeutete eine Zentralisation gewaltigster Art, und nur an der Raumfrage ist bisher die Absicht gescheitert, hier durch Hineinziehung des alten Archivs von Simancas ein Zentralarchiv nach Art des Pariser Nationalarchivs zu schaffen. Dies hätte besonders nahegelegen, da das Madrider Archiv, abgesehen von den geistlichen Beständen, als die Fortsetzung von Simancas konstituiert wurde. Die staatlichen Zentralakten des 18. und 19. Jhs., die von der an die Stelle von Valladolid getretenen neuen Hauptstadt Madrid aus nicht mehr nach Simancas abgegeben wurden, kamen nämlich, soweit sie nicht in Ministerialarchiven verblieben, gleichfalls hierher. Aus Simancas und aus Alcalá de Henares sind nur Bestände, die aus Säkularisationen herrühren, nach Madrid abgegeben worden. So blieb die Zentralisation der bedeutendsten Archivalien in Madrid nur einseitig und unvollkommen, auch wurde das Archivo histórico nacional nicht das einzige moderne Zentralarchiv Spaniens, sondern daneben blieben in weitem Umfange Behördenarchive der modernen Ministerien bestehen.

[101]) Veröffentlicht in der großen Publikation: Calendars of Letters, Despatches and State papers relating to the negotiations between England and Spain, preserved in Archives at Simancas and elsewhere.

1781 entstand als Kolonialarchiv das *Archivo general de Indias in Sevilla,* das das auf die Verwaltung der südamerikanischen Kolonien bezügliche Material aus dem Archiv von Simancas, das Archiv des Rates von Indien, der als zentrale Verwaltungs- und gerichtliche Appellationsinstanz fungierte, das Archiv der Casa de la Contracción, die den Schiffsverkehr mit den Kolonien überwachte, und Archive von weiteren Kolonialbehörden zu Sevilla und Cadiz erhielt und später die Akten des Kolonialministeriums, der Nachfolgebehörde des Indienrates, und von Akten aus den Kolonien selbst 1883/89 solche aus Cuba übernahm.

Das *Archivo general central in Alcalá de Henares,* das 1858 gegründet worden ist, nahm zunächst kirchliche Archivalien, insbesondere Akten des Inquisitionstribunals und der Ritterorden auf, mußte aber den größten Teil dieser Bestände an das Madrider Archiv abgeben; es übernimmt jetzt die modernen Akten der Ministerien, scheint aber nur als Zwischenarchiv gedacht zu sein, da die älteren Bestände inzwischen an das Madrider Archiv weitergegeben worden sind.

Ist auch das Madrider Hauptarchiv nicht zu allen Zentralbehörden in eine unmittelbare Verbindung gekommen, so zeigt es doch ein stärkeres Streben nach Zentralisation als das italienische Zentralarchiv und erinnert darin an französische Tendenzen. In der Ausbildung einer zentralen Archivverwaltung steht dagegen Spanien hinter den beiden anderen romanischen Ländern zurück. Zwar wurde auch hier eine beratende Stelle zwischen dem zuständigen Ministerium und den einzelnen Archiven und Behörden geschaffen, aber die Befugnisse dieser Körperschaft erstrecken sich auch auf die Bibliotheken, in die ja in großem Umfange Archivalien geraten sind, und auf die Museen des Landes. Außerdem ist diese beratende Stelle nicht wie in Frankreich und Italien ein fest umgrenzter, von der Regierung ernannter und berufener Ausschuß, sondern dieser bei Gelegenheit der Neuorganisation des Archivwesens durch Kgl. Dekret vom 17. Mai 1858 ins Leben gerufene und 1884 reorganisierte Cuerpo facultativo de Archiveros, Bibliotecarios y Anticuarios (Arqueólogos) ist aus öffentlichen und privaten Elementen eigenartig gemischt; er ist keine Zwangskörperschaft, sondern eine auf Selbstverwaltung beruhende Aufsichtsbehörde föderativen Charakters, ein Bindeglied zwischen den einzelnen Anstalten und den vorgesetzten Ministerialbehörden. Der Staat garantiert den in diesem Verband vertretenen Anstalten den Beamtencharakter der Archivars- und der Bibliothekarsstellen und unterstützt die wissenschaftlichen Unternehmungen. Die einzelnen Anstalten sind und werden dem Cuerpo nach und nach eingegliedert und dann nach den durch Abstimmung seiner verschiedenen Klassen von Mitgliedern oder durch Beschluß der Unterkommissionen getroffenen Entscheidungen des Cuerpo systematisch geordnet und ausgebaut.

Darin liegt allerdings wieder ein zentralistischer Eingriff. Die einzelnen Archive unterwerfen sich freiwillig, aber dann haben die Sachverständigenkommissionen, die keineswegs identisch sind mit den Leitern der einzelnen Archive, die Bestimmung über sie. Auch mit der Ordnung und Beaufsichtigung der Archive nicht inkorporierter Anstalten werden die Mitglieder dieser Körperschaft betraut, die zu diesem Zweck die Provinzen bereisen. Es handelt sich also um die allmähliche Ausdehnung einer einheitlichen Archivverwaltung auf dem Wege der Freiwilligkeit auch über die engere staatliche Sphäre hinaus und damit zugleich um die Entstehung eines allgemeinen Archivalienschutzes.

Die eingegliederten Archive zerfallen in drei Klassen:

a) Archive, die Dokumente zur Geschichte Gesamtspaniens aus dem ganzen Lande zusammengezogen haben („*Generalarchive*"), nämlich die vier auf kastilischem Boden erwachsenen Zentralarchive, in deren Gruppe Sevilla erst 1901 aufgenommen worden ist:

1. Archivo histórico nacional in Madrid,
2. Archivo general de la Corona de Castilla in Simancas,
3. Archivo general central in Alcalá de Henares,
4. Archivo general de Indias in Sevilla.

b) Archive mit Dokumenten zur Geschichte der alten Territorien und der Provinzen („*Regionalarchive*"), zu denen vor allem die alten Kronarchive von Aragon (Nr. 5—8) sowie einige kastilische Archive mehr provinzieller Bedeutung (Nr. 9—11) gehören:

5. Archivo general de la Corona de Aragón in Barcelona,
6. Archivo general del Reino de Valencia in Valencia,
7. Archivo general histórico de las Baleares in Palma,
8. Archivo general de la Corona de Navarra in Pamplona,
9. Archivo general de Galicia in La Coruña,
10. Archivo de la Real Cancilleria de Valladolid,
11. Archivo de la Real Cancilleria de Granada.

c) Archive, die Dokumente zur Geschichte einzelner Institutionen, Anstalten und Orte besitzen („*Spezialarchive*").

Unter ihnen seien hervorgehoben:

1. Die Behördenarchive der Ministerien und sonstigen Zentralbehörden, die aber teilweise schon ältere Bestände an das Nationalarchiv in Madrid abgeliefert haben: Ministerium der Auswärtigen Angelegenheiten (Estado, seit 16. Jh.), Ministerium der Justiz (seit 17. Jh.), Ministerium des Innern (Gubernación), Finanzministerium (Hacienda), Archiv des Kgl. Hauses, Präsidentschaft des Ministerrats, Staatsrat, Dirección general de la Deuda (Schuldenverwaltung),

2. Archive der provinzialen Finanzbehörden (Delegaciónes de Hacienda),

3. Archive der Gerichtshöfe: Kassationshof (Tribunal supremo), Appellationshöfe (Audiencias territoriales) und Gerichte erster Instanz (Juzgados),

4. Die Notariatsarchive (Archivos históricos de protocolos), die bei den Notarkammern in den Provinzhauptstädten und für kleinere Bezirke zu Vielheitsarchiven vereinigt sind,

5. Die Universitätsarchive,

6. Zahlreiche Kommunalarchive, Adelsarchive und kirchliche Archive.

Außerhalb des Cuerpo gibt es noch nicht inkorporierte zentrale Behörden-, Provinzial-, Stadt- und in geringem Maße Kirchenarchive, die lediglich ihrer behördlichen oder kirchlichen Aufsichtsstelle unterstehen. Unter den zentralen staatlichen Behördenarchiven seien die militärischen Archive (Kriegsarchiv und Archiv der Marine), Archiv des Rechnungshofes (Tribunal de Cuentas), Archiv der Cortes, unter den Provinzialarchiven die der Provinzialvertretungen (Diputaciónes provinciales) genannt.

So ist zwar eine gleichartige Verwaltung auf Grund halbprivater, wissenschaftlicher Initiative entstanden, aber doch noch nicht das Ziel der modernen Entwicklung seit der französischen Revolution erreicht: eine volle Verselbständigung der Archivverwaltung, die Abgrenzung von Archivsprengeln und die Zuweisung bestimmter Registraturen für die Speisung bestimmter Archive. Gerade diese eigentlichen Merkmale der modernen Entwicklung können nur von oben her eingerichtet werden, und hier wird ja nicht von oben her verwaltet. In der zentralen Sphäre ist das Historische Nationalarchiv in Madrid für die modernen Bestände zuständig, soweit nicht Ministerialarchive bestehen. In der Ebene der provinzialen Verwaltungsbezirke gibt es kein durchgebildetes Archivwesen. Wohl hat man zahlreiche kleine Provinzialarchive zur Aufnahme von Akten der provinzialen und lokalen Verwaltungsstellen geschaffen. Aber bedeutende historische Bestände stehen ihnen nicht zur Verfügung, da man ihnen ja die Archive der aufgehobenen geistlichen Anstalten durch den großen Zentralisierungsprozeß vorenthalten hat. Immerhin ist 1923 erwogen worden, noch etwa selbständige Provinzial-, Stadt- und Klosterarchive zu regionalen Archiven zusammenzuziehen.

Im ganzen ist also auch die staatliche Archivverwaltung Spaniens weitgehend dezentralisiert — viel mehr als in Italien — und noch halb im Behördenarchivwesen steckengeblieben, wenn man auch nicht sagen kann, daß noch gar kein Ansatz zu einer einheitlichen staatlichen Archivverwaltung bestehe; hinter dieser freiwilligen Körperschaft steht ja letzten Endes der Staat, und die staatlichen Stellen üben auf dem Umwege über diese freiwillige Körperschaft

Einfluß auf das Archivwesen aus. Derartige Ansätze zu freiwilligen Bildungen gibt es noch anderswo, z. B. in England, wenn auch nicht so ausgeprägt. Jedenfalls ist dies doch eine recht eigenartige Einrichtung.

5. *Portugal*

Bis zum 14. Jh. weist das portugiesische Archivwesen dieselben Verhältnisse auf, wie sie von den weltlichen Herrschern Deutschlands her als Folge des Umherziehens von Burg zu Burg bekannt sind: gelegentliche Aufbewahrung hier und dort, auch in Klöstern. Die Führung von Registern beginnt schon im Anfang des 13. Jhs., um dann wieder auszusetzen; ein geordnetes Registerwesen der Kanzlei läßt sich dann seit dem 14. Jh. feststellen. Im 14. Jh. befand sich das königliche Archiv im Turm des Königsschlosses zu Lissabon, in der Torre do Tombo; dort blieb es bis zum großen Erdbeben 1755, das den Turm zerstörte, das Archiv aber unbeschädigt ließ. Es wurde dann in das Gebäude des Benediktinerklosters zu Lissabon übergeführt. Den Grundstock bildete das alte Kronarchiv, die Antiga Casa da Coroa, das Urkunden, Kanzleiregister und eine große Reihe von Kopialbüchern enthielt. Die weitere Entwicklung verlief durchaus organisch. Nur im 18. Jh. fand ein Eingriff statt, indem die Papsturkunden, wie auch anderswo, aus den historischen Beständen, wenn auch sehr unvollständig, herausgerissen und zu einer besonderen Sammlung vereinigt wurden. Es war die Sucht, Urkundenmuseen zu bilden, die sich auch hier geltend machte als Folge der wissenschaftlichen Diplomatik. Später wurden die Akten der staatlichen Zentralbehörden seit dem 16. Jh. hier zusammengebracht. In diesen Bahnen verlief bis zum Anfang des 19. Jhs. die Entwicklung des Archivs so, wie sie im günstigsten Fall erwartet werden konnte.

Als Neues brachten die Einflüsse der französischen Revolution die Säkularisationen des liberalen Staates seit 1833, die sich in verschiedenen Etappen bis in die jüngste Zeit fortsetzten. Alle herrenlos gewordenen geistlichen Archive gelangten fast ausschließlich in die Torre do Tombo, wie das Nationalarchiv auch nach der Trennung von seinem Ursprungsort weiter bezeichnet wurde. Man folgte also hier einem radikalen Zentralisierungsprinzip, wie man es in der ersten Zeit der französischen Revolution aufgestellt, aber nachher in Frankreich selbst nicht hatte durchführen können. In dem kleineren Portugal schien es sich verwirklichen zu lassen. Man wich aber, indem man für diese Zentralisierung der geistlichen Archivalien nicht ein neues Archiv schuf, sondern sie mit dem alten historischen Zentralarchiv in Verbindung brachte, doch vom ursprünglichen französischen Verfahren, wonach die historisch bedeutenden Archivalien ja in die Bibliotheken gelangen sollten, und auch vom Verfahren in Spanien ab, wo man, abgesehen von Katalonien, den großen Zentralisierungsprozeß nicht an das alte Archiv in Simancas anschloß, sondern ein neues Archiv in Madrid schuf. Dabei hat man in Portugal später auch vor den Bischof-, Kathedral- und Kollegiatkirchenarchiven nicht haltgemacht, so daß das Land von geistlichen Archiven schließlich ziemlich entblößt war. Allerdings kamen diese Bestände nicht unmittelbar ins Zentralarchiv, sondern zuerst wie in Spanien in die Depots der Finanzbehörden der Distrikte, wo sie starke Einbußen erlitten. Immerhin begann man schon früh mit der Überführung in das Archiv, aber nicht etwa so, daß den verschiedenen Säkularisationsaktionen regelmäßig in gewissem Abstand die verschiedenen Einverleibungsaktionen ins Archiv gefolgt wären, sondern hierfür waren weniger die gesetzgebenden Akte der Säkularisationen, als vielmehr die wissenschaftlichen Interessen maßgebend. Man suchte zunächst aus den alten Fonds nur eine Auslese des wichtigsten heraus, sogen. „Spezialkollektionen", später zog man alle ältesten Urkunden bis zu einem gewissen Zeitpunkt heran und noch später die folgenden bis zu einer weiteren Zeitgrenze. Daneben begann man auch unmittelbar vom Archiv aus in den noch nicht durch die Finanzbehörden erfaßten geistlichen Anstalten Urkunden auszuwählen und zu übernehmen. Hier vollzog sich ein typischer Ausleseprozeß unter dem zerstörenden Einfluß der Wissenschaft, der die Zusammenhänge aufgelöst hat. Dabei zerstörte man nicht etwa den alten historischen Zusammenhang durch eine neue Sacheinteilung, für die man sich gar nicht die Zeit nahm, sondern man zerriß die Fonds, indem man die später kommenden Teile nicht den älteren Stücken desselben Ursprungs anreihte, sondern sie in der Reihenfolge des Eingangs niederlegte. So findet sich hier weder Provenienz- noch Pertinenzsystem, sondern ein dürftiges Akzessionsverfahren, um die Massen überhaupt bewältigen zu können. Da auch die Repertorisierung nicht Schritt halten konnte mit dem Zuwachs, ist heute der sicherste Führer durch die geistlichen Bestände die Kenntnis der Archivgeschichte in Verbindung mit der Geschichte der Säkularisationen. Von den Finanzbehörden wurden übrigens nicht alle Bestände unmittelbar an das Archiv abgeliefert, sondern auch an andere Stellen, insbesondere an die in der Nationalbibliothek untergebrachte Inspektion der Bibliotheken und Archive, die dem Unterrichtsministerium untersteht. Dabei erfolgte auch Zersplitterung und Vermengung der Fonds, was anfangs vermieden war, bevor sich diese zentrale Verwaltungsstelle dazwischengeschoben hatte. Beim späteren Übergang der hier lagernden Bestände an das Archiv wurde die Verwirrung nicht geringer. So endete diese Zentralisierung mit dem größten Mißerfolg. Sie wurde bei den jüngsten Säkularisierungen ganz aufgegeben, als sich auch im Lande Widerstand dagegen regte und es bei dem Versuch, das große und bedeutende Kapitelarchiv zu Braga abzutransportieren, zu Volksaufläufen kam.

Die Regierung entschied sich nun endlich im 20. Jh. auch aus technischen Gründen für eine Dezentralisierung, die freilich nach der Zentralisierung des weitaus größten Teiles kaum noch übersichtliche Verhältnisse schaffen kann. Es wurden *staatliche Distriktsarchive* gebildet, die sich nach Möglichkeit an noch vorhandene größere geistliche Archive angliedern sollten, indem mit einem solchen Stammarchiv etwaige Reste von anderen Kapitel- oder Pfarrarchiven, ebenso Notariatsarchive des Distrikts und die noch bei den Finanzbehörden beruhenden Bestände verbunden wurden. Inzwischen hat man wohl auch bereits Registraturen der lokalen staatlichen Verwaltungsbehörden an diese Distriktsarchive abgegeben[102]).

Neben dem *Arquivo Nacional da Torre do Tombo*, das als Zentralarchiv zu den kirchlichen Archivalien und den Verwaltungsakten des alten Königreichs die Akten der modernen Zentralbehörden übernimmt, bestehen als Behördenarchive die des *Kolonialministeriums* (Arquivo Historico Colonial) und des *Außenministeriums* und als Sonderarchive, die wie das Nationalarchiv dem Unterrichtsministerium unterstehen, das *Arquivo dos Feitos Findos*, das alte Prozeßakten enthält, und das *Arquivo dos Registos Paroquiais* für die Aufnahme von Pfarrmatrikeln.

Eine wissenschaftliche Durchforschung der Archive gab es unter kirchlichem Einfluß in Portugal schon seit Anfang des 18. Jhs. Später regten die Unternehmungen der 1779 begründeten Kgl. Akademie der Wissenschaften in Lissabon (Academia Real da historia Portuguesa), wenn ihnen selbst auch kein dauernder Erfolg beschieden war, zu weiteren Urkundenforschungen an.

6. *Lateinamerika*

Alte geschlossene Kron- oder zentrale Territorialarchive wie in Italien und Spanien können wir in Lateinamerika nicht erwarten. Und doch kann man nicht sagen, daß die Behördenarchive der Vizekönige, Generalkapitäne, Gouverneure, Finanz- und Gerichtsbehörden, die allerdings den Kolonialbehörden in Spanien unterstellt waren, sowie der Niederschlag im Indienarchiv in Sevilla ihrem Inhalt nach einen Vergleich mit den alten europäischen Archiven nicht auszuhalten vermöchten. Im Gegenteil, sie sind bedeutend genug und können auch bereits auf ein gewisses Alter zurückblicken.

---

[102]) Distriktsarchive bestehen in: Braga, Braganza, Evora, Funchal (Madeira), Leiria, Ponta Delgada (Azoren), Portalegre, Porto und Vizeu. Das bedeutende Universitätsarchiv in Coimbra dient zugleich als Distriktsarchiv.

Im *spanischen Gebiet* kamen zu den beiden alten Vizekönigreichen Neuspanien (für Mexiko und Zentralamerika) mit der Hauptstadt Mexiko und Peru (für das ganze spanische Südamerika) mit der Hauptstadt Lima durch Abspaltung aus Peru 1739 das Vizekönigreich Neugranada (für das Gebiet des heutigen Kolumbien mit Panama, Venezuela und Ecuador) mit der Hauptstadt Bogotá und 1776 das Vizekönigreich La Plata oder Buenos Aires (für das Gebiet des heutigen Argentinien, Paraguay und Uruguay) mit der Hauptstadt Buenos Aires, dem sich 1780 Oberperu oder Charcas (das heutige Bolivien) anschloß. Die Vizekönigreiche waren jeweils in zwei bis vier Generalkapitanate eingeteilt, deren Leiter eine vom Vizekönig sehr unabhängige Stellung einnahmen und die teilweise die Grundlage der heutigen Staaten abgegeben haben (so die Generalkapitanate Guatemala für Zentralamerika, Santiago für Chile, Charcas für Bolivien, Caracas für Venezuela). Die eigentliche Verwaltung des Vizekönigreichs lag bei der Regierung (Gobierno), an deren Spitze ein Gouverneur stand. Einen eigenen Verwaltungszweig bildete die Finanzverwaltung unter dem Generalintendanten der Heeres- und Finanzverwaltung (Intendente General de Ejército y Real Hacienda), der in den Generalkapitanaten für die Verwaltung der königlichen Domänen und der Zölle Intendencias unterstanden. Bedeutend waren auch die Gerichtshöfe bei den Vizekönigen und bei den Generalkapitänen, deren Appellationshof der Indienrat in Sevilla war; sie übten auch gewisse Verwaltungsfunktionen aus. Das *portugiesische Gebiet*, aus dem in bruchloser Entwicklung das Kaiserreich Brasilien erwachsen ist, wurde von dem Vizekönig in Rio de Janeiro (bis 1763 in Bahia) regiert und war in Kapitanate eingeteilt, die etwa den heutigen brasilianischen Provinzen entsprechen. Alle diese Behörden besaßen ansehnliche Archive, deren Bestände bis in die Kolonisationszeit zurückreichten.

Als die aus den Befreiungskämpfen im Anfang des 19. Jhs. erwachsenen neuen Staaten mit einem radikalen Bruch in der ganzen Verwaltungstradition ins Leben traten, konnten diese Behördenarchive, da sie ja eng mit ihren bisherigen Behörden verwachsen waren, trotz ihrer historischen Bedeutung im allgemeinen nicht als Grundlage des neuen Archivwesens dienen. Auch deckten sich die neuen Staatsgrenzen nicht mit denen der alten Vizekönigreiche, und an eine sachliche Aufteilung der Archive zwischen den neuen Staaten konnte man nicht denken, da es sich bei den Archivalien zum größeren Teile um Serienakten handelte.

So blieben sie überwiegend als tote Depots in Bibliotheken oder anderen staatlichen Gebäuden zunächst unbeachtet liegen und haben damit eine gefährliche Periode überdauert, nämlich die Zeit der rationalen und deduktiven Archivordnungen des 19. Jhs. Als man ihnen Beachtung schenkte, war diese Zeit schon im Abklingen. Eine Periode der Archivgeschichte ist hier einfach übersprungen worden. Einige Archive waren zwar schon in der ersten Hälfte des 19. Jhs. gegründet worden (Buenos Aires 1821, Mexiko 1823, Rio de Janeiro 1838, Habana auf Cuba 1857, Bogotá in Columbien 1868, Lima in Peru 1870), aber die überwiegende Zahl wurde erst seit den 90er Jahren des 19. Jhs. organisiert und da trat man mit rein historischen Gesichtspunkten an sie heran. Natürlich konnte man nur das erfassen, was sich im eigenen Staatsgebiet befand. Man dachte nicht daran, Archive zu zerteilen und Bestände, die sich auf andere Staatsgebiete bezogen, abzutreten, sondern man hat überall in den modernen Zentralarchiven die alten Archive der kolonialen Zeit als „historische" oder „Kolonialabteilung" neben die „nationale", „republikanische" oder „Verwaltungsabteilung" mit den Akten der republikanischen Zeit gestellt.

In *Brasilien* ist 1838 das Archivo publico do Imperio (seit 1889: Archivo nacional dos Estados Unidos do Brasil) in Rio de Janeiro organisch aus den Registraturen der Zentralbehörden erwachsen und hat die Akten der vizeköniglichen Verwaltung als historische Abteilung aufgenommen; im 20. Jh. hat sich ein Provinzialarchivsystem ausgebildet. Auf der Grundlage der vizeköniglichen Registraturen ist 1823 das Archivo general in *Mexiko* als Zentralarchiv geschaffen worden, neben dem allerdings als zentrale Behördenarchive die des Staatssekretariats für Auswärtiges und des Staatssekretariats für Krieg und Marine bestehen; eine besondere Abteilung bildet das Archivo del Imperio mit den Registraturen Kaiser Maximilians (1863—67). Die Provinzialarchive sind aus den Behördenarchiven der Provinzialregierungen erwachsen und haben auch das Material aus der spanischen Zeit aufgenommen. Auch die Zentralarchive in *Columbien* und in *Peru* haben Registraturen der vizeköniglichen Zeit als Grundlage: das Archivo nacional in Bogotá (1868) und das Archivo nacional del Peru in Lima (1870), dessen Bestände einst die bedeutendsten Südamerikas gewesen sind, bis 1739 und 1776 nach Pertinenzgesichtspunkten die Abgaben an die neuen Vizekönigreiche Neugranada und La Plata erfolgten; 1919 ist das Behördenarchiv der spanischen Finanzverwaltung, das in der Bibliothek ruhte, mit dem Nationalarchiv in Lima vereinigt worden. Das Archivo general de la Nación in Buenos Aires in *Argentinien* (1821), seit der Aufteilung des vizeköniglichen Archivs von Peru das bedeutendste südamerikanische Archiv, ist hervorgegangen aus dem Akt der Konzentration aller in der Hauptstadt befindlichen staatlichen und kommunalen Behördenarchive, denen sogleich die des vizeköniglichen Sekretariats, des Gerichtshofes und der Finanzverwaltung zugefügt worden sind. Neben diesem Hauptarchiv bestehen noch einige Behördenarchive sowie das Archivo general de la Administración, in dem ein Teil der modernen Verwaltungsakten Aufnahme findet. Moderne Provinzialarchive gibt es nur in einigen Provinzen, in anderen bestehen mehrere Behördenarchive nebeneinander. Auf *Cuba*, das bis 1898 zu Spanien gehört hat, ist das Archivo nacional in Habana aus dem Behördenarchiv der spanischen Finanzverwaltung erwachsen, das 1857 mit anderen spanischen Behördenarchiven vereinigt wurde, aber 1883/89 die älteren Bestände in das Indienarchiv von Sevilla abgeben mußte; auch auf Cuba bestehen Provinzialarchive.

In den übrigen Staaten sind erst seit dem ausgehenden 19. Jh. Zentralarchive auf der Grundlage moderner Behördenregistraturen erwachsen und haben schließlich das historische Material — häufig aus den Bibliotheken — an sich gezogen, so in Santiago in *Chile* das Archivo histórico nacional 1927 aus der Vereinigung des Archivs der chilenischen Regierung mit den historischen Archivalien der Nationalbibliothek, das Archivo general del Gobierno in *Guatemala* 1937 aus der Vereinigung des Behördenarchivs der Regierung mit dem Archivo colonial, einer Sammlung von Dokumenten der Kolonialzeit, oder das Archivo general de la Nación in Montevideo (*Uruguay*) 1927 aus der Vereinigung des Verwaltungsarchivs der modernen Zentralbehörden mit dem beim historischen Museum befindlichen Archivo histórico, einer Sammlung von älteren Archivalien meist aus Privatbesitz. — Die Archive der Stadtverwaltungen, der zahlreichen Bistümer und der Orden gehen in ihren Beständen teilweise bis in die koloniale Gründungszeit zurück.

Im ganzen ist jedenfalls seit den 90er Jahren, und besonders in der allerletzten Zeit, ein großer Aufschwung des Archivwesens in Südamerika zu erkennen. Archivgesetze wurden in den einzelnen Staaten erlassen, auch für Archivschutz und Öffnung der Archive für die Wissenschaft Sorge getragen und an einigen Stellen sogar Archivschulen eingerichtet. Günstig im Sinne einer organischen Entwicklung hat sich ausgewirkt, daß das südamerikanische Archivwesen, anders als das nordamerikanische, das seinen Ausgang von wissenschaftlichen Bestrebungen genommen hat, auf ein ausgesprochenes Behördenarchivwesen gegründet wurde.

7. *Schweiz*

Auch in der Schweiz sind die Einflüsse der französischen Revolution nicht nur bei der Schöpfung der zentralistischen Verfassung von 1798, sondern auch bei der Entstehung des Zentralarchivs spürbar. Am 18. Dez. 1798 wurde von den Gesetzgebenden Räten der neuen Helvetischen Republik die Errichtung eines Nationalarchivs am Sitz der Zentralregierung in Bern nach dem Muster des Pariser Nationalarchivs beschlossen. Dies hatte jedoch nicht die Zusammenziehung sämtlicher Archivalien der vormaligen Souveränen Gemeinden, der Verbündeten und der Zugewandten Orte, die bis dahin, verbunden durch ein Geflecht mannigfacher Bündnisse,

Schutzverträge und Untertänigkeitsverhältnisse, die Schweizerische Eidgenossenschaft gebildet hatten, zur Folge, vielmehr blieb auch weiterhin das für die Geschichte der alten Eidgenossenschaft wesentliche Material in den dortigen Archiven. Selbst die gemeineidgenössischen Archivalien, die seit dem 16. Jh. auf den jährlichen Tagsatzungen der Souveränen Orte aus der Rechenschaftslegung über die Verwaltung der gemeinsamen Untertanenlande und den Verhandlungen über gemeinsame, insbesondere außenpolitische Angelegenheiten erwachsen waren, zunächst in Baden im Aargau, wo sie im dortigen Landvogteischloß verwahrt und durch den Landschreiber der Grafschaft Baden verwaltet wurden, später in Frauenfeld im Thurgau, das im 18. Jh. vorwiegender Vorort der Tagsatzung wurde, wie auch die sonstigen gemein-eidgenössischen Archivalien in Zürich, das später in der Regel die diplomatische Korrespondenz der Eidgenossenschaft erledigte, in Luzern, in Bern, in Solothurn blieben an der alten Stelle oder wurden in den neuen Kantonhauptort geschafft (so das Archiv der alten Tagsatzung zu Baden nach Aarau). Das „Bundesbriefarchiv" der alten Souveränen Orte mit den ältesten Bundesurkunden des ausgehenden 13. und des 14. Jhs. befindet sich im Kantonsarchiv Schwyz.

Das neue Nationalarchiv (heute *„Eidgenössisches Bundesarchiv"* genannt) war lediglich für die Akten der neuen Zentralregierung in Bern bestimmt und enthält daher keine Archivalien aus der Zeit vor 1798. In dem durch die Mediationsakte von 1803 geschaffenen Staatenbund wanderte das Archiv nicht mit Regierung und Kanzlei an den jeweiligen Vorort (Zürich, Bern, Luzern) mit, sondern blieb *in Bern*. So hat sich dort an das „Helvetische Zentralarchiv" (für die Zeit von 1799—1803) das Zentralarchiv der Mediationsperiode und des neuen Schweizer Staatenbundes von 1815 („Tagsatzungsarchiv") und schließlich seit 1848 das des jetzigen Bundesstaates („Bundesratsarchiv") angeschlossen.

Neben diesem Bundesarchiv stehen die *Staatsarchive* der alten Kantone (Orte) und der 1803 an die Stelle der Verbündeten und Zugewandten Orte und der Untertanenlande getretenen Kantone, die zwar sämtlich nicht mehr die Souveränität der alten Orte besaßen, aber auch im Staatenbunde von 1803 und von 1815 und im Bundesstaate von 1848 weitgehende Selbständigkeit behalten haben, Staatsarchive von sehr verschiedener Bedeutung und in sehr verschiedenem Zustande, in denen aber die alte archivalische Überlieferung der Schweiz ruht, vor allem — wenn auch verteilt je nach seinem Schicksal — das alte gemein-eidgenössische Material. Hier hat sich also die Entwicklung der Archive trotz dem Anstoß von außen und der ursprünglich künstlichen zentralen Neuschöpfung in historischen, der geschichtlichen Entwicklung der Schweiz angepaßten Bahnen bewegt. Zwischen dem Bundesarchiv und den Kantonarchiven ist das Material im großen und ganzen der Herkunft entsprechend verteilt, eine falsche Zentralisierung hat nicht stattgefunden. In den ehemaligen Stadtkantonen (Luzern, Zürich, Bern, Freiburg, Solothurn, Basel, Schaffhausen) enthält das Staatsarchiv auch die meisten älteren Archivalien der Stadtverwaltung, die bis 1798 den Kanton als eigenes Untertanengebiet regiert hat; die heutigen Stadtarchive in diesen Orten sind junge Bildungen, die — abgesehen von gewissen Abgaben der Staatsarchive betr. die städtischen Vermögenstitel — überwiegend nur Material seit 1798 besitzen.

Zum Aufbau einer einheitlichen Archivverwaltung des Bundes ist es nicht gekommen. Die Kantonregierungen verfügen selbständig über ihr Archivwesen, das entweder dem Innen- oder dem Unterrichtsdepartement, gelegentlich auch dem Gesamtregierungsrat unterstellt ist. Von der Bundesregierung aus greift man in das Archivwesen der Kantone nicht ein. Lediglich die Sammlung des in den verschiedenen Kantonsarchiven verstreuten schriftlichen Niederschlags der Tagsatzungsverhandlungen, insbesondere der „Abschiede", d. h. der Schlußprotokolle der Tagsatzungen, ist als gemein-eidgenössisches Unternehmen auf Anregung der Tagsatzung von 1818 durchgeführt worden[103]).

Auch der Archivalienschutz ist Angelegenheit der einzelnen Kantone, die sich in ihren gesetzlichen Schutzmaßnahmen auf staatliche und kommunale Archive beschränken; z. B. hat Bern durch das Gesetz vom 16. März 1902 über die Erhaltung der Kunstaltertümer und Urkunden Schutzbestimmungen für das Archivgut der Gemeinden und öffentlichen Körperschaften, das in das Kantonalregister eingetragen ist, getroffen. Die Pflege des nichtstaatlichen Archivgutes liegt zu einem wesentlichen Teil in den Händen der kantonalen historischen Gesellschaften, die sich durch umfangreiche Inventarisierungen, Veröffentlichungen von Urkundenbüchern und Anlage von eigenen Urkundensammlungen aus herrenlosem und vom Untergang bedrohtem Archivgut verdient gemacht haben. Gegenüber den geistlichen Archiven besitzen die Kantone kein Aufsichtsrecht. Die Archive der Klöster und Stifter, die in den reformierten Kantonen (Zürich, Bern, Basel, Schaffhausen, sowie Genf) bereits

---

[103]) Amtliche Sammlung der älteren eidgenössischen Abschiede (1250—1798) 8 Bde. Zürich u. a. 1856—86 (Protokolle der Tagsatzungen und sonstiges Material über die Verwaltung der gemeinen Vogteien und über Verkehr mit dem Auslande).

Repertorium der Abschiede der eidgenössischen Tagsatzungen 1803—1813 2. Ausg. bearb. v. Jakob Kaiser, Bern 1886.

Repertorium der Abschiede der eidgenössischen Tagsatzungen aus den Jahren 1814—1848 bearb. v. Wilhelm Fetscherin, 2 Bde. Bern 1874—76.

Amtliche Sammlung der Akten aus der Zeit der Helvetischen Republik (1798 bis 1803) im Anschluß an die Sammlung der älteren eidgenössischen Abschiede bearb. v. Johannes Strickler und Alfred Rufer, bisher 13 Bde. Bern, Freiburg 1886—1947.

in der Reformationszeit, in den katholischen Kantonen im 18. und 19. Jh. säkularisiert wurden, sind ausnahmslos an die zuständigen Staatsarchive gelangt, lediglich das Archiv des Stifts St. Gallen ist gemeinsames Eigentum des Staatsarchivs und des „Katholischen Administrationsrates" als Vertreters des katholischen Teils der Kantonsbevölkerung. Die Archive der Bischöfe und Domkapitel sind — soweit es sich um die Temporalien handelt — ebenfalls an die zuständigen Staatsarchive (Genf, Lausanne, Chur, Sitten; nach Basel und Bern nur Teile des Archivs des Fürstbistums Basel) gelangt.

Eine zentrale Archivverwaltung gibt es also in der Schweiz nicht, ein Zustand, der im Deutschen Reiche vor 1945 und in der Deutschen Bundesrepublik sowie in den Vereinigten Staaten von Amerika eine Parallele hat.

Übersicht über die Staatsarchive der Kantone:

a) Die ehemaligen „13 Selbstherrlichen Orte":

1. Für Kanton Appenzell in Appenzell (Innerrhoden) und Herisau (Außerrhoden)
2. „ „ Basel in Basel (B.-Stadt) und Liestal (B.-Land)
3. „ „ Bern in Bern
4. „ „ Freiburg in Freiburg
5. „ „ Glarus in Glarus (1837 entstanden aus Vereinigung dreier Archive, des evangelischen, des katholischen und des gemeinsamen)
6. „ „ Luzern in Luzern
7. „ „ Schaffhausen in Schaffhausen
8. „ „ Schwyz in Schwyz
9. „ „ Solothurn in Solothurn
10. „ „ Unterwalden in Sarnen (Obwalden) und Stans (Nidwalden)
11. „ „ Uri in Altdorf
12. „ „ Zürich in Zürich
13. „ „ Zug in Zug (hier auch Archivalien des helvetischen Kantons Waldstätten (1798—1803), der Südschwyz, Uri, Unterwalden und Zug umfaßte); daneben das „Dreigemeindearchiv" in Ober-Aegeri, das alte Archiv des landschaftlichen „Amtes", das an der Kantonsregierung Anteil hatte.

b) Ehemalige „Verbündete und Zugewandte Orte":

14. Für Kanton Graubünden in Chur (1830 entstanden aus Vereinigung der Archive der drei dortigen Gemeindebünde, des Grauen Bundes in Chur, des Gotteshausbundes in Truns und des Zehn-Gerichten-Bundes in Davos)
15. „ „ Wallis in Sitten
16. „ „ St. Gallen in St. Gallen (darin Archivalien der dortigen ehemaligen gemeinen Landvogteien)
17. „ „ Genf in Genf
18. „ „ Neuenburg in Neuenburg

c) Ehemalige eigene oder gemeinsame Untertanengebiete der Selbstherrlichen Orte, die erst 1803 zu gleichberechtigten Kantonen geworden sind; ihre älteren Archivalien stammen z. T. aus der örtlichen Landvogteiverwaltung, z. T. sind sie nach 1803 von den ehemaligen Herren ausgeliefert worden:

19. Für Kanton Aargau in Aarau (Oberaargau bernisches, Unteraargau mit Grfsch. Baden und Freien Ämtern gemeines Untertanenland)
20. „ „ Tessin in Bellinzona
21. „ „ Thurgau in Frauenfeld
22. „ „ Waadt in Lausanne (ehemals bernisches Untertanenland).

Die Gesamtkantone Unterwalden, Appenzell und Basel haben sich in die Halbkantone Ob- und Nidwalden (seit 13. Jh.), das katholische Appenzell-Innerrhoden und das reformierte Appenzell-Außerrhoden (1597 infolge Glaubensspaltung) und Basel-Stadt und Basel-Land (1833 infolge des Bürgerkrieges) aufgespalten. In Unterwalden bestanden seit alters her zwei Landesarchive, der Schwerpunkt der gesamtkantonalen Überlieferung liegt in Sarnen, da Obwalden Vorrangstellung besaß; in Appenzell ist das alte Archiv als gemeinsames Eigentum beider Halbkantone im Dorfe Appenzell verblieben, die Archive der Halbkantone beginnen 1597; in Basel hat man nach Pertinenz, aber wenig folgerichtig geteilt, die unteilbaren Bestände sind als gemeinschaftliches Eigentum in der Stadt Basel verblieben.

8. *Niederlande*

Obwohl auch die Niederlande einst in der Revolution und in der napoleonischen Zeit unter französischen Einflüssen gestanden haben und sich auch wohl die Spuren der französischen schematischen Formierung in einzelnen älteren Archivbeständen nicht wieder völlig verwischen ließen, ist doch die moderne Archivverwaltung der Niederlande schließlich auf organischem Wege erwachsen, wenn auch in voller Durchbildung erst 1875 nach der Überwindung einer Periode starker Verwahrlosung und Verschleuderung der Archivalien. Seitdem sind die Archive der seit der Vereinigung in der Utrechter Union von sieben inzwischen auf elf angewachsenen Provinzen allmählich „Reichsarchive" geworden. Während sie vorher unter der Leitung der Provinzialregierungen standen, also isoliert waren, unterstehen sie jetzt unmittelbar dem Minister (zunächst dem Innen-, später dem Kultusminister), dessen Berater der Allgemeine Reichsarchivar ist, der Leiter des Allgemeinen Reichsarchivs im Haag (seit 1802/87), des Zentralarchivs, mit dem das eine der Reichsarchive, das für die Provinz Südholland, verbunden ist[104]).

Als 1798 die Staatseinheit verkündet und die Souveränität der alten Provinzen auf die Batavische Republik übergegangen war,

[104]) Reichsarchive für (in Klammern Jahr der Errichtung als hauptamtlich verwaltetes Archiv der Provinz und Jahr der Übernahme als Reichsarchiv):
1. Südholland in 's Gravenhage (an das Allgem. Reichsarchiv angeschlossen)
2. Nordholland in Haarlem (1850/86)
3. Zeeland in Middelburg (1839/90)
4. Utrecht in Utrecht (aus Verbind. v. Kapitels- und Provinzialarch., 1843/79)
5. Gelderland (Niedergeldern) in Arnhem (1817/77)
6. Oberijssel in Zwolle (1838/80)
7. Friesland in Leeuwarden (1840/86)
8. Groningen in Groningen (1824/82)
9. Drente in Assen (1845/79)
10. Nordbrabant in 's Hertogenbosch (1860/80)
11. Limburg (Nordlimburg) in Maastricht (1866/81).

wurden die nun staatlich gewordenen Archivdepots der ehemaligen Provinzen in den neuen nach französischem Muster geschaffenen Departements belassen. Es kam nicht zur Zentralisation, sondern die Departemental- (später die Provinzial-) Behörden blieben im Besitz der Archive der alten souveränen Gewalten, der „Staaten und Repräsentanten“. Die Archive der alten Provinzen und der Departements bilden jetzt die Hauptbestandteile der Reichsarchive in den Provinzen. Die Provinzen, die in der Restauration als Verwaltungseinheiten geschaffen wurden, beruhen hier in stärkerem Maße als in Belgien auf historischer Grundlage, wenn sie sich auch nicht ganz mit den alten Provinzen decken. Die Akten der Departementsbehörden (nach 1798) sind in das Reichsarchiv derjenigen Provinz gekommen, in deren Gebiet sie ihren Sitz hatten, wobei die heutige Provinzeinteilung maßgebend ist. Eine Zersplitterung von Archivkörpern hat also nicht stattgefunden, die historischen Grundlagen sind gewahrt worden. Auch eine Scheidung ähnlich der belgischen in Staats- und Provinzialarchive, d. h. eine getrennte Unterbringung und Verwaltung der historischen Archive der ehemaligen Staaten und Provinzen (vor 1798) und der Registraturen der Behörden des 19. Jhs., ist nicht eingetreten. Allerdings sind die seit 1875 begründeten Reichsarchive ungefähr auf ihrem damaligen Stande stehengeblieben; an neueren Akten ist nur wenig da. Für die Abgabe ihrer z. T. recht umfangreichen Archivdepots haben nach Ansicht der staatlichen Archivverwaltung die Verwaltungsbehörden selbst zu sorgen.

Die Archivverwaltung der Niederlande unterstand seit 1875 dem Innenministerium. 1919 wurde sie abhängig vom Ministerium für Unterricht, Kunst und Wissenschaft. Das Archivgesetz vom 17. Juni 1918 und die Kgl. Verordnung vom 6. Sept. 1919 haben den Provinzialverwaltungen ein Schutzrecht über die Archive der Kommunen und der öffentlichen Körperschaften (Waterschappen oder Deichgenossenschaften, Fehngenossenschaften usw.) beigelegt; die Leiter der Reichsarchive oder archivarisch vorgebildete Inspektoren der Provinzialverwaltungen („Gedeputeerde Staten“) üben die fachliche Aufsicht aus und können Zwangsdeponierung ungenügend verwahrter Archive im zuständigen Reichsarchiv erwirken. Archivpflege hinsichtlich der Familienarchive betreibt insbesondere die Kgl. genealogisch-heraldische Genossenschaft „De Nederlandsch Leeuw“ durch Konzentration derartiger Archive. Die Veröffentlichung von Inventaren der staatlichen Archive wird eifrig betrieben, seit 1878 erscheinen auch jährliche Archivberichte der Verwaltung. Reges Interesse für die archivalischen Fragen haben die niederländischen Archivare mit der wissenschaftlichen Begründung des Provenienzprinzips bewiesen. Für die wissenschaftliche Nutzbarmachung des Archivgutes sorgt die Kommission für niederländische Geschichtspublikationen mit dem Sitz im Allgemeinen Reichsarchiv. Außerhalb der staatlichen Archivverwaltung stehen an zentralen Archiven das „*Kriegsgeschichtliche Archiv des Generalstabs*" im Haag und das *Kgl. Hausarchiv* im Haag.

Im ganzen finden wir also hier ähnliche Entstehung und Organisation wie in Belgien, aber der germanische Geist hat doch stärker gegen das rationale Fondsprinzip reagiert mit dem individuell das historische Leben erfassenden Provenienzprinzip, freilich wieder in doktrinärer Überspitzung als Registraturprinzip. Dieser Sinn für das Individuelle ist typisch niederländisch; aber das Land Rembrandts war auch schon zu dessen Zeit zugleich das Land eines humanistischen Formalismus gewesen, und beide Seiten finden in der niederländischen Prägung des Provenienzprinzips ihren Ausdruck.

9. *England, Schottland, Irland*

a) England

Das moderne staatliche Archivwesen Englands ist wie das französische durch die Zentralisierung einer verwirrenden Fülle von Behördenarchiven, zurückgelegten Registraturen und fast vergessenen Archivaliendepots in einem einmaligen Gesetzesakt, der Public Record Office Act vom 14. Aug. 1838 entstanden. Französische Einflüsse mögen auch wirksam gewesen sein, als man im Jahre 1800 statt der bisherigen Pläne zur Reorganisation einzelner Behördenarchive eine umfassende Reform des gesamten staatlichen Archivwesens ins Auge faßte und eine Record Commissior schuf, die ebenso wie ihre Nachfolgekommissionen in ihren Beratunger und Berichten die Grundlage für die Akte von 1838 geschaffen hat. Daß man 1838 und 1852 — ebenso wie die französische Nationalversammlung und wie später die russische Revolution — die Bildung eines einzigen und allumfassenden Zentralarchivs proklamierte und in der Folge im wesentlichen auch — im Gegensatz zu den beiden genannten Staaten — zu verwirklichen vermochte, könnte ebenfalls als Übernahme französischer Prinzipien erscheinen, ist aber in Wahrheit das Ergebnis der englischen Verfassungs- und Verwaltungsgeschichte. Ein staatliches Provinzialarchivwesen ist in England nicht möglich, da hier weder staatliche Mittel- noch staatliche Lokalbehörden im eigentlichen Sinne, sondern nur gelegentliche Zweigstellen und Agenturen im Lande wirken. Seit dem 17. Jh. ist die ursprünglich vom Königtum eingesetzte Verwaltung in den Grafschaften und Städten ganz in die Hände des örtlichen Adels geraten und die Reformgesetzgebung des 19. Jhs. hat diesen Zustand legalisiert, indem sie die gesamte Verwaltung in den Grafschaften und ihren Unterbezirken der nunmehr auf allgemeinen Wahlen beruhenden Selbstverwaltung übertragen hat. Eine Dezentralisation der staatlichen Verwaltung, also innerhalb der Bürokratie selbst, wie sie für die Stein-Hardenbergschen Reformen in Preußen kennzeichnend ist, hat es in England nicht gegeben. Hier steht den staatlichen Zentralakten, die als *Public Records* bezeichnet werden, die große Masse der Archivalien öffentlicher, halböffentlicher, privater und kirchlicher Körperschaften und Institute, die auch öffentliche Funktionen ausüben, gegenüber; sie werden alle unter dem Namen *Local Records* zusammengefaßt.

Kennzeichnend für die englische Verfassungs- und Verwaltungsgeschichte ist es, daß das Königtum sich immer wieder, wenn die alten königlichen Behörden in den Einflußbereich des Parlaments oder des Landadels geraten waren, neue Behörden geschaffen hat, die die bedeutsamen Funktionen übernahmen, während die älteren Institutionen mit stark reduzierten oder veränderten Funktionen bestehen blieben (vgl. S. 225f.). Auf diese Weise haben sich zahlreiche mittelalterliche Behörden, die man als Courts bezeichnet, bis ins 19. Jh., ja z. T. bis in die Gegenwart hinein gerettet, während die eigentliche Staatsführung und politische Verwaltung bei den seit dem 16. Jh. erwachsenen Offices und Departments liegt. Aus dem alten königlichen Hofrat, der Curia regis, haben sich schon früh die Chancery unter dem Chancellor, der das große königliche Siegel führte und daher die zentrale Beurkundungs- und Verwaltungsstelle bildete, und das Exchequer, die Finanzverwaltung, unter dem Treasurer, der vor allem den königlichen Schatz zu verwahren hatte, herausgehoben. Der alten Curia regis blieben im wesentlichen nur Gerichtsfunktionen, zu deren Wahrnehmung sie sich im 13. Jh. in den Court of King's Bench und den Court of Common Pleas spaltete. Gerichtsfunktionen übten daneben auch die Chancery (Court of Chancery seit dem 14. Jh.) und das Exchequer (Exchequer of Pleas) aus. Alle diese Gerichtshöfe sind 1873 im High Court of Justice zusammengefaßt worden.

Einen neuen königlichen Staatsrat schuf sich der Tudorabsolutismus im Privy Council, der heute nur noch ein Ehrenrat verdienter Staatsmänner ist, aus dessen Ausschüssen (Committees) aber im 18. und 19. Jh. neue Zentralbehörden erwachsen sind. Die wichtigste Gruppe der modernen Zentralbehörden, die der Staatssekretariate, geht auf den spätmittelalterlichen Sekretär des Königs (king's clerc) als vertrauten Ratgeber und Gehilfen zurück; in der Tudorzeit erhielt das Amt — seit 1601 unter der Bezeichnung Secretary of State — seine feste Organisation, Heinrich VIII. teilte es 1540 in das Sekretariat für die Beziehungen zu den nördlichen Staaten Europas und in das für die Beziehungen zu den südlichen Staaten Europas und für die irische und innere englische Verwaltung, wozu 1768 noch ein drittes für die Kolonien trat. 1782 wurde die geographische Einteilung durch eine sachliche ersetzt, indem aus dem südlichen Staatssekretariat das Home Office und aus dem nördlichen das Foreign Office entstand. 1794 wurde das War Office durch Zusammenfassung mehrerer Vorbehörden und 1858 das India Office, das die Verwaltungsfunktionen der East India Company übernahm, geschaffen. Eine weitere Gruppe von modernen Zentralbehörden erwuchs aus der Kollegialisierung alter Ämter im 17. Jh.; so wurde das Amt des Lord Treasurer zur kollegial geleiteten Treasury, die sich in der zweiten Hälfte des 17. Jhs. ganz vom Exchequer löste und deren Erster Lord den noch aus dem Mittelalter stammenden Lordkanzler und die jüngeren Staatssekretäre von der obersten Staatsleitung verdrängte und zum Premierminister wurde; das Amt des Lord High Admiral wurde zur Admiralty, die mehrere ältere die Marine und Seefahrt behandelnde Behörden in sich aufnahm. Die Einziehung eines Teils der Kirchengüter in der Reformation führte zur Begründung zweier Ämter, des Office of First Fruits and Tenths für die Verwaltung der vom König eingezogenen geistlichen Pfründen und des Augmentation Office (1554) für die Verwaltung der eingezogenen Klostergüter, die beide zeitweise dem Exchequer angegliedert waren; weitere Finanzbehörden erwuchsen damals aus der Rechnungsprüfung (Audit Office, Controller General's Department).

Die älteste Archivbildung vollzog sich in Anlehnung an den königlichen Schatz, der anfangs mit dem königlichen Hof wanderte, um später seinen festen Ort in der Treasury of the Receipt in Westminster zu erhalten. Hier scheinen sich vor allem das älteste und wichtigste Urkundengut, aber auch so wichtige Stücke wie das Domesday Book, das große Landbuch des englischen Königtums von 1086, befunden zu haben; daneben nahm das Archiv aber auch die älteste Kanzleiproduktion (Register) anderer Zentralstellen auf. Aber diese Ansätze zu einem Auslese- und Hauptarchiv auf der Grundlage des Eingangsmaterials konnten sich nicht weiter entwickeln, spätestens seit dem 14. Jh. behielten die Amtsstellen ihre Register und das sonstige Material bei sich, und damit entsteht das Behördenarchivwesen.

Daß die Urkunde nicht zum Ausgangspunkt einer zukunftsträchtigen Archivbildung werden konnte, ist durch die geringe Bedeutung begründet, die sie nicht nur für das englische Königtum, sondern überhaupt im englischen Rechtsleben hat. Der englische König besaß dank seiner insularen Stellung und infolge des normannischen Zentralismus eine derartige Unabhängigkeit, daß er nicht, wie die deutschen Landesherren, auf die Wahrung seiner Rechtstitel angewiesen war. Vor allem aber hat das Registerwesen (Enrolment, Rolls), das in England seine klassische Ausprägung gefunden und sich teilweise in ununterbrochener Folge bis in die Gegenwart erhalten hat, der Urkunde ihren Rechtswert und damit für jene Zeit ihre Bedeutung genommen. Die englischen Register, in die man alle wichtigeren Stücke, gewöhnlich getrennt nach Eingang, Auslauf und Innenlauf, eintrug (teils im vollen Wortlaut, teils verkürzt), so daß sehr häufig dasselbe Stück zweimal, sowohl bei der absendenden wie bei der empfangenden Stelle, registriert wurde[105]), dienten nicht nur als Hilfsmittel der Behördenkanzleien, sondern besaßen volle rechtliche Beweiskraft, so daß man nicht mehr auf die Originale zurückzugreifen brauchte. Diese wurden daher als „subsidiäre" Archivalien arg vernachlässigt, man gliederte sie als Anlagen den entsprechenden Registern an, während der Rest, der in keine Beziehung zu den Registern gebracht werden konnte, gewöhnlich unter der Bezeichnung „Ancient Miscellanea" zusammengefaßt wurde; vieles ging auch infolge der schlechten Unterbringung und häufiger Umlagerungen verloren. Die Notwendigkeit, die Urkunden aus dem übrigen Material herauszuheben und gesonderten Depots zuzuweisen, fiel also hier weg; vermischt mit dem sonstigen Material außerhalb der Register (Files), blieben sie verstreut bei den verschiedenen Behörden, unter denen außer der Treasury of the Receipt vor allem die Chancery und das Exchequer of Receipt über größere Urkundenbestände verfügten. Auf die rechtliche Beweiskraft der Register ist es auch zurückzuführen, wenn für das englische Recht wie für die englische Archivtheorie zum Wesensmerkmal eines vollgültigen Archivale gehört, daß seine Aufbewahrung unter verantwortlicher amtlicher Aufsicht lückenlos nachweisbar ist[106]), und wenn rekonstruierte Registerreihen nicht den gleichen archivalischen Wert haben wie „Original-Serien", die unmittelbar von der registerführenden Behörde ins Archiv abgeliefert werden.

Das älteste und bedeutendste Behördenarchiv, das schon früh unter geregelte Aufsicht gekommen und geschlossen erhalten geblieben ist, ist das der *Chancery*, das anfangs im Tower of London aufbewahrt wurde und im 13. Jh. in eine Kapelle in der heutigen Chancery Lane kam, die danach Rolls Chapel genannt wurde und deren Rektor zum Keeper (Master) of the Rolls wurde. Für die Register der Chancery ist die Form der Pergamentrolle, die durch Aneinanderheften von Pergamentstücken (bis zu 30 m Länge) gewonnen wird, charakteristisch. Die wichtigsten Registerreihen sind hier die Patent und die Close Rolls, in die die königlichen Urkunden je nach der Art ihrer Besiegelung eingetragen wurden, die Charter Rolls für die königlichen Privilegien und die (Chancery) Liberate Rolls für die königlichen Writs, d. h. die Zahlungsanweisungen an die Staatskasse, das Exchequer of Receipt.

Die zweite große Gruppe von Behördenarchiven bildeten die der Finanzverwaltung, des *Exchequer*. Diese war, wenn man von den später oder vorübergehend angegliederten Abteilungen absieht (Augmen-

---

[105]) Z. B. enthalten die Chancery Liberate Rolls Abschriften der Schreiben der Chancery an das Exchequer of Receipt, die dort als Eingänge in den Exchequer Liberate Rolls registriert wurden.

[106]) Jenkinson, Manual (Lit. Nr. 128) S. 11: „. . . . Archive quality is dependent upon the possibility of proving an unblemished line of responsible custodians." — S. a. Introductory (Lit. Nr. 895) § 1.

tation Office, Office of First Fruits and Tenths, Land Revenue Department, Controller General's Department), gegliedert in das Scaccarium oder Upper Exchequer, dem die eigentliche Finanzverwaltung und -aufsicht oblag und das im 14. Jh. in die Ämter des King's Remembrancer (für außerordentliche Einnahmen) und des Lord Treasurer's Remembrancer (für ordentliche Einnahmen) geteilt wurde, das Exchequer of Receipt oder Lower Exchequer, die Staatskasse, die sich im 16. Jh. in zwei Ämter mit getrennten Registerreihen, das Pell's Office (des Clerk of the Pell) und das Auditor's Office, spaltete, und das Exchequer of Pleas. Von diesen führten King's Remembrancer die Memoranda Rolls, Lord Treasurer's Remembrancer die Pipe Rolls, in die vor allem die vom Sheriff eingezogenen lehnsrechtlichen Gefälle eingetragen wurden, und das Exchequer of Pleas die Exchequer Plea Rolls als Hauptregister; das Exchequer of Receipt trug in die Receipt Rolls die Notizen über die Geldeinnahmen von den Tallies[107]) und in die (Exchequer) Liberate Rolls die Writs, d. h. die königlichen Zahlungsanweisungen an die Staatskasse, ein, die außerdem in verkürzter Form in die Issue Rolls eingetragen wurden; daneben wurden über den Kassenbestand Jornalia Rolls geführt. Die meisten dieser Registerreihen gehen bis in den Anfang des 13. Jhs. zurück. Die Archivalien des Exchequer waren im 19. Jh. an den verschiedensten Orten verstreut, nachdem sie z. T. verschiedene Umlagerungen hatten durchmachen müssen; allein das Exchequer of Receipt war auf die folgenden Orte verstreut: Brick Tower in Westminster (Pell's Office), Kapitelshaus in Westminster, Whitehall (Controller General's Department) und das berüchtigte, feuchte Gewölbe im Somerset House.

Daneben besaßen noch die *mittelalterlichen Gerichtshöfe* ihre eigenen Behördenarchive: der Court of King's Bench, der Court of Common Pleas, der in die Feet of Fines Rolls die vor ihm getätigten Landübertragungen Privater eintrug und für Rechtsstreitigkeiten Plea Rolls führte, der Court of Chancery und das zum Exchequer gehörige Exchequer of Pleas sowie schließlich die kurzlebige Star Chamber der Tudorzeit, die als Ausschuß gelehrter Räte des Privy Council die königliche Gerichtsbarkeit wiederherstellen sollte, und die reisenden Richter (Justices itinerant).

Alle diese bisher besprochenen Behördenarchive sind im Public Record Office zusammen mit den Archivalien der modernen Gerichtshöfe in der Abteilung der *Legal Records* — ein nicht sehr glücklicher Name, da die Gerichtsakten nur einen Teil neben den Urkunden,

---

[107]) Die Tallies sind Kerbhölzer, auf die die Zahlungen an die Staatskasse vermerkt wurden und die dann durchgebrochen wurden, so daß der eine Teil (Foil) dem Einzahlenden als Quittung ausgehändigt wurde, während der andere Teil (Stock) als Beleg beim Amte blieb. 1834 ist der größte Teil der Tallies als Heizmaterial verwandt worden, was wiederum den geringen Sinn des Engländers für die Orginale beweist.

den Verwaltungs-, Finanz- und diplomatischen Akten ausmachen — zusammengefaßt, der in der Abteilung der *Departmental Records,* von denen man als Sondergruppe die *State Papers* abgezweigt hat, das Archivgut der modernen Zentralbehörden gegenübersteht.

Das bedeutendste unter den Behördenarchiven, die zu dieser zweiten Abteilung gekommen sind, ist das *State Paper Office,* das 1578 für die Akten der beiden (später so genannten) Staatssekretariate geschaffen worden ist und später auch das Material des Colonial Office übernommen hat. 1832 erhielt es ein eigenes Gebäude in der Duke Street. Auch diese neuzeitlichen Behörden übernahmen vielfach das Registerwesen und das Serienprinzip und behielten es teilweise bis ins 19. Jh. bei; in den Offices der Staatssekretäre sind nur noch die Ausgänge registriert worden, während die Originaleingänge in der 2. Hälfte des 18. Jhs. Objekt rationaler Ordnungsverfahren, des sogen. „Methodizing" (etwa im Sinne des späteren französischen Fondsprinzips), wurden. Erst 1909 — also bereits im Public Record Office — führte man bei den Akten der beiden älteren Staatssekretäre eine künstliche Scheidung nach dem Stichjahr 1782 (Umwandlung der beiden Staatssekretariate in Home und Foreign Office) in State Papers (vor 1782) und Departmental Records durch, während die des Colonial Office geschlossen zur Gruppe der Departmental Records gelangten, eine Scheidung, die lediglich die rechtliche Verfügung des Public Record Office über die Akten betrifft und archivalisch ohne Bedeutung ist.

Unter den sonstigen zur Gruppe der Departmental Records gehörigen Behördenarchiven seien die der *Admiralty* und des *War Office,* die beide mehrere ältere Behördenarchive einschließen, sowie des *Post Office* und der *Treasury* genannt.

Bereits im 18. Jh. hatte man die Unhaltbarkeit dieses Behördenarchivwesens, das jeder Behörde völlig freie Verfügung über ihre Archivalien beließ, erkannt und Untersuchungskommissionen eingesetzt. Vielfach hatten die Behörden ihre älteren Bestände wegen Raummangels an ungeeigneten Stellen verstreut, in feuchte Gewölbe geworfen oder in Kisten gestopft. Zuletzt gab es mehr als 50 über ganz London verstreute Lagerstätten. Von archivarischer Betreuung konnte man eigentlich nur bei zwei großen Archiven sprechen, dem der Chancery unter dem Master of the Rolls und dem State Paper Office; aber selbst hier konnten wegen Raummangels nicht alle Bestände geeignet untergebracht werden. Den Anstoß zu einer völligen Neuorganisation gab erst der umfassende Bericht des „Select Committee appointed to inquire into the State of the Public Records" vom Jahre 1800, der die Einsetzung einer Record Commission zur Folge hatte. Diese und die ihr folgenden fünf Record Commissions sowie der 1836 eingesetzte Ausschuß des Unterhauses haben durch ihre Untersuchungen, deren Ergebnisse in drei großen Hauptberichten

(General Reports 1812, 1819 u. 1837) niedergelegt sind, den Grund für die Public Record Office Act vom 14. Aug. 1838 gelegt.

Diese machte den Master of the Rolls, den Leiter des Archivs der Chancery, der zugleich hohe Gerichtsfunktionen ausübte — er ist noch heute Vorsitzender des Court of Appeal, des höchsten Berufungsgerichts — zur Zentralstelle, unter deren Aufsicht die staatlichen Akten („Records belonging to Her Majesty") gestellt werden sollten und errichtete ihm im *Public Record Office* eine neue Zentralbehörde, deren archivtechnische Leitung einem Deputy Keeper of the Records — als erstem Sir Francis Palgrave († 1861) — mit Assistant Record Keepers übertragen wurde. Das Public Record Office ist — im Gegensatz zu sämtlichen anderen europäischen Archivverwaltungen, die ausnahmslos einem Fachministerium oder dem Regierungschef unterstellt sind — eine völlig unabhängige, den Ministerien gleichgeordnete Zentralbehörde, deren Leiter nur dem Parlament verantwortlich ist. Wenn man auch zweifellos an dem Gedanken des Zentralarchivs, wie es im Bericht des Unterhausausschusses von 1836 vorgeschlagen war, festhielt, schritt man doch 1838 — ganz entsprechend dem bedächtigen und unsystematischen englischen Charakter — nicht sofort zur Zentralisierung, sondern beschränkte sich darauf, das Archivgut der aus dem Mittelalter stammenden Verwaltungs- und Gerichtsbehörden (Courts und Courts of Law), also die Legal Records, unter die „Aufsicht" (*Charge and Superintendence*) des Master of the Rolls zu stellen. Das bedeutete freilich nicht, daß dieser auf die bei den Behörden befindlichen Archivalien hätte Einfluß nehmen können; die Archivalien blieben vielmehr, auch wenn sie inzwischen in das Public Record Office gelangt waren, volles Eigentum der abliefernden Behörde, die über das Ausmaß der Benutzung verfügt und die Bestände jederzeit zurückfordern kann. Aber die Act von 1838 hatte bestimmt, daß der Master of the Rolls die seiner „Aufsicht" unterstellten Archive im geeigneten Zeitpunkt jeweils durch eine vom Lordkanzler gegengezeichnete Verwaltungsverordnung (Warrant) seiner ausschließlichen „Verfügungsgewalt" (*Custody*) unterstellen kann. Während durch die Act von 1838 zunächst nur das Archiv der Chancery unter die Custody des Master of the Rolls gestellt wurde, sind allmählich durch einzelne derartige Verordnungen zwischen 1840 und 1919 alle zur Abteilung der Legal Records gehörigen Behördenarchive einschließlich der Bestände der modernen Gerichtshöfe unter seine Custody gelangt. Durch dieses elastische System vermied man, daß das zunächst noch räumlich sehr beengte Public Record Office durch hereinströmende Massen verstopft wurde — denn die den Behörden lästigen Archivalien braucht das Public Record Office nur anzunehmen, wenn sie unter seiner Custody stehen —, gab aber dem Master of the Rolls eine rechtliche Handhabe, bei Gefahr durch Übernahme in seine Custody einzugreifen.

Die Archivalien der modernen Zentralbehörden, der Offices und der Public Departments, standen zunächst, obwohl diese seit den 40er Jahren z. T. auch schon in das Public Record Office ablieferten, in keiner rechtlichen Beziehung zu diesem. Erst die Order in Council vom 5. März 1852 stellte auch sie unter die „Aufsicht" (Charge and Superintendence) des Public Record Office, und erst damit gewann dieses vollen Anschluß an die lebenden Registraturen. Von der natürlich auch hier gegebenen Möglichkeit, diese „Aufsicht" durch Verwaltungsverordnungen in Custody zu verwandeln, hat der Master of the Rolls bisher nur in wenigen Ausnahmefällen Gebrauch gemacht, so daß hier das ursprünglich nur als Übergangszustand gedachte Rechtsverhältnis Dauer erlangt hat. Schließlich wurde 1854 nach dem Tode des dortigen Keeper auch das State Paper Office dem Public Record Office angeschlossen, und damit war dessen Stellung als alleiniges Zentralarchiv gesichert. Nach Abschluß des 1851 begonnenen Archivbaus, des sogen. Rolls House in der Chancery Lane bei der alten Rolls Chapel, die später selbst in die Erweiterungsbauten einbezogen wurde, konnte man bis 1862 alle Zweigstellen des Public Record Office (Tower of London, Kapitelshaus von Westminster, Carlton Ride, Rolls Chapel) im Rolls House vereinigen, und auch das Material des State Paper Office wurde hierher übergeführt. Als man 1909 die Gruppe der State Papers, d. h. die Bestände der beiden alten Staatssekretariate aus der Zeit vor 1782, von den Departmental Records schied, überließ man die Verfügung über ihre öffentliche Zugänglichkeit dem Master of the Rolls, so daß sie tatsächlich, wenn auch nicht rechtlich auf Grund einer Verwaltungsverordnung, unter der gleichen Custody wie die Legal Records stehen. Für die archivalische Behandlung des Materials im Public Record Office sind diese rechtlichen Unterscheidungen natürlich ohne Belang.

Für die innere Ordnung ist, wie bei dem Vorherrschen des Registerwesens und der Entstehung aus dem Behördenarchivwesen nicht anders zu erwarten, das Provenienzprinzip maßgebend. In den älteren Behörden bildet den Mittelpunkt der Registratur gewöhnlich das Hauptregister (als „Main Record"), an das sich das Schriftgut außerhalb der Register (Files) als Anlage anschließt; die „Ancient Miscellanea", also das nicht an die Register anschließbare Material, sind im allgemeinen wohl erst im Public Record Office und zwar sachlich geordnet worden. Das Dossiersystem ist bei den modernen Zentralbehörden, die nur teilweise noch Register führten, seit dem 18. Jh. neben die Serienordnung getreten, indem man Eingänge und Ausgänge zu sachlichen Gruppen zusammenfaßte. Die mittelalterlichen Urkunden, die bei den einzelnen Behördenarchiven zwischen dem übrigen Material verstreut lagen, hat man erst im Public Record Office zusammengefaßt und völlig neu geordnet; dabei hat man allerdings, statt die alten Urkundenfonds wiederherzustellen, neue Gruppen nach formalen und sachlichen Gesichtspunkten gebildet. Die Abteilung der „Ancient Deeds" stellt eine Sammlung von Privaturkunden dar, die keinen nachweisbaren Zusammenhang mit dem Geschäftsverkehr der alten Behörden haben; zu ihnen sind auch die Reste der eingezogenen Klosterarchive aus dem Augmentation Office gelegt worden. Verglichen mit den in Privatbesitz gelangten Klosterurkunden und den Urkundenfonds der Dekanats- und Kapitelsarchive ist der Urkundenbestand des Public Record Office dürftig.

Die Kassationsfrage ist erst durch die Act vom 14. Aug. 1877 geregelt worden, als die Raumschwierigkeiten zu stärkeren Ausscheidungsmaßnahmen zwangen. Der Master of the Rolls erhielt jetzt den Auftrag, allgemeine Regeln (Rules) über das Kassationsgeschäft auszuarbeiten, auf Grund deren dann für jede einzelne Behörde Listen (Schedules) der auszuscheidenden und der aufzubewahrenden Archivaliengruppen aufgestellt werden sollten. Die Annahme der Rules als verbindliche Norm ist in das Belieben jeder einzelnen Behörde gestellt, die jetzt gültigen Rules vom 30. Juni 1890 sind von den meisten Courts und Departments angenommen. Danach arbeitet jede Behörde ihre Schedules selbst aus, die jedoch der Billigung der vom Public Record Office mit den Kassationsangelegenheiten betrauten „Aufsichtsbeamten" (Inspecting Officers) und des Master of the Rolls bedürfen. Weiter geht jedoch der Einfluß des Public Record Office auf das Kassationsgeschäft nicht; dieses wirp selbständig von der Behörde nach ihrem Schedule vorgenommen, ohne Mitwirkung des Staatsarchivs, da nach Meinung der englischen Archivtheoretiker nur die Behörde über die intime Kenntnis des Materials verfügt, um über den dauernden Wert oder Unwert entscheiden zu können, und auch keine dem Registraturgut ursprünglich fremden, wissenschaftlichen Gesichtspunkte in die Wertung einbezieht.

Staatliche Behördenarchive außerhalb des Public Record Office haben heute nur noch das *India Office,* dessen Archiv 1858 durch Übernahme des Archivs der damals aufgelösten East India Company entstanden ist, und die *beiden Häuser des Parlaments* unter dem Clerk of the Parliament; weiterhin das *Land Registry,* das die Eigentumstitel am Landbesitz registriert, das *Principal Probate Registry,* in dem seit 1857 das Material der geistlichen Erbschaftsgerichte zusammengefaßt ist und das dem Präsidenten der Probate Divorce and Admiralty Division des High Court of Justice untersteht, und das *College of Arms,* das Heroldsamt, das allerdings zu den königlichen Hofbehörden gehört.

Die englische regionale und lokale Verwaltung lag in der Zeit des normannischen Königtums, das einen straffen Zentralismus nach England gebracht hatte, in der Hand königlicher Beamter: die Grafschaft (County) leitete der Sheriff, neben den im 17. Jh. als

Kommandant des königlichen Heerbannes der Lord Lieutenant trat, in den Städten regierte der königliche Baillif. Als das Amt des Sheriffs in die Hände des Landadels geriet, zog das Königtum dessen Hilfsorgane, die Friedensrichter (Justices of peace, Justiciarii, Conservatores pacis), die seit dem 14. Jh. die niedere Gerichtsbarkeit als Laienrichter ausübten, zu Verwaltungsaufgaben heran, und bald übernahm an Stelle des Sheriffs die vierteljährlich zusammentretende Versammlung der Friedensrichter der Grafschaft (Quarter Session) deren Verwaltung, während in der Zwischenzeit der einzelne Friedensrichter neben seiner Gerichtstätigkeit auch die Verwaltung seines Sprengels führte. Seit dem 17. Jh. gerieten auch die Friedensrichter in Abhängigkeit vom Landadel; die meisten Städte hatten sich jetzt, unterstützt durch königliche Freibriefe (Charters), aus der Abhängigkeit vom Königtum gelöst, an die Stelle des königlichen Baillif war der Mayor als Vertreter der städtischen Oligarchie getreten. Die Gesetzgebung des 19. Jhs. (Städtereform von 1835, Local Government Act von 1888, Parish-and-District-Councils-Act von 1894) hat neben dieses oligarchische Selbstverwaltungssystem, das auf nebensächliche Funktionen beschränkt worden ist, ein neues auf demokratischen Grundsätzen aufgebautes Selbstverwaltungssystem gesetzt. Die historischen Grafschaften sind jetzt nur noch für die Parlamentswahlen, die vom alten Sheriff geleitet werden, für die Abgrenzung der Gerichtsbezirke der Friedensrichter, die wieder auf ihre niedere Gerichtstätigkeit beschränkt sind, und für die Diözesaneinteilung von Bedeutung. Für die Selbstverwaltung ist England mit Wales in „Verwaltungsgrafschaften“ (Administrative Counties) — vergleichbar den ehemaligen preußischen Landkreisen — eingeteilt, die durch den gewählten County Council unter dem Chairman geleitet und vom Clerk of the Council als obersten Beamten verwaltet werden. Die Städte mit mehr als 50000 Einwohnern bilden — vergleichbar den früheren preußischen Stadtkreisen — selbständige Grafschaften (County Boroughs). Unterbezirke der Grafschaften sind die Districts mit dem gewählten District Council; sie sind entweder Rural Districts, d. h. Zweckverbände von Landgemeinden (in gewisser Weise mit den rheinisch-westfälischen Ämtern zu vergleichen), oder Urban Districts, d. h. Kleinstädte (vergleichbar den amtsfreien Städten in Westfalen und in der Rheinprovinz). Die unterste Verwaltungseinheit stellen die Parishes (Landgemeinden) mit dem Parish Council dar.

Diese modernen Selbstverwaltungskörper haben in ihre Behördenarchive nur noch Teile der älteren Selbstverwaltung hinübergerettet, mittelalterliches Material findet sich hier nicht mehr. Die Archivalien der Verwaltung des alten Sheriff und seines County Court sind in kümmerlichen Resten an die Londoner Zentralbehörden gelangt oder in Privatbesitz verstreut. Das Material aus der älteren Gerichtstätigkeit der Friedensrichter ist bis auf geringe Reste bei neueren Gerichtsbehörden verloren; die Archivalien aus der Zeit ihrer Grafschaftsverwaltung im 17. und 18. Jh., die (Quarter) Session Records, stehen unter der Aufsicht des Clerk of the Peace, dessen Amt gewöhnlich durch den Clerk of the County Council versehen wird; sie sind daher zumeist dem Archiv des County Council angeschlossen worden. In den letzten Jahren, insbesondere seit 1939, haben sich in den meisten der Counties und in vielen County Boroughs diese Behördenarchive der Grafschaftsräte durch Übernahme der Archivalien der älteren Grafschaftsverwaltung und Verwahrung zahlreicher privater Gutsarchive usw. (als deposited documents) zu Grafschaftsarchiven (County Record Offices) erweitert. Da sich die Friedensrichter seit dem 17. Jh. für ihre Verwaltungszwecke der kirchlichen Organisation, insbesondere der „Sakristeiversammlungen" unter den Kirchenvorstehern, bedienten, enthielten die Archive der Pfarreien (Ecclesiastical Parishes) vielfach weltliches Verwaltungsmaterial; dieses ist jetzt z. T. den modernen Archiven der District Councils angeschlossen, zumeist aber wohl unter die Aufsicht des Clerk des (weltlichen) Parish Council gestellt worden. Wertvolles mittelalterliches Material enthalten nur noch die Stadtarchive, die sich beim Council des County Borough oder des Urban District befinden, zumal wenn die Stadt sich früh von der königlichen Verwaltung befreit hat (Independent Boroughs).

Kirchliche Archive befinden sich auf allen Stufen der kirchlichen Hierarchie (Kirchenprovinzen Canterbury und York — Diözesen — Archidiakonate — Kreisdekanate — Pfarreien). Mittelalterliches Archivgut hat sich im Besitze der Kirche nur in den Archiven der Kathedralen (Domkapitel) erhalten, die in der Reformationszeit vor dem staatlichen Zugriff verschont geblieben sind und deren Archivalien jetzt den Grundstock der sogen. Dekanats- und Kapitelsarchive (bei den „alten" d. h. vorreformatorischen Kathedralkapiteln) bilden. Die älteren Urkunden der Bischofsarchive dagegen sind in der Reformation an die Londoner Zentralverwaltung des kirchlichen Besitzes (seit 1836 Ecclesiastical Commissioners) gelangt und befinden sich nun im Public Record Office, während die bischöflichen Register vielfach den Diözesanarchiven verblieben sind. Die Archive der in der Reformationszeit (1536/39) aufgehobenen Klöster und Stifter sind zerstreut; da die Klostergüter bald von der Krone wieder verliehen wurden, sind die zugehörigen Archive in die Hände der neuen Besitzer, also meist in die englischen Adelsarchive, gelangt. Nur Reste sind bei dem mit der Verwaltung der Klostergüter betrauten Augmentation Office verblieben und mit diesem in das Public Record Office gelangt. Viele Einzelstücke befinden sich auch in den zahlreichen öffentlichen und privaten Archivaliensammlungen.

In die privaten Herrschaftsarchive ist vielfach, da manche adligen Gutsbesitzer durch Privileg Verwaltungs- und Gerichtsfunktionen erhielten, öffentliches Verwaltungsmaterial gelangt. Da durch die Law of Property von 1922 die adligen Gutsarchivalien (Manorial Records), insbesondere die dortigen Hofregister (Manorial Court Rolls), ihren Rechtswert verloren hatten und damit die Gefahr ihrer Verschleuderung wuchs, stellte ein Zusatzgesetz von 1924 diese Manorial Records unter die Aufsicht des Master of the Rolls, der durch das Manorial Committee beim Public Record Office Listen dieser Archive anlegen läßt und von Vernichtung oder Verschleuderung bedrohte Archive geeigneten lokalen Stellen (Archiv des Grafschaftsrates, öffentliche Bibliothek oder private historische Gesellschaft) zuweist. Über die Landgemeindearchive üben die Grafschaftsräte gewisse Aufsicht aus, die Pfarrarchive stehen unter der unmittelbaren Aufsicht der Diözesanverwaltung. In diesen Maßnahmen erschöpft sich die behördlich und gesetzlich geregelte Archivpflege. Eine ältere Form der Archivpflege, die Sammlung von Archivalien, ist in England infolge der langen Vernachlässigung der zentralen Bestände, des Mangels einer Regelung des regionalen und lokalen Archivwesens und der Zersplitterung der Klosterarchive zu hoher Blüte gelangt. Unter den zahlreichen öffentlichen und privaten Archivaliensammlungen ist die des Britischen Museums die bedeutendste und geradezu als Konkurrenzunternehmen zum Public Record Office anzusehen; auch andere öffentliche Bibliotheken, wie die Universitätsbibliothek zu Cambridge, die Bodleian Library zu Oxford und die Nationalbibliothek von Wales, enthalten sehr umfangreiche Archivaliensammlungen. Der Inventarisierung widmet sich seit 1869 — jetzt in enger Verbindung mit dem Public Record Office — die Historical Manuscript Commission, die jährliche Tätigkeitsberichte mit Inventaren und größere Archivalienpublikationen herausgibt und seit 1945 an einer Gesamtübersicht der englischen Archive arbeitet. Schließlich haben sich im November 1932 die archivalisch interessierten Vereine mit den Besitzern und Verwaltern öffentlicher und privater Archive zu einem großen Verbande, der British Records Association, zusammengeschlossen, die den Gedanken der Archivpflege fördern und die Archivbesitzer beraten soll. Im ganzen zeigt aber das nichtzentrale englische Archivwesen ein ähnliches Bild der Zersplitterung wie das zentrale vor 1838; gewisse Bestrebungen, über die bisherigen Freiwilligkeitsbildungen hinaus zur Zusammenfassung in einigen wenigen Provinzialarchiven[108]) mit großen Sprengeln zu gelangen, sind bisher ohne Erfolg geblieben.

---

[108]) Das Provincial Repository in Cambridge (1920—29), dann in Canterbury ist lediglich ein der öffentlichen Benutzung nicht zugängliches und durch die Raumnot bedingtes Außenlager des Public Record Office.

b) *Schottland*

In Schottland haben sich seit der Einwanderung anglonormannischer Adelsgeschlechter (1. Hälfte des 12. Jhs.), die den Feudalismus mit sich gebracht und nach dem Aussterben des nationalen Königshauses (1286) durch die Geschlechter der Bruce und der Stuart im Anfang des 14. Jhs. den schottischen Königsthron besetzt haben, starke englische Einflüsse in Verfassung und Verwaltung geltend gemacht. Als auf die Personalunion von 1603 schließlich i. J. 1707 die Realunion Schottlands mit England folgte, ging die schottische Zentralverwaltung, wie sie im Parlament und im Privy Council verkörpert war, in der englischen auf; so konnte sich in Schottland ein modernes Behördenwesen, wie es in England an die Entstehung der Offices und Departments anknüpft, nicht mehr voll ausbilden. Andererseits behielt Schottland auch nach 1707 nicht nur die presbyterianische Church of Scotland, sondern auch sein römisch beeinflußtes Recht und seine eigene Gerichtsverfassung. So hat Schottland seinen spätmittelalterlichen Verwaltungsaufbau bis zur Gegenwart bewahrt; lediglich die Einführung der neuen englischen Selbstverwaltung, mit der neben die historischen Grafschaften (shires) die Verwaltungsgrafschaften (counties) mit ihrer Untergliederung getreten sind, hat im 19. Jh. ein modernes Element hinzugefügt.

Die gleichen Züge weist auch das schottische Archivwesen auf: einerseits nach englischem Vorbilde das fast ausschließliche Vorherrschen des Registerwesens (registers, records; in Form von rolls oder books) und des Serienprinzips, dem sich nach ihrer Eintragung in die Register auch die losen Originaldokumente in Anlehnung an die Register fügen müssen; andererseits eine Archivorganisation, die seit der frühen Neuzeit keine Entwicklung mehr durchgemacht hat, so daß das Hauptarchiv im wesentlichen immer noch die gleiche Zuständigkeit besitzt, die seinem bisherigen nominellen Leiter, dem Lord Clerk Register, bereits im späten Mittelalter auf Grund seiner Verwaltungstätigkeit — nicht als Archivar — zukam.

Dank dem Registerwesen haben die Originalurkunden auch im schottischen Archivwesen nur eine untergeordnete Rolle gespielt. Das älteste Urkundenverzeichnis von 1282 führt etwa 170 Rechtstitel des schottischen Königs an, die zusammen mit den damals aufkommenden Registern und den Rechnungen des königlichen Haushalts in der königlichen Schatzkammer des Schlosses Edinburgh aufbewahrt wurden. Daß sich nur noch ganz geringe Reste dieser Archivalien erhalten haben, und zwar im Londoner Public Record Office, ist wohl vor allem darauf zurückzuführen, daß das Archiv 1291 von dem englischen König Eduard I. als Oberherrn von Schottland beschlagnahmt und nach London gebracht worden und auf

Grund des Friedensvertrages von 1328 nur ein kleiner Teil zurückgelangt ist, während das Übrige größtenteils in London zugrunde gegangen ist.

Die eigentliche Archivbildung knüpft an die Person des *Lord Clerk (of the) Register* an, der bereits Ende des 13. Jhs. unter der Bezeichnung King's Clerk oder Clerk of the King's Chancery als Beamter der königlichen Kanzlei, der die ausgehenden königlichen Urkunden zu registrieren hatte, auftaucht und bald als leitender Clerk in verschiedene zentrale Körperschaften und Behörden eintritt, um deren Registerführung zu leiten und die abgeschlossenen Register in seine Obhut zu übernehmen. Damit war freilich noch keine räumliche Vereinigung der diesem Beamten unterstellten Register verbunden; sie blieben vielmehr häufig weiterhin bei den Ämtern oder gelangten in die Wohnungen der Beamten. Die älteren Register der Kanzlei waren in der Abtei Holyrood bei Edinburgh untergebracht, wo sie durch Brand 1544 zugrunde gegangen sind. Die große Masse der Register mit den zugehörigen Originaldokumenten befand sich im Schloß Edinburgh, der stärksten Festung des Landes; als diese 1650 von den englischen Truppen erobert worden war, wurden erhebliche Bestände nach London gebracht, von denen dann bei der Rückschaffung i. J. 1661 ein Teil durch Schiffsuntergang verlorengegangen ist. Nach 1660 wurden mehrere der in Schloß Edinburgh lagernden Registerreihen in ein Gewölbe des Parlamentsgebäudes (des heutigen Gebäudes der Nationalbibliothek) zu Edinburgh übergeführt. Erst die Erbauung des General Register House in Edinburgh (seit 1774) ermöglichte 1787 die räumliche Konzentration aller dem Lord Clerk Register unterstellten Bestände. Diese werden seit dem 19. Jh. durch dessen Stellvertreter, den Depute Clerk Register, als den fachlichen Leiter des Archivs betreut, während der Posten des Lord Clerk Register zu einem adligen Ehrenamt geworden ist (gesetzlich seit 1879; vgl. auch im englischen Archivwesen das Verhältnis zwischen dem Master of the Rolls und dem Deputy Keeper of the Records). Der erste und bedeutendste Depute Clerk Register, Thomas Thomson (seit 1806), hat dem schottischen Archivwesen seine wissenschaftliche Richtung gewiesen. Seit der Reorganization of Offices (Scotland) Act von 1928 heißt der Leiter des Hauptarchivs Keeper of the (Registers and) Records of Scotland.

Zu den Stellen, deren Register der Lord Clerk Register ex officio seit alter Zeit zu verwahren hat, gehören das Parlament und sein Gerichtsausschuß, der Privy Council als engerer Rat des Königs, der Court of Session als oberster Gerichtshof, das Exchequer als Finanzbehörde und teilweise die Chancery, die die königlichen Erlasse und Gnadenerweise auszufertigen hatte; im 19. Jh. erhielt er zur Verwahrung noch die Register zweier aufgelöster Einrichtungen, des High Court of Admiralty, eines für See- und Handelsrecht zuständigen Gerichtshofes (1832), und der von Staats wegen als Nachfolger der bischöflichen Offizialatsgerichte geschaffenen regionalen geistlichen Gerichte, der Commissary Courts oder Commissariot Courts (1823). Als weitere Aufgabe wurde 1617 dem Lord Clerk Register die Einrichtung der staatlichen Landregister (Register of Sasine) übertragen, deren Bände er auszugeben und nach Abschluß der Eintragungen von der registerführenden Stelle wieder einzuziehen hat; sie dienen der Eintragung privater Verträge über Landveräußerungen und sollten die bis dahin üblichen Notariatsinstrumente über Landveräußerungen und -vergabungen (Instruments of Sasine) und Notariatsregister (Protocol Books) ersetzen. Alle diese Stellen — mit Ausnahme der Chancery — besaßen für ihren Verwaltungsbereich Gerichtsfunktionen, die im Laufe der Zeit zum wesentlichen Teil auf den Court of Session übergegangen sind.

Dieser war 1532 aus der Vereinigung der Funktionen zweier konkurrierender Gerichtshöfe, der 1425 als Parlamentsausschuß geschaffenen, regelmäßig tagenden Session und des King's Court — so nannte sich der King's Council, wenn er gelegentlich als Gerichtshof zusammentrat —, als oberster schottischer Gerichtshof entstanden, dessen Appellationsinstanz einst das schottische Parlament war und heute der Supreme Court in London ist. Er führt verschiedene Register der streitigen (Register of Acts and Decreets) und der freiwilligen Gerichtsbarkeit (Register of Deeds and Protests zur Registrierung und gerichtlichen Sicherung von privaten Verträgen). Das Parlament und die ständischen Steuerausschüsse führten Register zur Eintragung der Gesetze; die Gerichtsbefugnisse des Parlaments übte bis 1532 der Parlamentsausschuß der Lords Auditors of Causes and Complaints aus. Der Privy Council, der 1489 aus dem King's Council erwachsen ist und infolge seiner weitgehenden Verwaltungsbefugnisse zeitweise (besonders im 17. Jh.) mächtiger war als das Parlament, registrierte zunächst seine administrativen Acta und seine gerichtlichen Decreta ungesondert und führte erst seit 1610 bis zu seiner Auflösung (1707) getrennte Registerreihen. Das schottische Exchequer war nicht so differenziert wie das englische; der oberste Finanzbeamte der älteren Zeit, der Great Chamberlain, wurde seit 1424 durch zwei neue Beamte, den Treasurer und den Comptroller verdrängt, deren Ämter 1610 zu dem des High Treasurer vereinigt wurden. Die Finanzgerichtsbarkeit übte bis ins 19. Jh. der Lord Auditor of Exchequer — seit 1708 als Court of Exchequer — aus. In die Exchequer Rolls wurden die Einnahmerechnungen nach Prüfung durch den Lord Auditor of Exchequer eingetragen, gegliedert nach den abrechnenden lokalen Einnehmern und nach Steuerarten; für die Eintragung der Rechnungen des Comptroller und des Treasurer bestanden besondere Registerreihen.

Die Chancery zerfiel zeitweise in mehrere Abteilungen. Im 15. Jh. hatte sich für die königlichen Landverleihungen zur Sicherung gegen Mißbrauch ein weitläufiger Geschäftsgang ausgebildet. Die Anordnung zur Vornahme einer Landverleihung erteilte der König durch eine eigenhändig unterzeichnete und in ein Auslaufregister (Signature Book) eingetragene Signature, die an den Keeper of the Signet gerichtet war; dieser fertigte auf Grund der Signature, die als Beleg bei ihm verblieb, in lateinischer Sprache eine Signet Warrant an, die an den Keeper of the Privy Seal gerichtet war, der daraufhin eine Privy Seal Warrant anfertigte und nach Eintragung in das Privy Seal Register an den Keeper of the Great Seal weitergab. Hier erfolgte endlich die Ausstellung der für den Empfänger bestimmten feierlichen Belehnungsurkunde, die in das Great Seal Register eingetragen wurde. Schließlich wies der leitende Kanzleibeamte (Director of the Chancery) den zuständigen Sheriff durch eine Precept of Sasine, die mit dem Quarter Seal besiegelt und in das Quarter Seal Register eingetragen wurde, zur Vornahme der körperlichen Belehnung an, über die sich der Empfänger gewöhnlich noch ein Notariatsinstrument (Instrument of Sasine) ausfertigen ließ. Während nun alle Vorstadien, sowohl die Register wie die zugehörigen Originaldokumente, an den Lord Clerk Register abzuliefern waren, sind die Quarter Seal Registers — ebenso wie die Records of Retour (Eintragungen der Untersuchungen über Rechtmäßigkeit und Umfang der Ansprüche von Lehnserben) und die Responde Books (Eintragungen der Gebühreneinkünfte aus diesen Untersuchungen) — als Unterlagen bei der Chancery verblieben und werden noch heute im General Register House vom Depute Director of Chancery verwaltet. Daß diese Aufteilung der aus demselben Geschäftsgange erwachsenen Bestände auf zwei verschiedene Archive nicht als Zerreißung empfunden wird, zeigt, daß man hier den Begriff der „Herkunftseinheit“ oder Provenienzwahrung nicht auf die Behörde, sondern auf die einzelnen „Leitregister“ bezieht.

Außerhalb der Betreuung des Lord Clerk Register bleiben in der zentralen Sphäre neben dem eben genannten *Teilarchiv der Chancery* das *Archiv des Court of Teinds*, einer zur Besoldung der Geistlichen aus dem vom Königtum 1625 revindizierten ehemaligen Kirchengut 1633 geschaffenen Kommission, unter dem Clerk of Teinds, das *Archiv des Court of the Lord Lyon King of Arms*, des mit Gerichtsbarkeit in Wappenangelegenheiten ausgestatteten Heroldsamtes, unter dem Lyon Clerk und das *Archiv des High Court of Justiciary*, eines alten königlichen Gerichtshofes, unter dem Clerk of Justiciary.

Als lokale Gerichtsbehörden bestanden bis ins 18. Jh. die der königlichen *Sheriffs*, die zugleich auch gewisse Verwaltungsaufgaben, insbesondere die Einziehung der königlichen Einkünfte, hatten und deren Amt allmählich in Adelshänden erblich geworden war, die der königlichen Städte *(Courts of Royal Burghs)* und die der Adelsherrschaften, nämlich die *Courts of Regality* mit hoher und niederer und die *Courts of Barony* mit niederer Gerichtsbarkeit. Nach dem Jakobitenaufstande (1745) wurden 1748 die Erblichkeit der Sheriffämter und die adlige Gerichtsbarkeit bis auf Reste beseitigt. Die Akten sollten mit den Funktionen an die Sheriff Courts gelangen, sind aber vielfach zerstreut worden oder auch in das General Register House gekommen. Die Register der städtischen Gerichte aus streitiger und freiwilliger Gerichtsbarkeit (städtische Landregister, Register of Deeds) befinden sich zusammen mit den städtischen Verwaltungsregistern (Ratsprotokollen, Stadtrechnungen usw.) in den *Stadtarchiven*. Die nach dem Durchbruch der Reformation (1559) an Stelle der alten Offizialatsgerichte geschaffenen *Commissary Courts* waren für Testamentssachen (dafür: Register of Will), Ehesachen, Verleumdungsklagen, kleinere Schuldsachen u. ä. zuständig, mußten aber 1809 ihre Registers of Deeds (Eintragungen der Beurkundungen privater Rechtsgeschäfte) an die Sheriff Courts und später im Zuge ihrer Auflösung die übrigen Register und Originalurkunden an den Lord Clerk Register abliefern. Die *Archive der modernen Selbstverwaltungskörper* (County Councils, Parish Councils) folgen dem englischen Vorbilde. Dem Lord Clerk Register und seinen Nachfolgern soll seit 1809 ein gewisses Aufsichtsrecht über die Local Records zustehen, doch scheint dieses nicht sehr wirksam zu sein.

Die presbyterianische *Church of Scotland*, der sich 1928 die abgespaltenen Freikirchen wieder angeschlossen haben, besitzt ihr eigenes Archivwesen: wir finden Archive bei den Gemeindekirchenräten (Kirk Sessions), den Kreissynoden (Presbyteries), den Provinzialsynoden (Provincial Synods) und den kirchlichen Gerichten (Presbyterian Church Courts). Die älteren Pfarrmatrikeln (Parochial oder Parish Registers) sind seit 1854 im General Register House unter der Aufsicht des Registrar General konzentriert. Von den Archivalien aus katholischer Zeit sind nur noch Reste, vorwiegend im General Register House, erhalten geblieben.

c) *Irland*

Seitdem in der Mitte des 12. Jhs. anglonormannische Ritter von Wales aus im Namen des englischen Königs die Insel erobert haben, hat Irland das Schicksal einer englischen Kronkolonie gehabt, deren Verwaltung und Gerichtsorganisation nach englischem Muster aufgebaut worden ist und deren Archivgeschichte daher weitgehende Parallelen zur englischen, ja vielfach Abhängigkeit von dieser aufweist. Freilich blieb die Herrschaft der englischen Krone zunächst auf einen verhältnismäßig kleinen, von der königlichen Burg zu Dublin aus beherrschten Streifen, den sogen. Pale, beschränkt, während sich im Innern der Insel große, von den Nachkommen der führenden Eroberer beherrschte anglonormannische Baronien (Liberties) in fast völliger Unabhängigkeit von der Krone bildeten und im äußersten Westen sich keltische Stammesherrschaften halten konnten. Erst unter den Tudors ist es der Krone gelungen, allmählich diese Baronien einzuverleiben — ihre Archivalien sind nur z. T. bei den königlichen Nachfolgebehörden oder in Adelsarchiven erhalten geblieben — und die Eroberung der ganzen Insel einzuleiten, die dann Cromwell vollendet hat.

Vertreter des Königs war als oberster Richter und Haupt der Verwaltung und des Militärwesens der Justiciar, später der Lord Lieutenant, als dessen Gehilfe in der Zivil- und Militärverwaltung der Chief Secretary fungierte. Ihm zur Seite stand ein vom König ernannter Privy Council und das nach englischem Vorbild aus zwei Häusern gebildete, vom englischen König abhängige Parlament, das infolge der staatsrechtlichen Einverleibung Irlands i. J. 1801 zu bestehen aufhörte. Nach englischem Vorbild hatten sich von der alten Curia regis unter Vorsitz des Justiciar zunächst die Chancery unter dem Chancellor als zentrale Beurkundungs- und Verwaltungsstelle und das Exchequer unter dem Treasurer als Verwaltungsbehörde der königlichen Finanzen, die beide auch Gerichtsbarkeit ausübten, abgesondert und die nunmehr auf Gerichtsaufgaben beschränkte Curia regis in zwei Gerichtshöfe gespalten, den Justiciar's Court, später Court of King's Bench genannt, für Straf- und Zivilsachen, an denen königliche Beamte beteiligt waren, und den Court of Common Bench, später Court of Common Pleas genannt, für streitige Gerichtsbarkeit Privater. Diese vier großen, alten Gerichtshöfe, die man später unter der Bezeichnung Four Courts oder Law Courts zusammenfaßte, wurden 1877 zusammen mit dem Court of Admiralty (Seegerichtsbarkeit) und zwei im 19. Jh. aus der ehemaligen geistlichen Gerichtsbarkeit erwachsenen Gerichtshöfen, dem Court of Probate (1857 für Nachlaßgerichtsbarkeit) und dem Court for Matrimonial Causes and Matters (1871 für Ehegerichtsbarkeit) zum High Court of Justice in Ireland vereinigt.

Die meisten dieser Behörden waren im Laufe des Mittelalters aus Sicherheitsgründen in das befestigte Königsschloß zu Dublin verlegt worden, wo sie bis ins 17. Jh., teilweise sogar bis ins 20. Jh., verblieben sind. Nachdem man in ältester Zeit das Archivgut zusammen mit dem königlichen Schatz beim Exchequer aufbewahrt hatte, bildete sich spätestens im 15. Jh. an besonders sicherer Stelle, im südwestlichen Turm des Schlosses, dem *Bermingham Tower*, ein Aussteller-Auslesearchiv aus den wichtigsten Rolls (d. h. den Registern über Beurkundungen und Abrechnungen) der alten Ämter, während der nichtregistrierte Schriftwechsel bei diesen verblieb, ja vielfach in den Privatwohnungen der leitenden Beamten aufbewahrt wurde. So gelangten in dieses Archiv von dem Court of King's Bench und dem Court of Common Pleas wie auch von dem Court of Exchequer die Plea Rolls mit den Eintragungen der Gerichtsbeschlüsse, nicht aber die Prozeßschriften der Parteien (Pleadings), aus dem Exchequer außerdem die aus der Finanzverwaltung erwachsenen Pipe Rolls und Memoranda Rolls sowie die älteren Chancery Rolls. Als Leiter dieses Archivs erscheint später ein Deputy Keeper of the Rolls. Für die übrigen Bestände dieser vier alten Courts, die bei Dienststellen und in Privatwohnungen innerhalb und außerhalb des Schlosses verstreut waren, errichtete man 1796 ein eigenes Archivgebäude, *Four Courts* genannt, in das auch das Rolls Office (die vom Master of the Rolls verwalteten Bestände der Chancery), das bereits 1636 ein eigenes, inzwischen verfallenes Gebäude erhalten hatte, einbezogen wurde. Zum Leiter dieses Facharchivs der Gerichtsverwaltung wurde der Master of the Rolls ernannt.

Im 19. Jh. erwuchsen noch zwei weitere große Archive. Im südöstlichen Turm des Schlosses, dem Round oder Wardrobe Tower, der seitdem gewöhnlich *Record Tower* genannt wurde, faßte man im Anfang des 19. Jhs. mehrere größere Behördenarchive zusammen, nämlich das State Paper Office, die Bestände der 1801 eingegangenen Häuser des Parlaments und das Archiv des Privy Council Office, soweit es nicht 1711 im Custom House verbrannt war. Das State Paper Office war 1702 begründet worden, um die Papiere der Lord Lieutenants und Chief Secretaries zu erhalten, die bisher stets als Privateigentum von den jeweiligen Inhabern der Ämter nach England mitgenommen und in die betreffenden Familienarchive gelangt waren, mußte sich aber mit Einlauf- und Auslaufregistern begnügen, während die Originalschriftstücke weiterhin in die adligen Familienarchive kamen. Das Archiv im Record Tower wurde vom Keeper of the State Papers betreut, dem 1815 auch das Archiv des Bermingham Tower unterstellt wurde. Schließlich entstand im *Custom House* zu Dublin, in dem bis 1711 das Privy Council Office gewirkt hatte, ein Facharchiv der Finanzverwaltung, indem man hier seit 1822 die Bestände der im Laufe der Vereinigung der irischen mit der englischen Finanzverwaltung aufgelösten Ämter des Exchequer konzentrierte; es wurde 1832 zum Public Record Office (Custom House), dessen Zuständigkeit man auf die mit den Landabgaben an die Krone befaßten Ämter (Land Revenue, Crown and Quit Rent Office) und dann auf weitere Bestände ausdehnte und das 1861 die Bezeichnung Landed Estates Record Office (Custom House) erhielt.

Die Bemühungen um Verwirklichung einer modernen Archivorganisation setzen auch für Irland mit der Ernennung der britischen Record Commission von 1800 ein, deren Unterkommission von 1806 ihre Untersuchungen auf Irland ausdehnte. 1810 wurde dann eine besondere irische Record Commission ins Leben gerufen, die bis zu ihrer Auflösung i. J. 1830 auf Grund ihrer Umfragen und ihrer

Ordnungstätigkeit zahlreiche Berichte mit wertvollen Archivalienverzeichnissen veröffentlicht und eine Sammlung von Auszügen und Abschriften der Rolls („Acta Regia Hibernica“ genannt) begonnen hat. Auf ihre Anregung geht auch die Einrichtung des Archivs im Record Tower zurück. Ihr Vorschlag, ein Gebäude für ein alle staatlichen Bestände erfassendes Zentralarchiv zu errichten, wurde zunächst ebenso wenig verwirklicht wie der gleiche Vorschlag einer neuen, 1848 eingesetzten Record Commission, die bereits auf das Vorbild der englischen Public Record Office Act von 1838 hinweisen konnte. Erst 1867 wurde, nachdem inzwischen ein neues Gebäude neben den Four Courts errichtet worden war, mit der Public Records (Ireland) Act das moderne Zentralarchiv begründet, indem nach englischem Vorbild sämtliche staatlichen Bestände unter die Aufsicht (superintendence) des Master of the Rolls gestellt wurden und dieser das Recht erhielt, alle mehr als 20 — bei den State Papers mehr als 50 — Jahre alten Archivalien teils durch eigene, vom Lordkanzler gegengezeichnete Verwaltungsanordnung (Warrant), teils auf Grund einer Verordnung (Order in Council) des Lord Lieutenant zur Verwahrung (custody) im *Public Record Office* zu übernehmen. Später wurde die Zuständigkeit des neuen Zentralarchivs noch erweitert, indem 1. nach der Entstaatlichung der anglikanischen Church of Ireland (1869) nicht nur die Akten der ehemaligen geistlichen Gerichtsbarkeit übernommen, sondern 1875/76 auch die Pfarrmatrikeln unter die Aufsicht des Master of the Rolls gestellt wurden, der sie bei ungenügender Aufbewahrung in das Public Record Office übernehmen kann, und indem 2. 1885 die Ablieferung der Archive der Gerichts- und Verwaltungsbehörden der Grafschaften, wie sie bis zur Einführung der modernen englischen Selbstverwaltung in Irland i. J. 1898 in Tätigkeit waren, angeordnet wurde; es handelte sich hierbei um die Archive der Quarter Sessions, der Organe der Verwaltung und der Berufungsgerichtsbarkeit in den Grafschaften, die von den Clerks of the Peace verwaltet wurden, und um die der Courts of Assize, deren leitender Beamter der Clerk of the Crown war.

So war ein weit über das englische Vorbild hinausgehender Grad der Konzentration des nationalen Archivgutes erreicht, als die furchtbare Katastrophe des 30. Juni 1922 eintrat, die fast die gesamte schriftliche Überlieferung des Landes vernichtet hat. Als in dem Bruderkrieg der Sinn Feiner die Regierungstruppen gegen die Extremisten de Valeras vorgingen, die sich im Gebiet der Four Courts verschanzt und das Magazin des Public Record Office als Granatenarsenal eingerichtet hatten, wurde durch eine gewaltige Explosion das Aktenmagazin mit seinem ganzen Inhalt völlig vernichtet. Erhalten haben sich von der älteren archivalischen Überlieferung Irlands außer den wenigen Stücken, die sich zufällig damals im Verwaltungsgebäude des Archivs befanden, im wesentlichen nur das Archiv des irischen Heroldsamtes (Office of Ulster King of Arms), das sich noch im Bedford Tower des Dubliner Schlosses befand, das 1708 gegründete Registry of Deeds, ein zentrales Grundbuchamt über Landübereignungen, und die Hälfte der Pfarrmatrikeln des Landes, nämlich die, die in den Pfarreien verblieben waren, sowie die Papiere, die in die irischen Bibliotheken und die Königliche Akademie zu Dublin und in die englischen Adelsarchive gelangt sind. Die wichtigsten Quellen zur älteren irischen Geschichte sind jetzt die auf Irland bezüglichen Bestände des englischen Public Record Office, die von den beiden irischen Record Commissions des 19. Jhs. angefertigten Archivalienverzeichnisse, -auszüge und -abschriften und die von einigen Behörden zurückbehaltenen Duplikate ihrer an das Public Record Office abgelieferten Register (z. B. Testamentsregister der District Registries des Court of Probate seit 1858). Neuerdings bemüht sich die im Irischen Freistaat gegründete Historical Manuscript Commission, die auf Irland bezüglichen Dokumente aus fremden Archiven zu erfassen und in der Publikationsreihe „Analecta Hibernica" zu veröffentlichen[109]).

Nach der Teilung Irlands 1921/22 hat der *Irische Freistaat* das Public Record Office of Ireland (Oifig Iris Puiblí) in Four Courts mit den inzwischen von den Behörden abgelieferten neuesten Beständen fortgesetzt und durch Erwerbung älterer Archivalien aus Sammlungen erweitert. Daneben besteht als behördenarchivähnliche Institution weiterhin das Registry of Deeds (zentrales Grundbuchamt) und als Behörden-Zwischenarchiv das State Paper Office im Schloß Dublin, das seine mehr als 50 Jahre alten Bestände an das Public Record Office weitergibt.

In dem im Verbande des Vereinigten Königreichs verbliebenen *Nordirland*, das 1921 aus den sechs nordöstlichen, protestantischen Grafschaften von Ulster gebildet wurde und Selbstverwaltung mit königlichem Gouverneur und Parlament erhielt, ist 1924 das Public Record Office of Northern Ireland konstituiert worden auf Grund der Public Records Act (Northern Ireland) vom 22. Juni 1923, die sich ganz an die Public Records (Ireland) Act von 1867 anschließt, nur daß an die Stelle des Master of the Rolls hier der Finanzminister getreten ist.

10. *Nordamerika (USA)*

In Nordamerika ist der Sinn für die Notwendigkeit eines Archivwesens erst in jüngster Zeit lebendig geworden; auch finden sich hier — im Gegensatz zu Lateinamerika — keine älteren Archivbildungen, an die die moderne Entwicklung hätte anknüpfen

---

109) Ein Verzeichnis der geretteten Bestände und der in Abschrift oder im Auszug erhaltenen Dokumente geben der 55. und 56. Report of the Deputy Keeper of the Public Records in the Irish Free State (1923 und 1924).

können. Denn die starke Politisierung der Verwaltung durch das sogen. Patronagesystem, das ein einflußreiches Fachbeamtentum und eine Stetigkeit in der Verwaltung nicht aufkommen ließ, aber auch der geringe Sinn für Tradition und die nur auf Gegenwart und Zukunft ausgerichtete Fortschrittsgläubigkeit des Nordamerikaners waren im 19. Jh. der Bildung von Behördenarchiven — eine Begründung des Archivwesens auf alte Empfängerdepots, wie sie uns als zweite Möglichkeit in Europa begegnet, war ja in Amerika nicht gegeben — nicht günstig.

Wie in den einzelnen Staaten, deren Bestände zwar nicht das Alter der südamerikanischen Archivalien haben, aber teilweise doch in die koloniale Zeit zurückreichen, so behielten auch im Bereiche der Bundesregierung, deren Akten 1774 einsetzen, die Abteilungen und Ämter innerhalb der Departments und Agencies ihre reponierten Registraturen bei sich. Nur vereinzelt zeigten sich Ansätze zur Behördenarchivbildung, indem einzelne Departments Aktenkonzentration in Departmental Collections erstrebten. Ältere Bestände, an denen kein Verwaltungsinteresse mehr vorlag, gelangten vielfach in die staatlichen Bibliotheken, an historische Gesellschaften oder Privatpersonen; so besaß auch die Library of Congress zu Washington zahlreiche Bundesarchivalien. Obwohl seit Anfang des 19. Jhs. mehrere große Brände der Regierungsgebäude zu Washington wertvolles Aktengut vernichtet hatten, veranlaßte erst der große Brand von 1877 den Kongreß, sich mit dem Problem des Archivschutzes zu befassen und eine Kommission zur Prüfung des Feuerschutzes der öffentlichen Gebäude und ihrer Aktenlager einzusetzen. Aber wie gering auch weiterhin das Verständnis der Öffentlichkeit für Archivfragen blieb, zeigt sich darin, daß keine der mehr als 40 Archives Bills, die zwischen 1881 und 1912 im Kongreß eingebracht wurden, Gesetzeskraft erlangt haben. Auch beschränkten sich die Bestrebungen darauf, eine feuersichere Hall of Records, wie sie zuerst 1878 der Kriegsminister als Stapelplatz aller Bundesarchivalien vorgeschlagen hatte, zu schaffen; daß zu einem echten Archivwesen die Erschließung der Bestände durch Ordnung, Verzeichnung und fortdauernde Betreuung gehört, war noch nicht zum Bewußtsein gekommen.

Erst die nordamerikanische Geschichtswissenschaft, die im ausgehenden 19. Jh. einen großen Aufschwung nahm, hat den Sinn für die Bedeutung eines geordneten Archivwesens geweckt, und die heutige nordamerikanische Archivorganisation ist das Werk der zähen, in Wort und Tat gleich rührigen Arbeit der 1884 gegründeten American Historical Association, die sich 1899 eine Public Archives Commission schuf und seit 1909 jährliche Archivarskonferenzen veranstaltete. In drei großen Unternehmungen ist das von der Archivkommission aufgestellte Programm der Archivpflege auf dem Wege der Inventarisation verwirklicht worden:

1. die Kommission selbst ließ durch ihre auswärtigen Mitglieder zwischen 1900 und 1912 das vielfach verstreute Archivgut von fast allen Staaten ermitteln und verzeichnen und veröffentlichte die Zustandsberichte und Bestandsübersichten in den Jahresberichten der American Historical Association (Lit. Nr. 116); 2. daneben lief im Auftrage der Carnegie-Institution die Verzeichnung der im Bundesdistrikt befindlichen Bundesarchivalien (Lit. Nr. 931); das 3. Unternehmen, das ebenfalls von der Carnegie-Institution getragen wurde, hatte die Erfassung des in den europäischen Archiven und Bibliotheken ruhenden handschriftlichen Materials zur Geschichte der USA zum Ziel (Lit. Nr. 936) und gab den Bearbeitern durch den Einblick in die europäische Archivorganisation wertvolle Anregungen, die dann vor allem auf den jährlichen Archivarskonferenzen diskutiert wurden. Aus ihnen erwuchs schließlich die vor allem von Waldo G. Leland vorgetragene bestimmte Forderung auf Begründung eines Nationalarchivs, das die Archivalien der Bundesregierung aufnehmen und zugleich Vorbild für die Organisation des Archivwesens in den Staaten werden sollte. Mit der Resolution von 1910, in der die American Historical Association diese Forderungen unüberhörbar zum Ausdruck brachte, beginnt die dritte Periode der amerikanischen Archivgeschichte, in der eine moderne Archivorganisation nach europäischem Vorbild ersteht.

1913 stellte der Kongreß die Kosten zum Bau eines modernen Archivgebäudes bereit, und nach der Unterbrechung durch den ersten Weltkrieg wurde 1926 der Bau beschlossen; die Grundsteinlegung erfolgte 1933, die Einweihung des mit allen modernen technischen Errungenschaften ausgestatteten Gebäudes im November 1935. Inzwischen waren durch die National Archives Act vom 19. Juni 1934 (mehrfach gedruckt in den Annual Reports, zuletzt mit Amendments: XIV 1947/48) die organisatorischen Voraussetzungen für das neue Nationalarchiv geschaffen worden. Sie begründete 1. das Amt des Archivist of the United States, der, mit umfassenden Vollmachten ausgestattet, die neue Behörde aufbauen sollte und dessen Aufsicht (charge and superintendence) die gesamten Bundesarchivalien, einschließlich der noch in den laufenden Registraturen befindlichen, unterstellt wurden; 2. den National Archives Council, ein aus den Leitern der Departments, den Vorsitzenden der Kommissionen beider Häuser des Kongresses für Angelegenheiten der Kongreßbibliothek, dem Leiter der Kongreßbibliothek, dem Sekretär der Smithsonian-Institution und dem Archivist bestehendes Gremium, das die Grundsätze der Übernahme des behördlichen Schriftgutes festlegen und die Kassation überwachen sollte; und 3. die National Historical Publications Commission aus Regierungsbeamten, Vertretern der American Historical Association und dem Archivist, die die Publikation der Archivalien organisieren und vor dem Kongreß vertreten sollte.

Die Organisation des Archivs hat mehrfachen Wandlungen unterlegen (1938, 1943/44 und 1947). Neben den Verwaltungsabteilungen (Administrative Divisions) unter dem Executive Officer für die bei jeder Behörde auftretenden technischen Aufgaben (Beschaffung von Material und technischer Einrichtung, Personalia, Finanzen, Gebäude- und Grundstücksverwaltung usw.), dem Director of Publications und dem Administrative Secretary bestanden für die eigentlichen Archivaufgaben Fachabteilungen (Professional Divisions) unter dem Director of Archival Service. Sie gliederten sich anfangs in Custodial Divisions, denen lediglich die Aufbewahrung der fertig geordneten Archivalien oblag — jede der Divisions war für ein Department, eine Gruppe zentraler Dienststellen (Independent Agencies) oder die sonstigen Archivaliengattungen wie Karten, Filme, Schallplatten zuständig —, und in Abteilungen, die nach dem amerikanischen Prinzip der Arbeitsteilung die verschiedenen Arbeitsgänge an den Archivalien (Erwerbung, Wiederherstellung und Erhaltung, Klassifizierung, Katalogisierung, Auskunftserteilung und Benutzung, Forschung) auszuführen hatten. Da man aber bald erkennen mußte, daß diese Art der Arbeitsteilung, die sich wohl für rein manuelle, niemals aber für geistige Tätigkeit eignet, nur zu unnötiger Doppelarbeit und Mangel an Überblick und Vertrautheit mit den einzelnen Beständen führte, hat man allmählich den Aufbewahrungsabteilungen die Funktionen der Arbeitsabteilungen jeweils für ihren Archivalienbestand übertragen; nur die technische Sonderaufgabe der Konservierung und die allgemeinen Benutzungsangelegenheiten (General Reference Division) sind weiterhin besonderen Abteilungen vorbehalten geblieben. Die bisherigen Aufbewahrungsabteilungen haben sich mit dem Einströmen der Aktenmassen vervielfacht und bilden jetzt die beherrschende Mitte des Behördenorganismus; seit 1947 sind sie zu sechs großen Gruppen zusammengefaßt[110]).

Der gesamte Aktenbestand der Bundesbehörden (all archives or records belonging to the Government of the US) wird als einheitlicher Archivfonds angesehen, der unter der Aufsicht (charge and superintendence) des Archivist steht. Daraus ergibt sich die Möglichkeit einer Einflußnahme auf die Gestaltung der Behördenregistraturen, eine Möglichkeit, die vor allem der zweite Archivist Solon J. Buck —

[110]) Das deutsche Reichsarchiv zu Potsdam wies in seiner Organisation weitgehende Parallelen zum National Archives auf. Auch hier bestand ein Verwaltungsbeirat, die Historische Kommission, und ein Forschungsbeirat, die Historische Reichskommission, die später in das „Reichsinstitut für die Geschichte des neuen Deutschland" übergegangen ist; ebenso standen hier zunächst der „Archivabteilung" mehrere andere Abteilungen („Forschungsabteilungen", „Auskunftsabteilung") gleichberechtigt zur Seite, bis die „Archivabteilung" sich allmählich die beherrschende Stellung erringen konnte. — S. Organisationsschemata des National Archives in: A.Z. Bd. 44 (1936) S. 277ff. und in den Annual Reports und des Reichsarchivs in: A.Z. Bd. 45 (1939) S. 1ff.

namentlich im Hinblick auf die kurzfristig entstandenen und kurzlebigen Kriegsregistraturen — tatkräftig wahrgenommen hat, sowohl durch Anleitungen zu einer rationellen Registraturgliederung wie durch zwanglosen Meinungsaustausch der Registratoren und Sachbearbeiter in der Interagency Records Administration Conference. Durch die Eingliederung des National Archives in die General Services Administration (1949) hat sich diese Einflußmöglichkeit noch verstärkt, und heute nimmt das Archiv grundsätzlich nur noch Bestände auf, die zuvor durch die Behörde nach den vorgeschriebenen Grundsätzen gesichtet und geordnet sind.

Für die Übernahme der Aktenbestände in die Verwaltung (legal custody) des Archivs hat der National Archives Council Grundsätze aufgestellt (Regulations vom 10. Febr. 1936). Danach sollen in das Archiv gelangen: 1. alle Akten, die nicht mehr laufend benötigt werden — dazu gehören grundsätzlich alle mehr als 50 Jahre alten Akten — oder wegen ihrer Schadhaftigkeit bei weiterer Benutzung gefährdet sind oder für die die Behörde keine geeignete Aufbewahrungsmöglichkeit hat; 2. die Bestände aufgelöster Bundesbehörden, sofern sie nicht von den Nachfolgebehörden übernommen werden; 3. alle Bestände, die durch besondere Entscheidung des National Archives Council oder des Behördenleiters dem Nationalarchiv übergeben werden. Darüber hinaus nimmt das Nationalarchiv keine Bestände auf; eine Sammeltätigkeit, wie sie die europäischen Archive durch Aufnahme von nichtstaatlichen Provenienzen, von Nachlässen oder gar von nichtarchivalischem Material pflegen, wird grundsätzlich abgelehnt und der Library of Congress überlassen.

Für die innere Ordnung ist das Provenienzprinzip maßgebend. Jedes Department bildet eine eigene Abteilung des Archivs, innerhalb deren die Ämter und Büros des Department und die angeschlossenen Behörden jeweils eine Record Group (Archivabteilung, -körper, „Bestand") bilden. In der Untergliederung dieser Record Groups, die die oberste archivalische Einheit darstellen und nach Zugang durchnumeriert werden, sollen Organisation, Funktionen und Entwicklung der Behörde oder des Amtes zum Ausdruck kommen; schematisch im Sinne der französischen Klassifizierung ist lediglich die vorgeschriebene dreigliedrige, aus Buchstaben und Zahlen zusammengesetzte Signierung.

Angesichts des raschen Einströmens der seit anderthalb Jahrhunderten bei den Behörden aufgestauten Aktenmassen und der aufgeschwellten Registraturen der Kriegsbehörden ist das Massenproblem für das Nationalarchiv in den letzten Jahren besonders dringlich geworden. Man sucht ihm auf verschiedenen Wegen beizukommen: 1. das Kassationsverfahren ist recht umständlich, da jede Vernichtung grundsätzlich der Zustimmung des National Archives Council und des Kongresses an Hand ausführlicher Verzeichnisse (Lists) bedarf; neuerdings hat man an Hand von Gruppengrundsätzen (Schedules) gewisse geringwertige Aktengruppen festgelegt, die ohne weitere Einzelgenehmigung nach gewissen Zeiträumen vernichtet werden dürfen, Schemata, die entweder nur für eine einzelne Behörde gelten oder als Generalschemata Aktengruppen betreffen, die sich bei den meisten Behörden in gleicher Art finden (z. B. Personalakten). Die vernichtungsreifen Akten sollen von der Behörde vernichtet oder zur Einstampfung verkauft oder den interessierten Staaten, Erziehungsanstalten, Bibliotheken, Museen, Forschungsanstalten überlassen werden. 2. Einen neuartigen Versuch der Lösung des Massenproblems stellt die Verfilmung von minderwichtigen, aber doch nicht vernichtungsreifen Archivalien dar; die Kleinfilme, die allerdings nur mit Hilfe von Projektionsgeräten zugänglich sind, sollen die Originale, die danach vernichtet werden können, ersetzen und so Raum sparen helfen. Gegen dieses Verfahren erheben sich freilich schwerwiegende Bedenken, sowohl von seiten der Wissenschaft, die auf die Originale in vielen Fällen nicht verzichten kann, wie seitens der Archivtheorie, da ja die Filme im Archiv anderswo untergebracht und verzeichnet werden als die Akten und dadurch Registraturverbindungen zerrissen und unerwünschte, abgewertete Nebenregistraturen geschaffen werden. Die Sichtung ihrer Akten (Disposition) nimmt jede Behörde selbst vor und setzt für jedes Schriftstück die Wertstufe fest: Aufbewahrung im Archiv (Retirement), mikrophotographische Reproduktion und anschließende Vernichtung der Originale (beides von der Behörde ausgeführt) oder Vernichtung (Disposal). 3. Da trotz diesen Sichtungsmaßnahmen immer noch Raumnot droht, hat man neuerdings nach englischem Vorbilde die Einrichtung von Intermediate Records Depositories für weniger häufig benötigte Akten angeregt.

Besondere Aufmerksamkeit schenkt man den archivtechnischen Fragen. Indem man an die Stelle bloßer Erfahrungssätze eine systematische, experimentelle Forschung gesetzt hat, die insbesondere von den Divisions of Repair and Preservation, of Motion Pictures and Sound Recordings und of Photographic Reproduction and Research in ihren Laboratorien gepflegt wird, hat man überhaupt erst eine eigene archivtechnische Wissenschaft (Archival Economy) begründet, deren Früchte nicht nur neue Methoden der Konservierung und Restaurierung, sondern auch die neuartige Magazinierung in fensterlosen und daher sonnen- und staubgeschützen Räumen mit gleichmäßiger Temperatur und stets gleichbleibendem Feuchtigkeitsgehalt der Luft sind.

Über die Unterbringung der Archivalien der unteren Bundesdienststellen außerhalb des Bundesdistrikts, also in erster Linie der Distriktsgerichte, der Zoll- und der Postämter, der Forst- und Seefahrtsdienststellen und der Dienststellen und Formationen des Heeres und der Marine, die teilweise Vorakten seit Anfang des 18. Jhs. besitzen, ist noch keine grundsätzliche Entscheidung gefallen. Bisher sind nur gelegentlich und mehr zufällig einzelne Bestände an das Nationalarchiv abgegeben worden (z. B. 1946 zahlreiche Archive von Zollämtern), die systematische Einziehung dürfte jedoch an der Raumnot scheitern. Ob sich das Nationalarchiv für diesen Zweck im Lande Filialarchive schaffen wird, oder ob man nach dem Vorbilde des deutschen Reichsarchivs (s. u. S. 304) die lokalen Bundesarchivalien zur treuhänderischen Verwaltung den einzelstaatlichen Archiven überläßt, wird wesentlich vom Fortschreiten der dortigen Archivorganisation abhängen. Zunächst hat man sich auch hier auf eine Bestandsaufnahme beschränkt, die der Survey of Federal Archives 1936/37 im Rahmen des nationalen Notstandsprogramms durch nicht fachlich vorgebildete Helfer durchgeführt hat und die im Inventory of Federal Archives seit 1939 ihren Niederschlag findet (Lit. Nr. 933).

Daß in allen Bereichen vor der eigentlichen Organisierung der Archive zunächst eine Inventarisation durchgeführt wird, ist kennzeichnend für den wissenschaftlichen Ausgangspunkt des amerikanischen Archivwesens. Aber schon mit der Begründung eines Archivorganismus hat man sich von diesem Ausgangspunkt entfernt und ist immer stärker unter den Einfluß der englischen Archivtheorie gelangt, die ja die wissenschaftsfremde Entstehung der Archivalien und ihren Rechtscharakter betont. Von daher stammt auch die Beschränkung auf das unmittelbar von den Behörden abgelieferte Schriftgut und die Ablehnung fremder oder entfremdeter Archivalien, die nach englischer Auffassung ihren Rechtswert und ihre Archivalieneigenschaft dadurch verloren haben, daß sie vorübergehend der amtlichen Kontrolle entzogen waren. Englischer Herkunft ist auch der Begriff des unter der Aufsicht (charge and superintendence) oder unter der Verwaltung (legal custody) des Bundesarchivars stehenden, sowohl die laufenden Registraturen wie das Archivgut umfassenden einzigen Archivfonds und ebenso die Übertragung des Kassationsgeschäfts auf die aktenerzeugende Amtsstelle. Unter den Aufgaben des Archivs steht die Mitwirkung an der Staatsverwaltung obenan, die sich jedoch nicht auf Auskunftserteilung beschränkt, sondern durch Herausgabe des Federal Register, des zentralen Verordnungsblattes der Bundesregierung, eine besonders aktuelle Note erhält. Der Anspruch des Nationalarchivs, das ausschließliche Zentralarchiv der Bundesregierung zu sein, ist seit der Ablieferung des Archivs des Repräsentantenhauses (1946), in dem sich zuletzt Ansätze zu einem Behördenarchiv gezeigt hatten, ganz unbestritten. Durch rege Publikationstätigkeit, durch ständige Ausstellungen in der repräsentativen Ausstellungshalle des Archivs und durch Wanderausstellungen wie auch (seit 1945) durch führende Mitwirkung am Aufbau der internationalen Archiv- und Archivarsorganisationen hat sich das Nationalarchiv eine der Bedeutung des Archivwesens entsprechende Stellung zu verschaffen gewußt, eine

Stellung, wie sie das deutsche Archivwesen, das im 19. Jh. zu sehr in seinen wissenschaftlichen Aufgaben aufgegangen ist, noch lange nicht erreicht hat.

Wie in der Schweiz führt das Archivwesen der einzelnen Staaten ein vom Nationalarchiv und von der Bundesregierung völlig unabhängiges Dasein, und es ist angesichts des föderativen Aufbaus der Verfassung unwahrscheinlich, daß in absehbarer Zeit eine die ganze Union umfassende zentrale Archivverwaltung geschaffen wird, wie sie in der Sowjetunion seit 1929 besteht und auch in Deutschland im Werden war. Die staatliche Archivorganisation ist in den einzelnen Staaten ganz unterschiedlich: 1. einige Staaten besitzen selbständige Staatsarchive, zumeist Departments of Archives and History genannt, die teilweise älter sind als das Nationalarchiv; 2. in anderen bildet das Staatsarchiv als Division of Archives einen Teil der Staatsbibliothek; 3. schließlich gibt es Staaten, in denen das Archivgut der Staatsregierung durch State Historical Commissions oder State Historical Societies aufbewahrt und betreut wird. Der Schutz des Archivgutes der lokalen Verwaltungsbezirke (Counties) und der Städte (Cities) ist wohl im allgemeinen noch nicht ausreichend geregelt; die Archivpflege ist zumeist über Maßnahmen der Inventarisierung, der sich — ebenfalls im Rahmen des nationalen Notstandsprogramms — die Historical Records Survey für das gesamte Gebiet der Union widmet, noch nicht hinausgelangt. Die Betreuung der teilweise recht bedeutenden Wirtschaftsarchive hat sich die Business Historical Society in Boston zur Aufgabe gemacht. Die katholische Kirche besitzt eine Reihe von Diözesanarchiven, unter denen das bedeutendste das in Baltimore ist.

Übersicht über die Staatsarchive der Bundesstaaten[111])

Die meisten Staatsarchive nehmen — soweit nicht anders vermerkt — außer den Registraturen der zentralen staatlichen Verwaltung auch Bestände der örtlichen Verwaltungen (Counties, Municipalities) auf. Gesetzlich geregelte Ablieferungspflicht besteht nur in wenigen Staaten für die staatlichen Zentralbehörden (Arkansas, Delaware, Connecticut, Florida, Illinois, Nebraska, North Dakota, Ohio, South Dakota sowie Alaska) und teilweise auch für die örtlichen Verwaltungsbehörden (Delaware, Connecticut, Florida, Illinois, Nebraska). Im Gegensatz zum Nationalarchiv in Washington besitzen die meisten Staatsarchive auch archivalische Sammlungen.

1. Staatsarchive als selbständige Behörden:

Alabama (1783 erworben, zunächst zu Territorium Mississippi, 1803 selbst. Territorium, 1819 Bundesstaat):
State Department of Archives and History in Montgomery

---

[111]) Auf Grund einer vom Nationalarchiv zu Washington freundlicherweise zur Verfügung gestellten vorläufigen Aufstellung (nach dem Stande von 1951), die das Committee on State Archives der Society of American Archivists, der im Dez. 1936 gegründeten Fachvereinigung, nach den Ergebnissen einer Rundfrage verfertigt hat.

Arkansas (1803 als Teil von Louisiana erworben, zunächst zu Terr. Missouri, 1819 Terr., 1836 Bst.):
History Commission in Little Rock

Delaware (Gründerstaat 1776, urspr. zu Neu-Schweden, 1682 zu Pennsylvanien, 1703 selbst. Eigentümerkolonie):
Public Archives Commission (Hall of Records) in Dover

Iowa (als Teil von Louisiana 1803 erw., 1803 Terr., 1846 Bst.):
Iowa State Department of History and Archives in Des Moines (nur zentrale Bestände)

Maryland (Gründerstaat 1776, 1632 Eigentümerkolonie, vorübergehend 1691 bis 1715 Kronkolonie):
Hall of Records Commission (Hall of Records) in Annapolis

Michigan (1783 erworben, 1787 zu Nordwestterr., 1805 Terr., 1837 Bst.):
Michigan Historical Commission in Lansing

Minnesota (nordöstl. Teil erw. 1783, 1787 zu Nordwestterr.; Südwesten als Teil von Louisiana erw. 1803; 1849 Terr., 1858 Bst.):
Minnesota State Archives Commission in St. Paul (für zentrale Bestände); Minnesota Historical Society, Manuscripts Division in St. Paul (für lokale Bestände und Archivaliensammlung)

Mississippi (1783 erw., 1798 Terr., 1817 Bst.):
Department of Archives and History in Jackson

New Mexico (1845/48 erw., 1850 Terr., von dem 1863 Arizona abgetrennt, 1910/12 Bst.):
Department of History in Santa Fé

North Carolina (Gründerstaat 1776, 1730 durch Teilung der bisherigen Eigentümerkolonie Carolina in Nord- und Südkarolina):
Department of Archives and History in Raleigh

Pennsylvania (Gründerstaat 1776, 1681—1779 Eigentümerkolonie):
Pennsylvania Historical and Museum Commission, Division of Public Records in Harrisburg

South Carolina (Gründerstaat 1776, 1730 durch Teilung der bisherigen Eigentümerkolonie Carolina in Nord- und Südkarolina):
Historical Commission of South Carolina in Columbia (nur zentrale Bestände)

Vermont (zu Neu-England, 1777 selbst., 1791 Bst.):
Public Records Commission in Montpelier

West Virginia (1861 als unionstreu von konföderierten Virginia abgetrennt, 1863 selbst. Bst.):
Department of Archives and History in Charleston (nur zentrale Bestände)

Wyoming (1803 erw., 1868 Terr., 1890 Bst.):
State Archives Department in Cheyenne.

2. Staatsarchive als Abteilungen der Staatsbibliotheken:

Arizona (1848/53 erw., 1850—63 zu Terr. New Mexico, 1863 selbst. Terr., 1910/12 Bst.):
Department of Library and Archives in Phoenix

Connecticut (Gründerstaat 1776, puritanische Freibriefkolonie):
State Library, Archives Department in Hartford

Florida (1819 erw., 1845 Bst.):
State Library in Tallahassee (nur zentrale Bestände)

Illinois (1783 erw., 1787 zu Nordwestterr., seit 1800 Teil des Terr. Indiana, 1809 selbst. Terr., 1818 Bst.):
Illinois State Library, Archives Division in Springfield

Indiana (1783 erw., 1787 zu Nordwestterr., 1800 selbst. Terr., 1816 Bst.):
Indiana State Library in Indianapolis

Louisiana (1803 als Teil des bis 1800 span. Louisiana erw., 1812 Bst.):
Louisiana State University, Department of Archives in Baton Rouge (an

Staatsuniversität angeschlossen); außerdem besondere Sammlung von Rechtsdokumenten beim Office of Secretary of State in Baton Rouge

Nevada (1848 als Teil von Nordkalifornien erw., 1861 Terr., 1864 Bst.):
Nevada State Library in Carson City (nur Rechtsdokumente)

Oregon (1846 erw., 1853 Terr., von dem bald Terr. Washington abgetrennt wurde, 1859 Bst.):
State Library in Salem

Tennessee (1783 erw., zu Nordkarolina, 1790 selbst. Terr., 1796 Bst.):
State Library in Nashville

Virginia (Gründerstaat 1776, Kolonie der London Company 1607, Kronkolonie 1624):
Virginia State Library, Archives Division in Richmond.

3. Staatsarchivalien in Verwaltung der staatlichen Historischen Gesellschaften:

Colorado (Osten 1803 erw., Westen und Süden 1845/48 von Mexico erw., 1861 Terr., 1876 Bst.):
State Historical Society of Colorado, Division of State Archives in Denver

Kansas (1803 als Teil von Louisiana erw., 1854 Terr. zus. mit Nebraska, 1861 Bst.):
State Historical Society in Topeka

Kentucky (1783 erw., zu Virginia gehörig, 1792 selbst. Bst.):
Kentucky Historical Society, Department of Library and Archives in Frankfort

Missouri (1803 als Teil von Louisiana erw., 1812 Terr., 1821 Bst.):
State Historical Society of Missouri in Columbia (nur zentrale Bestände)
Militärarchiv beim Adjutant General's Office in Jefferson City

Nebraska (1803 als Teil von Louisiana erw., 1854 Terr. zus. mit Kansas, 1867 Bst.):
State Historical Society in Lincoln

North Dakota (1803 und 1818 erw., 1861 Terr. Dakota, das 1889 in zwei Bundesstaaten Nord- und Süddakota geteilt wurde):
State Historical Society in Bismarck (nur zentrale Bestände)

Ohio (1783 erw., 1787 zu Nordwestterr., 1803 Bst.):
State Archeological and Historical Society in Columbus (nur zentrale Bestände)

Oklahama (ursprünglich zu Indianerterr., seit 1880 Weißenansiedlung, 1890 Terr., 1907 Bst.):
State Historical Society in Oklahama City (nur örtliche Bestände)

South Dakota (1803 als Teil von Louisiana erw., 1861 Terr. Dakota, das 1889 in zwei Bundesstaaten Nord- und Süd-Dakota geteilt wurde):
South Dakota State Historical Society in Pierre (nur zentrale Bestände)

Wisconsin (1783 erw., 1787 zu Nordwestterr., 1836 selbst. Terr., 1848 Bst.):
State Historical Society, Division of State Archives in Madison.

4. Staatsarchivalien einer Zentralbehörde angeschlossen:

Alaska (1867 erw., 1900 Terr.):
Beim Secretary of the Territory in Juneau (nur Bestände der Territorialverwaltung)

California (1848 Oberkalifornien von Mexico an USA., 1850 zu Bst. California):
Archives and Central Records Depository in Sacramento, dem Staatssekretär unterstellt (nur zentrale Bestände)

Georgia (Gründerstaat 1776, 1732 Eigentümerkolonie, 1752 Kronkolonie):
Department of Archives and History in Atlanta, dem Staatssekretär unterstellt

Hawaii (1893/97 annektiert, 1900 Terr., 1947 Bst.):
Board of Commissioners of Public Archives in Honolulu, dem Staatssekretär unterstellt

Massachusetts (Gründerstaat 1776, puritanische Freibriefkolonie, 1691 zus. mit Maine Kronkolonie):
Secretary of the Commonwealth, Archives Division in Boston (nur zentrale Bestände)

New Jersey (Gründerstaat 1776, zu Neu-Niederland, seit 1664 engl. Eigentümerkolonie, 1702 Kronkolonie):
Bureau of Archives and History in Trenton, dem Erziehungsdepartment angeschlossen

New York State (Gründerstaat 1776, zu Neu-Niederland, seit 1664 Eigentümerkolonie des Herzogs von York, des späteren Königs Jakob II., 1688 Kronkolonie):
Division of Archives and History in Albany, dem Erziehungsdepartment angeschlossen
State Library, Division of Manuscripts and History in Albany

Rhode Island (Gründerstaat 1776, Freibriefkolonie):
Beim Department of State in Providence

Washington (1846 erw., 1853 zu Terr. Oregon, dann selbst. Terr., 1889 Bst.):
Beim Department of Public Institutions in Olympia (nur zentrale Bestände).

Keine Archivorganisationen besitzen die Staaten: Idaho, Maine, Montana, New Hampshire, Texas und Utah.

11. *Dänemark*

Im Mittelalter lassen sich königliche Archivdepots auf den Schlössern und an kirchlichen Stellen nachweisen, nachdem ursprünglich die Kapelle oder Kanzlei mit Brieflade, Schatzkammer und Troß dem König von Burg zu Burg gefolgt war. Auf einer der Burgen, auf Roskilde, lagerte ein abgesondertes Depot, das nur dem Reichsrat gehörte und erst nach Einführung des Absolutismus (1660/65) dem königlichen Archiv eingeordnet worden ist. Auf anderen Schlössern — zuletzt nur noch in Kallundborg — lagen königliche und Reichsratsarchivalien gemischt. Noch 1483 wurden hier Urkunden des Königs und des Reichsrates zusammen mit dem Reichsschatz von zwei geistlichen und zwei weltlichen Mitgliedern des Reichsrates überwacht, obwohl der ständige Sitz der Regierung damals schon Kopenhagen war, wo sich inzwischen ein weiteres Depot gebildet hatte. Vor 1582 wurden dann die in Kallundborg vereinigten Depots ebenfalls in das Schloß zu Kopenhagen gebracht.

Unabhängig und abgesondert davon blieben zunächst die bei den obersten staatlichen Behörden, den beiden königlichen Kanzleien, der dänisch-norwegischen und der deutschen, heranwachsenden Bestände, deren Umfang dann beträchtlich vermehrt wurde durch die nach der Reformation hinzugetretene Oberleitung über die Kirche und durch die Verwaltung der dem König anheimgefallenen säkularisierten Kirchengüter. Die älteren Klosterarchivalien selbst sind allerdings auch hier vielfach verstreut worden.

Nunmehr gelangte in das Kallundborger Urkundendepot auch Material aus den Kanzleien; Reichsrat und König sorgten gemeinsam dafür, daß man das Wichtigste aus den Kanzleien in das Urkundendepot brachte. Aus den Depots — nicht aus den Kanzleiarchiven — ist schließlich das eigentliche Hauptarchiv erwachsen. Dessen Begründung ist das Werk der Krone, nicht des Reichsrats gewesen, der bis 1660 als ständische Vertretung die maßgebende politische Körperschaft war; eine durchgreifende Neuordnung des Archivwesens trat nämlich erst ein, als mit der Abschaffung des Reichsrats die Adelsherrschaft ihr Ende erreicht hatte und ein erbliches und souveränes Königtum proklamiert worden war (seit 1658), das dann im Königsgesetz von 1665 seinen Absolutismus grundgesetzlich verankerte. Bereits 1664 ließ Friedrich III. die beiden im Schloß zu Kopenhagen lagernden Depots, zu denen die ältesten Reichsarchivalien gehörten, zusammenfassen und ordnen. Das neue „*Königliche Archiv*" (später „Geheimarchiv" genannt) nahm auch das noch selbständige Reichsratsarchivdepot in Roskilde auf und ergänzte sich weiterhin aus den beim königlichen Hof und Haus entstehenden Archivalien; so übte auch hier das Eingangsmaterial seine Anziehungskraft aus, wie wir das schon anderswo beobachten konnten. Daneben blieben die alten Kanzleiarchive weiter bestehen; aber auch aus ihnen zog das Königliche Archiv — jeweils auf Grund einer königlichen Resolution — Material an sich, vor allem die geheimen Akten der dänischen und der deutschen Kanzlei. Das war Ausleseprinzip, wie es sich immer ergeben hat, wenn Empfängerdepots die Grundlage bildeten. Die weitere Entwicklung im 18. Jh. verlief dann, wie zuweilen bei derartigen Bildungen, in Richtung auf ein wissenschaftliches Archiv: das Auslesearchiv wird zu einem wissenschaftlichen Archiv, wenn das politische Interesse, das die Auslese zunächst bestimmt hat, nachläßt. Gelehrte Historiker wirkten jetzt hier als Archivare, Publikationen wurden veranstaltet, Nachlässe von Gelehrten herangezogen, ferner aus den staatlichen Archiven das, was die gelehrte Forschung brauchte, übernommen, gewöhnlich in der Art, daß man das aus den Behördenarchiven für Forschungszwecke angeforderte Material nicht wieder herausgab. Als dann nach 1848 ganze Archivkörper der älteren Zeit (bis 1660 oder 1750) hineingelangten, wuchs das Archiv erheblich über seinen alten Rahmen, die bloße Betreffsauslese, hinaus. 1848 wurde es, nachdem es vorher unter der Oberaufsicht des Kanzlers gestanden hatte, dem Kultusministerium unterstellt; der König behielt nur über den Teil, der im engsten Sinne als „*Hausarchiv*" anzusprechen ist, die Verfügung. Das Archiv war nicht mehr eine reine Hofangelegenheit, sondern die staatlichen Stellen gewannen wieder Einfluß darauf. Die Ordnung dieses „Geheimarchivs" hat man im 18. Jh. ganz systematisch gestaltet, nachdem im 17. Jh. bei der Einteilung nach Materien noch gewisse Herkunftszusammenhänge gewahrt geblieben waren. Es ist ja häufig das

Schicksal der Auslesearchive, daß sie später einer ganz künstlichen Einteilung verfallen. Weil ihr Material zu mannigfacher Herkunft und aus Zusammenhängen herausgerissen ist, liegt es nahe, hier systematische Theorien bei der Ordnung anzuwenden.

Neben den obersten Staatsbehörden, der dänischen Kanzlei, die im wesentlichen die inneren und die norwegischen Angelegenheiten zu bearbeiten hatte und deren Akten (1848) auf ihre Nachfolgebehörden, die Ministerien des Innern, des Kultus und der Justiz, übergingen, und der deutschen Kanzlei (seit 1806 Schleswig-holsteinische Kanzlei), die die inneren Angelegenheiten der deutschen Herzogtümer, aber auch in einer zweiten, später (1770) in das Departement des Äußeren umgewandelten Abteilung alle auswärtigen Angelegenheiten bearbeitete, erwuchs nach Einführung der souveränen Regierungsform (1660) eine Anzahl selbständiger Regierungskollegien, die gleichfalls eigene Archive bildeten, unter denen das der Rentkammer (seit 1660) und des Finanzkollegiums (seit 1771), das „Kammerarchiv", die bedeutendsten waren. Nach 1848 gab eins der neuen Ministerien, das Justizministerium, seine Akten aus der Zeit vor 1660, Bestände der dänischen Kanzlei, geschlossen an das Geheimarchiv ab, das damit als das Hauptarchiv anerkannt wurde. In diesem Zusammenhange erhob das Geheimarchiv den Anspruch auf Abgabe aller Ministerialarchive bis 1750. Eine Regierungskommission wollte jedoch die Ablieferung nur bis 1660, dem Jahre der Stabilisierung der Souveränität der Krone, zugestehen und aus dem übrigen Teil ein allgemeines Ministerialarchiv begründen. Das Geheimarchiv setzte jedoch seinen Anspruch auf das Grenzjahr 1750 im großen und ganzen durch und erhielt, da man schematische Teilungen vermeiden wollte, auch Akten aus viel jüngerer Zeit als 1660 bzw. 1750, andere wieder mit älterer Schlußgrenze. Damit stand der Anspruch des Geheimarchivs fest, das — allerdings historische — Hauptarchiv des Staates zu sein.

Gleichwohl vereinigte man durch das Gesetz von 1861 die Behördenarchive der neuen Ministerien (Innen-, Justiz-, Kultus- und Finanzministerium) zum „*Archiv des Königreichs*" (auch „Ministerialarchiv" genannt), das gleichberechtigt neben das Geheimarchiv trat. Damit war aus dem alten Dualismus von Hauptarchiv und Behördenarchiven ein Nebeneinander von historischem und modernem zentralem Verwaltungsarchiv geworden (das allerdings auch noch manche älteren Bestände barg). Zunächst unterstand das neue Archiv dem Ministerium des Innern, kam aber 1869 ebenfalls unter das Kultusministerium, und schon damals begann es vorwiegend wissenschaftlichen Zwecken zu dienen, wie das Geheimarchiv bereits seit dem 18. Jh. Hier fand auch im Gegensatz zur systematischen Ordnung des Geheimarchivs der Gedanke der Provenienz schon früh Beachtung (s. o. S. 66). Neben dem Ministerial- und dem Geheimarchiv bestanden noch mehrere kleinere Behördenarchive, unter denen das des *Kriegsministeriums*, das aus dem Archiv des früheren Kriegskollegiums erwachsen ist, des *Marineministeriums* und des *Außenministeriums* bemerkenswert sind.

Diesen Behördenarchiven gegenüber besaßen die beiden großen Archive doch überragende Bedeutung. Da die Trennungslinie zwischen beiden nur künstlich war, setzten bald nach der Gründung des Ministerialarchivs Bestrebungen ein, beide zu einem Ganzen zusammenzuschließen. Nachdem man 1882 beide Archive unter gemeinsame fachliche Leitung gestellt hatte, brachte die neue Archivorganisation von 1889 (Gesetz vom 30. März 1889, gedr. A. Z. Bd. 14 1890 S. 179ff.) diese Bestrebungen zum Abschluß; seitdem gibt es nur noch ein einziges „*Reichs- oder Hauptarchiv*", in das auch das Kriegs-, das Marine- und das Außenministerium den größten Teil ihrer älteren Archivalien abliefern, obwohl ein Heeres-, ein Marine- und ein Archiv des Außenministeriums weiter bestehen und noch einige ältere Bestände zurückbehalten. Das neue Reichs- oder Hauptarchiv erhält jetzt aus den meisten Zentralbehörden regelmäßig Zugänge aus neuester Zeit; dieses Ablieferungsverfahren, wonach die Akten im allgemeinen bereits zwei Jahre nach ihrem Abschluß in das Archiv wandern, das Archiv also zugleich auch Registraturaufgaben hat, wird im Ausland vielfach als „dänisches System" bezeichnet.

Zum Reichs- oder Hauptarchiv gehören ferner die durch das Gesetz von 1889 geschaffenen drei „*Landesarchive*" (bis 1907 „Provinzialarchive" genannt): zu *Kopenhagen* für Seeland, Lolland-Falster und Bornholm[112]), zu *Odense* für Fünen, zu *Viborg* für Jütland, zu denen nach dem Weltkriege eins für Nordschleswig in *Apenrade* hinzukam. In Island besteht ein Nationalarchiv in *Reykjavik* (gegründet 1882, eigener Etat und Archivar 1900), das außer den provinzialen und den lokalen Beständen auch die Akten des isländischen Departements in Kopenhagen (seit 1848) und des isländischen Ministeriums zu Reykjavik (seit 1904) enthält. In diesen Landesarchiven werden die Archivalien der provinzialen und der lokalen Verwaltung zentralisiert. Alle stehen unter der Leitung des Reichsarchivars und unter der Aufsicht des Unterrichtsministeriums. Daß sie an die geographisch in sich abgeschlossenen historischen Landschaften und nicht an die jetzige Einteilung Dänemarks in 22 Ämter anknüpfen, ist sicherlich sehr glücklich und jedenfalls eine günstigere Lösung als in Italien das Nebeneinander von Archiven historischer Landschaften und Archiven der modernen, durch Aufteilung der historischen Landschaften künstlich geschaffenen Verwaltungsbezirke.

---

[112]) Die Landesteile Lolland-Falster und Bornholm bilden jeweils nur ein Amt.

Archivschutz und Aufsichtsrecht über das ganze Archivwesen des Landes wurden durch die Ministerialverfügung vom 10. März 1891 geregelt. Das Reichsarchiv in Kopenhagen nimmt die Zentralakten auf, die Landesarchive außer den Akten der provinzialen und der lokalen Verwaltung die der Ober- und Untergerichte, sowie die der Propsteien und Pfarreien und der städtischen Kirchen einschließlich der Kirchenbücher. Auch die städtischen Archivalien stehen unter staatlicher Aufsicht, die älteren Bestände, die sogen. „Magistratsakten", sind an die Landesarchive abzugeben, die jüngeren aus der Zeit der wiedererstandenen Selbstverwaltung, die „Kommunalarchive", können ebenso wie die Landgemeindearchive auf Grund von Vereinbarungen in den Landesarchiven hinterlegt werden. Schließlich sucht der Staat auch die privaten Archive der Herrenhöfe durch Kauf, Schenkung oder Deponierung in den Landesarchiven zu erfassen.

So ist in Dänemark eine weitgehende, an französische Verhältnisse erinnernde Aufsicht und Sicherung, ja Zentralisierung geschaffen. Ein selbständiges historisches Hauptarchiv ist in Dänemark in der Form eines Kron- und Geheimarchivs des Königtums schon im 17. Jh. entwickelt und bereits im 18. Jh. wissenschaftlichen Zwekken zugänglich gemacht worden. Die Gegengründung des Staates erfolgte — auf der Grundlage der Behördenarchive — erst in der Zeit des Konstitutionalismus und konnte nur durch die Vereinigung mit der alten Archivbildung zu einer lebenskräftigen Institution werden.

12. *Norwegen*

Das alte *Reichsarchiv*, das überwiegend aus Urkunden des 13. bis 15. Jhs. besteht, also z. T. noch in die Periode vor der dauernden Vereinigung mit der Krone Dänemarks (1380) zurückreicht, lag während der dänischen Zeit zumeist auf der Festung Akershus vor Oslo (1624—1924 Kristiania genannt). Zu diesem Empfängerdepot kamen allmählich Teile verschiedener lokaler Archive, besonders der südlichen Bistumsarchive, und schließlich nach der 1814 erfolgten Trennung von Dänemark das dänische Statthaltereiarchiv, die Akten des Oberappellationsgerichts und die um 1820/21 abgegebenen Akten der dänischen Zentralbehörden in Kopenhagen, die sich auf die Verwaltung Norwegens bezogen (nach Pertinenz!). Aber dieses Material blieb weiterhin verwahrlost liegen, und vielfach fanden unsachgemäße Kassationen statt. Erst seit 1841 besteht eine geregelte Verwaltung durch besondere Beamte und 1866 erhielt das Archiv angemessene Aufbewahrungsräume. Zunächst war das Reichsarchiv als besonderes Büro dem Finanzdepartement angeschlossen, 1845 wurde es dem Kirchendepartement, dem späteren Kultusministerium, angegliedert. 1875 wurde es endlich eine selbständige Behörde, nur noch unter der Oberaufsicht des Kirchendepartements. Seit 1841 war es Aufnahmestätte für alle Akten der zentralen Verwaltungsbehörden, und man plante anfangs überhaupt, es zum einzigen Zentralarchiv zu machen, dem alle Archivalien des Landes, lokale wie zentrale, überwiesen werden sollten.

Die Provinzial- und Lokalverwaltung lag hier ebenso wie in Dänemark bei Kirche und Adel, bei den Bischöfen und Lehnsmännern. Der Adel hatte in Dänemark erreicht, was die Ritterschaft in Norddeutschland im 15. und 16. Jh. vergebens erstrebt hatte: erbliche Burgmannschaft auf den landesherrlichen Burgen und Regiment in den Lokalämtern. Und diese Institution kam von Dänemark nach Norwegen, einem typischen Bauernland, in dem ein einheimischer Adel gar nicht erwachsen war. Auch nach der Reformation änderte sich nichts, die Lehnsmänner verwalteten die königlichen Güter, erhoben die Steuern und besaßen die Oberaufsicht über das Gerichts- und das Militärwesen ihres Lehnsbezirks. Erst 1660 machte die Durchsetzung der Souveränität der dänischen Krone auch in Norwegen diesen Zuständen ein Ende. Die Lehnsmänner wurden durch Stiftsamtmänner und Amtmänner als neue lokale Träger der obrigkeitlichen Gewalt ersetzt[113]). Die Archive dieser Ämter gehen aber alle nicht vor das 16. Jh., meist sogar nicht vor das 17. Jh. zurück und enthalten nur Akten und Amtsbücher. Obwohl sie stark durch Kassation gelitten hatten, erwies sich doch eine völlige Zentralisierung des ganzen Materials in Kristiania (Oslo), das nur die lokalen Archive aus den südlichen Stiftern des Landes aufzunehmen vermochte, als unmöglich. So entschloß man sich zur Errichtung provinzialer Depots im Anschluß an die Einteilung des Landes in Stifter: 1851 für die Stifter Drontheim und Tromsö in *Drontheim*, 1885 für das Stift Bergen in *Bergen*. Ursprünglich waren diese vom Reichsarchiv unabhängig und unterstanden der jeweiligen Stiftsdirektion. Seit 1904 sind sie dem Reichsarchiv unterstellt, das in *Oslo* 1914 noch ein drittes Provinzialarchiv geschaffen hat, dem es die Archivalien der südlichen Stifter (Kristiania, Kristiansand, Hamar) überlassen hat, die vorher bei ihm selbst lagen. Das vierte wurde 1917 in *Hamar* im wesentlichen für das Bistum Hamar gegründet. In jüngster Zeit ist ein weiteres Provinzialarchiv in *Kristiansand* für das dortige Stift gebildet worden. Diese Provinzialarchivbildungen, *„Stiftsarchive" und seit 1919 „Staatsarchive"* genannt, waren also an die Bistümer angeschlossen. Die Grenzen der Archivsprengel decken sich nicht

---

[113]) Im 19. Jh. war Norwegen kirchlich in sechs Stifter oder Bistümer (Kristiania, Kristiansand, Hamar, Bergen, Drontheim und Tromsö, dazu im 20. Jh. Stavanger) unter Bischöfen (ihnen untergeordnet Propsteien und schließlich Kirchspiele) und politisch in 20 Ämter (jetzt 18 Fylker) unter Amtmännern (ihnen untergeordnet Vogteien) eingeteilt, deren Grenzen sich nicht ganz mit denen der Stifter deckten. Die Ämter, in denen ein Bischofssitz lag, wurden als „Stiftsämter" durch eine Stiftsdirektion aus Bischof und Stiftsamtmann geleitet.

ganz mit der heutigen Verwaltungseinteilung des Landes in Ämter (Fylker), den Grundstock der Landesarchive bilden die Archivalien der Stiftsämter, denen die der übrigen im Archivsprengel liegenden Ämter angeschlossen sind.

Die Archive der sämtlich schon im 16. Jh. säkularisierten Klöster sind, soweit nicht die Güter an die Stifter fielen und damit zugleich die Archive dorthin kamen, völlig zerstreut, vielfach sind sie in Privatarchive der Lehnsmänner gelangt. Das Reichsarchiv hat solche älteren Urkundenbestände der Klöster nur aus den Händen von Sammlern erworben.

Das zentrale Archivwesen Norwegens ist also sehr spät zu geordneten Zuständen gelangt, was z. T. aus der Abhängigkeit von Dänemark erklärlich ist. Schließlich hat aber das Reichsarchiv doch eine feste Zentralstellung gewonnen. Das Problem der Provinzialarchive hat Norwegen früher als die anderen nordischen Staaten aufgegriffen. Auch hier ist wie in Dänemark alles nichtzentrale Archivmaterial in den Provinzialarchiven zusammengefaßt.

13. *Schweden*

Das Reichsarchiv in Stockholm hat sich nicht so früh wie das dänische Geheimarchiv als selbständige Behörde herausgebildet. Es wurde sogar erst zwei Jahre später als das norwegische Reichsarchiv ein auf sich gestelltes Institut (1877), obwohl es durch die Jahrhunderte hindurch und besonders zur Zeit der schwedischen Großmachtstellung von ganz anderer Bedeutung gewesen war als jenes, das im Grunde doch nur das Zentraldepot einer dänischen Provinz war. Aber Brände und Vernachlässigung haben es schwer geschädigt und verwirrt; im Laufe des 19. Jhs. mußte es erst mühsam reorganisiert werden. Auch die schwedischen Provinzialarchive wurden später als die norwegischen und dänischen formiert; ihre Organisierung begann hier erst am Ende des 19. Jhs. und ist auch in der Gegenwart noch nicht zum Abschluß gelangt.

In Schweden ist das mittelalterliche Eingangsmaterial der zentralen Stellen ebenso wie die ältere Kanzleiproduktion verlorengegangen oder zerstreut. Königliche Urkundendepots scheinen sich nicht in spätere Zeit hineingerettet zu haben, sie sind wohl spätestens in den Stockholmer Schloßbränden von 1525 und 1697 vernichtet worden. Was an mittelalterlichem Urkundengut erhalten ist, stammt überwiegend aus den Archiven der kirchlichen Anstalten, die auch hier in der Reformation eingezogen worden sind, dann aber z. T. zerstreut wurden und erst auf dem Wege der Sammlung in das Archiv gelangt sind. In größerer Fülle ist auch das Kanzleimaterial erst vom Beginn der Neuzeit an erhalten, als Wichtigstes die 1523 beginnende „Reichsregistratur“, d. h. die Auslaufregister mit den Abschriften der wichtigen Schreiben des Königs und der Regierungserlasse. Andere

Gruppen, wie die Originalkonzepte und Ratsprotokolle, liegen in größerer Vollständigkeit sogar erst vom 17. Jh. an vor. Von diesen Serien getrennt lagerten gleichfalls bei der Kanzlei in Laden, Tonnen und Säcken die Briefeingänge und außerdem in Schränken die modernen Urkunden, die Staatsverträge, Reichstagsbeschlüsse usw. Im Gegensatz zu Kopenhagen gab es hier weder eine Trennung von Empfänger- und Kanzleiarchiv noch eine solche von Kron- und Ständearchiv, trotz dem zeitweise auch hier bestehenden großen Einfluß des Adels auf die Verwaltung, sondern zentrales Archivmaterial gab es anfangs ausschließlich bei der königlichen Kanzlei, und allein im Anschluß an dieses erhielt das Archivwesen festere Formen.

Maßgebend war hierfür die Kanzleiordnung, die Gustav Adolf 1618 auf Veranlassung des Kanzlers Axel Oxenstierna erließ. Durch sie wurde der Sekretär der Kanzlei zum Leiter des damit eigentlich erst ins Leben tretenden „*Reichsarchivs*" bestimmt. 1620 bekam er vier weitere Sekretäre zu Gehilfen, und 1626 wurde das neue Archiv der Aufsicht von zwei Mitgliedern des Reichsrats unterstellt. Stockholm wurde zum dauernden Sitz für Archiv und Kanzleikollegium bestimmt, die bis zur Aufhebung der Kanzlei als eines der „Reichskollegien" (1801) miteinander verbunden blieben. Infolge der durch die „Regierungsform" von 1634 veränderten Verwaltungsorganisation wie auch durch die Großmachtstellung Schwedens wurde das Archiv um bedeutsames Material, vor allem wichtige diplomatische Akten, bereichert. Durch die sogen. „Reduktion" in der 2. Hälfte des 17. Jhs., d. h. die Wiedereinziehung der an den Adel, besonders infolge der Säkularisationen, verliehenen Güter, die sich übrigens auch in den deutschen Territorien, die Schweden behalten hatte (Vorpommern, Bremen und Verden), auswirkte, kamen viele adlige Guts- und Familienarchive, die mit den Gütern eingezogen worden waren, über das Kammerkollegium in das Reichsarchiv. Überhaupt sind die Adelsarchive in Schweden von großer Bedeutung; sie sind, soweit sie nicht noch auf den Adelssitzen liegen, vielfach auch in die Universitätsbibliotheken Uppsala und Lund gelangt. Andererseits sind Nachlässe, besonders aus der großen Zeit Schwedens, auch in das Reichsarchiv gekommen, darunter wohl als bedeutendster Bestand des Archivs der Nachlaß des Reichskanzlers Axel Oxenstierna, der jetzt herausgegeben wird. Eine erhebliche Vermehrung der Bestände des Reichsarchivs brachten das 18. und das 19. Jh. durch die weitere Differenzierung der schwedischen Zentralverwaltung, besonders durch Verzweigung der Kanzlei in zahlreiche „Expeditionen", in denen der Keim für die meisten der späteren Regierungsdepartements (Ministerien) lag. Damit hielt die Ordnung und Verzeichnung im Archiv nicht Schritt, da die Beamten noch andere Kanzleiarbeiten zu erledigen hatten. Nach Aufhebung des Kanzleikollegiums (1801) kam das Archiv in Verbindung zur neuen Regierungskanzlei, aus der 1840 einzelne Departements als selbständige Behörden erwuchsen, und unter die Oberaufsicht des neuen Hofkanzlers; 1840 wurde es dann dem Chef des Kirchendepartements unterstellt.

Zu neuem Leben wurde es erst um diese Zeit durch die Reichsarchivare Hans Järta (1837—46) und Bror Emil Hildebrand Vater (1846—47) erweckt. Die Bemühungen, eine Ordnung in die Bestände zu bringen, die aber leider von wissenschaftlichen Interessen ausgingen, führten dazu, daß zur Schaffung einer neuen Gliederung bedenkliche Wege eingeschlagen wurden. Man richtete eine historische und eine administrative Abteilung ein; die historische Abteilung faßte man aber auf als eine Sammlung der aus dem ungeordneten Material ohne Rücksicht auf die Herkunft herausgezogenen Teile, die nach dem Inhalt von augenfällig geschichtlicher Bedeutung waren. Das übrige Material wurde in die administrative Abteilung verwiesen, wo es teilweise in Hauptserien, also im wesentlichen unter Wahrung der Provenienz, vereinigt blieb, teilweise aber nach Sachgruppen (Topographica, Biographica, Militaria usw.) neu geordnet wurde. Dadurch wurden die Registraturzusammenhänge zerrissen, wozu noch kam, daß man mit diesem Verfahren weitgehende Kassationspläne verband, die aber, weil sie die gebotenen Grenzen überschritten, schließlich nicht ausgeführt werden konnten. So fanden Zerreißungen der zusammengehörigen Bestände in vier Gruppen statt: 1. Sammlung des historisch bedeutsamen Materials; 2. Herauslösung des zunächst zur Vernichtung bestimmten Materials, das dann gesondert aufgestellt wurde; Zusammenfassung des danach übrigbleibenden Materials als Verwaltungsarchiv, in dem 3. ein Teil der alten Serien erhalten blieb, während 4. ein anderer Teil einer sachlichen Neugliederung unterzogen wurde. Diese Einteilung ist erst 1909 beseitigt worden und an ihre Stelle nach mühsamer Zusammenfügung der aufgeteilten Provenienzen die heutige Einteilung in vier Sektionen getreten, die jetzt wieder geschlossene Registraturen in sich vereinigen.

Trotz diesen Fehlgriffen empfing damals die Reichsarchivverwaltung ihre entscheidenden Impulse. Zur Ablieferung an das Reichsarchiv gelangten jetzt nicht nur die Akten der Regierungskanzlei mit ihren Departements und des Staatsrats (Ministerrats), sondern auch die aufgelöster Behörden und Kommissionen und nach der Verfassungsreform von 1865 und der Einführung des modernen Konstitutionalismus die der drei nichtadeligen ehemaligen Reichsstände, während das Archiv der Ritterschaft und des Adels bei diesen verblieb (im Riddarhusarkiv). 1877 wurde das Reichsarchiv endlich ganz aus der Bindung an die Regierungskanzlei gelöst und damit zu einer selbständigen Behörde, die nur noch der Oberaufsicht des Kirchendepartements (Kultusministerium) unterstand.

Seit den 90er Jahren des 19. Jhs. wurden allmählich die verschiedenen *zentralen Behördenarchive*, deren Bestände z. T. bis ins ausgehende 17. Jh. zurückgingen, mit dem Reichsarchiv vereinigt (Bildung des sogen. „administrativen Archivdepots"). 1921 kam schließlich das bedeutendste zentrale Behördenarchiv hinzu, das bis dahin dem Finanzministerium unterstellte Archiv des ehemaligen Kammerkollegiums, der einstigen zentralen Finanzbehörde, dessen Bestände bis ins 16. Jh. zurückreichen und auch das Material der Reduktionsämter und -kommissionen umfassen. Als selbständiges zentrales Archiv besteht noch das *Kriegsarchiv* in Stockholm unter dem Generalstab des Heeres; durch Übernahme des bereits im Reichsarchiv befindlichen Marinearchivs weitete es sich 1943 zum zentralen Wehrmachtsarchiv, das aber auch unter der Oberaufsicht des Reichsarchivs steht. Das „*Schloßarchiv*" enthält die Akten der Verwaltung des königlichen Schlosses und der Hofämter, während das *Familienarchiv des kgl. Hauses* (Familie Bernadotte) nicht zu den öffentlichen Archiven gehört.

Der erste Schritt zur Schaffung von provinzialen Archivinstitutionen erfolgte durch einen Reichstagsbeschluß von 1897. Ursprünglich scheint man beabsichtigt zu haben, das provinziale Archivmaterial im Anschluß an die Regierungsbezirke (Län) den Bezirkshauptleuten (Landshövding) zu übergeben, ohne eine Verbindung mit dem Reichsarchiv herzustellen. Doch jetzt ging man daran, eine beschränkte Anzahl von Landesarchiven (landsarkiv) ins Leben zu rufen sowohl für das Registraturgut der Regierungsbehörden der — jetzt 24 — Regierungsbezirke (Län) wie für das der lokalen, weltlichen Verwaltung, der „Vogteien" oder Kreise (Fögderi), der Lokalgerichte und schließlich für die nicht die rein kirchliche Verwaltung betreffenden Bestände der Kirchenbehörden (Domkapitel oder Konsistorien, Propsteien und Pfarreien), die neben ihren kirchlichen auch staatliche Verwaltungsaufgaben und Selbstverwaltungsfunktionen haben. Jetzt gibt es *Landesarchive (landsarkiv)* zu *Vadstena* (gegründet 1899), *Uppsala* (gegründet 1903), *Lund* (gegründet 1903), *Göteborg* (gegründet 1911) und *Härnösand* (gegründet um 1932); ein weiteres Landesarchiv (landsarkiv) in *Falun* für die Län der Landschaft Dalarna ist geplant. Das 1905 zu *Visby* gegründete Archivdepot ist 1946 in ein *Bezirksarchiv (länsarkiv)* umgewandelt worden; ein weiteres Bezirksarchiv (länsarkiv) besteht zu *Östersund* (gegründet 1929). In der Landeshauptstadt *Stockholm* ist das neue *Stadtarchiv* zugleich Landesarchiv (landsarkiv). Die Sprengel der Archive schließen sich hier nicht an die Verwaltungsbezirke an, sondern sind diesen in den meisten Fällen übergeordnet (wie in Dänemark und Norwegen). Während die Sprengel der Landesarchive mehrere Län umfassen, ist das Bezirksarchiv (länsarkiv) nur für *ein* Län zuständig. Durch die Kgl. Instruktion vom 8. Sept. 1924 ist der 1920 gegründeten Archivdirektion die Leitung und Aufsicht über die Landesarchive und Bezirksarchive übertragen worden, die seit 1902 dem Reichsarchiv oblag. Dem Reichsarchivar steht die Aufsicht über das öffentliche Archivwesen und das Recht der Inspektion der reponierten Registraturen aller Zentral- und aller größeren Lokalbehörden zu (seit 1906), während die Landesarchivare zur Inspektion aller kleineren Lokalbehörden ermächtigt sind (seit 1910); die Ausdehnung der Schutzbefugnis auf die Gemeindearchive ist beabsichtigt. Über die Privatarchive besteht kein Aufsichtsrecht.

Für die innere Ordnung gilt jetzt das Provenienzprinzip, das zu Anfang des 20. Jhs. durch Emil Hildebrand Sohn (1901—16) eingeführt worden ist. Hinsichtlich der Archivbenutzung ist richtunggebend das schwedische Pressegesetz von 1812, das ausdrücklich die Benutzungsfreiheit mit ihren Ausnahmen festlegt und statt der sonst üblichen zeitlichen eine sachliche Scheidung hinsichtlich Benutzungsmöglichkeit vorsieht.

Wie die übrigen nordischen Staaten hat auch Schweden eine Archivorganisation von besonderer Festigkeit, auch hier wurde übermäßige Zentralisation ebenso wie zu weit gehende Dezentralisation vermieden. Während in Dänemark die Archivbildung ihren Ausgang vom Empfängerdepot genommen hat, ist das schwedische Zentralarchiv aus dem Behördenarchivwesen erwachsen, indem das Archiv der zentralen politischen Behörde, der königlichen Kanzlei (in ihren verschiedenen Erscheinungsformen vom 17. bis ins 20. Jh.), allmählich nicht nur die Bestände aufgelöster Behörden, sondern auch die übrigen Behördenarchive, zuletzt als bedeutendstes das des Kammerkollegiums, an sich gezogen hat.

14. *Rußland*

a) *Das zaristische Rußland*

Der Anstoß, den die französische Revolution zur Herausbildung einer selbständigen Archivorganisation gegeben hatte und der in den romanischen Ländern mehr oder weniger wirksam geworden war, hat im Norden und Osten Europas nur geringe oder gar keine Wirkung gehabt. In Rußland kann von einer Vereinheitlichung und Verselbständigung des Archivwesens vor der Revolution von 1917 überhaupt keine Rede sein. Hier hat die französische Revolution in archivalischer Hinicht nicht den geringsten Einfluß ausgeübt, vielmehr blieb man bei der im 18. Jh. erreichten Organisation stehen, deren besonderes Charakteristikum die äußerst mannigfaltige Ausbildung des Behörden- und Facharchivwesens bildet, die mit der frühen und sehr ausgeprägten Differenzierung der Zentralverwaltung zusammenhängt. Erst die Revolution von 1917 hat den archivalischen Tendenzen der französischen Revolution zum Durchbruch verholfen.

Über das staatliche Archivwesen der russischen Teilfürstentümer des 11. bis 14. Jhs. ist wenig bekannt. Doch ist wohl anzunehmen, daß in diesen Warägerstaaten wie in den anderen normannischen Staatsbildungen ein intensives Herrschaftssystem anzutreffen war und daß sich hier — vielleicht auch unter byzantinischem Einfluß — ein durchgebildetes Kanzlei- und damit auch Archivwesen gebildet hatte. Jedenfalls gab es schon damals Kirchen- und Klosterbibliotheken und -archive — die heutigen Bestände gehen bis ins 12. Jh. zurück —, und Beziehungen der staatlichen Kanzleien zum Schreibwesen der Klöster lassen sich feststellen. Wie auch anderswo pflegte man hier um der größeren Sicherheit willen das wertvolle Eingangsmaterial in Klöstern und Kirchen aufzubewahren; so werden uns z. B. Urkundendepots in der Dreifaltigkeits- und in der Sophienkathedrale zu Nowgorod und in der Dreifaltigkeitskathedrale zu Pleskau genannt. Das älteste erhaltene staatliche Urkundenmaterial stammt aus der Mitte des 13. Jhs.: Staatsverträge der Teilfürsten unter sich und mit den Nachbarstaaten — der älteste ein Vertrag zwischen Nowgorod und Twer von 1265 — sowie Urkunden, die die Mongolenkhane den Fürsten, wie übrigens auch den geistlichen Anstalten, über ihre Herrschafts- und Besitzrechte ausstellten (sogen. Jarlyki, der älteste von 1266/67).

Wie das russische Staatswesen so hat auch das Archivwesen seinen Ausgang vom Fürstentum Moskau genommen, das seit Anfang des 14. Jhs. allmählich alle übrigen Teilfürstentümer aufgesogen und 1480 die Oberherrlichkeit der Mongolenkhane beseitigt hat. An die *Kanzlei des Großfürsten von Moskau* war ein Archiv angeschlossen, in dem nun auch die Archivalien der Teilfürstentümer zusammenströmten. Obwohl bereits im Anfang des 16. Jhs. eine unerhört starke Differenzierung der Zentralverwaltung in Ämter oder Kammern (Prikasy) einsetzte, vermochte doch die Kanzlei mit ihrem Archiv zunächst noch ihre zentrale Stellung zu wahren und Material aus den einzelnen Ämtern — allerdings wohl nur in Auslese — an sich zu ziehen, wie der erhaltene Rest des Archivverzeichnisses von 1572/75 zeigt; auch das alte Urkundengut gelangte hierhin. Doch die zahlreichen Ämter, die alle dem fürstlichen Rat, der Bojarenduma, als der obersten politischen Instanz unterstellt waren, behielten einen erheblichen Teil ihres Materials zurück, das die Grundlage der späteren Behördenarchive bildete. Unter den Ämtern, deren Aufgabenbereiche teils sachlich, teils territorial, jedoch ohne rechtes System voneinander abgegrenzt waren und deren Zahl Mitte des 17. Jhs. mehr als 40 betrug, ragte die *Gesandtschaftskammer oder das Auswärtige Amt* (Possoljskij Prikas) hervor; andere bedeutende Ämter waren das Rangbuchamt, das die Erb- und Dienstgüter des Dienstadels (Bojaren, Dworjane) verwaltete, das Landgüteramt, das den Landbesitz des nichtdienenden Adels, der Kirchen und Klöster beaufsichtigte, mehrere Finanzämter und Gerichtsämter, die territorial begrenzte Zuständigkeit besaßen, sowie mehrere Hofämter zur Verwaltung der zaristischen Ländereien und der Hofwirtschaft, deren bedeutendstes das Amt des Großen Palastes war. Das alte

Kanzleiarchiv wurde nun der bedeutendsten dieser Zentralstellen, der Gesandtschaftskammer, angegliedert und konnte während des 16. Jhs. noch seine Stellung als führendes Archiv wahren, fiel aber schließlich doch, nachdem wichtige Teile am Anfang des 17. Jhs. durch die Polen entführt worden waren, der fortschreitenden Differenzierung zum Opfer. Damit brach im 17. Jh. eine Entwicklung ab, die, wie etwa in Neapel und Barcelona, zur Ausbildung eines Hauptarchivs auf der Grundlage des alten Kanzleiarchivs hätte führen können.

Den Grund für die bis 1917 gültige Archivorganisation hat Peter I. durch seine Verwaltungsreform und die Verlagerung des Schwerpunktes seiner Regierung nach Petersburg gelegt. An die Stelle der alten Bojarenduma setzte er 1711 den Dirigierenden Senat als oberste Gerichts-, Verwaltungs- und Militärinstanz. Die alten Ämter wurden — jetzt mit klarer Abgrenzung der Zuständigkeit nach Verwaltungszweigen — zwischen 1719 und 1726 durch Kollegien ersetzt, die von einem Präsidenten mit Räten geleitet wurden und deren Kanzleien in Expeditionen und Abteilungen eingeteilt waren; sie behielten zunächst überwiegend ihren Sitz in Moskau, während sich in Petersburg Kontore der Kollegien bildeten. Es entstanden damals: 1. das Kollegium der auswärtigen Angelegenheiten, 2. das Kriegskollegium, 3. das Admiralitätskollegium, 4. das Kammerkollegium (für die Verwaltung der Staatseinkünfte), 5. das Staatskontor (für Verwaltung der Staatsausgaben), 6. das Revisionskollegium (für Finanzkontrolle der Verwaltung), 7. das Justizkollegium, 8. das Kommerzkollegium, 9. das Berg- und Manufakturkollegium, das später geteilt wurde, 10. das Erbgüterkollegium (für Verwaltung des adligen Grundbesitzes), 11. das Geistliche Kollegium (der Heilige Synod) und 12. das Ökonomiekollegium (für Verwaltung der Klosterländereien). Nachdem sie vorübergehend unter Katharina II. z. gr. T. aufgelöst worden waren, fanden diese Kollegien ihre Fortsetzung in den 1802 von Alexander I. geschaffenen Ministerien: 1. Ministerium der Auswärtigen Angelegenheiten, 2. Kriegsministerium, 3. Marineministerium, 4. Innenministerium, 5. Finanzministerium, 6. Ministerium für Volksaufklärung, 7. Justizministerium, 8. Ministerium für Handel; später traten noch weitere Ministerien hinzu, das Ministerium für Landbau und Domänen, das Verkehrsministerium u. a.

Die von Peter I. geschaffenen Kollegien übernahmen nun die Archive der alten Prikase. Da aber die Zuständigkeitsverteilung eine andere war und die Kollegien sich das Material aus verschiedenen alten Ämtern, deren Funktionen sie übernommen hatten, zusammensuchen mußten, ging es nicht ohne Registraturzerreißungen ab. Dazu kam, daß die Ämterarchive nach Amtsschreibern gegliedert und die Bestände dieser Unterabteilungen in zeitlicher Folge, also nach Serienprinzip, geordnet waren (ähnlich wie die Registraturen der deutschen Territorialkanzleien des 16. Jhs. ja auch derartige

Expedientendepots aufwiesen), während man in den Kanzleien der neuen Kollegien zu sachlicher Gliederung überging, in die auch die alten Ämterbestände einbezogen wurden. Manche alten Archive fanden keinen rechten Anschluß und wurden daher, vielfach ohne räumliche Verbindung, unter die Aufsicht einer der neuen Behörden gestellt oder den Archiven von Behörden angeschlossen, die gewisse sachliche Verwandtschaft hatten. Das Generalreglement für die Geschäftsführung der Kollegien von 1720 bestimmte im 44. Artikel, daß die für die laufende Geschäftsführung nicht mehr benötigten Akten aus der Registratur auszusondern und als „Archiv" — diese Bezeichnung taucht jetzt für die aus der Registratur ausgeschiedenen Bestände auf — zusammenzufassen seien. Die weitere Anordnung, diese „Archive" an zwei großen Sammelstellen zu vereinigen, beim Kollegium der auswärtigen Angelegenheiten und beim Revisionskollegium, bezweckte wohl kaum, zwei große und selbständige Hauptarchive zu schaffen, sondern wollte wohl nur durch räumliche Vereinigung eine bessere Sicherung erreichen, ohne daß die einzelnen Behörden die Verfügungsgewalt über ihre Archive verlieren sollten; doch sie kam nicht zur Ausführung. Die Trennung von Registratur und Archiv wurde allgemein seit 1720 durchgeführt und bedeutet die amtliche Konstituierung des *Behördenarchivs*, dessen bezeichnende Eigenschaft hier ist, daß das ausschließliche Eigentumsrecht an den Archivalien, an das auch keine vorgesetzte Behörde rühren darf, der betreffenden Behörde zusteht. Der Behördenarchivcharakter wurde 1811 durch das Grundgesetz über die Tätigkeit der Ministerien erneut unterstrichen: die Archive wurden hier als Hilfseinrichtungen ihrer Behörden bezeichnet, die nur diesen zu dienen hätten und denen selbständiger Verkehr mit anderen Behörden und deren Archiven oder mit Privatpersonen untersagt war.

Seit der Mitte des 18. Jhs. kommt daneben ein zweiter Archivtypus auf, der sich allerdings auch im Rahmen des russischen Behördenarchivwesens hält, aber wohl als Facharchiv ohne Verbindung zur lebenden Registratur anzusprechen ist und den wir darum „*Historisches Facharchiv*" nennen wollen; hierhin wurden ein Teil der Archivalien der aufgelösten Vorbehörden und alte Behördenarchive, die keinen Anschluß an lebende Behörden finden konnten, aufgenommen. Diese „historischen Facharchive" waren den entsprechenden Fachministerien bzw. -kollegien unterstellt, sollten aber nicht ausschließlich deren Zwecken dienen, sondern in beschränktem Maße auch der Öffentlichkeit zugänglich sein. Das Nebeneinander der beiden Archivtypen verband sich nun mit dem Nebeneinander der beiden Hauptstädte: nachdem der größte Teil der Zentralbehörden nach Petersburg übergesiedelt war, blieben in den Moskauer Kontoren dieser Behörden die älteren Bestände zurück, die für die Behörden keine praktische Bedeutung mehr hatten; aus ihnen erwuchsen teilweise historische

Facharchive, denen dann die entsprechenden Behördenarchive in Petersburg gegenübertraten. So erwuchs 1763 aus der Vereinigung der Archivalien des aufgelösten Moskauer Kontors des Senates mit dem Archiv des Rangbuchamtes, das nirgends Anschluß gefunden hatte, das *Rangbuchamts- und Senatsarchiv*, das im Laufe des 18. Jhs. Bestände verschiedener Ämter und Kontore übernommen hat; ihm stand das Archiv des Senats in Petersburg als Behördenarchiv gegenüber. 1781 wurde das Archiv des alten Auswärtigen Amtes, in dem sich ja das alte großfürstliche Kanzleiarchiv befand, als *Moskauer Archiv des Kollegiums der auswärtigen Angelegenheiten* ausgeschieden; es erhielt später sämtliche Akten des Kollegiums und der Gesandtschaften (bis 1801), während das Petersburger Archiv des Ministeriums der auswärtigen Angelegenheiten die Akten seit Begründung dieser Behörde (1801) besaß. Etwas später (1819) wurde das *Archiv des Generalstabes*, nach seinem Aufbewahrungsort auch Lefortarchiv genannt, in Moskau gegründet, in das die Archivalien der Vorbehörden des Petersburger Kriegsministeriums gelangten, während dieses sein eigenes Behördenarchiv in Petersburg besaß. Etwas anderen Ursprungs war das 1768 gegründete *Landmesserarchiv* in Moskau, das dem Justizkollegium unterstand; hier hat man alles Material zur Landesvermessung aus den Archivbeständen des Erbgüterkollegiums wie auch der örtlichen Behörden zusammengefaßt. Aus der Auflösung eines Teils der petrinischen Kollegien infolge der Reformen Katharinas II. erwuchsen zwei Archive: das 1782 gegründete und dem Senat unterstellte *Moskauer Archiv alter Akten* sollte die Bestände der in Moskau aufgelösten Behörden und Behördenkontore einschließlich der Archive der alten Prikase aufnehmen; das 1780 geschaffene und ebenfalls dem Senat unterstellte *Petersburger Archiv alter Akten* war für die Bestände der in Petersburg aufgelösten Behörden und Behördenkontore bestimmt, bei seiner Auflösung 1834 wurde es zwischen dem Moskauer Archiv alter Akten und dem „Staatsarchiv (des Kaiserreichs)“ aufgeteilt. Das Archiv des 1786 aufgelösten Erbgüterkollegiums, das auch die Archivalien des alten Landgüteramtes enthielt, wurde zum „*Staatsarchiv früherer Erbgüterakten*“ in Moskau. Das 1834 gegründete „*Staatsarchiv (des Kaiserreichs)*“ in Petersburg war ein Auslesearchiv, in dem aus den verschiedensten Registraturen Dokumente betr. die kaiserliche Familie seit Peter I., Bestände der zaristischen Geheimbehörden, sonstiges wichtiges Material zur Innen- und Außenpolitik sowie Bestände aus Prikasenarchiven zusammengeflossen waren. Trotz seiner Vereinigung mit dem Petersburger Archiv des Ministeriums der auswärtigen Angelegenheiten vermochte es sich nicht zum Hauptarchiv zu entwickeln, vor allem wohl schon deswegen nicht, weil das Petersburger Archiv nur die jungen außenpolitischen Bestände enthielt. Neben ihm bestand als Archiv der Hofverwaltung mit Akten seit dem 16. Jh. das *Archiv des kaiserlichen Hofes in*

Moskau, dem in Petersburg das Kaiserliche Hausarchiv mit Beständen seit dem 18. Jh. gegenüberstand.

Am Ende der Zarenzeit hatte das *staatliche Archivwesen der zentralen Sphäre* die folgende Gestalt:

A. *Historische Facharchive* waren:

1. Das *Moskauer Archiv des Kollegiums (Ministeriums) der auswärtigen Angelegenheiten*, das 1781 auf der Grundlage des alten Gesandtschaftsarchivs konstituiert worden war und die Akten des Kollegiums der auswärtigen Angelegenheiten (bis 1801) aufgenommen hatte. Es enthielt außerdem die Reste der alten Empfängerdepots der einverleibten Teilfürstentümer und des Großfürstentums Moskau und das Moskauer Kanzleiarchiv sowie Bestände hoher politischer Behörden und Klosterarchivalien. Hier befanden sich auch die Teile der 1794 einverleibten polnisch-litauischen Kronmetryk und Kronarchive, die man 1799 nicht in das Kgl. südpreußische Hauptlandesarchiv Warschau zurückgegeben hatte, weil sie die Außenpolitik oder das russische Teilgebiet betrafen. All die nichtaußenpolitischen Bestände waren in der zweiten, nichtdiplomatischen Abteilung zusammengefaßt.

2. Das *Archiv des Justizministeriums in Moskau*, das wichtigste innenpolitische Archiv, war 1852 aus der Vereinigung mehrerer Archive entstanden: a) des 1763 geschaffenen Rangbuchamts- und Senatsarchivs, b) des 1782 gegründeten Moskauer Archivs alter Akten und c) des 1786 entstandenen „Staatsarchivs früherer Erbgüterakten", dreier Archive, deren wichtigste Bestandteile — wie wir gesehen haben — Archivgut der alten Prikase waren. 1864 gelangten hierher auch die Bestände der damals aufgelösten, aus der Reform von 1775 erwachsenen Gerichtsbehörden, bei denen sich auch Material der petrinischen Gouvernements- und Provinzialkanzleien befand. Schon vorher (1834) war ein Teil des aufgelösten Petersburger Archivs alter Akten hierher abgegeben worden. Auch Teile der polnisch-litauischen Kronmetryk waren über das Senatsarchiv hierhergekommen.

3. Das *Landmesserarchiv in Moskau*, das auch dem Justizministerium unterstand, enthielt Material zur Landesvermessung, Statistik und Kolonisation aus den verschiedensten, insbesondere auch örtlichen Behörden; erhebliche Bestände aus dem alten Landgüteramt und dem Erbgüterkollegium waren hierhergeflossen. Es stellte also kein gewachsenes Behördenarchiv, sondern mehr eine Sammlung dar.

4. Das *Staats- und Petersburger Hauptarchiv des Ministeriums der auswärtigen Angelegenheiten* war in seiner Grundlage eigentlich das Behördenarchiv des Petersburger Ministeriums für auswärtige Angelegenheiten, das die Akten dieser Behörde und der ihr unterstellten Gesandtschaften seit 1801 enthielt. Zu einem historischen Facharchiv wurde es erst 1864 durch die Vereinigung mit dem 1834 als Auslesearchiv gegründeten „Staatsarchiv des russischen Kaiser-

reichs" (auch „Reichsarchiv" genannt), das auch einen Teil des Petersburger Archivs alter Akten aufgenommen hatte.

5. Das 1819 gegründete *Archiv des Generalstabes in Moskau* (Lefortarchiv) enthielt die Akten der Vorbehörden des Kriegsministeriums (Feldkanzlei, Kriegskollegium und dessen Kontore) bis 1801 sowie Bestände der Armeetruppenteile. Von 1914 bis 1916 nahm es sämtliches Material des Feldheeres in einer besonderen Abteilung auf, seit 1916 erhielt es nur noch die nichtoperativen Akten.

6. Das 1867 gegründete *Kriegswissenschaftliche Archiv in Petersburg*, das ebenfalls dem Generalstab untergeordnet war, stellte eigentlich eine Sammlung dar, die auf der Grundlage des „Kartendepots" des 18. Jhs. erwachsen war, während die geschlossenen Behördenregistraturen sich im Moskauer Archiv des Generalstabes (bis 1801) und im Behördenarchiv des Petersburger Kriegsministeriums (seit 1801) befanden. Es erhielt 1916 eine Moskauer Abteilung zur Aufnahme der operativen Akten, Pläne, Photographien usw. des Weltkrieges.

7. Das 1872 geschaffene *Archiv des Kaiserlichen Hofs in Moskau („Palastarchiv")*, das dem Hofministerium unterstand, enthielt die Akten der Hofämter seit dem 16. Jh.

B. Den historischen Facharchiven standen zahllose *Behördenarchive*, wie sie sich bei jeder lebenden Behörde aus der Geschäftstätigkeit gebildet hatten, gegenüber. Die bedeutendsten waren:

1. Das *Archiv des Dirigierenden Senats in Petersburg* enthielt nächst dem Moskauer Archiv des Justizministeriums die wichtigsten Quellen zur inneren Geschichte Rußlands, da der Senat im 18. Jh. als oberste politische Instanz Verbindung zu allen Zentralbehörden hatte und erst im 19. Jh. im wesentlichen auf seine Funktion als Staats- und Revisionsgerichtshof beschränkt wurde. Die Bestände des 1763 aufgelösten Moskauer Kontors des Senats sind mit dem Archiv des Rangbuchamts an das Moskauer Archiv des Justizministeriums gelangt.

2. Das *Archiv des Heiligen Synods in Petersburg* enthielt Akten der Kanzlei des Synods, des Oberprokurators, der Ökonomie des Synods u. a. Das ältere kirchliche Material befand sich im *Archiv des Moskauer Synodalkontors*, das die Archive der Patriarchenämter zur Verwaltung der Kirchen und Klöster und das Archiv des Patriarchats selbst enthielt.

3. Das *Archiv des* 1768/69 gegründeten *Staatsrats in Petersburg*.

4. Das *Archiv des Kriegsministeriums in Petersburg*, dessen Bestände zeitlich an die des Moskauer Archivs des Generalstabes anschlossen (1801).

5. Das 1724 gegründete *Archiv des Marineministeriums in Petersburg* empfing auch das Material der Vorgängerbehörden (Amt der

Kriegsflotte 1654—1718, Admiralitätsrat 1659—1725 und Admiralitätskollegium 1719—1801).

6. Das 1802 gegründete *Archiv des Ministeriums des Innern zu Petersburg.*

7. Das *Archiv des Justizministeriums in Petersburg.*

8. Das *Archiv des Finanzministeriums in Petersburg.*

9. Das *Archiv des Ministeriums für Volksaufklärung in Petersburg.*

10. Das *Archiv des Landbau- und Domänenministeriums in Petersburg.*

11. Das *Archiv des Verkehrsministeriums in Petersburg.*

12. Das *Archiv des Ministeriums für Handel und Gewerbe in Petersburg.*

13. Das *Kaiserliche Hausarchiv in Petersburg*, das Akten seit dem 18. Jh. enthielt, darunter die der Kanzlei des Hofministeriums.

14. Das *Archiv der Kaiserlichen Kanzlei in Petersburg.*

Das *staatliche Archivwesen der regionalen und lokalen Sphäre* zeigt dasselbe Bild wie das der zentralen. Der alte Moskauer Staat war eingeteilt in Kreise unter Wojewoden, bei denen sich Amtskammern für die gesamte innere und militärische Verwaltung und für die Gerichtsbarkeit befanden; die Städte wurden durch fürstliche Starosten verwaltet. Peter I. teilte 1708 das gesamte Staatsgebiet in 8 (später 12) große Gouvernements ein, die in Provinzen untergeteilt waren; die Gouvernements wurden durch Gouverneure mit Gouvernementskanzlei, die Provinzen durch Wojewoden mit Landschafts- oder Wojewodschaftskanzlei geleitet. Katharina II. schuf schließlich 1775 die bis zum Ende der Zarenherrschaft maßgebende Einteilung in zahlreiche, kleinere Gouvernements (41), die in Kreise untergeteilt waren.

Alle Gouvernements- und Kreisbehörden besaßen ebenso wie die dortigen Gerichtsbehörden, Finanzbehörden usw. ihre eigenen Archive, in die sie die für ihre Verwaltung noch benötigten Archivalien der Vorbehörden übernahmen, während das übrige ältere Archivgut, soweit es nicht in die zentralen „historischen Facharchive" gelangte, zu erheblichen Teilen verlorenging. Die durch Verfügungen der Zentralbehörden angeregte große Welle der Kassation, die in der ersten Hälfte des 19. Jhs. von den Gouvernementsverwaltungen ihren Ausgang nahm und bald auf die Kreisbehörden und schließlich auch auf die Zentralbehörden übergriff, hat vielfach auch sehr wertvolle Bestände erfaßt (z. B. Archiv des Pleskauer Kameralhofs mit Beständen seit dem 16. Jh.). Erst 1884 versuchte man die Kassation durch die Gründung der *„Gelehrten Gouvernementsarchivausschüsse"* in geregelte Bahnen zu bringen. Die Ausschüsse, die dem Gouverneur unterstanden und ganz selbständig ohne zentrale fachliche Ausrichtung arbeiten sollten, setzten sich aus ehrenamtlich mitwirkenden Geschichtsfreunden und Heimatforschern (Gutsbesitzern,

Geistlichen, Handwerkern und Kaufleuten, Offizieren und örtlichen Beamten) zusammen und sollten die aus den Registraturen und Archiven der Behörden im Gouvernement als entbehrlich ausgeschiedenen Akten sichten — was in der Praxis allerdings meist nur auf Grund der Kassationsverzeichnisse geschah — und die wertvollen Stücke in den bei den Ausschüssen einzurichtenden sogen. „Historischen Archiven" (nicht mit den „Historischen Facharchiven" zu verwechseln!) aufbewahren und ordnen. Im Grunde handelt es sich also bei diesen „Historischen Archiven", die nach 1917 in die Staatsarchive übernommen worden sind, nur um Sammlungen von Archivalien aus den verschiedensten Gouvernements- und Kreisregistraturen. Besondere Erfolge konnten diese unzulänglich organisierten Ausschüsse, die bis 1918 bestanden haben, nicht erzielen.

Aus der großen Zahl der regionalen und lokalen Behördenarchive heben sich nur fünf Archive heraus, die in ihrer Verwaltungsebene die Funktion der zentralen „historischen Facharchive" erfüllten:

1. Das 1852 gegründete *Kiewer Archiv alter Akten* sollte die älteren Archivalien des bis 1793 polnischen Gebietes der Ukraine (rechts des Dnjepr), die bei den neuen russischen Gouvernements- und Kreisbehörden unbeaufsichtigt lagen, an sich ziehen.

2. Das ebenfalls 1852 gegründete *Archiv alter Akten zu Wilna* war vor allem zur Sammlung der ehemaligen polnischen Gerichtsakten und -bücher bestimmt; ihm wurde 1903 angeschlossen:

3. das 1863 für die Gouvernements Witebsk und Mogilew gegründete *Witebsker Archiv alter Akten.*

4. Als Gegenstück zu dem Kiewer Archiv erwuchs 1880 aus der Initiative historisch interessierter bürgerlicher Kreise das *Archiv alter Akten an der Universität Charkow,* das aus den Beständen der Behörden des Gebietes der Ukraine links des Dnjepr, das erst 1802 die russische Verwaltungsgliederung erhalten hatte, heimatgeschichtlich bedeutsames Material herausziehen sollte.

5. Das 1823 gegründete *Moskauer Gouvernementsarchiv* erstrebte die Konzentration aller staatlichen Akten des Gouvernementsbezirks, nahm also eine Sonderstellung unter den Gouvernementsarchiven ein, unterschied sich aber von den anderen vier eben genannten Archiven durch seine Verbindung mit den lebenden Registraturen.

Die provinzialen Archive, deren Zuständigkeitsbereich über die Grenzen der Gouvernements und der einzelnen Gouvernementsbehörden hinausging, waren unmittelbar den Ministerien des Innern und der Volksaufklärung unterstellt.

Auch für die kommunalen, Kirchen- und Privatarchive hat man vor 1917 keine Archivschutzmaßnahmen getroffen. In der ersten Hälfte des 19. Jhs. hat unter dem Einfluß des erwachten historischen Interesses eine rege Quellenpublikationstätigkeit eingesetzt, die den Anstoß zur Sammlung alter Urkunden aus Klöstern, Kirchen und örtlichen Behörden durch historische Vereine und Privatpersonen gab. Aber eine geregelte Archivpflege erwuchs daraus nicht; die Versuche der Gelehrten Gouvernementsausschüsse, ihre Tätigkeit über die staatliche Sphäre hinaus auszudehnen (Programm von 1908), blieben ohne Erfolg.

Auch alle Versuche, die Zersplitterung des staatlichen Archivwesens zu überwinden, was in Rußland ja nur — anders als in Spanien oder England — durch staatliche Maßnahmen möglich gewesen wäre, blieben erfolglos. Schon 1820 schlug Baron G. A. Rosenkampf — wohl unter dem Eindruck der archivalischen Maßnahmen der französischen Revolution — die Zusammenfassung der zentralen historischen Facharchive unter einer Archivhauptverwaltung vor. Weiter gingen die Pläne des Direktors des Moskauer Archivs des Justizministeriums, N. W. Kalatschow, und seines Nachfolgers, D. I. Samokwassow, die eine Hauptverwaltung für das gesamte staatliche Archivwesen, ein Zentralarchiv für alle Zentralbehörden und Konzentrierung der provinzialen Archivalien erstrebten. Diese sollten, soweit sie von aufgelösten Behörden stammten, in einigen großen Gebietsarchiven zusammengefaßt werden, während für das Archivgut der lebenden Behörden in jeder Gouvernementshauptstadt ein Archiv vorgesehen war[114]). Aber alle diese Anregungen fanden bei den staatlichen Stellen kein Gehör.

Ähnlich wie in Schweden ist in Rußland die Archivbildung lediglich von der Kanzlei ausgegangen, Empfängerdepots haben sie in keiner Weise beeinflußt. Die Differenzierung der Zentralbehörden hat allerdings im Großfürstentum Moskau in schnellerem Tempo als in Schweden eingesetzt. Solange die Kanzlei noch Mittelpunkt der verschiedenen Kammern oder Prikase war, konnte sie von diesen Material in Auslese an sich ziehen. Daraus ergaben sich zwei Entwicklungsmöglichkeiten: entweder konnte die Zentralisation des Aktenmaterials schnell in Gang kommen trotz gewissen Differenzierungen des zentralen Behördenkörpers (wie in Neapel und in Barcelona) oder das Kanzleiarchiv konnte als Mitte bestehenbleiben, ohne aber sofort die starke Anziehungskraft auf das Archivmaterial der Prikase auszuüben, die dann erst allmählich im alten Kanzleiarchiv zusammengekommen wären (wie in Schweden). Keine der beiden Möglichkeiten hat sich hier verwirklicht, weil die Differenzierung zu stark war; die alte Kanzlei konnte nicht mehr die Mitte

---

[114]) N. W. Kalatschow, Die Archive, ihre staatliche Bedeutung, Bestände und Organisation in: Sammelwerk des Staatswissens Bd. 4 (Petersburg 1877).

D. I. Samokwassow, Die Zentralisation der Archive Westeuropas und die Archivreform in Rußland. Moskau 1899.

D. I. Samokwassow, Die Zentralisation der staatlichen Archive. Das Archivwesen im Westen. Moskau 1900.

D. I. Samokwassow, Das Archivwesen in Rußland. 2 Bde. Moskau 1902 (sämtlich in russ. Sprache).

halten, sie verschwand, und ihr Material übernahm die vornehmste der Kammern, die Gesandtschaftskammer, neben der die übrigen Prikase ihre eigenen Registraturen und Behördenarchive behielten. Die Entwicklung zu einer Zentralisation des Aktenmaterials wurde hier also abgebrochen. Als dann Peter I. dieses zentrale Behördensystem wesentlich vereinfachte, wurde das Material der verschiedenen Prikase frei, aber auch jetzt setzte keine Konzentration ein, wie sie denkbar gewesen wäre. Man hat vielmehr das alte Archivgut z. T. bei den verschiedenen neuen Kollegien zusammengelegt und so eine ganze Anzahl von Behördenarchiven gebildet, die auf dem alten Bestand aufgebaut waren und damit den neuen organisch verknüpften, z. T. hat man — insbesondere wenn die alten Bestände keinen Anschluß an neue Behörden fanden — historische Facharchive mit häufig recht merkwürdigen Verbindungen heterogener Bestände geschaffen. Auch Ansätze, über das Behördenarchivwesen hinaus zu einem Hauptarchiv und Auslesearchiv zu gelangen, sind vorhanden, aber diese Bestrebungen endeten doch schließlich wieder im Behördenarchivwesen. Die Hauptentscheidung der neueren Archivgeschichte seit der französischen Revolution, die Überwindung des Behördenarchivwesens, hat Rußland im 19. Jh. nicht berührt, weder an zentraler noch an provinzialer Stelle.

b) *Die Sowjetunion*

Wie in Frankreich die Revolution von 1789, so hat auch in Rußland erst die Staatsumwälzung von 1917 der Buntheit und Systemlosigkeit des Archivwesens ein Ende gemacht. Die archivalischen Forderungen, die die russische Revolution proklamierte, entsprechen denen der französischen Revolution: Schaffung eines Zentralarchivs und einer innerhalb des staatlichen Behördensystems selbständigen zentralen Archivverwaltung, sowie Öffentlichkeit der Archive und ein planmäßiger Archivalienschutz. Auch die scharfe Scheidung zwischen vorrevolutionären und nachrevolutionären Beständen der Archive kehrt in Rußland wieder. Den Archivalienschutz hat man wie damals in Frankreich auf dem Wege der Zentralisation gelöst, die hier dank den Sozialisierungsmaßnahmen bis zur letzten Konsequenz durchgeführt werden konnte[115]). Anders als die französischen

[115]) Seine abschließende gesetzliche Regelung hat der Archivschutz in dem „Dekret des Rates der Volkskommissare über Statut, Organisation und Komplettierung des Staatlichen Archivfonds und das System allseitiger Ausnutzung des Dokumentenmaterials" vom 29. März 1941 gefunden. Danach umfaßt der unter Leitung der Archivhauptverwaltung der UdSSR stehende „Staatliche Archivfonds" das gesamte auf dem Boden der Sowjetunion und bei den Sowjetbehörden und -anstalten im Auslande erwachsene Dokumentenmaterial von wissenschaftlicher, politischer und praktischer Bedeutung, gleich-

Revolutionspolitiker haben jedoch die sowjetischen Staatsmänner sofort den großen politischen Wert des Archivmaterials erkannt und sogleich energische Maßnahmen zu seiner Erhaltung getroffen, so daß hier keine Zeit der Vernachlässigung und Verwüstung der Archive eingetreten ist und keine so schroffen Kassationen vorgekommen sind; auch die Vermischung von Registraturen scheint hier im allgemeinen nicht vorgekommen zu sein.

Daß das sowjetische Archivwesen in seiner Organisation nicht dieselbe Gleichförmigkeit und Systematik wie das französische zeigt, hat seine vornehmste Ursache in dem Verwaltungsaufbau der Sowjetunion, der unter dem Einfluß der bolschewistischen Nationalitätenpolitik eine Verbindung von föderativen und zentralistischen Elementen darstellt. Die Union der Sozialistischen Sowjetrepubliken (UdSSR), die im Dez. 1922 durch den Anschluß der Unionsrepubliken Ukraine, Bjelorußland und Transkaukasien an die Russische Sozialistische Föderative Sowjetrepublik (RSFSR) entstanden ist, setzte sich schließlich auf Grund von Gebietsteilungen aus 11 Unionsrepubliken (SSR) zusammen (RSFSR, Ukraine, Bjelo- oder Weißrußland, Georgien oder Grusien, Armenien, Aserbeidjan, Turkmenistan, Usbekistan, Tadjikistan, Kirgisien und Kasachstan), zu denen 1939/40 noch 5 aus den neuerworbenen Gebieten gebildete Unionsrepubliken (die Karelo-Finnische, Moldauische, Litauische, Lettische und Estnische) gekommen sind.

Die RSFSR ist in 6 Regionen (Kraja) und 47 Verwaltungsgebiete (Oblasti) eingeteilt, die gleichberechtigt nebeneinanderstehen; in den Unionsrepubliken Ukraine, Bjelorußland, Usbekistan und Kasachstan gibt es in der Mittelinstanz nur Verwaltungsgebiete. Die Verwaltungsgebiete zerfallen in Rayons (Wolosti). Die übrigen 11 Unionsrepubliken gliedern sich nur in Rayons, d. h. in Kommunalverbände höherer Ordnung, die sich aus Städten und ländlichen Ortschaften zusammensetzen. Von der zaristischen Gebietseinteilung in Gouvernements und Kreise haben sich Reste bis in die 30er Jahre erhalten.

Neben dieser administrativen Einteilung gibt es noch eine nationale in drei Stufen. Auf der obersten Stufe stehen die Autonomen Sozialistischen Sowjetrepubliken (ASSR) als Nationalstaaten innerhalb einer Sowjetrepublik, davon 12 in der UdSSR, 2 in Georgien und je 1 in Usbekistan und Aserbeidjan. Sie sind selbständige Gebilde neben den Regionen und Verwaltungsgebieten und zerfallen ebenfalls in Rayons. Auf der zweiten Stufe stehen die Autonomen Gebiete

---

gültig, ob es bei einer öffentlichen Einrichtung oder einer Privatperson entstanden ist, also einschließlich der schriftlichen Nachlässe aller Persönlichkeiten des öffentlichen Lebens, mit alleiniger Ausnahme der Archive der Kommunistischen Partei, des Komsomol (Jugendverbandes) und des Marx-Engels-Lenin-Instituts in Moskau.

(Awtonomnije oblasti) für Nationalitäten mit geringerer Einwohnerzahl, davon 6 in der UdSSR, je 1 in der grusinischen, aserbeidjanischen und tadjikischen Unionsrepublik; in der UdSSR gehören 5 zu den entsprechenden Regionen. Auf der untersten Stufe stehen die Nationalen Bezirke (Nazionalnije Rajonni) für die Selbstverwaltung der kleinsten Nationalitäten; solche gibt es nur in der RSFSR, im ganzen 10, ausschließlich im Norden und Nordosten. Die nationalen Bezirke sind in die Regionen (2) oder in die Verwaltungsgebiete (8) eingegliedert.

Das Sowjet (Wahl-)System verkörpert die Staats- und Regierungsgewalt in einem Stufenbau von Deputierten der Werktätigen, aufsteigend von den Dorf- (Siedlungs-, Aul-) und Stadtsowjets über die Rayonsowjets, Regions- und (autonomen) Gebietssowjets („örtlichen Sowjets") bis zu den Obersten Sowjets der Autonomen Soz. Sowjetrepubliken und der Unionsrepubliken sowie dem Sowjet der UdSSR als höchstem Machtorgan. „Vollziehendes und verfügendes Organ" ist in den Unionsrepubliken und Autonomen Soz. Sowjetrepubliken der Rat der Volkskommissare, seit 1946 Ministerrat, in den übrigen administrativen und nationalen Einheiten (Art. 99 Vf. von 1936) das „Exekutivkomitee".

Bis zur Begründung einer zentralen Archivverwaltung für die gesamte Union i. J. 1929 war das Archivwesen ausschließlich Angelegenheit der Unionsrepubliken. Seine organisatorische und fachliche Entwicklung wurde durch die Maßnahmen der Zentralbehörden der *RSFSR* bestimmt, die jeweils zum Vorbild für die Ausgestaltung des Archivwesens der übrigen Unionsrepubliken wurden.

Nach dem Zusammenbruch des Zarismus in der Februarrevolution versuchte zunächst der im April 1917 begründete „Verband der Archivare", die Archive in der Zentrale unter einheitlicher Leitung zusammenzufassen und auch das Archivwesen in den Gouvernements durch die dortigen „Gelehrten Archivausschüsse", die er zu seinen Organen machte, unter seine Leitung zu bringen. Aber dieser Versuch einer genossenschaftlichen Organisation blieb infolge der raschen politischen Entwicklung in seinen Anfängen stecken; schon im April 1918 schuf das mit der Reorganisation des Archivwesens beauftragte bolschewistische Volkskommissariat für Volksaufklärung einen „Zentralausschuß für die Verwaltung der Archive", während in den Gouvernements und Kreisen die Vollzugsausschüsse der dortigen Sowjets als Gegenspieler der Gelehrten Archivausschüsse auftraten.

Das von Lenin unterzeichnete Dekret des Rates der Volkskommissare der RSFSR vom 1. Juni 1918 „über die Reorganisation und Zentralisierung des Archivwesens" ist das Grundgesetz des sowjetischen Archivwesens und in seiner Bedeutung mit dem französischen Gesetz vom 25. Juni 1794 zu vergleichen. Es proklamierte folgende Grundsätze: 1. Das gesamte Archivgut wird Staatseigentum (nicht mehr ausschließliches Eigentum der einzelnen

Behörden). 2. Alle abgeschlossenen staatlichen Archivalien aus der Zeit vor dem 7. Nov. 1917 werden im Zentralarchiv vereinigt. 3. Eine selbständige Hauptverwaltung des Archivwesens (Glawnoje uprawlenije archiwnym djelom, abgekürzt Glawarchiv) wird begründet und dem Volkskommissariat für Volksaufklärung unterstellt. 4. Ohne Genehmigung dieser Hauptverwaltung dürfen keine Akten vernichtet werden. 5. Völlige Zentralisierung des gesamten Archivgutes des Landes, auch des nichtstaatlichen, im neuen Zentralarchiv. Für das Archivwesen in den Gouvernements brachte die Verordnung über die Gouvernementsarchiv-Inventare vom 31. März 1919 — in Analogie zum französischen Gesetz vom 26. Okt. 1796 — die Vereinheitlichung. Nachdem die Hauptverwaltung des Archivwesens schon Ende 1918 Bevollmächtigte für die einzelnen Gouvernements ernannt hatte, die das dortige Archivwesen zusammenfassen und ordnen sollten, wurde jetzt die Konzentration aller Behördenarchivalien in den sogen. „Einzigen Gouvernementsarchiv-Inventaren" und die Begründung von Gouvernementsarchivverwaltungen angeordnet, die unmittelbar der Hauptverwaltung unterstellt wurden. Damit schien eine geschlossene, klar aufgebaute Archivverwaltung mit einem gleichmäßig das ganze Land durchziehenden Provinzialarchivwesen in der RSFSR geschaffen.

Aber diese Organisation hatte keinen Bestand; vielmehr begann bald eine Zeit des Experimentierens und des Kampfes um die Verwirklichung der Zentralisation, bis 1925 das Archivwesen seine im großen und ganzen endgültige Gestalt erhielt. In den Gouvernements führten die Bestrebungen der dortigen politischen Organe dazu, daß die Gouvernementsarchivverwaltungen dem Aufsichtsbereich der Hauptverwaltung des Archivwesens entzogen und den örtlichen Volksbildungsabteilungen unterstellt wurden. Auch die im Januar 1922 an die Stelle der Hauptverwaltung getretene Zentralverwaltung des Archivwesens (Zentrarchiv), die unmittelbar dem Präsidium des Allrussischen Zentralexekutivkomitees unterstellt wurde, konnte sich die Gouvernementsarchivverwaltungen nur für kurze Zeit wieder unterordnen; bereits im November 1922 wurden sie als „Gouvernementsarchivbüros" den Präsidien der Gouvernementsvollzugsausschüsse unterstellt.

Inzwischen hatte aber die räumliche Neugliederung begonnen, die allmählich die zaristische Verwaltungsgliederung ersetzen sollte. Die neuen Autonomen Soz. Sowjetrepubliken und Gebiete erhielten im Dekret vom 14. Juli 1921 das Recht, eine zentrale Archivverwaltung und ein Zentralarchiv zu begründen, die den dortigen Zentralvollzugsausschüssen unterstellt wurden, jedoch unter der fachlichen Aufsicht des Moskauer Zentralarchivs verbleiben sollten. Diese Zentralarchive erhielten nun aus den Gouvernementsarchiven das Material derjenigen Gouvernementsbehörden, deren Funktionen in ihren Bezirken fortgeführt wurden; wenn man wohl auch bestrebt war, die Registratureinheiten zu wahren, so ist es dort, wo nur Teile von Gouvernements zu den neuen Bezirken geschlagen wurden, doch wohl zu Registraturzerreißungen gekommen.

Eine auflösende Tendenz brachte weiterhin die Bildung von Auslesearchiven politisch bedeutsamer Registraturen und Registraturteile mit sich, die als selbständige Abteilungen innerhalb der Gouvernementsarchive („Politische Sektionen") den Ausschüssen zur Geschichte der Partei angegliedert wurden und das für deren wissenschaftliche Aufgabe bedeutsame Material aus vor- und nachrevolutionärer Zeit zusammenfassen sollten. Vorbild hierfür war das beim Moskau-Leningrader Zentralarchiv 1920 geschaffene (1925 wieder aufgelöste) „Gosarchiv" (Abkürzung für Gossudarstwennyj Archiv = Staatsarchiv), das zur Organisation der Revolutionsforschung die wichtigsten politischen Archive, insbesondere das Moskauer und das Petersburger Archiv des Ministeriums der auswärtigen Angelegenheiten, das Staatsarchiv des Kaiserreichs, die Archive der zaristischen Geheimbehörden und sämtliche Revolutionsarchivalien übernommen hatte.

Die Verordnung über die Errichtung eines „Einzigen staatlichen Archivfonds der RSFSR" vom 3. Febr. 1925 brachte schließlich aber doch die Zentralisierung, indem sie sämtliche regionalen Archive zu Filialen des allumfassenden Staatsarchivs machte. Dieses wurde nun in vier Abteilungen gegliedert, die sich aus der zweifachen Scheidung der Archive in vor- und nachrevolutionäre (nach dem Stichtag des 1. Jan. 1917) und in zentrale und regionale ergaben: 1. Historisches Zentralarchiv mit zwei Unterabteilungen, der Moskauer und der Leningrader, 2. Zentralarchiv der Oktoberrevolution in Moskau, sowie 3. die historischen und 4. die Archive der Oktoberrevolution in den Autonomen Republiken, Autonomen Gebieten, Regionen und Verwaltungsgebieten, Gouvernements und Kreisen. Während die 3. und die 4. Abteilung in jedem Territorium jeweils nur aus einem zentralen Archiv bestand, setzten sich die beiden Zentralarchive aus mehreren großen Archiven mit eigener Leitung zusammen. Jede Abteilung war in die vier Sektionen: 1. Politik und Recht, 2. Volkswirtschaft, 3. Kultur und Vokskunde und 4. Landesverteidigung eingeteilt, die allerdings 1929 beseitigt worden sind. Über dem gesamten Archivwesen der RSFSR stand als Verwaltungsorgan die „Zentrale Archivverwaltung" (Zentrarchiv), bis 1934 ein Kollegium von Archivaren und Behördenvertretern, seitdem monokratisch organisiert; sie bestand — nachdem die Zentralarchive 1929 der ZAV der UdSSR unterstellt worden sind — aus zwei Abteilungen, der Leitung der Republiks-, Gau- und Gebietsarchive und der Inspektoratsabteilung, in der vier Inspektoren mit abgegrenzten Sprengeln die Bezirks-, Rayon- und Stadtarchive und die Registraturen der lebenden Behörden beaufsichtigten. Bis 1938 unterstand die ZAV dem Präsidium des Allrussischen Zentralexekutivkomitees, bzw.

(seit 1936) dem Präsidium des Obersten Sowjets. Seitdem sind ihre Aufgaben auf die Zentrale Archivverwaltung der Union übergegangen.

Diese *zentrale Archivverwaltung für die gesamte Union* war erst im April 1929 geschaffen worden. Sie erhielt zunächst nur die Aufgabe zugewiesen, das Archivgut von Bedeutung für die Gesamtunion zu beaufsichtigen und allmählich aus den Zentralarchiven der Unionsrepubliken herauszulösen. Zu diesen Beständen zählten 1. die Archive der zentralen Regierungsbehörden vor 1917, 2. die Archivalien aller für die ganze Union bestehenden Behörden und Organisationen und 3. alle Archivalien über die Februarrevolution, über die Einsetzung der zentralen Sowjetgewalten, zur Geschichte der Roten Armee und des Bürgerkrieges. Allmählich ist die ZAV der UdSSR — seit 1938 Archivhauptverwaltung (Glawnoje archiwnoje uprawlenije, abgekürzt Glawarchiv) —, die seit 1938 dem Unionsvolkskommissariat des Innern (NKWD), dem heutigen Ministerium des Innern, untersteht, in die Rolle der leitenden Behörde der gesamten Archivorganisation der Union hineingewachsen, die zugleich die Aufgaben der Zentralen Archivverwaltung der RSFSR erfüllt. Die Zentralen Archivverwaltungen der übrigen Unionsrepubliken wurden den dortigen Volkskommissariaten des Innern unterstellt.

Die Archive der zaristischen Zeit haben die Periode der Umorganisationen im ganzen unversehrt überstanden; hier hat die Eingliederung der Archivkörper in das Schema sachlicher Obergruppen nicht zu Zerreißungen geführt wie im französischen Archivwesen, weil man bewußt am Provenienzprinzip festgehalten hat. Im „Einheitlichen Staatsarchiv" von 1918 hatte man die vorrevolutionären Archive zu sieben großen Sachgruppen (Sektionen) vereinigt, die jeweils eine Moskauer und eine Petrograder Abteilung hatten. Die 1. Sektion für Gesetzgebung, oberste Verwaltung und Außenpolitik enthielt u. a. das Moskauer und das Petersburger Archiv des Ministeriums der auswärtigen Angelegenheiten und das Staatsarchiv des Kaiserreichs, die 1920 in das Gosarchiv übergeführt wurden, sowie das Moskauer Palast- und das Petersburger Hausarchiv, die Archive des Reichsrats, der Reichsduma, des Ministerkomitees, die 2. (juristische) Sektion das Moskauer Archiv des Justizministeriums und das Petersburger Senatsarchiv, die 3. Sektion die Kriegs- und die Marinearchive, die 4. Sektion die Archive des Ministeriums für Volksaufklärung, des Synods, der Kirchen und Klöster u. a., die 5. (volkswirtschaftliche) Sektion das Landmesserarchiv und die Archive des Finanzministeriums, des Ministeriums für Handel und Gewerbe, des Ministeriums für Landwirtschaft und Domänen und des Verkehrsministeriums, die 6. Sektion der inneren und Selbstverwaltung die Archive des Innenministeriums, der städtischen Verwaltungen, der Institutionen des Adels und des Bürgertums u. a., die 7. Sektion für Geschichte der Revolution die Archive der zaristischen Polizeibehörden. 1922 erfolgte eine Zusammenfassung in fünf Sektionen:

1. politische, 2. wirtschaftliche, 3. Rechts-Sektion, 4. Sektion für Geschichte und Kultur, 5. Sektion für Krieg und Marine. Nach der Neuordnung von 1925 bestand die Moskauer Unterabteilung des Historischen Zentralarchivs aus fünf Archiven: 1. dem alten Archiv („Behälter des Alten"), in dem auf der Grundlage des Archivs des Justizministeriums und des Moskauer Archivs des Ministeriums der auswärtigen Angelegenheiten fast alle Archivalien bis zum Ende des 18. Jhs. vereinigt wurden, darunter auch die Kloster- und Adelsarchive, 2. dem Landmesserarchiv, 3. dem Kriegsgeschichtlichen Archiv, das das Moskauer Archiv des Generalstabs, das Petersburger Kriegswissenschaftliche Archiv und die Militärakten des Weltkrieges vereinigte, 4. dem Archiv der Revolution und der äußeren Politik, in dem das Petersburger Archiv des Ministeriums der auswärtigen Angelegenheiten mit Archivalien aus den zaristischen Polizei- und Geheimbehörden vereinigt wurde, 5. dem „Archiv für Volkswirtschaft, Kultur und Volkskunde", das insbesondere die Moskauer Wirtschaftsarchive sammelte und sich mit der gleichnamigen Leningrader Sektion berührte. Die Leningrader Unterabteilung des Historischen Zentralarchivs hatte lediglich die für alle Abteilungen gültigen vier Sektionen: 1. Politik und Recht (hier die Archive der meisten neueren Zentralbehörden: Senat, Heiliger Synod, Staatsrat von 1810, Ministerrat, Ministerkomitee von 1801, Reichsduma, Ministerium der Justiz, für Volksaufklärung, für innere Kolonisation u. a.), 2. Volkswirtschaft (hier neben den wirtschaftlichen Zentralbehörden Leningrader Wirtschaftsarchive), 3. Kultur und Brauchtum, 4. Krieg und Marine.

Die Bestände der Revolutionszeit hatte man zunächst als „Archiv der Oktoberrevolution" dem Gosarchiv als 4. Abteilung zugewiesen. Doch erst seit etwa 1925 waren bei den Sowjetbehörden nachrevolutionäre Bestände abgabereif, so daß man jetzt allgemein zur Gründung von „Archiven der Oktoberrevolution" übergehen mußte. Das „Zentralarchiv der Oktoberrevolution" in Moskau und die „Archive der Oktoberrevolution" gliederten sich anfangs in die vier bekannten Sektionen, von denen sich die 4. später (1933) als „Archiv der Roten Armee" verselbständigte. Als weitere Archive kamen 1930 die „Archive der Gewerkschaftsbewegung" hinzu.

Die Einrichtung der Zentralen Archivverwaltung für die Gesamtunion (UdSSR) im Jahre 1929 machte eine neue Stufung und Einteilung notwendig. Es gibt nunmehr drei Stufen von staatlichen Archiven: 1. die zentralen Archive der Gesamtunion in Moskau und Leningrad, die zugleich als zentrale Archive der RSFSR dienen, 2. die Zentralarchive der Unionsrepubliken und 3. die regionalen Archive der Regionen, der Gebiete und der Verwaltungsbezirke sowie der Autonomen Sozialistischen Sowjetrepubliken, der Autonomen Gebiete und der Nationalen Bezirke. Die Rayon- und Stadtarchive sind nur als Zwischenarchive gedacht, die ihre Bestände nach wenigen

Jahren an die höheren staatlichen Archive abzugeben haben; nur einige große Stadtarchive besitzen älteres Material.

Zu den zentralen Archiven der *Gesamtunion* gehören als *historische Archive:* 1. das Staatsarchiv der feudalen und Leibeigenenzeit (seit 1941 *Zentrales Staatsarchiv der alten Akten* genannt) *in Moskau*, das größte Archiv der Sowjetunion, das 1931 durch Umbenennung des „Behälters des Alten" entstanden ist; 2. das *Landmesserarchiv*, das man 1941 als besondere Abteilung dem Staatsarchiv der feudalen und Leibeigenenzeit angegliedert hat; 3. das *Archiv der Außenpolitik in Moskau*, das 1933 durch Aufspaltung des Archivs der Revolution und der äußeren Politik entstanden ist und das Petersburger Archiv des Ministeriums der auswärtigen Angelegenheiten zur Grundlage hat (seit 1946 der Archivverwaltung des Ministeriums der auswärtigen Angelegenheiten der UdSSR unterstellt); 4. das Archiv der Revolution (seit 1941: *Zentrales Staatliches Historisches Archiv Moskau* genannt) in Moskau, das 1933 nach Abspaltung des Archivs der Außenpolitik das Material der zaristischen Polizei- und Geheimbehörden behalten hat; 5. das *Zentralarchiv der Kriegsgeschichte in Moskau*, das das Lefortarchiv, das Moskauer Kriegswissenschaftliche Archiv und das Archiv des Moskauer Militärbezirks umfaßt; 6. das Archiv der Innenpolitik, Kultur und Lebensart (seit 1941: *Zentrales Staatliches Historisches Archiv Leningrad* genannt) in Leningrad, das aus der Leningrader Sektion für Politik und Recht erwachsen ist und die Bestände des 19. und 20. Jhs. aus den Petersburger Zentralbehörden enthält; 7. das *Volkswirtschaftsarchiv in Leningrad*, das die Bestände der wirtschaftlichen Zentralbehörden aus dem 19. und 20. Jh. und Wirtschaftsarchive enthält; 8. das *Archiv der Kriegsgeschichte in Leningrad*, in dem das Petersburger Archiv des Kriegsministeriums ruht; und 9. das *Marinearchiv in Leningrad*, das als einziges der historischen Zentralarchive neben zaristischen Beständen (Archiv des Marineministeriums in Petersburg) auch Akten aufgelöster sowjetischer Behörden, nämlich solcher der Sowjetmarine, enthält.

Unter den gesamtunionistischen *Archiven der Oktoberrevolution* übernimmt 1. das *Zentralarchiv der Oktoberrevolution und des Sozialistischen Aufbaus in Moskau* das Material der Zentralbehörden der UdSSR und der RSFSR, alles Material von Interesse für die Gesamtunion aus der Revolutionszeit, sowie die Zentralakten der Provisorischen Regierung von 1917 und der gegenrevolutionären Regierungen; 2. das *Zentralarchiv der Roten Armee in Moskau* (seit 1925) besitzt das gesamte militärische Material des Bürgerkrieges und der Roten Armee bis 1923 und übernimmt die Akten der zentralen Militärbehörden seit 1923, während die der regionalen und lokalen Militärdienststellen in die regionalen Kriegsarchive gelangen; 3. das *Archiv der Berufsbewegung und Arbeitsgestaltung in Moskau* (seit 1930) enthält nebeneinander Material von wirtschaftlichen Berufsverbänden (Allrussischer Zentralrat der Berufsvereine) und zentralen Verwaltungsbehörden (Volkskommissariat der Arbeit u. a.); 4. das *Photo-Phono-Kino-Archiv in Moskau* (seit 1926) sammelt Bild-, Film- und Phonogrammaterial über geschichtliche Ereignisse der Revolution und der Sowjetzeit. 5. Das *Zentrale Staatliche Literaturarchiv in Moskau* ist 1941 gegründet worden und soll die Archive der kulturellen Organisationen und Institute, die Nachlässe von Schriftstellern und Künstlern und die in den Staatsarchiven, Museen, Bibliotheken und wissenschaftlichen Instituten befindlichen literarischen Dokumente aufnehmen. — Eine Durchbrechung des Grundsatzes der zentralen Verwaltung des „Einheitlichen staatlichen Archivfonds" bedeutet die Herauslösung der außenpolitischen Archivalien aus dem Bereich der Archivhauptverwaltung der UdSSR durch die Begründung eines selbständigen *Facharchivs beim Ministerium der auswärtigen Angelegenheiten der UdSSR* i. J. 1946; in ihm sind vereinigt: a) das Moskauer Archiv der Außenpolitik (Quellen zur Außenpolitik des 19./20. Jhs. bis 1917), b) die Archivalien des Moskauer Kollegiums der auswärtigen Angelegenheiten, die sich bis dahin im Zentralen Staatsarchiv der alten Akten zu Moskau befunden hatten (Quellen zur Außenpolitik bis zum 18. Jh.) und c) die Bestände des Außenministeriums der UdSSR und seiner Dienststellen, für deren Aufbewahrung bisher das Zentralarchiv der Oktoberrevolution zuständig war.

Die *russische Unionsrepublik (RSFSR)* hat ihre zentralen Archive der Zentralen Archivverwaltung der Union unterstellt und gibt ihr zentrales Archivmaterial in das dortige Zentralarchiv der Oktoberrevolution. Hier ist also der Zusammenschluß verwirklicht, den man in Deutschland s. Z. mit der Vereinigung des Potsdamer Reichsarchivs mit dem Berliner Geheimen Staatsarchiv erstrebt hat. Die Mittelbezirke haben jeweils ein regionales Archiv (Regions-, Gebiets-, Bezirksarchiv, Zentralarchive der Autonomen Sozialistischen Sowjetrepubliken, Archive der Autonomen Gebiete, Archive der Nationalen Bezirke), das in der Regel in ein historisches Archiv (mit Material der zaristischen Gouvernements und Kreise, die in dem neuen Bezirk aufgegangen sind) und ein Archiv der Oktoberrevolution (mit Akten der sowjetischen Behörden des neuen Bezirks) geteilt ist, wozu zuweilen noch ein Archiv der Roten Armee als dritte Abteilung tritt.

Die *ukrainische Unionsrepublik* besitzt vier zentrale historische Archive: 1. das *„Archiv alter Akten" in Kiew* für die Bestände (bis 18. Jh.) der Ukraine rechts des Dnjepr (gegründet 1852), 2. das *„Zentralarchiv alter Akten"* in Charkow für die Bestände der Hetman- und der zaristischen Zeit des 18. Jhs. aus der Ukraine links des Dnjepr (gegründet 1880 an der Universität Charkow) und 3. das *Archiv der Revolution in Charkow* mit Beständen der zaristischen Polizei- und Geheimbehörden des 19. und 20. Jhs. und der gegenrevolutionären Behörden bis 1920. 1945 ist 4. das bisherige polnische

Staatsarchiv Lwów (Lemberg) als historisches Archiv übernommen worden. 5./6. Die *„Staatsarchive der Oktoberrevolution und des Sozialistischen Aufbaus" in Charkow und Kiew* enthalten das Material der ukrainischen Zentralbehörden seit 1921, 7. das *Archiv der Arbeit in Charkow* die Akten der ukrainischen Berufsverbände und 8. das *Photo-Kino-Archiv in Kiew* zeitgeschichtliches Sammlungsgut. Die regionalen Archive bestehen jeweils wieder aus einer historischen (mit den Akten der zaristischen Gouvernements- und Kreisbehörden) und einer Revolutionsabteilung. *Gebietsarchive der Roten Armee* gibt es in *Kiew* und *Charkow*.

In den *übrigen Unionsrepubliken* bestehen jeweils ein *zentrales historisches Archiv* für die Archivalien der zaristischen Gouvernements- und Kreis- oder der einheimischen Verwaltungsbehörden und ein *Zentralarchiv der Oktoberrevolution* für die sowjetischen Zentralbehörden der Unionsrepublik, zuweilen noch ein *Archiv der Roten Armee*. Für die Zentralbehörden der 1922 geschaffenen Unionsrepublik Transkaukasien, die erst 1936 in die drei Unionsrepubliken Georgien, Aserbeidjan und Armenien aufgelöst worden ist, wurde 1936 ein besonderes *Zentralarchiv in Tiflis* geschaffen. Die regionalen Archive der übrigen Unionsrepubliken enthalten, da die Archivalien der zaristischen Zeit gewöhnlich in das zentrale historische Archiv der Unionsrepublik gelangt sind, meist nur ein Archiv der Oktoberrevolution, zuweilen noch ein Archiv der Roten Armee[116]).

Daß das Sowjetsystem den zaristischen Archiven von vornherein eine beachtliche Fürsorge hat angedeihen lassen und ein großes Interesse für das Archivwesen gezeigt hat, geschah wohl weniger um der Pflege der Geschichte der zaristischen Zeit willen; die alten Bestände sollten vielmehr in erster Linie den Hintergrund für die neue Entwicklung bilden und Auskunft geben über das Werden der sozialistischen Bewegung vor der Machtergreifung. Anders als in Frankreich hat hier die Zusammenfügung verschiedenster Registraturen unter Sachbetreffen nicht zu Provenienzzerreißungen geführt, und auch die Bestrebungen auf Auslese des für die Revolutionsgeschichte wichtigen Materials haben nur vorübergehend Auflösungserscheinungen zur Folge gehabt. Im ganzen hat man — wenigstens in der zentralen Sphäre — die Registraturzusammenhänge bewußt und sorgsam gewahrt; allerdings wird das Provenienzprinzip hier nicht als historisches Prinzip anerkannt, auch wurzelt es nicht in organischem Denken, sondern es gilt lediglich als technische Arbeitsmethode, die sich ganz natürlich aus der Überlieferung der Archivalien in Behördenarchiven ergibt. Da das Archivgut wichtiges Beweismaterial für die materialistische Geschichtsauffassung liefert

---

[116]) Eine Aufzählung der sowjetischen Staatsarchive gibt der Guide international des Archives (Lit. Nr. 19) S. 314 ff., allerdings nach dem inzwischen überholten Stande von 1935.

und in ihm die fortschreitende Entwicklung des sozialistischen Staates ihren Niederschlag findet, kommt dem Archivwesen eine hohe Bedeutung im Staatsganzen und im Rahmen der sozialistischen Gesellschaft zu[117]). Die starke Stellung, die die Zentrale Archivverwaltung hinsichtlich Gestaltung der laufenden Registraturen, Kassation und Ablieferung sowohl gegenüber den staatlichen Verwaltungsbehörden wie auch gegenüber allen öffentlichen Institutionen einnimmt, ist in der europäischen Archivgeschichte ohne Beispiel.

15. *Die ehemaligen russischen Ostseeprovinzen Estland, Livland und Kurland sowie Finnland*

Auch in diesen Ländern einschließlich Polens blieb bis in den ersten Weltkrieg hinein der russische Typ des Behördenarchivs maßgebend, aber nicht ohne Tendenz zur Abweichung. Die Archive entfernten sich von diesem Typ immer nur so weit und so lange, als ihnen vom russischen Reiche Autonomie gewährt war.

Finnland. Das Archiv der obersten Landesbehörde in Helsingfors, des Kaiserlichen Senats, wurde 1869 zu einem Landesarchiv erweitert, das die verschiedenen freiwerdenden Bestände an sich zog, insbesondere die von Schweden 1810—12 ausgelieferten Akten der Stockholmer Behörden für Finnland aus der Zeit von 1540 bis 1809. Als die Russifizierungsmaßnahmen Anfang des 20. Jhs. einsetzten, wurde das Archiv wieder zu einem Behördenarchiv, aus dem dann schließlich das moderne finnische Zentralarchiv („*Staatsarchiv*") erwachsen ist.

Erst seit 1924 hat man die Bemühungen um Schaffung eines *Provinzialarchivwesens*, die in der Zeit der russischen Aufhebung der Autonomie erfolglos geblieben waren (Gutachten der Delegation des Senats von 1899), wieder aufgenommen und fünf Landesarchive gegründet: 1. *Hämeenlinna* (schwed. Tavastehus) 1927, 2. *Turku* (schwed. Åbo) 1932, 3. *Oulu* (schwed. Uleåborg) 1932, 4. *Viipuri* (schwed. Wiborg) 1934 (jetzt UdSSR), 5. *Vaasa* (schwed. Wasa) 1936.

In den ehemaligen russischen Gouvernements *Kurland, Livland und Estland* hatten sich nur Behörden- und Korporationsarchive, besonders der Ritterschaft und der Städte, in russischer Zeit gebildet. Daneben fanden sich auch Ansätze zur Zentralisierung, aber nicht von staatlicher, sondern von ritterschaftlicher Seite, in der Gründung der Sammlungscharakter tragenden *Historischen Landesarchive* (Riga, Mitau), die neben den *Archiven der Ritterschaft* (Reval, Riga, Mitau) entstanden und diese in ihrem Kampf gegen die Russifizierung unterstützen sollten. Auch hier sehen wir also ein Fortschreiten vom Behörden- zum Landesarchiv nur im Kampf um

[117]) Hier kehrt also auf anderer Ebene die alte Auffassung des Archivs als politischer Rüstkammer wieder.

die Autonomie; als diese aufgehoben war, konnte es keine Weiterentwicklung mehr geben. Ein staatliches Archivwesen entstand hier erst nach dem Weltkrieg.

In *Estland* entstand zunächst 1920 als historisches Archiv das *Staatliche Zentralarchiv in Dorpat (Tartu)*, das die Archive des Generalgouverneurs, der estländischen und livländischen Gouvernementsverwaltung und der estländischen Ritterschaft in sich vereinigte und die Archivalien der schwedischen Zeit aufnahm; es wurde in eine historische Abteilung, die die Archivalien der schwedischen Zeit umfaßte, in eine administrative mit den Archivalien der russischen und der Zeit der Eigenstaatlichkeit und in eine Gerichtsabteilung gegliedert. Als zweites zentrales Archiv wurde 1921 das *Staatsarchiv in Reval (Tallinn)* gegründet, das eine eigenartige Funktion hatte: es diente als Aufnahmestelle der reponierten Registraturen der lebenden Behörden Nordestlands, die ihre Akten nach frühestens fünf Jahren — nach Ausscheidung des Wertlosen — dorthin abzugeben hatten; nach Ordnung und 15jähriger Lagerung der Akten in diesem Zwischenarchiv fand eine nochmalige Kassation und Übergabe an das Staatliche Zentralarchiv in Dorpat statt. Diese Bildung eines Zwischenarchivs mit gestufter Kassation und genau festgelegten Abgabeterminen, die gelegentlich in ähnlicher Form im Behördenarchivwesen (z. B. Politisches Archiv des Auswärtigen Amtes in Deutschland) wiederkehrt, ist bei einem modernen Zentralarchiv sehr selten (vgl. auch Spanien S. 203). Ihm stand auch die Überwachung der staatlichen Registraturen zu, so daß hier der Archivar seinen Wunschtraum, Einfluß auf die Registraturbildung nehmen zu können, verwirklicht sah. Eigene *Facharchive* besaßen das *Außen*- und das *Verteidigungsministerium*.

16. *Polen und Litauen*

Die polnische Archivgeschichte berührt sich nicht nur mit der litauischen und russischen, sondern auch mit der österreichischen und preußischen Archivgeschichte. Auf russischem Gebiet hat sich das Archivwesen nach der Aufhebung der Autonomie ganz ähnlich wie das russische Behördenarchivwesen entwickelt. Aber solange die Autonomie bestand, zeigten sich Ansätze, darüber hinauszugehen. Nicht unwesentliche Teile der polnischen Archive wurden nach Petersburg und nach Moskau übergeführt. So gelangten die Librilegationum (Auslaufregister des auswärtigen Schriftverkehrs und der Instruktionen für die Gesandten) der polnischen Metryk und entsprechende Teile der litauischen Metryk samt Dokumenten über die älteren Beziehungen Polens über das Moskauer Kollegium der auswärtigen Angelegenheiten in dessen Moskauer Archiv, während andere Teile der litauischen Metryk vom Dirigierenden Senat übernommen und 1887 in das Archiv des Justizministeriums in Moskau gekommen sind; auch später sind noch polnische Registraturen nach Rußland gelangt, besonders nach der Aufhebung der polnischen Autonomie (1863) und noch während des ersten Weltkrieges. Aber schon 1799, nach den ersten Verschleppungen, sind auf Veranlassung der preußischen Behörden das sogen. Kronmetrykarchiv, enthaltend die Kronmetryk (Registra cancellariae regni)[118]) sowie sonstige Akten aus jüngerer polnischer Zeit und Akten der Assessorial- und Referendariatsgerichte, soweit das Material nicht das russische Teilgebiet betraf, nach Warschau zurückgebracht worden. Dort wurden sie zusammen mit örtlichen Akten des Warschauer Bezirks und den gleichfalls ausgelieferten Akten der polnischen Nuntiatur (d. h. der polnischen Gesandtschaft) in Rußland 1799 als Kgl. Südpreußisches Hauptlandesarchiv aufgestellt.

Die ältesten Bestände des *Kronmetrykarchivs* an Registern und Protokollbüchern haben schon im 14. Jh. *auf dem Wawel* bei Krakau gelegen, getrennt von dem dortigen *Kronarchiv*, das das Eingangsmaterial (Originalurkunden) enthielt und mit den königlichen Kleinodien zusammen in der Schatzkammer auf dem Wawel aufbewahrt wurde (Tresorprinzip!); beide Archive standen unter der Aufsicht der Kanzlei. Das Eingangsmaterial hatte sich schon im 12. Jh. auf dem Wawel bei den Kleinodien befunden, war aber während der Zeit der polnischen Teilfürstentümer zersplittert und erst im 14. Jh. bei der neuen staatlichen Zusammenfassung auf dem Wawel konzentriert worden. Nach der Vereinigung mit Litauen im 14. Jh. entstand ein zweites *Metrykarchiv in Wilna* (Metryka Litewska). Das auserlesene Eingangsmaterial der beiden Kanzleien, die ja entsprechend der Personalunion getrennt blieben, wurde aber weiter in Krakau gesammelt, nachdem es in der Kanzlei in Wilna bearbeitet war. Als unter Sigismund III. 1609 die Residenz von Krakau nach Warschau verlegt wurde, blieben diese Archive in Krakau, während unter dem Kronmarschall *in Warschau* ein neues *Haupt- oder Kronarchiv* erwuchs, das nun im wesentlichen Auslaufregister der Kanzlei in Warschau aufbewahrte. 1765 wurden die meisten der historischen Bestände in Krakau mit diesem Hauptarchiv in Warschau vereinigt und 1794 nach der Erstürmung Warschaus mit dem Hauptarchiv zusammen zum größten Teil nach Rußland entführt. Inzwischen war das litauische Kronmetrykarchiv in Wilna dauernd an seinem Ort geblieben, hatte jedoch seit der Beseitigung der Personalunion und aller Sonderkanzleien der vereinigten Länder nach der staatsrechtlichen Union von Lublin (1569) keine neuen Bestände mehr empfangen. Das alte Material war hier liegengeblieben und wurde

---

[118]) Ursprünglich bezeichnet Metrýk (poln. metryka) nur Auslaufregister und Protokollbücher der Kanzlei, später allgemein das Kanzleimaterial, Kronmetryk das der königlichen Kanzlei.

später gleichfalls von den Russen entführt. Alle diese ehemaligen Krakauer und Warschauer Bestände, soweit sie aus Rußland zurückkamen, und ein kleiner Teil der litauischen Metryk haben dann in preußischer Zeit (1795—1807) das *„Kgl. Südpreußische Hauptlandesarchiv" zu Warschau* gebildet. In Rußland blieb außer den auf das russische Teilgebiet bezüglichen Akten (nach Pertinenz!) alles die Außenpolitik und das polnische Parlament betreffende Material. Zur Zeit des Herzogtums Warschau (1807—15) wurde dieses ehemalige preußische Hauptlandesarchiv zum „Allgemeinen Landesarchiv" erhoben, in das nun auch Akten der preußischen Kammer in Warschau und preußische und österreichische Zentralakten (nach Pertinenz!), die 1807 bzw. 1809 ausgeliefert werden mußten, hineinkamen.

Im Königreich Polen (1815 bis 1830), das nur in Personalunion mit Rußland verbunden war, wurde dieses Archiv unter der Justiz-Regierungskommission zum *„Hauptarchiv des Königreichs"* (später „Hauptarchiv alter Akten" genannt), während es in der Zeit des Herzogtums Warschau als „Allgemeines Landesarchiv" unter dem Justizministerium gestanden hatte. Nach 1815 wurde es auch Hauptdepot für die in der laufenden Verwaltung entbehrlich gewordenen Akten der Justizkommission. erhielt später (1856) auch einen Teil des Archivs der Schatzkommission (Finanzabteilung) und der Kriegskommission, also verschiedener zentraler Ressorts, und nahm damit einen allgemeinen Charakter an; es schien sich zum modernen Zentralarchiv des Königreichs Polen entwickeln zu wollen. Wieder zeigte sich, daß die Zeit der Autonomie der Entwicklung vom Behördenarchiv zum Zentralarchiv günstig war; seit 1831 wurde es allerdings mehr als historisches Archiv angesehen.

Nach der völligen Aufhebung der Autonomie (1863) und der russischen Gerichtsreform (1876) erhielt es wieder Gerichtsakten: Grod- und Landgerichtsakten und schließlich überhaupt alle Gerichtsakten aus der Zeit vor der Gerichtsreform von 1876, sowie sonstige Lokalakten, daneben Akten der Verwaltung z. B. der Warschauer Domänenverwaltung. Jetzt wurde das Archiv dem Oberpräsidenten des Warschauer Kammergerichts untergeordnet und nahm immer mehr den Charakter eines Facharchivs der Gerichtsverwaltung an. Es behielt aber damals Beamte von polnischer Nationalität und wurde im windstillen Winkel von der Russifizierung verschont, wohl weil man es als historisches und bloßes Gerichtsarchiv ansah. Im ersten Weltkrieg wurde es unmittelbar dem Generalgouverneur in Warschau unterstellt, nicht der deutschen Archivverwaltung, die nur bei den Archiven eingriff, wo ein russischer Beamtenstab verschwunden war. So hatte sich also das alte polnische Kanzlei- und Kronarchiv nach den polnischen Teilungen in ein Gerichtsarchiv verwandelt und daneben in beschränktem Sinne zum zentralen Verwaltungsarchiv für Kongreßpolen entwickelt. Es war bis zur Aufhebung der Autonomie (1863) das einzige staatliche Archiv Polens.

Erst seit 1863 stellte sich die Notwendigkeit der Fürsorge für die Akten heraus, die bisher nicht im Warschauer Archiv gelegen hatten. Jetzt wurde im Sinne des russischen Behördenarchivwesens 1871 ein *Finanzarchiv* errichtet als Facharchiv mit Beständen der verschiedenen Finanzbehörden, vor allem der Finanz-Regierungskommission und der ehemaligen Schatzkommission und mit Domänenakten; es unterstand bis zum Weltkriege dem Präsidenten der Warschauer Finanzkammer, später der deutschen Archivverwaltung beim Generalgouvernement.

Das „*Archiv alter Akten*" entstand zu Warschau im Zusammenhange mit der Auflösung des Staatsrats und des Verwaltungsrats, der obersten Verwaltungsbehörde des Königreichs Polen, i. J. 1867; im Verlauf des Aufhebungsprozesses wurden ihm außer den Akten des Sejm, des Senats und des Verwaltungsrats die Registraturen der Regierungskommission des Innern (1868), des Einrichtungskomitees (1872), der Kanzlei des Statthalters (1874) und der schon 1830/31 aufgelösten Behörden überwiesen. 1867 wurde es dem Einrichtungskomitee für die neue Verwaltungsreform Polens, 1871 dem Warschauer Generalgouverneur unterstellt; vor der Räumung Warschaus 1915 wurden von den Russen große Bestände evakuiert. Das Archiv alter Akten" war und blieb, wie das Finanzarchiv, ein Facharchiv, und zwar der inneren Verwaltung, das geschlossene Registraturen aufgelöster Behörden übernahm, während im „Hauptarchiv alter Akten" die Tendenz zum modernen Zentralarchiv steckte. So bildete sich auch hier der bekannte Dualismus von Hauptarchiv und Facharchiven.

Außerhalb von Kongreßpolen entstand im russischen Teilgebiet schon 1852 ein *Archiv in Wilna* mit Grod-, Landgerichts- und Stadtgerichtsakten bis 1799 und Akten des litauischen Tribunals, unter denen sich noch Akten der Zentralbehörden des alten Großfürstentums Litauen befanden. 1887 übernahm es auch die Gerichtsakten der ehemaligen Wojewodschaft Lublin („Archiv alter Akten", 1919 an Staatsarchiv Lublin) und 1903 das „Archiv alter Akten" zu Witebsk. Man brauchte dieses Archiv zu politischen Zwecken, zum Nachweis des Alters der russischen Kultur in Litauen und zum Schutze einer litauischen Scheinautonomie gegenüber den polnischen Ansprüchen, nachdem das alte litauische Archiv, das Metrykarchiv, von ihnen weggeführt worden war. Im ersten Weltkriege gelangten die Amtsbücher des 15. bis 18. Jhs. (vom litauischen Tribunal) in russische Hand, der Rest kam unter den Schutz deutscher Behörden und später an den neugeschaffenen Staat Litauen, der ihn aber nicht behielt, sondern 1920 mit Wilna an Polen abgeben mußte (dort als Staatsarchiv Wilna).

1921 entstand ein neues *litauisches Staatliches Zentralarchiv in Kowno*, aber nur aus Archivalien minderen Werts vom 17. Jh. an, aus Restregistraturen der Behörden und aus Archiven adliger Familien, die nicht selten zwangsmäßig eingezogen worden sind. Es bestand aus zwei Abteilungen: 1. Akten der allgemeinen Verwaltungs-, der Justiz-, der Finanz- und der Agrarbehörden, und 2. Privatakten. Aus den Militärakten der russischen Zeit wurde das *Archiv des Generalstabes* begründet.

Alle übrigen Archive auf dem einst polnischen Boden lagen in den preußischen und österreichischen Teilgebieten. Von Österreich wurden in *Lemberg* die Gerichtsarchivalien zusammengezogen zu dem sogen. „*Landesarchiv der Grod- und Landgerichtsakten*". Die Akten des Appellationsgerichts in Krakau, des dortigen Obergerichts und der Grod- und Landgerichte der ehemaligen Wojewodschaft Krakau wurden 1816 zusammengefaßt zu einem Archiv, das seit 1852, nachdem Krakau an Österreich gefallen war, dem Präsidenten des Krakauer Landgerichts unterstand und 1878 — ebenso wie das Lemberger Landesarchiv — zu einer Anstalt des Provinziallandtages als „*Landesarchiv der Land- und Grodgerichtsakten zu Krakau*" wurde; damit näherten sich die beiden Archive dem Typ der auch sonst in Österreich vorkommenden ständischen Landesarchive. In Galizien bestand seit 1908 das *Statthaltereiarchiv in Lemberg* für Akten der zentralen Verwaltungsbehörden in Galizien. In Preußen wurde das *Staatsarchiv Posen* 1869 geschaffen. Alle diese Archive sind nach dem ersten Weltkriege an Polen gelangt.

1917 entstand in Warschau die „Abteilung für Staatsarchive" beim Kultusminister, geleitet von Jozef Paczkowski, einem polnischen Posener. Man faßte damals in Polen ins Auge, ein Zentralarchiv in Warschau zu schaffen, aus dem Hauptarchiv zu Warschau und den dortigen Facharchiven, nämlich dem Archiv alter Akten, dem Finanzarchiv und einem archivähnlichen Gebilde (aus Akten in Abwicklung begriffener Behörden oder Beständen, für die andere Archive nicht zuständig waren), das man vorläufig noch beim Kultusministerium ließ, sowie weiteren Akten in Depots des Kultusministeriums, die man noch nicht einordnen konnte. Die Akten der österreichisch-deutschen Militärverwaltung des ersten Weltkrieges befanden sich beim sogen. „*Militärarchiv*", das später in das „*Archiv neuer Akten*", die für die Zentralbehörden der Übergangszeit bis 1920 und der Republik zuständige Stelle, überging. Die Archive des österreichischen Teilgebietes wurden als Landesarchive (bzw. Staatsarchive) übernommen und daneben blieben die Archive in Posen und Wilna bestehen. Im ehemals russischen Gebiete wurden weitere Staatsarchive in den Provinzen, vorwiegend an den Sitzen der neuen polnischen Wojewoden, geschaffen, die zunächst hauptsächlich die Akten der russischen Gouvernementsbehörden seit 1863 und Lokalakten der Autonomiezeit aufnehmen sollten. Nach westlichem Muster wurden in der Archivabteilung des Kultusministeriums Inspektoren vorgesehen und neben dem Generaldirektor (seit 1926) ein Archivrat aus Mitgliedern von Amts wegen,

Vertretern der einzelnen Ministerien und kirchlichen Behörden und frei vom Kultusminister ernannten Mitgliedern eingesetzt.[119]) Ein modernes Zentralarchiv besteht noch nicht, die verschiedenen Haupt- und Facharchive haben nur eine gemeinsame Verwaltung erhalten, und erst kurz vor dem zweiten Weltkrieg hat man große Bauten begonnen als Basis für die räumliche Vereinigung dieser Archive. Als wissenschaftliche Zeitschrift wurde 1927 das „Archeion" geschaffen; wissenschaftliche Publikationen sind vorbereitet und durchgeführt worden. Im österreichischen Teilgebiet sind die ältesten Grod- und Landgerichtsbücher und im russischen Teilgebiet die polnische Kronmetryk z. T. veröffentlicht worden, und schon in österreichischer Zeit konnte sich die nationalpolnische Geschichtsschreibung ungehemmt von Lemberg her ausbreiten. Auch preußischerseits war in Posen eine lebendige Forschung entwickelt worden, wenn sie auch vorwiegend die Entwicklung des deutschen Elements im polnischen Staat betonte. Für Archivschutz ist gesorgt durch das Recht der Archivverwaltung, die kommunalen und sonstigen öffentlichen Archive zu inspizieren, und die Möglichkeit, über die Denkmalskonservatoren auch bei Gefährdung von Privatarchiven einzugreifen (Gesetz vom 6. März 1928). Besondere Bedeutung kommt den großen Adelsarchiven zu, da sich in ihnen vielfach staatliches Archivgut befindet (z. B. Radziwillsche Archive zu Warschau und Nieborów; Czartoryski-Museum zu Kraków, Potockisches Archiv zu Jablonna, Branickisches Archiv zu Wilanów).

Nach 1918 begannen die Revindikationsverhandlungen, d. h. die Verhandlungen über die Rückgabe polnischer und auf Polen bezüglicher Registraturen, die sich noch in der Hand der drei Teilungsmächte befanden. In diesen Fragen der Revindikation stand Polen nicht auf dem Boden des Provenienzprinzips, sondern des territorialen Pertinenzprinzips; danach verlangte es nicht nur Registraturen ehemals polnischer Behörden und fremder Lokal- und Provinzialbehörden für die Zeit und in dem Umfang, in dem sie ihre Tätigkeit in dem jetzt polnischen Gebiet ausgeübt hatten, sondern auch Registraturen von fremdstaatlichen Zentralbehörden, die sich auf Polen beziehen. Mit Preußen wurde ein Aktenabkommen, das sich auf die noch bei den Behörden befindlichen Registraturen beschränkte, geschlossen; Übergangsstelle war Schneidemühl unter dem Regierungspräsidenten als Überleitungskommissar. Mit Österreich einigte man sich erst 1932 endgültig über die Abgabe von Archivalien.

Von der Sowjetunion erhielt Polen die Reste des 1794 nach Moskau geholten polnischen Kronarchivs (800 Pergamenturkunden), des Kronmetrykarchivs und des Warschauer Haupt- und Kronarchivs

---

[119]) Grundlage der Archivorganisation der Republik bildete das Dekret betr. Organisation der Staatsarchive und Schutz der Archivalien vom 7. Febr. 1919.

des Königreichs zurück; alle diese Archivalien kamen in das Warschauer Hauptarchiv. Die 1867—76 und 1914/15 von den Russen entführten Akten wurden in das „Archiv alter Akten“ und in das Finanzarchiv zurückgegeben. Auch das Archiv des Staatssekretariats des Königreichs Polen, das von 1815 bis 1863 als russische Behörde mit dem Sitz in Petersburg bestanden hat, und das der „Eigenen Kanzlei (des Zaren) für Angelegenheiten des Königreichs Polen“ kamen in das Warschauer „Archiv alter Akten“ und das Archiv der Amtsstelle für Agrarreform beim russischen Ministerium des Innern (1864—1914) in das Warschauer Finanzarchiv. Das war ein großes Entgegenkommen der Sowjetunion gegenüber Polen, weil es sich hier ja um Akten russischer Zentralbehörden handelt. Das polnische Archivwesen ist also sofort in den ersten Jahren des neuen polnischen Staates entstanden, wozu ja schon die Mittelmächte während des Krieges vorgearbeitet hatten. Die Einflüsse auf die Archivverwaltung kamen von Westeuropa, aber auch preußische Einflüsse waren wirksam. Das neue Archivwesen ist unter wesentlicher Berücksichtigung historischer Gegebenheiten entstanden.

Übersicht zur polnischen Archivgeschichte

I. KÖNIGREICH POLEN-LITAUEN BIS 1772/95

1. Kronmetrykarchiv auf dem Wawel bei Krakau (Ausstellermaterial der polnischen Kanzlei).
2. Kronarchiv auf dem Wawel bei Krakau (Eingangsmaterial der polnischen und der litauischen Kanzlei).
   Beide Archive 1765 z. gr. T. an das Warschauer Haupt- und Kronarchiv.
3. Kronmetrykarchiv in Wilna (Ausstellermaterial der litauischen Kanzlei), 1569 abgeschlossen, 1794 nach Rußland.
4. Haupt- und Kronarchiv in Warschau, gegründet 1609, 1794 große Teile nach Rußland, von dort 1799 z. T. zurück; 1799 Kgl. Südpreußisches Hauptlandesarchiv in Warschau (aus den in Warschau verbliebenen Teilen von 1—4).

II. GETEILTES POLEN 1815 BIS 1918

a) Kongreßpolen

1. Hauptarchiv des Königreichs Polen in Warschau (aus dem 1799 gegründeten Kgl. Südpreußischen Hauptlandesarchiv, das 1807 zum „Allgemeinen Landesarchiv“ des Herzogtums Warschau geworden war).
2. Finanzarchiv in Warschau, gegründet 1871.
3. „Archiv alter Akten“ in Warschau, gegründet 1867.

b) Russisches Teilgebiet

4. Zentralarchiv für alte Akten in Wilna, gegründet 1852, 1915 z. T. nach Rußland, Wilnaer Rest 1920 an Polen, wo in Staatsarchiv Wilna umgewandelt.

c) Österreichisches Teilgebiet

5. Landesarchiv der Grod- und Landgerichtsakten zu Lemberg, gegründet 1784.
6. Landesarchiv der Land- und Grodgerichtsakten zu Krakau, gegründet 1816.
7. Statthaltereiarchiv zu Lemberg, gegründet 1908.

d) Preußisches Teilgebiet

8. Staatsarchiv Posen, gegründet 1869.

III. REPUBLIK POLEN SEIT 1918

a) Zentrale Archive in Warschau[120])

1. „Hauptarchiv alter Akten" (aus „Hauptarchiv des Königreichs").
2. Finanzarchiv.
3. „Archiv alter Akten".
4. Archiv für Unterrichtsangelegenheiten (Archivdepot).
5. „Archiv neuer Akten"; für Zentralbehörden seit 1914 (sog. „Militärarchiv" mit Akten der österreichisch-deutschen Militärverwaltung, Regentschaftsrat 1917/18, Übergangsbehörden 1918—20, Zentralbehörden der Republik).

b) In den Teilgebieten übernommene Archive („Landesarchive")

6. Landesarchiv Kraków (1919 aus Landesarchiv für Grod- und Landgerichtsakten zu Krakau); 1936 zu Wojewodschaftsarchiv.
7. Landesarchiv Lwów (1919 aus Landesarchiv für Grod- und Landgerichtsakten zu Lemberg).
8. Staatsarchiv Lwów (1919 aus Statthaltereiarchiv Lemberg); Landesarchiv und Staatsarchiv Lwów 1933 verwaltungsmäßig vereinigt, seit 1945 sowjetisches Staatsarchiv.
9. Staatsarchiv Poznań (1922 aus preußischem Staatsarchiv Posen).
10. Staatsarchiv Wilno (1923 aus „Zentralarchiv für alte Akten" zu Wilna).

c) Neue Provinzialarchive

(zunächst als Depots in den Hauptstädten der ehemaligen russischen Gouvernements; als Wojewodschaftsarchive vorgesehen)

11. Staatsarchiv Grodno (für Wojewodschaft Białystok)
12. „ Kalisz (aufgelöst 1926)
13. „ Kielce
14. „ Lublin
15. „ Łomza (aufgelöst)
16. „ Piotrków (für Wojewodschaft Łódź)
17. „ Płock (für Wojewodschaft Warschau)
18. „ Radom

d) Zentrale Facharchive außerhalb der Archivverwaltung

19. Archiv des Außenministeriums.
20. Archiv des Kriegsministeriums.

17. *Die Länder der Doppelmonarchie Österreich-Ungarn*

a) *Österreich*

Wie die Länder des Ostens und Nordens hat Österreich-Ungarn sein Archivwesen spät entwickelt. Erst die Bundesrepublik Österreich hat, wie die Sowjetunion, aber nicht mit demselben zentralistischen Zuge, ihr Archivwesen zu einem gewissen Abschluß bringen können, eine Erscheinung, die ihren Grund hat in dem staatlichen Gefüge der alten Doppelmonarchie, in der die historischen Länder weitgehende Autonomie besaßen. Rußland

[120]) Von den zentralen Archiven zu Warschau wurden das Archiv der Unterrichtsverwaltung bei der Belagerung von 1939, die übrigen vier zentralen Archive sowie das Stadtarchiv Warschau bei der Belagerung von 1944 vernichtet; nur die nach Czenstochowa ausgelagerten Bestände, darunter vor allem das alte Urkunden- und das Kronmetrykarchiv, sind erhalten geblieben und bilden heute den Grundstock des neuen Warschauer Hauptarchivs.

behielt sein charakteristisches Behördenarchivwesen bis 1917 bei; in Österreich war die Niederhaltung des Liberalismus und des Nationalbewußtseins durch Polizeimethoden dem Aufbau eines modernen Zentralarchivwesens nicht förderlich, erst als die Zügel nach 1867 gelockert wurden, machte man tastende Versuche.

In einem Punkte unterschied sich das *Archivwesen der österreichischen Monarchie* wesentlich von dem des zaristischen Rußlands, nämlich in der Behandlung der Registraturen der Provinzialbehörden, die hier allmählich in provinzialen Archiven vereinigt worden sind, während in Rußland keine Zusammenziehung des staatlichen Archivgutes innerhalb der Gouvernements erfolgt ist. Allerdings hat man zunächst in den einzelnen österreichischen Kronländern von Staats wegen auch keine Archive gebildet, aber man hat den spontanen Trieben zur Sammlung historischer Dokumente und zur Archivbildung die Initiative überlassen. Diese Bestrebungen auf freiwillige Archivbildung wurden in Österreich gefördert durch die romantische Strömung und den von ihr geweckten neuen historischen Sinn, die in den Ländern spürbar waren, aber nicht die Zentralbehörden erreichten. Unter hohem Protektorat entstand hier eine Kommission für Landeskultur, in deren Wirkungskreis man auch museales Gut einbezog (z. B. im Joanneum in Graz, einer Verbindung von Archiv und Museum); dort wieder schuf ein Verein für die Geschichte des Landes, wie solche nach der Restauration emporblühten, eine archivalische Sammlung, die durch Aufnahme geschlossener Registraturen, die ihnen irgendeine Behörde oder Korporation überließ, verdichtet wurde (z. B. Klagenfurt). Mit solchen Gebilden privater Natur wurden fast überall die *Landesarchive*, die sich bis dahin als Depots bei den Behörden der landständischen Vertretungen befunden hatten, vereinigt, und so entstanden zunächst aus privaten Sammlungen und öffentlichen Archivalien gemischte, noch nicht staatliche Archive, während die Archivalien staatlicher Herkunft zunächst weiter bei den Behörden der Kronländer aufbewahrt wurden. Dabei entäußerten sich die Landstände entweder ihrer Depots, die sie mit anderen Beständen vereinigten, oder sie übernahmen ihrerseits die Aufsicht über solche Bestände oder sie schufen von sich aus Landesarchive, indem sie ihre Depots zu Archiven ausbauten und in diese Archive auch private Bestände aufnahmen. Schließlich boten diese neuen Landesarchive auch für die staatlichen Behörden in den Kronländern den Anreiz, sich ihrer drückenden Aktenmassen zu entledigen, zumal da jede staatliche Initiative zur Regelung der Aktenabgabe fehlte. So gaben auch die Statthaltereien oder Landesregierungen ihr Material in die Landesarchive, die auf diese Weise vielfach neben privaten und Korporationsarchiven auch Teile staatlicher Registraturen aufgenommen haben.

Erst allmählich entstanden eigene staatliche Archive, die meist den Namen *Statthaltereiarchive* führten, durch die Initiative der einzelnen Statthalter, indem sich aus reponierten Registraturen oder aus Depots durchgebildete Archive entwickelten, die aber zunächst noch Behördenarchive unter den Statthaltern blieben. Am frühesten vollzog sich die Ausgestaltung eines Statthaltereiarchivs in Innsbruck (1866); dort befand sich ja seit Maximilian I. ein Archivzentrum, das allerdings in Spannung mit dem Haus-, Hof- und Staatsarchiv lebte, an das viele Akten aus Innsbruck gelangt waren. Hier zwang die Masse der Akten zur Archivbildung, und das Innsbrucker Statthaltereiarchiv ist auch weiterhin das größte geblieben, während das Innsbrucker Landesarchiv sich auf landständische Akten hat beschränken müssen.

So standen verschiedene Archivformen nebeneinander ohne Zusammenhang: Statthaltereiarchive, Landesarchive in reiner oder gemischter Form, Landesmuseen usw.; die einen hingen vom Statthalter, die anderen vom Landesausschuß ab, die dritten waren mehr oder weniger unabhängig.[121]) Diesen verschiedenen Archiven gemeinsame Ziele zu geben, stellte sich bald als notwendig heraus; aber das ließ sich nur durch die Bürokratie und von einer Zentralstelle aus verwirklichen.

---

[121]) Von den Statthalterei- bzw. Landesregierungsarchiven enthalten die Statthaltereiarchive zu Innsbruck (gegr. 1866) und Graz (gegr. 1905) als Grundstock die Zentralakten der oberösterreichischen bzw. innerösterreichischen Ländergruppe, das Wiener (gegr. 1893) die Regierungsakten des Kronlandes Niederösterreich und das Salzburger Landesregierungsarchiv (gegr. 1875) die des Erzstifts; im Statthaltereiarchiv Prag (jetzt Archiv des Ministeriums des Innern der ČSR) befinden sich die Akten der obersten böhmischen Landesbehörden seit 1526, im Statthaltereiarchiv zu Zara in Dalmatien (1920 bis 1947 italienisches Staatsarchiv) die der venezianischen Landesverwaltung; das Archiv der ehemaligen Republik Ragusa in Dalmatien (jetzt jugoslawisches Staatsarchiv Ragusa-Dubrovnik) war ebenfalls staatlich; seit 1908 besaß Galizien sein Statthaltereiarchiv zu Lemberg (1919 polnisches, seit 1945 sowjetisches Staatsarchiv).

Landesarchive bestanden neben den Staatthaltereiarchiven in Innsbruck (seit 1816; 1925 dem Landesregierungsarchiv unterstellt), Graz (1868 durch Vereinigung des ständischen Archivs mit dem 1811 gegründeten Joanneum) und Wien (auf der Grundlage des alten Archivs der niederösterreichischen Stände, 1861 Bezeichnung „Landesarchiv"); die Landesarchive in Linz (aus dem alten ständischen Archiv reorganisiert 1896) und Klagenfurt (gegr. 1904 auf der Grundlage des Archivs des Kärntnischen Geschichtsvereins) enthalten auch die staatlichen Akten; in Bregenz befindet sich das Vorarlberger (gegr. 1897), in Eisenstadt das 1932 eingerichtete Landesarchiv des Burgenlandes. Von den ehemals zur Monarchie gehörigen Kronländern besaßen Prag für Böhmen, Brünn für Mähren (gegr. 1839, auch für die staatlichen Akten), Troppau für Schlesien (Prag, Brünn und Troppau jetzt tschechoslowakische Landesarchive), Görz und Parenzo für das Küstenland und Krakau und Lemberg für Galizien Landesarchive, (Krakau jetzt polnisches, Lemberg 1919 polnisches Landesarchiv, seit 1945 sowjetisches Staatsarchiv).

Archive im Anschluß an Landesmuseen oder Geschichtsvereine befanden sich in Graz (Joanneum 1811 bis 1868), Klagenfurt (Archiv des Kärntnischen Geschichtsvereins im Klagenfurter Museum 1844 bis 1904), Laibach (Archiv des Landesmuseums) und Görz (Archiv des Landesmuseums).

Tatsächlich wurde die einheitliche Organisation in drei Etappen erreicht: 1. Schon in den 50er Jahren begann eine vorbereitende Bewegung, die ihre Fortsetzung in den 60er Jahren, ihren Höhepunkt in den 70er Jahren und ihre Ausläufer in den 80er Jahren hatte. Die 2. Periode seit 1894 konnte sich, da inzwischen der Ausgleich (1867) erfolgt war, nur im cisleithanischen Österreich auswirken. Die 3. Periode setzte erst nach dem ersten Weltkriege ein und wirkte sich daher nur in der deutsch-österreichischen Bundesrepublik aus.

Die ersten Schritte begannen mit Enquêten, Einsetzung von Kommissionen von nichtstaatlicher Seite, Übersichten über die archivalischen Bestände und einheitlicher wissenschaftlicher Ausbildung der Beamten beim Institut für österreichische Geschichtsforschung. Eine umfassende und in die Augen springende Reform wurde aber zunächst nicht erreicht. Die bestehenden Statthaltereiarchive wurden reorganisiert und neue geschaffen; bei den cisleithanischen Ministerien wurden Archive eingerichtet. Für die fehlende zentrale Archivverwaltung entstand ein gewisser Ersatz in der 1850 zunächst nur zum Schutze der Baudenkmäler gegründeten und 1873 auch mit der Pflege der Schriftdenkmäler beauftragten „k. k. Zentralkommission zum Schutz und zur Pflege der Kunst- und historischen Denkmale"; bei ihr gab es von 1873 bis 1910 eine „Dritte Sektion zum Schutze und zur Pflege der Archivdenkmale". Diese Sektion widmete staatlichen und nichtstaatlichen Archiven ihre Fürsorge und ihren Schutz, gab ihnen Ratschläge und regte 1886 auch die systematische Inventarisierung der Archive an („Archivberichte aus Tirol"). Ihr Organ waren die „Mitteilungen der dritten (Archiv-) Sektion."

Das Jahr 1894 brachte einen weiteren entscheidenden Fortschritt, nämlich den von der nichtstaatlichen zur staatlichen Initiative an zentraler Stelle, nachdem bisher alle Maßnahmen aus freiwilliger Zusammenarbeit nichtstaatlicher Stellen hervorgegangen waren. Der Anstoß kam vom Frhn. J. A. v. Helfert, dem Präsidenten der Zentralkommission, der in seiner Flugschrift „Staatliches Archivwesen" (auch in: Mitt. der 3. oder Archivsektion Bd. 2 Wien 1893 S. 1ff.) eine Zusammenstellung über die damalige Pflege des Archivwesens in Österreich gab, und von Alfred von Arneth, dem Direktor des Haus-, Hof- und Staatsarchivs. Als Zentralstelle wurde das Ministerium des Innern in Wien bestimmt, bei dem 1894 ein ständiger „k. k. Archivrat" gebildet wurde, mit beratender Stimme in allen grundlegenden Organisationsfragen, aber ohne Exekutivbefugnisse. Seine Funktionen beschränkten sich auf das dem Innenministerium unterstellte Archivwesen, nämlich dessen eigenes Archiv, das Adelsarchiv beim Innenministerium und die Archive der Statthaltereien, die jetzt völlig von den Registraturen der politischen Landesstellen gelöst und zu selbständigen, dem Ministerium des Innern unterstellten

Behörden wurden. Alle diese Archive wurden von da an ausschließlich mit wissenschaftlichen Beamten besetzt. Das staatliche Archivwesen in den Ländern wurde jetzt zum Zentrum für alles Material der staatlichen Mittel- und Unterbehörden. Auch die Publikation von Archivinventaren wurde durch das Ministerium des Innern im Bereiche der Archivverwaltung wieder belebt. Diese Archivverwaltung konnte zwar in der ihr gegebenen Begrenzung, ohne die sie allerdings nicht hätte ins Leben treten können, nicht alle Archive beeinflussen, aber ihre Gesichtspunkte wurden von allen Archiven Österreichs freiwillig als Normen angenommen, so auch von den Stadt- und den großen Landesarchiven; die letzteren übernahmen auch die Fürsorge für die nichtstaatlichen Archivalien, was um so näher lag, als die Kommunalaufsicht nicht den staatlichen Behörden, sondern den Landesausschüssen oblag. Unterstützt wurden diese Bestrebungen durch die 3. Sektion der Zentralkommission, die zunächst noch weiter (bis 1912) neben dem Archivrat als Parallele und Konkurrenz bestehenblieb. Der Archivrat hatte keinen unmittelbaren Einfluß auf den Archivalienschutz, da sich seine beratenden Funktionen ja nur auf die dem Innenministerium unterstellten staatlichen Archive erstreckten; die nichtstaatliche Initiative blieb weiter neben der staatlichen bestehen. Andererseits bildete sich zunächst keine scharfe Abgrenzung der Aufgaben zwischen Staats- und Landesarchiven heraus, weil es auch jetzt noch nicht gelang, in allen Kronländern staatliche Archive zu schaffen. Die Archive bei den übrigen Ministerien in Wien waren dem Innenminister und dem Archivrat nicht unterstellt, aber auch sie nahmen seine Prinzipien freiwillig als Normen an, zumal da die Kompetenzen der Ministerien sich auf die österreichische Landeshälfte beschränkten.

Das *Archiv des k. k. Ministeriums des Innern* (bis 1848: Archiv der Vereinigten böhmisch-österreichischen Hofkanzlei) ist das bedeutendste österreichische Behördenarchiv; in ihm befinden sich die Akten der Vereinigten böhmisch-österreichischen Hofkanzlei, ihrer Vorgänger und Nachfolger, eingeteilt nach den vier Hauptexpeditionen in die böhmische, nieder-, ober- und innerösterreichische Abteilung, also nach territorialen Gesichtspunkten. Im 19. Jh. nahm man umfangreiche Kassationen vor, die vor allem die älteren Bestände betrafen, insbesondere 1822 aus dem Gedanken der Betreffsauslese heraus und mit Rücksicht auf die Zentralisierungsbestrebungen des Haus-, Hof- und Staatsarchivs. Inzwischen hatte man (1827) die Registratur der Hofkanzlei in sieben große Sachgebiete, sogen. Registraturdepartements, eingeteilt. Nach der Errichtung der Ministerien 1848 blieben nur die Registraturdepartements 1 bis 3 bei dem an die Stelle der Hofkanzlei tretenden Innenministerium, das 4. Registraturdepartement wurde dem Landesverteidigungs-, das 5. dem Finanz- und das 6. und 7. dem Unterrichtsministerium zugewiesen. Erst 1893 sind Akten des Innenministeriums in das Archiv gelangt, vorher waren ihm schon wertvolle Akten der Polizeihofstelle über die Zeit von 1793 bis1848 und der Obersten Justizstelle über die Zeit von 1749 bis 1848 übergeben worden. Ferner wurden ihm Akten vermischter Provenienz angegliedert: Lombardo-venezianische Eisenbahnakten, Salzburger Akten, venezianische Präsidialakten (1905), Triester Gubernialakten (1907). Auch darin zeigen sich Zentralisierungsbestrebungen: man griff zu, wo man Akten in den Außengebieten fand. 1909 wurde eine Urkundensammlung bunter Provenienz aufgenommen, darunter auch Klosterurkunden, sowie Amtsbücher vermischter Provenienz, z. T. aus den früheren österreichischen Besitzungen in Italien. Der Hauptbestand, die Akten der Hofkanzlei (vom 16. Jh. bis 1848) wurde 1909 in acht großen Sachgruppen aufgestellt, die sich an die 1827 gebildeten Registraturdepartements anlehnten; eine solche Einteilung aus späterer Zeit hat in ihrer Anwendung auf die alten Akten etwas Künstliches an sich, weil für die alten Akten die neueren Einteilungsgesichtspunkte nicht maßgebend sein können. In der Hauptsache war also dieses Archiv ein Facharchiv, das Akten aller Vorbehörden des Ministeriums zusammenfaßte. 1918 wurde es zum „Archiv des Innern und der Justiz" erweitert.

Dem *Adelsarchiv*, das auch dem Innenministerium unterstellt war, wurden die aus der Vereinigten böhmisch-österreichischen Hofkanzlei ausgesonderten Akten über Adelsverleihungen übergeben; hinzu kamen 1841 die Reichsadelsakten aus der Gratialregistratur der Reichshofkanzlei.

Das *Archiv des* 1895 neuorganisierten *Ministeriums für Kultus und Unterricht* hat die seine Kompetenzen berührenden Akten der Hofkanzlei vom 16. Jh. an erhalten sowie Originalurkunden vom 12. Jh. an, die zweifellos provenienzmäßig nicht mit der Entwicklung der Behörde zusammenhängen, sondern wohl z. gr. T. Klosterurkunden sind.

Das *Archiv des österreichischen Finanzministeriums*, das die Kompetenzen der alten Hofkammer für die österreichische Reichshälfte übernommen hat, wurde 1892 organisiert. Daneben bestand noch das k. u. k. Reichsfinanzministerium für beide Reichsteile, dem das Hofkammerarchiv unterstellt war.

Aus Akten des 19. Jhs. entstand 1897 das *Archiv des Eisenbahnministeriums*, das mehr eine Sammlung als einen organischen Archivkörper darstellt. 1920 wurde es durch Einbeziehung der Altregistraturen der Post-, Handels- und sonstigen Verkehrsbehörden zum „Archiv für Verkehrswesen" erweitert.

Unberührt von den Normen des Innenministeriums blieben nur die drei alten Archive, die aus den Registraturen der ehemaligen Zentralbehörden für den gesamten Staat Österreich-Ungarn entstanden waren und weiter mit solchen Behörden in Verbindung standen: das Haus-, Hof- und Staatsarchiv, das Kriegsarchiv und das Hofkammerarchiv, die in einsamer Höhe thronten und sich nicht den Organisationsprinzipien eines ihren Aufsichtsstellen nicht gleichgeordneten Ministeriums anzupassen brauchten, da sie seit langem durchgebildete staatliche Archive waren.

Das *Haus-, Hof- und Staatsarchiv* war ursprünglich auf Archivalien der deutsch-österreichischen Erbländer und des Hauses Habsburg beschränkt. Es war als Urkunden-Auslesearchiv für die einzelnen Kronländer begründet worden, und daraus war der Gedanke der Betreffsauslese, die dann von Hormayr zur Auslese von Eliteregistraturen erweitert wurde, entstanden. Metternich wollte es zu einem Zentralarchiv machen, aber schon Hormayr hatte den Zentralisierungsgedanken lediglich durch Übernahme von Klosterarchiven zu verwirklichen vermocht (während in Preußen die Klosterarchive den staatlichen Provinzialarchiven zugefallen waren), und auch nach dem Ausscheiden Hormayrs 1813 hat das Archiv nicht die erstrebte selbständige Stellung unter der Staatskanzlei, an Stelle seiner bisherigen als Abteilung innerhalb der Staatskanzlei zu erreichen vermocht. Der Archivalienzuwachs ging weiter in der Richtung der Kompetenzen der Staatskanzlei, und der Gedanke blieb bestehen, Ausleseregistraturen aufzunehmen; aber politische Eliteregistraturen wie die des Spanischen Rates, der Italienischen Hofkanzlei, der Dalmatinisch-albanesischen Kanzlei und österreichischer Zentralbehörden, darunter der Hof- und Staatskanzlei vermochte es nur in Auswahl an sich zu ziehen. Nach 1848 kamen dann die geschlossene Reichshofratsregistratur, das Mainzer Erzkanzlerarchiv und Teile des Archivs der ungarischen Revolutionsregierung von 1848/49 sowie 1851 die gesamten älteren Aktenbestände der Staatskanzlei (bis 1806) hinzu. Das Jahr 1851, in dem auch die Reste des Grazer Schatzgewölbes, das zeitweise bei der Hofkammer gelegen hatte, und die dortigen Klosterurkunden ins Archiv gelangten, bedeutet den Höhepunkt der Zentralisierungsbestrebungen.

Jetzt trat das Archiv auch endlich in organische Verbindung zur Staatskanzlei (Aktenablieferungen!), während es vorher nur in organisatorischer Verbindung zu ihr (d. h. in behördlicher Abhängigkeit von ihr) gestanden hatte. Die Registratur der Staatskanzlei zerfiel in eine politische Abteilung (auch Geheime österreichische Staatsregistratur genannt) mit Material über geheime und wichtige Verhandlungen mit den Großmächten und in eine administrative Abteilung für das weniger wichtige außenpolitische Material; im einzelnen gliederte sie sich nach Ländern (Serien- und Korrespondentenprinzip) und nach Sachbetreffen. Eine organische Durchbildung wies diese Registratur nicht auf, und dazu waren noch gewisse Sonderregistraturen der Kabinettskanzlei nach Sachgesichtspunkten mit ihr vermischt worden und zwar schon in der Registratur, weil man in der Kabinettskanzlei des Kaisers nicht genügend Raum hatte.

Hinsichtlich der Urkunden hatte das Haus-, Hof- und Staatsarchiv in dieser Zeit die ersten landschaftlichen Reaktionen gegen seine Zentralisierungstendenzen zu spüren: die Urkunden aus dem Joanneum in Graz mußten 1823, die böhmischen Klosterurkunden 1829, die venetianischen Urkunden 1825 zurückgegeben werden. Trotzdem hat das Archiv noch weitere Bestände an Klosterurkunden und Teile des Innsbrucker Schatzarchivs an sich gezogen. 1840 wurde es als Zentralinstitut von der Vereinigten böhmisch-österreichischen Hofkanzlei anerkannt, zugleich mit der Weisung an die Landesbehörden, hier alle politisch merkwürdigen und historischen Dokumente zu vereinigen, worin allerdings mehr der Auslese- als der Zentralisierungsgedanke zum Ausdruck kam. Die Entwicklung schwankte dauernd zwischen Auslese und Zentralisierung hin und her: von den Urkunden ging die Tendenz zum Zentralarchiv aus, zugleich aber drängten sie die Entwicklung wieder zur Auslese hin.

1848 trat das Archiv nach der Aufhebung der Staatskanzlei in Verbindung zu dem neuen Fachministerium des Äußeren, das jedoch nicht mehr die Zentralisierungsbestrebungen unterstützte wie die alte Staatskanzlei, sondern die Initiative in diesen Fragen dem Innenministerium überließ. 1857 betrieb der Innenminister Bach die räumliche Vereinigung der großen zentralen Archive zu einem „Reichsarchiv", wobei allerdings das Haus-, Hof- und Staatsarchiv nicht Kristallisationspunkt geworden wäre. Stärker unterband dann der Ausgleich mit Ungarn (1867) die weitere Ausgestaltung zum Zentralarchiv. Zwar gehörten das Außenministerium und sein Archiv zu den den beiden Reichshälften gemeinsamen Angelegenheiten, aber der Widerstand der österreichischen Stellen gegen die Abgabe an das gemeinsame Archiv war zu groß. Dazu stärkte die immer mehr in Erscheinung tretende Heimatgeschichtsforschung in den Kronländern die Dezentralisierungstendenzen: 1861 überließ man die Einziehung von Klosterurkunden ganz den lokalen Geschichtsvereinen, 1864 gab man die kärntnischen Urkunden dem Kärntnischen Geschichtsverein, 1869 wurden die steiermärkischen Urkunden an das steiermärkische Landesarchiv abgegeben. Aber die Abgaben erfolgten nur nach Auslese, wichtige Urkunden wurden zurückbehalten, was eine weitere Zerreißung der Bestände zur Folge hatte. Nachdem die Einziehung der Klosterarchive eine Überspitzung des Zentralisierungsgedankens bedeutet hatte, folgte man nun bei der Rückgabe einem ganz unorganischen Verfahren. Einen weiteren Verlust bedeutete die Abgabe des venezianischen Archivs und der übrigen italienischen Archivalien an das neue Königreich Italien (1868).

Der neue Direktor des Haus-, Hof- und Staatsarchivs, Alfred von Arneth (1868—1897), gab mit dem Zentralisierungsgedanken zugleich auch die Errungenschaft Hormayrs, den Anspruch auf Übernahme geschlossener Archivkörper, auf und fiel in den Auslesegedanken des Gründungsdekrets von 1749, in die Betreffsauslese

(Einzelauslese) des wertvollen Aktenmaterials, zurück, nur verfolgte sein Betreffsausleseprinzip jetzt bei den Urkunden wie bei den Akten nicht mehr politische und dynastische, sondern wissenschaftliche Zwecke. Er wollte das Archiv zu einer wissenschaftlichen Anstalt mit Schätzen auserlesener Art ausbauen. In einem großen Austauschverfahren sollte das für die Geschichte der regierenden Familie und den Gesamtstaat bedeutsame Material von anderen Archiven nach Betreffsauslese gegen Abgabe des dort brauchbaren Materials herangezogen werden, wodurch alle Registraturen Hormayrs zerstückelt worden wären (Zuständigkeitsabgrenzung von zentralen und Landesarchiven nach Pertinenz). Dadurch hätte leicht eine allgemeine Aktenbewegung entstehen können, die ein völliges Chaos herbeigeführt hätte. 1868 und 1893 nahm Arneth jedoch geschlossene Registraturen, nämlich Teile der Registraturen der Staatskanzlei, auf (1868 die Akten der administrativen und der politischen Abteilung für die Zeit bis 1829 und 1893 die Akten der politischen Abteilung für die Zeit von 1830 bis 1848). Sickels Hinweis auf den Entwicklungsgedanken (s.o. S. 66) lehnte Arneth ab; dessen Verwirklichung wurde erst 1908 unter Winter begonnen. 1884 tauchten in der zentralen Archivsphäre nochmals Zentralisierungspläne auf: die ungarische Delegation regte die Begründung eines österreich-ungarischen Reichsarchivs an, das durch Auslese aus den großen zentralen Archiven und dem Kabinettsarchiv gebildet werden sollte, indem man aus diesen die älteren Bestände, die keine der beiden Reichshälften für sich beanspruchen konnte, herauslöste. Doch Arneth lehnte diese Pläne ab, vielleicht weil er hier nicht die Führung besaß. Aber auch andere erwägenswerte Pläne einer vollständigen Vereinigung der großen Archive, die wenigstens ein Zentralarchiv für die österreichische Reichshälfte schaffen wollten, was die Erneuerung des Zentralisierungsgedankens auf engeter Grundlage bedeutet hätte, lehnte Arneth ab. Nunmehr (1885) wurden die Bestände des *Kabinettsarchivs*, das die Registraturen der Kabinettskanzlei, des älteren (1761—1848) und des jüngeren Staatsrats (1861—1867), der Staatskonferenz (1809—1848), des Reichstages (1848/49), des österreichischen Reichsrats (1851—1861) und des erweiterten Reichsrats (1860/61) enthielt, aufgeteilt: das wichtige Archiv des älteren Staatsrats wurde dem Haus-, Hof- und Staatsarchiv übergeben, die Ungarn und Siebenbürgen betreffenden Akten dem ungarischen Landesarchiv zugewiesen, die Militärakten kamen in das Kriegsarchiv. Das Archiv der Kabinettskanzlei selbst blieb unter der Bezeichnung „Kabinettsregistratur" weiterhin dem Ksl. Kabinett angeschlossen. Im Anfang des 20. Jhs. kamen Teile der „Kabinettsregistratur" in das Haus-, Hof- und Staatsarchiv.

Gustav Winter (1897—1909), der 1908 das Provenienzprinzip einführte, rückte völlig von der Betreffsauslese ab, von der schon Arneth unter dem Druck der Verhältnisse hatte abweichen müssen. Aber Winter nahm nicht den Gedanken eines Zentralarchivs, ja nicht einmal den eines Hauptarchivs auf, sondern er setzte an die Stelle eines Auslesearchivs ein Behördenarchiv des Ministeriums des k. u. k. Hauses und des Äußeren. Als 1906 nochmals die Vereinigung mit dem Hofkammerarchiv in Aussicht stand, mußte sie schon an der Raumfrage scheitern. Immerhin konnte weiter der alte Besitzstand des Archivs verteidigt werden, so daß es weit über ein Ressortarchiv des Außenministeriums hinausragte. 1914 fand man schließlich die Formulierung: das Archiv solle Depot für alle diejenigen Archivkörper sein, die im Besitz (nach Bittner besser: in der Verwaltung) der Gesamtmonarchie stehen, soweit sie nicht provenienzmäßig in das Kriegs- oder das Hofkammerarchiv gehören; d. h. es sollte alle Archivkörper umfassen, die nicht eindeutig in eines der beiden Facharchive gehörten[122]). Damit war seine Stellung als Hauptarchiv neben den auf anderer Grundlage erwachsenen Facharchiven anerkannt und eine trotz manchen Unvollkommenheiten brauchbare Grundlage für seine Zuständigkeitsabgrenzung gegeben. Die allgemeine Richtung auf die Gesamtbelange des Kaiserstaats genügte aber nicht zur Herausbildung eines modernen Zentralarchivs, dies wäre nur auf dem Wege einer allseitigen Verbindung mit den Registraturen aller Zentralbehörden unter lockerer Bindung an das Außenministerium möglich gewesen; doch dazu war es schon zu spät, das Archiv hatte schon zu früh eine feste Stellung erhalten. Das Archiv hatte sich auch nur soweit auszudehnen vermocht, als der Aktionsradius der alten Staatskanzlei reichte, es war dadurch zum Archiv der Dynastie, des Hofes, des Auswärtigen und bis zu einem gewissen Grade der obersten Staatsführung geworden.

Nach 1918 wurde sein Besitzstand noch erweitert: hinzukamen die Registratur des Außenministeriums bis 1918, die neuere Registratur der Kaiserlichen Kabinettskanzlei und die der zentralen Ratskollegien, nämlich des jüngeren Staatsrats, der Staatskonferenz und des Ministerrats, sowie der Hofbehörden und der Verwaltung der Güter des Kaiserlichen Hauses. Über diesen Besitzstand hinaus besaß das Archiv noch Bestände aus den Kronländern, die es gegen deren Ansprüche verteidigt hatte, so das Archiv des Bistums Trient, das 1899 das Innsbrucker Statthaltereiarchiv vergeblich angefordert hatte, die oberösterreichischen Registerbücher, die man dem Grazer

---

[122]) Diese aus einem Schreiben des Außen- an das Innenministerium vom Jan. 1914 stammende Definition erläuterte die Archivdirektion in einem Brief vom 5. Jan. 1914 durch Aufzählung der folgenden Archivkörper:

1. die Archive des kaiserlichen Hauses einschl. des Schatzgewölbearchivs und die Archive der vor und neben der Hauptlinie bestehenden Gewalten, vor allem derjenigen, deren Herrschaftsgebiet sich über mehrere Kronländer erstreckt hatte, und einschl. der aus der Ausübung der Herrschaftsrechte des kaiserlichen Hauses in anderen Ländern hervorgegangenen Archive;

2. die Archive von Zentralstellen für die Gesamtmonarchie (Staatskanzlei, Ministerium des Äußeren und Kabinettskanzlei), der Hofbehörden und der zentralen Ratskollegien (Geheimer Rat, Staatsrat, Reichsrat, gemeinsamer Ministerrat).

Statthaltereiarchiv, und die Bestände aus Salzburg, die man 1908 dem Landesregierungsarchiv Salzburg verweigert hatte. Dieses Ausgreifen auf regionale Bestände war dem Archiv auf dem Wege zum modernen Zentralarchiv eher hinderlich als förderlich, weil es vom eigentlichen Ziel, dem Anschluß an die modernen Zentralregistraturen, ablenkte. Da das Haus-, Hof- und Staatsarchiv bei seiner Stellung als Hauptarchiv stehen geblieben war und nicht den Rang eines Zentralarchivs erreicht hatte, zeigte das österreichische Archivwesen noch Spannungen, die das preußische längst überwunden hatte; vor allem fehlt die reinliche Scheidung der zentralen und der nichtzentralen Zuständigkeitsbereiche[123]).

Bei der Aufteilung der alten Monarchie mußte vor allem das Haus-, Hof- und Staatsarchiv Akten an die Nachfolgestaaten abgeben, wobei man sich in Österreich auf das Provenienzprinzip stützte, das aber von der anderen Seite zunächst zurückgewiesen wurde. Der Entwurf zum Vertrag von St. Germain forderte Aktenabgabe „concernant les administrations et territoires", also nach Pertinenz, Österreich forderte statt dessen „provenant de l'activité des administrations", bis man schließlich in der endgültigen Fassung (Art. 193) zu der unbestimmten Formulierung: „appartenant aux administrations" gelangte. Über gewisse historische Archive, die schon in älterer Zeit aus den abgetretenen Gebieten nach Wien geholt worden waren, aber provenienzgemäß zu den neuen Staaten gehörten, sollte der Schiedsspruch einer dreiköpfigen Kommission entscheiden. Schließlich mußte sich Österreich aber bereit finden, nicht nur die aus den abgetretenen Gebieten stammenden historischen Archive, sondern auch Teile der Registraturen seiner Zentralbehörden abzuliefern. Gegenüber Italien und Jugoslawien konnte zunächst (1919/20) das Provenienzprinzip gewahrt werden, doch nicht gegen die Tschechoslowakei (durch Prager Abkommen von 1920 für Bestände nach 1888 reine Pertinenz) und gegen Rumänien (1921) und auch nicht in dem zweiten Abkommen mit Jugoslawien von 1923. Gegenüber Polen, das seine Forderungen zuerst überspannt hatte, konnten 1932 die größten Härten vermieden werden, weil Österreich unterdessen eine stärkere internationale Stellung gewonnen hatte. 1935

[123]) Gegenüber den Forderungen der Archive in den Bundesländern auf Auslieferung der kleinen vorhabsburgischen Herrschaftsarchive und der Klosterarchivalien vertritt auch Bittner mit vorwiegend eigentumsrechtlicher Argumentation einen ausgeprägten Zentralismus. Die Vermischung der Frage des Eigentums an Archivalien (des Gesamtstaates gegenüber den Reichshälften und den Kronländern) mit Zuständigkeit, Verwahrung und Verwaltung der Archivalien ist ein Charakteristikum der archivtheoretischen Auseinandersetzungen in Österreich. Von Wichtigkeit für die Entscheidung im Sinne der Zentralisation war allerdings auch die Tatsache, daß die Besitzungen der Herrschaften und Klöster sich vielfach über mehrere Länder erstreckten; durch Aufbewahrung an zentraler Stelle konnte man ihre Archive dem Wettstreit der Länderarchive und der Gefahr der Aufteilung entziehen.

wurden Kulturabkommen mit Italien und Ungarn erreicht, wobei Italien die Wahrung der Provenienzzusammenhänge als im Kulturinteresse liegend anerkannte. Jedenfalls ist das Haus-, Hof- und Staatsarchiv im Grundstock auch nach dem ersten Weltkriege erhalten geblieben[124]).

Das *Hofkammerarchiv* war in seiner Struktur ganz anders als das Haus-, Hof- und Staatsarchiv: es war ein ausgesprochenes Facharchiv, während letzteres ja ein Auslesearchiv darstellte. Seine Behörde, die Hofkammer, die oberste Finanzbehörde für die gesamte Monarchie seit 1527, ging 1848 in das Reichsfinanzministerium über, dem das österreichische Finanzministerium (für den cisleithanischen Teil) zur Seite trat. Das Hofkammerarchiv, das eine wunderbar geschlossene Registratur seit dem 15. Jh. besitzt, wurde nun dem Reichsfinanzministerium angegliedert. Gegenüber dem Hofkammerarchiv ist das Archiv des österreichischen Finanzministeriums durchaus das modernere Archiv. Das Hofkammerarchiv enthält im wesentlichen die Aktenbestände der Hofkammer bis 1820 und die des Obersten Rechnungshofes (1762—1918).

Das *Kriegsarchiv*, das 1876 reorganisiert worden war und 1918 in ein Zivilinstitut unter dem Bundeskanzleramt umgewandelt wurde, umfaßt an neueren Beständen die Registraturen des (gemeinsamen) Reichskriegsministeriums und aller militärischen Behörden, Anstalten und Formationen des k. u. k. Heeres von der Brigade an aufwärts, während die Akten der übrigen Truppenkörper den zuständigen Landesregierungs- und Landesarchiven zugewiesen worden und die Akten des (cisleithanischen) Landesverteidigungsministeriums in das Archiv des Innern und der Justiz gelangt sind.

Alle drei alten zentralen Archive standen isoliert nebeneinander. Erst in der dritten Periode der österreichischen Archiventwicklung seit 1919 hört diese Isolierung auf. Auch in den übrigen zentralen Archiven gingen gewisse Veränderungen vor sich: die Behörden- und Facharchive erhielten z. T. neue Bezeichnungen; zugleich trat eine Auflösung und Zusammenlegung der früheren Ministerien ein. Bestehen blieben neben den drei alten zentralen Archiven das *Archiv des Innenministeriums*, das *Archiv des Finanzministeriums* und das *Archiv des Unterrichtsministeriums*, dreier Behörden, die durch Loslösung gewisser Departements aus der Vereinigten böhmisch-österreichischen Hofkanzlei entstanden sind; außerdem das Archiv des Eisenbahnministeriums, das, wie erwähnt, mehr einen Sammelcharakter trägt, unter dem Namen *Verkehrsarchiv*. Die sonstigen Ministerialbehörden Österreichs haben keine eigenen Archive, ihre alten Registraturen waren lediglich von ihren Kanzleien verwaltet

[124]) Erhebliche Verluste durch Archivalienabtretungen hat unter den Archiven der Länder das Innsbrucker Landesregierungsarchiv erlitten, aus dessen Abgaben das italienische Staatsarchiv in Bozen gebildet wurde.

worden. Jetzt wollte man das Archiv des Innenministeriums zum Zentralarchiv ausgestalten. Mit ihm wurden die Bestände der 1918 aufgelösten Behörden vereinigt, nämlich die des Verteidigungsministeriums, das 1848 aus der Vereinigten böhmisch-österreichischen Hofkanzlei losgelöst worden war, des Justizministeriums und der Obersten Justizhofstelle, die bereits nach der Trennung von Justiz und Verwaltung Mitte des 18. Jhs. entstanden war, die Registratur des österreichischen Ministerratspräsidiums für die Zeit von 1861 bis 1918 u. a. Dieses neue etwas umfassendere Gebilde erhielt den Namen: *Archiv des Innern und der Justiz* und wurde im neuen Justizpalast aufbewahrt, wo es z. gr. T. 1927 bei dem großen Brande zugrunde gegangen ist. 1940 wurde es in „Allgemeines Verwaltungsarchiv" umbenannt.

Sämtliche österreichischen zentralen Archive, nämlich die drei alten und die Behörden- und Facharchive, wurden im Okt. 1920 einem beim Bundeskanzleramt gebildeten *Archivamt* unterstellt, das aus Ersparnisgründen 1923 aufgehoben[125]) und erst 1928 mit verengten Funktionen wieder eingerichtet wurde. Durch das Denkmalschutzgesetz vom 25. Sept. 1923 ging man schließlich zum Archivalienschutz über, der zu einer Angelegenheit der Bundesregierung, nicht mehr der Bundesländer erklärt wurde. Aber die Befugnisse des Archivamts, die jetzt entscheidend, nicht mehr beratend waren, ließen einen Teil der bisherigen organisatorischen Bindungen der alten zentralen Archive unberührt; das Haus-, Hof- und Staatsarchiv z. B. blieb weiterhin dem Außenministerium angeschlossen, und auch als 1923 die Bundesministerien des Äußeren, des Innern und der Justiz im Bundeskanzleramt vereinigt wurden, blieb es bei der dortigen Sektion für auswärtige Angelegenheiten. Auch die Stellung des Archivamts zu den öffentlichen Archiven in den Bundesländern ist nicht so bestimmend wie in Einheitsstaaten, weil die Länder autonome Gebietskörperschaften sind. Aber auch ihnen gegenüber ist die Frage des Archivalienschutzes entscheidend, nicht mehr nur beratend geregelt. Ausführende Organe des Archivamtes sind in den Bundesländern nicht nur die Direktoren der Landesregierungsarchive, sondern auch die der Landesarchive; zu ihrer Unterstützung werden Archivpfleger ernannt. Die Leiter der öffentlichen Archive in den Bundesländern und die der zentralen Archive sind mit anderen Sachverständigen im Archivbeirat vereinigt, der das Archivreferat berät. Damit waren wesentliche Fortschritte über die zweite Periode des österreichischen Archivwesens hinaus gemacht, aber noch nicht die Spuren des Behördenarchivwesens beseitigt, das Ziel der Archivperiode seit der französischen Revolution also noch nicht völlig erreicht.

---

[125]) In der Zwischenzeit fungierte nur das 1922 geschaffene Archivreferat („Oberste Archivleitung") beim Bundeskanzleramt, das aber 1925 vorübergehend ebenfalls aufgelöst wurde. Ihm stand als Beirat eine Fachmännerversammlung aus den Leitern der zentralen und der Landesarchive zur Seite.

Der Anschluß Österreichs i. J. 1938, als dessen Folge die bisherigen Zentralbehörden, die Träger der Behördenarchive, verschwanden, brachte schließlich die Entwicklung zum Zentralarchiv hin zum Abschluß. Der verwaltungsmäßige Zusammenschluß fast aller zentralen Archive erhielt 1940 die Bezeichnung „Reichsarchiv Wien“[126], die Archive in den Ländern erhielten die einheitliche Bezeichnung „Reichsgauarchive“ (in denen man jeweils Landesregierungs- und Landesarchiv vereinigte) und wurden, wie das Reichsarchiv Wien, dem Reichsministerium des Innern in Berlin unterstellt. Die Aufgaben des Archivamtes (Archivgutschutz) und des Archivreferates mit Archivbeirat (Aufsicht über das staatliche Archivwesen) übernahmen die einzelnen „Reichsstatthalter.“

b) *Ungarn*

In Ungarn tritt uns bereits im 14. Jh. unter den Königen aus dem Hause Anjou ein königliches Archiv, das Regale Conservatorium, entgegen, das zunächst in der Kapelle der alten Königsburg Visegrád aufbewahrt und bald in die Festung zu Ofen gebracht wurde; seinen Kern scheinen die Ausstellerregister der königlichen Privilegien (libri regii) gebildet zu haben, neben denen die dynastischen Urkunden an Bedeutung zurücktraten. Die eigentlichen Grundgesetze und Landesprivilegien, wie etwa die Goldene Bulle von 1222, wurden dagegen von dem Palatin, dem obersten Hofbeamten, aufbewahrt; infolge des häufigen Wechsels der Palatinswürde zwischen den Magnatenfamilien gelangten freilich wesentliche Teile dieses Palatinatsarchivs in private Adelsarchive. Von diesen mittelalterlichen Archivalien hat sich nach dem Zusammenbruch von 1526, insbesondere infolge des Brandes von Ofen bei der Wiedereroberung i. J. 1686, nur weniges erhalten.

Unter der habsburgischen Herrschaft wurde die Außenpolitik, die Finanz- und die Militärverwaltung durch die für das ganze Reich zuständigen Wiener Zentralbehörden (Geheimer Rat, später Haus-, Hof- und Staatskanzlei; Hofkammer; Hofkriegsrat) wahrgenommen; nur für die innere Verwaltung Ungarns war 1527 eine eigene Behörde in der Ungarischen Hofkanzlei in Wien geschaffen worden, die ihr eigenes Behördenarchiv hatte. Im Lande selbst befanden sich die Curia regis, der oberste Gerichtshof, der auch die einstigen Gerichts-

---

[126]) An die Stelle des Reichsarchivs Wien ist 1945 das „Österreichische Staatsarchiv“ unter einem Generaldirektor getreten; ihm wurden 1945 — nunmehr als Zivilbehörde — auch das Kriegsarchiv, das 1938 als „Heeresarchiv Wien“ dem Chef der Heeresarchive zu Potsdam unterstellt worden war, und das Verkehrsarohiv, das 1938 der Reichsbahndirektion Wien angegliedert worden war, angeschlossen. Das Österreichische Staatsarchiv umfaßt nunmehr folgende Abteilungen: 1. Haus-, Hof- und Staatsarchiv, 2. Hofkammer- und Finanzarchiv, 3. Archiv des Innern und der Justiz (Allgemeines Verwaltungsarchiv) mit Unterrichts- und Verkehrsarchiv, 4. Kriegsarchiv.

funktionen des Palatins an sich gezogen hatte, die Königliche Statthalterei, die seit ihrer Einrichtung i. J. 1724 vom Palatin geleitet wurde, und die Ungarische Hofkammer, die seit 1527 die königlichen Domänen, Steuern und Zölle verwaltete und der Wiener Hofkammer unterstellt war. Auch bei ihnen erwuchsen Behördenarchive, unter denen sich das der ungarischen Hofkammer, dessen Bestände bis ins 16. Jh. zurückreichen, durch Aufnahme der Archive eingezogener Adelsgüter und Klöster und aufgehobener Domänen- und Finanzbehörden zum Facharchiv weitete. Ein zweites Facharchiv entstand vorübergehend im Zuge der josefinischen Reformpolitik 1789 durch Zusammenziehung der Registraturen verschiedener zentraler und lokaler Gerichte und Beurkundungsstellen.

Der Kampf der vom Adel geführten ungarischen Stände gegen das auswärtige Königtum, den die konfessionellen Gegensätze wesentlich verschärften, veranlaßte jene, ihren Freiheitsbriefen und sonstigen Privilegien besondere Sorge angedeihen zu lassen. Nachdem man bereits 1613 durch einen Beschluß, wonach die Erben des jeweiligen Palatins sämtliche Dokumente an den Nachfolger ausliefern sollten, ein vom Wechsel der Palatinsfamilien unabhängiges Palatinatsarchiv geschaffen hatte, wurden diesem durch Beschluß von 1681 alle im Lande aufgefundenen ständischen Privilegien zugesprochen. Aus ihm erwuchs 1723 als ungarisches Hauptarchiv das Archivum regnicolare oder regni unter der Aufsicht des Palatins, der als Führer der Stände und als Statthalter des Königs eine hervorragende Mittlerstellung einnahm und dadurch dem Archiv eine besondere Anziehungskraft auf die zum ständischen Bereich gehörigen Archivalien (Ständeversammlung, Judex curiae) geben konnte. Der Typus des Haupt- und Auslesearchivs hat also hier eine eigenartige Ausprägung erhalten, indem die Auslese nicht durch dynastische, sondern durch ständische Interessen bestimmt ist.

Der tiefe verwaltungsgeschichtliche Bruch in der Mitte des 19. Jhs. (Aufhebung des Ständestaates 1848, Einführung des Konstitutionalismus 1867) hat die gleiche Lage verursacht, vor der einst die französische Revolution gestanden hatte: die älteren Archivalien hatten ihre rechtliche Bedeutung verloren, und die Behörden, bei denen sich die Archive gebildet hatten, waren verschwunden. Auch die Lösung, die man für die notwendige Neuordnung fand, war die gleiche, wenn sie auch weniger durch administrative als durch wissenschaftliche Forderungen, als deren vornehmlicher Sprecher die Historische Klasse der Ungarischen Akademie der Wissenschaften auftrat, bestimmt wurde: man begründete 1874 ein Zentralarchiv des Königreichs, das *Ungarische Nationalarchiv* zu Budapest, auf der Grundlage des bisherigen Hauptarchivs, des Archivum regnicolare, und vereinigte in ihm alle bisherigen Behörden- und Facharchive. Sein Charakter als Zentralarchiv wurde 1934 gesetzlich festgelegt und den Zentralbehörden die Pflicht zur Ablieferung aller mehr als 32 Jahre alten Akten auferlegt (Gesetz VIII). Inzwischen hatten sich nämlich zwei neue zentrale Behördenarchive, das *Kriegsarchiv* beim Honvédministerium aus den 1920 dorthin gelangten Ungarn betreffenden Beständen des Wiener k. u. k. Kriegsarchivs und das *Archiv der Nationalversammlung*, gebildet, und man wollte wohl die Entstehung weiterer Behördenarchive unterbinden.

Die *Archive der Komitate*, ursprünglich königlicher Verwaltungsbezirke, die seit dem 13. Jh. allmählich zu Bereichen der ständischen Selbstverwaltung geworden waren, um erst Mitte des 19. Jhs. wieder staatlichen Charakter zu erhalten, besitzen teilweise eine beachtliche archivalische Überlieferung, wenn auch gerade die bedeutendsten außerhalb der heutigen Landesgrenzen liegen. Feste organisatorische Formen haben sie freilich erst im 18. Jh. erhalten, als neben den häufig wechselnden Obergespan als ständiger Verwaltungsbeamter der Vizegespan trat und für die Stetigkeit der Komitatsverwaltung sorgte. Auch die nicht den Komitaten eingegliederten „*königlichen oder freien Städte*", die unter der Komitatsgerichtsbarkeit stehenden *Städte* und die *Landgemeinden* besitzen eigene Archive. Besondere Bedeutung kommt den *Loca credibilia* zu, Beurkundungsstellen für Akte freiwilliger Gerichtsbarkeit, die seit dem 14. Jh. durch königliche Verleihung bei gewissen Domkapiteln, Kollegiatstiftern und Klosterkonventen entstanden waren und bis zur Einrichtung des Notariatswesens i. J. 1874 ihre Tätigkeit ausgeübt haben; neben den Registern oder Zweitausfertigungen der von ihnen ausgestellten Urkunden über die vor ihnen getätigten Rechtsgeschäfte oder Urkundenbeglaubigungen besitzen sie Privaturkunden, die bei ihnen niedergelegt waren. Eine bedeutende archivalische Sammlung, die insbesondere zahlreiche adlige Familienarchive enthält, besitzt das Ungarische Nationalmuseum.

Das Gesetz XXI über die Regulierung des Archivwesens von 1947 hat einen umfassenden staatlichen Archivgutschutz begründet, der durch einen Landesinspektor ausgeübt wird. Dem staatlichen Archivgut (acta publica) ist Domanialcharakter zuerkannt worden, als res extra commercium ist es unentgeltlich an die Staatsarchive abzuliefern, darf also nicht in private Nachlässe oder in den Antiquariatshandel geraten. Außer den Archiven der Loca credibilia, deren staatlichen Charakter man gegenüber den kirchlichen Ansprüchen anerkannt hat, und der ebenfalls staatlichen Komitatsverwaltungen unterstellte man auch die der freien und der Komitatsstädte und der Landgemeinden sowie die archivalischen Sammlungen der öffentlichen Museen und Bibliotheken dem staatlichen Archivschutz, von den Privatarchiven dagegen nur die von öffentlichem Interesse, denen gegenüber sich der Staat Vorkaufsrecht und die Möglichkeit der Sicherungsverwahrung vorbehielt und deren Besitzer verpflichtet wurden, wissenschaftliche Benutzung älterer Bestände, sofern sie vom Landesinspektor genehmigt war, zuzulassen. Die kirchlichen Archive wurden lediglich dem Schutze und der Pflege der kirchlichen Behörden und der von diesen eingesetzten Archivinspektoren unterstellt. Auch Bestrebungen auf Konzentration des nichtstaatlichen Archivgutes in Distriktsarchiven in den Universitätsstädten sind neuerdings aufgetreten.

Wie in Österreich ist also in dem wieder selbständigen Ungarn im 18. Jh. eine Archivorganisation entstanden, die das bezeichnende Nebeneinander von Haupt- und Auslesearchiv und Behördenarchiven aufweist. Aber im Unterschied zum zentralen Archivwesen Österreichs tritt hier den Archiven der königlichen Verwaltungsbehörden ein ständisches Auslesearchiv als Hauptarchiv gegenüber, verbindet sich also der archivische Dualismus mit dem politischen, eine Erscheinung, die eine entfernte Parallele hat in dem Nebeneinander von ständischem Landesarchiv und landesfürstlichen Behördenarchiven in den österreichischen Kronländern des 19. Jhs. Das moderne Zentralarchiv ist in Ungarn früher und folgerichtiger verwirklicht worden als in Österreich, und auch einen allgemeinen staatlichen Archivalienschutz hat man neuerdings gesetzlich verankert.

18. *Das Archivwesen des Deutschen Reichs (1871—1945) und seiner Länder*

a) *Reichsverwaltung*

Reichsarchiv zu Potsdam

In Deutschland sind die entscheidenden Schritte zur Bildung eines Reichsarchivs erst nach dem ersten Weltkrieg geschehen. Aber hier ist es nicht zu einer umfassenden Archivverwaltung gekommen, sondern man hat nur ein Zentralarchiv geschaffen. Das Reich begann also mit dem Stande der Schweiz: ein Zentralarchiv der Bundesverwaltung und Archive der Länder. Allerdings hat zunächst die Absicht bestanden, die anfangs gebildeten auswärtigen Archivdepots des Reichsarchivs, die ja wie dieses selbst Heeresarchivalien enthielten, auszubauen, aber die Not der Zeit hat es nicht zugelassen, und es erscheint zweifelhaft, ob diese jungen Akten für sich ein Archiv von wissenschaftlichem Range hätten bilden können.

Daß die damalige Lösung nicht die einzig mögliche war, zeigt ein Blick auf die *Geschichte der Reichsarchividee.* Bereits 1848 entstand der Plan zur Begründung eines Reichsarchivs, aber der Antrag kam aus der Kommission nicht mehr ins Plenum der Nationalversammlung zurück. Die Archive des alten Bundestages, der Frankfurter Nationalversammlung und der provisorischen Zentralgewalt blieben nach 1866/67 bei der Stadt Frankfurt, wo sie noch heute, jetzt als Filiale des neuen Bundesarchivs, ruhen, nachdem sie bis 1945 vom Reichsarchiv (als Reichsarchivabteilung Frankfurt a. M.) verwaltet worden waren. Der Plan von 1848 tauchte 1868 im Norddeutschen Reichstage wieder auf. Während man aber 1848 nach dem Vorbilde des revolutionären Frankreichs von 1789 den Aufbau eines Archivs mit der Gegenwart beginnen wollte (Archiv der Frankfurter Nationalversammlung und der provisorischen Zentralgewalt), wurde 1868 vorgeschlagen, die Trümmer der alten Reichsarchivalien zusammenzufassen; man schlug weiter vor, die Archive der norddeutschen Bundesländer in Abhängigkeit vom Reichsarchiv zu bringen und sie in wissenschaftlichem Sinne zu reformieren, was Bismarck durchaus billigte[127]). Aber diese Idee scheiterte schon 1868 und hätte sich erst recht nicht im Reiche von 1871 verwirklichen lassen. 1905/06 begannen neue Erörterungen über die Gründung eines Reichsarchivs, als die Reichsämter an Aktenabgabe denken mußten, und es entstand der Gedanke, das Reichsarchiv im Anschluß an das Preußische Geheime Staatsarchiv zu errichten. Dieser Gedanke tauchte 1911 von neuem auf, und Preußen und das Reich einigten sich 1912 grundsätzlich in diesem Sinne. Nunmehr aber wurde in parlamentarischen Kreisen das Gegenteil von dem befürchtet, was 1868 abgeschreckt hatte. Damals drohte die Abhängigkeit der Länderarchive vom Reichsarchiv, jetzt drohte das Reichsarchiv zu einem Anhängsel des preußischen Archivwesens zu werden; deshalb brachten Zentrum und Sozialdemokratie durch ihre Vertreter Gröber, Erzberger und Südekum diesen Vorschlag aus grundsätzlichen politischen Erwägungen zu Fall. Auch der Vorschlag des Reiches nur eine gemeinsame Leitung der beiden Archive zu schaffen, wurde im Reichstag 1914 abgelehnt. Die andere Möglichkeit, eine Arbeitsgemeinschaft von Reich und Ländern auf organisatorischem Gebiete herzustellen, ohne Verletzung der Interessen des Reichs, Preußens und der Länder, wurde nicht mehr in Erwägung gezogen.

Als Grundlage eines Reichsarchivs boten sich also mehrere Möglichkeiten, die alle im Laufe der Zeit erwogen worden sind, ohne daß sie ihre Verwirklichung gefunden haben.

1. Von dem Gedanken, einen historischen Unterbau zu schaffen, ging man 1868 aus, als man sich mit der Absicht trug, die in Wien ruhenden Archivalien des alten Reichs heranzuholen. Dieser ungeschichtliche Versuch einer Verknüpfung mit dem alten Reiche, der in der Paulskirche verständlich und sinnvoll gewesen wäre, dort aber hinsichtlich der Reichsarchividee nicht in Erscheinung trat, war gegenüber dem traditionslosen Bismarckreiche fehl am Platze. Die Archivalien des alten Reiches hätten niemals eine innere Ver-

---

[127]) F. B. Frh. v. Hagke, Über die Wiederherstellung eines deutschen Reichsarchivs und über Reformen im Archivwesen. Berlin 1868 (Sonderabdruck aus Hirths Annalen des Norddeutschen Bundes Heft 2).

C. A. H. Burkhardt, Die Archivfrage vor dem Reichstage. Zugleich eine Entgegnung ...... Weimar 1868.

bindung zum Registraturgut der Reichsbehörden von 1871 finden können.

2. Geschichtlich richtiger waren die späteren Pläne zur Schaffung eines Reichsarchivs, die alle auf einen Anschluß an das preußische Zentralarchiv hinausliefen. Denn das neue Reich war ja in vielen seiner Institutionen aus dem preußischen Staate erwachsen, so daß hier eine ausgesprochene Kontinuität bestand. Daß diese besonders günstige Lösung sich nicht verwirklichen ließ, lag an dem Bundesstaatscharakter des Reiches; denn die enge und einseitige Bindung des Reichsarchivs an den preußischen Staat mußte das Mißtrauen der anderen Bundesglieder und den Widerspruch der Föderalisten erregen.

3. So wäre die natürlichste Entwicklung gewesen, daß das Reichsarchiv als Behördenarchiv der bedeutendsten Reichsbehörde oder aus dem Zusammenschluß der Behördenarchive der obersten Reichsbehörden erwachsen wäre. Nach der Auflösung des Reichskanzleramtes (abgeschlossen 1879) hob sich kein Reichsressort so stark hervor, wie das Auswärtige Amt, während das Heereswesen keine Reichseinrichtung war, im Bismarckreiche also niemals hätte archivbildend wirken können. Aber im Zeitalter der Öffentlichkeit der Archive gab man nicht gern die geheimen Akten der auswärtigen Politik in ein vom Einfluß der Behörde gelöstes, selbständiges Archiv; gerade das Behördenarchiv des Auswärtigen Amtes hat sich ja von vornherein vom neuen Reichsarchiv ausgeschlossen und erst ganz spät dazu bereit gefunden, wenigstens die Akten der nichtpolitischen Abteilungen dorthin abzugeben. Auch waren die Reichsressorts noch zu jung, schon bedeutsame archivreife Bestände zur Verfügung zu haben, die dem Zentralarchiv das nötige Gewicht gegeben hätten. Erst durch die staatliche Umwälzung von 1918/19 wurden größere Aktenmassen archivreif.

4. Unmittelbar nach dem ersten Weltkriege ist dann noch eine neue Idee aufgetaucht, die zu einer Zentralarchivbildung hätte führen können, wie sie 1790 im Pariser Nationalarchiv entstanden war. Es war die aus der damaligen demokratischen Strömung erwachsene Idee einer großen Nationalschriftensammlung, die den modernen Reichsakten einen historischen Hintergrund geben sollte. Den Kern der Sammlung sollte das Material zur deutschen Einheitsbewegung bilden, das Ziel war, nicht nur ein Archiv zur Geschichte des Reiches, sondern auch des deutschen Volkes zu schaffen, also ein Nationalarchiv, bei dem der Archivbegriff in den Hintergrund tritt und es sich nur um eine Schriftensammlung, also um etwas Bibliothekarisches, handelt. Dieser Sammlungsgedanke hat, wenn er auch nicht archivgründend hat wirken können, doch erheblichen Einfluß auf die weitere Entwicklung des Reichsarchivs gewonnen. Man sammelte nicht nur Nachlässe und Archivgut nichtstaatlicher Institutionen (Parteien, politischer Verbände,

studentischer Verbände, sogar unpolitischer Vereine), sondern legte „zeitgeschichtliche Sammlungen“ mit politischem Propagandamaterial (Flugblätter, Maueranschläge, Wahlzettel), Bildern, Zeitungsausschnitten, Abzeichen und sogar rein kulturgeschichtlichem Material an.

Diese übermäßige Betonung des Sammlungsgedankens hat später — damit greifen wir der Darstellung vor — eine unerwartete Folge in dem Erlaß des Reichsministeriums des Innern vom 11. Dez. 1931 über die Aktenabgaben der Reichsbehörden („über die Verwertung der Akten für wissenschaftliche Zwecke“) gehabt. Man stand damals, da es infolge der Raumnot des Reichsarchivs nicht möglich war, das Archivgut aller Reichsbehörden, auch der mittleren und unteren, in dem einen zentralen Reichsarchiv zu konzentrieren, vor der Aufgabe, eine neue Lösung zu finden. Der Reichsminister des Innern ging von der Vorstellung aus, das Reichsarchiv sei die „Sammelstelle“ des für die Geschichte des Reichs wichtigen Aktenmaterials, und ordnete darum an, das Reichsarchiv solle zu den Akten der zentralen Reichsbehörden, die es bisher aufgenommen hatte, aus den mittleren und unteren nur die übernehmen, die für die Geschichte des Reiches von Bedeutung sind; die übrigen sollten, sofern sie landesgeschichtlichen Wert hätten, in die Landes- und Provinzialarchive gelangen, die rein ortsgeschichtlich beachtenswerten Akten den Stadtarchiven zur Auswahl angeboten werden. Eine solche nach historischem Wert abgestufte Verteilung der Akten, die zur Zerreißung aller Registraturzusammenhänge führen mußte und lebhaft an die bayrischen Verhältnisse am Ende des 18. Jhs. und am Anfang des 19. Jhs. erinnert, war im Zeitalter des Provenienzprinzips ein unfaßbarer Anachronismus. Das Reichsarchiv wußte den Erlaß unwirksam zu machen und suchte diese Frage durch praktische Abkommen mit den Ländern zu lösen, ohne jedoch wegen der Finanzierungsschwierigkeiten zu einer einheitlichen Regelung zu gelangen. Erst 1936 konnte eine einheitliche Regelung von Reichs wegen durchgesetzt werden (Erl. d. R. u. preuß. Min. d. Inn. v. 4. Aug. 1936 betr. Übernahme von Reichsakten in die Staatsarchive der Länder), die den Erlaß von 1931 aufhob. Danach hatten die mittleren und unteren Reichsbehörden ihre Akten an die zuständigen Landes- oder Provinzialarchive abzugeben, die diese im Auftrage des Reiches verwalten; das Reichsarchiv nahm nur noch die Akten der zentralen Reichsbehörden (obersten Reichsbehörden und höheren Reichsbehörden mit zentralem Geschäftsbereich) auf.

Schließlich hat keine der vier skizzierten Möglichkeiten den Ansatzpunkt des neuen Reichsarchivs gebildet. Daß dieses vielmehr aus dem Heerwesen hervorgegangen ist, dem einzigen bedeutenden Ressort, das im Reiche nicht vertreten war, ist ein Paradoxon eigener Art, einmalig in der Archivgeschichte auch darin, daß hier ein großes Verwaltungsarchiv aus einem Heeresarchiv erwachsen ist, während die Archivgeschichte sonst nur den umgekehrten Fall kennt.

Ganz unvermutet ist das *Reichsarchiv* nach dem ersten Weltkriege entstanden, nicht in organischem Wachstum, sondern durch die harte Notwendigkeit des Augenblicks. Den Anstoß gab das ungeheure Material der aufzulösenden Verwaltungs- und Kommandostellen des Heeres und der Kriegsgesellschaften, das man irgendwie unterbringen mußte. Dazu traten sogleich als weitere Aufgaben: 1. Mit diesen Aktenmassen alles Material des Reiches, das bei den Behörden nicht mehr benötigt wurde, zu vereinigen, zu verwahren und zu verwalten. Man faßte also von vornherein ins Auge, nicht ein Behörden- oder Facharchiv, sondern ein Zentralarchiv zu schaffen. Dieser Gesichtspunkt war eine unbedingte Notwendigkeit, denn ein reines Heeresarchiv hätten die Alliierten Mächte nicht zugelassen. 2. Amtlich die wissenschaftliche Erforschung der Geschichte des Reiches und vor allem der des Weltkrieges auf Grund dieses Materials zu organisieren. 3. Archivamtliche Auskunft zu erteilen, Akten zu vermitteln sowohl für wissenschaftliche Zwecke wie für praktische Bedürfnisse, insbesondere der Reichsbehörden, eine Aufgabe, die als selbstverständlich zu jedem modernen Archiv gehört. Der Begriff der Sammlung, der hier noch keine Rolle spielt, ist erst in den späteren Verlautbarungen des Reichsarchivs stärker hervorgetreten.

Das im Okt. 1919 begründete Reichsarchiv wurde im Dez. 1919 im Gebäude der ehemaligen Kriegsschule auf dem Brauhausberg zu Potsdam eröffnet, und es strömten sogleich gewaltige Aktenmassen, besonders militärischer Provenienz herein, für deren Unterbringung man Notbauten, sogar Baracken, errichten mußte. Erst im Dez. 1920 traten einige wenige archivarisch vorgebildete Beamte aus Preußen in den überwiegend militärisch vorgebildeten Beamtenkörper ein. Allmählich kamen auch Akten der zivilen Reichsbehörden in größerem Umfange herein, und für die Registraturen der zivilen Reichszentralbehörden ist zuletzt ein regelmäßiger Turnus der Abgabe der archivreifen Akten eingeführt worden, wie er ja auch in Preußen bestand. Für die Aufstellung mußte ein neuer systematischer Rahmen gezogen werden, eine so vielschichtige Einteilung, daß für alle Reichsakten sofort der Platz festgelegt war; man hat daher bei der Neugliederung von 1936 von vornherein alle Reichsressorts berücksichtigt. Maßgebend war das Provenienzprinzip, nur bei den militärischen Akten mußte man wegen der häufigen Umgliederung der Kommandostellen während des Krieges gelegentlich zum Sachprinzip greifen. Auch ein *Kartenarchiv* wurde geschaffen und als neue Erscheinung im deutschen Archivwesen ein *Bild- und Filmarchiv*, das auch tatsächlich überwiegend amtlichen Charakters war, nämlich Filme enthielt, die von amtlichen Stellen zu Propagandazwecken während des Krieges aufgenommen worden waren.

Schon bei der Gründung des Reichsarchivs war die Ausgestaltung der zivilen Seite des Reichsarchivs vorgesehen, wenn auch dann die verwaltungsmäßige Trennung der militärischen und zivilen Akten sehr ruckartig geschehen ist. Auch bei der Gründung des Forschungsinstituts hat man von vornherein nicht nur an militärische Forschungsaufgaben gedacht. Der Gedanke, mit dem Archiv Forschungsaufträge zu verbinden. ist ja nicht neu; aber während diese Forschungen stets im Archiv und meist von Archivbeamten vorgenommen werden, hat man in Potsdam eine selbständige Forschungsabteilung geschaffen, deren Mitglieder keine Archivbeamten waren. Neben der politischgeschichtlichen, der wirtschaftsgeschichtlichen und der kriegsgeschichtlichen Forschungsabteilung bildete das Archiv selbst innerhalb der groß aufgezogenen Organisation auch nur eine Abteilung, die „Archivabteilung", die den übrigen Abteilungen das Material zu liefern hatte und auf diese Weise eigentlich in eine Kärrnerstellung hinabgedrückt wurde.[128]) Die politischgeschichtliche und die wirtschaftsgeschichtliche Abteilung sind im Chaos der Inflation untergegangen und der eigentliche Kern der Gründung, die kriegsgeschichtliche Abteilung, konnte jetzt stärker in den Vordergrund treten. Die Aktenpublikation zur deutschen Außenpolitik vor dem Weltkriege ist jedoch nicht im Reichsarchiv, sondern durch einen großen Stab von Mitarbeitern im Auswärtigen Amt geschaffen worden und dadurch ein sehr unerwünschtes Behörden-Zwischenarchiv, das *Politische Archiv des Auswärtigen Amtes*, entstanden, in dem die Akten der politischen Abteilung[129]) gegenüber dem Reichsarchiv festgehalten wurden, während die Akten des preußischen Außenministeriums bis 1867 ins Preußische Geheime Staatsarchiv gelangt sind.[130]) Die *Historische Reichskommission*, aus der später das „Reichsinstitut für die Geschichte des neuen Deutschland" hervorgegangen ist, hat Publikationen zur sonstigen Reichsgeschichte in Angriff genommen und sich zu einem selbständigen Forschungsinstitut entwickelt. Nur die kriegsgeschichtliche Abteilung ist länger beim Reichsarchiv geblieben, weil sie stärker als die anderen Abteilungen an das Reichsarchiv mit seinen Beständen gebunden war, und erst nach Schaffung des neuen Reichsheeres ist sie 1935 unter der Bezeichnung „Kriegsgeschichtliche Forschungsanstalt des Heeres" verselbständigt und — auch unter Lösung vom neuen Heeresarchiv, das dem Chef der Heeresarchive unterstellt wurde —

---

[128]) Etwas von diesen Tendenzen steckte ja später auch in der Arbeitsweise des „Reichsinstituts für die Geschichte des neuen Deutschland", das sich von den Behörden das Material zur Verfügung stellen ließ. Br.

[129]) Die Rechts- und die Handelsabteilung dagegen haben ihr älteres Material abgeliefert.

[130]) Ein ähnliches, sachlich völlig ungerechtfertigtes Zwischenarchiv, dessen Bestände weit in die preußische Zeit zurückreichten, hatte sich auch bei dem Reichspostministerium gebildet.

dem Generalstab des Heeres untergeordnet worden. Seit 1. Okt. 1936 war das eigentliche Reichszentralarchiv für die Registraturen der zivilen Reichsbehörden unter dem alten Namen „Reichsarchiv" mit dem neuen Heeresarchiv nur noch räumlich verbunden; es unterstand weiterhin dem Reichsministerium des Innern, dem übrigens vorher für die Belange des Reichsarchivs eine „Historische Kommission" als wissenschaftlicher Beirat zur Seite gestanden hatte (die nicht mit der Historischen Reichskommission zu verwechseln ist). Die Pläne einer Verbindung des Reichsarchivs mit dem Preußischen Geheimen Staatsarchiv, wobei man vermutlich das brandenburgische Provinzialarchiv stärker als bisher vom preußischen Zentralarchiv organisatorisch hätte absetzen müssen, konnten infolge des zweiten Weltkrieges nicht mehr verwirklicht werden.

Heeresarchivverwaltung[131])

Die am 1. Okt. 1936 ins Leben getretene Heeresarchivverwaltung unter dem Chef der Heeresarchive, der dem Generalstab des Heeres unterstellt wurde, war etwas ganz Neuartiges in der Archivgeschichte: hier ist nicht ein einzelnes Facharchiv selbständig neben die zentrale staatliche Archivverwaltung getreten, wie wir es gerade auf dem Gebiete des Militärwesens oder auch der Außenpolitik noch heute in vielen Ländern finden, sondern ein ganzes System von gleichartigen Facharchiven ist zu einer eigenständigen Archivverwaltung zusammengefaßt worden, sogar über die Grenzen der auf Länderbasis aufgebauten staatlichen Archivverwaltungen hinweg.

Dem Chef der Heeresarchive unterstanden drei große, die gesamten militärischen Bestände ihres Landes erfassende Heeresarchive, das *preußische in Potsdam* (konstituiert 1. 10. 1936), das *bayrische in München* (seit 1937) und das *österreichische in Wien* (seit 1938), sowie die beiden als einzige erhalten gebliebenen *Reichsarchivzweigstellen zu Stuttgart* und *Dresden*, die 1937 den unzutreffenden Namen „Heeresarchiv" erhielten, und zwei kriegsbedingte Bildungen, die *Heeresarchivzweigstelle Prag*, in der 1939 das Archiv des tschechoslowakischen Heeres aufging, und die *Heeresarchivzweigstelle Danzig*, die 1940 als Sammelstelle für polnische Heeresarchivalien und polnische und sowjetische Beuteakten geschaffen worden war. Von diesen Archiven und Zweigstellen sollte nur das preußische Heeresarchiv lebendiges Archiv bleiben, d. h. für die gesamten Militärakten des deutschen Heeres seit 1921 (Reichswehr und Reichsheer) zuständig sein, während die übrigen Archive zu historischen werden sollten. Man erstrebte also die gleiche Lösung, die die thüringische Archivverwaltung nach 1920 gefunden hatte, ein Programm, dessen Undurch-

---

[131]) Unter Benutzung freundlicher Mitteilungen des früheren Leiters des Zentralarchivs in der DDR zu Potsdam, Dr. Korfes.

führbarkeit der zweite Weltkrieg erweisen sollte, als die einflutenden Aktenmassen das Potsdamer Archiv zu sprengen drohten. Für die beiden anderen Wehrmachtsteile waren nach 1937 ebenfalls Archive im Entstehen, *das der Kriegsmarine bei der Kriegswissenschaftlichen Forschungsabteilung der Kriegsmarine* und *das der Luftwaffe bei der Kriegswissenschaftlichen Abteilung der Luftwaffe*, die ihre Bestände zu einem kleinen Teile dem Reichsarchiv entnahmen (z. B. Akten des Reichsmarineamtes). Der *Wehrmachtsführungsstab im OKW* schuf sich während des zweiten Weltkrieges ebenfalls ein eigenes Archiv, das zunächst im Potsdamer Heeresarchiv deponiert wurde[132]).

Wenn auch der äußere Anlaß für die Begründung dieser neuen Archivverwaltung die Wiedergewinnung der Wehrhoheit war, so gehen ihre Wurzeln doch bereits auf das Ende des ersten Weltkrieges zurück. Als damals die gewaltigen Massen von militärischen Akten des Weltkrieges einschließlich der aus der staatlich reglementierten Kriegswirtschaft stammenden Akten der Kriegsgesellschaften frei wurden, ergab sich die Notwendigkeit, sie in besonderen Anstalten einzufangen, da durch sie die staatlichen Archive gesprengt worden wären. So entstand 1920 das *Reichsarchiv zu Potsdam*, in das man nach Sachauslese, also vielfach unter Zerreißung der Registraturen, die Akten der Obersten Heeresleitung, der Heeresgruppenkommandos und der Armeeoberkommandos, sowie die operativen und taktischen Akten des übrigen Feldheeres, insbes. die Kriegstagebücher von den Generalkommandos bis zu den untersten Einheiten, das Aktengut des Großen Generalstabes seit 1859 (Beginn der Aera Moltke) und das der Kriegsgesellschaften hineinnahm. Die Verwaltungsakten der Generalkommandos, Truppenteile und Intendanturen, sowie der Militärbehörden der Heimat wurden in Heeresabwicklungsämtern zusammengefaßt, die sich an den Sitzen der ehemaligen Stellvertretenden Generalkommandos gebildet hatten und 1921 als Reichsarchivzweigstellen dem Reichsarchiv angeschlossen wurden. Von ihnen wurden München und Würzburg 1925/26 mit dem bayrischen Kriegsarchiv, Heilbronn mit der Zweigstelle Stuttgart und Hannover, Magdeburg, Braunsberg, Kiel (mit dem schon vorher Wilhelmshaven zusammengefaßt worden war), Breslau und Münster mit der Zweigstelle Spandau vereinigt, wobei allerdings die Akten der beiden zuletzt genannten Zweigstellen bis 1930 in den dortigen Staatsarchiven deponiert blieben. So blieben schließlich nur die *Zweigstellen Dresden* und *Stuttgart*, die 1937 als Heeresarchive übernommen

---

[132]) Nach 1945 sind die bis dahin der Heeresarchivverwaltung unterstellt gewesenen Heeresarchive München, Stuttgart und Wien als Zivilanstalten den dortigen staatlichen Archivverwaltungen angegliedert worden. Das Heeresarchiv Potsdam, dessen Bestände im April 1945 fast restlos zugrunde gegangen sind, und das Heeresarchiv Dresden, dessen Bestände nur zu einem kleinen Teil an das Landeshauptarchiv zu Dresden gelangt sind, bestehen nicht mehr.

wurden, nachdem sie vorher im Austausch mit den Staatsarchiven die militärischen Bestände Sachsens bzw. Württembergs und Badens seit 1867 bzw. 1871 erhalten hatten, und die *Zweigstelle Spandau* übrig, die 1935 nach dem Magazinneubau ins Reichsarchiv übernommen wurde. Eine Sonderstellung nahm ihrem Akteninhalt nach die *Abteilung Berlin des Reichsarchivs* ein, die ebenfalls 1935 ins Reichsarchiv gelangte. Das *Zentralnachweiseamt für Kriegerverluste und Kriegergräber zu Berlin*, das die Ranglisten und Stammrollen des preußischen Heeres von 1914 bis 1920 verwaltete, gehörte nicht zum Bereich des Reichsarchivs, sondern war eine selbständige, dem Reichsministerium des Innern unterstehende Behörde.

In *Preußen* waren vor 1918 die militärischen Archivalien entsprechend der dreifachen Spitze im Militärwesen (Militärkabinett, Kriegsministerium, Großer Generalstab) auf drei Archive verteilt: 1. das *Archiv der Geheimen Kriegskanzlei*, das 1874 als ausgesprochenes Behördenarchiv entstanden war, enthielt hauptsächlich Personalakten; denn die Geheime Kriegskanzlei (seit 1656/57 bis 1920 unter diesem Namen und seit 1809 dem „Militärkabinett" unterstellt) war seit Friedrich Wilhelm I. auf Personalien beschränkt. Dazu kamen die militärischen Akten des königlichen Kabinetts und der Generaladjutantur, sowie die Militärjustizsachen des Generalauditeurs. 2. Das *Geheime Archiv des Kriegsministeriums*, das 1839 begründet und 1886 neu organisiert worden war, stellte im Grundstock ein Behördenarchiv dar, nämlich das des Kriegsministeriums und seiner Vorgänger (Generalkriegskommissariat, Militärdepartement des Generaldirektoriums, Oberkriegskollegium), soweit deren Akten nicht bereits vernichtet waren; dazu kamen noch über das Kriegsministerium Verwaltungsakten von Kommando- und Heeresverwaltungsbehörden. 3. Das *Kriegsarchiv des Großen Generalstabes* stellte demgegenüber eine Sammlung von Akten und Handschriften für Zwecke der Bearbeitung der vaterländischen Kriegsgeschichte dar. Es war 1816 auf der Grundlage der Heeres-Plankammer zu Potsdam, die außer Karten auch Militärakten und militärische Nachlässe enthielt, begründet worden und sollte vor allem zunächst das herrenlose Archivgut der Truppenformationen der Freiheitskriege, die keinen Anschluß an das Friedensheer gefunden hatten, aufnehmen. Infolge seines Sammlungscharakters zeigte es Tendenzen zur Sachauslese, besonders hinsichtlich strategischen Materials; so suchte es die Kriegsakten König Friedrichs II. aus dem Geheimen Staatsarchiv an sich zu ziehen und übernahm Akten des Oberkriegskollegiums, des Militärdepartements im Generaldirektorium, sogar von Oberpräsidenten und Regierungspräsidenten. Auch die innere Gliederung nach Zeiträumen und Feldzugsjahren statt nach Provenienzen und Sachen war durch den Sammlungscharakter bedingt. Außerdem befanden sich noch zahlreiche ältere Registraturen bei Gouvernements und Festungskommandanturen, bei manchen Generalkommandos und Regimentern, beim Kadettenkorps und anderen Militärbehörden und Truppenteilen.

1918 wurden die älteren Teile des Kriegsarchivs des Großen Generalstabes (bis 1858) und der ältere Bestand des Archivs der Geheimen Kriegskanzlei mit dem Geheimen Archiv des Kriegsministeriums vereinigt, das 1920 als Abteilung Berlin dem Reichsarchiv — unter Wahrung des Eigentumsrechts der preußischen Archivverwaltung — unterstellt wurde. 1924/25 wurden diese Bestände, zu denen noch Akten weiterer hoher Dienststellen gekommen waren, nach Grenzjahren zwischen dem Preußischen Geheimen Staatsarchiv und dem Reichsarchiv Abteilung Berlin aufgeteilt. An das Geheime Staatsarchiv kam das Archiv des Großen Generalstabes bis 1858 (die jüngeren Teile waren 1920 unmittelbar ins Reichsarchiv gelangt), das ältere Archiv der Geheimen Kriegskanzlei bis 1874 (Einführung der Personalbogen), die geschriebenen Ranglisten bis 1911, die Adelsakten bis 1920 und die übrigen Bestände bis 1867; sie wurden hier als „Preußisches Heeresarchiv" zusammengefaßt und nach Provenienzgesichtspunkten geordnet. Im Juli 1937 mußten sie zusammen mit den militärischen Nachlässen an das neue Heeresarchiv in Potsdam abgeliefert werden. Der Rest blieb bei der Abteilung Berlin, mit der er 1935 an das Reichsarchiv gelangte. Somit umfaßte das Heeresarchiv Potsdam seit 1937 die gesamten militärischen Archivalien des altpreußischen Staates (mit Ausnahme der Weltkriegs-Ranglisten und -Stammrollen des Zentralnachweiseamtes); die 1866 einverleibten Staaten hatten ihre Militärakten in ihren Staatsarchiven (Hannover, Marburg, Wiesbaden) behalten.

In *Bayern* war 1885 im Zusammenhange mit der beginnenden bayrischen Heeresgeschichtsschreibung, also aus historischen Beweggründen, ein Kriegsarchiv geschaffen worden. Es war zunächst Behördenarchiv des Kriegsministeriums und seiner Vorgänger (Kriegsrat, Hofkriegsrat, Defensionsrat mit Kriegskanzlei, seit 1799 Oberkriegskollegium, Kriegsbüro), übernahm aber seit dem Anfang des 20. Jhs. auch die militärischen Akten zwischen 1650 und 1800 aus den Staatsarchiven und aus anderen Ministerien. Der inneren Gliederung lag territoriale Provenienz zugrunde, d. h. man faßte die aus den einzelnen Landesteilen stammenden Heeresakten und die Reichskontingentsakten zusammen (nach Landesteilen oder Reichskreisen) und gliederte jede derartige Abteilung ohne Rücksicht auf Behördenprovenienz sachlich (nach Waffengattungen, Feldzügen usw.) unter. Die Militärakten des 19. Jhs. gelangten 1920 von den Abwicklungsbehörden zusammen mit den Weltkriegsakten an die Reichsarchivzweigstellen München und Würzburg, die 1924 mit dem Kriegsarchiv München vereinigt wurden. Damit umfaßte dieses — abgesehen von den bei dem Zentralnachweiseamt Abt. Bayern ruhenden Weltkriegspersonalien — die gesamten bayrischen Militärakten von 1650 bis 1920.

Das *Kriegsarchiv zu Wien* geht auf das 1711 auf Anregung des Prinzen Eugen gegründete Archiv des Hofkriegsrats und der ihm angeschlossenen Hofkriegskanzlei („Hofkriegsrätliches Archiv", „Archivum bellicum" oder „Hofkriegskanzleiarchiv" genannt), also ebenfalls auf ein Behördenarchiv, zurück; es übernahm später auch Militärakten der Staatskanzlei und der Reichshofkanzlei, während andererseits die aus der nichtmilitärischen Tätigkeit des Hofkriegsrates (z. B. Verwaltung der durch die Türkenkriege zurückgewonnenen Gebiete und der Militärgrenze, Mitwirkung in außenpolitischen Verhandlungen) erwachsenen Archivalien vielfach an andere Archive abgegeben wurden. Die Archive des Feldheeres und der Truppenkommandeure sind vielfach in Familienarchive gewandert. 1801 wurden auf Wunsch des Erzherzogs Karl für kriegsgeschichtliche Zwecke die strategischen Akten abgetrennt und als „Kriegsarchiv" zusammengefaßt, während das restliche Hofkriegsratsarchiv später als „Kanzleiarchiv" mit der Registratur des Reichskriegsministeriums verbunden erscheint, bis 1889 beide Archive wieder vereinigt wurden. Das „Kriegsarchiv" von 1801, das nach seiner Reorganisation von 1876 aus Archiven und von anderen Militärstellen Material übernahm und 1885 die Militärakten des Kaiserlichen Kabinetts erhielt, unterstand als für beide Reichshälften zuständiges Institut dem Generalstab des k. u. k. Heeres und wurde 1919 der Verwaltung des Bundeskanzleramtes unterstellt. Damals gelangten in das Archiv auch die neueren Registraturen des Hofkriegsrates von 1815—1848, des Reichskriegsministeriums und aller militärischen Behörden, Anstalten und Formationen von der Brigade an aufwärts, während die übrigen Truppenteile an die zuständigen Landesregierungs- oder Landesarchive ablieferten, und die Akten des k. k. (österreichischen) Landesverteidigungsministeriums in das Archiv des Innern und der Justiz kamen, von wo sie, soweit sie nicht 1927 verbrannt waren, 1938 an das Heeresarchiv Wien abgegeben wurden.

In *Sachsen* übernahm das 1831 begründete Kriegsministerium unter der Bezeichnung „Hauptarchiv" das alte Archiv der Geheimen Kriegskanzlei mit den Archivalien der Vorgängerbehörden. Aber bereits seit 1838 lieferte dieses „Hauptarchiv", das man also nur als Behörden-Zwischenarchiv ansah, seine ältesten Bestände an das Hauptstaatsarchiv, wo sie nach sachlichen Gesichtspunkten (bes. Ab. III und IV des Meißnerschen Schemas) aufgeteilt wurden. Erst 1897 wurde ganz unorganisch ein neues „Kriegsarchiv" ins Leben gerufen, das die jüngeren noch nicht an das Hauptstaatsarchiv abgelieferten Registraturteile des Kriegsministeriums und die Akten der militärischen Dienststellen, die bisher noch nicht an das bisherige „Hauptarchiv" des Kriegsministeriums abgeliefert hatten, erhielt. 1921 wurde dieses Kriegsarchiv der 1920 gegründeten Reichsarchivzweigstelle Dresden, die neben Weltkriegsakten übrigens auch — in Parallele zur Zuständigkeit des Reichsarchivs — die Akten der mittleren und unteren Reichsbehörden übernahm, eingegliedert. 1925 wurde schließlich eine „Flurbereinigung“ zwischen Hauptstaatsarchiv und Reichsarchivzweigstelle Dresden nach dem Grenzjahr 1867 vorgenommen, so daß das Hauptstaatsarchiv 1926 alle sächsischen Militaria vor 1867 übernehmen konnte, die hier, allerdings gesondert von den Abgaben des 19. Jhs als Abt. XIX „Kriegsarchiv“ aufgestellt worden sind. Die Reichsarchivzweigstelle, das spätere sog. „Heeresarchiv“ Dresden, besaß also alle sächsischen Armeeakten seit 1867 einschl. der Abteilung Sachsen des Zentralnachweiseamts und hat nach 1937 weitere militärische Bestände aus dem Hauptstaatsarchiv an sich gezogen.

In *Württemberg* und *Baden*, wo niemals ein selbständiges Kriegsarchiv bestanden hatte, wurde nach preußischem und sächsischem Vorbild ein Grenzjahr (1871) für die Scheidung zwischen Reichsarchivzweigstelle Stuttgart, der auch die Akten des badischen Armeekorps überwiesen wurden, und den Staatsarchiven in Stuttgart und Karlsruhe festgelegt.

In den *übrigen deutschen Staaten* (Oldenburg, den beiden Mecklenburg, Braunschweig, den thüringischen Staaten, Hessen-Darmstadt, Anhalt, Lippe und Schaumburg-Lippe) sind die Archivalien aus der Zeit militärischer Selbständigkeit (bis 1866) in den Staatsarchiven verblieben. Die Bestrebungen, auch diese Bestände sowie die in den neupreußischen Provinzen und in Dresden, Stuttgart und Karlsruhe der Heeresarchivverwaltung einzugliedern, sind nicht mehr verwirklicht worden.

Der wichtigste Wesenszug, durch den sich das Kriegswesen von der übrigen Staatsverwaltung und Politik abhebt, ist der Mangel an Kontinuität. In der älteren Zeit erschöpft sich das Militärwesen in sprunghaft auftretenden Kriegsaktionen, die tatsächlich nur eine Fortsetzung der Politik durch stärkere Kraftzusammenballung sind. Die Maßnahmen der Kriegführung und der Heeresverwaltung sind noch ganz eingebettet in die politische und Finanzverwaltung. Größere Kriegsspannen, wie etwa der 30jährige Krieg, finden ihren archivalischen Ausdruck lediglich in der Bildung von „Selecta“ durch Einzelauslese aus politischen und Verwaltungsregistraturen. Vielfach findet sich der schriftliche Niederschlag der Kriegführung in den Familienarchiven der Kriegsunternehmer und Söldnerführer. Auch das Reichskriegswesen führt in den Ländern nur zu gelegentlichen Maßnahmen der obersten Landesbehörden.

Als eigenständiger Archivtypus können sich Kriegsarchive erst bilden, seitdem im 17. Jh. Söldnertum und Kriegsunternehmertum durch die Bildung stehender Heere und die Entstehung einer dauernden staatlichen Heeresverwaltung und Kriegsbereitschaft verdrängt werden. Die jetzt entstehenden Verwaltungsbehörden (Kriegsrat, Kriegskanzlei, später Kriegsministerium) bilden die Grundlage der organisch erwachsenen Behörden- oder Facharchive (z. B. Archiv der preußischen Kriegskanzlei, Archiv des preußischen Kriegsministeriums, Dresden). Die Aufgabe der Vorbereitung und Planung der modernen Kriegführung, für die im 19. Jh. die Institution des Generalstabes geschaffen wird, bildet den Ausgangspunkt für die Entstehung eines zweiten Heeresarchivtyps, der nicht aus Verwaltungsbedürfnissen, sondern aus den wissenschaftlichen Erfordernissen kriegsgeschichtlichen Studiums erwächst und daher Tendenzen zur Auslese und inneren Gliederung nach wissenschaftlichen Gesichtspunkten aufweist (z. B. Archiv des preußischen Großen Generalstabes, Wiener Kriegsarchiv von 1801). Gerade von den auf dieser Grundlage entstandenen Heeresarchiven wird der Sammlungsgedanke besonders stark betont — auch die Sammlungstätigkeit des Reichsarchivs war ja militärischer Herkunft —, und hier spielen die Archivalien im weiteren Sinne, nämlich Karten, Pläne, Bilder und Filme, als Registraturgut eine erhebliche Rolle.

Die mangelnde Kontinuität ist dem Heerwesen eigen geblieben; sie prägt sich nunmehr aus in dem unregelmäßigen Rhythmus zwischen Friedenszeiten, in denen Militärverwaltung und operative Planung gegenüber der übrigen Staatsverwaltung zurücktreten, und Zeiten der Kriegsvorbereitung und Kriegführung, in denen sich der militärische Apparat gewaltig aufbläht, zahllose kurzlebige Institutionen entstehen und gewaltige Aktenmengen produziert werden, die im Augenblick der Demobilmachung schlagartig frei werden und doch für Abwicklungszwecke und für kriegsgeschichtliche Forschung unverzüglich benutzbar sein müssen. Hierin liegen die Schwierigkeiten begründet, denen sich der Archivar bei der Behandlung von Heeresarchivalien gegenüber sieht: die Aufgabe, provenienzgerechte Gliederung mit Übersichtlichkeit und bequemer Benutzbarkeit zu verbinden, und die Lösung des Massenproblems.

b) *Württemberg*

Das *Staatsarchiv* zu Stuttgart wurde 1806 dem neuen Kabinettsministerium unterstellt, nachdem es vorher dem Geheimen Rat unterstanden hatte. Bei Gelegenheit einer neuen Ministerialorganisation wurde es 1817 in Beziehung zum Ministerium des Äußeren gebracht, und ein Mitglied dieses Ministeriums führte bis 1892 die Direktion des Archivs, die erst damals an einen Fachmann übergeben wurde. Von den Behörden, denen es unmittelbar untergeordnet war, empfing es nun auch die Akten. Jedoch vermochte es wegen seiner räumlichen Beengtheit weder die Akten aller Zentralbehörden noch die der neuen Landesteile und lokalen Ämter aufzunehmen. Nur das Urkundenmaterial der neuen Landesteile wurde nach Möglichkeit nach Stuttgart in das Staatsarchiv geschafft, das ja seiner ursprünglichen Anlage nach ein Urkundenarchiv war. So entstanden neben dem Staatsarchiv Facharchive von Zentralbehörden sowie Archivdepots im Lande für das Material der lokalen Verwaltung und für das der neuen Gebiete.

Als nach der Bildung derartiger Facharchive die Abgabe von auserlesenem Material aus den Registraturen der betreffenden Zentralbehörden aufgehört hatte, mußte schließlich auch das Staatsarchiv von der Einzelauslese zur Übernahme ganzer Registraturen der übrigen Zentralbehörden übergehen. So gelangten schließlich die vollständigen Registraturen (als Eliteregistraturen) des zur obersten Behörde entwickelten Geheimen Rats, des aus den Funktionen des Kammersekretärs sich allmählich entfaltenden Königlichen Kabinetts, von dem das Staatsarchiv schon früh eine Auslese empfangen hatte, des Staatsministeriums und des Ministeriums des Auswärtigen hinein. Nach 1806 wurde aus den beim Staatsarchiv befindlichen Haussachen als eigene Abteilung innerhalb des Staatsarchivs das *Hausarchiv* begründet, das dann 1826, als das Staatsarchiv ein neues Gebäude erhielt, auch räumlich von den anderen Beständen getrennt wurde.

Aus den Akten der neuen Landesteile erwuchsen drei *Filialarchive*: 1. das *Archiv zu Mergentheim*, das ein gemischtes Depot aus Archivalien neuerworbener Gebiete und altwürttembergischen Lokalakten bildete. Hier hatte sich bisher das Hauptarchiv des Deutschen Ordens befunden, das 1813 aufgeteilt wurde: die zentralen Bestände und die auf Österreich bezüglichen Teile kamen nach Wien, die übrigen Teile an die Staatsarchive der Länder, auf deren Ordensballeien sie sich bezogen, nur die württembergischen Teile blieben in Mergentheim, wohin inzwischen neuwürttembergische Kloster- und Ämterarchive geströmt waren. 2. das *Archiv zu Ellwangen*, das im wesentlichen Akten der vormaligen Fürstabtei Ellwangen enthielt; 3. das *Nebenarchiv zu Stuttgart* in der Legionskaserne, das 1840 aus der Vereinigung mehrerer Aktendepots entstanden war und 1858 nach Heilbronn verlegt wurde; es enthielt vormalige österreichische Regierungs- und landständische Akten, Material von Klöstern, die an Württemberg gefallen waren, Akten des schwäbischen Grafenkollegiums und der schwäbischen Ritterschaft sowie altwürttembergische Reichstags- und Kreistagsakten. 1868/69 wurden diese drei Filialarchive zum „*Staatsfilialarchiv*" *zu Ludwigsburg* vereinigt, in das später noch weitere Bestände gelangt sind, so die älteren Akten des Kriegsministeriums und die Akten der Lokalämter.

Außerdem sind um die Mitte des 19. Jhs. (1850 bzw. 1866) noch zwei weitere Archive nach Ludwigsburg gelangt, wo sie jedoch getrennt vom Staatsfilialarchiv und auch unabhängig vom Staatsarchiv als selbständige Facharchive unter Fachministerien aufbewahrt wurden, nämlich das Finanzarchiv und das Archiv des Innern. Die Grundlage des *Finanzarchivs*, das auf die 1806 geschaffene „Registratur der älteren Akten" zurückgeht, bilden die Akten der alten Rentkammer und des Kirchenrats, der die Verwaltung der altwürttembergischen Klöster und Kirchengüter unter sich hatte. Dieser Kirchengüterfonds stellt eine Stiftung dar, die sich weder im Eigentum der Kirche noch in dem des Staates befand, sondern eine selbständige Rechtsperson war, die von bestimmten landesherrlichen Behörden verwaltet wurde. 1803/06 wurde dann das Staatskameralgut und das Kirchen- und Klostergut unter der einheitlichen Verwaltung des staatlichen Oberfinanzdepartements vereinigt; aber der Kirchenfonds wurde als Sondereigentum des Landesherrn aufgefaßt, dessen Verwendungszweck festgelegt war und nicht der freien Verfügung der Staatsbehörden und des Landesherrn unterstand. Erst die Verfassung von 1919 hat die volle Umwandlung des Kirchengutes in Staatsgut und damit erst die vollständige Säkularisation des Kirchengutes durchgeführt. Schon 1822 wurden die beiden Depots der Rentkammer und des Kirchenrats als „Finanzarchiv" dem Finanzministerium unterstellt; dieses Finanzarchiv empfing dann im 19. Jh. Akten des Finanzministeriums und aufgelöster Finanzbehörden und seit 1911 Akten, Lagerbücher und Rechnungsregister der Staatskameralämter, also nichtzentrales Material.

Das sogen. *Archiv des Innern*, das aus dem um 1806 entstandenen „Hauptdepot der älteren Akten" in Stuttgart hervorgegangen ist und 1818 dem Ministerium des Innern angeschlossen wurde, bestand aus der im 16. Jh. beginnenden Registratur der früheren obersten Regierungs- und Gerichtsbehörde, des Hofrats, des später aus dieser Behörde erwachsenen Oberrats und schließlich (seit 1710) der Herzoglichen Regierung, deren Fortsetzung dann das Ministerium des Innern darstellt; aus diesen Behördenregistraturen war aber bereits früher Aktenmaterial nach Auslese in das Staatsarchiv gelangt. Das Archiv des Innern ist zeitweise in Personalunion mit dem Staatsarchiv verbunden gewesen, später aber wieder ganz selbständig geworden. 1866 kam es nach Ludwigsburg und empfing dort seit 1874 Bestände des Ministeriums des Innern und später der Kreisregierungen und Oberämter. Erst 1921 wurden alle in Ludwigsburg befindlichen Archive, das Staatsfilialarchiv im engeren Sinne (das aus der Vereinigung der drei Nebenarchive zu Mergentheim, Ellwangen und Stuttgart-Heilbronn 1868/69 entstanden war), das Finanzarchiv und das Archiv des Innern zu einem einheitlichen Ganzen, dem sogen. „*Neuen Staatsfilialarchiv*", zusammengeschlossen und neu organisiert. Bei allen drei Archiven besteht eine historische Abteilung für die Zeit bis 1806 oder 1817 und eine neuere Verwaltungsabteilung. 1924 ist schließlich das Ludwigsburger Archiv dem Staatsarchiv in Stuttgart unterstellt worden.

Die Zuweisung der Archivalien ist nicht durchweg organisch erfolgt, weder die der Bestände der lokalen Verwaltungsstellen noch die der Bestände der Zentralbehörden, die ja einer Auslese unterworfen worden waren. Aber allmählich hat das Staatsarchiv einen organischen Charakter angenommen, und jetzt ist die Zuständigkeit klar geregelt: die Akten der Fachministerien und der ihnen unterstellten Behörden, der altwürttembergischen wie der der neuerworbenen Landesteile, liegen im Staatsfilialarchiv, dagegen befinden sich die Akten des Kabinetts, des Geheimen Rats, des Staatsministeriums und des (erst 1919 aufgehobenen) Außenministeriums im Staatsarchiv. Der Bedeutung des Facharchivwesens ist es wohl zuzuschreiben, daß im Staatsarchiv, obwohl die Grundlage für eine provenienzmäßige Aufstellung nicht gegeben war, doch ein rein mechanisches Ordnungsprinzip, wie in Karlsruhe oder in Dresden, nicht zur Herrschaft gekommen ist, sondern eine induktive Ordnung geschaffen wurde, die heute dem Herkunftsgrundsatz angepaßt ist.

Erst seit 1924 besteht eine einheitliche Archivverwaltung, die das zentrale und das lokale Aktenmaterial erfaßt. Aber von dem Dualismus zwischen Auslesearchiv, das sich zum Hauptarchiv, zum Archiv der obersten Staatsführung und der auswärtigen Politik, entwickelt hat, und Facharchiven ist auch hier ein Rest zurückgeblieben, der schließlich nur durch gemeinsame Verwaltung überbrückt werden konnte.

c) *Baden*

Die alte Markgrafschaft Baden ist erst durch die Erwerbungen von 1803 bis 1806 zu einem Mittelstaat geworden. Das ältere Archivwesen trägt noch durchaus kleinstaatliche Züge. In den beiden aus der Landesteilung von 1535/36 entstandenen Markgrafschaften, der oberen, Baden-Baden, und der unteren, Baden-Pforzheim (seit 1565 Baden-Durlach), erwuchsen im Anschluß an die landesherrlichen Kanzleien eigene Archive auf der Grundlage der jedem Teilterritorium zukommenden Archivalien aus dem altbadischen Archiv, dessen unteilbarer Bestand als *Samtarchiv* im Schloß zu Baden verblieb. Beide Archive hatten infolge der französischen Einfälle am Ende des 17. Jhs. wechselvolle äußere Schicksale. Das *badische Archiv* wurde auf der Flucht in Böhmen 1691 durch einen Schloßbrand stark in Mitleidenschaft gezogen, nachdem von den in Baden zurückgebliebenen Registraturen der Zentralbehörden bei dem Brande der Stadt 1689 zahlreiche Bestände, vor allem die gesamten Hofgerichtsakten, zugrunde gegangen waren; 1726 wurde das Archiv mit der Residenz von Baden in das Schloß zu Rastatt verlegt. Das *durlachische Archiv*, das 1565 von Pforzheim auf die Karlsburg zu Durlach übergeführt worden war, verlor bei deren Einäscherung 1689 einen Teil seiner Urkunden und sämtliche Akten des Hofrats und der Rentkammer. Die geretteten Bestände wurden nach Basel geflüchtet, wo sie im Schutze der schweizerischen Neutralität und unter der Betreuung durch hauptamtliche Archivare bis 1777 verblieben. In diesem Jahre wurden die Archive der beiden Markgrafschaften, die sich 1771 unter der Durlacher Linie wieder vereinigt hatten, in Schloß

Rastatt unter dem bisherigen markgräflichen Archivar zu Basel, Johann Erhard Steinhäuser, zusammengefaßt. Zwischen 1792 und 1797 wurde schließlich der größte Teil der Bestände aus Rastatt in das neuerrichtete Archivgebäude zu Karlsruhe übergeführt, das das Generallandesarchiv bis 1905 beherbergt hat.

Während das baden-badische Archiv immer mehr verwahrloste, besaß Baden-Durlach, das im Gegensatz zu Baden-Baden über eine musterhafte Verwaltung verfügte, in Karl Friedrich Drollinger († 1742) einen hervorragenden Archivar, der nicht nur eine brauchbare, sich an die Geschäftskreise der Zentral- und Lokalverwaltung anlehnende, also induktive Ordnung schuf, sondern durch seinen „Unmaßgeblichen Vorschlag zu guter Einrichtung der Karlsruhischen Registraturen" (1740) erreichte, daß bei allen Zentral- und Lokalbehörden ein einheitlicher, an seine Untergliederung des Archivs anknüpfender Registraturplan eingeführt und die Pflicht aller Behörden zur Ablieferung ihrer Akten vor einem bestimmten Grenzjahr festgelegt wurde; auch die Probleme der Kassation wurden damals in verständiger und maßvoller Weise erörtert.

Aus der Vereinigung des gut geordneten durlachischen mit dem vernachlässigten badischen Archiv ergab sich die Notwendigkeit zu einer gründlichen Neuordnung des gesamten Landesarchivs. Steinhäuser wollte die bisherige Gliederung des durlachischen Archivs als Grundlage gelten lassen; sein Ziel war es wohl, das badische Archiv nach dem durlachischen Schema zu ordnen und dann jeweils die gleichen Sachgruppen beider Archive zu vereinigen. Demgegenüber vertrat der Geheime Rat Friedrich Brauer als Archivkommissar die Ansicht, nur eine völlige Neugestaltung nach einem systematischen, allgemeingültigen und unabänderlichen Schema, das die Eingliederung der einzelnen Archivalien der Willkür der Archivbeamten entzöge, gewährleiste die mühelose Brauchbarkeit des Archivs für die Erledigung der Staatsgeschäfte durch die bearbeitenden Räte. In seinem ersten Entwurfe von 1797 wollte er die beiden Klassen von Archivalien, Urkunden und Akten, jeweils in sieben Hauptabteilungen unterteilen, die sachlich und in Anlehnung an die wichtigsten staatlichen Verwaltungszweige gebildet waren und nach einem einheitlichen Sachschema untergegliedert werden sollten. Sein zweiter Entwurf vom April 1801, der als „Archivordnung und Instruktion des Markgrafen Karl Friedrich" (gedruckt Karlsruhe 1801) schließlich verwirklicht wurde, sah territoriale Pertinenz als obersten Ordnungsgrundsatz vor. Die Lagerung der Archivalien sollte nach vier Klassen, wie sie wohl auch anderswo begegnen, erfolgen: Urkunden, Akten, Rechnungen und Kanzleibücher. Innerhalb jeder Klasse wurden topographische Oberrubriken aufgestellt, indem alle Archivalien, die einen bestimmten Ort betrafen, unter der Bezeichnung dieses Ortes als der „topographischen Spezialrubrik" und die übrigen Archivalien, die sich lediglich auf das ganze Land, einzelne ehemalige

Territorien oder Ämter bezogen, unter der Bezeichnung dieser Territorien oder Ämter als der „topographischen Generalrubrik" ohne Rücksicht auf ihre Herkunft zusammengefaßt wurden, wobei naturgemäß alle Archivalien ohne eindeutigen topographischen Bezug in der dadurch gewaltig anschwellenden Generalrubrik Baden vereinigt werden mußten. Dieser topographischen Obergliederung folgte eine „physiographische" Untergliederung, d. h. eine Gliederung nach Gegenständen, ein ausnahmslos für alle Oberrubriken gültiges Schema mit alphabetischer Folge der Sachstichworte. Außerdem waren noch weitere (schließlich aber nicht ausgeführte) „Erleichterungen" für die Benutzung durch die Behörden vorgesehen: die Archivalien sollten nach dem Grade der Wichtigkeit als hochwichtige, minderwichtige und unwichtige Akten und vorzügliche und gemeine Urkunden getrennt gelegt werden. Diese topographisch-physiographische Gliederung, das bezeichnende Exemplar der Gattung der rational-deduktiven Ordnungsschemata, ist auch für die Akten des 19. Jhs. bis zur Einführung des Provenienzprinzips i. J. 1888 in Geltung geblieben. Seitdem hat man die Registraturen des 19. Jhs. aus der Generalrubrik Baden wieder herausgelöst, die Wiederherstellung der Herkünftszusammenhänge der auf die übrigen Generalrubriken und die Spezialrubriken verteilten Spezialakten des 19. Jhs. ebenso wie die der älteren Bestände hat sich angesichts der völligen Zerstörung aller Registraturbindungen als unmöglich erwiesen.

Mit dem Anfall der neuen Territorien und ihrer Archivalien erwies sich die Neuorganisation des Archivwesens als notwendig. Die erste Einteilung war sehr kompliziert und wurde nicht durchgeführt: man unterschied Justiz- und Landesarchive. Davon wurde im zweiten Organisationsedikt vom Febr. 1803 nur die Trennung in das „Generallandesarchiv" und die drei Provinzialarchive beibehalten.

Baden war außer Bayern und Preußen der einzige deutsche Staat, der — zunächst wenigstens — an die Organisierung einer Provinzialarchivverwaltung ging; denn Württemberg ist ja, ähnlich wie übrigens auch Nassau, über die Bildung von Filialarchiven des Stuttgarter Archivs nicht hinausgelangt, und die „Provinzialarchive" von Hannover und Kurhessen blieben den Provinzialbehörden unterstellt. Aber bei der Zuständigkeitsabgrenzung zwischen dem zentralen Archiv und den Provinzialarchiven ging man in Baden nicht von der klaren Scheidung zwischen zentraler und lokaler Verwaltungssphäre, sondern von formalen und zeitlichen Gesichtspunkten aus. In das *Generallandesarchiv zu Karlsruhe* sollten sämtliche Urkunden, alle Akten aus der Zeit vor 1500 und alle Archivalien in Buchform aus allen einverleibten Territorien, einschließlich der lokalen Sphäre, übernommen werden. Nur die Akten der Zeit nach 1500 aus den früher selbständigen Ländern oder Landesteilen und aus der lokalen Verwaltung Altbadens und der neuen Territorien sollten bei den Provinzialarchiven bleiben. Die Sprengel der Provinzialarchive entsprachen der ursprünglichen Kreiseinteilung des Landes am Anfange des 19. Jhs.:

1. Das *rheinpfälzische Provinzialarchiv zu Mannheim* war zuständig für die Akten der badischen Pfalz, Teile des Speyerer Bistumsarchivs und einzelne Stifts- und Ritterschaftsarchive. Wegen Raummangels konnte nicht alles Material aufgenommen werden; deshalb blieb ein *Depot in Bruchsal*, der Residenz der Bischöfe von Speyer, bestehen, das Anfang der 20er Jahre auf die Archive in Karlsruhe und Mannheim aufgeteilt wurde.

2. Das *badische oder mittelrheinische Provinzialarchiv* für die alte badische Markgrafschaft wurde sogleich dem Generallandesarchiv inkorporiert und von dessen Beamten mitverwaltet. Es umfaßte die Archive der Markgrafschaften Baden-Durlach und Baden-Baden einschließlich der Grafschaft Eberstein, Teile der Speyerer und Straßburger Bistumsarchive, Archive von Ritterschaften, Reichsstädten und Reichsstiftern. In *Rastatt* war nach der Überführung des dortigen Landesarchivs nach Karlsruhe ein Restdepot unter der Verwaltung des alten Archivars Steinhäuser verblieben.

3. Für das badische Fürstentum am Bodensee, den sogenannten Seekreis, wurde anfangs zu Meersburg, der Residenz der Konstanzer Bischöfe, ein Archiv errichtet. Es enthielt die Archive des Bistums Konstanz und des Stifts Reichenau. Nach Anfall des Breisgaues an Baden (1805) wurde es 1807 mit den breisgauischen Archiven zum *oberrheinischen Provinzialarchiv in Freiburg* vereinigt, nur ein Depot blieb in *Meersburg* zurück. Das Freiburger Archiv bekam die Archive des vorderösterreichischen Breisgaus, Teile des bischöflich-baselschen Archivs und die Archive der im Breisgau säkularisierten Klöster und geistlichen Ritterorden.

Alle diese Archive und Depots waren dem Generallandesarchiv unterstellt; der Geschäftsgang war umständlich zentralisiert. Deshalb bestand für diese kleinen Archive kein rechter Lebensraum, die Bedürfnisse des Staates erforderten nicht ihr Fortbestehen. Die Lage drängte zur Zentralisierung, wie sie schon eine Denkschrift von 1821 gefordert hatte. Zwischen 1826 und 1840 wurden alle Archive und Depots aufgehoben und nach Karlsruhe übergeführt (Provinzialarchiv Mannheim 1826—36, Depot in Rastatt 1834, Depot in Meersburg 1838, Freiburger Provinzialarchiv 1840). Inzwischen war aus Raumnot 1830 in der Karlsburg zu *Durlach* ein Nebendepot des Generallandesarchivs entstanden, das erst 1872 mit dem Generallandesarchiv vereinigt wurde[133]).

Eine einheitliche moderne Archivverwaltung gibt es in Baden also schon seit 1803, und seit 1872 besteht als einziges staatliches

---

[133]) Über die Absonderung des Familienarchivs und des Haus- und Staatsarchivs s. o. S. 136f.

Archiv das moderne Zentralarchiv, das zugleich auch sämtliche Archivalien der lokalen Sphäre aufnimmt.

d) *Sachsen*

Bis 1834 gab es in Sachsen eine ganze Anzahl von zentralen Behördenarchiven. Eines davon, (1) das *Geheime Archiv*, hat sich von seiner Behörde, dem Geheimen Rat, gelöst und verselbständigt, aber dadurch auch isoliert; denn nun bekam es keine Zugänge mehr und wurde zum historischen Archiv. Bei dem Nachfolger des Geheimen Rats, dem (2) *Geheimen Konsilium*, war wieder ein neues Behördenarchiv erwachsen. Bedeutender war das (3) *Geheime Kabinettsarchiv*, als Archiv der obersten politischen Behörde; entsprechend den Departements des Geh. Kabinetts gliederte es sich in die drei Abteilungen für Inneres, Äußeres und Militäraffären. Das (4) *Archiv der Geheimen Kriegskanzlei*, das (5) *Archiv der Landesregierung*, die aus dem alten Hofrat hervorgegangen war, und das (6) *Kammerarchiv* (später Finanzarchiv genannt) standen alle in unmittelbarer Verbindung mit ihren Behörden. Daneben hatten noch weitere Landesbehörden eigene Archive.

Durch die Verfassung von 1831 wurde das ganze bisherige Behördensystem völlig umgebildet. Die modernen Ministerien der Justiz, der Finanzen, des Innern, des Krieges, des Kultus und öffentlichen Unterrichts und der auswärtigen Angelegenheiten entstanden entweder durch Zusammenlegung oder durch Teilung älterer Behörden und Departements. Die Verteilung der alten archivalischen Bestände und ihre Übernahme durch die neuen Zentralbehörden, zu denen sie als Vorakten gehörten, machten jetzt Schwierigkeiten. Darum beschloß man die Einrichtung einer zentralen Aufnahmestelle, ein sehr glücklicher Entschluß. Die Reform erfolgte stoßweise. Zunächst faßte man 1833 den Plan zur Vereinigung der beiden wichtigsten Archive, des Geheimen Archivs und des Kabinettsarchivs. 1834 wurde dann die Bildung des Hauptstaatsarchivs vollzogen, das allmählich auch die übrigen zentralen Behördenarchive, zuletzt (1873) das Finanzarchiv, in sich aufnahm. Der bisherige Vorstand des Geheimen Archivs, Ferd. Aug. Meißner, übernahm — entsprechend dem Gewicht dieses Archivs — die Leitung des neuen Hauptstaatsarchivs.

Er schuf nun auch die Gesamteinteilung, aber nach dem Muster des Geheimen Archivs, wo seit dem Anfang des 18. Jhs. ein deduktiv gewonnenes Sachprinzip herrschte, unter Bildung von 17 großen Sachabteilungen. Allerdings sind z. T. die Archivkörper als Einheit erhalten geblieben, aber nicht nach dem Provenienzprinzip, sondern nach Betreffsgrundsätzen, dann nämlich, wenn sie einer Fachrichtung zugehörten, die als Ganzes in das Sachschema eingegliedert werden konnte. Im großen und ganzen hat man bis zum Ausgang des 19. Jhs. bei der Übernahme von Archivgut keinen entscheidenden Wert auf die Herkunft gelegt. Erst unter dem Einfluß des Provenienzprinzips traten neue Grundsätze neben die bisherigen; z. T. war es möglich, die alten Behördenarchive wieder für sich aufzustellen. So gibt es jetzt in gesonderten Abteilungen das Urkundenarchiv, den Albertinischen Anteil am ehemaligen Wittenberger Gesamtarchiv der Wettiner, das Geheime Archiv (bis 1702), das Kabinettsarchiv, die Archive der von 1652 bis ins 18. Jh. mit beschränkter Souveränität bestehenden Albertinischen Nebenlinien und ihrer Länder (Sachsen-Merseburg, Sachsen-Naumburg, Sachsen-Weißenfels), das Archiv des Geheimen Konsiliums (seit 1702), der Landesregierung und anderer aufgelöster Behörden, sowie die von den einzelnen Ministerien abgelieferten neueren Registraturen. Im Anschluß an diese Ministerialregistraturen sind die Akten der jedem Ministerium unterstehenden regionalen und lokalen Amtsstellen aufgestellt worden. Eigene Abteilungen bilden ferner das Finanzarchiv, sowie das Archiv alter Militärakten und das sächsische Kriegsarchiv, das 1897 aus den bis dahin noch nicht an das Hauptstaatsarchiv abgegebenen Beständen des Kriegsministeriums gebildet worden war (s. o. S. 311) und 1926 in das Hauptstaatsarchiv eingegliedert wurde, nachdem alle Bestände aus der Zeit nach 1867 an die Reichsarchivzweigstelle Dresden gelangt waren. Nach der Umwandlung der Reichsarchivzweigstelle in ein Heeresarchiv (1937) sind erhebliche Teile der alten Militärakten dorthin gewandert.

Nach dem Umsturz von 1918 wurden die geschichtlich wertvollen Akten der Hofämter über die Hofhaltung des sächsischen Hauses als „*Archiv des Oberhofmarschallamtes*“ in das Hauptstaatsarchiv übergeführt (1922). Eine weitere Abteilung bildet das „*Archiv des Hauses Wettin*“ mit Beständen vornehmlich des 18. und 19. Jhs., die aus den staatlichen zentralen Archiven, insbesondere aus dem Kabinettsarchiv, abgesondert worden sind.

Die Akten der Mittel- und der Lokalbehörden haben an die Abteilung für die neuen Ministerien Anschluß gefunden. Doch behielten die Kreis- und Amtshauptmannschaften immer noch umfangreiche reponierte Bestände, die aber schon 1924 der Aufsicht der staatlichen Archivdirektion unterstellt worden sind. Auch gegenüber den Gerichtsbehörden im Lande und den Stadt- und Landgemeindearchiven übte das Hauptstaatsarchiv seit den 80er Jahren des 19. Jhs. ein Revisionsrecht aus. Hier ist also schon früh in brauchbarer Weise für den Schutz staatlichen und nichtstaatlichen Archivgutes gesorgt worden.

In Sachsen ist also das moderne Zentralarchiv nicht aus der Vereinigung der Bestände früher selbständiger und einverleibter Territorien wie in Württemberg und Baden entstanden, da Sachsen ja seit 1635 keinen Gebietszuwachs, sondern nur Verluste gehabt hat, vielmehr nur aus der Zusammenlegung nebeneinander stehender zentraler Archive, die bis dahin alle, außer dem Geheimen Archiv, Behördenarchive gewesen waren.

e) *Bayern*

Nach der Archivreform des Jahres 1799 gab es drei zentrale Archive, das *Geheime Hausarchiv* (1799 für Haussachen gegründet), das *Geheime Staatsarchiv* (1769 als Behördenarchiv des Auswärtigen Departements entstanden) und das *Geheime Landesarchiv* (seit 1799 aus der Vereinigung des äußeren, Akten- oder Landesarchivs mit dem inneren, Urkunden- oder Geheimarchiv), Auslesearchive des politisch und staatsrechtlich wichtigen Materials, die in ihrer Zuständigkeit nach einem rational gewonnenen Sachsystem geschieden waren. Sie hatten sich schon alle von einer engen Bindung an eine staatliche Zentralbehörde gelöst und waren unter die Aufsicht des staatsrechtlichen Referenten beim Departement des Äußeren gestellt worden. Die Weiterentwicklung des bayrischen Archivwesens war von zwei Entscheidungen abhängig: ob es zu einer Vereinigung aller drei Archive in einem einzigen Zentralarchive kommen und ob auch die Bestände der altbayrischen Lokalbehörden sowie die Archivmassen der in der napoleonischen Zeit hinzugekommenen Länder diesem Zentralarchiv zugeführt werden würden. Sachsen hatte nur die erste Aufgabe, nämlich die der Vereinigung verschiedener zentraler Behördenarchive zu einem modernen Zentralarchiv, zu lösen; Baden dagegen stand lediglich vor der zweiten Aufgabe, der der Konzentration des lokalen Archivgutes und des Materials aus den neuen Territorien. Für Württemberg waren beide Aufgaben gestellt, und auch Bayern mußte auf beide Fragen eine Entscheidung fällen.

In der Zeit des Ministeriums Montgelas kam es zu weitgehenden Verwaltungs- und Verfassungsumgestaltungen, die auch eine Änderung im Archivwesen hätten herbeiführen können. Zu dem Erwerb der Pfalz im 18. Jh. waren durch den Reichsdeputationshauptschluß und während der napoleonischen Zeit viele neue Ländererwerbungen gekommen, über deren Archive und Depots nun verfügt werden mußte. Die drei zentralen Archive hatten der Zentralisation bereits dadurch den Weg bereitet, daß alle schon unter derselben Aufsicht standen und mit keiner Zentralbehörde mehr eng verknüpft waren. Das Geheime Staatsarchiv und das Geheime Hausarchiv stellten nur Spezialarchive dar, während das Geheime Landesarchiv, in dem die inneren Landes- und alle übrigen Sachen aufbewahrt wurden, die eigentliche Fortsetzung der alten zentralen Archivbildung, des inneren und des äußeren Archivs, war und damit zum Kern eines modernen Zentralarchivs hätte werden können. Der Organisationsfehler einer Scheidung der Zuständigkeit nach Sachen statt nach Behörden, die sich bis ins einzelne gar nicht durchführen ließ, war nur durch Vereinigung der drei Archive zu beseitigen. Die drei Archive ergänzten einander und waren auf enge Fühlung untereinander angewiesen, sie hatten ja z. gr. T. Akten derselben Herkunft.

Hinzu kam, daß die Archive der neuen Landesteile, wenn sie mit den zentralen Stellen in Verbindung gebracht werden sollten, unmöglich nochmals nach dem gleichen Sachprinzip hätten aufgeteilt werden können. Nachdem im Geheimen Staatsarchiv notdürftig die bayrischen und kurpfälzischen auswärtigen Sachen abgesondert waren, wagte man sich nicht noch einmal an weitere Zerschneidungen organischer Zusammenhänge durch Aussonderung der auswärtigen Archivalien der neuen Territorien für das Geheime Staatsarchiv. Das Geheime Landesarchiv war also das einzige, mit dem die neuen Archive oder Depots in Verbindung gebracht werden konnten. Seine natürliche Stellung als Hauptarchiv hätte dadurch mehr Gewicht erhalten, wenn die beiden anderen zentralen Archive mit ihm vereinigt worden wären, was man bereits damals als Bedürfnis empfand.

Die andere Frage, ob es möglich sein würde, auch die ungeheuren Massen von Archivalien aus den nichtzentralen Behörden Altbayerns und den zentralen und nichtzentralen Behörden der neuen Landesteile in das neu zu begründende Hauptarchiv mit hineinzunehmen, glaubte man auf der Grundlage einer damals in Altbayern herrschenden Archivtheorie, im Grunde eigentlich der Fortsetzung älterer Theorien, praktisch lösen zu können. Diese Theorie berührte sich mit den früher erwähnten Ansichten des Bamberger Archivars Österreicher (s. o. S. 52) und hat auch eine gewisse Berührung mit dem Theorienstreit von Hoefer, Erhard und von Medem. In Altbayern hatte man die Begriffe „archivalische" und „nichtarchivalische Akten" geprägt. Archivalische Akten sind nach der Erklärung des Archivstatuts von 1812 solche, die zur Erläuterung und Ergänzung der Urkunden notwendigerweise jeweils herangezogen werden müssen oder ihnen an Wichtigkeit gleichzustellen sind. Nichtarchivalische Akten sind solche, die zur Erläuterung der Urkunden nicht gebraucht werden, die aber für die praktischen Zwecke der Verwaltung nicht zu entbehren sind, also gleichfalls aufgehoben werden müssen (keine Kassanda!). In das Geheime Landesarchiv nahm man nur die archivalischen Akten auf, sowohl zentraler wie nichtzentraler Herkunft. Die nichtarchivalischen Akten, auch aus den altbayrischen Zentralbehörden, wurden, soweit sie nicht noch in den laufenden oder reponierten Registraturen der Behörden lagen, bereits seit 1799 in 22 Registraturdepots aufgestapelt. Das *Registraturdepot in München*, der Grundstock des späteren Kreisarchivs München, war erwachsen aus der ehemaligen Hofkammerregistratur, stellte also eigentlich ein zentrales Behördenarchiv dar, in das nach den Säkularisationen auch Klosterakten hineinkamen. Die Bezeichnung „Kreisarchiv" (infolge der Einbeziehung von lokalen Behörden Oberbayerns) darf nicht darüber hinwegtäuschen, daß hier keine Sonderung der zentralen und nichtzentralen Akten vorliegt, sondern ganz bedeutende zentrale Aktenbestände enthalten sind. Zunächst ging man ja gar nicht vom Gedanken eines Kreisarchivs, sondern von der Vorstellung eines Registraturdepots aus. In das *Registraturdepot Landshut* war allerdings im wesentlichen Material nichtzentraler Herkunft gelangt. Beide Depots standen mit dem Geheimen Landesarchiv in keinem Zusammenhange, sondern waren der Regierung Altbayerns unterstellt.

Dieser bayrischen Theorie lag die oft wiederkehrende Trennung des historischen Archivs vom Verwaltungsarchiv zugrunde, freilich nicht als Sonderung der älteren von den neueren Registraturen, sondern in Trennung des Materials von gleicher Herkunft, also unter Zerreißung des Provenienzzusammenhanges. Der Sonderung lag aber kein bestimmtes Sachprinzip zugrunde, wie etwa im schwedischen Reichsarchiv in der Mitte des 19. Jhs. (s. o. S. 255), auch nicht der Gedanke, die abgeschlossenen Verhandlungen auszuwählen, wie es Erhard wollte, sondern ein Formalprinzip, das aber gleichfalls dem Wesen und Ursprung der Registraturen fremd war. So stark war hier die Nachwirkung der alten Vormachtstellung des Empfängerarchivs, die deutlich bis zum Ende des 18. Jhs. zu verfolgen war, auch noch jetzt im Anfang des 19. Jhs., daß man, obwohl sich Urkunden allein als zu isolierte Quellen herausgestellt hatten, in diese Archive doch nur diejenigen Akten, die irgendwie mit der Entstehung einer Urkunde in Zusammenhang standen, als „archivalische“ Akten aufnehmen wollte. Dieses Ausleseprinzip war eine Nachwirkung der Struktur des alten inneren, aber auch gewissermaßen des äußeren Archivs, das auch auf eine Auswahl bestimmter wichtiger Aktengruppen sich beschränkt hatte. Während die damalige von Rechtstiteln ausgehende Auslese dynastisch-politischen Zwecken diente, glaubte man mit der jetzigen Auslese das allein wissenschaftlicher Bearbeitung würdige Material zusammenfassen zu können. Zu der unorganischen Verteilung der Archivalien auf die drei zentralen Archive nach dem Sachprinzip trat nun eine neue Zerreißung organischer Zusammenhänge durch ein Ausleseprinzip, das das in die zentralen Archive aufzunehmende Material von dem für die Zwecke der Verwaltung in Registraturdepots niederzulegenden scheiden wollte. Dadurch wurden die ursprünglichen Registraturen nach zwei Richtungen hin zerrissen. Immerhin wurde es durch solche Gewaltakte, durch Ausscheidung umfangreicher Bestände ermöglicht, das für die Zentralstellen nach dieser Theorie allein wesentliche Material aus dem Lande und aus den Außenarchiven an einer Stelle zusammenzuziehen. Der ursprüngliche Plan ging zweifellos dahin, durch Vereinigung des Geheimen Landesarchivs mit dem Geheimen Hausarchiv und dem Geheimen Staatsarchiv sowie durch die Beschränkung des aus dem Lande hereinzuholenden Materials auf das äußerste ein einziges Zentralarchiv für Bayern zu schaffen. Denn was im Lande zurückblieb, ging eine wissenschaftliche Archivverwaltung — so meinte man — nichts mehr an.

Jedoch als man 1812 — anscheinend zwecks künftiger Vereinigung — die (neubayrischen) Außenarchive dem *„Allgemeinen Reichsarchiv"*, wie das Geheime Landesarchiv seit 1810 genannt wurde, unterstellte und damit das Allgemeine Reichsarchiv eigentlich erst konstituierte, war die Absicht, auch das Geheime Hausarchiv und das Geheime Staatsarchiv damit zu vereinigen, schon wieder aufgegeben. Man entschied sich, sie selbständig als „Hauptarchive" neben dem Reichsarchiv bestehen zu lassen, wenn auch alle drei Archive dem staatsrechtlichen Referenten des Departements des Äußeren unterstellt blieben. 1815 wurde sogar, um eine nähere Verbindung untereinander zu schaffen, die sogen. Ministerial-Archivkommission zur Beschließung gemeinsamer Angelegenheiten eingesetzt, bestehend aus den Leitern der drei Archive. Sie ging jedoch schon nach vier Jahren ein, und seitdem lockerte sich die Verbindung untereinander. 1825 wurde das Reichsarchiv vom Ministerium des Äußeren, dem die beiden anderen Archive weiterhin unterstellt blieben, gelöst und dem Ministerium des Innern untergeordnet. Damit verschwand für fünfzig Jahre jede Verbindung. Auch die Beamten waren seitdem von verschiedener Herkunft und Ausbildung; im Geheimen Hausarchiv und im Geheimen Staatsarchiv kamen sie aus dem Personal des Ministeriums des Kgl. Hauses und des Auswärtigen.

Dagegen dauerte der Plan einer Einverleibung der Außenarchive in das Reichsarchiv fort. Seine Vorgänger, das innere und das äußere Archiv, hatten ja bereits Material auch von den nichtzentralen Behörden übernommen. Vor 1812 waren allerdings dem Geheimen Landesarchiv noch keine Archivalienmassen aus den neuen Gebieten zugeflossen, sondern zunächst nur aus zwei Territorien, die bisher schon innerhalb der Herrschaftssphäre Altbayerns gelegen hatten, nämlich die Archive der Hochstifter Freising und Passau einschließlich der Archivalien der in ihren Gebieten gelegenen säkularisierten Klöster und Stifter, sowie das Archiv der Grafschaft Ortenburg. Alle Archivalien aus den neuen Teilen waren zunächst an ihren Orten verblieben, sollten aber in besonderen, den Provinzialregierungen unterstellten Archiven allmählich gesammelt werden. Dies kam jedoch nicht völlig zur Durchführung. Zunächst trat ein Zustand der Verwahrlosung ein, besonders bei den Archiven der Stifter und Klöster Neubayerns. Das zwang 1812 zur Unterstellung der Außenarchive unter das Allgemeine Reichsarchiv, allerdings war damit nicht gleich geplant, alle Außenarchive sofort dem Reichsarchiv zuzuführen, obwohl seitdem auch in einzelnen Fällen schon Archivalien aus den neuen Gebieten zugingen. Man erklärte die Außenarchive vielmehr zunächst für Filialen des Reichsarchivs, für exponierte Teile eines Gesamtinstituts. Allmählich sollte das Reichsarchiv den Inhalt dieser provisorischen Lagerstätten an sich ziehen.

Alle diese neuen Außenarchive, die bis 1812 den Begriff der archivalischen und nichtarchivalischen Akten nicht gekannt hatten, mußten ihn seitdem wegen ihrer Verbindung mit dem Reichsarchiv auch auf sich anwenden und konnten aus ihren Gesamtbeständen den größeren Teil ausscheiden, für dessen weitere Aufbewahrung nur Registraturdepots in Frage kamen. Deshalb war es schon 1826 möglich, sechs Außenarchive in Schwaben und in der Oberpfalz, sämtlich zentrale Stellen früherer Reichsstädte oder Territorien, nachdem ihre archivalischen Akten an das Allgemeine Reichsarchiv gelangt waren, völlig aufzulösen: Kempten, Dillingen, Eichstätt, Neuburg a. d. D., Regensburg, Amberg; die ihnen verbliebenen nichtarchivalischen Akten wurden in den *Registraturdepots* in *Neuburg a. d. D.* und *Amberg* zusammengefaßt. Von den übrigen Außenarchiven wurden Ansbach und Plassenburg, in den ehemaligen fränkischen Fürstentümern der Hohenzollern, mit dem ehemaligen Bistumsarchiv Bamberg und dem ehemals reichsstädtischen Archiv Nürnberg vereinigt. So bestanden von den zehn neubayrischen *Außenarchiven von 1812* im Jahre 1826 nur noch zwei: *Bamberg* und *Nürnberg*.

Außerdem waren noch weitere *Außenarchive nach 1812* an Bayern gefallen: das ehemalige Bistums- und pfälzische Archiv zu *Speyer*, das Mainzer Archiv zu Aschaffenburg und das Bistumsarchiv *Würzburg*. 1820 wurde Aschaffenburg mit Würzburg vereinigt, so daß insgesamt vier Außenarchive übrigblieben: Bamberg, Nürnberg, Speyer, Würzburg.

Schließlich waren seit 1814 auch die beiden *Registraturdepots Altbayerns, München* und *Landshut*, dem Reichsarchiv untergeordnet und hatten die offizielle Bezeichnung „Archivkonservatorien" erhalten. Das bedeutete allerdings einen Umschwung. Denn ihre Akten, die vorher nichtarchivalisch waren, wurden nun doch z. T. als archivalisch angesehen. Damit wurde der Begriff archivalisch jetzt weiter gefaßt, unter dem Einfluß der Erfahrungen aus der Praxis hatte schon die Auflösung der Theorie von den archivalischen und nichtarchivalischen Akten eingesetzt.

Von den vier Außenarchiven des Jahres 1826 waren schon seit 1817 auserwählte Bestände in das Reichsarchiv übergeführt worden. Obwohl die räumliche Vereinigung kaum noch möglich war, behielt man doch weiter die Absicht, allmählich alle Außenstellen aufzulösen. Da trat 1826 die Wendung ein, die diesen Zentralisierungsbestrebungen ein Ende setzte: die vier Außenarchive und die beiden altbayrischen Konservatorien wurden den Kreisregierungen untergeordnet, damit aber nicht wieder reine Behördenarchive; denn auch die Verbindung mit dem Reichsarchiv ging nicht ganz verloren, da dieses die Oberaufsicht behielt. Die Bedürfnisse der Verwaltung erzwangen es, daß die Außenarchivalien dem Orte ihres Ursprungs nahe blieben. 1829 wurde bestimmt, das Reichsarchiv dürfe nur die Urkunden vor 1401, die die örtliche und laufende Verwaltung nicht berührten, an sich ziehen. Die späteren Urkunden blieben bei den Außenarchiven, diese nahmen auch die neuen Registraturen von den provinzialen Verwaltungen auf und zogen ferner ihre ausgesonderten Bestände aus den betreffenden Registraturdepots wieder an sich. Damit hörte der Unterschied zwischen historischem und Verwaltungsarchiv, zwischen archivalischen und nichtarchivalischen Akten auf, die unmittelbare Verbindung zwischen Archiv und lebender Registratur war hergestellt. Die künstlichen Theorien waren durch die praktischen Forderungen der Verwaltung überholt und andererseits durch das Aufblühen der historischen Studien erschüttert; denn die bisherigen nichtarchivalischen Akten galten jetzt z. T. als hochwertige historische Quellen gerade für die Heimatgeschichte.

1837 wurde das Doppelregiment von Reichsarchiv und Kreisregierungen wieder aufgehoben, die Archive wurden allein dem Reichsarchiv unterstellt. Jedoch waren inzwischen auch beim Reichsarchiv die neuen Grundsätze von der Einheitlichkeit alles archivalischen Materials und der Notwendigkeit einer Dezentralisation in einem so großen Lande völlig durchgedrungen. Das Reichsarchiv übernahm nun nicht nur die vier Außenarchive in Franken und am Rhein (Bamberg, Nürnberg, Würzburg und Speyer) und die beiden Konservatorien in Altbayern (München und Landshut) in seine Verwaltung, sondern auch die beiden aus den nichtarchivalischen Akten der 1826 aufgelösten oberpfälzischen und schwäbischen Außenarchive erwachsenen Registraturdepots in Amberg und Neuburg, die bisher den zuständigen Kreisregierungen unterstanden hatten. Auch ihr Inhalt wurde nun als „archivalisch" anerkannt, obwohl sie ihren Namen „Depotregistraturen" noch eine Zeitlang behielten. Erst 1841 wurden sie „Archivkonservatorien" und damit den entsprechenden Anstalten in München und Landshut gleichgestellt; alle vier Archivkonservatorien enthielten nur „nichtarchivalisches" Material, das zugehörige „archivalische" Material lag ja herausgerissen im Reichsarchiv.

Die acht Filialen des Reichsarchivs, nämlich die vier Außenarchive und die vier Archivkonservatorien, behielten weiterhin ihre getrennten Bezeichnungen, weil der Prozeß der Aussonderung in den Außenarchiven ja nicht so weit durchgeführt worden war wie bei den Archivkonservatorien. Ihre Stellung war von jetzt an gleich, die in der Verwaltung nicht mehr gebrauchten Akten nahmen sie alle auf. So wurde jedes von ihnen zum archivalischen Mittelpunkt für die Verwaltung und die Heimatgeschichte seines Kreises, wozu mit der Unterordnung unter die Kreisregierungen der Grund gelegt worden war. 1852 erhielten auch die Außenarchive den Namen „Archivkonservatorien", was für sie eine Rangverminderung zu bedeuten schien. Schließlich wurden 1875 die Archivkonservatorien in „Kreisarchive" umbenannt, eine Bezeichnung, die jedoch der Reichweite ihres Inhalts nicht ganz gerecht wurde; besonders das Kreisarchiv München nahm auch weiterhin Neuzugänge von Ministerialakten auf.

Es bestanden nunmehr folgende Kreisarchive:

Die vier ehemaligen Archivkonservatorien:

1. *München* für Oberbayern, in dem erhebliche zentrale Bestände, insbesondere der Hofkammer, liegen; es wurde 1921 als Abteilung dem neuen Hauptstaatsarchiv angeschlossen;

2. *Landshut* für Niederbayern, das auch zentrale Bestände enthält und außerdem die Rechnungen der Fürstbistümer Freising und Passau, des Erzbistums Salzburg und der Propstei Berchtesgaden sowie die neueren Akten des Fürstbistums Passau;

3. *Neuburg a. d. Donau* für Schwaben (Archive von Pfalz-Neuburg, des Fürstbistums Augsburg und der Fürstabtei Kempten);

4. *Amberg* für die Oberpfalz (Archiv des Fürstentums Oberpfalz).

Die vier ehemaligen Außenarchive:

5. *Bamberg* für Oberfranken (Archiv des Fürstbistums Bamberg einschließlich Domkapitelsarchiv und markgräflich-bayreuthisches Archiv von der Plassenburg);

6. *Nürnberg* für Mittelfranken (Archiv der Reichsstadt Nürnberg und markgräflich-ansbachisches Archiv, später auch Archiv des Fürstbistums Eichstätt);

7. *Würzburg* für Unterfranken (Archiv des Fürstbistums Würzburg einschließlich Domkapitelsarchiv und Aschaffenburger Teile des kurmainzischen Landesarchivs und Domkapitelsarchivs);

8. *Speyer* für die Rheinpfalz (Archive von Kurpfalz, Pfalz-Zweibrücken, der Fürstbistümer Speyer und Worms).

Zwischen dem Haus- und dem Staatsarchiv einerseits und dem Reichsarchiv mit seinen Kreisarchiven andererseits vollzog sich 1876 eine Annäherung: der Direktor des Haus- und der des Staatsarchivs wurden fortan aus den Beamten des Reichsarchivs genommen. 1882 wurde ferner die fachliche Ausbildung für die drei zentralen Archive und die acht Kreisarchive einheitlich festgelegt.

Abseits stand nur noch ein Facharchiv, das 1885 neu begründete *Kriegsarchiv*, das auch 1921, obwohl inzwischen in ein Zivilinstitut umgewandelt, nicht der staatlichen Archivverwaltung unterstellt wurde (s. a. o. S. 310).

Die Neuorganisation von 1921 bestand darin, daß die beiden anderen zentralen Archive, wenn auch nicht räumlich, so doch verwaltungsmäßig mit dem Reichsarchiv, jetzt „Hauptstaatsarchiv" genannt, vereinigt wurden, ebenso wie das (seinen bisherigen Namen behaltende) Kreisarchiv in München, das nicht wie die anderen Kreisarchive selbständig bleiben konnte, weil es umfangreiche zentrale Bestände enthält. Inzwischen ist das Hauptstaatsarchiv umgegliedert worden, aber die 1921 hinzugekommenen Archive haben als „angeschlossene Abteilungen" (Geheimes Staatsarchiv, Geheimes Hausarchiv und Kreisarchiv) weiterhin ihre Selbständigkeit neben dem Hauptstaatsarchiv behalten. Die übrigen ehemaligen sieben Kreisarchive sind zu „Staatsarchiven" erhoben worden, im übrigen aber unverändert geblieben. Ihre Sprengel decken sich mit den Verwaltungsbezirken. An der Spitze der Archivverwaltung steht ein Generaldirektor, der zugleich Leiter des Hauptstaatsarchivs und der drei angeschlossenen Abteilungen ist.

Die Entwicklung des bayrischen Archivwesens hat im 19. Jh. einen ähnlich unglücklichen Verlauf genommen wie die ältere. Die dringend notwendige Zusammenfassung der drei zentralen Archive gab man schon 1812 auf, um sie erst in unserer Zeit wenigstens durch organisatorischen Zusammenschluß zu verwirklichen. Die äußerst schädliche Konzentration von Teilen der Außenarchivalien dagegen verfolgte man hartnäckig weiter, bis sie endlich an der Praxis scheiterte. So ist das bayrische Provinzialarchivwesen kein organisch gewachsenes, sondern ein aus dem Eingreifen der Kreisregierungen i. J. 1826 entstandenes Gebilde, das eine saubere Scheidung von zentraler und lokaler Provenienz auch heute noch an vielen Stellen vermissen läßt, wenn auch im Laufe des 19. Jhs. eine weitgehende Flurbereinigung zwischen dem Hauptstaatsarchiv und den Staatsarchiven hinsichtlich der von jenem eingezogenen „archivalischen Akten" erfolgt ist.

f) *Die übrigen deutschen Länder*

Hannover und Braunschweig

Der Eigenbesitz, der den Welfen nach 1180 verblieben war, umfaßte die Gebiete um Lüneburg und um Braunschweig, die seit der ersten Teilung von 1267 bis ins 18. Jh. eine getrennte Entwicklung genommen haben: während das Lüneburger Land — abgesehen von einer kurzen Zugehörigkeit zu Wolfenbüttel (1389—1409) und der Bildung bedeutungsloser Seitenlinien — eine kontinuierliche Territorial- und Verwaltungsgeschichte aufweist, ist das Braunschweiger Gebiet mannigfachen Teilungen unterworfen gewesen, ein Unterschied, der auch im Archivwesen seine Ausprägung findet. Im Laufe des 15. Jhs. hatten sich hier vier Territorien gebildet, deren Rivalitätskämpfe das 16. Jh. ausfüllen: Calenberg mit der Regierung in Neustadt am Rübenberge und Göttingen (Oberwald) mit der Regierung in Münden, die sich 1495 für immer — wenn auch zunächst noch mit getrennter Regierung — vereinigten, Grubenhagen mit der Regierung in Herzberg (später in Osterode) und Wolfenbüttel mit der Regierung in Wolfenbüttel. Am Ende des 16. Jhs. gelang es schließlich Wolfenbüttel, die bedeutende politische Konzeption Herzog Heinrichs des Jüngeren eines in sich abgerundeten Mittelstaates zu verwirklichen, in den außer den vier welfischen Territorien (Calenberg-Göttingen seit 1584, Grubenhagen seit 1596) auch der größte Teil des Bistums Hildesheim, das sogen. „Große Stift" (seit 1523) und die (südliche) Obergrafschaft Hoya (1583) einbezogen waren. Aber dieses Staatsgebilde, das eine gesündere Grundlage für den hannoverschen Staat abgegeben hätte als die späteren Länderfetzen, zerfiel schon am Anfange des 17. Jhs.: Grubenhagen mußte 1617 an Lüneburg abgegeben werden, um 1665 mit Calenberg-Göttingen zu verschmelzen, Wolfenbüttel trennte sich 1634 unter der Dannenberger Seitenlinie des Hauses Lüneburg für immer, und 1642 ging das Hildesheimer „Große Stift" wieder verloren. Das Restgebiet Calenberg-Göttingen, das 1634 an Lüneburg gefallen war, wurde 1648 wiederum ein selbständiges Herrschaftsgebiet mit dem Regierungssitz Hannover. Durch den Zusammenschluß Lüneburgs (Hauptstadt Celle) und Calenberg-Göttingens (mit Grubenhagen) ist 1705 der Kurstaat Hannover erwachsen, dem 1715 das Gebiet der schwedischen Herzogtümer und ehemaligen Bistümer Bremen und Verden angegliedert wurde.

Für diese althannoverschen Gebiete und das 1815 erworbene Bistum Hildesheim, die heute in vier Regierungsbezirke eingeteilt sind, ist das *Staatsarchiv Hannover* zuständig, das außerdem noch die Funktion des Zentralarchivs des Königreichs und der späteren Provinz Hannover hat; für das 1815 erworbene Fürstentum Ostfriesland und das 1803 gewonnene Bistum Osnabrück mit einigen kleineren Landesteilen (Grafschaft Bentheim, Niedergrafschaft Lingen, münsterisches Amt Meppen und nördlicher Zipfel des münsterischen Amtes Rheine) sind die Archive Aurich und Osnabrück als preußische Staatsarchive erhalten geblieben, während das Land Braunschweig (Wolfenbüttel) sein Landesarchiv in Wolfenbüttel hat.

Das *Calenbergische Archiv* hat infolge der wechselvollen Territorialentwicklung eine recht unruhige Geschichte gehabt, ist dafür aber viel reichhaltiger als das zu Celle. An beiden Regierungssitzen waren die Kanzleien mit ihren Akten und Urkunden bestehen geblieben, und an beiden Stellen sonderte man das wertvolle Eingangsmaterial ab. In Neustadt waren die wichtigsten Urkunden in einer eisernen Truhe verwahrt, während die sonstigen Briefschaften in Schachteln und Truhen lagen und nach Expedienten geordnet waren, wie es für die älteren Territorialkanzleien vor der Einführung der sachlich gegliederten Generalregistratur charakteristisch ist. In Münden, wo sich seit 1567 die zentrale Kanzlei des Fürstentums befand, unterschied man die „Archive und Clausuren", in denen man die Reverse und die sonstigen wichtigen Eingänge verwahrte und die in einem verschlossenen Gewölbe untergebracht waren, von der Registratur in der Kanzleistube, in die die Entwürfe der Ausgänge und Abschriften der wichtigen, im „Archiv" befindlichen Urkunden gelangen sollten. Weitere Urkundendepots, in denen sich auch Rechnungsregister und abgesprengte Aktengruppen befanden, lagerten auf Schloß Calenberg und im Rathausgewölbe zu Hannover.

Nach dem Anfall Calenbergs an Wolfenbüttel (1584) kam der größte Teil des in der Mündener und der Neustädter Kanzlei befindlichen Materials nach Wolfenbüttel, wo er mit den Wolfenbüttler Beständen das „Kommunionsarchiv" bildete. Die in Calenberg verbliebenen Archivalien wurden inzwischen im Rathausgewölbe in Hannover konzentriert. Als sich 1634 Calenberg von Wolfenbüttel trennte, mußte man an die Aufteilung des Wolfenbüttler „Kommunionsarchivs" gehen; für die Zeit bis 1584 brauchte man eigentlich nur den alten Zustand wiederherzustellen, für die folgende Zeit war Scheidung nach Pertinenz vorgesehen, während die die beiden Fürstentümer betreffenden Sachen im „Kommunionsarchiv" bleiben sollten. Doch diese Scheidung erwies sich als so mühsam und langwierig, daß man sich schließlich am Ende des 17. Jhs. zur Teilung durch das Los entschloß. Dieses entschied zu Gunsten Hannovers, das die Hauptmasse erhielt; so befindet sich noch heute wesentliches Quellenmaterial zur Geschichte Wolfenbüttels für die Zeit vor und nach 1584 in Hannover (Cal. Des. 21).

Mangels eines geeigneten Gebäudes wurde all dies Material ungeordnet in verschiedenen Räumen des Kanzleigebäudes und sogar in Kirchen untergebracht, ja es geriet sogar in die Wohnungen der Beamten, und erst seit 1725, nachdem ein eigenes Archivgebäude in Hannover fertiggestellt war, konzentrierte man die Calenbergischen Archivalien und begann mit ihrer Ordnung. Auch das Archiv des Fürstentums Grubenhagen gelangte nach einer langen Irrfahrt — es war 1596 nach Wolfenbüttel gebracht worden, das es 1625 an Lüneburg-Celle herausrücken mußte, wo es der wiedererrichteten Grubenhager Kanzlei in Osterode angeschlossen wurde, um nach deren Auflösung 1689 in die Justizkanzlei in Hannover übergeführt zu werden — in das Calenbergische Archiv, wo es jedoch auf die dortigen Abteilungen aufgeteilt wurde.

Das *Archiv zu Celle* hat sich organisch aus der Registratur der Geheimen Kanzleistube entwickelt, während die Urkunden seit dem 16. Jh. in einem Gewölbe des Schlosses, „Unseres Herrn Clausuren", abseits lagen. Ende des 17. Jh. hatten sich im Anschluß an die Behördendifferenzierung mehrere große, getrennt untergebrachte Registraturen gebildet. die Verwaltungsregistratur, die Geheime Registratur der auswärtigen Akten, die Lehnsregistratur und die Justizregistratur, für die im Anfang des 18. Jhs. der Archivsekretär Bernhard Böhmer ausführliche Repertorien angelegt hat. Daneben traten als in sich geschlossene Abteilungen das Nieder-Hoyaische. das Lauenburgische Regierungs-, das Diepholzische und das Harburgische Archiv. Nachdem infolge der Vereinigung mit Calenberg (1705) die Zentralbehörden von Celle nach Hannover verlegt worden waren, folgte 1722/23 auch das Archiv. Aber die Archive der beiden Landesteile wurden weiterhin — obwohl in demselben Gebäude — getrennt verwaltet; erst 1755 wurden beide in Personalunion unter dem Hofgerichtsassessor J. M. Strube verbunden, der schließlich 1775 die Vereinigung durchführte.

Ordnungsarbeiten in größerem Stile, das sogen. „Designieren", d. h. die Eintragung der Aktentitel in die „Designationen" (Verzeichnisse), sind erst im 18. Jh. in dem neuen Archivgebäude in Hannover ausgeführt worden. Die Sekretäre, die als Archivare im Nebenamt die Arbeiten vornahmen, standen in enger Verbindung mit dem Geschäftsgange der lebenden Behörden. Unbeschwert von den Archivtheorien der Zeit paßten sie ihre Akteneinteilung den Bedürfnissen der Behörden und den Geschäftskreisen der Verwaltung an. Man bildete große Gruppen („Designationen") sachlicher Art wie etwa Reichssachen, Grenzsachen, Forstsachen, Kriegssachen, Ämtersachen, Städtesachen, daneben aber auch solche geographischer Art, in denen man die Akten früher selbständiger Landesteile (z. B. im Cellischen Archiv Hadeln, Harburg, Nieder-Hoya, Lauenburg[134]), Diepholz und die Bremische Registratur der welfischen Zeit; im Calenbergischen Archiv Grubenhagen, das in mehrere Designationen eingeteilt war, Ober-Hoya und das „Größere Stift" Hildesheim unter welfischer Herrschaft) zusammen ließ, z. T. allerdings unter Beifügung von Cellischen bzw. Calenbergischen Akten über diese Landesteile. Dieses praktisch-induktive Ordnungsverfahren, das der Schönbeckschen Repositureinteilung in Berlin nahesteht, wurde in den beiden Archiven in ähnlicher Weise durchgeführt. Daher lag, als beide Archive vereinigt wurden, der Gedanke nahe, auch die gleichen Aktengruppen beider Archive miteinander zu vereinigen; bei den Urkunden, die nach Ausstellern geordnet worden waren, hatte man schon vorher vielfach Bestände gleicher Aussteller vereinigt. Aber die dahin gehenden Vorschläge wurden abgelehnt und zwar, wie aus einem bedeutsamen Gutachten des durch Goethes „Werther" bekanntgewordenen Archivsekretärs Joh. Christian Kestner von 1785 hervorgeht, aus praktischen wie aus grundsätzlichen Erwägungen, in denen sogar schon der Gedanke der Herkunft anklingt: bei Gebietsabtretungen sei es nützlich, wenn man die zu diesem Landesteil gehörigen Archivalien bereits gesondert habe; da die Einordnung von Akten in sachliche Ordnungsschemata in gewissem Maße subjektiv sei, könne man doch niemals alles Zusammengehörige an einer Stelle vereinigt finden; vor allem aber sei es für das Verständnis der Akten und für ihre Bewertung nach Glaubwürdigkeit und Beweiskraft (hier spielen die damaligen Theorien des Archivrechts hinein) von Bedeutung, wenn die Kenntnis von ihrer Herkunft erhalten bleibt, die bei Vermischung der Akten des gleichen Gegenstandes leicht verloren ginge. Als 1850 der damalige Leiter Geh. Legationsrat H. v. Wangenheim erneut den Vorschlag der Vereinigung aller Bestände unter einem systematischen Ordnungs-

[134]) Das Lauenburgische Landesarchiv wurde, obwohl das Land schon 1816 an Dänemark abgetreten worden war, erst 1881 z. T. an die nunmehr preußische Regierung von Schleswig-Holstein übergeben (jetzt im Staatsarchiv Kiel-Schleswig, s. a. u. S. 398f.); ein wesentlicher Teil blieb in Hannover (Celle Des. 104a).

schema machte, wandte sich der Geh. Legationsrat im Außenministerium Neubourg entschieden dagegen vom Entwicklungsgedanken aus: das Archiv sei ein historisch zusammengewachsenes Ganzes, das so erhalten bleiben müsse, wie es erwachsen sei; eine systematische Ordnung bedeute nur Arbeitsverschwendung und heillose Verwirrung und mache doch das für jeden Archivbeamten notwendige Studium der Archiv- und der Landesgeschichte nicht überflüssig. So ist es schließlich bei der Bildung der Gruppe Reichssachen (Cal. Des. 11) aus den diesbezüglichen Beständen aller Archive verblieben.

Ein zweites Problem tauchte auf, als seit Ende des 18. Jhs. Akten aus der Zeit nach der Bildung des Gesamtstaates (1705) archivreif wurden. Anfangs ordnete man die Zugänge je nach ihrem Inhalt in die alten Aktengruppen der beiden Archive ein; in dieser Art war z.B. noch 1834 die Geheime Registratur (des Geheimen Rates) in Hannover aufgeteilt worden. Die Akten der Deutschen Kanzlei beim König in London wollte man augenscheinlich wegen ihrer Wichtigkeit geschlossen erhalten und wußte dafür keinen anderen Weg, als sie außerhalb des Archivs aufzubewahren, wo wegen Raummangels erhebliche Teile der Kassation verfielen. Schließlich erkannte man aber, daß dieses auf die Akten des 16. und 17. Jhs. zugeschnittene Schema für die modernen Bestände nicht paßte. Man stand vor der gleichen Frage wie die Berliner Archivare, die die Akten der modernen Ministerien in die Schönbeckschen Reposituren des Archivs des Geheimen Rates gepreßt hatten. Wangenheim glaubte, durch Aufstellung eines neuen, einheitlichen und für die älteren wie für die modernen Akten in gleicher Weise gültigen Schemas dieses Dilemma überwinden zu können. Adolf Friedrich Heinrich Schaumann, der erste wissenschaftliche Leiter des Archivs (1851—67), erkannte jedoch bereits richtig, daß die Schwierigkeiten nur durch Bildung einer besonderen Archivabteilung „Kurfürstentum und Königreich Hannover" zu beheben sei. Aber wie in Berlin schon Hoefer die richtigen Erkenntnisse gehabt hatte und ihre Verwirklichung trotzdem unterblieben war, so wurde auch in Hannover Schaumanns Programm nicht ausgeführt; man teilte vielmehr die Londoner Kanzlei, deren gerettete Teile 1852 endlich in das Archiv gelangt waren, restlos auf die alten Designationen auf und verband den Schriftwechsel zwischen Londoner Kanzlei und Geheimer Registratur derart, daß die Entwürfe und die Ausfertigungen desselben Schreibens aus beiden Behörden vereinigt wurden. Erst in preußischer Zeit hat man, im Zuge der Einführung des Provenienzprinzips, für die (zentralen und lokalen) Bestände der hannoverschen Zeit eine eigene Archivabteilung geschaffen und hier die zerrissenen Registraturen wieder zusammengestellt, allerdings ohne daß man überall die Scheidung nach dem Grenzjahr 1705 hat durchführen können (z. B. sämtliche Akten der Lokalbehörden, nämlich der Ämter, Gerichte und Klosterämter in der Abteilung Hannover).

Wie die anderen deutschen Mittelstaaten stand Hannover nach 1815 vor der Frage, ob es die Archivalien der neu erworbenen Gebiete zentralisieren oder ein Provinzialarchivsystem schaffen sollte. Sie waren zunächst in den vier sogen. „Provinzialarchiven" Stade, Hildesheim, Osnabrück und Aurich verblieben, die jedoch den Landdrosteien unterstanden und keine Verbindung zum Zentralarchiv in Hannover hatten. Die Frage der Zentralisierung tauchte zuerst 1825 auf, als der Archivrat Georg Heinrich Pertz (1821—42) im Zusammenhange mit seinen Arbeiten für die Monumenta Germaniae historica die Konzentration der Urkunden und Amtsbücher anregte. Tatsächlich wurden 1832 die Urkunden und Kopiare aus Hildesheim abgeliefert, denen dann 1864 die aus Stade folgten, während Osnabrück und Aurich unversehrt blieben. Wie in Berlin zur Zeit Hoefers kam es hier also nur zur Konzentrierung von Urkundenbeständen, weitergehende Pläne, wie sie dort Altenstein und Hardenberg hegten, als sie die Zentralisierung auserlesenen Aktenmaterials anordneten, scheinen hier nicht aufgetaucht zu sein. Als sich um 1850 wiederum Bestrebungen auf Vereinigung der Provinzialarchive bemerkbar machten, erklärten sich Schaumann und vor allem der damalige Minister Joh. Karl Bertram Stüve, dem das hannoversche Archivwesen wichtige Impulse, vor allem die Öffnung für die Wissenschaft und die wissenschaftliche Leitung verdankt, entschieden für Belassung der Archivalien am Orte der Entstehung, da nur dadurch die Heimatforschung angeregt werden könne. So war, als 1866 die Todesstunde des Staates Hannover schlug, noch alles beim alten, man hatte weder zentralisiert noch ein Provinzialarchivsystem unter einer zentralen Archivverwaltung geschaffen. Auch die Einsetzung eines Ministerialreferenten für die Provinzialarchive (Onno Klopp) blieb Episode. Die preußische Archivverwaltung entschied sich dann, die Archive in Stade und Hildesheim nach Hannover, wo sich bereits seit älterer Zeit erhebliche Teile aus beiden Archiven befanden, überzuführen (Stade 1869/70 und 1899, Hildesheim 1870) und die in Osnabrück und Aurich, die unversehrt geblieben waren, in preußische Staatsarchive unter fachlicher Leitung umzuwandeln.

Das *Provinzialarchiv in Stade* enthielt die Archive des Erzbischofs und des Domkapitels von Bremen (bis etwa 1648), des Bischofs und des Domkapitels von Verden (bis etwa 1648) sowie das Archiv der schwedischen Regierung beider Herzogtümer (1648—1715) und die unter dem Namen „Stader Reichsarchiv" bekannte Archivaliensammlung des schwedischen Kriegskommissars Alexander Erskein, die dieser im 30jährigen Kriege auf seinen Kriegsfahrten in Erfurt, Prag und Pommern zusammengeraubt hatte und die dann von der preußischen Archivverwaltung aufgeteilt und an die zuständigen deutschen und österreichischen Archive abgegeben worden ist. Das

Verdener Bischofs- und Domkapitelsarchiv ist z.gr.T. 1632 von dem damaligen Bischof Franz Wilhelm von Osnabrück und Verden nach Osnabrück geholt worden und von dort aus weitergewandert und verschollen. Der in Verden verbliebene Rest wurde 1650 von den Schweden nach Stade gebracht und dort in der alten Abtei mit den aus Bremen herbeigeholten Urkundenarchiven des Erzbischofs und des Domkapitels und dem erzbischöflichen Kanzleiarchiv aus der Residenz Bremervörde vereinigt. Während der lüneburgischen Herrschaft über die beiden Herzogtümer (1676—80) gelangten verschiedentlich für Lüneburg wichtige Akten und Urkunden in das Celler Archiv; nach der Besitznahme von 1715 wurden weitere Bestände, insbesondere Reichs- und Lehnssachen sowie die Akten der kurzen lüneburgischen Regierung nach Celle übernommen. Nachdem in der Mitte des 19. Jhs. die in Stade verbliebenen und dort an verschiedenen Stellen untergebrachten Urkunden und Akten geordnet worden waren, wurden 1864 sämtliche Urkunden und Kopialbücher nach Hannover abgegeben, denen 1869/70 und 1899 die Aktenarchive folgten.

Das *Provinzialarchiv in Hildesheim* enthielt das Bischofs- oder „Landesarchiv" und das Archiv des 1810 aufgehobenen Domkapitels. Beide Archive waren 1633 in die Hände des Herzogs von Lüneburg-Celle gefallen und nach Hannover geschafft worden, wo nach der Rückgabe an das Bistum 1643 wichtige Bestände, insbesondere Urkunden, zurückbehalten wurden. 1642 waren bereits die aus der welfischen Verwaltung des „Großen Stifts" erwachsenen Akten in das Calenbergische Archiv zu Hannover geschafft worden. Das „Landesarchiv" zu Hildesheim wurde bereits am Ende des 18. Jhs., das Domkapitelsarchiv erst nach 1825 einer grundlegenden Neuordnung unterzogen. 1832 gaben beide Archive ihre Urkunden und Kopiare, 1870 ihre Akten nach Hannover ab, wo sie als Abteilung IV gesondert aufgestellt wurden.

Das *Provinzialarchiv in Osnabrück*, das 1869 aus der Aufsicht der Landdrostei gelöst und in ein preußisches Staatsarchiv umgewandelt worden ist, ist auf der Grundlage zweier Behördenarchive des Fürstentums Osnabrück erwachsen, des Archivs des 1665 geschaffenen Geheimen Rats, das als Vorakten einen Teil der Akten der älteren Zentralbehörde, der landesherrlichen Kanzlei, übernommen hatte, und des Archivs der Land- und Justizkanzlei, die die Fortsetzung der alten, jetzt vorwiegend auf Justizangelegenheiten beschränkten Kanzlei darstellte, aber auch noch gewisse Verwaltungsaufgaben hatte. Dazu kam noch das sogen. „Landesarchiv" der evangelischen Bischöfe, dessen Bestände jeweils nach dem Tode des Welfen (1698, 1730 und 1802) nach Hannover geschafft worden waren und erst 1869 und 1879 zurückgegeben wurden. Der eigenartige Wechsel zwischen katholisch-bischöflicher und evangelisch-welfischer Regierung führte zu einer Unstetigkeit in der Behörden-

und Registraturentwicklung. Die zentrale Verwaltungsbehörde, der Geheime Rat, wechselte mit jeder Regierungsveränderung, was nicht ohne Einfluß auf seine Registratur blieb. Und seitdem Osnabrück welfische Sekundogenitur oder durch einen auswärtigen Bischof verwaltetes Bistum geworden war bildeten sich auswärts beim Fürsten Behörden für die oberste Staatsführung: Ernst August nahm 1680 zwei osnabrückische Räte nach Hannover, die im Rahmen des Geheimen Rates während der katholischen Regierungszeit die außenpolitischen Beziehungen zu Osnabrück bearbeiteten, und Ende des 18. Jhs. wurde beim König in London ein osnabrückisches Referat der Deutschen Kanzlei geschaffen; im kurkölnischen Ministerium zu Bonn bildete sich ein osnabrückisches Departement, neben das später für osnabrückische Kammersachen ein Geheimes Kammerkollegium trat. Diese auswärtigen Akten sind im 19. Jh. nach Osnabrück abgegeben worden.

Das Archiv des Geheimen Rates wurde 1772 durch den Landrentmeister Preuß grundlegend geordnet; seine Einteilung in 368 Abschnitte (daher auch „Abschnittsarchiv" genannt) unter Berücksichtigung der Regierungszeiten der Bischöfe ist im wesentlichen noch heute erhalten. Infolge zweimaliger Flüchtung (1795 nach Hannover und 1803 nach Minden) und der Vermischung mit anderen Registraturen hatte sich diese Ordnung jedoch völlig aufgelöst. 1839 begann der Amtsassessor Jacques, dem dann Amtsassessor Julius Sudendorf folgte, die Wiederherstellung der Preußischen Abschnittseinteilung; da er jedoch in Pertinenz dachte und das Archiv des Geheimen Rates als Archiv der inneren Verwaltung ansah, nahm er die Akten betr. Verfassung und Verwaltung der älteren osnabrückischen wie auch der französischen und der lebenden hannoverschen Behörden darin auf und pfropfte sie in die Preußischen Abschnitte hinein. Erst in preußischer Zeit hat man nach Einführung des Provenienzprinzips wenigstens die Akten der französischen und der hannoverschen Behörden wieder herausgelöst. Auch das Archiv der Land- und Justizkanzlei unterzog Jacques, nachdem er ihm die Verwaltungsakten entnommen hatte, einer Ordnung. Das Domkapitels- und das Bischofs- oder Generalvikariatsarchiv weisen wertvolle alte Bestände auf; sie sind, soweit sie sich auf die kirchliche Verwaltung beziehen, dem heutigen Bistum Osnabrück unterstellt. Da die bischöfliche Kirchenverwaltung in den Zeiten der welfischen Regierung durch Kurköln ausgeübt wurde, entstand dort ebenfalls eine bischöfliche Registratur.

In preußischer Zeit sind nach Pertinenzgesichtspunkten aus Hannover Bestände hannoverscher Zentralbehörden des 19. Jhs., die sich auf die Verwaltung Osnabrücks bezogen, abgegeben worden (1881/82), ja man hat sogar aus den Akten des Geheimen Rates und des Ministeriums des Auswärtigen die Bentheim und Lingen betreffenden Verhandlungen herausgelöst und Osnabrück überlassen (1870).

Schließlich sind aus Hannover die Akten der hannoverschen Pfandherrschaft über die Grafschaft Bentheim und aus Münster die die Niedergrafschaft Lingen und das Amt Meppen betreffenden Akten in das Staatsarchiv Osnabrück gelangt. Dessen Aufbau nach Reposituren hat man ohne System, nur in der Reihenfolge des Zuganges der Bestände gestaltet; auch eine Trennung in historische und moderne Abteilung nach der Zäsur von 1803/15, wie sie uns anderswo vielfach begegnet (z. B. Berlin, Münster), findet sich hier nicht, z. T. hat man die alten Akten den modernen Registraturen als Vorakten beigefügt (z. B. Akten der alten Ämter bei den Landratsakten).

Das *Provinzialarchiv in Aurich*, das 1872 als preußisches Staatsarchiv mit fachlicher Leitung übernommen wurde, ist aus dem Archiv der Grafschaft Ostfriesland erwachsen. Ulrich Cirksena, der 1464 Reichsgraf von Ostfriesland geworden war, bewahrte das wertvolle Eingangsmaterial (Privilegien, Verträge) in seinem Residenzschloß zu Emden auf, wo es vermutlich auch verblieben ist, als die Residenz im 16. Jh. nach Aurich verlegt wurde. Zweimal (1595 und 1629) gerieten die Burg und mit ihr das Urkundenarchiv in die Hände der Bürger von Emden, 1629 wurde das Archiv in das Emder Rathaus geschafft, aber schließlich 1631 dem Grafen wieder übergeben und nach Aurich gebracht, wo es im „Neuen Gewölbe" des Schlosses in einer eisenbeschlagenen Kiste aufbewahrt und um 1650 inventarisiert wurde.

Das Aktenarchiv, das im Anschluß an die landesherrliche Kanzlei entstanden war, wurde augenscheinlich 1578, nach der Verlegung der Residenz, von Emden in das Schloß zu Aurich gebracht. Als die Emder 1609 die gräfliche Burg zu Aurich plünderten, schleppten sie das Kanzleiarchiv sowie das Archiv der zweiten Zentralbehörde, des Hofgerichts, nach Emden, von wo diese auf Grund des Osterhuiser Vergleichs des Grafen mit den Ständen von 1611 teilweise nach Aurich zurückkehrten, während andere Teile in den Besitz des ostfriesischen Geschichtsschreibers Ubbo Emmius, des Vertreters der ständischen Opposition, gerieten, aus dessen Nachlaß sie erst 1707 der Kanzler Brenneysen für das Archiv teilweise zurückerwerben konnte. 1622—24 wurde das Hofgerichtsarchiv nochmals geraubt, diesmal durch die Söldnertruppen des Mansfelders. 1680 wurde eine hauptamtliche Archivarsstelle geschaffen, deren letzter Inhaber in der fürstlichen Zeit, E. G. Coldewey, das Kanzleiarchiv ordnete. Dieses übernahm nach der Auflösung des Hofgerichts i. J. 1751 nur einen Teil von dessen Archiv. Nachdem das „Ostfriesische Landesarchiv" in der älteren preußischen Zeit (1744—1807) und in hannoverscher Zeit (1815—1866) einen Dornröschenschlaf geschlafen hatte, erhielt es erst 1872 eine wissenschaftliche Leitung, steht aber seinem Umfange wie der Bedeutung des Inhalts nach hinter den übrigen preußischen Staatsarchiven zurück.

Im Turm des herzoglichen Schlosses zu *Wolfenbüttel*[135]) läßt sich seit dem ausgehenden 15. Jh. ein Urkundendepot nachweisen, das die auf Grund der Teilungsverträge des 15. Jhs. dem Wolfenbütteler Landesteil zugesprochenen Urkunden enthielt und später —Genaueres darüber ist nicht bekannt — mit dem Aktenarchiv vereinigt worden ist, jedoch ohne dessen innere Entwicklung zu beeinflussen. Die das welfische Gesamthaus betreffenden Urkunden blieben im *älteren welfischen Samtarchiv* vereinigt, das sich unter gemeinsamem Verschluß in der alten Sakristei des Stifts St. Blasii zu Braunschweig befand. Nachdem es 1830 in das herzogliche Schloß gebracht worden war, wurde es dort bei dem Volksaufstand im September 1830 geplündert, wobei mehr als die Hälfte der Urkunden verlorenging; der Rest gelangte 1836 in das Wolfenbütteler Landeshauptarchiv.

Das Aktenarchiv ist aus der Registratur der Ratsstube (der späteren Justizkanzlei) erwachsen, die als oberste Staatsbehörde schon früh die Registraturen der übrigen Zentralbehörden (Rentkammer, Konsistorium, Hofgericht) in das ihr unterstellte Archiv zu ziehen vermochte und später nach der Verlegung der Hauptstadt nach Braunschweig (1752/54) auch das Archiv bei sich in Wolfenbüttel zurückbehielt. In der „Generalregistratur", deren ältestes Inventar von 1578 stammt und die 1590 in das „Neue Kanzleigebäude auf der Heinrichstadt" (das jetzige Staatsarchivgebäude), den Sitz sämtlicher Zentralbehörden, verlegt wurde, ist bereits das moderne Zentralarchiv im wesentlichen verwirklicht. Es ist ein besonderes Verdienst Christoph Schades, daß er für die Neugliederung der Generalregistratur (um 1665) kein einheitliches Sachschema erfunden, sondern die alten Behördenregistraturen im wesentlichen erhalten hat. Der Geheime Justizrat G. S. A. von Praun, der 1742 bis 1748 eine Neuaufstellung des nunmehrigen „Fürstlichen Hauptarchivs" vornahm, hat die Einteilung Schades im großen und ganzen beibehalten, und auf dieser den Forderungen des Herkunftsgrundsatzes nahekommenden Grundlage ist das (seit 1834 so genannte) „Landeshauptarchiv" (seit 1938 „Braunschweigisches Staatsarchiv") im 19. Jh. durch Aufnahme der modernen Behördenregistraturen und der lokalen Registraturen organisch weitergewachsen.

Hessen-Kassel und Hessen-Darmstadt

Die Landgrafschaft Hessen, die 1263 an das Haus Brabant gelangte, bestand aus zwei Gebieten, Niederhessen mit Kassel und Oberhessen mit Marburg, die erst 1450 durch die Erwerbung der Grafschaft Ziegenhain, zu der die Grafschaft Nidda gehörte, miteinander territoriale Verbindung erhielten, sich jedoch auf Grund

[135]) Das Folgende auf Grund frdl. Mitteilungen des Niedersächsischen Staatsarchivs Wolfenbüttel (Dr. Goetting).

der Landesteilung von 1469 wieder trennten (Wiedervereinigung unter der niederhessischen Linie 1500). Als bedeutsame Erwerbung kam 1479 die Grafschaft Katzenelnbogen hinzu, die aus zwei getrennten Teilen, der Obergrafschaft mit Darmstadt und der Niedergrafschaft mit Rheinfels, bestand. Nach Philipps des Großmütigen Tode entstanden 1567 vier Territorien: 1. Niederhessen (Kassel) und Ziegenhain, 2. Oberhessen (Marburg) und Nidda, 3. Niederkatzenelnbogen (Rheinfels) und 4. Oberkatzenelnbogen (Darmstadt), von denen Oberhessen und Niederkatzenelnbogen schon 1604 bzw. 1583 ausstarben und nach Erbstreitigkeiten auf die beiden anderen Linien aufgeteilt wurden, so daß Hessen-Kassel das nördliche Oberhessen mit Marburg und Niederkatzenelnbogen mit Rheinfels, Hessen-Darmstadt das südliche Oberhessen mit Gießen und das Homburger Land erhielt. Die endgültige Trennung beider Linien erfolgte 1650 durch Beseitigung der gemeinsamen Institutionen (Landtag, Synode, Hofgericht). *Hessen-Kassel,* später (seit 1803) auch Kurhessen genannt, erwarb 1583 die Herrschaft Schmalkalden, 1648 die halbe Grafschaft Schaumburg und die Fürstabtei Hersfeld, 1736 die Grafschaft Hanau-Münzenberg, die bis 1785 eine eigene Verwaltung behielt, 1803 einige als „Fürstentum Fritzlar" zusammengefaßte Mainzer Enklaven und die Reichsstadt Gelnhausen und 1816 den überwiegenden Teil des ehemaligen Bistums Fulda und die Hälfte des Fürstentums Isenburg. Es war im 19. Jh. in die vier Provinzen: Niederhessen (mit Schaumburg), Oberhessen (mit Ziegenhain), Fulda (mit Hersfeld und Schmalkalden), und Hanau eingeteilt. Von 1628 bis 1834 bestanden mehrere Nebenlinien ohne Landeshoheit, die als „Rotenburger Quart" bezeichnet werden und die Niedergrafschaft Katzenelnbogen (seit 1816 preußisch) sowie Gebiete an der Fulda (Rotenburg), an der Werra (Eschwege, Treffurt) und bei Göttingen (Herrschaft Plesse, Amt Gleichen) besaßen. *Hessen-Darmstadt* erwarb 1736 die Grafschaft Hanau-Lichtenberg, die aus einer Anzahl von Ämtern im nördlichen Elsaß, in der südlichen Pfalz und in Baden und dem zwischen Kassel und Darmstadt lange strittigen Amte Babenhausen bestand und auch weiterhin gesondert regiert wurde, 1803 Teile der Bistümer Mainz und Worms und die Reichsstadt Friedberg, 1806 die Reichsburg Friedberg und einige kleine Herrschaften (Grafschaft Erbach, Teile der Grafschaft Löwenstein-Wertheim, Fürstentümer bzw. Grafschaften Solms, Schlitz, Stolberg und ritterschaftliche Gebiete) und schließlich 1816 die spätere Provinz Rheinhessen und die andere Hälfte des Fürstentums Isenburg. Die Erwerbungen der napoleonischen Zeit, das kurkölnische Westfalen und die beiden Grafschaften Wittgenstein, kamen 1816 zur preußischen Provinz Westfalen. Seitdem ist der Staat in drei Provinzen eingeteilt: Oberhessen mit Hauptstadt Gießen, Starkenburg (früher „Obergrafschaft") mit Hauptstadt Darmstadt und Rheinhessen mit

Hauptstadt Mainz. 1596 spalteten sich zwei Nebenlinien ohne Landeshoheit ab, von denen die überlebende, Hessen-Homburg, 1815 Souveränität erlangte, aber 1866 an Preußen fiel.

Das *Staatsarchiv Marburg*[136]) ist 1870 durch Verlegung des ehemals kurhessischen Staatsarchivs Kassel entstanden und hat bis 1874 sämtliche übrigen Archive des kurhessischen Staates in sich aufgenommen, ist also erst unter der preußischen Archivverwaltung zum Zentralarchiv des ehemaligen Staates und späteren preußischen Regierungsbezirks Kassel geworden. Bis dahin weist das kurhessische Archivwesen eine weitgehende Differenzierung in Haupt-, Behörden- und Provinzialarchive auf, wie sie uns sonst nur bei den großen deutschen Territorien begegnet.

Am Ende des 15. Jhs. bestanden in Gesamthessen drei Urkundenarchive: für Oberhessen in Marburg, für Niederhessen in Kassel und ein Samtarchiv beider Linien auf Schloß Homberg a. d. Efze. Das Urkundendepot für Oberhessen, ursprünglich im Schloß zu Marburg unter der Obhut des Kanzlers, wurde 1485/86 in das Gewölbe der neuerbauten Kanzlei am Schloßberg übergeführt, in 63 Briefladen aufgestellt und verzeichnet. Nach der Vereinigung beider Hessen i. J. 1500 wurden diese Bestände zunächst noch durch gesamthessische Bestände erweitert, vereinzelt auch wichtige Akten aufgenommen. Als Kassel schließlich zur bevorzugten Residenz wurde, gelangten seit etwa 1526 erhebliche Teile nach Kassel, während der Rest wahrscheinlich im Zuge der Länderteilung von 1567 aufgeteilt worden ist. Auch das alte Samtarchiv im Schloß Homberg dürfte nach dem Aussterben der oberhessischen Linie i. J. 1500 mit den Beständen des Kasseler „Briefgewölbes“ vereinigt worden sein. Dieses, in das auch vereinzelt Akten („Handlungen“) aufgenommen worden waren, umfaßte also um 1530 die Masse der hessischen Urkunden. Anscheinend in den 40er Jahren des 16. Jhs. wurde es als abgesondertes Depot in die neu ausgebaute Hauptfestung des Landes, Ziegenhain, verlegt und ist dort 1567 zur Grundlage des *hessischen Samtarchivs in Ziegenhain* geworden, in das seit dieser Zeit nur noch die Gesamthessen betreffenden Urkunden gelangten.

In *Marburg* war auf der Grundlage der Akten der oberhessischen Kanzlei, die sich mit der allmählich erwachsenden Registratur des (Provinzial-) Statthalters an der Lahn vermischten, ein Kanzleiarchiv erwachsen, das 1573 in der neuen Kanzlei, dem heutigen Landgericht, untergebracht wurde. Es blieb auch nach der Aufteilung Oberhessens zwischen Kassel und Darmstadt als *Marburger „Regierungsarchiv“* im wesentlichen erhalten und ist erst nach 1871

---

[136]) Die Darstellung der Marburger Archivgeschichte beruht z. gr. T. auf neuen Untersuchungen von Dr. Dülfer (Staatsarchiv Marburg), der seine Forschungsergebnisse demnächst im „Hessischen Jahrbuch für Landesgeschichte“ veröffentlichen wird und sie liebenswürdigerweise bereits hier zur Verfügung gestellt hat.

zusammen mit dem in denselben Räumen befindlichen *Archiv des Marburger Hofgerichts* in das Staatsarchiv gelangt.

Seit der Begründung des selbständigen Territoriums Hessen-Marburg i. J. 1567 erwuchs neben dem alten Kanzleiarchiv ein *neues Urkundenarchiv*, das im Schloß untergebracht war. Es war der Fürsorge eines eigenen Archivregistrators anvertraut und bestand in der Hauptsache aus Kopien der im Samtarchiv oder in Kassel aufbewahrten Urkunden sowie aus den während der Zeit der Selbstständigkeit neu entstehenden Urkunden. Nach dem Aussterben der Marburger Linie (1604) blieb dieses „Schloßarchiv" auch weiterhin von dem Kanzleiarchiv getrennt und wurde als Samtbesitz von Kassel und Darmstadt angesehen. Während des 30jährigen Krieges gelangten Teile des Archivs an die beiden hessischen Nachfolgestaaten, ein Rest befand sich noch in der 1. Hälfte des 18. Jhs. im Marburger Schlosse und wurde damals an das Archiv der Rentkammer zu Kassel abgeliefert.

In *Kassel* finden wir den gleichen Dualismus zwischen Urkunden- und Aktenarchiv wie in Marburg. In dem zunächst als „Schloßarchiv", später als „*Hofarchiv*" bezeichneten Urkundenarchiv im Landgrafenschloß, das sich seit 1567 entwickelte, wurden Verträge, Privilegien, Landtagsabschiede, Lehnsreversalien u. ä. aufgenommen, die „Kanzleiregistratur", seit dem Ende des 17. Jhs. „*Regierungsarchiv*" genannt, die 1581 aus dem Schloß in das neue Kanzleigebäude verlegt worden war, enthielt die Akten der allgemeinen Kanzlei (Statthalter, Kanzler und Räte) sowie des fürstlichen Kammersekretariats und der Geheimen Räte (begr. 1609) bis in das 17. Jh., aus späterer Zeit nur die Akten der Regierung Kassel.

Daneben gab es in Kassel im 19. Jh. noch eine Reihe weiterer Behördenarchive oder archivähnlicher Institutionen. Das 1790 begründete und 1830 aufgelöste *Geheime Kabinettsarchiv*, das von dem 1685 geschaffenen und 1730 aufgelösten „älteren Kabinettsarchiv" zu unterscheiden ist, war nicht nur Behördenarchiv und laufende Registratur des fürstlichen Kabinetts, sondern stellte zugleich ein Hausarchiv dar, in das ältere und neuere Haus- und Militärsachen wie auch Nachlässe und Nebenregistraturen älterer Landgrafen gelangten. Das seit der 1. Hälfte des 17. Jhs. nachweisbare *Archiv der Geheimen Kanzleien*, nämlich der Geheimen Kriegskanzlei und der Landkanzlei, enthielt die Registraturen des Geheimen Rates. Außerdem bestanden das der Oberfinanzkammer unterstellte *Kammerarchiv*, das *Lehnsarchiv*, das bis 1848 als Bestandteil der Regierung Kassel galt, das dem Kriegsministerium unterstellte *Kriegsarchiv*, ein Facharchiv, das 1830 auch die Sammlung von Kriegsakten des bisherigen Kabinettsarchivs übernahm, und die *Kriegssammlung des Generalstabes*, die 1867 z. gr. T. an das Berliner Geheime Staatsarchiv abgeliefert wurde und erst 1930 nach Marburg zurückgelangt ist. Das (jüngere) *Kabinettsarchiv in Schloß Wilhelmshöhe* bei Kassel, das seit etwa 1834 aus der Registratur des um diese Zeit entstandenen Zivilkabinetts erwachsen war und auch einen kleinen Teil der Bestände des Geheimen Kabinettsarchivs übernommen hatte, wurde, nachdem bei seiner Aufteilung i. J. 1867 die die staatlichen Angelegenheiten betreffenden Akten an das Staatsarchiv abgegeben worden waren, zusammen mit den Beständen des Militärkabinetts (zeitweise auch General- und Flügeladjutantur genannt) zur Grundlage des *Hausarchivs* der Hauptlinie Hessen-Rumpenheim in Philippsruhe.

In den übrigen Landesteilen befanden sich ebenfalls Archive. Das *Archiv der Niedergrafschaft Katzenelnbogen* in Rheinfels gelangte 1816 an Preußen, einschließlich der Bestände, die nach 1583 und 1695 aus Rheinfels in das Kasseler Regierungsarchiv gebracht worden waren. Das gut erhaltene *Archiv der Grafschaft Hanau-Münzenberg* (Archiv der Hanauischen Grafen, ferner der Räte und Befehlshaber, später der Regierung) befand sich im Schloß zu Hanau, wohin 1527 auch das Samtarchiv der beiden Hanauer Linien aus dem Bartholomäusstift in Frankfurt gebracht worden war. Das Abtei- und Bistumsarchiv des Stiftes Fulda (Registratur der Bischöfe, des Domkapitels, der geistlichen und der weltlichen Regierung sowie der nassau-oranischen Behörden) wurde als „*Fuldisches Landesarchiv*“ im 19. Jh. ebenso wie das Hanauer Archiv kurhessisches Provinzialarchiv. Neben ihnen bestanden in diesen ursprünglich selbständigen Territorien noch besondere *Rentkammerarchive in Hanau* und *Fulda*, die im Laufe der 20er und 30er Jahre des 19. Jhs. bis auf zurückbleibende Reste mit der laufenden Registratur der Finanzkammer zu Kassel vereinigt wurden. Teile der Fuldischen Archivalien wurden an die übrigen beteiligten Nachfolgestaaten abgegeben.

Außer diesen rein kurhessischen Archiven bestanden noch zwei *Samtarchive*, das *der beiden hessischen Linien in Ziegenhain*, das 1567 begründet worden war und in dem sich auch die Archivalien der Grafschaft Ziegenhain aus der Zeit vor ihrem Anfall an Hessen befanden, und das *Schaumburgische Samtarchiv in Bückeburg*, gemeinschaftlicher hessischer und schaumburg-lippischer Besitz auf Grund der Teilung der Grafschaft Schaumburg i. J. 1648.

Als nun mit dem Organisationsedikt von 1821 die moderne Staatsverwaltung geschaffen wurde, legten die praktischen Notwendigkeiten der Fürsorge für herrenlos gewordene Registraturen die Schaffung einer zentralen Organisation der Archive, die sich noch im Zustande des Behördenarchivwesens befanden, nahe. Jetzt übernahm das Innenministerium in allen Angelegenheiten des zu gründenden Landesarchivs und der Provinzialarchive sowie der bestehenden Samtarchive die Leitung. Aber das bedeutete noch nicht die Schaffung einer zentralen Archivverwaltung; denn die Archive außerhalb des Bereiches der inneren Verwaltung, also die schon genannten Behördenarchive der Finanz-, Kriegs-, Justiz-

und Außenressorts sowie das als Hausarchiv fungierende „Geheime Kabinettsarchiv“ wurden durch diese Regelung nicht erfaßt, und die Provinzialarchive in Hanau und Fulda, die beiden Marburger Archive und das Bückeburger Samtarchiv blieben weiterhin den Provinzialregierungen angegliedert. Von den beiden Hauptarchiven zu Kassel, dem Hofarchiv und dem Regierungsarchiv, übernahm das Hofarchiv, das dank seinem Urkundeninhalt als das wichtigste Archiv galt, die Führung in den Zentralisierungsbestrebungen. Sein Direktor, der bekannte hessische Historiker Christoph von Rommel, vertrat in seinen Denkschriften seit 1821 den Gedanken eines Zentralarchivs auf der Grundlage des Hofarchivs. Tatsächlich konnte dieses, jetzt „Landesarchiv“ genannt, 1826/27 Teile des Archivs der Geheimen Kanzleien an sich ziehen. Bei der Trennung von Haus- und Staatsvermögen i. d. J. 1830/32 wurde das Landesarchiv als „Haus- und Staatsarchiv“ organisiert und übernahm nun als den Kern der Abteilung „Hausarchivalien“, die dem Ministerium des Auswärtigen und des Hauses unterstellt wurde, die Bestände des bisherigen Geheimen Kabinettsarchivs, soweit sie nicht an die staatlichen Behörden oder als Militärakten an das Kriegsministerium oder an die Kriegssammlung des Generalstabes abgegeben wurden. So haben die Urkunden, die bisher nicht vermocht hatten, das Archiv zum Auslesearchiv zu weiten, noch sehr spät ihre Anziehungskraft ausgeübt. Aber die weitere Zentralisierung schritt infolge der hemmenden Einflüsse des Behördenarchivwesens nur langsam vorwärts: erst 1853 gelang es Rommel, das Kasseler Regierungsarchiv mit dem Haus- und Staatsarchiv organisatorisch, wenn auch noch nicht räumlich, zu vereinigen. Die Vereinigung der alten Behördenarchive mit dem (seit 1867 preußischen) „Staatsarchiv Kassel“ vollzog sich erst nach der Auflösung des Kurstaates als Folge des Wegfalls der alten kurhessischen Behörden. Bereits 1867 wurde das Kriegsarchiv größtenteils übernommen. Ihm folgten in den Jahren nach 1871, seitdem das Staatsarchiv nach Marburg verlegt war, die Akten des Regierungsarchivs zu Marburg, das seine Urkunden und ältesten Aktenbestände schon 1838/39 an das Kasseler „Haus- und Staatsarchiv“ abgeliefert hatte, und des dortigen Hofgerichts, und 1873/75 auch das Kasseler Kammerarchiv und das dortige Lehnarchiv.

Gegen die weiteren Zentralisierungsbestrebungen Rommels, wie sie in den Denkschriften von 1821 und 1832 ihren Niederschlag gefunden hatten, erhoben sich Bedenken, die von den Provinzen ausgingen und zu deren Sprecher sich Georg Landau machte. In seiner Denkschrift v. J. 1835 trat er für die Beibehaltung der Provinzialarchive in den neuhessischen Gebieten ein, damit diesen ihr landesgeschichtlicher Mittelpunkt erhalten bleibe und von hier aus ihre landschaftliche Eigenart gewahrt und gepflegt werden könne. Er wies ausdrücklich auf das Beispiel des preußischen Provinzialarchivwesens hin, das ja damals aus ähnlichen landschaftlichen Bestrebungen heraus erwuchs. So blieb die Entscheidung über die Zentralisation aller Archivalien — teilweise wohl auch infolge Raummangels — in der Schwebe. Zwar war bereits in den 30er Jahren dem Haus- und Staatsarchiv ein Aufsichtsrecht gegenüber den Provinzialarchiven zugestanden worden, aber eine einheitliche Archivverwaltung entstand erst seit 1869, als man die Provinzialarchive dem damals noch in Kassel befindlichen Staatsarchiv organisatorisch anschloß. Schließlich wurden 1873 und 1874 die beiden Provinzialarchive Hanau und Fulda und der kurhessische Anteil des inzwischen aufgeteilten Bückeburger Samtarchivs in das Marburger Schloß übergeführt. Von dem Samtarchiv in Ziegenhain wurde nach der recht willkürlichen Aufteilung von 1855 zwischen Kassel und Darmstadt der kurhessische Anteil an das Staatsarchiv gegeben, während der unteilbare Rest im Staatsarchiv Marburg noch bis 1945 unter der gemeinsamen Verwaltung von Kassel und Darmstadt gestanden hat, die durch einen Samtarchivar — seit 1867 den jeweiligen Staatsarchivdirektor zu Marburg — ausgeübt wurde.

Das alte Kasseler Urkundenarchiv war in den 30er Jahren des 19. Jhs. durch die Vereinigung mit dem Archiv der Geheimen Kanzleien, das die Registraturen des Geheimen Rates seit dem ausgehenden 17. Jh. enthielt, und mit dem Geheimen Kabinettsarchiv zum Archiv der obersten politischen Behörden geworden und stellte somit gewissermaßen die Fortsetzung des Kasseler Regierungsarchivs dar, das die Bestände der politischen Zentralbehörden (einschließlich des Geheimen Rates) bis zum 17. Jh. enthielt, seitdem aber zum Behördenarchiv der Regierung, also einer Mittelinstanz, geworden war. So lag es nahe, die beiden Hauptarchive — zumal seitdem man sich ihre Wiedervereinigung zum Ziel gesetzt hatte — dem gleichen Ordnungsschema zu unterwerfen, was die spätere Zusammenlegung der Bestände zu erleichtern schien. Man übertrug daher die Gliederung nach Sachgruppen, die wohl kurz zuvor im Regierungsarchiv nach dem einst vom Archivtheoretiker Zinkernagel entworfenen Schema (Handbuch für angehende Archivare und Registratoren, Nördlingen 1800 S. 91 ff.) eingeführt worden war, auf alle bereits im Haus- und Staatsarchiv befindlichen und seitdem dorthin gelangenden Bestände. Nach der Vereinigung beider Archive (1853) wurden die gleichartigen Sachgruppen zusammengelegt, und seit 1867 hat man dann unter der Leitung des Archivars Grein diese Ordnungsarbeiten in großem Stile fortgesetzt, indem man die nunmehr einströmenden Bestände der aufgelösten Behörden unter Zerreißung der Registraturzusammenhänge diesem Sachschema eingliederte. Zur Verzeichnung im einzelnen, die erst nach Einordnung sämtlicher Bestände beginnen sollte, ist man freilich nicht mehr gekommen, weil die Arbeiten nach der Einführung des Provenienzprinzips in Berlin vorzeitig abgebrochen wurden. Dies ist wohl auch der Grund dafür, daß das erst 1873 abgelieferte Kammerarchiv nur mit einem geringen Teil seiner Bestände von der Neuordnung erfaßt worden ist und die beiden Provinzialarchive zu Hanau und Fulda ganz unberührt geblieben sind. Geplant hat Grein jedenfalls, wie es scheint, sämtliche Bestände der Zentral-, Mittel- und Lokalbehörden aus der Zeit vor der Einführung der modernen Staatsverwaltung (1821), die er als Einheit ansah und die in der sogen. „Historischen Abteilung" (nach der Übersiedlung in das Marburger Schloß „Historische Akten im obern Westsaal" genannt) zusammengefaßt wurden, dem Sachschema zu unterwerfen.

Die wichtigsten der Greinschen Sachgruppen, die sich aus den heutigen Ordnungsverhältnissen rekonstruieren lassen (der Greinsche Ordnungsplan selbst ist nicht überliefert), sind: Fürstliche Personalia und Hofsachen (heute in Beständen 2—4), politische Angelegenheiten (heute „Staatenabteilungen" in Beständen 2—4), Reichssachen (heute Bestand 4e), ältere Kriegssachen (heute Bestand 4h), ältere Religionssachen (heute Bestand 4i), innere Verwaltung (heute in Bestand 17), deren allgemeine Akten nach alphabetischen Schlagworten („Schlagwortrepositur") und deren besondere Akten teils nach Orten (alphabetische „Ortsrepositur"), teils nach Personen („Familienrepositur") untergegliedert wurden, und Kirchen- und Schulsachen (heute Bestand 22); dazu kam noch die Gruppe Militaria, in der das 1867 abgelieferte Kriegsarchiv, eine Mischung verschiedener Provenienzen, mit der älteren Registratur des Generalstabes, einem Teil der Akten des Militärkabinetts und sonstigen militärischen Beständen vereint wurde.

Gegen Ende des 19. Jhs. hat man dann aus dem großen Komplex der „Historischen Akten" einige Gruppen herausgelöst, so einen Teil der Bestände des Geheimen Rates und des fürstlichen Kabinetts, die Verwaltungssachen (jetzt unter der ungenauen Bezeichnung „Regierung zu Kassel"), die Kirchen- und Schulsachen und die Militaria. Aus dem danach verbleibenden Bestande der „Historischen Akten" hat Anfang des 20. Jhs. Friedrich Küch den historisch bedeutsamsten Teil, die politischen Akten und fürstlichen Personalien aus der Regierungszeit des Landgrafen Philipps des Großmütigen (1509—1567), sowohl die aus Philipps Kammersekretariat wie die aus den übrigen Zentralbehörden stammenden, ausgewählt und zu einem bis ins einzelne verzeichneten künstlichen Archivkörper, dem „Politischen Archiv des Landgrafen Philipp" (s. Lit. Nr. 473), gestaltet (heute Bestand 3). Anläßlich des Umzuges des Staatsarchivs in sein heutiges Gebäude i. J. 1938 hat man einen Plan für die provenienzmäßige Neugliederung der gesamten Bestände entworfen, die nunmehr im Rahmen einer großzügigen Inventarisierung erfolgt, wobei die Sachabteilungen der „Historischen Akten" endgültig verzeichnet und wenigstens auf dem Papier nach Provenienzen aufgegliedert werden sollen.

Das *Staatsarchiv zu Darmstadt* hat — ganz im Gegensatz zum kurhessischen Archivwesen — bis in die Mitte des 19. Jhs. eine gradlinige und einspurige Entwicklung genommen. Auf der Grundlage der *Regierungsregistratur* Georgs I., der 1567 die Obergrafschaft Katzenelnbogen geerbt hatte, sind hier im Laufe der Zeit die Zugänge der verschiedenen Behörden im schlichten Akzessionsverfahre aneinandergereiht worden, bis man um 1725 versuchte, durch Zusammenlegung zusammengehöriger Zugänge und Ansätze zu sachlicher Gliederung eine systematische Ordnung zu schaffen, was aber nicht recht gelang, vielmehr nur die Vermischung von Registratureinheiten zur Folge hatte. 1804 wurde das nunmehrige „Haus- und Staatsarchiv" aus seiner Abhängigkeit von der Regierungskanzlei gelöst und verselbständigt.

Im 19. Jh. erhielt das Archiv Zugänge aus den anderen Landesteilen. *Bei der oberhessischen Provinzialregierung in Gießen* hatte sich seit dem 17. Jh. ein *Archiv* gebildet, in das die im 17. Jh. entführten Marburger Bestände aufgenommen worden waren; erst nach Auflösung der Gießener Regierung gelangte das Archiv 1838 nach Darmstadt. Die Grafschaft Hanau-Lichtenberg hatte ihr Hauptarchiv in *Buchsweiler* und eine neuere Regierungsregistratur in der Residenz *Pirmasens*; mit den linksrheinischen Gebieten übernahmen die Franzosen auch diese Archive, nur die Haussachen des Archivs von Buchsweiler gelangten nach Darmstadt. Das Archiv des Ländchens Babenhausen, das zwischen den beiden Hanauer Linien und ihren Nachfolgern, den beiden hessischen Staaten, umstritten wurde, teilten sich 1771 Kassel und Darmstadt, der unteilbare Bestand blieb in *Babenhausen*. Nachdem Babenhausen endgültig an Darmstadt gefallen war (1810), wurde das dortige Archiv 1824 aufgelöst; zurück blieben nur Gemeinde- und Kirchenrechnungen, die — später um weitere Rechnungsserien vermehrt — bis 1921 eine Nebenstelle der Rechnungsabteilung des Staatsarchivs Darmstadt gebildet haben. 1803 gelangten aus dem Bistum Worms das Kapitelsarchiv, mit dem Archiv der Burggrafschaft Friedberg ein Teil des Archivs der mittelrheinischen Ritterschaft und das Archiv der oberrheinischen Ritterschaft nach Darmstadt. Die Isenburger Archive zu Büdingen und Birstein, die schon in der Zeit der Darmstädter Verwaltung der Grafschaft (1635—42) einiges Material hatten ausliefern müssen, gaben nur einige Bestände nach Darmstadt, aus den anderen standesherrlichen Archiven (Erbach, Solms usw.) beanspruchte man in Darmstadt die noch laufenden Hoheits-, Grenz-, Steuer- und Kriegssachen. Die auf die neuerworbenen kurmainzischen und kurpfälzischen Gebiete bezüglichen Archivalien wurden nach Pertinenz übernommen. Das Archiv der Homburger Nebenlinie fiel 1866 an Preußen (Staatsarchiv Wiesbaden), nur die Hausarchivalien kamen an Darmstadt.

Inzwischen hatten sich zwei künstliche Bildungen vom Staatsarchiv abgesondert. Nach 1804 entstand das *Hausarchiv*, das allerdings weiterhin enge Verbindung zum Staatsarchiv wahrte; hierhin kamen die ältesten Urkunden und Haussachen, später auch vollständige Registraturen der Hofbehörden und das Homburgische Hausarchiv. 1845 schuf man auf Betreiben Baurs als Konkurrenzunternehmen zum Staatsarchiv das „*Kabinettsarchiv*", dessen Grundstock die sog. „Schleiermachersche Kabinettsregistratur" mit Akten des Kabinettssekretariats seit 1780 bildete und in das später auch die Hanau-Lichtenbergischen Hausarchivalien, die Akten des aufgelösten Kriegsministeriums mit anderen Militärakten und käuflich erworbenes Sammlungsgut aufgenommen wurden. 1877 wurde dieses künstliche Auslesearchiv zwischen dem Hausarchiv, dem Staatsarchiv und der Kabinettsbibliothek aufgeteilt.

Auch in Darmstadt entstand seit der Neuorganisation der Staatsverwaltung im 19. Jh. das Problem der Einordnung der neuen Bestände, und auch hier kam man, als es sich als schwierig erwies, sie in die alten Schemata einzugliedern, auf den Gedanken, sämtliche alten und neuen Akten einem allumfassenden, deduktiv gewonnenen Ordnungsschema von vierzehn großen Sachgruppen einzuordnen. Der Archivsekretär Baur, der 1841 zur Leitung seines Kabinettsarchivs auch die Leitung des Haus- und Staatsarchivs übernommen hatte, führte diese Neuordnung, die alle Herkunftszusammenhänge restlos zerstörte, folgerichtig durch, nachdem er umfassende Kassationen vorgenommen hatte. Die Neugliederung der Urkunden, die schon sein Vorgänger ohne Rücksicht auf die Urkundenfonds nach sachlichen, örtlichen oder formalen Gesichtspunkten vorgenommen hatte, führte er zu Ende. Nur wenige Bestände sind diesem System, das noch heute die Struktur des Staatsarchivs bestimmt, nicht unterworfen worden: außer den modernen Behördenablieferungen nur der Urkundenfonds von Hanau-Lichtenberg, das Archiv der Burggrafschaft Friedberg, die Archive der mittel- und der oberrheinischen Ritterschaft, das Archiv des Departements Donnersberg und die aus Wien abgegebenen kurmainzischen Bestände.

Thüringen

Das jetzige Land Thüringen ist am 1. Mai 1920 entstanden durch den Zusammenschluß von acht Einzelstaaten, nämlich der vier wettinischen Herzogtümer Sachsen-Weimar, Sachsen-Gotha (das in Personalunion mit Gotha verbundene Herzogtum Coburg hat sich 1919 an Bayern angeschlossen), Sachsen-Altenburg und Sachsen-Meiningen, der beiden reußischen Fürstentümer Reuß ä. L. und Reuß j. L. und der beiden schwarzburgischen Fürstentümer Schwarzburg-Rudolstadt und Schwarzburg-Sondershausen. Die Bemühungen des Weimarer Staatsarchivdirektors Armin Tille um die Schaffung einer einheitlichen thüringischen Archivverwaltung hatten jedoch erst 1926 Erfolg. Damals erhielt Tille die Oberleitung der staatlichen

Archive und den Titel „Direktor der Staatsarchive". Die Neuorganisation fand ihren Abschluß mit der thüringischen Archivordnung und der Geschäftsanweisung für die thüringischen Staatsarchive vom 15. April 1932. Danach unterstanden der thüringischen Archivverwaltung sieben Staatsarchive (Weimar, Altenburg, Gotha, Meiningen, Rudolstadt, Sondershausen und — für die beiden Reuß — Greiz), die jeweils für die gesamten Archivalien ihres Staates vor 1920 zuständig waren, also keine eigentlichen Provinzialarchive, sondern historische Zentralarchive darstellten. Die Funktion des einzigen Landesarchivs des neuen Landes Thüringen (für zentrale wie für lokale Bestände) erhielt das Staatsarchiv Weimar, das außerdem auch das Ernestinische Gesamtarchiv beherbergt. Die thüringische Archivgeschichte ist also im wesentlichen eine Geschichte des Archivwesens der Einzelstaaten.

Das Archivwesen der ernestinischen Wettiner. Die Ernestiner waren nach dem Verlust der Kurlande (1547) auf das südliche Thüringen beschränkt. Nach mehrfachen Teilungen (1572, 1603, 1640/44) blieben 1672 zwei Linien übrig: Sachsen-Weimar, das 1644 Eisenach (1672—1741 unter Nebenlinie, bis 1850 in Personalunion mit Weimar, seither vereinigt) übernommen hatte, und Sachsen-Gotha, das 1640 aus dem weimarischen Anteil des Erbes von Coburg (selbständiges Herzogtum 1572—1640) erwachsen war und 1672 das Herzogtum Altenburg (1603—72) mit der restlichen „Pflege Coburg" eingegliedert hatte. Von den seit 1680 entstandenen zahlreichen Nebenlinien von Sachsen-Gotha-Altenburg erhielten sich bis ins 19. Jh. nur drei, die im Jahre 1826 die Hauptlinie beerbten: Sachsen-Coburg gliederte sich — in Personalunion — den Landesteil Gotha an, Sachsen-Meiningen erhielt Hildburghausen und Saalfeld, und Sachsen-Altenburg wurde wieder selbständiges Herzogtum unter der Hildburghäuser Linie.

Nach der grundlegenden Landesteilung von 1485 hatte man die in Leipzig zusammengebrachten wettinischen Archivalien auf beide Linien aufgeteilt; ein unteilbarer Rest blieb als *Wettinisches Samtarchiv* in Leipzig. Das 1423 von den Wittenberger Askaniern übernommene Kurarchiv verblieb ungeteilt bei dem Besitzer der Kurlande. Die Albertiner, an die es die unterlegene ernestinische Linie 1554 abgeben mußte, vereinigten es mit dem Wettinischen Samtarchiv und brachten beide Bestände 1554 *im Turm des Wittenberger Schlosses* unter; erst 1802 wurde das Samtarchiv restlos zwischen den beiden Linien aufgeteilt und der ernestinische Anteil mit dem *Ernestinischen Gesamtarchiv in Weimar* vereinigt.

Dieses hatte sich 1547 gebildet, als man den ernestinischen Anteil aus der Teilung von 1485, der zunächst an mehreren Stellen (Torgau, Weimar, Wittenberg) verstreut gelegen hatte, in Weimar vereinigte. Bis zur ersten Landesteilung von 1572 war es das Zentralarchiv des ernestinischen Herzogtums Sachsen, seither ist es zum historischen Archiv geworden, dem später im wesentlichen nur noch abgeschlossene Archive zugewiesen worden sind, insbesondere der schon genannte Anteil am Wettinischen Samtarchiv in Wittenberg, der 1846 in das Sachschema des Archivs eingegliedert wurde, und 1902 das ernestinische gemeinschaftliche Hofgericht zu Jena. Nach 1572 wurde das Archiv, dessen bedeutendster Bestand die Quellen über den Schmalkaldischen Bund und Krieg sind, einer ausgesprochen induktiven Sachgliederung, die sich bis in die neueste Zeit erhalten hat, unterzogen.

Ein weiteres *Samtarchiv* der Wettiner ist das ehemalige Archiv der Schleusinger und teilweise auch der Römhilder Linie der Grafen von Henneberg, das nach dem Aussterben der Grafen (1583) aus verschiedenen Urkunden- und Kanzleidepots in Meiningen konzentriert wurde (1589). Nach der Teilung der bis dahin gemeinsam verwalteten Grafschaft (1660) wurden 1663 auch die Archivalien unter den Erben Dresden (seit 1815 Preußen), Weimar, Gotha und Altenburg (später Meiningen) geteilt, der unteilbare Rest blieb in Meiningen unter gemeinsamer Verwaltung. 1925 hat man die aufgeteilten Bestände aus den Staatsarchiven Magdeburg, Weimar und Gotha wieder nach Meiningen zurückgegeben und die gemeinsame thüringisch-preußische Verwaltung des „*Gemeinschaftlichen Hennebergischen Archivs*" neu festgelegt. Mitte des 19. Jhs. ist es durch Ludwig Bechstein, den bekannten Dichter, einer Neuordnung nach einem systematischen Sachschema unterzogen worden.

Sachsen-Weimar. Die erste ernestinische Landesteilung von 1572 (in Weimar und Coburg) ließ das ernestinische Samtarchiv unberührt, da die „Pflege Coburg" seit alters einen selbständig verwalteten Bezirk innerhalb des ernestinischen Kurfürstentums gebildet hatte und daher nicht auf Vorakten aus dem Samtarchiv angewiesen war. Erst nach der Teilung des Weimarer Gebietes 1603 (in Weimar und Altenburg) und der Bildung des Herzogtums Gotha aus Coburger Erbe 1640 entnahmen die neuen Teilstaaten dem Samtarchiv einzelne Bestände, ohne daß es jedoch zu der anfangs geplanten Aufteilung aller teilbaren Bestände gekommen ist. Die Archivalien des „*Geheimen Haupt- und Staatsarchivs*" zu Weimar setzten also im großen und ganzen erst um 1572 ein. Konstituiert wurde das Archiv 1737, als man die beiden nach den zu ihrer Unterbringung dienenden Schloßflügeln benannten Archive, das 1693 begründete „Kircharchiv" und das 1697 begründete „Brunnenarchiv", vereinigte. Bald danach wurde das gesamte Archiv einer einheitlichen systematischen Gliederung in 25 Sachgruppen unterworfen, in die später auch die Zugänge des 19. Jhs. eingeordnet wurden. Der Landesteil *Eisenach*, der bis 1849 eine eigene Staatsverwaltung besaß, gab seine Archive, das *Geheime* und das *Kammerarchiv*, 1850 nach Weimar, wo sie aber erst nach Errichtung des neuen Archivgebäudes (1885) auch räumlich mit dem

Weimarer Archiv vereinigt werden konnten. Hier wurde ihnen — ein in der Archivgeschichte des 19. Jhs. geläufiger Vorgang — zunächst das Sachschema des Weimarer Archivs aufgepreßt, bis man unter der Herrschaft des Provenienzgedankens die Eisenacher Archive z. T. wiederherstellte. 1865 wurde durch Abgabe der das großherzogliche Haus betreffenden Archivalien seit dem 17. Jh. das *Großherzogliche Hausarchiv* von dem Staatsarchivdirektor C. A. H. Burkhardt begründet, das sich durch wertvolles Archivgut aus der Zeit der Weimarer Klassik auszeichnet und schließlich 1919 die Registraturen des Departements des großherzoglichen Hauses im Staatsministerium und der Hofbehörden übernahm.

In *Sachsen-Altenburg*, das von 1672/80 bis 1826 als Landesteil des Herzogtums Gotha-Altenburg von Gotha aus verwaltet wurde, hatte man das Archivgut des herzoglichen Hauses und der Zentralbehörden der inneren Verwaltung aus dem früheren selbständigen Herzogtum Altenburg (1603—1672) zusammen mit Vorakten aus dem ernestinischen Samtarchiv in dem im 18. Jh. begründeten *„Herzoglichen Regierungsarchiv"* vereinigt. Dieses zunächst historische Archiv fand im 19. Jh. wieder Anschluß an lebende Behörden, indem es zum gemeinsamen Facharchiv der „Landesregierung" und des Landesjustizkollegiums wurde, war aber nach deren Auflösung (1866 und 1879) wieder historisches Archiv und wurde um 1880 nach einem deduktiven Sachschema geordnet. Neben ihm gab es mehrere z. T. bis ins 16. Jh. zurückreichende Behördenarchive, insbesondere das Rentkammer-, das Domänenfideikommiß- und Forst- und das Konsistorialarchiv. Das 1826 neu erstandene Herzogtum Sachsen-Altenburg schuf sich im *„Geheimen Archiv"* ein neues, für die modernen Staatsbehörden zuständiges Zentralarchiv, in das das Familienarchiv der nach Altenburg verpflanzten Hildburghäuser Linie und die Archive der für die Verwaltung des bisherigen Landesteils Altenburg zuständigen Behörden in Gotha übernommen wurden. Das *Archiv auf Schloß Eisenberg*, das erst 1927 mit dem Staatsarchiv Altenburg vereinigt wurde, stellte lediglich das historische Archiv der kurzlebigen Linie Sachsen-Eisenberg (1681—1707) dar und enthielt außerdem Lokalakten der dortigen Ämter.

In *Sachsen-Gotha* war das *„Herzogliche Geheime Haus- und Staatsarchiv"* auf Schloß Friedenstein bei Gotha 1640 durch Pertinenzteilung aus dem Archiv der älteren Weimarer Linie entstanden und hatte sich zum Facharchiv der obersten Landesbehörde, des 1657 geschaffenen Geheimen Rates, entwickelt. Anfang des 18. Jhs. wurde es durch Friedrich Rudolphi nach einem komplizierten Sachschema geordnet. Ihm als dem Hauptarchiv standen eine ganze Reihe bis ins 16. Jh. zurückreichende Behördenarchive (Oberkonsistorialarchiv, Rechnungsarchiv, Archiv des Kammerkollegiums, Archiv der mit Justiz-, Lehns- und Polizeifunktionen betrauten Landesregierung, Archiv des Kriegskollegiums usw.) gegenüber, die erst 1921 in das

Staatsarchiv übernommen worden sind. Nach 1826 scheint es keinen Anschluß an die lebenden Behörden mehr gefunden zu haben, jedenfalls behielt auch das moderne Staatsministerium seine Archivalien bei sich.

In *Sachsen-Coburg* bildet den Grundstock des „*Herzoglich-sächsischen Haus- und Staatsarchivs*" das aus der Verwaltung der alten „Pflege Coburg" stammende Material. Neben das Archiv auf der Veste Coburg, das vermutlich hauptsächlich Eingangsmaterial und mittelalterliche Kanzleiproduktion enthielt, traten im 16. Jh. die Kanzleiarchive der in der Stadt untergebrachten Landesverwaltungsbehörden; diese wurden im 18. Jh. zum „Geheimen Archiv" im Schloß Ehrenberg vereinigt, das später auch das Archiv von der Veste aufnahm. Mitte des 19. Jhs. wurde das ganze Archiv in wenige große, nach Betreffsgesichtspunkten, jedoch in Anlehnung an die Hauptverwaltungszweige des Staates gebildete Sachabteilungen gegliedert, deren erste die herzoglichen Hausangelegenheiten seit dem 16. Jh. unter der Bezeichnung „Herzogliches Hausarchiv" enthielt. Neben dem Haus- und Staatsarchiv bestanden noch einige Behördenarchive, so das der „Landesregierung", das des Konsistoriums und das des Lehnhofes; außerdem entwickelten sich bei den Regierungs- und Verwaltungsbehörden des 19. Jhs. neue Behördenarchive. Diese außerhalb des Haus- und Staatsarchivs oder, wie es seit 1919 heißt, des „Coburger Landesarchivs" (auf Schloß Ehrenberg) verbliebenen Bestände sowie das Material der Lokalbehörden sind 1924, nach dem Übergang Coburgs an Bayern, in der dem Staatsarchiv Bamberg angegliederten „Bayrischen Staatsarchivalienstelle Coburg" zusammengefaßt worden, aus der das jetzige bayrische „Staatsarchiv Coburg" erwachsen ist.

Das Herzogtum *Sachsen-Meiningen*, das aus dem altenburgischen Anteil an der Henneberger Erbschaft erwachsen ist (1680), besaß als älteste Teile seines „*Geheimen Hauptarchivs*" die aus dem Henneberger Archiv entnommenen Bestände, die jedoch 1925 wieder an das Samtarchiv zurückgegeben worden sind. Zu den Beständen der meiningischen Zentralbehörden seit Ende des 17. Jhs. ist 1826 der größte Teil der Archive der neuen Landesteile Hildburghausen und Saalfeld gekommen. Das „Hauptarchiv" ist nach Pertinenz in Anlehnung an die Hauptverwaltungszweige des Staates gegliedert. Die Angelegenheiten des herzoglichen Hauses und der Hofhaltung sind im „*Geheimen Archiv*" zusammengefaßt, das jetzt eine Abteilung des Staatsarchivs Meiningen bildet.

Das Archivwesen der Fürstentümer Reuß. Die Reuß von Plauen zu Greiz sind am Ende des 16. Jhs. der einzige überlebende Zweig des Ministerialengeschlechts der Vögte von Weida, Gera und Plauen. Die Vögte von Weida und Plauen hatten ihre alten Urkundendepots im 15. Jh. mit ihren Stammsitzen an die Wettiner verloren; die

Vögte von Gera wurden 1550 von der *jüngeren Linie Plauen* beerbt, die im 15. Jh. zeitweise die Burggrafschaft Meißen besessen hatte und daher die burggräfliche Linie hieß. Ihre Archivalien, das „Burggräfliche Archiv", wurden nun mit den in Lobenstein befindlichen Geraer Archivalien vereinigt. Nach dem Aussterben dieser Plauener Linie (1572) übernahmen 1593 die *Reuß zu Greiz* als ihre Erben diese inzwischen nach Schleiz verbrachten Archivalien zusammen mit den Landesteilen Gera, Schleiz und Lobenstein aus der ehemaligen Geraer Erbschaft.

Aus der Teilung der Reuß i. J. 1564 entstanden drei Linien, von denen 1616 nach dem Aussterben der mittleren die beiden bis zum 20. Jh. bestehenden Zweige, die ältere Linie Greiz (mit dem Landesteil Greiz) und die jüngere Linie Gera (mit den Landesteilen Gera, Schleiz und Lobenstein) übrigblieben. Die 1593 ererbten Archivalien wurden zwischen Greiz und Gera geteilt, der unteilbare Rest verblieb in Schleiz und bildete den ältesten Teil des Fürstlich-Reußischen Hausarchivs zu Schleiz. Hinsichtlich der gemeinschaftlichen Archivalien des Hauses Reuß selbst, das sein Archiv in Greiz besaß, bestimmte man zunächst, daß sie beim jeweiligen Senior zusammengefaßt werden sollten, 1622 wurde jedoch festgelegt, daß die gemeinsame Angelegenheiten betreffenden Archivalien bei den derzeitigen Besitzern zu verbleiben hätten, und der berühmte Familienrezeß von 1668 regelte im einzelnen die Sonderbehandlung der gemeinschaftlichen Archivalien: die Urkunden sollten wegen ihres Wertes in abgesonderten Depots in Gewölben untergebracht werden und in der Kanzlei lediglich Urkundenkopiare und verzeichnisse verbleiben; durch Austausch von Abschriften und Verzeichnissen zwischen den beiden Linien wollte man die gegenseitige Benutzung erleichtern.

Beide Linien spalteten sich Mitte des 17. Jhs., so daß bei beiden ein Nebeneinander von Samtarchiv und Spezialarchiven der einzelnen Zweige entstand. Aber während die jüngere Linie in Kanzlei und Konsistorium noch gemeinsame Behörden behielt, so daß ihr Samtarchiv noch weiter wachsen konnte, führte die *ältere Linie (Greiz)* 1625 eine völlige Scheidung der beiden Zweige Obergreiz und Untergreiz durch, so daß das *Samtarchiv im oberen Schlosse zu Greiz* zum historischen Archiv wurde, an das die Spezialarchive der beiden Zweige zeitlich anschließen. Jeder der beiden Zweige hatte ein *Hausarchiv* und ein *Kanzleiarchiv* der obersten Verwaltungsbehörde. Nach der Wiedervereinigung beider Zweige (1768) wurden auch die Archive vereinigt: die Hausarchive kamen 1827 als „Altes Kammerarchiv" unter die Aufsicht der fürstlichen Kammer, die Kanzleiarchive wurden Anfang des 19. Jhs. einer einheitlichen Sachgliederung auf der Grundlage der modernen Verwaltungsgliederung, in die die alten Archive nur schlecht paßten, unterworfen. Daneben besaßen beide Teilstaaten noch eine Reihe von Behördenarchiven, unter denen das für Justizsachen, das der fürstlichen Kammerverwaltung, das Konsistorial-, das Ritter- und Lehngüterarchiv und das Kabinettsarchiv hervortreten. Alle diese Archive der älteren Linie sind heute in dem 1920 begründeten Staatsarchiv zu Greiz vereinigt.

Die *jüngere Linie (Gera)* spaltete sich 1647 in vier Zweige, von denen nach erneuter Teilung 1666 drei übrigblieben, die sich erst 1848 unter Schleiz wiedervereinigten: Gera, Schleiz und Lobenstein. Das *Samtarchiv zu Gera* („Gemeinschaftliches Archiv") bestand aus dem Urkundenarchiv auf Schloß Osterstein bei Gera und dem Aktenarchiv, das im 18. Jh. in dem neuen Kanzleigebäude in der Stadt untergebracht wurde. Dank den gemeinsamen Regierungseinrichtungen konnten sich die Spezialarchive der Teilstaaten, obwohl diese eigene Landesdirektionen und eigene Domänenverwaltungen erhielten, nicht recht entfalten. Nur das *Schleizer Archiv*, dessen Grundlage das alte „Burggräfliche Archiv" bildete, erlangte Bedeutung; nach der Wiedervereinigung der Teilstaaten (1848) konnte es die Spezialarchive von Lobenstein und der dortigen Nebenlinie Ebersdorf (1867) sowie das Urkunden-Samtarchiv von Schloß Osterstein (1868) übernehmen und erhielt den Geraer Anteil am „Burggräflichen Archiv" zurück (1886). Obwohl es überwiegend staatliches Archivgut enthielt, wurde es 1867 zum „Fürstlichen Hausarchiv", und es ist als solches 1922 in das Privateigentum der jüngeren Linie Reuß übergegangen.[136a]) Das Geraer Samtarchiv wurde 1922 als besondere Abteilung dem Staatsarchiv Greiz angegliedert.

Das Archivwesen der Fürstentümer Schwarzburg. Als nach mehrfachen früheren Landesteilungen die Grafen von Schwarzburg ihr Gebiet, das aus der (südlichen) Obergrafschaft mit Reichsstandschaft und der (nördlichen) Untergrafschaft bestand, 1584 endgültig teilten, erhielten Schwarzburg-Arnstadt (seit 1716 Schwarzburg-Sondershausen genannt) $^1/_3$ der Obergrafschaft (mit Arnstadt) und $^2/_3$ der Untergrafschaft (mit Sondershausen) und Schwarzburg-Rudolstadt $^2/_3$ der Obergrafschaft (mit Rudolstadt) und $^1/_3$ der Untergrafschaft (mit Frankenhausen). Da sich Sondershausen 1681 bis 1716 nochmals spaltete in die Linien Sondershausen und Arnstadt, gab es am Anfang des 18. Jhs. drei zentrale Archive in Rudolstadt, Sondershausen und Arnstadt und außerdem das am Ende des 16. Jhs. organisierte *Samtarchiv („Archivum commune") in Rudolstadt*, ein Urkundenarchiv, das seit dem 19. Jh. der Urkundenabteilung des Staatsarchivs Rudolstadt angegliedert ist. Das *Rudolstädter Fürstliche Geheime Archiv*, ursprünglich wohl das Facharchiv der gräflichen Geheimen Kanzlei, ist im 18. Jh. und angehenden 19. Jh. mehr als hundert Jahre lang durch die Rudolstädter Archivarsfamilie Schwartz verwaltet und um 1900

[136a]) Es ist 1945 in Schleiz verbrannt.

nach einem Sachschema geordnet worden. Die beiden alten Regierungsarchive zu Sondershausen und Arnstadt sind nach 1853 im *„Fürstlichen Landesarchiv“ zu Sondershausen* vereinigt worden. Daneben gab es in Sondershausen noch ein Behördenarchiv, das *Kammer- und Finanzarchiv*, das erst 1924 dem Staatsarchiv einverleibt worden ist. Aus den nach 1853 nicht nach Sondershausen gelangten Arnstädter Archivalien wurde 1895 das *neue Regierungsarchiv zu Arnstadt* gebildet, das an älteren Beständen das alte schwarzburgische Rentereiarchiv und das Konsistorialarchiv des Arnstädter Bezirks enthielt. In *Frankenhausen* war aus der Verwaltung des dortigen Rudolstädter Amtes ein Archiv erwachsen, dessen Bestände bis ins 16. Jh. zurückreichten. Im Zuge der archivalischen Flurbereinigung im neuen Staate Thüringen wurden das Sondershäuser *neue* Regierungsarchiv zu Arnstadt an das räumlich nähere Staatsarchiv Rudolstadt (1929) und das Rudolstädter Amtsarchiv Frankenhausen entsprechend an das Staatsarchiv Sondershausen abgegeben.

Die neue thüringische Archivverwaltung stand zunächst vor der Aufgabe, die einzelnen Staatsarchive zu Zentralarchiven ihrer einstigen Staaten auszubauen. Die Behördenarchive, die vielfach neben dem Hauptarchiv bestanden, wurden ebenso wie die historischen Nebenarchive, die sich an einzelnen Stellen erhalten hatten, im zuständigen Staatsarchiv konzentriert; auch die älteren Behördenregistraturen, die nach 1920 als Vorakten an die Nachfolgebehörden übergegangen waren, wurden allmählich übernommen. Vor allem aber hat man damals begonnen, die archivreifen, z. T. bis ins 16. Jh. zurückreichenden Bestände der Lokalbehörden systematisch zu erfassen, während sich bisher die staatlichen Archive im wesentlichen auf die Registraturen der Zentralbehörden beschränkt hatten. Die starke territoriale Zersplitterung und die häufigen territorialen und behördlichen Veränderungen bereiteten der Durchführung des Provenienzprinzips sowohl hinsichtlich der inneren Ordnung der einzelnen Staatsarchive wie auch bezüglich der Zuständigkeitsabgrenzung zwischen ihnen gewisse Schwierigkeiten. Für die Abgrenzung der Provenienz setzte man grundsätzlich den Stand von 1920 (also den Zeitpunkt unmittelbar vor der Begründung des neuen Landes) als maßgebend an. Die Registraturen der damals tätigen Behörden sollten alle im Bereiche von deren Zuständigkeit liegenden älteren Archivalien aufnehmen, in sich abgeschlossene Registraturen von Vorbehörden als gesonderte Archivkörper angegliedert werden. Hinsichtlich der archivischen Zuständigkeit wurde bestimmt, daß die Behörden des neuen Landes Thüringen, die infolge der Behördenzusammenlegungen häufig Vorakten von Behörden verschiedener Staaten übernommen hatten, diese auf die für diese Staaten nach dem Stande von 1920 zuständigen Staatsarchive aufzuteilen haben.

Das Herzogtum Nassau, das 1866 an Preußen fiel, ist im Anfang des 19. Jhs. aus den beiden nassau-walramischen Teilfürstentümern Weilburg und Usingen und dem nassau-ottonischen Fürstentum Dillenburg (mit den alten Grafschaften Diez, Dillenburg, Siegen, Hadamar und Beilstein) erwachsen. Weilburg (seit 1355) hatte 1799 durch Heirat die Grafschaft Sayn-Hachenburg erworben, Usingen (1651 aus der älteren Linie Saarbrücken abgespalten) hatte 1721 die Linie Idstein (seit 1355) und 1723/28 die beiden in der seit 1381 nassauischen Grafschaft Saarbrücken regierenden Nebenlinien beerbt (Saarbrücken wurde allerdings von 1735 bis 1797 wiederum von einer Usinger Nebenlinie regiert und fiel 1801 an Frankreich). Weilburg und Usingen vereinigten sich 1806 zum Herzogtum Nassau, dem 1815, nachdem die ottonische Linie den niederländischen Königsthron bestiegen hatte, mit dem Fürstentum Dillenburg (Linie Diez) deren sämtliche deutschen Besitzungen zufielen. Dieses neuere Fürstentum Dillenburg (Linie Diez) war zwischen 1711 und 1743 durch Zusammenschluß der 1606 durch Aufspaltung der älteren Dillenburger Linie entstandenen ottonischen Teilgebiete Hadamar (bis 1711), Dillenburg (bis 1739), Siegen (bis 1743) und Diez — die Beilsteiner Linie war schon 1561 ausgestorben — erwachsen und besaß auch die niederländischen Besitzungen der 1702 ausgestorbenen älteren Linie Nassau-Oranien. Das neue Herzogtum Nassau mußte 1815 an Preußen das ganze Fürstentum Siegen abgeben und erhielt dafür 1816 die Niedergrafschaft Katzenelnbogen, nachdem es sich 1803 und 1806 durch kurmainzische, kurtrierische, kurpfälzische, hessen-darmstädtische, standesherrliche und reichsritterschaftliche Teilgebiete abgerundet hatte.

Jedes der drei Teilgebiete (Weilburg, Usingen und Diez) besaß ein Zentralarchiv, das auf der Grundlage der Registratur der dortigen landesherrlichen Kanzlei erwachsen ist und auch bis ins 18. Jh. durch Kanzleiregistratoren verwaltet wurde. Das ältere Eingangsmaterial dagegen war im *Samtarchiv der walramischen Linie* zusammengefaßt, das sich bei dem jeweiligen Senior befand und 1728 bis auf einen kleinen Rest auf Idstein und Weilburg aufgeteilt worden ist. Das *Weilburger Kanzleiarchiv* befand sich seit alter Zeit im Schloß und kam im 18. Jh. in das neu errichtete Kanzleigebäude, wo es Mitte des 18. Jhs. nach praktisch-induktiven Grundsätzen geordnet wurde. In Usingen wurde 1729 das Kanzleiarchiv der Saarbrücker Linie mit dem alten *Idsteiner Kanzleiarchiv* vereinigt und einem hauptamtlichen Archivar, Joh. Georg Hagelgans, anvertraut, der das Archiv nach lokaler Pertinenz auf der Grundlage der Ämtereinteilung des Landes neu ordnete. Die ottonische Linie schuf sich im Schloß zu *Dillenburg* 1743 durch Vereinigung der Archive der bisherigen Teilfürstentümer Siegen, Dillenburg, Hadamar und Diez ein Zentralarchiv und übertrug dessen Aufsicht und Ordnung dem Archivar Anton Ulrich von Erath. Dieser hat seit 1747 das Archiv nach alphabetisch geordneten Stichworten, doch unter Wahrung des Zusammenhanges der alten Teilarchive, geordnet und verzeichnet; der Verwaltungsschriftwechsel des 16. und 17. Jhs. blieb getrennt und wurde chronologisch gelegt, doch nicht verzeichnet („Dillenburger Korrespondenzen").

1816 wurde das Idsteiner Archiv zum Zentralarchiv des neuen Staates, dem die Archive in Dillenburg und Weilburg sowie das *Saynsche Archiv zu Hachenburg*, das jedoch bereits 1823 mit dem Weilburger vereinigt wurde, als Filialarchive unterstanden. Da die Filialarchive als historische Archive (ohne Verbindung zu den Registraturen der lebenden Behörden) gedacht waren, konnte daraus kein echtes Provinzialarchivsystem erwachsen; man begann schon damals mit der Konzentration von Teilen der Filialarchive in Idstein. Aber erst in preußischer Zeit wurden die beiden Filialarchive mit dem nunmehrigen preußischen Staatsarchiv Idstein, das für den neuen Regierungsbezirk Wiesbaden zuständig wurde, völlig vereinigt (1868 und 1869) und das Staatsarchiv 1881 in die Regierungshauptstadt Wiesbaden verlegt. 1875 begann Ludwig Götze die Neuordnung der vereinigten nassauischen Archive — mit Ausnahme des Alten Dillenburger Archivs — nach dem Prinzip territorialer Provenienz, wie sie früher Lacomblet in Düsseldorf durchgeführt hatte: er ließ die einzelnen Territorialarchive bestehen, sah sie aber als Herkunftseinheiten an, innerhalb deren er ohne Rücksicht auf Behörden- und Registraturabgrenzungen nach einem für alle Abteilungen gültigen Ordnungsplan untergliederte. Nach Einführung des Registraturprinzips (1897) hat man sich bemüht, allmählich die ursprünglichen Registraturen wiederherzustellen.

Aus dem Dillenburger Filialarchiv wurden nach 1815 die das Siegerland betreffenden Archivalien des Alten Dillenburger Archivs an Preußen (Staatsarchiv Münster) und 1824 die Haussachen der ottonischen Linie und mit ihnen ein großer Teil derLandessachen nach den Haag abgegeben. Der Plan, die historisch wertvollen Urkundenbestände vom Archiv abzutrennen und der Landesbibliothek zu Wiesbaden für die Arbeit am Nassauischen Urkundenbuch zu überlassen (1827), also ein von wissenschaftlichen Gesichtspunkten bestimmtes Auslesearchiv zu schaffen, kam verständigerweise nicht zur Ausführung. Die in der Grafschaft Saarbrücken erwachsenen Archivalien, eng verbunden mit denen der rechtsrheinischen nassauischen Teilgebiete, verblieben auch nach dem Verlust der Grafschaft weiter in Idstein, bis auch hier im Laufe der Zeit eine Bereinigung erfolgt ist. An Zuwachs brachte das 19. Jh. die Archive (Ämterakten) der Niedergrafschaft Katzenelnbogen (nach 1816) und der Landgrafschaft Hessen-Homburg (1868), ferner das Archiv des Großherzogtums Frankfurt, während die reichsstädtischen Archivalien im Stadtarchiv Frankfurt verblieben sind.

Oldenburg

Die Stammlande des oldenburgischen Grafengeschlechts bilden die Grafschaften Oldenburg und Delmenhorst, die mit kurzen Unterbrechungen seit dem Ende des 13. Jhs. getrennt waren und erst 1647 endgültig vereinigt wurden. Seit dem Aussterben der in Oldenburg residierenden Linie (1667) waren sie in Personalunion mit Dänemark verbunden, dessen Königsthron seit 1448 eine Linie der Oldenburger Grafen innehatte, und gelangten auf Grund des Tauschvertrages zwischen dem König von Dänemark und dem Großfürsten Paul von Rußland als Herzog von Holstein-Gottorp 1773 an den Lübecker Fürstbischof aus der jüngeren Gottorper Linie des Hauses Oldenburg. 1803 wurden das nunmehr säkularisierte Fürstbistum Lübeck (Eutin), die münsterischen Ämter Vechta und Cloppenburg und das hannoversche Amt Wildeshausen mit Oldenburg verbunden. Die friesische Herrschaft Jever, die bereits von 1575 bis 1667 zu Oldenburg gehört hatte und dann im Erbgang an das Haus Anhalt-Zerbst gefallen war, gelangte 1818/23 und die Herrlichkeit Kniphausen mit der Herrschaft Varel, die seit 1663 einer unebenbürtigen Seitenlinie ohne Landeshoheit gehört hatten und von dieser weiter vererbt waren, 1854 an Oldenburg zurück. Aus einigen Erwerbungen an der Nahe wurde 1817 das Fürstentum Birkenfeld gebildet, das 1937 ebenso wie das Fürstentum Lübeck-Eutin an Preußen abgetreten worden ist.

Nach der Schaffung der „Kanzlei" als der obersten Regierungsbehörde wurde 1573 das ältere Archivgut der Grafschaft Oldenburg, also wohl in erster Linie das mittelalterliche Urkundenmaterial, dem gräflichen Geheimschreiber anvertraut, während aus dem Aktenmaterial der Kanzlei ein eigenes Kanzleiarchiv erwuchs; so entwickelte sich auch hier der bekannte Dualismus von Urkundenarchiv und Kanzleiregistratur, bis durch die Vereinigung beider Archive 1626 das oldenburgische *Landesarchiv* entstand (erste Archivinstruktion 1652). Dessen Entwicklung zum Zentralarchiv wurde dadurch abgebrochen, daß die Rentkammer, die neben der Finanzverwaltung auch wesentliche Aufgaben der allgemeinen Verwaltung übernommen hatte, 1771 ihr eigenes Archiv begründete. 1647 wurde das Delmenhorster Archiv in das Landesarchiv übernommen. 1575 war schon das Archiv der Herrschaft Jever übernommen worden, mußte aber 1673 an Anhalt-Zerbst gegeben werden und ist 1817 und 1820 nur teilweise an das Landesarchiv zu Oldenburg zurückgelangt. Viele in der Zeit der dänischen Herrschaft nach Kopenhagen gelangte Archivalien kehrten 1774 und 1826 wieder zurück. Die das oldenburgische Münsterland betreffenden Bestände der münsterischen Zentralbehörden wurden im 19. Jh. aus Münster übernommen.

Nach 1803 war in Eutin ein zweites oldenburgisches Archiv entstanden, das das alte fürstbischöfliche Archiv und das 1803 von Lübeck nach Eutin verlegte Archiv des Domkapitels zur Grundlage hatte und die nach Eutin geretteten Teile des herzoglich-Gottorpischen Archivs und der Registraturen zu Kiel (Gottorpianum) sowie die Bestände der neuen oldenburgischen Landeskollegien zu Eutin aufnahm. 1838/46 wurde es bis auf Reste mit dem Oldenburger Archiv vereinigt. Die Bestände des Fürstentums Lübeck-Eutin sind 1937 an das Staatsarchiv Kiel, die des Fürstentums Birkenfeld an das Staatsarchiv Koblenz abgegeben worden.

Nachdem die Entwicklung des Landesarchivs zum Zentralarchiv 1771 durch die Begründung des *Behördenarchivs der Rentkammer* unterbrochen worden war, erfolgte 1829 ein weiterer Rückschritt durch die späte und künstliche Gründung eines Auslesearchivs des staatsrechtlich, politisch und familienrechtlich für den Herzog und sein Kabinett bedeutsamen Materials des Landesarchivs und der Zentralbehörden („Haus- und Centralarchiv"), das aber bereits 1846 wieder mit dem Landesarchiv zum „*Haus- und Centralarchiv*" vereinigt wurde, bevor man die für das Auslesearchiv ausgewählten Bestände hatte räumlich gesondert aufstellen können. So blieb letzten Endes doch die Einheit gewahrt. Erst nach 1890 schuf man auf der Grundlage des Gottorpianum — zunächst des gesamten Bestandes, aus dem aber später das staatliche Material wieder an das Staatsarchiv zurückgelangte — das „*Hausarchiv Holstein-Gottorp-Oldenburg*", das der großherzoglichen Familie zu Eigentum überlassen und im Staatsarchiv deponiert wurde.

Der erste wissenschaftliche Leiter des Archivs Wilhelm Leverkus (1839—70) scheint Territorialprovenienz, wie wir sie von Lacomblet in Düsseldorf her kennen, zu seinem Ordnungsprinzip gemacht zu haben: die alten Territorialarchive bis 1773 (Grafschaft Oldenburg-Delmenhorst) oder bis zum Anfall des Territoriums an das Herzogtum Oldenburg (Jever, Kniphausen, Amt Wildeshausen, oldenburgisches Münsterland) hat er als einheitliche Herkunftsgruppen aufgefaßt, die jeweils einem einzigen, induktiv gewonnenen Sachschema unterworfen worden sind. Lediglich das Eutiner Geheime Archiv ist damals in die lübische Registratur des herzoglichen Kabinetts eingearbeitet worden, und andererseits hat man den größten Teil des Rentkammerarchivs, das noch bei der Kammer (dann dem Finanzministerium), und Bestände verschiedener alter Behörden der inneren Landesverwaltung, die noch bei der Regierung (dann dem Ministerium des Innern) geruht hatten, als Vorakten bei deren Registraturen belassen. Georg Sello (1889—1920), der sich die Durchführung des Provenienzprinzips zur Aufgabe gesetzt hatte, ließ diesen Ordnungszustand bestehen; neben die historischen Landesarchive stellte er als zweite große Abteilung die Akten der modernen Behörden, die er nach Ressorts gliederte, indem er den Registraturen der Zentralbehörden jeweils die der zu diesem Ressort gehörigen oder ihm sachlich nahestehenden Behörden anschloß. Erst bei der jüngst durchgeführten Neugliederung des (seit 1919 so genannten) „Oldenburgischen Landesarchivs" (seit 1939 „Staatsarchiv Oldenburg") hat man auch die Territorialarchive nach Behördenprovenienz aufzulösen gestrebt, sich aber im wesentlichen auf provenienzmäßige Herauslösung der Urkunden und Amtsbücher beschränkt und für die Akten die Ordnungsschemata von Leverkus beibehalten; Sellos Zweiteilung in historische und moderne Abteilung hat man aufgegeben.

Mecklenburg (Schwerin und Strelitz)

Das Herzogtum Mecklenburg ist entstanden, indem das obotritische Teilfürstentum Mecklenburg bis 1471 alle übrigen Teilfürstentümer und Territorien einverleibt hat: bis 1436 die anderen drei aus der Teilung von 1229/35 erwachsenen obotritischen Teilfürstentümer Parchim, Rostock und schließlich Werle, 1358 durch Kauf die unter deutschen Grafen stehende Grafschaft Schwerin und 1292 von Brandenburg das Land Stargard, das jedoch von 1353 bis 1471 von einer mecklenburgischen Nebenlinie regiert wurde. Außerhalb des Herzogtums blieben zunächst noch die Bistümer Schwerin und Ratzeburg, die in der Reformationszeit protestantisch wurden und 1648 an Mecklenburg-Schwerin fielen. Seit 1520 entwickelte sich aus der Samtherrschaft zweier herzoglicher Zweige allmählich eine neue Landesteilung in Mecklenburg-Schwerin und Mecklenburg-Güstrow, die durch die Realteilung von 1621 endgültig wurde, aber bereits 1695 durch das Aussterben der Güstrower Linie endete. Der Hamburger Vergleich von 1701 brachte die letzte Landesteilung, die bis 1934 bestanden hat, indem das Land Stargard und das ehemalige Bistum Ratzeburg einer Nebenlinie (Mecklenburg-Strelitz) mit vollen Hoheitsrechten übertragen wurden.

Seit der ständischen Union zu Rostock von 1523 verkörperten die beiden Stände, Ritterschaft und Städte, über die Teilungen hinweg die Einheit des Landes; sie vermochten im Kampfe mit den Herzögen den dualistischen Ständestaat, wie ihn anderswo der Absolutismus überwunden hat, bis ins 20. Jh. hinein in vollkommener Ausbildung zu retten und ihn durch den Landesgrundgesetzlichen Erbvergleich von 1755 sanktionieren zu lassen. An der Zentralverwaltung des Landes nahmen die Stände durch ständische Deputationen teil. Die Lokalverwaltung war streng geschieden: 1. im landesherrlichen Domanium, das in Ämter eingeteilt war, herrschte jeder der beiden Herzöge für seinen Landesteil als unumschränkter Herr, 2. das Gebiet der Ritterschaft bestand aus den drei ständischen Kreisen, dem mecklenburgischen, dem wendischen und dem Stargarder, die in ritterschaftliche Ämter eingeteilt waren, 3. das Gebiet der „Landschaft", d. h. der Städte, zerfiel in die gleichen ständischen Kreise unter den Vorderstädten Parchim, Güstrow und Neubrandenburg. Außerhalb der landständischen Verfassung standen zunächst nur die beiden ehemaligen Bistümer, von denen jedoch Schwerin im 18./19. Jh. in diese eingegliedert wurde.

Ein *Urkundenarchiv* läßt sich seit 1358 im Gewölbe des Schlosses zu Schwerin nachweisen, das außer den mecklenburgischen Urkunden die der Grafen von Schwerin enthielt, nach 1436 die Urkunden des Fürstentums Werle und nach 1471 die des Landes Stargard aufgenommen hat. Von den späteren Archivalienabgaben an Güstrow und Strelitz scheint das Urkundenarchiv nicht wesentlich betroffen worden zu sein. Das Aktenarchiv entstand aus der Registratur der herzoglichen Kanzlei und des herzoglichen Rates, aus dem im 17. Jh. drei Zentralbehörden, der Geheime Rat als oberste Landesbehörde, die Kammer für die Finanzverwaltung des Domaniums und die Justizkanzlei erwuchsen. Neben dem *„Hauptarchiv“ des Geheimen Rates* bildeten sich als Behördenarchive das der *Kammer*, das 1860 durch Brand fast vollständig vernichtet wurde, und das der *Justizkanzlei*. An die Teilherzogtümer Güstrow und Strelitz scheint man nur einen Teil der nach Pertinenz dorthin gehörigen Akten als Vorakten abgeliefert zu haben. Die Güstrower Bestände gelangten nach 1695 nach Schwerin, lediglich die *Güstrower Justizkanzlei* blieb als selbständige Behörde in Güstrow zurück und behielt ihr eigenes Behördenarchiv. Das *Archiv des Bistums Schwerin* wurde 1627 aus Bützow nach Dänemark geflüchtet und ist dort verstreut worden; nur Reste sind zu Anfang des 19. Jhs. nach Schwerin gelangt. Alle diese Archive sind dann im Laufe des 19. Jhs. an das *„Geheime und Hauptarchiv“* gelangt, das 1835 aus der Vereinigung des Urkundenarchivs mit dem „Hauptarchiv“ im Regierungsgebäude entstanden war.

In Strelitz bildete sich das *„Geheime Archiv“* im Schlosse zu Neustrelitz als Auslesearchiv mit den konstitutiven Haus- und Staatsverträgen und der Geheimkorrespondenz, während die Zentralbehörden Behördenarchive, in die auch die aus Schwerin abgegebenen Vorakten gelangten, bei sich behielten. Erst 1883 entstand durch Initiative Gustav von Buchwalds aus der Zusammenfassung dieser Behördenarchive das *„Hauptarchiv“*, in das aus der großherzoglichen Bibliothek auch einige Klosterarchive sowie das *Archiv des Bistums Ratzeburg* übernommen wurden, dessen Urkunden eine Zeitlang zum „Geheimen Archiv“ gehört hatten; auch die Akten der Domanialämter gelangten hierhin. 1920 wurden beide Archive zum *„Geheimen und Hauptarchiv“* im Schlosse vereinigt.

Das Schweriner und das Neustrelitzer Archiv zeigen in ihrer inneren Gliederung Verwandtschaft. Im Schweriner Hauptarchiv schuf der Advokat Karl Friedrich Ewers (Vater, 1758—1803) bis 1777 eine systematisch-deduktive Ordnung von zehn Sachabteilungen (Civitates, Feudalia, Ecclesiastica, Domanialia, Militaria usw.), in denen er die

Güstrower Akten jeweils den Sachgruppen der Schweriner Akten anschloß. Nachdem man die Zugänge des 19. Jhs. zunächst in dieses Sachsystem einzufügen versucht hatte, was sich aber bald, angesichts der Massen einströmender Justizakten, als unmöglich erwies, führte Hermann Grotefend seit 1892 das Provenienzprinzip durch: er gliederte die neueren Registraturen an verwandte alte Sachabteilungen an und wählte für die mehrere Registraturen zusammenfassenden Oberbegriffe reine Sachbetreffe, eben die der alten Sachabteilungen (sachliche Tektonik). Im Laufe der Zeit ist man dann hier zu einem schlichten Akzessionsverfahren übergegangen, indem man die einzelnen Ablieferungen (nicht die einzelnen Registraturen!) ohne Sichtung nach Provenienzen und ohne System den Sachgruppen anfügte. Erst in den letzten Jahren vor dem zweiten Weltkriege hat man eine provenienzmäßige Neugliederung begonnen, indem man für die neueren Registraturen Reposituren gebildet und diese zu Gruppen zusammengefaßt hat, an deren Spitze jeweils die entsprechende ältere Sachabteilung als eigene Repositur gestellt wurde.

In Neustrelitz geht die ältere Gliederung in zwölf Sachgruppen, in die sämtliche Strelitzer Behördenarchive hineingepreßt wurden und die in gleicher Weise auf das Ratzeburger Archiv angewandt wurde, auf Buchwald (seit 1883) zurück. Hier hat Hans Witte nach 1920 die modernen Registraturen an die entsprechenden Sachabteilungen angeschlossen, aber als Oberbegriffe nicht Sachbetreffe, sondern Behörden gewählt (Tektonik nach Behördenprovenienz). Dadurch wurde es ihm möglich, aus den alten Sachabteilungen jeweils die zu den angegliederten Registraturen gehörigen Akten herauszuziehen und so unter Vermeidung einer völligen Umorganisation die alten Sachabteilungen allmählich auszuhöhlen; auf diese Weise waren bereits in Wittes Zeit mehrere der Buchwaldschen Sachabteilungen völlig verschwunden (z. B. Lehnwesen in der Registratur der Lehnkammer, Steuern und Zölle in der Kammerregistratur).

Die beiden Landstände des mecklenburgischen und des wendischen Kreises besaßen ein gemeinsames *Landesarchiv* in Rostock, das neben den Beständen der ständischen Zentralverwaltung, des „Engeren Ausschusses" und des Landkastens (Finanzverwaltung), vor allem die der ständischen Lokalverwaltung enthielt und nach staatsrechtlichen Gesichtspunkten an Hand der Paragraphen des Erbvergleichs von 1755 gegliedert war. Daneben bestand in Rostock ein *Archiv der Vorderstädte* der beiden eben genannten ständischen Kreise. Beide Archive sind 1924 bzw. 1922 in das Schweriner Staatsarchiv übergeführt worden, zusammen mit den Archiven der aufgehobenen drei Landesklöster Dobbertin, Malchow und Ribnitz und des städtischen Klosters zum Hl. Kreuz zu Rostock. Die Stände des Stargarder Kreises besaßen drei Archive: das *gemeinschaftliche*, das der *Ritterschaft* und das der *Landschaft*, die 1918 alle in das Neustrelitzer Staatsarchiv gelangt sind. Nach dem ersten Weltkriege sind auch die Akten der nach der Aufhebung der landständischen Verfassung durch moderne Verwaltungsbezirke ersetzten Domanial ritterschaftlichen und Klosterämter in das Schweriner und das Neustrelitzer Archiv gelangt. 1935 ist schließlich das Neustrelitzer Staatsarchiv mit dem Schweriner vereinigt worden.

Anhalt[137])

Aus den mannigfachen Teilungen im Hause der anhaltinischen Askanier waren schließlich im Anfang des 16. Jhs. drei Linien übriggeblieben: die mittlere Zerbster Linie (ausgestorben 1526), die ältere Cöthener Linie, deren Land 1562 an Dessau fiel, und die ältere Dessauer Linie, die vorübergehend untergeteilt war, aber seit 1570 alle Besitzungen der anhaltinischen Askanier — mit Ausnahme des Aschersleber Teils der Stammlande, der 1322 an das Bistum Halberstadt gefallen war — in ihrer Hand vereinigte. Schon 1603 erfolgte eine neue Teilung, aus der vier langlebige Linien hervorgingen: Anhalt-Bernburg (erloschen 1863), Anhalt-Cöthen (erloschen 1847), Anhalt-Zerbst (erloschen 1793 und aufgeteilt 1798) und Anhalt-Dessau, das seit 1863 als Herzogtum Anhalt alle Teilgebiete wieder vereinigte. Trotz der Teilung blieb eine beschränkte Samtherrschaft bestehen, die durch den Senioratsrezeß von 1635 geregelt wurde; der jeweilige Senior vertrat das fürstliche Gesamthaus nach außen, insbesondere im Reichsfürstenrat, einige Besitzungen (Vogtei Gernrode, Grafschaft Mühlingen) blieben bis 1669 gemeinsam („Senioratsgüter“) und dienten zur Bestreitung der Kosten der Senioratsverwaltung.

Das Samtarchiv in Dessau, das 1550 zuerst erwähnt wird, hat die Urkunden und wichtigen Akten des Gesamthauses aufgenommen und scheint nach der Vereinigung aller Linien i. J. 1570 auch deren Kanzleiarchive an sich gezogen zu haben, wozu noch die Archive der aufgehobenen geistlichen Anstalten kamen. Nach der Teilung von 1603 nahm es nur noch die Akten der Senioratsverwaltung auf und mußte 1669 nach der Aufteilung der Senioratsgüter die diese betreffenden Bestände an die einzelnen Linien abgeben. Ende des 17. Jhs. erhielt es seine noch jetzt gültige, sachliche Ordnung. In den neuen Fürstentümern bildeten sich nach 1603 eigene Kanzleiarchive mit der Bezeichnung „Hausarchiv“, in die nur wenige Vorakten und ältere Urkunden aus dem Samtarchiv abgegeben wurden; daneben scheinen noch kleinere Behördenarchive bestanden zu haben.

---

[137]) Die folgende Darstellung beruht auf neuen Untersuchungen Dr. Schwineköpers (Hauptlandesarchiv Magdeburg), die dieser freundlicherweise schon vor der Veröffentlichung (Lit. Nr. 719) zur Verfügung gestellt hat.

Sämtliche Archive wurden 1872 im Schlosse zu Zerbst zum „*Herzoglichen Haus- und Staatsarchiv*“ vereinigt: das „Fürstliche Gesamtarchiv“ (bis 1603), dessen Fortsetzung das „Senioratsarchiv“ (bis 1863) bildete, das „Fürstlich Zerbster Hausarchiv“ (1603—1793), das „Herzoglich Cöthener Hausarchiv“ (1603—1847), dem die Archive der Seitenlinien Anhalt-Plötzkau (1611—1692), Cöthen-Warmsdorf (1721—25) und Cöthen-Pleß (1731—1818/47) angeschlossen waren, das „Herzoglich Bernburger Hausarchiv“ (1603 bis 1863) mit den Archiven der Seitenlinien Harzgerode (1635—1709) und Hoym-Schaumburg (1718—1812) und das „Herzoglich Dessauer Hausarchiv“ (1603—1863). Die beiden ersten Archivare des neuen Staatsarchivs, der herzogliche Kabinettsrat Ferdinand Siebigk und der Zerbster Oberlehrer Franz Kindscher, ordneten die drei Territorialarchive Cöthen, Bernburg und Dessau — Zerbst behielt seine alte Gliederung — nach den Grundsätzen der Territorialprovenienz, indem sie jedes der drei Archive dem gleichen, induktiv gewonnenen Sachschema (A. Fürstenhaus, B. Gesamt- und gemeinschaftliche Verhältnisse, C. Innere Landesangelegenheiten, D. Auswärtige Angelegenheiten) unterwarfen.

Bis ins 20. Jh. hinein bestanden neben dem „Haus- und Staatsarchiv“ zwei Facharchive, das „Ministerialarchiv“, das sich nach 1863 beim neuen anhaltischen Staatsministerium aus den Akten der Bernburger und Cöthener Ministerien des 19. Jhs. gebildet hatte, und das Archiv des Landtages, das aus dem alten ständischen Archiv erwachsen war und sich unter Aufsicht des Landrentmeisters in einem Anbau der Jakobskirche zu Cöthen befunden hatte.

Die seit dem Ende des 19. Jhs. einströmenden Bestände der modernen Behörden (seit etwa 1848, mit älteren Vorakten) und die alten Bestände der lokalen Gerichte bilden eine eigene Abteilung, die von Specht um 1930 nach Registraturen aufgebaut worden ist. Nach 1918 wurden auf Grund der Auseinandersetzung zwischen Herzogshaus und Freistaat die von Wäschke und Specht gebildete Abteilung „Fürstenkorrespondenzen“ des Gesamtarchivs und die von Siebigk und Kindscher gebildeten Gruppen „Fürstenhaus“ der Territorialarchive Cöthen, Bernburg und Dessau sowie die Haussachen des Zerbster Territorialarchivs als „*Herzogliches Hausarchiv*“ zusammengefaßt, jedoch unter der Verwaltung des Staatsarchivs belassen.[137a])

Waldeck

Die Grafen von Waldeck entstammen einer Nebenlinie der im lippischen Weserbergland begüterten Grafen von Schwalenberg. Während die älteren Linien Schwalenberg und Pyrmont im 13. und

---

[137a]) Jetzt zusammen mit dem Zerbster Staatsarchiv im Landesarchiv Oranienbaum (bei Dessau).

14. Jh. ausstarben und ihre Gebiete z. gr. T. an die Edelherren von der Lippe fielen, blühte die Waldecker Linie weiter und teilte sich seit Ende des 14. Jhs. mehrfach. Im 16. Jh. bestanden drei Linien, die neue Landauer (ausgestorben 1597), die ältere Wildunger (ausgestorben 1598) und die ältere Eisenberger, die sich 1607 in die neue Eisenberger und die neue Wildunger teilte und 1631 den alten Familienbesitz, die Grafschaft Pyrmont, zurückerwarb. 1692 blieb die neue Wildunger Linie als einzige übrig. Nachdem Preußen 1867 die Verwaltung des Landes durch eine Landesdirektion übernommen hatte, blieben dem Fürsten nur die Domänen und die kirchliche Verwaltung (Konsistorium). Schließlich gingen Pyrmont 1921 und Waldeck 1929 in Preußen auf.

Infolge der ersten Landesteilung von 1397 entstand auf dem Stammsitz Burg Waldeck ein *Samtarchiv*, der „Samtkasten", der die Rechtstitel des Hauses aufnahm und dort bis 1761 verblieb; damals kam er, nachdem er 1741 mit dem Kanzleiarchiv zu Waldeck vereinigt worden war, in das Kanzleiarchiv zu Arolsen. Aus den Kanzleiregistraturen der Teilgebiete erwuchsen *Aktenarchive* in *Waldeck* (Wildunger Linie), *Arolsen* (Landauer, später neue Eisenberger Linie) und *Korbach* (Eisenberger Linie). Das Korbacher Archiv bildete augenscheinlich die Grundlage des Archivs der im 17. Jh. geschaffenen waldeckischen Samt-Landkanzlei, das — seit 1695 in Mengeringhausen — auch Bestände des Arolser Kanzleiarchivs an sich zog und 1754/63 von Mengeringhausen nach Arolsen verlegt wurde. Auch in dem seit 1692 geeinten Fürstentum, dessen Residenzstadt Arolsen wurde, blieb zunächst das Waldecker Kanzleiarchiv das Hauptarchiv, in das man aus Arolsen die „Originalia", d. h. wohl bedeutsames Eingangsmaterial, überführte und das man seit 1747 einer sachsystematischen Neuordnung unterzog. Erst 1761 wurden das Samtarchiv und das Waldecker Kanzleiarchiv mit dem Kanzleiarchiv zu Arolsen zum „*Regierungsarchiv*" vereinigt. Neben diesem älteren Hauptarchiv hatte sich als modernes Behördenarchiv aus den Registraturen des Geheimen Ratskollegiums und des fürstlichen Kabinetts, die insbesondere für auswärtige und für Haussachen zuständig waren, das *Geheime Kabinettsarchiv* entwickelt, das 1849 nach Auflösung des Kabinetts mit dem Regierungsarchiv vereinigt wurde. Als weiteres Behördenarchiv bestand das *Kammerarchiv*, das im Anfang des 18. Jhs. aus dem Zusammenschluß der Registraturen der Finanzkammern in Waldeck (Wildunger Linie) und Arolsen (Eisenberger Linie) erwachsen war. Ein Teil seiner Akten gelangte bei der Verselbständigung der fürstlichen Domanialverwaltung Mitte des 19. Jhs. in die fürstliche Domänenkammer. Schließlich spaltete sich bei der Trennung der dem Fürsten verbliebenen kirchlichen von der allgemeinen inneren Verwaltung 1867 ein selbständiges *Konsistorialarchiv* von dem Regierungsarchiv ab.

Seit 1897 wurde das „Fürstlich Waldeckische Archiv", das das Regierungs-, das Kabinetts- und einen Teil des Kammerarchivs in sich vereinigte, nach und nach in das Staatsarchiv Marburg zwecks Neuordnung übergeführt und ist schließlich dort verblieben, seit 1922 als Depositum des Landes Waldeck und seit 1929 als Eigentum des preußischen Staates. Mit ihm sind 1929 auch die bis dahin noch bei der fürstlichen Domänenkammer befindlichen Bestände vereinigt worden. Das Konsistorialarchiv gelangte nach der Eingliederung der evangelischen Kirche von Waldeck in die kurhessische Landeskirche (1933) in das Archiv des Landeskirchenamtes zu Kassel, das durch Kriegseinwirkung zu Grunde gegangen ist.[138])

Lippe

In der Teilung von 1621 trennten sich von der Hauptlinie Detmold die Linien Brake, deren Gebiet nach ihrem Aussterben 1709 von Detmold eingezogen wurde, und Alverdissen, die außerdem das Stammland um Lipperode erhielt. 1643 erbte die Linie Alverdissen den nordwestlichen Teil der alten Grafschaft Schaumburg mit Bückeburg und Stadthagen, der nunmehr Grafschaft Schaumburg-Lippe benannt wurde.

Bei dem 1563 genannten Archiv im Gewölbe des Schlosses zu Detmold hat es sich vermutlich um das alte Urkundenarchiv gehandelt. Im Anfang des 17. Jhs. erscheint das Archiv auf zwei Gewölbe des Schlosses aufgeteilt, deren oberes in Schubladen und Schachteln vermutlich die Urkunden enthielt, während in den Gestellen des unteren wohl überwiegend Akten ruhten. Caspar Pezel beschränkte sich bei seiner Verzeichnung (um 1625) auf bloße Bestandsaufnahme, ohne Versuche zu einer umfassenden Ordnung zu machen. Da das Archiv weder Beziehungen zu den Zentralbehörden, deren Bestände zwischen Registratur und Wohnungen der Beamten verstreut waren, aufzunehmen vermochte noch die Bedeutung der Rechtstitel für die Rechtsansprüche des Hauses rechtzeitig erkannt wurde, verfiel es einem Dornröschenschlaf; sein Raum diente als Rumpelkammer und Hühnerstall.

Erst der frühere Leiningen-Westerburgische Archivrat Johann Ludwig Knoch (geb. 1712, gest. 1808), der Methusalem unter den deutschen Archivaren, der 1762 an das Archiv kam und hier 1804 im 92. Lebensjahr seine Ordnungsarbeiten beendete, ist der eigentliche Begründer des Detmolder *Landesarchivs*. Da das Lagerungsverzeichnis von Pezel nicht mehr brauchbar war, ging Knoch an eine völlige Neuordnung. Nach induktivem Verfahren schuf er große Sachabteilungen, die sich teilweise an Verwaltungs-

---

[138]) Unter Benutzung frdl. Auskünfte von Dr. Herzog (Staatsarchiv Marburg).

zweige anlehnten (z. B. Polizei- und Hoheitssachen, Grenzsachen, Konsistorialsachen, Jagd- und Fischereisachen), während andere zur Bildung von Sammlungen führten (z. B. Ortsakten, Adelssachen, Militärsachen, 30jähriger Krieg). Wie Schönbecks Ordnung in Berlin sich im wesentlichen auf das Archiv des Geheimen Rates beschränkte, so umfaßte das von Knoch geordnete Archiv vorwiegend die Bestände der obersten Landesverwaltungsbehörde, der „Landesregierung", die aus dem landesherrlichen „Geschworenen Rat" erwachsen war. Andere Zentralbehörden, wie Rentkammer, Hofgericht, Justizkanzlei, behielten ihre Akten bei sich; das wichtigste Behördenarchiv, das der Rentkammer, gelangte ebenso wie das des Hofgerichts erst Anfang des 20. Jhs. ins Landesarchiv. Auch die Akten der Ämter und der Untergerichte wurden erst in dieser Zeit abgeliefert. Das Archiv des Niederrheinisch-westfälichen Grafenkollegiums, dessen letzter Direktor Fürst Leopold I. war, verblieb 1806 in Detmold. Nach 1918 beließ man die älteren Haussachen, die Knoch als „Familienakten" und „Hausangelegenheiten" zusammengefaßt hatte, im Landesarchiv, wohin auch 1919 die Registraturen des Hofmarschallamtes (bis 1897) und der Marstall- und Gestütsverwaltung gelangten. Das *Fürstliche Hausarchiv* im Detmolder Schloß scheint sich auf die Haussachen der seit 1897 regierenden Biesterfelder Nebenlinie und die Registraturen der Flügeladjutantur und des Zivilkabinetts zu beschränken. Ähnlich wie in Berlin zeigt der innere Aufbau des Landesarchivs das Nebeneinander des mit Anfang des 19. Jhs. (etwa 1813) abgeschlossenen, durch das Knochsche Ordnungssystem zusammengefaßten Archivalienkomplexes und der provenienzmäßig aufgestellten Registraturen der sonstigen älteren Zentral- und Lokalbehörden und der Behörden des 19. und 20. Jhs.

Schaumburg-Lippe[139])

Die Grafschaft Schaumburg war nach dem Aussterben der Hauptlinie der Grafen von Schaumburg (1459), die seit dem 12. Jh. in der Grafschaft Holstein residierten, an die Pinneberger Nebenlinie gefallen. Die zentrale Landesverwaltung blieb jedoch in Bückeburg, wo sich im Anschluß an die Kanzlei als die einzige Zentralbehörde ein Aktenarchiv bildete. Das Urkundenarchiv scheint sich im Turm des Stammschlosses, der Schauenburg, befunden und schon damals auch die Urkunden der Herrschaft Pinneberg aufgenommen zu haben. Als nach dem Aussterben der Pinneberger Linie (1640) die alte Grafschaft Schaumburg, von der Brauschweig-Lüneburg bereits einige Gebiete (Hamelner Land und Amt Lauenau) annektiert

---

[139]) Die folgende Darstellung auf Grund frdl. Mitteilungen von Dr. Engel (Niedersächsisches Staatsarchiv Hannover) nach seinen neuen Untersuchungen.

hatte, 1647/48 zwischen Hessen-Kassel (südöstlicher Teil mit Rinteln) und der lippischen Nebenlinie Alverdissen (nordwestlicher Teil mit Bückeburg und Stadthagen) geteilt worden war, blieb das alte schaumburgische Akten- und Urkundenarchiv ungeteilt als hessisch-lippisches Samtarchiv („*mit Hessen-Kassel gemeinschaftliches Archiv*") erhalten. Erst 1873 wurde es zwischen Schaumburg-Lippe und Preußen als Rechtsnachfolger von Kurhessen und Hannover aufgeteilt; den preußischen Anteil an den Urkunden und Akten, der zunächst nach Marburg gelangt war, verteilte man auf die nach Pertinenz zuständigen preußischen Staatsarchive (Marburg, Hannover, Münster, Düsseldorf und Kiel). Nach der Eingliederung der hessischen Grafschaft Schaumburg in die Provinz Hannover (1932) und dem Anschluß von Schaumburg-Lippe an Niedersachsen (1947) sind die an Bückeburg, Marburg und Hannover gefallenen Teile wieder im Staatsarchiv Hannover vereinigt worden.

In dem neuen Lande Schaumburg-Lippe entstand seit 1647 bei der „Landesregierung" („Justizkanzlei") zu Bückeburg ein neues Aktenarchiv, das am Ende des 18. Jhs. nach einem alphabetischen Sachschema geordnet wurde. Neben diesem „*Haus- und Staatsarchiv*" als dem Hauptarchiv hat sich bei der zentralen Finanzbehörde, der seit Mitte des 17. Jhs. bestehenden Rentkammer, ein Behördenarchiv gebildet, das 1893 an die Nachfolgebehörde, die Fürstliche Hofkammer, übergegangen ist. Daneben bestanden noch einige kleinere Behördenarchive (Lehnkammer, Hofregistratur u. a.). Seit dem 19. Jh. lieferte die Landesregierung nicht mehr an das Haus- und Staatsarchiv ab, sondern bildete ein eigenes Archiv, das sich durch Aufnahme der Registraturen der übrigen Behörden zum Hauptarchiv weitete (1893 als „Ministerialarchiv" bezeichnet). 1907 wurde das „Haus- und Staatsarchiv" in ein „*Fürstliches Hausarchiv*" umgewandelt und gab bestimmte Gruppen staatlicher Akten an das „Ministerialarchiv" (jetzt „*Landesregierungsarchiv*" genannt) ab, das damit zum alleinigen Staatsarchiv geworden ist. Der größte Teil des staatlichen Archivgutes ist jedoch im Hausarchiv und vor allem im *Hofkammerarchiv*, das den gesamten Niederschlag der staatlichen Finanzverwaltung enthält, verblieben und damit Eigentum des fürstlichen Hauses geworden, eine Erscheinung, die innerhalb des deutschen Archivwesens wohl nur in Schleiz eine Parallele findet.[140])

---

[140]) Das Landesregierungsarchiv ist seit 1947 an das Staatsarchiv Hannover gelangt, während das Hausarchiv und das Hofkammerarchiv unter der Verwaltung der Fürstlichen Hofkammer in Bückeburg verblieben sind.

g) *Preußen*

α) *Entstehung der Archivverwaltung und Bildung von Provinzialarchiven*

Das alte Preußen hatte weder die Archive der ihm im Laufe der Zeit einverleibten Territorien noch die Registraturen der Provinzialbehörden in sein Zentralarchiv aufgenommen; nur einmal waren Versuche mit Magdeburg gemacht worden[141]). Die Archive blieben alle an Ort und Stelle, meist unter der Aufsicht der alten Regierungen, deren Geschäftsbereich die Hoheits- und Justizsachen waren. Es waren also Depots unter der Überwachung von Mittelbehörden. In der Zeit, als diese Regierungen in Oberlandesgerichte umgewandelt wurden (1808), setzten schon die Bestrebungen ein, die Archive einheitlich zusammenzufassen. Die Zahl dieser Archivdepots und Archive wurde durch den Reichsdeputationshauptschluß gewaltig vermehrt; freilich wurde Preußen bald darauf durch Napoleon der Sorge für die westelbischen enthoben, und erst 1815 kam wieder neuer Zuwachs.

Jetzt stand auch Preußen, ähnlich wie vorher die süddeutschen Mittelstaaten, vor der Entscheidung, was es mit diesen vielen Einzelarchiven anfangen sollte. Württemberg und später Baden hatten wohl unter dem Einfluß Frankreichs schließlich den Weg der Zentralisation gewählt; auch in Bayern hat man ursprünglich das gleiche Ziel verfolgt und ist erst später zu einem Provinzialarchivwesen übergegangen, ohne daß man eine saubere Scheidung zwischen der zentralen und der lokalen Sphäre erreicht hätte. In Preußen fiel die — freilich noch nicht endgültige — Entscheidung zugunsten einer solchen Trennung der zentralen und der provinzialen Sphäre in den Jahren 1819 bis 1822.

Das Archivwesen Preußens hat im 19. Jh., wenn man von der Jahrhundertmitte absieht, zwei große Impulse von außen her erhalten. Der erste kam von Hardenberg, der zweite von Bismarck. Hardenberg nahm persönlich den regsten Anteil an der Organisation des Archivwesens. Er hat schon 1810 in dem Entwurf zu der „Verordnung über die veränderte Verfassung aller obersten Staatsbehörden" das Berliner Archiv der Leitung des Staatskanzleramtes anstatt der des Außenministeriums unterstellt. Das war eine Entscheidung von weittragender Bedeutung, und nachdem 1848 an die Stelle des 1822 eingegangenen Staatskanzleramtes das des Ministerpräsidenten getreten war, unterstellte man diesem 1852 das Archivwesen. Auf jeden Fall bedeutete diese Unterstellung einen gewissen Schutz dagegen, daß die Archivverwaltung sich in einer einseitigen Richtung bewegte und das Archivwesen zu einer bloßen Ressortangelegenheit

---

[141]) S. darüber G. Wentz (Lit. Nr. 322) S. 13ff.

wurde; ohne diese Entscheidung wäre es vielleicht nicht zur Herausbildung eines Zentralarchivs gekommen.

Die Reform des Archivwesens selbst setzte jedoch nicht 1810, sondern erst im März 1819 ein[142]). Sie ist von der französischen Archivreform Guizots so verschieden wie die preußische Reform Steins und Hardenbergs von der französischen Revolution. Als damals die Frage auftauchte, was mit den in den zahlreichen provinzialen Archivdepots ruhenden Akten geschehen solle, stand man vor der Entscheidung, ob und in welchem Maße die Archivalien aus den Provinzen in Berlin zentralisiert werden könnten. Daneben trat die zweite Frage einer Konzentrierung der Archivdepots innerhalb der einzelnen Provinzen in den grundsätzlichen Erwägungen zurück; sie hat ihre Lösung mehr durch die praktische Wirksamkeit tatkräftiger Oberpräsidenten gefunden, die alles Archivgut allmählich in der Provinzialhauptstadt vereinigten (außer in der Rheinprovinz, wo dies nach dem Zusammenschluß von 1824 versäumt worden ist). Seinen zentralistischen Neigungen folgend glaubte Hardenberg, daß die Ordnung überall nach *einem* System durchgeführt werden müsse, und zwar möglichst nach dem des Geheimen Staatsarchivs. Indessen konnte ihn sein Ratgeber, der Wirkl. Geh. Legationsrat und Vortrag. Rat im Staatskanzleramt Karl Georg von Raumer, auf Grund seiner eigenen historischen Studien im Geheimen Staatsarchiv darüber aufklären, daß dort die historische Entwicklung eine systematische Einteilung nicht habe aufkommen lassen und daß eine Systematisierung nicht möglich und, wenn möglich, dann schädlich sei; hier wirkte sich also der alte induktiv-praktische Grundaufbau des Geheimen Staatsarchivs aus. Unter Raumers Einfluß entschied sich schließlich Hardenberg, vor Aussonderung des für das Berliner Zentralarchiv zu fordernden Materials von den Oberpräsidenten Übersichten über die in den Provinzen lagernden Archivalien anzufordern. Doch diese von Raumer vorbereiteten Erlasse blieben über ein Jahr liegen.

Inzwischen nahte sich dem Fürsten Hardenberg der Versucher in der Gestalt des Kultusministers Altenstein. Dieser hatte Anregungen von Westfalen empfangen, wo der Oberpräsident von Vincke schon selbständig mit der Ordnung des Archivwesens begonnen und auch dem Kultusminister Vorschläge gemacht hatte (s. u. S. 388), die Altenstein der Historisch-Philologischen Klasse der Akademie der Wissenschaften in Berlin zur Stellungnahme vorlegte. Das Gutachten der Akademie vom 6. April 1819 an den Kultusminister[143]) gab eine wertvolle Anregung im Sinne des Provenienzprinzips; es lief bekanntlich darauf hinaus, daß die Archive der Landschaften, Stifter und Klöster

---

142) S. z. Folg. Reinhold Koser (Lit. Nr. 400).

143) Verfasser war der Kgl. Oberbibliothekar und Historiker Friedrich Wilken. S. Koser (Lit. Nr. 400) S. 10ff.

auch nach ihrer Vereinigung in *einem* Archiv voneinander zu trennen seien. Weiter trat es dafür ein, die Lokalurkunden an Ort und Stelle zu bearbeiten und zu erläutern und erst dann in einem Provinzialarchiv zu vereinigen, wo sie der Benutzung bequemer zugänglich seien als in den verstreuten Archivdepots. Die Frage einer Zentralisierung in Berlin wurde nicht berührt. Demgegenüber schlug Altenstein vor, 1. alle Archive, das Berliner Zentralarchiv wie die Provinzialarchive, in eine historische und eine staatsrechtliche Abteilung zu zerlegen, und 2. alles Material „von wissenschaftlichem Interesse" an die Zentrale abzuliefern und in den Provinzen nur das zu belassen, was von provinziellem Interesse sei. Die staatsrechtlichen Abteilungen sollten den Behörden, die historischen der Wissenschaft dienen und den Universitäten in den Provinzen angeschlossen werden. Das bedeutete die Zerreißung von Beständen gemeinsamen Ursprungs. Ein Verwaltungsarchiv ließe sich allenfalls durch zeitlichen Querschnitt (nach Grenzjahr) von dem historischen trennen, aber nicht durch sachlichen Längsschnitt. Wiederum mußte Raumer feststellen, daß bei dem Geheimen Staatsarchiv eine derartige Scheidung unmöglich sei; bei einer Trennung dieser Elemente müsse alles zerstückelt werden, „es wäre die Anatomie des lebendigen organischen Körpers". Weder der Wissenschaft noch der Verwaltung sei mit der Zerreißung gedient. Wie vorher die Schematisierung so wurde jetzt die Zerteilung durch den festgefügten Bau des Geheimen Staatsarchivs abgewehrt. Wäre die von Schönbeck geschaffene Einteilung zu einer begrifflichen Sachsystematik in deduktivem Sinne ausgearbeitet worden, wäre das Geheime Staatsarchiv nicht als Behörden-, sondern als Auslesearchiv begründet worden, so wäre man vermutlich damals der Gefahr eines irgendwie unorganischen Aufbaus des Archivwesens nicht entgangen. Aber die zerstörerische Macht der Urkunden hatte sich in Preußen nicht auswirken können. Nur für die Archive der toten Staaten gestand Raumer die Möglichkeit einer Teilung im Sinne Altensteins zu.

Der Staatskanzler lehnte auf diese Einwendungen hin erst nach vielen Monaten, am 22. Juni 1820[144]), die Einrichtung von staatsrechtlichen und historischen Abteilungen bei den Archiven ab, 1. wegen der Schwierigkeit einer genauen Grenzziehung und 2. weil er nicht einsah, warum sogen. „staatsrechtliches Material" der wissenschaftlichen Forschung entzogen werden sollte, und sprach den Grundsatz aus, den Archiven „den Grad von Gemeinnützigkeit zu geben, den höhere Staatsrücksichten nur irgend gestatten". Er hatte die Gemeinnützigkeit in jeder Hinsicht, nicht nur wissenschaftlicher Art, vor Augen, man könnte fast einen Anklang an die „archivalischen Menschenrechte" des Westens heraushören. Auch ein Nebenvorschlag Altensteins, eine besondere Behörde für die Leitung

---

[144]) Koser (Lit. Nr. 400) S. 20ff.

der Archive zu schaffen, wurde von Hardenberg abgelehnt. Offenbar wollte Altenstein damit sein Ministerium einschalten, hatte er doch auch nahegelegt, die historischen Abteilungen der Archive mit den Universitäten in Verbindung zu bringen. Er ging hier ganz von seinem Ressortinteresse aus, ebenso wie andererseits natürlich auch die Haltung des Staatskanzlers nicht ohne dieses Moment zu verstehen ist.

Der zweiten Forderung Altensteins, das Material irgendwie zu zentralisieren, brachte Hardenberg mehr Neigung entgegen, und auch Raumer hatte ja nur die Struktur des Geheimen Staatsarchivs beschützen wollen. Es wurde also ein wissenschaftliches Zentralarchiv in Berlin ins Auge gefaßt, in das aus den Provinzen folgendes Material gelangen sollte: 1. alle zu sekretierenden Akten und 2. dasjenige Material, das kein fortwährendes (aktuelles) Interesse habe, und 3. von demjenigen Material, das noch Interesse für die Verwaltung habe, dasjenige, was sich auf mehrere Provinzen oder auf den ganzen Staat bezieht (Betreffsgrundsatz). Das übrige sollte in besonderen Provinzialarchiven bleiben. Beide Arten, sowohl das wissenschaftliche Zentralarchiv wie auch die Provinzialarchive, sollten der Forschung offenstehen. Hierin eben liegt der Unterschied der Auffassung Hardenbergs gegenüber der bayrischen und auch der des Kultusministers, daß er einen dauernden Unterschied zwischen staatsrechtlichen und historischen Akten nicht anerkennt.

So wurde die Zerreißung in der zentralen Instanz vermieden, aber die der Provinzialarchive blieb weiterhin geplant. Dazu kam, daß Hardenberg immer noch an einer allgemeinen Norm für die Einteilung und Ordnung der Archive festhielt. Von der Vorstellung, das von draußen hereinkommende Materiel sei auf die Reposituren des Geheimen Staatsarchivs aufzupfropfen, hat er sich nicht frei machen können. Entscheidend war jedoch, daß er die Aussonderung des Materials, das „unbeschadet des provinziellen Interesses" in das Zentralarchiv übergeführt werden sollte, nicht überstürzt sehen wollte. Er wollte erst einen genauen Einblick haben und ordnete daher zunächst eine Bestandaufnahme an. Diese konnte aber nicht in wenigen Jahren, sondern nur in Jahrzehnten durchgeführt werden und bedeutete somit eine Vertagung, die zum Segen ausschlug. Es verblieb bei der Zentralisierung besonders bedeutsamer mittelalterlicher Urkunden (insbesondere der Kaiserurkunden), die Hoefer auf seinen Reisen durch die Provinzen nach Berlin nahm und die erst unter Koser in die zuständigen Provinzialarchive zurückgegeben worden sind.

Am 22. Juni 1820 gingen endlich die bereit liegenden Erlasse an die Oberpräsidenten hinaus, und nun liefen die Berichte aus den Provinzen ein[145]). Ein zweites, diesmal durch den Staatskanzler selbst an-

---

[145]) Koser (Lit. Nr. 400) S. 24ff. und 28ff.

gefordertes Gutachten der Historisch-Philologischen Klasse der Berliner Akademie der Wissenschaften vom 30. Okt. 1821[146]) riet von der Zentralisierung im Interesse der landesgeschichtlichen Forschung ab. Es wandte sich aber auch gegen eine völlige Dezentralisation und trat für eine Zentralisation innerhalb der Provinzen ein, nach dem Muster des schlesischen Provinzialarchivs in Breslau.

Die Erlasse an die Oberpräsidenten bezweckten zunächst eine Bestandsaufnahme und womöglich eine Verzeichnung im einzelnen, die man in fünf bis zehn Jahren beenden zu können glaubte. Ausgehend von dem Grundgedanken der preußischen Reform, die ein lebendiges Wirken der Glieder im Ganzen des Staates erstrebte, haben tatkräftige Oberpräsidenten in den einzelnen Provinzen die verstreuten Archivalien in Provinzialarchiven vereinigt und diese zur Grundlage des entstehenden provinziellen Heimatgefühls gemacht, das von der romantischen Geschichtsschreibung starke Impulse erhielt. Wenn auch der Provenienzgedanke in der Struktur wie in der Organisation noch nirgends klar zum Bewußtsein kam, so hatte sich doch unversehens trotz der Verschiedenheit in der Struktur der Provinzialarchive dank der inneren Geschlossenheit, zu der die neuen Provinzen bald zusammenwuchsen, eine klar abgegrenzte Zuständigkeit nach Registraturen ausgebildet.

Wesentlich war auch, daß der Staatskanzler die Aufgabe der Archivorganisation als ein Ganzes angegriffen hat. Er wollte eine geschlossene und selbständige, sich über das ganze Staatsgebiet erstreckende Archivverwaltung schaffen und wollte allen Archiven den mit den höheren Staatsinteressen nur irgend verträglichen Grad von Öffentlichkeit geben, sie also der Forschung jeder Art öffnen. Aber er war doch nicht frei von zentralisierenden und schematisierenden Neigungen; er hatte in archivalischer Hinsicht das Provinzinteresse außer acht gelassen, obwohl es doch seine Aufgabe sein mußte, das Staatsganze und die Provinzen in das richtige Verhältnis zu setzen. Diesem Zentralismus wirkten die Kräfte entgegen, die unter dem Einfluß der Romantik in der neuen historischen Wissenschaft zur Geltung kamen. Ob diese Stimme freilich für sich allein in der hohen Bürokratie ausreichendes Gehör gefunden hätte, ist zu bezweifeln. Der Kultusminister Altenstein überhörte den eigentlichen Sinn ihrer Sprache; wenigstens hat er das Gutachten der Akademie nicht verstanden.

Als eine im gesunden Sinne beharrende Kraft erwies sich der Aufbau des Geheimen Staatsarchivs. Es hatte fast keine Archivalien der neuerworbenen Landesteile an sich gezogen. In seiner Gliederung war es ein getreues Spiegelbild der historischen Entwicklung der Zentralbehörden geblieben. Es war der objektive Zustand des Geheimen Staatsarchivs selbst, der hier in die Gesamtorganisation

[146]) Koser (Lit. Nr. 400) S. 64ff.

des Archivwesens hinüberwirkte und gegenüber der eigenartigen Mischung historischer und rationaler Strömungen im preußischen Reformgeist sich behauptete und das historische Moment verstärkte. Es waren Imponderabilien, die den Gang der Dinge bestimmten: die retardierenden Momente bei der Verzeichnung in den Provinzen, die mehr oder minder aktive Mitwirkung der im Reformgeist tätigen Oberpräsidenten, die spontanen Regungen in den Provinzen selbst und das Erwachen des neuen historischen Geistes. Von der Zentralstelle gingen künftig keine starken Impulse mehr aus. Die Provinzialarchive sind draußen gewachsen wie die Lilien auf dem Felde; man förderte ihre Entwicklung in bescheidener Weise, aber sie in Hardenbergs Sinne zu wissenschaftlichen Forschungsstätten zu machen, hat man von Berlin aus nichts unternommen.

Nach dem Tode Hardenbergs war das Staatskanzleramt nicht mehr besetzt worden, und das Archivwesen wurde durch Kabinettsordre vom 2. Mai 1823 unter das Staatsministerium gestellt. Das Geheime Staatsarchiv in Berlin und das Kabinettsarchiv kamen außerdem unter die besondere Aufsicht des Ministers des kgl. Hauses und des Ministers des Auswärtigen. Zum Direktor des Geheimen Staats- und des Kabinettsarchivs wurde im Nebenamt der Direktor im Ministerium des Kgl. Hauses *Karl Georg von Raumer* ernannt (1822—33), der dem Geheimen Staatsarchiv nur auf Grund seiner historischen Forschungen, die er aus Liebhaberei betrieb, nahestand. Referent für das Archivwesen im Staatsministerium wurde der dortige Vortragende Rat G. Tzschoppe, der schon unter Hardenberg die Archivangelegenheiten der Provinzen bearbeitet hatte. 1831 wurde ein *Direktorium der Archive* eingerichtet, das von Raumer übernommen wurde. Aufsichtsinstanzen in den Provinzen waren die Oberpräsidenten, für das Düsseldorfer und das Koblenzer Archiv die dortigen Regierungspräsidenten und für Breslau zunächst noch der Universitätskurator.

β) Die preußischen Provinzialarchive

Die preußischen Provinzialarchive, wie sie bis 1945 bestanden haben, spiegelten in ihrer Struktur die verschiedenartige Herkunft der preußischen Provinzen wider. Die östlichen Provinzen Ostpreußen, Pommern und Schlesien sind als geschichtliche Einheiten erwachsen. Das Herzogtum Preußen war niemals Landesteilungen, die pertinenzmäßige Archivteilungen zur Folge zu haben pflegten, unterworfen und besaß eine straffe Zentralverwaltung, die zur Ausbildung eines Hauptarchivs geführt hatte. Wie das Herzogtum selbst in ungebrochener Entwicklung in den preußischen Staat hineingewachsen ist, so ist auch die Geschichte des Archivwesens organisch verlaufen. Die beiden anderen Provinzen stellten nur in bedingtem Sinne staatsrechtliche Einheiten dar: Pommern hatte infolge älterer Landesteilungen von vornherein zwei Landesarchive, und die brandenburgischschwedischen Landesteilungen des 17. und 18. Jhs. brachten gewisse Archivalienteilungen nach Pertinenz und die Entstehung neuer Landesarchive ohne geschichtlichen Hintergrund mit sich. Schlesien bildete eine Föderation von Fürstentümern mit staatsrechtlich verschiedenem Abhängigkeitsverhältnis zum König von Böhmen, dessen Oberhoheit ihren Niederschlag in Zentralbehörden fand; unter österreichischem Einfluß herrschte hier das Behördenarchivwesen vor. In beiden Provinzen fehlte das Hauptarchiv, das der neuen Archivorganisation als Grundlage hätte dienen können; andererseits war das Bewußtsein der geschichtlichen und bedingten staatsrechtlichen Einheit vorhanden, das dazu führen konnte, die verschiedenen Landes- und Behördenarchive als einheitliche Masse anzusehen, die man einer Neuordnung unterwerfen durfte. Besonders in Breslau ist dies in preußischer Zeit mehrfach in einer alle geschichtlichen Zusammenhänge zerstörenden Weise geschehen.

Die westlichen Provinzen, die Rheinprovinz, Westfalen und Sachsen, sind künstliche Schöpfungen, Zusammenfassungen zahlreicher kleinerer Territorien und Territorialsplitter. Ihre Archive sind in allmählicher Konzentration über Sammeldepots, in denen man zunächst die Territorialarchive und die Archive der aufgehobenen geistlichen Anstalten vereinigte, erwachsen; in der Rheinprovinz hat die Konzentrationsbewegung nicht, wie in Westfalen und Sachsen, ihr letztes Ziel, die Bildung eines einzigen provinzialen Zentralarchivs, erreicht. In diesen Provinzen waren die Voraussetzungen für die Sonderung der geschichtlich gewordenen archivalischen Einheiten günstig; am reinsten ist das Provenienzprinzip von vornherein in Münster verwirklicht worden, am wenigsten ausgeprägt im sächsischen Provinzialarchiv.

Die Provinzen Westpreußen und Posen sind als willkürliche Ausschnitte des ehemaligen Königreichs Polen entstanden; ältere Territorialarchive fand man hier nicht vor. Die Provinzialarchive waren späte, künstliche Gründungen, die mehr auf politische Erwägungen zurückgingen als auf die Notwendigkeit, Sammelstellen für herrenloses Archivgut zu schaffen.

Schleswig-Holstein bildet zwar seit dem 14. Jh. eine Einheit, aber die lange Trennung in königlich-dänische und herzogliche Gebiete und die Abhängigkeit von Dänemark haben zu verwickelten Archivverhältnissen geführt. Im Laufe der Geschichte sind fast alle Archivalien außer Landes, nach Kopenhagen und Oldenburg, gewandert, und das neue preußische Staatsarchiv trat als Archiv ohne Archivalien ins Leben. Die stufenweise erwirkte Rückführung der ausgewanderten Archivalien kam in dem akzessionsmäßigen Aufbau des Archivs, wie er bis in neuere Zeit hinein bestanden hat, zum Ausdruck.

Sigmaringen und Brandenburg weisen die beiden Möglichkeiten der Aufteilung eines Archivs in ihrer äußersten Gegensätzlichkeit auf: in Sigmaringen haben politische Auseinandersetzungen zur Zerreißung der Registraturzusammenhänge geführt, in Brandenburg hat man von archivtheoretischen Grundsätzen her einen organischen Schnitt getan, durch den ein in sich abgerundetes Archivgebilde entstanden ist, dessen Fortsetzung für die ältere Zeit die ältesten Bestände des preußischen Zentralarchivs bildeten und das man um des inneren Zusammenhanges willen mit der Verwaltung dieses Zentralarchivs verbunden hat.

Königsberg (Ostpreußen)

Als 1309 der Sitz des Hochmeisters des Deutschen Ordens von Venedig nach der Marienburg verlegt wurde, gelangte dorthin nur ein kleiner Teil des Venediger Ordensarchivs, und auch die Urkundendepots in den Hauptorten der Ordensballeien mit Urkunden über die dortigen Ordensbesitzungen blieben weiter bestehen. In dem neuen zentralen Ordensarchiv auf Schloß Marienburg schied man das lose Eingangsmaterial (Urkunden, politische Korrespondenz auswärtiger Fürsten und Berichte der Ordensbeamten), das in der „Briefkammer" der Marienburg aufbewahrt wurde, von dem Ausgangsmaterial, das abschriftlich in den sachlich in verschiedene Bandreihen aufgespaltenen Auslaufregistern festgehalten wurde, die zusammen mit der sonstigen Kanzleiproduktion, wie Kopiaren, Urbaren und Rechnungsbüchern, bei der Kanzlei ruhten und heute die Gruppe der sogen. „Ordensfolianten" bilden. In den Wirren des Städtekrieges flüchtete man vorübergehend die wichtigen Urkunden zum Domkapitel nach Magdeburg und brachte schließlich 1470 das gesamte Ordensarchiv nach dem Ordensschloß Tapiau, wo es bis zur Vereinigung mit dem Königsberger Archiv (1722) verblieb.

Inzwischen war auf dem Schlosse zu Königsberg, wohin 1457 der Hochmeister seinen Sitz verlegt hatte, bei der dortigen Kanzlei des Hochmeisters ein drittes zentrales Ordensarchiv entstanden, das den Charakter eines Aktenarchivs annahm, während das Archiv *in Tapiau* als *Urkundenarchiv* angesehen wurde, in das man nur noch Rechtstitel abgab. Nach der Umwandlung des Ordensstaates in ein weltliches Fürstentum (1525) wurde das *Königsberger Kanzleiarchiv* zum Archiv der wichtigsten Zentralbehörde, der Oberratsstube (später als Preußische, seit 1774 Ostpreußische Regierung, seit 1781 als Etatsministerium bezeichnet), und ihrer Unterbehörden, während die herzogliche Rentkammer ein eigenes Archiv besaß und die modernen Verwaltungsbehörden des 18. Jhs., die Kriegs- und Domänenkammern in Königsberg und Gumbinnen, ihre Akten in eigenen Behördenarchiven behielten und am Anfang des 19. Jhs. als Vorakten an die dortigen Regierungen übergaben, von wo sie erst später mit deren Beständen an das Königsberger Archiv gelangt sind. Nach der Aufhebung des Etatsministeriums (1804), dessen laufende Akten auf die Nachfolgebehörden aufgeteilt wurden, wurde das „Geheime Archiv", wie das Archiv des Etatsministeriums seit dem 18. Jh. hieß, zu einer selbständigen Behörde und erhielt als erstes preußisches Provinzialarchiv schon 1811 einen wissenschaftlichen Leiter in dem Königsberger Universitätsprofessor A. Ernst Hennig, dem 1817 der Königsberger Universitätsprofessor Johannes Voigt (1817—1863) folgte.

Für die innere Gliederung des Königsberger Aktenarchivs hatte man zunächst das ehemalige Marienburger Archiv zum Vorbild genommen. Die Ausgänge wurden weiterhin in Auslaufregistern, die zusammen mit anderen Amtsbüchern die sogen. „ostpreußischen Folianten" bilden, festgehalten, wenn auch jetzt die Differenzierung nach Sachgebieten oder (bei der auswärtigen Korrespondenz) nach Korrespondenten noch stärker ausgeprägt war; das lose Eingangsmaterial war in ähnlicher Weise in Serien nach Sachgebieten oder nach Korrespondenten gegliedert. Erst seit dem 17. Jh. ging man in der Kanzlei allmählich vom Serienprinzip zur Bildung von Sachgruppen unter Vereinigung der Ausgangskonzepte mit den Eingängen über. Seit 1719 hat dann der Archivar Scheel das Archiv einer sachlichen Neuordnung unterzogen, wobei er sich freilich auf die Bestände der letzten Jahrzehnte, die nicht mehr in Bandserien zusammengefaßt waren und auch gelegentlich für Verwaltungszwecke benötigt wurden, beschränkt hat. Sein Schema, das in alphabetischer Folge 142 Unterabteilungen teils topographischer (preußische Ämter und Städte, auswärtige Länder und Städte) teils sachlicher Art (Verwaltungszweige) enthielt, scheint praktisch-induktiv gewesen zu sein und sollte vor allem für die zukünftigen Zugänge einen geeigneten Rahmen abgeben. Die Neuordnung der Akten, jetzt unter bewußter Durchführung des Provenienzprinzips, hat erst Erich Joachim (1887—1921) vorgenommen; die Einteilung in Ordensarchiv, herzogliches Briefarchiv (auswärtige Korrespondenz von 1525 bis 17. Jh.) und Kgl. geheimes Archiv (Akten der Oberratsstube, dann des Etatsministeriums, also der inneren Verwaltung), die noch der modernen Gliederung zugrunde liegt, und die Ordnung der Urkunden (nach territorialer Pertinenz) stammen von Hennig und Voigt.

Die Entwicklung des Königsberger Geheimen Archivs hat einen ähnlichen — durchaus organischen — Verlauf genommen, wie die des Geheimen Archivs in Berlin Die Grundlage bildete auch hier das Kanzleiarchiv der obersten politischen und Verwaltungsbehörde, mit dem erst am Anfang des 18. Jhs., als sich der Schwerpunkt der inneren Verwaltung auf die modernen Finanzbehörden verlegt hatte, das alte Urkundenarchiv verbunden wurde. So bekam das Archiv einen neuen Auftrieb und vermochte seine Stellung als Hauptarchiv auch, nachdem seine vorgesetzte Behörde 1804 verschwunden war, gegenüber den neuen staatlichen Behörden zu wahren. Eine Besonderheit des Archivs ist die große Zahl und die Bedeutung der Auslaufregister.

Stettin (Pommern)

Nach mehrfachen Teilungen im Greifenhause hatten sich um die Mitte des 15. Jhs. drei Landesteile herausgebildet: das 1295 entstandene Herzogtum Stettin beiderseits der Oder, das Herzogtum Vorpommern (Wolgast) und das Herzogtum Hinterpommern, das durch das Bistum Kammin-Kolberg in die Gebiete Stargard und Stolp geteilt wurde. Als die hinterpommersche Linie 1459 mit Herzog Erich von Rügenwalde, dem ehemaligen nordischen Unionskönig, ausstarb, fiel das Stargarder Gebiet an das Herzogtum Stettin und das Stolper an das Herzogtum Wolgast. Als 1464 auch die Stettiner Linie ausstarb, war Pommern — abgesehen von der kurzlebigen Nebenlinie Barth und Rügen (1464—1478) — unter dem Hause Wolgast geeint, bis sich dieses 1532 in Vorpommern oder Wolgast (westlich von Oder und Randow) und Hinterpommern oder Stettin teilte. Mit der Stettiner Linie, die 1625 Wolgast geerbt hatte, erlosch 1637 das pommersche Herzogshaus. Von dem Erbe erhielt Brandenburg 1648 nur die hinterpommerschen Gebiete Stargard und Stolp sowie das 1556 säkularisierte Bistum Kammin, während Schweden Vorpommern und das Stettiner Land behielt, bis es 1720 das Gebiet bis zur Peene und 1815 den Rest von Vorpommern mit Rügen an Preußen abgeben mußte.

Am Ausgange der herzoglichen Zeit befanden sich Landesarchive in den Hauptorten der beiden Teilherzogtümer in den herzoglichen Schlössern zu Stettin und Wolgast, in die im 16. Jh. auch die Archive der säkularisierten Klöster gelangt waren; das Samt-Archiv des Herzoghauses befand sich in Wolgast. Das *Stettiner Archiv*, das 1578 durch den Kanzler Jacob von Kleist einer im wesentlichen bis ins 19. Jh. gültigen induktiven Ordnung (teils nach Sachen, teils nach Behörden, teils nach Herrscherpersönlichkeiten) unterworfen worden war, und das *Wolgaster Archiv*, das 1642 nach Stettin gelangt war, fielen 1648 an Schweden, das an Brandenburg nur die auf Hinterpommern bezüglichen Teile herausgab. Aus der neuen Landesverwaltung erwuchsen nun als weitere Archive das *schwedische Archiv in Stettin* (für 1642 bis 1720), aus dem allerdings manche Bestände nach Stockholm geschafft wurden, und das *brandenburgische „Landesarchiv" in Stargard* (für 1648 bis 1720). Diese vier alten Landesarchive, die 1720 in preußischen Besitz kamen und in Stettin vereinigt wurden, faßte man im 19. Jh. unter der Sammelbezeichnung des *„Alten schwedischen Archivs"* zusammen. Nach 1720 entstand in Stralsund, wohin die schwedische Regierung verlegt worden war, ein neues schwedisches Regierungsarchiv (für 1720 bis 1815). Daneben bestanden mehrere *Behördenarchive*: auf schwedischem Gebiet das Archiv des Hofgerichts zu Greifswald, das auch die Akten des Konsistoriums und des Landkastens enthielt, und auf brandenburgisch-preußischem Gebiet das Lehnsarchiv zu Stettin, die Archive des Hofgerichts zu Stargard, dann (seit 1720) zu Stettin und des 1720 errichteten Hofgerichts zu Köslin, das der Kriegs- und Domänenkammer zu Stettin mit Vorakten der preußischen Kommissariatsbehörden zu Stargard, das der Regierung (Justizbehörde des 18. Jhs.) zu Stettin und die der Konsistorien zu Stettin und Köslin.

Als im Zuge der Verwaltungsreform seit 1808 an die Stelle der Kriegs- und Domänenkammer die Regierung zu Stettin trat und als oberste Gerichtsinstanz das Oberlandesgericht geschaffen wurde, tauchte der Plan auf, das als Einheit angesehene „Alte schwedische Archiv" aufzuteilen, indem alle die Ressorts der Regierung betreffenden Akten als Archiv der Regierung und die Lehns- und Gerichtsakten als Archiv des Oberlandesgerichts gesondert werden sollten; außerdem sollten die noch für die Verwaltung brauchbaren Akten ausgewählt und an die Regierungsregistratur abgegeben werden. Dieser letztgenannten Arbeit, die infolge der Verlegung der Regierung nach Stargard besonders dringlich schien, unterzog sich 1810/11 der Schulrat Sell; die im Sachausleseverfahren ausgesonderten Akten gliederte er entsprechend der Regierungsregistratur. Zwischen 1814 und 1820, nachdem die Regierung nach Stettin zurückgekehrt war, setzte Sell die Auflösung der überkommenen Archivkörper fort, indem er die Archivalien plangemäß auf Regierung und Oberlandesgericht aufteilte; der für das Regierungsarchiv bestimmte Rest des Archivs der Stettiner schwedischen Regierung wurde bei dieser Gelegenheit von Sell nach dem Schema der modernen Regierungsregistratur neu gegliedert. Nachdem das Regierungsarchiv 1827 eine neue Unterkunft erhalten hatte, wurde ihm der größte Teil der Akten, die s. Z. als für die Verwaltung noch brauchbar der Regierungsregistratur überwiesen worden waren, zurückgegeben, und zwischen 1832 und 1842 gab auch das Oberlandesgericht die ihm überlassenen Bestände z. gr. T. wieder zurück. Auch die übrigen alten Behördenarchive sowie das Archiv des 1810 aufgelösten Kamminer Domkapitels gelangten allmählich an das Stettiner Archiv, das in F. L. von Medem seinen ersten wissenschaftlichen Leiter erhielt. Dieser gliederte zunächst die Urkunden nach einem einheitlichen teils durch Pertinenz, teils von formalen Gesichtspunkten bestimmten Schema in allgemeine geistliche Urkunden, Urkunden, die einzelne Klöster betreffen, herzogliche Urkunden, d. h. solche, an denen der Landesherr mitgewirkt hat, Urkunden, die sich auf einzelne Städte beziehen, und Privaturkunden. Auch die Akten gliederte er nach einem die gesamten Bestände umfassenden Schema (Außenpolitik, Angelegenheiten des Landesherrn, Verfassung und Verwaltung des Landes), da es ihm unmöglich erschien, die durch das zweimalige Ausleseverfahren zerstückten alten Landesarchive, von denen sich überdies noch Teile in der Registratur der

Regierung befanden, wiederherzustellen. Erst in neuer Zeit hat man im Zeichen des Provenienzprinzips die alten Archivkörper wieder aufgebaut: die geistlichen Urkundenfonds wurden durch H. Hoogeweg, die Aktenregistraturen durch Erich Randt wiederhergestellt.

Breslau (Schlesien)

Das piastische Herzogtum Schlesien, das 1163 seine Selbständigkeit gegenüber Polen erlangt hatte, spaltete sich im 12./14. Jh. in eine Reihe von Teilfürstentümern, die Anlehnung an Böhmen suchten und 1327/29 fast alle ihr Gebiet dem böhmischen König zu Lehen auftrugen. Infolge Aussterbens fielen sie bis 1675 als erledigte Lehen — die einzigen nicht lehnrührigen Herzogtümer Jauer und Schweidnitz durch Heirat — an das seit 1526 habsburgische Königreich Böhmen. Einige von ihnen wurden wieder verliehen, blieben aber als „Mediatfürstentümer" unter böhmischer Oberhoheit: Öls, Münsterberg, Sagan, Troppau und Jägerndorf. Die übrigen unterstanden als „Erbfürstentümer" unmittelbar dem König von Böhmen: Breslau, Liegnitz-Brieg-Wohlau, Schweidnitz-Jauer, Oppeln-Ratibor und Glogau. Eine gewisse Selbständigkeit behielt nur der Bischof von Breslau als Fürst von Neiße und Herzog von Grottkau. Die Grafschaft Glatz gehörte in österreichischer Zeit nicht zu Schlesien.

In den Erbfürstentümern ließ sich der böhmische König durch Landeshauptleute vertreten, denen kollegiale Kgl. Ämter oder Regierungen, wie sie ähnlich auch in den Mediatfürstentümern als Regierungsorgane vorhanden waren, zur Seite standen. Seit dem 15. Jh. entwickelte sich eine Zentralverwaltung für das gesamte Herzogtum Schlesien, die im 16. Jh. durch Ferdinand I. ausgebaut wurde: Statthalter des Königs war der Oberlandeshauptmann, der aus der Reihe der schlesischen Fürsten ernannt werden sollte; neben ihm bestand das Oberamtskolleg, das für die Verwaltung der Landessteuern und die Verhandlungen mit den Fürsten und Standesherren auf den Fürstentagen zuständig war und zugleich Gerichtsaufgaben zu erfüllen hatte. Die Verwaltung der königlichen Einkünfte und Kammergüter in den Erbfürstentümern lag der Kammer unter dem Vitztum ob. Die oberste Verwaltung des Herzogtums Schlesien lag bei der Böhmischen Hofkanzlei und der Hofkammer zu Wien, oberster Gerichtshof war das Appellationsgericht zu Prag. König Friedrich II. hob 1742 die Erbfürstentümer mit ihren Regierungen auf und beschränkte die Regierungen der Mediatfürstentümer auf Gerichtstätigkeit (daher seit 1808 „Fürstliche Gerichte", dann „Fürstentumsgerichte" genannt). Die Finanz- Domanial- sowie allgemeine innere Verwaltung übertrug er den Kriegs- und Domänenkammern zu Breslau und Glogau, deren gemeinsamer Chefpräsident der dirigierende Etatsminister für Schlesien in Breslau war und die 1808 in Regierungen umgewandelt wurden. Die Oberamtsregierungen zu Breslau, Glogau und Oppeln (später Brieg), deren gemeinsamer Chefpräsident bis 1795 ein besonderer schlesischer Justizminister war, blieben auf Justizfunktionen beschränkt und wurden 1808 zu Oberlandesgerichten. Für die innere Verwaltung wurde das ganze Land einschließlich der Mediatfürstentümer in Kreise unter Landräten eingeteilt, die den Kriegs- und Domänenkammern unterstanden. Die Landstände der einzelnen Fürstentümer wie die des Gesamtherzogtums wurden aufgehoben.

Das vorpreußische Schlesien besaß nur Behördenarchive, deren bedeutendste in der zentralen Sphäre das *Oberamtsarchiv* und das *Kammerarchiv* und in den Erb- und Mediatfürstentümern die *Archive der Regierungen* waren. In Verkennung des archivischen Charakters dieser Behördenarchive gingen die neuen preußischen Behörden von der Vorstellung aus, bloße Behördenregistraturen vor sich zu haben, die als Vorakten auf die neuen preußischen Registraturen zu übernehmen seien. Da die österreichischen Behörden- und Registraturverhältnisse völlig andersartig waren, entstand die zweifache Aufgabe, 1. die gesamten Archivalienbestände nach der neuen preußischen Verwaltungsgliederung aufzuteilen (sogen. „Aktenseparation") und 2. die österreichischen Serienregistraturen, in denen Eingänge und Ausgangsentwürfe in getrennten, chronologisch geordneten Reihen lose zu Bündeln zusammengefaßt waren und durch Registratur- und Expeditenbücher mit alphabetischen Sachweisern erschlossen wurden, in preußische Sachregistraturen mit gebundenen, sachlich zusammenfassenden Aktenbänden umzuwandeln. Das Kammerarchiv, das an die Kriegs- und Domänenkammer zu Breslau gefallen war, wurde zwischen den Kriegs- und Domänenkammern aufgeteilt, die Oberamtsregierung zu Breslau zog aus dem bei ihr befindlichen Oberamtsarchiv und aus den Regierungsarchiven der Erbfürstentümer die Justizsachen heraus, während die Cameralia und Publica zur Verfügung der Breslauer Kriegs- und Domänenkammer blieben. Die Archive der Stände zerfielen in der Regel in den „Privilegienkasten", der wegen seines Wertes häufig von einem führenden Mitglied der Landschaft aufbewahrt wurde, und das Aktenarchiv, das im Versammlungshaus der Stände unter der Obhut des ständischen Syndikus stand; sie sind zumeist an die neuen Landräte und damit in den Bereich der Kriegs- und Domänenkammern gelangt, dort aber teilweise durch Unachtsamkeit verlorengegangen (so insbesondere der Privilegienkasten des Fürstentages).

Eine Zentralstelle in Berlin, die — wie später der Staatskanzler Hardenberg — Weitblick und Verständnis für die Bedeutung eines geordneten Archivwesens besessen hätte, gab es nicht; so blieb die Sorge für die alten Archive ganz den Behörden, in deren Besitz sie zufällig geraten waren, und deren Registratoren überlassen.

Nachdem 1756 der Vorschlag der Breslauer Oberamtsregierung zur Begründung eines hauptamtlich verwalteten „Haupt- und gemeinschaftlichen Archivs", in dem die beiden Breslauer Behörden ihre Archivalien vereinigen sollten, an der Gleichgültigkeit der Breslauer Kriegs- und Domänenkammer und am Ausbruch des Siebenjährigen Krieges gescheitert war, setzte man die unselige „Separation" fort; diese sowie umfängliche Kassationen wegen Raummangels und Verschleuderungen infolge Unachtsamkeit haben bewirkt, daß von den Registraturen der österreichischen Zeit nur Trümmer erhalten geblieben sind. Sie sind zwischen 1823 und 1830 von den Regierungen und Oberlandesgerichten an das schlesische Provinzialarchiv zu Breslau abgegeben worden.

Dieses selbst ist nicht, wie die übrigen preußischen Provinzialarchive, als Sammelstätte älterer staatlicher Archive erwachsen, sondern geht auf Joh. Gustav Gottlieb Büschings Plan einer großen Zentralbibliothek der aus den 1810 säkularisierten Klöstern und Stiftern stammenden Bücher, Archivalien und Kunstgegenstände zurück. Als Archivalienabteilung dieser Zentralbibliothek ist das Archiv 1811 ins Leben getreten. Als nach der Gründung der Universität (1811) die Zentralbibliothek mit den Bibliotheken der Frankfurter Universität und der Breslauer Jesuitenuniversität verbunden und zur Universitätsbibliothek wurde, wandelte sich das mit ihr verbundene Archiv zum akademischen Institut. 1815 wurde es unter der Bezeichnung „*Königliches akademisches Provinzialarchiv*" aus der Unterstellung unter die Universitätsbibliothek gelöst, blieb aber weiterhin, auch nachdem es 1821 als selbständige Staatsbehörde auf den staatlichen Etat gesetzt worden war, dem Universitätskurator unterstellt, bis es 1836 nach dem Vorbilde der übrigen Provinzialarchive unter die Aufsicht des Oberpräsidenten kam. Die enge Bindung an die Universität kommt auch zum Ausdruck in dem Zweck, den man dem Archiv gab, vor allem dem akademischen Unterricht in den Hilfswissenschaften zu dienen und erst in zweiter Linie zur Verfügung der Staatsverwaltung und der Öffentlichkeit zu sein, und in der Tatsache, daß die Archivare dem Lehrkörper der Universität angehörten.

Den Anstoß zum Ausbau des bisherigen „zentralen Klosterarchivs" zum Landesarchiv gab der Erlaß Hardenbergs von 1821, wonach im Provinzialarchiv alle staatlichen Archivalien, also vor allem die der österreichischen Behörden, konzentriert werden sollten. Der neue Leiter des Archivs, der Professor für Geschichte und geschichtliche Hilfswissenschaften Gustav Adolf Harald Stenzel (1822—54) stand nun vor der Aufgabe, die von Oberlandesgerichten und Regierungen einströmenden Akten zu ordnen und zu verzeichnen. Die bisherigen Bestände, die Klosterarchive, die Büsching als Kommissar der Säkularisations-Hauptkommission zusammengebracht hatte, waren durch den Juristen Johann Carl Friedrich Jarick unter sauberer Scheidung der Fonds zwischen 1817 und 1822 vorbildlich verzeichnet worden, zuerst die Urkunden in zeitlicher Folge, dann die Akten nach ihrer Lagerung. Auch bei den österreichischen Akten wünschte Stenzel die Wiederherstellung der alten Registraturen, die chronologische Ordnung lehnte er allerdings zugunsten einer sachlichen Gliederung ab. Den Ansatzpunkt für eine derartige Gliederung konnte das Archiv der Breslauer Regierung bieten, das der Bibliothekskustos Dr. Friedrich 1818 geordnet hatte; er hatte dabei die Archive des Oberamtes, der Kammer und der Regierungen der Fürstentümer wieder voneinander getrennt und für die innere Gliederung der Archive eine brauchbare sachliche Einteilung gefunden, so daß man die durch die „Separationen" an andere Behörden geratenen Teile nur wieder hätte einzufügen brauchen. Stenzel wollte die alten Archive zu drei großen Abteilungen zusammenfassen: in der 1. Abteilung („Ganz Schlesien oder mehrere Teile der Provinz") sollten die Archive des Oberamts und der Kammer, das Archiv des Bistums Breslau (Bischofsarchiv) und die Archive der Klöster, weil deren Besitzungen sich gewöhnlich auf mehrere Fürstentümer verteilten, vereinigt werden; zur 2. Abteilung („Einzelne Landesteile") sollten die Archive der Fürstentumsregierungen und die im Provinzialarchiv deponierten Stadtarchive gehören und die 3. Abteilung sollte die Familienarchive aufnehmen. Aber diesen historischen Standpunkt verließ Stenzel bereits, als er die Archive des Oberamts und der Kammer unter einem nicht aus der Gliederung dieser Behörden, sondern nach modernen staatsrechtlichen Gesichtspunkten gewonnenen Schema von 9 (später 10) Hauptrubriken mit Unterrubriken vereinigen wollte. Als er 1828 die Ordnungsarbeiten mit den Archiven der Fürstentümer begann, ging er noch einen Schritt weiter: er vereinigte jetzt mit den Archiven der Fürstentümer jeweils die Akten der Zentralbehörden, die dieses Fürstentum betreffen, und stellte den Grundsatz auf, in der 1. Abteilung nur die Archivalien zu belassen, die auf Fürstentümer und Ortschaften nicht aufteilbar sind. Als er sein Ordnungsschema 1831 in seiner „Nachricht über das Kgl. schlesische Provinzialarchiv" (Beilage zu den „Schlesischen Provinzialblättern") im Druck veröffentlichte, war er zum reinen territorialen Pertinenzprinzip übergegangen: die 1. Abteilung sollte alle Gesamtschlesien oder mehrere Landesteile, die 2. alle die einzelnen Fürstentümer und Ortschaften betreffenden „Gegenstände" umfassen und die 3. Abteilung stellte eine Sammlung der aus den ersten beiden Abteilungen herausgezogenen Personalia, die nach Familien zusammengefaßt wurden, dar. Das Rubrikenschema sollte nun auf alle drei Abteilungen in gleicher Weise angewandt werden, allerdings innerhalb der 2. Abteilung für jedes Fürstentum und für jede Ortschaft gesondert. Bei der Durchführung dieses Schemas zog man schließlich sogar aus den Akten des Bistums und der

Klöster die Ortsakten für die 2. Abteilung heraus; freilich gelang es nicht, die die einzelnen Ortschaften betreffenden Akten nach den auf Territorialarchive zugeschnittenen Hauptrubriken zu gliedern. Auch auf die mit den österreichischen staatlichen und ständischen Archiven eingelieferten Urkunden wandte Stenzel — im Unterschiede zu den Klosterurkunden — sein Schema territorialer Pertinenz mit sachlicher Unterteilung in ähnlicher Weise an. Sogar auf die Zuständigkeitsabgrenzung der Provinzialarchive will er das Pertinenzprinzip ausdehnen, wenn er vorschlägt, die nicht schlesische Angelegenheiten betreffenden Urkunden an dasjenige Archiv, auf dessen Sprengel sie sich beziehen, abzugeben und dafür fremde, auf Schlesien bezügliche Urkunden einzutauschen.

Obwohl Stenzels Nachfolger Wilhelm Wattenbach (1855—62) Stenzels Ordnungssystem mit dem Jahre 1740 abschließen und die inzwischen eingeströmten Akten der preußischen Behörden nach ihren eigenen Gesetzen ordnen wollte, übernahm Colmar Grünhagen (1862—1901) auch für diese das Stenzelsche Schema: als Preußische Abteilung (PA. Rep. 14) wurden alle Bestände ohne Rücksicht auf Herkunft verschmolzen und, nachdem Orts- und Personenakten ausgesondert und mit Stenzels diesbezüglichen Akten vereinigt waren, nach Stenzels Rubriken gegliedert, wobei man sich nicht scheute, notfalls formierte Aktenbände aufzutrennen (als „Skartierung" bezeichnet). Während man im 18. Jh. die österreichischen Archivalien durch die „Separation" in das Schema der preußischen Verwaltung gepreßt hatte, wandte man jetzt umgekehrt die nur für die österreichischen Bestände bestimmte und auf die österreichische Landeseinteilung angelegte Gliederung Stenzels auf die preußischen Akten an.

Die Folgen dieser mehrmaligen Mißgriffe zu beseitigen, war auch nach der Einführung des Provenienzprinzips nicht möglich. Daher konnte das Provenienzprinzip nur bei den alten Klosterurkunden (Rep. 53—129) und bei denjenigen preußischen Registraturen und Archiven von Mediatfürstentümern durchgeführt werden, die ausdrücklich von Grünhagens Schema ausgenommen waren (Registraturen des schlesischen Provinzialministers und der Nachfolgebehörden und des schlesischen Justizministers) oder nach seiner Zeit in das Staatsarchiv gelangt sind (Rep. 199ff.).

Düsseldorf und Koblenz (Rheinprovinz)

Nach der 1832 festgelegten Abgrenzung umfaßt der Sprengel des Staatsarchivs Düsseldorf die heutigen Regierungsbezirke Düsseldorf (dem 1821 der Regierungsbezirk Cleve einverleibt worden ist) und Köln, die zusammen von 1816 bis 1824 die preußische Provinz Jülich-Cleve-Berg gebildet haben, sowie den bis 1824 zur Provinz Niederrhein gehörigen Regierungsbezirk Aachen; zum

Sprengel des Staatsarchivs Koblenz gehören die beiden übrigen Regierungsbezirke der ehemaligen Provinz Niederrhein Koblenz und Trier. Am Ende des 18. Jhs. lagen im Bereiche des späteren Düsseldorfer Sprengels die seit 1614 pfälzischen Herzogtümer Jülich und Berg, das seit 1614 preußische Herzogtum Cleve und das Kurfürstentum Köln sowie die seit 1702 preußische Grafschaft Mörs und der östliche Teil von Preußisch-Obergeldern (1715), dazu eine Reihe eingestreuter Grafschaften (das wittgensteinische Homburg und Schleiden), Herrschaften (Gimborn, Kerpen-Lommersum und Wickrath), Reichsstädte (Aachen und Köln) und Reichsabteien (Essen, Werden, Kornelimünster, Elten, Burtscheid und der östliche Teil von Stablo). Der Koblenzer Sprengel war viel stärker zersplittert: als einziges bedeutendes geschlossenes Territorium bestand hier das Kurfürstentum Trier, daneben gab es einige Grafschaften (das nassauische Saarbrücken, die Rheingrafschaft, Virneburg, Wied, Sponheim, Sayn-Altenkirchen, Nieder-Isenburg und Blankenheim-Gerolstein), das Fürstentum Arenberg, die Herrschaft Winnenburg, die Reichsstadt Wetzlar, die mit Trier verbundene Reichsabtei Prüm und Landesteile von Rheinpfalz, Hessen-Kassel, Mainz, Köln und Luxemburg.

Den Grundstock des Düsseldorfer Staatsarchivs bildet das *jülich-bergische Landesarchiv in Düsseldorf*, das am Ende des 15. Jhs. aus der Vereinigung der bergischen Urkundendepots von der Stammburg an der Dhün (Hauskloster Altenberg), von der neuen Burg (Burg a. d. Wupper) und von Bensberg entstanden ist, Mitte des 16. Jhs. die vereinigten jülichschen Urkundendepots von Burg Nideggen, Jülich, Kaster, Hambach und Randerath aufgenommen hat und seit seiner Unterstellung unter den Geheimen Rat zum Hauptarchiv der vereinigten Herzogtümer wurde; einen Teil seiner älteren Bestände mußte es allerdings an die pfälzische Residenz Mannheim abgeben (jetzt in München). In *Cleve* läßt sich ein herzogliches Archiv auf Schloß Schwanenburg zu Cleve seit Anfang des 16. Jhs. feststellen; am Ende des 18. Jhs. wurde es vor den Franzosen nach Hamm geflüchtet und gelangte schließlich in das Arnsberger Archivdepot. Auch die Grafschaft *Mörs* hatte ihr eigenes Archiv, während das (vorpreußische) Landesarchiv von Obergeldern gemäß dem preußisch-österreichisch-niederländischen Teilungsvertrag von 1715 ungeteilt in Roermond verblieben war (heute im Reichsarchiv Arnhem) und den Teilungsmächten zur Benutzung offen stand, eine für die damalige Zeit bemerkenswerte und vorbildliche Entscheidung. Das *kurkölnische* Bistumsarchiv war Mitte des 16. Jhs. von Schloß Godesberg in die Residenz Bonn gebracht worden, während das Domkapitelsarchiv sich in der Domimmunität zu Köln befand; beide Archive wurden vor den anrückenden Franzosen nach Arnsberg geflüchtet. In *Trier* scheinen die Urkundendepots auf Veranlassung Erzbischof Balduins im 14. Jh.

vereinigt worden zu sein, worauf ihr Inhalt geordnet und in dem „Codex Balduineus“ genannten Kopiar abgeschrieben wurde; Anfang des 15. Jhs. befand sich das Urkundenarchiv auf Burg Cochem und wurde wohl im 16. Jh. mit dem Kanzleiarchiv auf der Burg zu Koblenz vereinigt.

In der napoleonischen Zeit wurde das linksrheinische französische Gebiet in drei Departements, das Roerdepartement mit *Aachen*, das Rhein-Mosel-Departement mit *Koblenz* und das Saardepartement mit *Trier* als Hauptstadt — vom Wälderdepartement mit Luxemburg sind nur Teile an den Regierungsbezirk Trier gelangt — eingeteilt, während das rechtsrheinische Gebiet vom Großherzogtum Berg mit der Hauptstadt Düsseldorf eingenommen wurde und im Süden ein Zipfel des neuen Herzogtums Nassau hineinragte. In den drei Departementshauptstädten entstanden nun nach französischem Vorbilde Archivdepots zur Aufnahme des herrenlos gewordenen Archivgutes, insbesondere der säkularisierten Kloster- und Stiftsarchive, aber auch sonstiger lokaler Archivalien und der Reste der Registraturen der zentralen Landesbehörden. In preußischer Zeit übernahm man diese Departements-Archivdepots ebenso wie das Landesarchiv *Düsseldorf* als *Archivdepots der neuen Regierungsbezirke* und fügte ihnen zwei weitere Archivdepots in den Regierungshauptstädten *Cleve* und *Köln* hinzu. Von diesen wurde das in Cleve, das außer kirchlichen und lokalen Archivalien auch das Archiv der Grafschaft und des preußischen Fürstentums Mörs enthielt, 1821 (nach der Auflösung der dortigen Regierung) nach Düsseldorf, das in Aachen 1819 nach Köln verlegt. Nachdem 1831 das Kölner nach Düsseldorf und 1831/37 das Trierer nach Koblenz verlegt worden waren, bestanden nur noch die Archive in Düsseldorf und Koblenz. Daß es hier nicht, wie in den anderen preußischen Provinzen, zur Konzentration aller staatlichen Archivalien am Sitze des Oberpräsidenten in Koblenz gekommen ist, mag nicht allein an der Persönlichkeit der beiden Archivleiter, Th. J. Lacomblets in Düsseldorf und des Grafen Reisach in Koblenz, gelegen haben, sondern vor allem an dem Schwergewicht des Düsseldorfer Archivs, das das Koblenzer an Alter, Geschlossenheit und Bedeutung der Bestände weit übertraf. Die Entscheidung fiel mit dem Erlaß des Oberpräsidenten vom 29. Febr. 1832, der die beiden Provinzialarchive konstituierte und die Abgrenzung ihrer Sprengel nach den Vorschlägen Lacomblets und des Grafen Reisach vornahm. Da die Grenzziehung nach den neuen Verwaltungsgrenzen, die sich nicht ganz mit den historischen Grenzen decken, vorgenommen wurde, ergab sich die Notwendigkeit gewisser Archivalienaufteilungen. Wie schon 1826 bei den Teilungen zwischen Düsseldorf und Münster, bei denen es sich um die im Arnsberger Archivdepot befindlichen kurkölnischen Archive und das cleve-märkische Landesarchiv gehandelt hatte, setzte Lacomblet durch, daß die Zerreißung der alten Territorialarchive möglichst beschränkt wurde: man beließ die Urkunden und die Akten zur Außenpolitik und über allgemeine Landessachen ungeteilt bei dem Archiv, in dessen Bereich sie entstanden waren, und teilte nur die Spezialakten der inneren Verwaltung nach territorialer Pertinenz auf. Auch die Urkundenfonds der geistlichen Anstalten sollten ungeteilt bleiben; nur die dortigen Akten galten als teilbar, sie sind erst 1939 durch Austausch zwischen den beiden Staatsarchiven wieder vereinigt worden.

In *Düsseldorf* machte Lacomblet (1821—1866) seinen Gedanken von der Einheit der Territorialarchive, den er schon gegen deren pertinenzmäßige Aufteilung zwischen den Staatsarchiven geltend gemacht hatte, auch zum Leitmotiv der inneren Ordnung: im Sinne der territorialen Provenienz betrachtete er sämtliche Archivalien eines Territoriums, die zentralen wie die lokalen, als *einen* Archivkörper, den er in sich sachlich aufgliederte. Erst Ilgen hat am Ende des 19. Jhs. die Behördenprovenienzen wiederhergestellt. Vor der Gefahr einer Einbeziehung von Beständen der Behörden der französischen und der neuen preußischen Zeit in die alten Territorialarchive, wie sie im 19. Jh. anderswo häufig begegnet, ist Lacomblet dadurch bewahrt geblieben, daß er die zeitliche Grenze des archivreifen Materials auf 1794 bzw. 1806 festlegte und die Aufnahme jüngeren Materials ablehnte.

In *Koblenz* hatte sich zunächst W. A. Günther, der spätere Trierer Weihbischof, als Leiter des „Regierungsarchivs" um die Rückführung der geflüchteten Bestände bemüht, war bei deren Einordnung aber aus Rücksicht auf die Bedürfnisse der modernen Verwaltung vielfach von Pertinenzgesichtspunkten ausgegangen. Der Einfluß von Lacomblet machte sich bei Graf Reisach (1829—39) und Heinrich Beyer (1839—63) geltend; dieser schuf einen neuen Ordnungsplan, in dem die einzelnen Territorien nach ihrem reichsständischen Range und ihren Lehnsabhängigkeiten geordnet waren, wollte jedoch im Unterschiede zu Lacomblet innerhalb der Territorialarchive, denen die Klöster und Stifter angegliedert wurden, weitgehend die Behördenregistraturen als gesonderte Archivkörper beibehalten. Wenn er für seine Ordnungsarbeiten den Grundsatz aufstellt, „daß das Wesen der früheren Administrationen, denen die einzelnen Aktenarchive angehörten, ihre Einteilung zunächst und ausschließlich die Richtschnur für die Ordnung geben müsse", geht er über das französische Fondsprinzip hinaus und nähert sich bereits dem späteren preußischen Provenienzprinzip. In der Durchführung seines Ordnungsplanes ist er allerdings von seinen Grundsätzen abgewichen, indem er innerhalb der Territorialarchive die Behördenregistraturen weitgehend zugunsten sachlicher Gliederung vermischt hat. Die Akten der preußischen Zeit, die insbesondere durch die Anwendung des leidigen Akzessionsverfahrens, d. h. durch Aufstellung nach Zugängen und Verzeichnung in zahlreichen Zugangslisten, völlig unübersichtlich geworden waren, hat Max Bär seit 1912 einer Neuaufstellung nach Behördenprovenienz unter Berücksichtigung der Ressortabhängigkeit und einer Neuordnung unter Anwendung des „Bärschen Prinzips" unterzogen.

Münster (Westfalen)

Das Gebiet der heutigen Provinz Westfalen wurde im ausgehenden 18. Jh. im wesentlichen von zwei großen Territorialkomplexen ausgefüllt: den geistlichen Staaten, die zeitweise durch Personalunion miteinander verbunden waren („Oberstift" des Bistums Münster, Bistum Paderborn, den kurkölnischen Nebenländern Herzogtum Westfalen und Vest Recklinghausen, den Reichsabteien Corvey und Herford und dem osnabrückischen Amt Reckenberg), und den im 17. und 18. Jh. preußisch gewordenen Territorien (dem ehemaligen Bistum Minden, den Grafschaften Ravensberg, Mark, Tecklenburg und Ober-Lingen), neben denen noch einige kleinere Grafschaften (Rietberg, Limburg, Steinfurt und die beiden Wittgenstein), Herrschaften (Rheda, Anholt und Gemen), das nassauische Teilfürstentum Siegen und die Reichsstadt Dortmund bestanden.

Die beiden großen Bistümer Münster und Paderborn hatten noch keine zentralen Landesarchive gebildet, vielmehr verwahrten die verschiedenen Behörden der Landesverwaltung, der geistlichen Verwaltung und Gerichtsbarkeit und des Domkapitels ihre Archive und Registraturen bei sich. Lediglich im sog. „Münsterischen Landesarchiv" zeigten sich Ansätze zur Bildung eines Hauptarchivs; jedoch handelt es sich hierbei nicht um ein ausgeprägtes Auslesearchiv, vielmehr übernahm man ziemlich wahllos ältere Bestände vornehmlich aus dem Archiv des Geheimen Rates und aus dem der Hofkammer, sowie aus der Registratur des Geheimen Kriegsrates und aus der „alten Regierungsregistratur" (Akten des Hofrates), die am Ende des 18. Jhs. unter einem Sachschema zusammengefaßt wurden. Die kurkölnischen Nebenländer und das Amt Reckenberg wurden, ebenso wie (bis ins 18. Jh.) die Grafschaft Mark, von auswärts her verwaltet; an das Staatsarchiv Münster sind später außer den Lokalakten und dem kurkölnisch-westfälischen Landesarchiv des Arnsberger Landdrosten nur die nach Pertinenz abgetrennten Spezialakten der inneren Landesverwaltung abgegeben worden (1826 aus dem kurkölnischen Archiv und dem clevemärkischen Landesarchiv, 1869 von den osnabrückischen Zentralbehörden). Die Archive der Territorien Minden und Ravensberg sind in preußischer Zeit, soweit sie nicht zerstreut wurden, zunächst bei der Kriegs- und Domänenkammer Minden verblieben und erst im 19. Jh. mit den Akten der Regierung Minden an das Staatsarchiv gelangt.

Den Anstoß zur Konzentration der verstreuten Archive, insbesondere der geistlichen Archive, gab der Oberpräsident Ludwig Frh. v. Vincke durch seinen Bericht vom 29. Dez. 1818, der auch anregend auf die Berliner Diskussion über die Begründung einer preußischen Archivorganisation gewirkt hat; als Endziel schwebt ihm ein einziges Zentralarchiv der Provinz vor Augen, zunächst will er aber die Ordnung, Verzeichnung und Auswertung der Archivalien in Archivdepots der einzelnen Landesteile durchgeführt wissen, aus denen dann die geschichtlich wichtigen Urkunden in das Zentralarchiv der Provinz gelangen sollen. Später (1830) setzte er sich entschieden für die gesonderte Aufstellung und die Wahrung des Zusammenhanges in den einzelnen Registraturen und Urkundenfonds ein; lediglich die Akten seit dem 18. Jh. sollten zunächst noch in den „Archivregistraturen" zur Verfügung der Regierungen bleiben, um später wieder in ihre zugehörigen Registraturen eingeordnet zu werden. Die Entwicklung des westfälischen Archivwesens ist tatsächlich in den von Vincke gewiesenen Bahnen verlaufen, und wenn das Staatsarchiv Münster von Anfang an in einem Maße, wie wohl kein anderes preußisches Staatsarchiv, das Provenienzprinzip als Grundlage der inneren Ordnung verwirklicht hat, so verdankt es dies nicht allein der Art seines Zusammenwachsens, sondern auch der Initiative Vinckes.

Entsprechend Vinckes Vorschlag ordnete Hardenberg am 8. Nov. 1821 die Bildung dreier *Archivdepots* in den Hauptorten der drei großen geistlichen Territorien, in denen schon ein beachtlicher Grundstock geistlicher Archive vorhanden war, in *Münster*, *Paderborn* und *Arnsberg* an; als viertes wurde — wohl mit Rücksicht auf den verdienten Geschichtsforscher Paul Wigand, dem man die geplante Stellung eines Kommissars für Archivgutschutz in ganz Westfalen nicht übertragen hatte — *Höxter* bestimmt. Aus der Sammlungstätigkeit des Grafen Reisach erwuchs schließlich ein fünftes Archivdepot bei der Regierung zu *Minden*. Nachdem in Berlin zunächst der Plan aufgetaucht war, zwei Provinzialarchive in Münster und Minden zu begründen, gab ein erneuter Bericht Vinckes endlich den Ausschlag zugunsten eines einzigen westfälischen Provinzialarchivs zu Münster (Erlaß vom 25. März 1829). Schon 1833 (nach der Versetzung Wigands nach Wetzlar) wurde das Depot in Höxter, 1843 (nach dem Tode des dortigen Verwalters, des Kanonikers Liborius Meyer) das Paderborner Depot zwischen dem Provinzialarchiv zu Münster und dem Archivdepot zu Minden aufgeteilt, das man 1829 — nach Aussonderung der (im Sinne Erhards) abgeschlossenen Verhandlungen für das Provinzialarchiv — in eine „Archivregistratur" für die Bestände des 18. Jhs. umgewandelt hatte; das nach den Teilungen von 1826 verbliebene Arnsberger Archivdepot kam 1844 und die Mindener Archivregistratur 1852 nach Münster. Jedoch blieben bei den Regierungen zu Arnsberg und Minden noch erhebliche ältere Bestände zurück, die erst später, freilich vermischt mit Beständen der Regierungen selbst, nach Münster abgeliefert worden sind.[147]).

Bestände aus der Zeit nach 1803 sind erst nach der Mitte des 19. Jhs. in das Provinzialarchiv zu Münster gelangt. Hier wurden sie in den 80er Jahren sämtlich — mit Ausnahme der Oberpräsidialregistraturen — als einheitliche Masse zum „Archiv der Neueren Zeit" zusammengefaßt. Glücklicherweise ging man aber nicht dazu über, die Bestände einem einheitlichen Sachschema zu unterwerfen, sondern begnügte sich mit akzessionsmäßiger Aufstellung. Noch Ende des 19. Jhs. nahm man — diesmal unter Absonderung der Regierungsregistraturen — eine Untergliederung nach Regierungsbezirken vor, und Anfang des 20. Jhs. hat man auch diese Komplexe, die sich im wesentlichen aus Landratsregistraturen zusammensetzten, nach Behördenprovenienzen aufgeteilt und schließlich auch die Behördenregistraturen der französischen Zeit wiederhergestellt.

Den wissenschaftlichen Zug, schon von Wigand in Höxter und Meyer in Paderborn vorgezeichnet, hat der erste Leiter des neuen Provinzialarchivs, Heinrich August Erhard (1831—51), der bekannte Archivtheoretiker, dem Archiv aufgeprägt; freilich hat er in Verfolgung seiner Theorien über Wertauslese und „abgeschlossene Verhandlungen" erhebliche Kassationen vorgenommen und von der Übernahme neuerer Behördenakten möglichst abgesehen.

Magdeburg (Prov. Sachsen)

Die Provinz Sachsen ist entstanden durch Zusammenschluß der bis zum 18. Jh. und der 1803 preußisch gewordenen Territorien mit dem westlichen Teil der 1815 vom Königreich Sachsen an Preußen abgetretenen Gebiete. Zu den älteren preußischen Gebieten gehörten das Erzbistum Magdeburg mit dem Gebiet um Halle (Saalkreis) und der östlichen Grafschaft Mansfeld (1680 brandenburgisches Herzogtum), das Bistum Halberstadt mit der südlichen Grafschaft Hohnstein (1648 brandenburgisches Fürstentum), die Stolbergische Grafschaft Wernigerode (seit 1714) und die Altmark, die Keimzelle Kurbrandenburgs, die 1815 dem Regierungsbezirk Magdeburg zugeschlagen wurde. 1803 erwarb Preußen die Abtei

[147]) In das Staatsarchiv sind nur die Archive der geistlichen und der preußischen Territorien einschließlich der dortigen aufgehobenen geistlichen Anstalten gelangt; außerdem die Bestände des Fürstentums Siegen, die 1823 aus Dillenburg z. gr. T. abgegeben worden sind. Die der kleineren Grafschaften Limburg, Steinfurt, Rietberg (als Depositum im Staatsarchiv) und Wittgenstein und der Herrschaften Rheda, Anholt und Gemen (Depos.) sind im Eigentum der Standesherren verblieben, ebenso auch die Archive der 1802 auf dem Gebiete des Bistums Münster entstandenen „Entschädigungslande". Die Reichsstadt Dortmund hat ebenfalls ihr Archiv behalten, das Linger Archiv ist in Osnabrück.

Quedlinburg, die kurmainzischen Gebiete Eichsfeld und Erfurter Land und die Reichsstädte Mühlhausen und Nordhausen. Die bis 1815 kursächsischen Gebiete der Provinz umfaßten den Kurkreis mit Grafschaft Barby und Burggrafschaft Magdeburg-Gommern, den Thüringer Kreis mit der westlichen Grafschaft Mansfeld, der Grafschaft Stolberg und dem Fürstentum Querfurt, die nördlichen Teile des Leipziger und des Meißnischen Kreises, den westlichen Zipfel des Neustädter Kreises, die ehemaligen Bistümer Merseburg und Naumburg-Zeitz und den hennebergischen Anteil um Schleusingen.

1821 ordnete Hardenberg die Bildung von „*Regierungsarchiven*" an den drei Regierungssitzen *Magdeburg*, *Erfurt* und *Merseburg* an. In Magdeburg betreute Ludwig Christian Stock die Archive des Herzogtums Magdeburg aus bischöflicher und preußischer Zeit und die dortigen Klosterarchivalien; in Erfurt befanden sich unter der Aufsicht von Heinrich August Erhard die Akten der dortigen Mainzer Kammer und Regierung und das 1664 von Mainz beschlagnahmte Erfurter Stadtarchiv; in Merseburg wurden die Archivalien der abgetretenen kursächsischen Gebiete und die aus Dresden abzuliefernden Zentralakten vereinigt. Bereits in den nächsten Jahren wurden die noch im Lande befindlichen *Archivdepots* und schließlich die älteren Bestände der beiden Regierungsarchive zu Erfurt und Magdeburg in dem 1823 konstituierten Provinzialarchiv Magdeburg vereinigt: 1823 kamen die Archivdepots in *Halberstadt* (mit den Archiven des Bistums und Fürstentums und der dortigen Klöster) und in *Quedlinburg* (mit dem Archiv der Abtei) nach Magdeburg, und 1824 siedelte Erhard mit einem Teil des Erfurter Regierungsarchivs, mit dem inzwischen das *Heiligenstädter* Archivdepot (Archivalien der Mainzer Kammer und Regierung für das Eichsfeld) vereinigt worden war, nach Magdeburg über. Aus Merseburg holte man 1825 nur den dortigen geringen Bestand an Urkunden, während die Akten von der dortigen Regierung sämtlich noch nicht freigegeben wurden. Die drei „Regierungsarchive" blieben allerdings weiterhin neben dem Provinzialarchiv bestehen, da man aus ihnen — wohl unter Erhards Einfluß und ähnlich wie in Münster — nur die „abgeschlossenen Verhandlungen" übernahm, also die einzelnen Registraturen, auch die der toten Behörden, zweiteilte; lediglich die drei Archivdepots gelangten im wesentlichen als Ganzes in das neue Provinzialarchiv. Erst im Anfang des 20. Jhs. wurden die drei Regierungsarchive aufgelöst (Erfurt 1899, Magdeburg 1901, Merseburg 1909) und ihre Bestände in das inzwischen durch Umbau erweiterte und später an anderer Stelle neu errichtete Staatsarchiv übergeführt.

Bis zu Erhards Übersiedlung an das Provinzialarchiv Münster (1831) haben Stock (1823—57) und Erhard einträchtig nebeneinander gewirkt. Erhard hat die Urkunden nach einem Schema, das eine Mischung von territorialer Provenienz mit territorialer Pertinenz darstellt, geordnet, indem er mit den Urkunden, die aus den Territorien stammten, gelegentlich auch solche, die sich lediglich auf diese bezogen, vereinigte und für die Untergliederung dieser großen Territorialabteilungen teils Ortschaften, teils Sachbegriffe wählte (s. Erhard in: Zschr. f. Archivkunde Bd. 1, 1834, S. 389ff.; Lit. Nr. 437). Für die Aktenordnung behielt Stock die Grundsätze, die ihn bei seinen Ordnungsarbeiten im Magdeburger Regierungsarchiv geleitet hatten, im großen und ganzen bei: brauchbar geordnete und verzeichnete Behördenregistraturen beließ er in ihrem Zustande (was er anfangs allerdings wohl nur als Provisorium gedacht hat), Bestände ohne Registraturzusammenhang ordnete er nach „wissenschaftlichen" Grundsätzen im Sinne Erhards, d. h. er wählte ohne Rücksicht auf die Registraturen eine der Erhardschen ähnliche Untergliederung. Die 33 Hauptabteilungen, in die er das Aktenarchiv eingeteilt hat, umfassen teils Behördenregistraturen, teils ganze Territorialarchive, zeigen also ein Nebeneinander von Behördenprovenienz und Territorialprovenienz (z. B. Erzstift Magdeburg, Bistum Halberstadt) und — bei einigen kleineren Territorialarchiven (z. B. Mansfeld, Querfurt) — das Eindringen von Gesichtspunkten terrritorialer Pertinenz. Im Anschluß an die Übernahme der Regierungsarchive (1899—1909) hat dann G. Winter die noch heute geltende Gliederung des Staatsarchivs geschaffen[148]).

Posen und Danzig (Posen und Westpreußen)

Die Provinzen Posen und Westpreußen waren nicht wie die anderen östlichen Provinzen die Fortsetzung historisch gewachsener Territorien oder wie die westlichen Provinzen aus der Vereinigung einst selbständiger Territorien erwachsen, sondern willkürliche Ausschnitte des alten polnischen Reiches, die durch die polnischen Teilungen von 1772 und 1793 an Preußen gelangt waren. Die Provinz Posen stellte den westlichen Teil der polnischen Kernlandschaft dar, von der 1772 der Netzedistrikt mit Bromberg und 1793 das übrige Gebiet mit Posen, Gnesen und Kalisch an Preußen fielen und die von 1807 bis 1815 zum Herzogtum Warschau gehörte. Den Kern von Westpreußen bildeten die Landschaft Pomerellen, die zunächst zum ostpommerschen Teilstaat der Samboriden gehörte, 1309 an den Deutschen Orden kam und 1466 an Polen fiel, und die Hansestadt Danzig, die in der Ordens- wie in der polnischen Zeit ihren eigenen Charakter bewahrt hatte. Dazu kamen im Westen die Gebiete um Flatow und Deutsch-Krone, die einst zu Großpolen gehörten, und das Ausgangsgebiet des Deutschen Ordens östlich

---

[148]) Unter Benutzung frdl. Mitteilungen des Landeshauptarchivs zu Magdeburg (Dr. Schwineköper).

der Weichsel, das ebenfalls 1466 — mit Ausnahme des Gebietes um Marienwerder — polnisch wurde. Aus den Erwerbungen von 1772 und 1793 bildete Preußen die Provinzen Westpreußen mit Kriegs- und Domänenkammer in Marienwerder, Südpreußen mit Kriegs- und Domänenkammern in Posen und Kalisch und den Netzedistrikt mit einer Kammerdeputation in Bromberg.

Die polnische Lokalverwaltung der Wojewoden und der ihnen unterstellten Starosten hatte keinen wesentlichen schriftlichen Niederschlag hinterlassen. Die einzige archivalische Quelle von Bedeutung stellten die in den Grodarchiven bei den Wojewodschaftsgerichten gesammelten Grodbücher der Wojewodschafts- und Starostei- (Grod-)Gerichte dar, Amtsbücher, in die nicht nur die Akte der Straf-, streitigen und freiwilligen Gerichtsbarkeit, sondern in weitgehendem Maße auch Verwaltungsakte wie Gesetze, Verordnungen, Sitzungsprotokolle eingetragen wurden; da sie z. T. noch für Gerichts- und Grundbuchzwecke benötigt wurden, gelangten sie zunächst im allgemeinen an die neuen preußischen Justizbehörden. Auch die Verwaltungsakten aus der Zeit der preußischen Herrschaft des 18. Jhs. mußten noch den preußischen Behörden nach 1815 zur Verfügung bleiben. So fehlte in der Zeit, als das preußische Provinzialarchivwesen entstand, in diesen beiden Provinzen die stoffliche Grundlage für eine Archivgründung.

Nur die durch Säkularisationen nach 1815 freigewordenen Klosterarchive verlangten nach Konzentration, und tatsächlich zog man in *Posen* diese in zwei Depots geistlicher Archivalien bei den Regierungen zu Posen und Bromberg zusammen. Ernsthafte Pläne zur Begründung eines Staatsarchivs Posen tauchten erst um die Jahrhundertmitte auf, als die älteren preußischen Verwaltungsakten und die Grodbücher frei zu werden begannen. Aber noch schien dem Direktor der preußischen Staatsarchive Lancizolle die Grundlage zu schmal, und noch kam man von den politischen Bedenken, das Staatsarchiv könne wie in Galizien zum Mittelpunkt der polnischen Wissenschaft und Propaganda werden, nicht los. Erst unter Duncker wurde 1868 die Begründung beschlossen und das Archiv 1869 eröffnet, allerdings zunächst in zwei (erst 1874 vereinigten) Abteilungen, dem Regierungsarchiv, das vor allem Klosterarchivalien enthielt, und dem Grodarchiv beim Oberlandesgericht, in dem 1860 ein großer Teil der Grodbücher vereinigt worden war. Einem dritten Gebiet archivalischer Sammeltätigkeit wandte sich das Archiv sogleich nach seiner Gründung zu: die Stadtarchive der Provinz wurden systematisch im Staatsarchiv als Deposita zusammengezogen, in einer Vollständigkeit, wie sie wohl kein anderes deutsches Staatsarchiv aufzuweisen hat; auch die Sammlung von Innungsarchiven, Pfarrarchiven und jüdischen Gemeindearchiven wurde betrieben. Inzwischen waren die Bestände der Behörden der älteren preußischen Zeit und der Departements des Herzogtums

Warschau in das Archiv gelangt, und seit den 80er Jahren strömten auch die Akten der preußischen Behörden seit 1815 einschließlich der Registratur des Statthalters (1815—30) ein. Aber auch weiterhin trat das behördliche Registraturgut an Umfang und Bedeutung hinter dem in den drei großen Sammlungen vereinigten älteren Archivgut zurück, eine Tatsache, die dem Posener Staatsarchiv seinen besonderen Charakter verliehen hat. Für die Archivare war die wichtigste Aufgabe, den sehr verschiedenartigen Inhalt der Grodbücher zu erschließen; entweder faßte man die Inhaltsverzeichnisse der einzelnen Bände zusammen und erschloß sie durch alphabetische Sach- und Namenweiser oder man verkartete die einzelnen Eintragungen und ordnete sie dann nach Stichworten. Diese Methode sachlicher Zusammenfassung ohne Rücksicht auf die Provenienz hat man schließlich auch auf die Akten angewandt, indem man teilweise die Spezialakten aus ihren Zusammenhängen gelöst und nach Ortschaften, Klöstern, Adelsfamilien, auf die sie sich bezogen, vereinigt hat. Im April 1919 ist das Archiv von der polnischen Archivverwaltung übernommen worden, um als polnisches Staatsarchiv weitergeführt zu werden; 1924 wurde ihm eine Filiale in Bromberg angeschlossen und 1926 mit ihm das polnische Staatsarchiv Kalisz vereinigt.

Auch in *Westpreußen* ergab sich — aus den gleichen Gründen wie in Posen — zunächst keine Notwendigkeit zur Begründung eines Archivs. Hier kam noch hinzu, daß die Provinz seit 1824 — zunächst in Personal-, seit 1829 in Realunion — mit der Provinz Ostpreußen verbunden war und das Staatsarchiv Königsberg nach der Lösung dieser Verbindung (1878) auch weiterhin für beide Provinzen zuständig blieb. Ein tatsächliches Bedürfnis nach einem eigenen Provinzialarchiv bestand also auch jetzt nicht. Wenn es trotzdem 1903 zur Begründung des Staatsarchivs Danzig kam, dann vor allem deshalb, weil der damalige Oberpräsident von Goßler der unhistorisch entstandenen Provinz in Archiv und Technischer Hochschule einen kulturellen Mittelpunkt geben wollte. Als Grundstock bot die Stadt Danzig ihr sehr bedeutendes Stadtarchiv; aber zum Staatsarchiv konnte sich das Archiv nur weiten, wenn man aus Königsberg die auf Westpreußen bezüglichen und die auf westpreußischem Boden entstandenen staatlichen Akten erhielt. Diese Teilung des Königsberger Staatsarchivs auf Kosten des eben zum Dogma erhobenen Provenienzprinzips bei der preußischen Archivverwaltung durchgesetzt und dann durchgeführt zu haben, ist das Werk Max Bärs, eines tatkräftigen Archivpraktikers, der auch der Struktur des Archivs den Stempel seiner Eigenart aufgedrückt hat. So gelangten damals nach Danzig — teils aus dem Staatsarchiv Königsberg, teils von den lebenden Behörden — nicht nur die auf westpreußischem Boden entstandenen Lokalakten der Ordens- und der herzoglichen Zeit (Komtureien, Vogteien, Ämter usw.), der polnischen Zeit (Wojewodschafts-, Grodgerichte usw.) und der preußischen Zeit sowie die der westpreußischen Zentralbehörden (Kriegs- und Domänenkammer Marienwerder, Oberpräsident 1772—1810, Oberpräsidium 1816—1829 und seit 1878, usw.), sondern auch die auf Westpreußen bezüglichen Bestände der ostpreußischen Zentralbehörden seit der herzoglichen Zeit; nur das alte zentrale Ordensarchiv blieb von der Teilung verschont.

An diesen vielfach ungenügend geordneten Beständen erprobte Bär zum ersten Male das nach ihm benannte Ordnungsverfahren (s.o. S. 83ff.), das zunächst wohl nur als Notlösung gedacht war, um der rasch hereinströmenden Massen Herr zu werden, bald aber zu einem Prinzip wurde, das die Bestände gleichartiger Behörden einem einheitlichen, im voraus aus der Behördengeschichte gewonnenen Schema unterordnete und auch auf gut gegliederte und verzeichnete Registraturen unter völliger Außerachtlassung der bisherigen Signaturen angewandt wurde.

Nach seiner Umwandlung zum Staatsarchiv der Freien Stadt Danzig blieb das Archiv trotz der Entscheidung der Interalliierten Kommission von 1921, wonach die Aufteilung nach territorialer Pertinenz zwischen Danzig und Polen erfolgen sollte, im wesentlichen geschlossen erhalten. 1937/38 wurden die Städtedeposita von Pomerellen und größtenteils auch die des Bromberger Gebietes im Zuge der damaligen deutsch-polnischen Vereinbarungen an Polen ausgehändigt.

Nachdem 1922 aus den deutsch verbliebenen, westlich des „polnischen Korridors“ gelegenen Teilen der Provinzen Westpreußen und Posen als Konglomerat dreier getrennter Gebietsteile die Provinz Grenzmark Posen-Westpreußen gebildet worden war, schuf man 1924 das sogen. „*Grenzmarkarchiv*“[149]), das dem Geheimen Staatsarchiv zu Berlin angeschlossen wurde. Es sollte übernehmen: 1. die noch bei den Behörden oder bereits im Staatsarchiv Danzig befindlichen Bestände der Regierungen Marienwerder und Danzig und ihrer Vorbehörden wie auch die verfügbaren Akten der früheren Regierungen Posen und Bromberg, soweit sie sich auf die in der neuen Provinz zusammengefaßten oder die abgetretenen Gebiete im ganzen bezogen; 2. die Akten der früher westpreußischen Landratsämter Schlochau, Flatow und Deutsch-Krone und der früher zu Posen gehörigen Landratsämter Schwerin a. d. W., Meseritz, Bomst und Fraustadt. (Der Netzekreis war aus drei posenschen Restkreisen neu gebildet worden.)

Nach der Aufteilung der Provinz i. J. 1938 auf die Provinzen Pommern (nördliches Gebiet als Teil des neuen Regierungsbezirks

---

[149]) Das Folgende auf Grund freundl. Auskünfte von Dr. Zimmermann (Hauptarchiv Berlin).

Schneidemühl mit Schlochau, Flatow, Deutsch-Krone, Netzekreis und Stadtkreis Schneidemühl), Brandenburg (mittleres Gebiet mit Schwerin a. d. W., Meseritz und Bomst) und Schlesien (südliches Gebiet mit Fraustadt) ist das Grenzmarkarchiv aufgelöst worden. Seine Zuständigkeit und seine Bestände übernahmen dementsprechend die Staatsarchive Stettin und Breslau und das brandenburgische Provinzialarchiv (für die seit 1919 erwachsenen Bestände und die älteren Lokalakten der deutsch gebliebenen Gebiete) sowie das Geheime Staatsarchiv (für die Akten der ehemaligen Mittelbehörden). Ein geschichtliches Gebilde stellte dieses Archiv so wenig dar wie die Provinz, der es zugehörte.

Kiel (Schleswig-Holstein)[150]

Seitdem die aus dem Gebiet der mittleren Weser stammenden Grafen von Schauenburg, die 1111 vom sächsischen Herzog mit der Grafschaft Holstein belehnt worden waren, neben diesem deutschen Reichslehen auch noch das Herzogtum Schleswig als dänisches Kronlehen besaßen (endgültig seit 1386), waren diese beiden Länder trotz ihren staatsrechtlichen Unterschieden zu einer Einheit verwachsen, die zunächst in der Vereinigung der Stände ihren Ausdruck fand. Diese wählten 1460 nach dem Aussterben der Schauenburger Hauptlinie gemeinsam den dänischen König (seit 1448) Christian I. aus dem Hause der Oldenburger Grafen zum Landesherrn über Schleswig und Holstein. Damals entstand jene Personalunion der beiden Herzogtümer — seit 1474 war auch Holstein Herzogtum — mit Dänemark, die bis 1864 bestanden hat. Das dritte für die Landesgeschichte grundlegende Ereignis ist die Landesteilung von 1544 zunächst in drei, nach dem Aussterben der Hadersleber Linie endgültig 1580 in zwei Linien (die königliche und die herzoglich-gottorpische). Jede von ihnen erhielt in jedem der beiden Territorien einige, lediglich unter Berücksichtigung des finanziellen Ertrages ausgewählte Ämter, so daß jedes Teilgebiet sich aus mehreren Länderfetzen zusammensetzte. Die Stände, nämlich Prälaten (d. h. die adligen Verwalter der vier adligen Jungfrauenklöster), Ritterschaft und landtagsfähige Städte, blieben ungeteilt; ihre Gebiete standen unter der gemeinsamen Herrschaft beider Linien, die sich jährlich in der Verwaltung abwechselten. Aus dem Kampfe beider Häuser, der sich vor allem durch den Anschluß der Gottorper an Schweden entzündete, ging im 18. Jh. der dänische König als Sieger hervor: 1713/21 konnte er den Schleswiger Anteil der Gottorper und 1773 im Tausch gegen die Grafschaften Oldenburg und Delmenhorst auch die holsteinischen Gebiete des Herzogshauses, den sogen.

---

[150]) Seit 1948 befindet sich das Staatsarchiv, das sein Kieler Gebäude durch Kriegseinwirkungen verloren hat, wieder in Schleswig (Schloß Gottorf).

großfürstlichen Anteil — die Gottorper waren inzwischen in Rußland zur Herrschaft gelangt —, an sich ziehen, so daß nunmehr, nachdem die Seitenlinie der Schauenburger in der Herrschaft Pinneberg 1640 ausgestorben und die aus dem Gottorper Anteil dieser Herrschaft durch Verkauf an die Familie Rantzau 1650 entstandene Reichsgrafschaft Rantzau schon 1721 vom dänischen König gewaltsam eingezogen worden war, und nach dem Aussterben zweier königlicher Nebenlinien, Sonderburg-Plön und Sonderburg-Glücksburg, der sogen. „abgeteilten Herren" ohne eigene Souveränität (1761 und 1769), beide Herzogtümer in ihrem vollen Umfange königlich-dänisch waren, bis sie zusammen mit dem Herzogtum Lauenburg, das 1816 von Hannover an Dänemark gelangt war, 1867/68 zur preußischen Provinz wurden.

Die oberste Verwaltung des *königlichen Anteils* lag bei der in ihren Anfängen bis etwa 1530 zurückzuverfolgenden Deutschen Kanzlei zu Kopenhagen, die — seit 1806 als Schleswig-Holsteinische, seit 1816 als Schleswig-Holstein-Lauenburgische Kanzlei — bis 1849 bestanden hat. Ihre Nachfolge traten 1852 die beiden Ministerien für Schleswig und für Holstein und Lauenburg an. Im Lande selbst war bis 1846 die oberste Aufsichtsinstanz die königliche Statthalterschaft, eine Würde, die im 16. und 17. Jh., solange Mitglieder der Familie Rantzau oder des Königshauses sie bekleideten, von entscheidender Bedeutung war, dann aber mehr und mehr auf bloße Repräsentation beschränkt wurde, nachdem 1648 die Regierungs- und Justizkanzlei in Glückstadt für die eigentliche Landesverwaltung im königlichen Anteil beider Herzogtümer gegründet worden war. Deren Tätigkeit wurde jedoch 1713 auf den königlichen Anteil in Holstein beschränkt, während für das nunmehr vollständig königliche Herzogtum Schleswig das Obergericht im Schloß Gottorf als Gerichtshof und Verwaltungsbehörde geschaffen wurde. Nach der Einverleibung des herzoglichen (jetzt großfürstlichen) Anteils in Holstein wurde 1774 die Glückstädter Regierungskanzlei unter dem Namen „Holsteinische Landesregierung und Oberkonsistorium" (seit 1806 „Königlich-Holsteinisches Obergericht") oberste Justiz- und Verwaltungsbehörde für ganz Holstein, so daß die beiden Herzogtümer nunmehr jede eine eigene Mittelbehörde besaßen, die ihre gemeinsame Spitze in der Deutschen Kanzlei zu Kopenhagen hatten. Erst durch die Verwaltungsreform von 1834, die die Trennung von Justiz und Verwaltung bei den oberen Behörden durchführte, erhielten sie wieder eine gemeinsame Mittelinstanz in der „Provinzialregierung" auf Schloß Gottorf (bis 1850), während die Justiz den beiden Obergerichten auf Gottorf und in Glückstadt verblieb, zu denen als oberste Instanz das neu errichtete Oberappellationsgericht in Kiel trat. — Für die Finanz- und Domänenverwaltung waren die deutschen Kontore der Kopenhagener Rentekammer (1660 bis 1848) zuständig.

Für die Verwaltung des *herzoglichen Anteils* bestanden auf Schloß Gottorf mehrere Behörden, unter denen der Geheime Rat und die Hofkanzlei, sowie die Rentekammer und die Kriegskammer die wichtigsten waren. Nach dem Verlust seines schleswigschen Anteils verlegte der Herzog seine Residenz nach Kiel und unterstellte hier die Justizkanzlei und die Rentekammer dem 1727 gegründeten „Geheimen Regierungsconseil" unter dem Statthalter, der später für den in Rußland abwesenden Großfürsten die Regierung führte; daneben bestand das Kriegskommissariat unmittelbar unter dem Herzog. Für die Bearbeitung der holsteinischen Angelegenheiten beim Großfürsten selbst war die Geheime Kanzlei in Petersburg zuständig.

Die Landesteilung von 1544 hatte die Teilung der Archivalien zwischen den Linien zur Folge. Der unteilbare Bestand blieb als *gemeinschaftliches Archiv* im „oberen Gewölbe" des Schlosses Gottorf. Hier befanden sich nicht nur die Archivalien der älteren Oldenburger, sondern auch das Archiv der Schauenburger aus dem Mittelalter, in dem die Reste der Archivalien der alten dänischen Herzöge von Schleswig aufgegangen waren und das 1523 von Segeberg nach Gottorf gebracht worden war. Da der gemeinsame Anteil, wie erwähnt, abwechselnd durch die Landesbehörden der beiden Teilgebiete mitverwaltet wurde und da die gemeinsamen Einrichtungen, der Landtag und das für die eximierten Stände, Prälaten und Adel, zuständige Landgericht, ihre Archive bei sich behielten, bis sie im 19. Jh. zum großen Teil an die Universitätsbibliothek Kiel gelangten (wo die Landtagsakten noch heute liegen, während die Akten des Landgerichts 1870 vom Staatsarchiv übernommen wurden), blieb das gemeinschaftliche Archiv ohne nennenswerten Zuwachs. Ihm wurde lediglich das Dithmarscher Landesarchiv nach der Eroberung der Bauernrepublik 1559 zusammen mit anderen auf Dithmarschen bezüglichen Beständen angeschlossen und später der königliche Anteil an dem Hadersleber Teilarchiv. 1734 ließ der dänische König als neuer Herr von Schloß Gottorf das gemeinschaftliche Archiv, das als das eigentliche alte Landesarchiv von Schleswig-Holstein zu betrachten ist, in das Geheimarchiv zu Kopenhagen schaffen, von wo es erst 1936 an das Staatsarchiv Kiel abgegeben worden ist.

Das *Archiv der Deutschen Kanzlei* wurde bereits in den 70er Jahren des 19. Jhs. zusammen mit Beständen ihrer Nachfolgebehörden, der beiden Ministerien für Schleswig und für Holstein und Lauenburg, an Preußen ausgeliefert. Bruchstücke der ältesten Akten der *Königlichen Statthalterschaft* aus dem 16. und 17. Jh. gelangten aus dem Rantzauischen Archiv in Breitenburg, die Akten aus der 1. Hälfte des 18. Jhs. aus dem dänischen Geheimarchiv zu Kopenhagen und die jüngeren Vorgänge seit 1750, die auf Schloß Gottorf, dem Amtssitz des Statthalters, verblieben waren, über die preußische Regierung in das Staatsarchiv. Das *Archiv der Glückstädter Regierungskanzlei* befand sich in Glückstadt und wurde nach der Aufhebung der Kanzlei 1834 aufgeteilt: die jüngeren Verwaltungsakten kamen an die Provinzialregierung auf Gottorf. mit deren Beständen sie 1866 auf die preußische Regierung in Schleswig übergingen; die Verwaltungsakten aus der Zeit vor 1750 wurden in das Kopenhagener Geheimarchiv geschafft, von wo sie 1874 nach Schleswig abgegeben wurden, und die Justizakten verblieben bei dem königlich-holsteinischen Obergericht zu Glückstadt, von wo sie über das Appellations-, dann Oberlandesgericht in Kiel in das Staatsarchiv gelangt sind. Das *Archiv des Obergerichts auf Gottorf* machte 1834 die gleiche Teilung wie das der Glückstädter Regierungskanzlei durch und ist auf demselben Wege in das Staatsarchiv gelangt.

Das *ältere Gottorper Archiv* im „unteren Gewölbe" des Schlosses, das für den herzoglichen Anteil in Schleswig und Holstein bis 1720 zuständig war, enthielt die Registraturen des Geheimen Rats und der übrigen herzoglichen Behörden. Die politisch wichtigsten Teile wurden 1713 vor den Dänen nach Hamburg in Sicherheit gebracht, von wo sie erst 1766 nach Kiel ins Archiv des großfürstlichen Geheimen Regierungsconseils gelangten. Der dem dänischen König in die Hände gefallene Hauptteil des alten herzoglichen Archivs kam 1735 nach Kopenhagen und wurde 1874 bis 76 und 1936 an das Staatsarchiv abgegeben. Das *jüngere Gottorper Archiv in Kiel*, das Archiv des großfürstlichen Geheimen Regierungsconseils, enthielt — außer Vorakten der früheren Behörden auf Gottorf — die Bestände der Verwaltung des herzoglichen Teils in Holstein seit 1721, insbesondere des Geheimen Regierungsconseils. Die anderen Behörden besaßen eigene Archive, von denen das der Justizkanzlei und des Kriegskommissariats größtenteils kassiert wurden, während die Akten der Rentekammer und des General-Landes- und Ökonomie-Verbesserungsdirektoriums nach 1773 an die dänischen Nachfolgebehörden und später in das Staatsarchiv kamen. Die Akten der Geheimen Kanzlei in Petersburg wurden zum großen Teil dem Moskauer Archiv des Kollegiums der auswärtigen Angelegenheiten einverleibt. Auf Grund des Tauschvertrages von 1773 nahm der zum Herzog von Oldenburg bestimmte bisherige Fürstbischof von Lübeck die Familienpapiere sowie wichtige politische Akten aus dem alten herzoglichen Archiv und aus dem Archiv des Geheimen Regierungsconseils an sich; sie ruhen noch heute im Landesarchiv Oldenburg als „Gottorpianum" (jetzt getrennt in Staatsarchiv und Hausarchiv).

Von den *Archiven des Herzogtums Lauenburg*[151]) war ein erheblicher Teil außer Landes gelangt. Die Askanier hatten ihr Familienarchiv auf ihre böhmische Herrschaft Schlackenwerth bei Karlsbad gebracht. Das eigentliche Landesarchiv mit den mittelalterlichen Urkunden

---

[151]) Die Angaben über das Lauenburgische Archivwesen auf Grund frdl. Mitteilung des Landesarchivs Schleswig-Holstein in Schleswig.

und älteren Akten gelangte nach 1689 nach Hannover in das Archiv oder in die Registraturen der Zentralbehörden. Von hier sind die laufenden Akten nach 1816 an die Schleswig-Holstein-Lauenburgische Kanzlei abgeliefert worden und mit deren Registratur in den 70er Jahren an Preußen gelangt; der größere Teil des Landesarchivs ist erst 1881 vom Staatsarchiv Hannover nach Schleswig gegeben worden, während ein Teil in Hannover zurückgeblieben ist und auch die hannoverschen Zentralbehörden-Registraturen lauenburgisches Material enthalten. In Ratzeburg sind nur die allerdings viele Urkunden und Akten aus der Zeit vor 1689 enthaltenden Registraturen der Regierung, des Hofgerichts und des Konsistoriums, die als Mittelbehörden den Zentralbehörden in Hannover unterstanden, verblieben und erst in preußischer Zeit in das Staatsarchiv gelangt. Das Archiv der lauenburgischen Ritterschaft, das sich auf dem Gute Gudow befand, wird heute im Kreisarchiv zu Ratzeburg aufbewahrt.

Im Laufe des 18. und 19. Jhs. waren fast alle älteren Bestände der zentralen Landesbehörden nach Kopenhagen gebracht worden. Im Lande befanden sich nur das Archiv des Landgerichts und der größte Teil des Archivs des Landtages, die auf Dahlmanns Anregung der Universitätsbibliothek zu Kiel übergeben worden waren, das Archiv der Ritterschaft, das noch heute in Itzehoe ruht, die Akten der Provinzialregierung auf Gottorf und die bei den Obergerichten zu Gottorf und Glückstadt verbliebenen Justizakten sowie die Archive der Lokalbehörden. Diese letztgenannten bildeten zusammen mit den auf Holstein bezüglichen Akten des Reichskammergerichts den Grundstock des 1868 auf Schloß Gottorf gegründeten, 1871 in ein eigenes Gebäude in Schleswig verlegten *Staatsarchivs*. Erst Mitte der 70er Jahre führten die mit Dänemark auf Grund der Auslieferungsbestimmungen des Wiener Friedens von 1864 geführten Verhandlungen zum Erfolge, nachdem die Dänen die auf Pertinenz ausgehenden Forderungen abgewehrt hatten. Aus Kopenhagen mußte ein Teil der Bestände, vor allem aus neuerer Zeit, abgeliefert werden, die, sofern sie noch von Bedeutung für die Verwaltung zu sein schienen, nicht in das Staatsarchiv, sondern in die reponierte Registratur der preußischen Regierung in Schleswig, das sogen. „*Regierungsarchiv*", gegeben wurden. Während die Akten der Deutschen Kanzlei und ein großer Teil des Gottorper Archivs aus der Zeit vor 1713 die wichtigsten Bestände des Schleswiger Staatsarchivs bildeten, blieben die Akten der Kopenhagener Rentekammer, der Ministerien für Schleswig und für Holstein und Lauenburg und der Provinzialregierung auf Gottorf bei der Regierung in Schleswig. Erst anläßlich seiner Verlegung nach Kiel (1923) konnte das Staatsarchiv die Bestände des Schleswiger „Regierungsarchivs" übernehmen. 1936 wurden auf Grund eines 1933 nach langen Verhandlungen abgeschlossenen Archivalienaustauschvertrages das gemeinschaftliche

Archiv und ein bedeutender Rest des Gottorper Archivs aus Kopenhagen nach Kiel abgegeben. 1937 ist schließlich noch im Gefolge territorialer Veränderungen das Archiv des ehemaligen Fürstbistums Lübeck-Eutin aus dem Staatsarchiv Oldenburg nach Kiel abgegeben worden.

Der langjährige erste Leiter des Staatsarchivs, Georg Hille, hat, obwohl die meisten seiner Bestände nur Bruchstücke darstellten, deren Ergänzungen sich in Kopenhagen und im Schleswiger Regierungsarchiv befanden, von vornherein die Wahrung der Registratureinheit zu seinem Grundsatz gemacht und deswegen vielfach auch auf ältere Bestände zugunsten des Regierungsarchivs verzichtet. Für den inneren Aufbau des Archivs (Tektonik) wählte er, wie es das allmähliche und systemlose Hereinströmen der Bestände nahelegte, nach dem Vorbilde des Berliner Geheimen Staatsarchivs die akzessionsmäßige Aufstellung; nur die Archive der Lokalbehörden stellte er systematisch nach geographischer Lage auf. Nach dem Umzug von 1923 erfolgte in Kiel die systematische Neuaufstellung auch der zentralen Bestände.

Sigmaringen[152])

Die schwäbische, katholisch verbliebene Linie der Hohenzollern, die sich im Anfang des 13. Jhs. von der fränkischen Linie getrennt hatte, behielt die Stammlande, Grafschaft Hechingen mit Burg Zollern, und erwarb 1497 die Herrschaft Haigerloch und 1534 die Grafschaften Sigmaringen und Veringen hinzu. Bei der Teilung von 1576 fielen die Stammlande an die Linie Hohenzollern-Hechingen, während Sigmaringen, Veringen und Haigerloch mit Herrschaft Werstein an die Linie Hohenzollern-Sigmaringen kamen. Durch Staatsvertrag vom 7. Dez. 1849 übertrugen die beiden Fürsten die Regierungsgewalt an den König von Preußen und behielten sich nur die Domänen und die Rechte der Prinzen des königlichen Hauses vor.

Ein Urkundendepot scheint *auf Burg Hohenzollern* gelegen zu haben; es hat vermutlich die Grundlage des *Samtarchivs* gebildet, das nach der Teilung von 1576 dort zurückblieb und erst 1792 mit dem Hechinger Archiv räumlich verbunden wurde. *In beiden Fürstentümern* bildete sich entsprechend den kleinstaatlichen Verhältnissen jeweils nur ein *zentrales Aktenarchiv* heraus, das der Kanzlei (auch Oberamt genannt) angeschlossen war und später, als diese durch den Geheimen Rat (Geheime Konferenz) als oberste politische und Verwaltungsbehörde verdrängt und in die Stellung einer Mittelbehörde hinabgedrückt worden war, dem Geheimen Rat unterstellt wurde. 1851/52 wurden die beiden Archive einschließlich des Samtarchivs in Schloß Sigmaringen unter der dortigen Linie

---

[152]) Auf Grund frdl. Auskünfte des Staatsarchivs Sigmaringen (Dr. Herberhold).

vereinigt, und nun begann auf Grund von Art. IV des Staatsvertrages vom 7. Dez. 1849 der Prozeß der Aufteilung sämtlicher Archivalien zwischen dem preußischen Staate und dem fürstlichen Hause, der mit der Begründung des *preußischen Staatsarchivs Sigmaringen* aus den dem Staate zugefallenen Beständen am 23. Jan. 1865 zum Abschluß kam. Bei der Teilung führte man das Pertinenzprinzip bis in seine letzten Folgerungen durch: aus sämtlichen Registraturen wurden die Archivalien, die sich auf das fürstliche Haus und die dem Fürsten verbliebenen Domänen bezogen, dem „*Fürstlich Hohenzollerischen Haus- und Domänenarchiv*" belassen, während die auf Hoheits- und Regierungsgewalt bezüglichen an den preußischen Staat gelangten. Darüber hinaus hat man nicht nur die alten Urkundendepots der erworbenen Grafschaften und Herrschaften, sondern auch die Archive der im 18. und 19. Jh. säkularisierten geistlichen Anstalten, die zwischen 1830 und 1840 in die fürstlichen Archive gelangt waren, und sogar geschlossene Reihen von Amtsbüchern nach diesen Gesichtspunkten auseinandergerissen. Die Registraturen der Behörden des preußischen Regierungsbezirks Sigmaringen sind erst nach Einführung des Provenienzprinzips in das Staatsarchiv gelangt.

Brandenburgisches Provinzialarchiv

Wie das Staatsarchiv Sigmaringen ist das brandenburgische Provinzialarchiv durch Ausgliederung von Beständen eines größeren Archivs geschaffen worden, aber im Gegensatz zu diesem ist hier der Schnitt organisch erfolgt. Die Begründung eines eigenen Archivs für die Provinz Brandenburg war eine Folge der Einführung des neuen Ordnungsgrundsatzes der Provenienz, der sich hiermit sogleich im Augenblick seiner bewußten Verwirklichung zum Grundsatz für die Abgrenzung der Zuständigkeit der Archive, also zum Organisationsprinzip, geweitet hat; daher sah bereits das Regulativ für die Ordnungsarbeiten im Geheimen Staatsarchiv vom 1. Juli 1881 (Mitt. d. kgl. preuß. Archivverw. Heft 10 S. 16ff.) die Begründung des Archivs vor (§ 18), die dann mit dem Regulativ betr. Stiftung des Brandenburgischen Provinzialarchivs vom 7. Febr. 1883 (Mitt. d. kgl. preuß. Archivverw. Heft 10 S. 20ff.) erfolgte. Außer den Registraturen der Provinzialbehörden des 19. Jhs. übergab man in das neue Archiv die vollständigen Registraturen der brandenburgischen Mittelbehörden, aus denen keine preußischen Zentralbehörden erwachsen waren, und die der Lokalbehörden, sowie Archive der geistlichen Anstalten und von Städten. Nur hinsichtlich der Urkunden verzichtete man auf provenienzgerechte Aufteilung und beließ sämtliche Bestände in der umfassenden, sachlich gegliederten Urkundenabteilung des Geheimen Staatsarchivs. Das brandenburgische

Provinzialarchiv ist das seltene Beispiel einer Archivgründung aus rein archivtheoretischen Erwägungen.[152a])

γ) *Geschichte des Geheimen Staatsarchivs seit 1803*

Nach der Auflösung der Geheimen Kanzlei war das (seit 1803 so genannte) „Geheime Staatsarchiv" von der unmittelbaren Verknüpfung mit einer Zentralbehörde frei, wenn es auch weiterhin natürlich unter Aufsicht bestimmter Behörden (unter Stein des Außenministeriums, seit 1810 des Staatskanzleramtes, seit 1823 des Außenministeriums und des Hausministeriums) blieb. Es dauerten vorerst nur die Abgaben des auswärtigen Departements, dann Ministeriums des Äußeren und des Departements, dann Ministeriums des Königlichen Hauses an, während bei den übrigen Behörden die Registraturen allmählich archivartig anschwollen. Diese Desorganisationserscheinung wurde von Stein nicht beseitigt, vielmehr sollten unter seinem Ministerium die bereits einverleibten jüngeren Akten wieder herausgegeben werden. Wäre das geschehen, so wäre die vollständige Auflösung des Archivwesens die Folge gewesen, und die später von Hardenberg begonnene Organisation hätte sich schwerlich so vollziehen lassen, denn die alte Grundlage des Geheimen Staatsarchivs wäre zerstört worden. Die Archivare des Geheimen Staatsarchivs konnten leicht nachweisen, daß eine Herauslösung aus den alten Reposituren gar nicht durchführbar war; denn sie waren nicht unmittelbar der Geschäftsführung des Geheimen Rats angepaßt, sondern immerhin mit einer gewissen Selbständigkeit vom Archivar gebildet worden. Schönbeck hatte wirklich ein Archiv gebaut, nicht eine Registratur zur Verwaltung übernommen. So hat die Struktur des Geheimen Staatsarchivs schon damals die Situation gerettet, um später noch einmal in diesem Sinne zu wirken (vgl. o. S. 369ff.). Eine ganz systematische Einteilung hätte viel leichter ermöglicht, dem betreffenden Fachressort das zuzuschieben, was für dieses Interesse zu haben schien. Die Neuordnung der Ressorts hätte sehr wohl eine Zerreißung herbeiführen können, wenn nicht ein so fest gefügter Körper bestanden hätte. Man sah sich an zentraler Stelle doch nicht in der Lage, auf dieser Forderung zu bestehen. Die Archivare gingen ihrerseits zum Angriff über, indem sie die Notwendigkeit betonten, daß alle Ministerien an das Archiv abzuliefern hätten und ihre Registraturen nicht als Endstadium ansehen dürften, also bereits die Forderung nach einem modernen Zentralarchiv aufstellten. Justizminister Beyme stellte dann das alte Verhältnis des Justizdepartements zum Archiv vorübergehend wieder her, beraten vom Geheimen Legations- und Justizrat K. G. v. Raumer, der also schon damals daran mitgewirkt hat, die alte

---

[152a]) Jetzt zum größten Teil im Landeshauptarchiv Potsdam.

Struktur des Geheimen Staatsarchivs zu retten. Hardenberg, der 1810 in dem ihm vorgelegten allgemeinen Organisationsentwurf das Außenministerium als vorgesetzte Instanz des Archivs gestrichen und statt dessen sich selbst als Staatskanzler dafür eingesetzt hatte, bestimmte in § 3 seiner Dienstinstruktion vom 2. Juni 1812, daß nicht nur die Ministerien, sondern auch andere Staatsbehörden die Archive aus ihren Registraturen speisen sollten. Es war gar kein Zweifel, daß Hardenberg wirklich den Gedanken des modernen Zentralarchivs durchführen wollte. Davon kam in der Folge nichts zur Durchführung. Die Ablieferungen hörten wieder auf, und das Archiv nahm den Charakter eines historischen Archivs und Behördenarchivs des Ministeriums des Auswärtigen an.

Auf der Grundlage des Archivs des 1808 aufgelösten Generaldirektoriums bildete sich ein weiteres zentrales Archiv, das später sogen. „*Ministerialarchiv*", unter der Aufsicht des Finanzministers heraus, in das durch falsche Verbindung u. a. auch die Registratur des Staatskanzleramtes gelangte; erst 1874 wurde es mit dem Geheimen Staatsarchiv zum preußischen Zentralarchiv vereinigt. Von 1848 bis 1851 wurde das Archivkabinett aufgelöst und mit den aus ihm herausgenommenen fürstlichen Familiensachen 1852 noch ein drittes zentrales Archiv, das *Kgl. Hausarchiv*, errichtet, während die übrigen Bestände des Archivkabinetts im Geheimen Staatsarchiv aufgeteilt wurden (der unzerlegbare Rest bildete dort Rep. 131). Bei der Errichtung des Hausarchivs beschränkte man sich nicht auf die Entnahme der Haussachen aus dem Archivkabinett, sondern ließ Archivalien aus den staatlichen Reposituren des Archivs herausreißen und zerstörte so organische Zusammenhänge unter Anwendung des Prinzips der Sachauslese. Das neue Hausarchiv trat überwiegend als eine Sammlung von Archivalien ins Leben. Im Grunde sind beide Archive, das Geheime Staatsarchiv und das Hausarchiv, als zwei zusammengehörige Abteilungen anzusehen. Die Gründung des Hausarchivs ist der einzige Bruch, den das Geheime Staatsarchiv in seiner sonst so organischen Entwicklung erlebt hat.

δ) *Geschichte der preußischen Archivverwaltung*

Die Ernennung *Karl Georg von Raumers* zum „Direktor der Archive" 1831 ist der Geburtsakt der preußischen Archivverwaltung, die damit zu einem eigenständigen Verwaltungszweig im Behördensystem des Staates wurde. Allerdings waren Karl Georg von Raumer wie seine beiden Nachfolger *Gustav Adolf von Tzschoppe* (1833—1842) und sein Sohn *Georg Wilhelm von Raumer* (1842—52) in dieser Stellung nebenamtlich tätig. Wenn sie auch Geschichtsfreunde und sogar Geschichtsforscher waren, so haben sie doch infolge ihrer hauptamtlichen Stellung als Vortragende Räte im Staatsministerium und durch ihre Bindung an die Ministerien des Kgl. Hauses und des

Auswärtigen ein bürokratisches Regiment geführt und eine Verbindung des Archivs mit der Wissenschaft und dem geistigen Leben der Nation nicht herzustellen vermocht. Die Provinzialarchive dagegen konnten, unabhängig von der Berliner Zentrale, vielfach Anschluß an das wissenschaftliche Leben finden, wiewohl sie ihre Lage am Sitz des Oberpräsidenten teilweise von den Mittelpunkten des geistigen Lebens, den Universitäten, trennte.

Mit dem Jahre 1852 beginnt eine neue Periode in der Geschichte der preußischen Archivverwaltung. Nach der Abtrennung des Hausarchivs, das unter die Aufsicht des Ministeriums des Kgl. Hauses kam, wurde das Archivwesen, in Anknüpfung an die Hardenbergsche Tradition, dem Ministerpräsidenten unterstellt, und in demselben Jahre erhielt zum ersten Male in dem Berliner Universitätsprofessor *Karl Wilhelm von Lancizolle* ein Gelehrter die — jetzt hauptamtliche — Direktion der Archive. Lancizolle vermochte in Berlin die Widerstände noch nicht zu brechen, das zentrale Archivwesen aus seiner Erstarrung noch nicht zu lösen. Für eine Organisierung der wissenschaftlichen Forschung an zentraler Stelle war das ja die Voraussetzung. Zur Hebung der Provinzialarchive hat er Zuschüsse von den brandenburgischen, den pommerschen und insbesondere den rheinischen Provinzialständen nach dem Muster Österreichs in Anspruch genommen.[153]) Er hat die Gründung eines Staatsarchivs in Posen, obwohl die Stände ihm die Beihilfe willig entgegenbrachten, unter politischen Einwirkungen abgelehnt. Zu den sieben Provinzialarchiven kam das kleine Archiv in Sigmaringen hinzu. Eine Vereinheitlichung der Benutzungsbestimmungen führte er in dem ersten preußischen Benutzungsreglement vom 28. Mai 1856 durch. Die zentrale Archivverwaltung trat nun überhaupt stärker in Erscheinung.

Sein Nachfolger wurde *Max Duncker* (1867—75), der Kandidat Bismarcks, der sich für das Archivwesen immer stärkstens interessiert hat. Duncker, der als Historiker den technischen und den Fragen der inneren Organisation fern stand, sollte in weitere Kreise wirken und die Verbindung des Archivwesens mit dem wissenschaftlichen und geistigen Leben der Nation herstellen. Bismarck wollte, daß auch die preußischen Archive eine amtliche Publikationsstelle würden wie die Archive in den westlichen Ländern. Sie sollten auf das Geschichtsgefühl und Geschichtsbewußtsein der Nation einwirken. Dunckers Bemühungen waren nicht von Erfolg gekrönt. Den amtlichen Charakter der ersten Publikation, der Denkwürdig-

---

[153]) Seine Anträge begründete er in zwei Denkschriften:

Die preußischen Provinzialarchive und ihre Zukunft. Zur Beherzigung insbesondere der Herren Stände. Berlin 1854 und Denkschrift über die preußischen Staatsarchive nebst vergleichenden Notizen über das Archivwesen einiger fremder Staaten. Berlin 1855.

S. a. K. W. v. Lancizolle, Das Staatsarchivwesen und der darauf bezügliche Beschluß des Herrenhauses. Berlin 1856.

keiten Hardenbergs, hat der Bearbeiter Leopold von Ranke fast ganz zu verwischen verstanden, weil er glaubte, daß dieser seinem Rufe schaden könne. Die von Duncker angeregte Herausgabe der „Politischen Korrespondenz Friedrichs des Großen" geriet durch einen wunderlichen Zufall schließlich in die Hände der Berliner Akademie der Wissenschaften. Zwei Publikationen von ganz besonderem Wert waren so der preußischen Archivverwaltung entgangen, obwohl sie das Urheberrecht an ihnen beanspruchen konnte. Duncker mußte archivorganisatorische Arbeiten leisten, obwohl er dazu nicht veranlagt war. Er schuf die erste allgemeine Dienstordnung für die „Staatsarchive" in den Provinzen, eine Bezeichnung, die seit 1867 an die Stelle des Namens „Provinzialarchive" getreten war. Er hatte ferner die Archive der nach 1866 dem preußischen Staat neu einverleibten Landesteile einzugliedern und gründete ein Archiv in Schleswig und eines in Posen. Schließlich hat er gegen Ende seiner Amtszeit das Geheime Staatsarchiv aus dem Schloß in Berlin nach der Neuen Friedrichstraße in einen Gebäudeteil des „Lagerhauses" verlegt und mit ihm das dort schon untergebrachte Ministerialarchiv verbunden (1874). Zugleich fanden sich hier auch die archivreifen Akten der Provinz Brandenburg zusammen, und so konnte sich an das Geheime Staatsarchiv ein Staatsarchiv für die Provinz Brandenburg anschließen, das dann 1883 konstituiert wurde.

Damit waren die organisatorischen Voraussetzungen gegeben, nun auch die wissenschaftliche Forschung an zentraler Stelle stärker zur Geltung zu bringen und die Publikationstätigkeit der Archivverwaltung in Gang zu setzen, wie es Baumgarten vom Standpunkt der neuzeitlichen Geschichtswissenschaft nach französischem Vorbild gefordert hatte.[154]) Es ist das Verdienst *Heinrich von Sybels* (1875—95), den Bismarck an Stelle des zurückgetretenen Duncker zum Direktor der Staatsarchive ernannte, als wissenschaftlicher Organisator ersten Ranges gewirkt und mit den „Publikationen aus den preußischen Staatsarchiven" (1878ff.) die preußischen Staatsarchive zu einem Publikationsinstitut der neueren deutschen Geschichte gemacht zu haben. Aber darin erschöpfte sich im wesentlichen Sybels Aktivität; den archivorganisatorischen Fragen schenkte er nicht das gleiche Interesse. Er gründete 1894 nach dem Muster der französischen École des chartes (gegründet 1821), des Instituts für österreichische Geschichtsforschung (gegründet 1854) und der Archivschule am bayrischen Reichsarchiv (gegründet 1821) die Archivschule beim Staatsarchiv Marburg, die dann später an das Geheime Staatsarchiv verlegt wurde. Schließlich ist das Provenienzprinzip von Sybel eingeführt worden. Bis dahin hatte man bei der Verteilung der aufgelösten Bestände des Archivkabinetts und bei der Aufnahme

---

[154]) H. Baumgarten, Archive und Bibliotheken in Frankreich und Deutschland in: Preuß. Jahrbücher Bd. 36 (1875) S. 626ff. (Lit. Nr. 726).

von Akten lebender Behörden vielfach die neuen Bestände auf die alten Schönbeckschen Reposituren gepfropft, obwohl schon K. W. von Lancizolle gefordert hatte, daß Neuzugänge seit 1808 nicht den älteren Archivteilen je nach der örtlichen oder sachlichen Beziehung der einzelnen Aktenstücke einzuverleiben, sondern zu einer nach den Hauptverzweigungen der Staatsverwaltung, teilweise auch nach den Provinzen gegliederten Hauptabteilung zu vereinigen seien. An der Verwirrung, die dadurch entstand, erkannte man erst die Norm, auf der das Geheime Staatsarchiv unbewußt aufgebaut war. Es fiel schließlich eines Tages den Archivaren wie Schuppen von den Augen, und sie erwachten aus ihrem dogmatischen Schlummer.

Die Organisationsaufgaben sind wieder besonders von *Reinhold Koser* (1896—1914) aufgenommen worden, der Sybels Nachfolger wurde und später die Amtsbezeichnung „Generaldirektor der Staatsarchive" erhielt. Das Provenienzprinzip hat er als Grundsatz für die innere Ordnung auch der Provinzialarchive aufgestellt und zugleich auch zum Grundsatz für die Verteilung der Archivkörper auf die einzelnen Staatsarchive und für ihre Abgrenzung gegeneinander erhoben, also zum Grundsatz auch für die Regelung der Zuständigkeit gemacht. Die geringen Abweichungen, die von diesem Grundsatz als Folge der Zentralisierungsabsichten Hardenbergs eingetreten waren, mußte er konsequenterweise korrigieren, indem er den Provinzialarchiven alles, was man ihnen einst genommen hatte, zurückgab. Er suchte die territoriale Pertinenz, die bis dahin für die Zuständigkeitsabgrenzung gleichgeordneter Archive allein maßgebend gewesen war und deren Wirkungen schwer rückgängig zu machen waren, mit dem Provenienzprinzip zu verbinden in dem Grundsatz: Registraturen können in gewissen Fällen (nach territorialer Pertinenz) geteilt, sie dürfen dann aber nie mit anderen vermischt werden. Er erweiterte die Benutzungsgrenzen erheblich und hob das Verbot der Vorlegung von Repertorien auf, womit er der wissenschaftlichen Forschung erhebliche Erleichterungen verschaffte. Durch seine zahlreichen Archivbauten wurde er zum „Baumeister der Staatsarchive". Als neues Provinzialarchiv kam 1901 Danzig hinzu. Die „Publikationen aus den preußischen Staatsarchiven" beschränkte er auf Arbeiten zur deutschen und gesamtpreußischen Geschichte und verwies die territorialen Publikationen an die historischen Kommissionen in den Provinzen. Für archivtechnische Fragen, Archivgeschichten und Bestandsübersichten schuf er in den „Mitteilungen der k. preußischen Archivverwaltung" (1900ff.) ein zweites Publikationsorgan.

Als der erste Weltkrieg ausbrach, war die preußische Archivverwaltung nicht nur im Inneren ausgebaut, sondern auch ihre Publikationstätigkeit hatte sich breit entfaltet. Sie konnte jetzt auch darin von den besten Archivverwaltungen nicht mehr überschattet werden. Es war ein Vorzug, daß die wissenschaftliche Tätigkeit erst eingesetzt hatte, nachdem die Organisation nach eigenen Gesetzen emporgediehen war, und daß sie sich daher nicht mehr nachteilig auf die organisatorischen Aufgaben auswirken konnte. Als Krönung des Ganzen trat nunmehr die breite wissenschaftliche Entfaltung hinzu.

Nach dem ersten Weltkrieg mußte der Abstieg erfolgen. Es sind unter den folgenden Generaldirektoren *Paul Kehr* (1915—1929) und *Albert Brackmann* (1929—1936) gewiß z. T. noch äußere Bereicherungen eingetreten, die jedoch teilweise wieder verlorengegangen sind. Aber als eigene selbständige Institution hat die preußische Archivverwaltung unter Koser ihren Höhepunkt erreicht. Die Staatsarchive in Posen und Danzig sind 1919 verlorengegangen, und das Staatsarchiv in Wetzlar wurde 1924 aufgelöst. Gegenüber diesen Verlusten erfuhr das Geheime Staatsarchiv eine Erweiterung durch die Übernahme der preußischen Heeresarchivalien bis 1867, womit seine Entwicklung zum modernen Zentralarchiv erst ihren Abschluß erreichte (1924/25).

Eine weitere Neuerung nach dem ersten Weltkrieg war, daß der preußischen Archivverwaltung ein Kondominat über das Hausarchiv eingeräumt wurde. Schließlich ist dann noch das für die neue Provinz Grenzmark Posen-Westpreußen gegründete Archiv hinzugekommen, das zunächst im Geheimen Staatsarchiv deponiert wurde, jedoch 1938 zum großen Teil dem Staatsarchiv Stettin übergeben worden ist.

Auch die zweite Aufgabe, die Wahrung des wissenschaftlichen Charakters der Archive, ist einerseits durch Begründung eines „Instituts für Archivwissenschaft" (1930), andererseits durch Publikationen gefördert worden, ja man hat in dieser Richtung noch eine neue Aufgabe hinzugefügt: die Erforschung des europäischen Ostens, eine Aufgabe, die unter der Führung des Generaldirektors Brackmann lebhaft aufgegriffen worden ist und deren Träger die mit der Generaldirektion verbundene „Publikationsstelle" war[155]). Diese, ursprünglich für die Fortführung der „Publikationen aus den preußischen Staatsarchiven" bestimmt, hat sich bald mit eigenen Publikationsreihen verselbständigt. Ausgehend von Forschungen und Publikationen über die preußische Außenpolitik und die Verwaltung der preußischen Ostprovinzen[156]) ist man schließlich zur Erforschung der volksdeutschen Siedlungs-, Kultur- und politischen Geschichte übergegangen, die ihren Niederschlag in der Reihe „Deutschland und der Osten. Quellen und Forschungen zur Ge-

---

[155]) S. E. Vollert, Albert Brackmann und die ostdeutsche Volks- und Landesforschung in: Deutsche Ostforschung. Ergebnisse und Aufgaben seit dem ersten Weltkriege, hrsg. von Hermann Aubin, Wolfgang Kohte u. a. (Deutschland und der Osten Heft 20/21, 2 Bde. Leipzig 1942) Bd. 1 S. 3ff. (bes. S. 7ff.).

[156]) Erschienen ist von diesen Arbeiten — allerdings nicht als Quellenpublikation — nur Manfred Laubert, Die Verwaltung der Provinz Posen 1815 bis 1847. Berlin 1923.

schichte ihrer Beziehungen“ (1936ff. 21 Bde.) und in der Zeitschrift „Jomsburg. Völker und Staaten im Norden und Osten Europas“ (1937ff.) gefunden hat. Unabhängig von dieser Tätigkeit der Publikationssteile wurden die „Publikationen aus den preußischen Staatsarchiven“ fortgesetzt, die allerdings durch die Veröffentlichungen des „Reichsinstituts für die Geschichte des neuen Deutschland“ in ihrem Wirkungskreis beengt wurden.

Die Geschichte der preußischen Archivverwaltung bietet das Gegenbild zu der der französischen Archivverwaltung. Während das französische Nationalarchiv durch einen revolutionären Gesetzesakt geschaffen worden ist und das System der Departementsarchive mit ihrem schematischen inneren Aufbau ebenfalls eine unhistorische Bildung ist, hat sich das preußische Geheime Staatsarchiv als ein durch und durch historisches Gebilde entwickelt, und als eine Fortsetzung dieser Entwicklung hat auch die preußische Archivverwaltung in organischem Wachstum eine das Werden Preußens widerspiegelnde Gestalt angenommen. Frankreich und Preußen sind die beiden Gegenpole der modernen Archivgeschichte, Frankreich, von dem die moderne Archivperiode ihren Ausgang genommen hat, und Preußen, in dem die von Frankreich ausgehenden archivalischen Forderungen ihre glücklichste Verwirklichung gefunden hatten[157]).

---

[157]) Mit der Auflösung Preußens ist 1945 die preußische Archivverwaltung verschwunden. In die ehemals beim Reichsarchiv zu Potsdam, beim Geheimen Staatsarchiv zu Berlin-Dahlem und beim Brandenburg-Preußischen Hausarchiv zu Berlin-Charlottenburg befindlichen zentralen Bestände des Reichs und Preußens teilen sich jetzt — je nach der zufälligen Lagerung in den einzelnen Besatzungszonen — das im April 1946 geschaffene „Deutsche Zentralarchiv in der Deutschen Demokratischen Republik“, das zugleich das brandenburgische Landeshauptarchiv beherbergt, und das „Hauptarchiv (für Behördenakten)“, das ehemalige Geheime Staatsarchiv, in Berlin-Dahlem, zu denen 1952 noch als drittes Zentralarchiv das Bonner „Deutsche Bundesarchiv“ (z. Z. noch in Koblenz) gekommen ist. Die im Lande verbliebenen und erhaltenen Reste der Archive Stettin, Breslau, dessen Bestände nahezu vollständig zugrunde gegangen sind, und Danzig unterstehen der polnischen Archivverwaltung; die während des Krieges nach Westen ausgelagerten vorpommerschen Akten befinden sich in dem neuen Landesarchiv Greifswald, die des Staatsarchivs Königsberg im sog. „Zonalen Archivlager“ zu Goslar (jetzt in Göttingen). Die übrigen preußischen Staatsarchive sind den neuen Länderverwaltungen — teilweise gemeinsam mit den Staatsarchiven ehemaliger Länder — unterstellt worden: zu Niedersachsen gehören Hannover, dem das Bückeburger Landesarchiv einverleibt ist, Osnabrück und Aurich, sowie Oldenburg und Wolfenbüttel, zu Nordrhein-Westfalen Münster und Düsseldorf sowie Detmold, zu (Groß-) Hessen Marburg und Wiesbaden sowie Darmstadt, zu Sachsen-Anhalt Magdeburg sowie Zerbst (Oranienbaum), zu Rheinland-Pfalz Koblenz sowie Speyer.

Neben die jetzt „Landeshauptarchive“ genannten älteren Staatsarchive in den Ländern der Deutschen Demokratischen Republik sind als Nebenarchive neue „Landesarchive“ getreten, die dem Leiter des Landeshauptarchivs in seiner gleichzeitigen Eigenschaft als Leiter der Landesarchivverwaltung (seit 1952 „Archivinspektion“ genannt) unterstehen: neben das Landeshauptarchiv Schwerin das schon genannte Landesarchiv Greifswald, neben das Landeshauptarchiv Dresden die Landesarchive Bautzen für die Oberlausitz und Glauchau sowie

h) *Archivgutschutz und Archivpflege in Deutschland und Österreich*[158])

Einleitung

Archivalienschutz und Archivgutpflege sind keine Entdeckung des 19. Jhs. Seit es ein ausgebildetes Archivwesen gibt, hat man sich die Sorge für Erhaltung und Pflege des Archivgutes angelegen sein lassen, wofür die zahlreichen staatlichen und städtischen Registratur- und Archivordnungen des 17. und 18. Jhs. und die diesbezüglichen Anweisungen der kirchlichen Aufsichtsbehörden ebenso wie die im 18. Jh. allenthalben festzustellenden Neuordnungen der adligen Guts- und der Klosterarchive beredtes Zeugnis ablegen. Archivpflege mußte in einer Zeit, als das Archiv das unentbehrliche Rüstzeug und die Rechtsunterlagen der Verwaltung enthielt, eine selbstverständliche Pflicht jeder öffentlichen und privaten Verwaltung sein. Als aber infolge der französischen Revolution die Rechtsbindungen des alten Europas zerrissen waren, verloren die alten Archive ihre aktuelle Bedeutung, es setzte das Zeitalter der großen Aktenkassationen und der Archivalienverschleuderungen ein. Archivalienschutz und -pflege, früher eine notwendige Verwaltungsaufgabe, wurde jetzt zu einer kulturellen Pflicht (wissenschaftliche Archivpflege), die die Amtsstellen weitgehend privater Initiative überließen[159]), um erst im 20. Jh. sich wieder dieser Aufgabe bewußt zu werden. Wie aus den

---

neuerdings Altenburg (das bisherige thüringische Staatsarchiv) für Westsachsen, neben das Landeshauptarchiv Magdeburg die Landesarchive Merseburg (insbesondere zur Aufnahme der durch die Bodenreform angefallenen Gutsarchive) und Oranienbaum (für die Bestände des ehemaligen Staatsarchivs Zerbst), neben das aus Beständen des ehemaligen brandenburgischen Provinzialarchivs gebildete brandenburgische Landeshauptarchiv in Potsdam das Landesarchiv Lübben für die Niederlausitz; in der thüringischen Landesarchivverwaltung, zu der das Landeshauptarchiv Weimar und die bisherigen Staatsarchive Gotha, Greiz, Meiningen und Rudolstadt (mit dem Sondershausen vereinigt worden ist) als „Landesarchive" — nunmehr nicht als historische Archive, sondern mit Zuständigkeit für die lebenden Behörden ihres Bezirks, auch für die Zeit nach 1920 — gehören, ist ein neues Landesarchiv in Erfurt (für den Bereich des zu Thüringen gekommenen ehemaligen preußischen Regierungsbezirks Erfurt) geplant. Die Merseburger Zweigstelle des Zentralarchivs, die die ausgelagerten zentralen Bestände des ehemaligen Geheimen Staatsarchivs und des Brandenburg-preußischen Hausarchivs enthält, ist nur als vorübergehende, durch Raumnot bedingte Ausweichstelle gedacht.

Während in der Deutschen Bundesrepublik das Archivwesen weiterhin Landesangelegenheit geblieben ist, ist das gesamte öffentliche Archivwesen in der Deutschen Demokratischen Republik seit der grundlegenden Verordnung über das Archivwesen vom 13. Juli 1950 straff zusammengefaßt und vereinheitlicht und der Leitung oder Aufsicht der Hauptabteilung Archivwesen im Ministerium des Innern der Deutschen Demokratischen Republik unterstellt.

[158]) Etwas veränderte Fassung von: Wolfgang Leesch, Archivgutschutz und Archivpflege. Geschichte, Organisation und Aufgaben in: Der Archivar 3. Jg. (1950) Sp. 121ff. Die Entwicklung ist auch hier nur bis 1945 dargestellt und auf die späteren Maßnahmen durch Anmerkungen hingewiesen.

[159]) Die zentrale Vertretung der deutschen Archivare und Heimatforscher, der Gesamtverein der deutschen Geschichts- und Altertumsvereine, hat schon

mannigfachen, landschaftlich begrenzten Bestrebungen die Ansätze zu einer umfassenden fachlichen, von zentraler Stelle ausgehenden Leitung der Archivgutschutz- und -pflegemaßnahmen, die in allen Ländern das letzte Ziel der Entwicklung der modernen Archivperiode seit der französischen Revolution bildet, in Deutschland allmählich erwachsen sind und welche Schritte auf dem Wege zu diesem letzten Ziel noch zurückzulegen bleiben, wollen wir nunmehr zum Abschluß der archivgeschichtlichen Darstellung betrachten.

Archivgutschutz und Archivpflege sind nur die beiden Teile, gleichsam der negative und der positive Ausdruck derselben Aufgabe, der Erhaltung des wertvollen Schriftgutes der Vergangenheit. Die Archivpflege, d. h. die Sorge für Unterbringung, Ordnung und Inventarisierung, also der archivwissenschaftliche Teil, schließt in sich Archivschutz, und dieser, d. h. die rechtliche Sicherung gegen Verschleuderung und Vernichtung, also die Aufgabe der Rechtsetzung, bleibt totes Gesetz, wenn nicht lebendig wirkende Archivpflege hinzutritt, die den Verlust durch Unachtsamkeit bekämpft.

Archivpflege und Archivgutschutz erfassen in gleicher Weise staatliches und nichtstaatliches Archivgut. Die Tatsache, daß sich in Deutschland die Bereiche des staatlichen und des nichtstaatlichen Archivwesens gleichwertig gegenüberstanden, hat hier weitgehend Charakter und Organisation von Archivgutschutz und Archivpflege bestimmt. In Ländern, in denen das Archivwesen rein vom Staatlichen her bestimmt ist, wie in der Sowjetunion oder in Frankreich, wo ein straffer Verwaltungszentralismus herrscht und der größte Teil der adligen und kirchlichen Archive verstaatlicht ist, wird die Archivpflege staatlich reglementiert; in England dagegen, wo die Selbstverwaltung die gesamte regionale und lokale Sphäre erfaßt hat und der staatliche Bereich fast nur auf die oberste Staatsführung beschränkt ist, konnte eine wirksame Archivpflege nur durch Zusammenschluß der nichtstaatlichen Archivbesitzer, wie er im November 1932 durchgeführt worden ist (im Rahmen der British Records Association), erreicht werden. In Deutschland dagegen konnte wirksame Archivpflege nur aus der Zusammenarbeit staatlicher und nichtstaatlicher Instanzen, wie sie vorbildlich in Westfalen zur Ausbildung gelangt ist, erwachsen; hier konnte man weder auf das Gewicht der staatlichen Archivorganisation und ihrer Erfahrungen

---

1879 in den Thesen seiner 4. (Archiv-) Sektion ein Archivpflegeprogramm aufgestellt (Korr.bl. 27. Jg. 1879, Beil. zu Nr. 9): „Auf gesetzlichem oder Verwaltungswege sollen die Stadtverwaltungen, Korporationen, Stiftungen, Kirchen usw. angehalten werden, entweder für die ordnungsgemäße Aufbewahrung ihrer Archivalien zu sorgen oder dieselben an die Landes- oder Staatsarchive unter irgendeiner Form behufs Erhaltung und ordnungsgemäßer Aufbewahrung abzugeben" (These 33). Seit der Anregung Ermischs von 1897 (Korr.bl. 46. Jg. 1898, S. 12f.) und den Vorträgen von Bär und Ermisch von 1904 (Lit. Nr. 1065 u. 1088) hat sich der Gesamtverein fast auf jeder seiner jährlichen Tagungen mit Fragen des Archivschutzes und der Archivpflege befaßt.

verzichten, noch wäre es tunlich gewesen, die sachliche und regionale Mannigfaltigkeit der deutschen nichtstaatlichen Archive durch ihre Unterordnung unter die zentral geleiteten staatlichen Archivverwaltungen zu mißachten.

Hinsichtlich des Grades der staatlichen Einflußnahme auf Archivschutz und Archivpflege sind folgende Gruppen von Archiven zu unterscheiden:

α) Im Bereiche des staatlichen Archivwesens ist der Staat sein eigener Herr.

β) Über die Archive der Kommunen und sonstigen öffentlich-rechtlichen Institutionen übt er sein Aufsichtsrecht aus.

γ) Hinsichtlich der privaten Archive stehen ihm nur die ad hoc geschaffenen Rechtsmittel zur Verfügung.

δ) Das kirchliche Archivwesen bildet ein geschlossenes System mit eigener Archivpflegeorganisation.

ε) Die Pflege des Archivgutes der modernen gewerblichen Wirtschaft und des Handels steht erst in den Anfängen; hier hat der Staat, soweit es sich um die private Wirtschaft handelt, über die öffentlich-rechtlichen Wirtschaftsorganisationen Einflußmöglichkeiten, doch ist man auch hier bestrebt, ein selbständiges Archivpflegesystem für alles wirtschaftliche Archivgut, das nicht der Provenienz nach in Staats- und Kommunalarchive gehört, aufzubauen.

α) Schutz und Pflege des staatlichen Archivgutes

Nachdem seit dem 19. Jh. in den einzelnen deutschen Ländern teils durch die Gesamtministerien, teils von einzelnen Zentralbehörden für ihren Geschäftsbereich Anordnungen erlassen und immer erneut in Erinnerung gerufen worden waren, wonach Aktenkassationen an die Zustimmung der vorgesetzten Behörde, zuweilen auch schon an die Mitwirkung der staatlichen Archivverwaltungen, gebunden wurden, haben der Runderlaß des preußischen Finanzministers vom 22. Juni 1934 für Preußen und der Erlaß des Reichsministers des Innern vom 27. Aug. 1934 an die Landesregierungen außer Preußen die einheitliche rechtliche Grundlage geschaffen für den Schutz staatlichen Archivgutes sowohl gegen Vernichtung durch eigenmächtige Kassation wie gegen Verlust durch Unachtsamkeit: vor Kassation ist das zuständige Staatsarchiv zu benachrichtigen und die Genehmigung der vorgesetzten Behörde einzuholen, regelmäßige Ablieferungsfristen sollen die Bildung übergroßer Bodenregistraturen verhindern, und schlecht gepflegte Bodenregistraturen sind zu ordnen oder an das Staatsarchiv abzuliefern.

Für die Archivpflege hat man zwischen die Registratoren und die Staatsarchivare für Ressorts, die dem Facharchivar ferner liegen, mit gutem Erfolge *Behördenarchivpfleger* eingeschaltet, deren Aufgabe die Sorge für Unterbringung und Ordnung und die Unterstützung des Staatsarchivars beim Ausscheidungsgeschäft ist. Als erste Verwaltung setzte die Justizverwaltung nach dem Vorgange des Breslauer Oberlandesgerichtspräsidenten (1936) durch Erlaß des Reichsministers der Justiz vom 4. Nov. 1937 bei den Land- und Amtsgerichten, Staatsanwaltschaften und Vollzugsanstalten solche behördlichen Archivpfleger ein. Bei den übrigen Verwaltungen ist man über regionale Versuche nicht hinausgelangt, unter denen die Einsetzung von Archivpflegern bei den Behörden der Oberfinanzpräsidenten in Köln und in Düsseldorf und des Regierungspräsidenten in Düsseldorf (im Bereich des Staatsarchivs Düsseldorf) genannt seien. Bei den Behörden der allgemeinen Verwaltung soll sich allerdings die Tätigkeit der Archivpfleger auf Verhütung von Substanzverlusten beschränken.[160])

Mit der Betreuung der in den staatlichen Registraturen erwachsenen Akten kann sich die staatliche Archivpflege nicht begnügen. Die Ablieferungspflicht gilt auch für die Dienstakten der ausscheidenden Beamten, d. h. für alle Aufzeichnungen und Ausarbeitungen, die im Geschäftsgange oder im Zusammenhang mit dem Geschäftsgange entstanden und nicht in die ordentliche Registratur gelangt sind. Weitergehend ist der Anspruch des Staates auf die schriftlichen Nachlässe seiner leitenden Beamten, Angestellten und Offiziere, die häufig wichtige Ergänzungen der amtlichen Akten enthalten. Schließlich muß der Staat auf dem Rechte bestehen, staatliche Archivalien, die durch Entfremdung in private Hände geraten sind, durch Beschlagnahme wieder an sich zu nehmen, ohne auf den langwierigen Weg privater Klage angewiesen zu sein.

---

[160]) Einen neuen Weg zur Erhaltung der besonders gefährdeten reponierten Registraturen hat man in der Deutschen Demokratischen Republik mit der obligatorischen Errichtung von Behörden-Zwischenarchiven, sog. „Verwaltungsarchiven", eingeschlagen (Anordnung zur Errichtung von Verwaltungsarchiven v. 26. Febr. 1951, mit Richtlinien für die Einrichtung von Verwaltungsarchiven). In diesem soll jede staatliche Behörde — für die kommunalen Behörden hat die Anordnung zur Errichtung von Stadt- und Kreisarchiven v. 26. Febr. 1951 die gleiche Einrichtung obligatorisch gemacht — ihre Altregistraturen und sonstiges für die Behörde wichtiges Schriftgut vereinigen und durch einen eigenen Verwaltungsarchivar, dem ein geeigneter Raum und Haushaltsmittel zur Verfügung zu stellen sind, nach archivarischen Gesichtspunkten ordnen und verwalten lassen; im Unterschiede zu den älteren Behörden-Zwischenarchiven (s. o. S. 306) unterstehen sie der fachlichen Aufsicht der zuständigen staatlichen Archivverwaltung, die jede Kassation zu genehmigen hat, und haben ihre Bestände an diese nach Ablauf der festgelegten Aufbewahrungsfristen (s. dazu a. o. S. 278) abzuliefern. Über den Verwaltungsarchivar, der auch die Aktenführung und -ablage der Behördenabteilungen zu überwachen hat, vermag die staatliche Archivverwaltung sogar auf die Gestaltung der laufenden Registraturen einzuwirken.

β/γ) Schutz und Pflege des kommunalen und privaten Archivgutes

Schutz und Pflege des *kommunalen Archivgutes* durch den Staat ist in dem staatlichen Aufsichtsrecht einbegriffen, und in diesem Sinne hat man schon im 19. Jh. die einschlägigen Bestimmungen der Städte- und der Landgemeindeordnungen interpretiert. Die rechtliche Grundlage des staatlichen Archivschutzes bildet die Tatsache, daß das Archiv einen Teil des Kommunalvermögens bildet, für dessen Erhaltung die Kommune dem Staate verantwortlich ist; und Archivpflege kann der Staat in gewissem Maße verlangen von dem Gesichtspunkt aus, daß ein geordnetes und gepflegtes Archiv Voraussetzung für ordnungsmäßige Erledigung der Verwaltungsgeschäfte ist, für die die Kommune ja dem Staate verantwortlich ist. Auch die in manchen Städteordnungen enthaltene Forderung, daß der Magistrat ein Lagerbuch über alle Teile des städtischen Vermögens zu führen hat (z. B. preußische Städteordnung f. d. östl. Prov. v. 30. Mai 1853 § 71), schloß die Inventarisierung des Archivs in sich, wie sie tatsächlich im 19. Jh. auf Grund derartiger Bestimmungen häufig durchgeführt worden ist.

Alle darauf bezüglichen Verordnungen gingen noch von der eingangs erwähnten älteren Auffassung des Archivgutschutzes aus: sie sahen die Pflege der Registraturen als eine lediglich im Interesse der Verwaltung und durch die Verwaltung selbst auszuübende Aufgabe an, zu der selten und nur in zweiter Linie archivarische Fachkräfte herangezogen wurden. Daraus folgte, daß gerade die historisch wertvollsten Archivalien am wenigsten den Schutz der mit der Kontrolle betrauten Verwaltungsbeamten zu spüren bekamen und auf die Betreuung durch private Forscher oder historisch interessierte Gemeindebeamte angewiesen waren. Preußen ist auf diesem Rechtsstandpunkt bis 1934 stehengeblieben.

Wenn man von *Elsaß-Lothringen* absieht, wo das französische System der Unterstellung unter die Aufsicht der Departementsarchive (Bezirksarchive) nach 1871 beibehalten wurde, ist *Sachsen* das erste Land, das die Kommunalarchive unter fachliche Aufsicht stellte: die Generalverordnung des Ministers des Innern vom 27. Apr. 1881 stellte zunächst die Stadtarchive unter die fachliche Aufsicht des Staatsarchivs, das in den folgenden Jahren, vor allem dank der Rührigkeit Ermischs, eine vorbildliche kommunale Archivpflege entwickelte. Durch Ministerialverordnung vom 13. Aug. 1921 wurde die Aufsicht des Staatsarchivs auf die Landgemeindearchive ausgedehnt. Anderswo wie etwa in *Baden* (Gemeinde-Registraturordnung vom 12. Dez. 1905) und *Württemberg* (Gemeindeordnung vom 28. Juli 1906) beschränkte man sich darauf, den Gemeinden die Pflicht zur Mitteilung jeder beabsichtigten Aktenvernichtung oder -veräußerung an die zuständige Fachstelle vorzuschreiben.

Erst 1934 wurde für das ganze *Reich* wirksamer staatlicher Archivschutz unter entscheidender fachlicher Mitwirkung eingeführt, indem die beiden schon genannten Erlasse über den Schutz staatlichen Archivgutes ausdrücklich auch Kommunen und Körperschaften öffentlichen Rechts einbezogen (für Preußen vom 22. Juni 1934 Abs. 5 und für die übrigen Länder vom 27. Aug. 1934). Gegenüber der etwas zaghaften Formulierung des preußischen Erlasses stellt der Erlaß des Reichsministers des Innern, der auf einem Runderlaß des Reichsluftschutzbundes fußt, eindeutig fest, daß „keine Behörde bis herab zum kleinsten Gemeindeamt (Selbstverwaltungskörper und Körperschaften des öffentlichen Rechts mit eingeschlossen) Akten zur Vernichtung weggeben darf, ohne daß dazu die Zustimmung der übergeordneten Dienststelle und des zuständigen Staatsarchivs (auf Grund der diesem einzusendenden behördlichen Aktenverzeichnisse oder besonderer Kassationslisten) eingeholt worden ist" (Abs. A 4) und sieht bei schlechter Unterbringung die Möglichkeit der Deponierung im Staatsarchiv vor (Abs. A 3 und B 9).

Gegenüber dem *Archivgut in Privatbesitz* ist es in Deutschland im Gegensatz zu anderen Ländern bisher nicht gelungen, ein staatliches Aufsichtsrecht geltend zu machen. Alle Versuche, privates Archivgut, ebenso wie die Kunst- und Naturdenkmäler, als Eigentum von öffentlichem Interesse unter einen rechtswirksamen Schutz zu stellen, sind gescheitert. Die Bestrebungen nach dem ersten Weltkriege, einen reichseinheitlichen allgemeinen Archivschutz durchzuführen, scheiterten 1925, als man im Reichsministerium des Innern feststellte, daß der Art. 150 der Reichsverfassung, wonach der Schutz von Denkmälern der Kunst, Geschichte und Natur Sache der Länder ist, ein derartiges Reichsgesetz verbiete. Der fertige Entwurf von 1936 (Mitt.bl. der preuß. Archivverw. 1936 Nr. 8 Anl.), der im Zeichen eines zentralistischen Reiches stand, fand nicht die Sanktionierung der obersten Staatsführung, weil diese darin einen zu starken Eingriff in das Privateigentum sah. Ein neuer Entwurf versank 1942 in den Nöten des Krieges.

Von den drei Stufen der Verwirklichung eines allgemeinen Archivschutzes: 1. dem Verbot oder der Genehmigung der Ausfuhr ins Ausland, 2. der Pflicht zur Anzeige beabsichtigter Veräußerung und damit dem staatlichen Vorkaufsrecht und 3. dem staatlichen Aufsichtsrecht, das Eingriffe in den Ordnungszustand und durch die Maßnahme der Sicherungsverwahrung oder Enteignung auch in den Besitzstand in sich schließt, ist in Deutschland nur die erste Stufe und auch diese nur vorübergehend und mit Einschränkungen erreicht worden. Der „Schutz von Gegenständen von geschichtlichem, künstlerischem oder wissenschaftlichem Wert gegen Abwanderung ins Ausland" ist der Inhalt der *Reichsverordnung* vom 8. Mai 1920, der bereits bezüglich der Ausfuhr von Kunstwerken eine Übergangsverordnung vom 11. Dez. 1919 vorangegangen war und die bis zum

31. Dez. 1925 befristet war. Daß in den Kreis der so geschützten Gegenstände auch „Urkunden und geschichtlich wertvolle Akten" einbezogen waren, sprach zwar nur die preußische Ausführungsverordnung vom 7. Febr. 1921 ausdrücklich aus, ergab sich jedoch aus dem Zusammenhange. Aber der Schutz gegen nicht genehmigte Ausfuhr wie die weitere Einschränkung der Reichsverordnung, durch die auch jede sonstige Veräußerung, Verpfändung oder wesentliche Veränderung ohne Genehmigung verboten wurde (§ 1), galt zwingend nur für Eigentum öffentlich-rechtlicher Institutionen und gebundene Hausvermögen und konnte von Fall zu Fall auf privatrechtliche Vereine und auf seit längerer Zeit in Gemeingebrauch befindliche Sammlungen und Büchereien im Besitz von Privatpersonen ausgedehnt werden. Weder die Ausführungsbestimmungen der einzelnen Länder zu dieser Reichsverordnung noch die damals entstandenen Denkmalschutzgesetze und -verordnungen (Hamburg 1920, Baden und Bayern 1921) gingen über diese Abgrenzung hinaus, und auch das vorbildliche hessische Denkmalschutzgesetz vom 16. Juli 1902, das eine besondere Denkmalpflege für Archivalien unter Leitung des Darmstädter Staatsarchivs geschaffen hatte, beschränkte sich auf die im Besitze von Gemeinden, Kirchen, Religionsgesellschaften und öffentlichen Stiftungen befindlichen Archivalien[161]).

Zu einem umfassenden Archivgutschutz ist die *Bundesrepublik Österreich* mit ihrem Denkmalschutzgesetz vom 25. Sept. 1923 gelangt. Schon die alte Monarchie betrieb einen intensiven Archivalienschutz, dessen rechtliche Grundlage das Hofkanzleidekret vom 28. Dez. 1818 und dessen wichtigstes Organ die k. k. Zentralkommission darstellte. Das Hofkanzleidekret enthielt vor allem ein Verbot der Ausfuhr von Kunstschätzen und Literaturgegenständen ins Ausland, wie es dann in der Republik durch Gesetz vom 5. Dez. 1918 erneut ausgesprochen worden ist. Die 1850 zum Schutze der Baudenkmäler gegründete „k. k. Zentralkommission zum Schutz und zur Pflege der Kunst- und historischen Denkmale" bildete nach ihrer Reorganisation 1873 eine dritte Sektion zum Schutze und zur Pflege staatlicher und nichtstaatlicher Archivalien, die sich der Landeskonservatoren der Zentralkommission als Hilfsorgane bediente. Nach Auflösung dieser Sektion übernahm 1912 der k. k. Archivrat beim österreichischen Innenministerium, der 1894 zur Pflege der innerhalb des Machtbereichs des österreichischen Innenministeriums befindlichen staatlichen Archivalien gegründet war, auch die Pflege des nichtstaatlichen Archivgutes.

---

[161]) Durch das Bonner Grundgesetz von 1949 ist das Verbot ungenehmigter Ausfuhr ins Ausland wieder programmatisch festgelegt worden (Art. 74, 5), und auch in der Deutschen Demokratischen Republik ist die Ausfuhr von Archivgut an die Genehmigung des Innenministeriums gebunden (Erste Anordnung zur Durchführung der Verordnung über das Archivwesen v. 13. Juli 1950 § 8).

Nach dem Verbot der Auslandsausfuhr von 1918 verwirklichte das genannte Gesetz von 1923 das staatliche Aufsichtsrecht und bot eine ausreichende Rechtsgrundlage für einen allgemeinen Archivalienschutz und allgemeine Archivpflege. Es unterscheidet Archivalien im öffentlichen Besitz (Bund, Länder, öffentlich-rechtliche Körperschaften, Anstalten und Fonds einschließlich der der Kirche und der Religionsgemeinschaften, Stiftungen), bei denen öffentliches Interesse von vornherein anzunehmen ist, solange die Denkmalsbehörden nicht auf Antrag des Besitzers das Gegenteil feststellen, und private Archivalien, bei denen das öffentliche Interesse ausdrücklich durch das Archivamt festzustellen, dann aber nur im Verwaltungsgerichtsverfahren anzufechten ist (§ 2/3). Jede Zerstörung, freiwillige Veräußerung und Formveränderung der geschützten Archivalien ohne Genehmigung der staatlichen Aufsichtsbehörde, des Archivamtes, ist verboten. Ordnung und Verzeichnung geschützter Archivalien kann durch das Archivamt angeordnet werden (§ 7). Als Strafmaßnahmen sind Geldstrafen (§ 14) und Zwangsdeponierung in einem öffentlichen Archiv (§ 7) vorgesehen, dagegen Enteignung nur im Falle nichtgenehmigter Veräußerung (§ 14). Es besteht die allgemeine staatsbürgerliche Pflicht, Auskünfte zu erteilen und Besichtigung von Archivalien zuzulassen, soweit dies zur Ermittlung von Archivalien und deren Beaufsichtigung durch die staatlichen Fachorgane erforderlich ist (§ 12); dagegen sind die Besitzer geschützter Archivalien nicht verpflichtet, Privatpersonen für wissenschaftliche oder andere Zwecke Einblick zu gewähren.

Handhaben zum Schutze gewisser privater Archive, nämlich der zum gebundenen Vermögen gehörigen, hat die *Fideikommißauflösungsgesetzgebung* dem Staate gegeben. Auf Grund von Art. 155 der Weimarer Verfassung hatten alle deutschen Länder (mit Ausnahme von Braunschweig) Auflösungsgesetze erlassen, von denen mehrere (Anhalt, Baden, Hessen, Lippe, Oldenburg, Preußen, Sachsen, Thüringen und Württemberg) den Auflösungsbehörden zur Pflicht machten, hinsichtlich der Gegenstände, die einen hervorragenden „künstlerischen, wissenschaftlichen, geschichtlichen oder heimatlichen Wert" haben, die öffentlichen Belange zu wahren.

Das Reichsgesetz vom 6. Juli 1938 über das Erlöschen der Familienfideikommisse und sonstiger gebundener Vermögen mit Durchführungsverordnung vom 20. März 1939 gab den Auflösungsbehörden den Auftrag zu Schutzmaßnahmen, die im einzelnen Falle während der Sperrfrist zwischen dem allgemeinen Auflösungstermin (1. Jan. 1939) und der Erteilung des Auflösungsscheins an den einzelnen Besitzer zu treffen waren. Die Auflösungsbehörde hat für die ordnungsgemäße Erhaltung der Gegenstände von besonderem künstlerischem, wissenschaftlichem, geschichtlichem und heimatlichem Wert und gegebenenfalls für öffentliche Zugänglichkeit zu sorgen. Zu diesem

Zwecke kann sie Kapitalien für die Erhaltung und Pflege sicherstellen, Bestimmungen über die Aufbewahrung treffen und Standortveränderungen und rechtsgeschäftliche Verfügungen von ihrer Genehmigung abhängig machen (Ges. § 6 Abs. 1 und 2). Die Sicherungsmaßnahmen hat die Auflösungsbehörde nach Anhörung der zuständigen Fachbehörde — in unserem Falle des Leiters des Staatsarchivs —, ohne aber an deren Stellungnahme gebunden zu sein, vorzunehmen. Die laufende Aufsicht und die Genehmigung späterer Veränderungen oder Rechtsgeschäfte soll der Fachbehörde übertragen werden, der als Zwangsmittel über die Auflösungsbehörde Geldstrafe und Haft zur Verfügung stehen (Dchf. VO § 7 Abs. 1 und 2). Dem Eigentümer können Handlungen oder Unterlassungen tatsächlicher Art (Ausbesserungs- und Ordnungsarbeiten, Belassung an einem bestimmten Orte) oder Beschränkungen rechtlicher Art (bezüglich Veräußerung oder Belastung) auferlegt werden (Ges. § 6 Abs. 2), Pflichten, die an den Gegenstand gebunden sind und daher auf den jeweiligen Erwerber übergehen (Dchf. VO. § 7 Abs. 2). Damit ist eine weitgehende Schutz- und Pflegemöglichkeit für die ehemals gebundenen Vermögen gegeben; allerdings ist die fachliche Aufsicht nicht generell geregelt, sondern ihr Ausmaß hängt im einzelnen Fall völlig von der freien Entscheidung der Auflösungsbehörde ab.

Auch in der Bundesrepublik Österreich enthielt das Gesetz vom 18. Aug. 1932, das allerdings nur die Auflösung oder Umwandlung gewisser Fideikommisse, vor allem der überschuldeten, anordnete, Bestimmungen zur Wahrung denkmalpflegerischer und archivarischer Interessen (§ 21).

Die praktischen Auswirkungen der *Pflege* des kommunalen und privaten Archivgutes in Deutschland sollen nun nach drei Gesichtspunkten betrachtet werden: A. nach Art und Ziel der Erfassung und Sicherung des Materials, B. nach der Organisation und C. nach dem Träger der Archivpflege.

A 1. Die älteste und primitivste Art der Archivpflege ist die bloße *Abschriftnahme bedeutsamer Dokumente*, wie sie z. B. Hardenberg in seiner Anweisung an den Kultusminister Altenstein vom 22. Juni 1820 gefordert hat, in der er anregte, die Einreichung von Abschriften interessanter Urkunden durch die Archivbesitzer zu veranlassen. Auch Hormayr, der verdiente Leiter des Wiener Haus-, Hof- und Staatsarchivs, sah damals seine archivpflegerische Aufgabe darin, aus Stadtarchiven und Archiven der noch bestehenden Klöster Urkundenabschriften zu nehmen. Die in den 30er Jahren des 19. Jhs. durch die Staatsarchive Düsseldorf und Koblenz auf Veranlassung des dortigen Oberpräsidenten durchgeführte Bereisung der Archivsprengel scheint ebenfalls vor allem der Sammlung von Abschriften gegolten zu haben.

A 2. Die nächste Stufe stellt die *unsystematische Sammeltätigkeit* privater Vereine, Forscher und Heimatfreunde dar, wie sie besonders für Österreich als Ausgangspunkt der dortigen Landesarchive charakteristisch ist: die bedeutendste Sammlung besaß das 1811 auf Veranlassung des späteren Reichsverwesers Erzherzogs Johann begründete Joanneum in Graz, das neben Urkunden auch zerstreute Kommunal- und Familienarchive sammelte; wertvoll waren auch die Sammlung des 1844 gegründeten Kärntnischen Geschichtsvereins in Klagenfurt und die des Museum Ferdinandeum in Tirol. Sehr rührig als Sammler war z. B. auch der Verein für Geschichte und Altertumskunde Westfalens in seinen beiden Abteilungen zu Münster und zu Paderborn. So verdienstvoll diese Sammlungen vom Standpunkt des Archivgutschutzes waren, die teilweise regellose Sammeltätigkeit ohne Rücksicht auf die Zuständigkeit und die Zerstörung organischer Zusammenhänge wirkten sich ungünstig für Archivbildung aus.

A 3. Einen großen Fortschritt bedeutet die *systematische Inventarisierung*, wie sie in großem Stile zuerst 1884 in Baden durch die 1883 gegründete Badische historische Kommission durchgeführt worden ist. Dem badischen Beispiel folgte 1894 Württemberg mit seiner 1891 gegründeten Württembergischen Kommission für Landesgeschichte. Etwas später schlossen sich einzelne preußische Provinzen, zuerst die Rheinprovinz, an. Früh begann man auch mit der Inventarisierung in den österreichischen Kronländern, wo Tirol den Anfang machte (seit 1888). Die Inventarisierungsarbeit war entweder ortsansässigen, ehrenamtlichen Archivpflegern übertragen (Pflegersystem, zuerst in Baden, dann in Württemberg), oder Gelehrte erhielten von historischen Vereinen oder Kommissionen den Auftrag, ein größeres Gebiet von Ort zu Ort zu durchwandern (Wandersystem, zuerst in Tirol 1888, bald das vorherrschende System in den preußischen Provinzen und den österreichichen Kronländern).

A 4. Aber bald erkannte man, daß der einmalige Akt der Inventarisation nicht ausreichte, eine dauernde Sicherung der Archivalien selbst zu gewährleisten. Man ging deshalb — häufig indem man die zur Inventarisierung angesetzten Hilfsorgane zur Dauereinrichtung machte (z. B. Württemberg 1904, Baden um 1907) — zur *systematischen Archivpflege* über, die außer in der Sorge für Ordnung und Verzeichnung ungeordneter Bestände in der regelmäßig wiederkehrenden Überprüfung der geordneten Archive und dem Aufspüren verborgener Archivalien besteht.

B 1. Die älteste Form der Organisation einer systematischen Archivalienpflege, zugleich die einfachste und sicherste, ist die *Deponierung an zentraler Stelle*. Im Grunde genommen ist schon die Übernahme der Archive der aufgehobenen Klöster durch die Staatsarchive als eine derartige Archivpflege aufzufassen; denn wenn auch hier die Rechtsnachfolge des Staates bestimmend war, so wirkte doch die Sorge für die Sicherung dieses wichtigen Kulturgutes mit. Im ausgehenden 19. Jh. haben sich dann derartige zentralistische Tendenzen gegenüber dem nichtstaatlichen Archivgut geltend gemacht; in weitgehendem Maße hat das württembergische Staatsarchiv Stadt- und Pfarrarchive übernommen, allerdings nur in Auslese. Am entschiedendsten hat man die Zentralisation in dem 1869 gegründeten Staatsarchiv Posen verwirklicht, wo fast sämtliche Stadtarchive der Provinz deponiert worden sind. Der Plan, eine entsprechende zentrale Sammelstelle für die adligen Gutsarchive durch Gründung eines „Westfälischen Adelsarchivs" zu schaffen, wie ihn Glasmeier in einer Denkschrift für Westfalen angeregt hat, ist nicht verwirklicht worden.

Da es aber nicht im Sinne einer Anregung und Förderung der Heimatforschung liegen kann, wenn die Archivalien lokaler Bedeutung sich zu weit von ihrem Ursprungsorte entfernen, beschränkte man später die Konzentration nichtstaatlicher Archivalien auf die Sicherungsverwahrung von besonders gefährdeten Beständen. Da aber infolge Mangels einer fachlichen Betreuung und des nötigen Verständnisses der Archivbesitzer oder infolge ungenügender Raumverhältnisse die meisten nichtstaatlichen Archive mehr oder weniger gefährdet sind, tritt man neuerdings vielfach für die Schaffung von fachlich betreuten *Kreisarchiven* ein, die den Vorteil bequemer Benutzbarkeit für den Heimatforscher mit der gegenüber der Aufbewahrung am Orte der Entstehung größeren Sicherheit der Bestände verbinden. Solche Kreisarchive entstanden zuerst in Schleswig-Holstein auf der Grundlage der älteren ständischen Selbstverwaltung in den „Landschaften" (Norder- und Süderdithmarschen, Eiderstedt, Inseln Föhr, Sylt u. a.) oder ehemaligen Territorien (Kreis Herzogtum Lauenburg) bei den Kreiskommunalverwaltungen in Heide (Norderdithmarschen), Meldorf (Süderdithmarschen), Tönning (Eiderstedt) und Ratzeburg (Lauenburg), völlig getrennt von den Registraturen der landrätlichen Abteilungen. Die Vorteile derartiger fachlich betreuter Kreisarchive bestehen darin, daß durch sie 1. die Heimatforschung angeregt wird und nach fachlichen Gesichtspunkten angeleitet und viel intensiver betreut werden kann, als dies vom Staatsarchiv aus möglich ist; und 2. die Kreisverwaltungen durch die Einrichtung solcher Archive angeregt werden, sich auch der Schriftgutpflege anzunehmen und Mittel dafür zur Verfügung zu stellen, wie es bisher auf dieser Ebene eigentlich nur die großen Städte mit hauptamtlich geleitetem Stadtarchiv getan haben; sowie 3. fachlich geschulte bodenständige Kräfte zum Aufspüren unbeachteter Archivalien verfügbar sind, die durch ihren eigenen Etat Mittel zum Ankauf solcher Archivalien zur Hand haben.

Die Gefahren, die solche Kreisarchivbildung in sich birgt, müssen durch die staatliche Aufsicht gebannt werden: 1. Voraussetzung für eine solche Archivbildung ist die geeignete Unterbringung und fachliche Betreuung, die am besten durch räumliche und personelle

Verbindung mit einem hauptamtlich geleiteten Stadtarchiv zu erreichen ist; 2. die ständige staatliche Aufsicht wird durch das Staatsarchiv ausgeübt, das insbesondere Übergriffe in die staatliche Archivsphäre zu unterbinden hat; der Anspruch des Staatsarchivs auf alle staatlichen Archivalien ist unbedingt zu wahren[162]). Auf niedrigerer Ebene wiederholt sich das Problem der Kreisarchive in den Bestrebungen, *Amtsarchiven* oder größeren Gemeindearchiven die privaten Archivalien des Bezirkes, insbesondere die alter Bauernhöfe, einzuverleiben.

B 2. Die beiden Systeme archivalischer Betreuung, die man für die Inventarisierung eingesetzt hatte, übernahm man auch für die systematische Archivpflege: das *Pflegersystem* und das Wandersystem. Als erstes Land machte Württemberg 1904 seine für die Inventarisierung geschaffene Pflegerorganisation — sechs Kreispfleger, denen für jedes Oberamt ein Unterpfleger unterstand — zur Dauereinrichtung. Etwas später folgte Baden, wo fünf Pflegschaftsbezirke unter Oberpflegern bestanden, denen örtliche Unterpfleger unterstellt waren. Schließlich ist man auch in Bayern, einem bis dahin auf dem Gebiete der Archivpflege noch rückständigen Lande, im Dezember 1938 zur Einsetzung von Kreisarchivpflegern übergegangen, denen man nach württembergischem und badischem Vorbilde eine weitgehende Selbständigkeit bei der Überwachung des Kassationsgeschäfts und bei Ordnungs- und Betreuungsmaßnahmen zugebilligt hat.

B 3. Das *Wandersystem*, das bei der Inventarisierung das vorherrschende war, wurde — schon vor dem eigentlichen Zeitalter der Inventarisierung — für systematische Archivpflege in großem Maßstabe und mit gutem Erfolge im Königreich Sachsen durch Ermisch für die Betreuung der Stadtarchive angewandt. Da hier nur wenige, freilich fachlich qualifizierte Beamte von einer Zentralstelle, meist dem Staatsarchiv, aus das Land bereisten, ist dieses System kostspielig und bietet nicht die Gewähr, daß der von Ort zu Ort reisende Archivar wirklich alles wesentliche Material erfaßt, was der ortsansässige Pfleger dank seiner engen Beziehung zu Landschaft und Menschen besser vermag. Nachteil des Pflegersystems ist es hingegen, daß hier die entscheidende Arbeit ehrenamtlich tätigen, nicht fachlich vorgebildeten Kräften (Lehrern, Pfarrern,

---

[162]) Derartige Kreisarchive sind kürzlich in der Deutschen Demokratischen Republik auch für die Landkreise allgemein angeordnet worden (Anordnung zur Errichtung von Stadt- und Kreisarchiven v. 26. Febr. 1951). Ihre Unterbringung und Verwaltung durch fachlich vorgebildete Archivare soll der der größeren Stadtarchive entsprechen; wie diese unterstehen sie der fachlichen Aufsicht der staatlichen Archivverwaltung. Außer den Registraturen der Kreisverwaltungen seit 1945 sollen sie auch sonstiges Archivgut ihres Kreises, insbesondere das der kleineren Gemeinden ohne eigene Archivverwaltung, und Sammlungsgut aufnehmen.

Gutsbesitzern und interessierten Heimatforschern) zusätzlich zu ihrer eigentlichen Berufstätigkeit übertragen ist.

B 4. Nach dem ersten Weltkriege ist man darum, namentlich in den preußischen Provinzen, in denen erst damals systematische Archivpflege einsetzte, dazu übergegangen, in einem *gemischten System* die Vorteile des Pflegersystems mit denen des Wandersystems zu vereinigen: die eigentliche Beaufsichtigung und fachliche Betreuung wird durch von zentraler Stelle, dem Staatsarchiv oder der Archivberatungsstelle, aus abgesandte Archivare vorgenommen, während die Kreisarchivpfleger, denen z. T. noch Vertrauensleute für kleinere Bezirke (z. B. in Westfalen Amtsarchivpfleger) beigegeben sind, nur als unselbständige Hilfsorgane gedacht sind, die als „Spürhunde" verborgene Archivalien ermitteln und den Archivar auf Mißstände aufmerksam machen sollen.

Zuerst hat man das gemischte System in Schleswig-Holstein (1924) eingeführt; ihm folgten Westfalen, Grenzmark Posen-Westpreußen 1931, Brandenburg 1934, Schlesien 1935. Provinz Sachsen 1934/35, Pommern, Rheinland. In Österreich kam schon 1928 — auf der Rechtsgrundlage des Archivgutschutzgesetzes von 1923 — eine umfassende Archivpflegerorganisation zustande, indem das damals erneut eingerichtete Archivamt beim Bundeskanzleramt die Direktoren der Landesregierungs- und der Landesarchive zu seinen Landesbeauftragten machte und für die kleineren Bezirke Archivpfleger ernannte. Für die Inventarisation wendet man dieses gemischte System ebenfalls an, indem die Archivpfleger die eigentliche Inventarisation durch den reisenden Archivar vorbereiten.

B 5. Außer der Deponierung der Archive an zentraler Stelle, die ja heute mit Rücksicht auf die Heimatforschung nicht mehr als wünschenswert gilt, bietet keines der genannten Systeme ausreichende Gewähr für die Erhaltung der wertvollen Archive, wenn es nicht gelingt, das Interesse der Archivbesitzer selbst wachzurufen. Dem dient — abgesehen von archivkundlicher Belehrung — am wirkungsvollsten eine letzte Form archivpflegerischer Organisation, der *Zusammenschluß der Archivbesitzer*, wie ihn zuerst Glasmeier 1923 im Verband der „Vereinigten westfälischen Adelsarchive" zustande gebracht hat, nach dessen Vorbild dann 1930 der „Verein adliger Archivbesitzer" im Rheinland ins Leben gerufen worden ist. Eine Parallele dazu auf dem Gebiete des kommunalen Archivwesens stellt der 1924/26 erfolgte Zusammenschluß der deutschen Städte Böhmens, Mährens und Schlesiens in der Abteilung Archivwesen des „Vereins für Geschichte der Deutschen in Böhmen" dar. Aus dem Plan, die westfälischen Städte und Ämter zu einem Archivzweckverband zusammenzuschließen, ist 1927 die westfälische Archivberatungsstelle entstanden.

C 1. Träger der Archivpflege sind, wie wir gesehen haben, in der älteren Zeit überwiegend *nichtfachliche Organe der Staatsverwaltung*, die vor allem die Gesichtspunkte der Verwaltung geltend machen.

C 2. Ihren ersten Aufschwung nimmt die Archivpflege am Ende des 19. Jhs. durch die Initiative der *Geschichtsvereine und historischen Kommissionen*, die bis zum ersten Weltkriege — abgesehen von Österreich (Zentralkommission und Archivrat) und Hessen-Darmstadt (Staatsarchiv auf Grund des Denkmalschutzgesetzes von 1902) — die eigentlichen Träger der Archivpflege geblieben sind, wenn sie sich auch teilweise des Rates und der Mitwirkung der staatlichen Archive bedient haben.

C 3/4. Erst nach dem ersten Weltkriege, als die preußischen Provinzen zur Archivpflege übergingen, sind die *Staatsarchive* in den Vordergrund getreten. Neben ihnen haben die *provinzialen Selbstverwaltungen* eine bedeutende Aktivität auf archivpflegerischem Gebiet entwickelt. Nach dem Vorbilde von Westfalen, wo 1927 durch den Landeshauptmann eine Archivberatungsstelle begründet wurde, die als Ergänzung zum Verband der Adelsarchivbesitzer auch das kommunale Archivwesen beraten und betreuen sollte, sind auch in den übrigen preußischen Provinzen Archivberatungsstellen bei den Provinzialverwaltungen entstanden (Rheinprovinz 1929, Pommern 1931, Schlesien 1935, Prov. Sachsen 1934/35, Hessen-Nassau); sie schufen sich im allgemeinen bald nach der Gründung eine Archivpflegerorganisation. Nur in den Provinzen Brandenburg, Grenzmark Posen-Westpreußen und Ostpreußen blieb das Staatsarchiv der alleinige Träger der Archivpflege und zog sich selbst einen Stamm von Archivpflegern heran.

Schließlich brachte der Runderlaß des Reichs- und preußischen Ministers des Innern vom 4. Aug. 1937 den organisatorischen Abschluß der Entwicklung: Nach dem Vorbild von Pommern und von Westfalen, wo die Archivberatungsstellen unter Wahrung ihrer Stellung als Provinzialinstitute bereits 1931 bzw. 1933 den Staatsarchivdirektoren unterstellt worden waren, wurden nun auch in den anderen Provinzen die Archivberatungsstellen in Personalunion mit den Staatsarchiven verbunden; das Archivpflegersystem wurde für alle Provinzen eingeführt derart, daß jeder Land- und Stadtkreis, soweit sich dort nicht ein hauptamtlich verwaltetes Stadtarchiv befand, einen eigenen Archivpfleger erhalten sollte. Damit waren die organisatorischen und finanziellen Voraussetzungen für eine fruchtbare Archivpflege geschaffen, die Frage der rechtlichen Legitimation zur Durchsetzung der notwendigen Maßnahmen blieb freilich weiterhin offen.

δ) Schutz und Pflege des kirchlichen Archivgutes

Gegenüber den beiden christlichen Kirchen beschränkte sich in Preußen die staatliche Aufsicht hinsichtlich der Archivalien auf ein gewisses Einspruchsrecht gegen Veräußerung, gegenüber der evangelischen Kirche auf Grund des Staatsgesetzes betr. die Kirchenverfassungen der evangelischen Landeskirchen (innerhalb Preußens) vom 8. April 1924 Art. 6 Abs. 1 Zf. 1, das auf ein älteres, nur für die altpreußische Union gültiges Gesetz vom 3. Juni 1876 Art. 24 zurückgeht, gegenüber der katholischen Kirche auf Grund des Gesetzes über die Verwaltung des katholischen Kirchenvermögens vom 24. Juli 1924 § 15 Zf. 1. Danach bedürfen Beschlüsse der kirchlichen Organe, die die Veräußerung von Gegenständen betreffen, die einen geschichtlichen, wissenschaftlichen oder Kunstwert haben, der staatlichen Genehmigung. Lediglich zum Schutze der Kirchenbücher sind seitens des Staates nach 1933 wegen deren öffentlicher Bedeutung als Personenstandsurkunden Verfügungen erlassen worden und Maßnahmen ergangen, die sich allerdings im wesentlichen auf Photokopierung und Verkartung beschränkten. Die Konzentrierung evangelischer Kirchenbücher in Staats- und Stadtarchiven und katholischer in Diözesanarchiven geht zumeist schon auf eine ältere Zeit zurück.

Die eigentliche Archivpflege liegt ganz in der Hand der Kirche. In der *katholischen Kirche* ist durch das Tridentinum die Anlegung und Pflege der Kirchenbücher angeordnet worden. Pius V. stellte in der Bulle Inter omnes vom 6. Juni 1566 Normen für die Einrichtung von Pfarregistraturen und der in Trient befohlenen Kirchenbücher auf. Im übrigen überließ aber die Kurie die Überwachung des kirchlichen Archivwesens ganz den Diözesanbischöfen. Auch die Bulle Maxima vigilantia des „Papa archivista" Benedikts XIII. vom 14. Juni 1727, die die Normen von Pius V. in Erinnerung rief, beschränkte sich auf Italien.

In den einzelnen deutschen Diözesen wurden die Pfarrer seit den 20er Jahren des 19. Jhs. durch immer erneute Verfügungen auf die ordnungsmäßige Führung ihrer Registratur hingewiesen und den Dechanten deren regelmäßige Visitation anbefohlen. Im 19. Jh. bewegte sich die kirchliche Archivalienfürsorge weiterhin in diesem Rahmen reiner Verwaltungsaufsicht nach bloßen Verwaltungsgesichtspunkten. Erst als sich im Einverständnis mit den kirchlichen Behörden die bereits genannten Inventarisationen, an denen sich auch Geistliche beteiligten, auch auf das kirchliche Archivgut (insbes. die Pfarrarchive) erstreckten, zeichnen sich die Anfänge einer wissenschaftlichen Archivpflege ab. Aber erst unter dem Eindruck der staatlichen Archivpflege ging man seit den 20er Jahren zu einer systematischen Archivpflege seitens der Diözesanoberen über, indem man zunächst — dort wo die Domkapitelsarchive durch die Säkularisationen in das Staatsarchiv gelangt waren (Paderborn), auf der Grundlage des Generalvikariatsarchivs, anderswo durch Vereinigung der beim Generalvikariat und der beim Domkapitel ruhenden Archivalien (Trier) — selbständige Diözesanarchive unter haupt- oder nebenamtlichen Archivaren schuf, die meist auch das

Amt eines Archivreferenten beim Generalvikariat für die ganze Diözese übernahmen (Münster 1935, Trier 1936, Limburg 1938, Köln, Breslau, Paderborn, Berlin, Ermland).

Als pflegerische Maßnahmen begegnen nach staatlichem Vorbilde die Konzentration und das Pflegersystem. Die Deponierung von Pfarrarchiven in den Diözesanarchiven wandte man nur in vereinzelten Fällen als Sicherungsverwahrung an, so vor allem im Ermland, weniger systematisch in Aachen, Berlin und Köln; häufiger begegnet die systematische Konzentration der älteren Kirchenbücher (z. B. in Breslau bis etwa 1750). Das Pflegersystem begegnet, in enger Anlehnung an das staatliche Vorbild, zumeist als gemischtes System, indem der Diözesanarchivar die fachliche Betreuung und Ordnung der Pfarrarchive vornimmt und ihm als unselbständige Hilfsorgane Archivpfleger, meist jeweils für einen Dekanatsbezirk, aus den dortigen Geistlichen — häufig einem der Definitoren — zur Seite gestellt werden (so Münster, Limburg, Breslau 1935, Fulda, Osnabrück, Aachen, Köln, Trier 1938, Paderborn 1939). Einen frühen Vorläufer hat dieses kirchliche Pflegersystem in der Diözese Linz, wo bereits 1903 13 Bezirke unter „geistlichen Archiväten" für Archivpflege geschaffen wurden.

In der *evangelischen Kirche*, die bis 1918 in den deutschen Ländern Staatskirche war, ist das Problem der Scheidung staatlichen und kirchlichen Archivgutes ganz anderer Art und taucht erst 1918 mit der Verselbständigung der Kirche auf. Da erhebliche Teile der höheren kirchlichen Verwaltung in den Händen staatlicher (in Preußen des Geheimen Rates und der Regierungen) oder wohl als staatlich anzusehender Behörden (Konsistorien) lagen und sich dabei Kirchenhoheits- mit Kirchenregimentsfunktionen mischten, ist hier sogar die theoretische Scheidung von kirchlicher und staatlicher Archivsphäre unmöglich. Die Anschauung, die Verkoppelung von Staat und Kirche liege lediglich in der Person des Landesherrn als Summepiscopus, wird der älteren Zeit nicht gerecht; für Preußen z. B. können wir erst seit 1850 (Einsetzung des Oberkirchenrats) oder 1876 (Beschränkung der Regierungen auf die Kirchenhoheit und Übernahme der letzten Kirchenregimentsfunktionen durch die Konsistorien) von einer klaren Trennung geistlicher und weltlicher Behörden innerhalb der Staatsverwaltung sprechen. Die geschlossene Übergabe der aus der kirchlichen *Verwaltung* erwachsenen Archivalien des Staates an die kirchliche Verwaltung wird daher kaum durchführbar sein, wenn auch mehrfach Akten der staatlichen Kirchenverwaltung an Kirchenarchive, meist unter Wahrung des Eigentumsrechts, abgegeben worden sind (Eisenach, Nürnberg). Als eindeutig kirchliche Provenienzen sind z. B. im Bereiche der altpreußischen Landeskirche außer den Pfarr- und den Superintendentur-, Ephoral- oder Dekanatsarchiven (in denen sich die

Kreissynodalakten befinden) nur die Archivalien der niederrheinisch-westfälischen reformierten Kirche (Jülich-Berg und Cleve-Mark) und die der synodalen Organe der übrigen reformierten Landeskirchen, der lutherischen Kirchen in Jülich-Berg und Cleve-Mark sowie der rheinischen und westfälischen Provinzialkirchen nach der Ordnung von 1835 und der später danach umgebildeten Provinzial- und Landeskirchen anzusehen. Diese kirchlichen Synodalakten haben sich zumeist im Anschluß an Pfarrarchive erhalten (z. B. die Akten der reformierten Synodalorgane der Grafschaft Tecklenburg im Tecklenburger Pfarrarchiv, die der lutherischen Synode von Cleve in Duisburg).

In der evangelischen Kirche fehlte daher für die Bildung von Archiven auf Provinzial- oder Landesebene die archivalische Grundlage, die die katholischen Diözesen in ihren Generalvikariats- und Domkapitelsarchiven besitzen; während diese organisch aus ihren Beständen erwachsen sind, um schließlich Mittelpunkt der Archivpflege ihrer Diözese zu werden, sind die evangelischen Provinzial- und Landeskirchenarchive vorwiegend als Sammelstellen für gefährdetes Archivgut der unteren Sphäre entstanden, um erst später Material ihrer Ebene von den staatlichen Stellen zu empfangen.

Auch in der evangelischen Kirche finden wir die älteste Form der Archivpflege von Verwaltungsgesichtspunkten aus: seit der Reformation wurden die Pfarregistraturen in den Visitationen überprüft und ihre geordnete Führung durch die Kirchenordnungen eingeschärft. Als zweite Stufe schließt sich die Inventarisation von Pfarrarchiven im Rahmen der allgemeinen Inventarisation durch weltliche Stellen an, der später auf Kirchenarchive beschränkte Inventarisationen folgten. Die systematische Archivpflege nach fachlichen Gesichtspunkten setzte dann im Zeichen der Konzentration ein. Auf Grund des Staatskirchentums wurden ältere kirchliche Archivalien in Staatsarchiven zusammengefaßt (Hamburg, Lippe, Bremen, Braunschweig; das württembergische Staatsarchiv übernahm auf Grund einer Verordnung des Innenministers von 1877 Pfarrarchivalien in Auslese, insbesondere Urkunden). Die besonderes Interesse beanspruchenden Kirchenbücher wurden in den Staatsarchiven von Braunschweig (bis 1814) und von Mecklenburg-Schwerin (bis 1786 im Original, bis zur Gegenwart in beglaubigten Abschriften; ausgenommen Pfarreien ritterschaftlichen und städtischen Patronats) und Mecklenburg-Strelitz (bis 1806) zusammengefaßt. Mehr im Sinne einer eigenständigen kirchlichen Verwaltung liegt die Konzentration in Provinzial- und Landeskirchenarchiven. Das *Provinzialkirchenarchiv Koblenz* (seit 1928 zu Bonn) wurde 1853 zur Sammlung herrenlosen kirchlichen Archivguts gegründet und übernimmt seit dem Ende des 19. Jhs. auch gefährdete Pfarrarchive; später erhielt es die reformierten und lutherischen Synodalakten von Jülich-Berg und Cleve und 1936 auch Konsistorialakten (Pfarrerpersonalia bis

1826). Das zweitälteste Provinzialkirchenarchiv, das *Zentralarchiv für die Kirchenprovinz Schlesien in Breslau*, diente ursprünglich nur der Archivberatung, widmete sich dann der Sammlung älterer Kirchenbücher (vor 1750) und erst später auch der Sammlung von Superintendenturarchiven. Das *Landeskirchenarchiv Wiesbaden* erwuchs sogar aus einer bibliothekarischen Sammlung von gedruckten und handschriftlichen Zeugnissen zur Geschichte der Gemeinden und des Pfarrerstandes und nimmt erst seit 1930 gefährdete Pfarrarchive und Kirchenbücher auf. Auch das 1930 eingerichtete *Landeskirchenarchiv zu Speyer* dient als Sammelstelle für Pfarrarchivalien vor 1860 — nicht nur der gefährdeten —, die dort freiwillig deponiert werden können (einschließlich der Kirchenbücher). Nur die Archive zu Nürnberg, Eisenach und Oeynhausen (später Bielefeld) sind organisch erwachsen. Das vorbildliche *Landeskirchenarchiv Nürnberg* erwuchs 1931 auf der Grundlage der Akten der bayrischen Konsistorien zu Ansbach und Bayreuth und des bayrischen Oberkonsistoriums zu München sowie der alten markgräflichen Konsistorien von Ansbach und Bayreuth und widmet sich auch der Archivpflege durch Übernahme von Akten kirchlicher Vereine, Stiftungen und Körperschaften und gefährdeter Pfarrarchive. Das *Thüringische Landeskirchenarchiv zu Eisenach* entstand 1922 aus Anlaß des Vertrages mit dem Staate, durch den ihm als „Vertragsarchiv" widerruflich die Akten staatlicher Kirchenbehörden (Kultusdepartements der Ministerien der Einzelstaaten und Kirchenämter oder Inspektionen in der Mittelinstanz) überlassen wurden, und erhielt als „Eigenarchiv" die älteren Akten der Superintendenturen (bis 1860) und die Akten des neuen Landeskirchenamtes (seit 1920). Das *Provinzialkirchenarchiv zu Bielefeld* hat als Grundstock die Akten der westfälischen Provinzialsynode und ihrer Vorläufer, die 1893 zum Provinzialsynodalarchiv in Soest (seit 1929 in Oeynhausen) vereinigt worden sind; ihnen sollen die Bestände des Konsistorialarchivs in Münster angeschlossen werden. *Konsistorialarchive*, also aus nicht an die Staatsarchive abgelieferten reponierten Registraturen entstandene Behördenarchive, bestanden innerhalb der altpreußischen Union in Königsberg, Berlin, Stettin, Schneidemühl, Breslau, Magdeburg, Münster und Koblenz. Landeskirchliche Archive befinden sich u. a. noch in Hannover, Dresden, Karlsruhe, Kassel und Ludwigsburg (Württemberg).

Aus den gleichen Rücksichten auf die Heimatforschung wie in der weltlichen Archivpflege hat man — trotz dem Vorteil größeren Schutzes und der Entlastung des Pfarrers — von systematischer Konzentration abgesehen und sich im allgemeinen gegenüber Pfarrarchiven auf Sicherungsverwahrung beschränkt. Um besseren Schutz mit Herkunftsnähe zu verbinden, ist man auch hier auf den Gedanken der Bildung von Kreisarchiven im Anschluß an die Superintendenturarchive gekommen, ohne daß man bisher über Ansätze hinausgelangt wäre. Schließlich ist man — unter Belassung der Pfarrarchive am Orte der Entstehung — nach weltlichem Vorbild zum Archivpflegersystem, zuerst 1935 in Schlesien, übergegangen, teils in der Form des reinen Pflegersystems (Westfalen), teils des gemischten Systems (Hannover); als Pflegerbezirke dienen im allgemeinen die Kirchenkreise, die Aufgabe eines Pflegers wird einem geeigneten Geistlichen übertragen. Die älteste Pflegerorganisation begegnet in der großherzoglich-hessischen Landeskirche, wo seit 1908 Geistliche durch das Oberkonsistorium zu „kirchlichen Urkundspflegern" ernannt wurden.

Eine Vereinheitlichung der Archivverwaltung und in gewisser Weise auch der Archivpflege entstand nach 1933 als Gegenbewegung gegen die staatlichen Versuche, die Kirchenbücher der Kirche völlig zu entziehen und den neuen Sippenämtern zuzuweisen. Das 1934 geschaffene Amt des „Beauftragten für das Kirchenbuchwesen" wurde 1937 zu dem des „Beauftragten für das evangelische Archiv- und Kirchenbuchwesen" erweitert, aus dem 1939 das „Archivamt der Deutschen evangelischen Kirchenkanzlei" zu Breslau (später in Hannover als „Archivamt der Evangelischen Kirche in Deutschland") hervorging, mit dem das „Archivamt des Evangelischen Oberkirchenrates" für die altpreußische Union verbunden war. Im November 1939 entstand schließlich ein *Reichskirchliches Archiv*, das 1941 vorübergehend einen hauptamtlichen, staatlich vorgebildeten Archivar als Leiter erhielt; nach dem Vorbild der Reichs- und preußischen Archivverwaltung sollte es aufnehmen: 1. die Akten der zentralen Organe der Reichskirche (Eisenacher Konferenz deutscher evangelischer Kirchenregierungen seit 1852, des Deutschen evangelischen Kirchenausschusses seit 1903, des Deutschen evangelischen Kirchenbundes seit 1922 und der Deutschen evangelischen Kirchenkanzlei seit 1933) und der altpreußischen Union (Oberkirchenrat seit 1850); 2. die Archive der Zentralverwaltungen der großen Werke der inneren Mission (Zentralausschuß der Inneren Mission, Rauhes Haus, Fliednersche Anstalt zu Kaiserswerth, Bethelsche Anstalten), der Missionsgesellschaften, des Gustav-Adolf-Vereins usw., sowie Archive aufgelöster Vereine; 3. Nachlässe von Kirchenmännern; 4. zeitgeschichtliches Material, kirchliches Archivgut der volksdeutschen Rückwanderer; 5. als Deposita gefährdetes Archivgut von reichskirchlichem Interesse. Das umfangreiche Programm konnte freilich nicht verwirklicht werden.

Als Abschluß der Entwicklung zu einer eigenständigen evangelisch-kirchlichen Archivverwaltung und -pflege war die *Kirchliche Schriftgutordnung* vom 24. März 1942 (Gesetzbl. d. Dt. Evgl. Kirche Ausg. A Jg. 1942 S. 50ff.) gedacht. Sie sieht eine vierschichtige Archivorganisation vor: 1. Archiv der Deutschen evangelischen Kirche bei der Deutschen evangelischen Kirchenkanzlei, 2. Landes- oder Provinzialkirchenarchive, 3. Kreiskirchenarchive (Superintendentur-,

Ephoral- oder Dekanatsarchive), 4. Pfarrarchive. Die Aufsicht und Archivpflege wird dem Archivamt der Deutschen evangelischen Kirchenkanzlei und in der Provinzialebene den Landeskirchenämtern oder Konsistorien übertragen; Archivreferent beim Landeskirchenamt soll der Leiter des Landeskirchenarchivs sein. Die Deponierung gefährdeter Pfarrarchive in den Landes- oder Provinzialkirchenarchiven — in gewissen Fällen sogar im Wege des Zwanges — ist vorgesehen (§ 13); das Institut der ehrenamtlichen kirchlichen Archivpfleger für die einzelnen Kirchenkreise als Gehilfen des Landeskirchenarchivars wird allgemein eingeführt und ihr Aufgabenbereich in einer vom Archivamt als Muster herausgegebenen Dienstanweisung (Gesetzbl. d. Dt. evgl. Kirche Ausg. A Jg. 1943 S. 40f.) in enger Anlehnung an das gemischte System der weltlichen Archivpflege umschrieben. Archivschutz sollen die Bestimmungen gewähren, daß das kirchliche Archivgut unveräußerlich ist und nur mit Zustimmung der kirchlichen Aufsichtsstellen vernichtet werden darf (§ 14) und daß jeder Wechsel des Aufbewahrungsortes oder der Art der Aufbewahrung der Genehmigung dieser Aufsichtsstellen bedarf. Die Landes- oder Provinzialkirchenarchive sollen Sammlungen von Inventaren der Archive ihres Sprengels anlegen (§ 8). Enge Zusammenarbeit mit den entsprechenden staatlichen Fachorganen (Archivverwaltung, Provinzialarchive, Archivpfleger) ist erwünscht.

Von der 1939 geplanten Eingliederung des Archivwesens der Anstalten der inneren Mission in die kirchliche Archivorganisation ist man bald wieder abgekommen. Die dortigen Archive (Archiv des Rauhen Hauses in Hamburg, Fliednerarchiv in Kaiserswerth, Archiv der Bodelschwinghschen Anstalten zu Bethel, Archiv des Zentralausschusses der Inneren Mission zu Berlin usw.) haben — bei enger Zusammenarbeit mit dem Archivamt der EKiD — ihre Selbstständigkeit behalten, ja es sind sogar Bestrebungen zur Schaffung eines eigenen Archivpflegersystems der inneren Mission aufgetreten. Die kirchlichen Gemeinschaften innerhalb der Landeskirchen, die Freikirchen und die Sekten haben natürlich ihr eigenes Archivwesen, in dem als ältestes und bedeutendstes Archiv das 1767 gegründete der zur Landeskirche gehörigen Herrnhuter Brüderunität hervorragt[163]).

Das *Judentum* hat den Schutz der Archive seiner Kultgemeinden, der Landesjudenschaften und der Landesrabbiner auf dem Wege der Konzentration mit der Begründung des „Gesamtarchivs der

[163]) Die kirchliche Archivorganisation hat sich nach 1945 bruchlos weiterentwickelt: in der katholischen Kirche ist das Archivwesen Angelegenheit der Diözesen geblieben, in der evangelischen Kirche übt das „Archivamt der Evangelischen Kirche in Deutschland" zu Hannover die Aufsicht über das Archivwesen sämtlicher deutschen Landeskirchen und über das zentrale „Archiv der Evangelischen Kirche in Deutschland" aus.

deutschen Juden" zu Berlin 1904 zu verwirklichen gesucht; jedoch sind eine Reihe bedeutenderer Gemeindearchive bei ihren Kultgemeinden verblieben.

ε) *Schutz und Pflege des Archivgutes der Wirtschaft*

Archivgut des Handels und der gewerblichen Wirtschaft — wir scheiden also aus dem Begriff „Wirtschaftsarchivalien" die adligen und die bäuerlichen Guts- und Hofarchive, die ja mit Familienarchiven gekoppelt zu sein pflegen, und die staatlichen und kommunalen Domanialverwaltungen, deren Material in die Staats- und Stadtarchive gelangt ist, von vornherein aus — ist uns seit dem späten Mittelalter erhalten. Die *Archive älterer Handelshäuser und Banken* sind teils mit Familienarchiven verbunden (z. B. die Fuggerschen Archive, die seit dem 17. Jh. zu Herrschafts- und Gutsarchiven geworden sind, oder die Archive des Bankhauses Rothschild zu Wien, Paris und London, sowie zu Frankfurt und Neapel — letztere 1901 durch Kassation vernichtet —, die ihren Charakter als Handelsarchive gewahrt haben), teils „Behördenarchive" geworden (z. B. Bank von Neapel). Die *Archive von Handelsgesellschaften städtischer Geschlechter* sind häufig in den Stadtarchiven erhalten, zuweilen aber auch selbständig geblieben (z. B. Große Ravensburger Handelsgesellschaft); die *Archive der Zünfte und Gilden*, die ja ein Glied der Stadtverfassung bildeten, sind bei Auflösung der Zünfte und Gilden gewöhnlich in das Stadtarchiv gelangt. Die *Archivalien der staatlichen und der kommunalen Wirtschaftsunternehmungen*, sei es, daß diese Regiebetriebe, sei es, daß sie gemischt-wirtschaftliche Unternehmungen darstellen, gehören in die Staats- und Kommunalarchive, ebenso wie die aus der staatlichen Industrieförderung des 19. Jhs. und der Planwirtschaft des 20. Jhs. erwachsenen Akten; allerdings erfolgen hier die Abgaben infolge des geringen Verständnisses der Verwaltungsbeamten für Wirtschaftsangelegenheiten meist sehr lückenhaft, so daß gerade diese Bestände der besonderen Aufmerksamkeit des staatlichen oder städtischen Archivars bedürfen. Einen sehr jungen Typus stellen jene Wirtschaftsarchive dar, die aus der *Zusammenfassung der wirtschaftlichen Bestände eines Staats- oder Kommunalarchivs*, an die sich weiteres wirtschaftliches Sammlungsgut kristallisiert, erwachsen sind, wie etwa das 1910 geschaffene Schweizerische Wirtschaftsarchiv im Staatsarchiv des Kantons Basel-Stadt (mit Archivalien seit dem 15. Jh.) oder das ähnlich gebildete Archiv für Handel und Industrie der Schweiz in Zürich.

Erst im 20. Jh. wird das Wirtschaftsarchiv in seiner Bedeutung als eigenständiger Archivtypus erkannt, der teils aus Familienarchiven, teils auf der Grundlage von Kapitalgesellschaften und modernen freien Berufsverbänden (Innungen, Unternehmerverbänden, Gewerkschaften) erwächst. Diesen Wirtschaftsarchiven im engeren Sinne, die keinen natürlichen Anschluß an vorhandene Archivtypen mehr erstreben und denen die Bindung an eine bodenverwurzelte Familientradition fehlt, wie sie die privaten Gutsarchive aufweisen, gilt die seit einigen Jahren anhebende Wirtschaftsarchivpflege, die sich jedoch, soweit es sich um die private Wirtschaft handelt, noch nicht zu rechtswirksamen Schutzmaßnahmen oder zu einem Pflegersystem verdichtet hat. Lediglich die Innungsarchive wurden durch Runderlaß des Reichs- und preußischen Wirtschaftsministers vom 31. Juli 1935 zur Sicherung des Schriftgutes der Handwerksinnungen unter öffentlichen Schutz gestellt.

Die Anfänge des modernen Wirtschaftsarchivwesens gehen auf wirtschaftshistorische Erwägungen zurück; man erkannte, daß die primären Quellen der „industriellen Revolution" des 19. Jhs. nicht in den Verwaltungsarchiven, sondern in erster Linie in dem Schriftgut der Wirtschaftsunternehmungen zu finden sind, und vor allem Armin Tille machte sich in Schrift und Tat zum Führer dieser Zielsetzungen. Am Rande wirkten in gleicher Richtung politische Tendenzen, die den Staats-, Kommunal-, Kirchen- und Adelsarchiven als Sammelstätten der Quellen zur Geschichte der Aristokratie, der Bürokratie und des Klerikalismus das wirtschaftliche Schriftgut als Quelle der neuen sozialen Klassen, des Bürgertums und der Arbeiterschaft, gegenüberstellten (M. Schwann; Lit. Nr. 1128/29). Das Ergebnis jener historisch ausgerichteten Bestrebungen waren die beiden „Bezirkswirtschaftsarchive", d. h. Sammelarchive eines regional begrenzten Wirtschaftsraumes, das 1904/06 auf Anregung der Düsseldorfer Handelskammer durch Zusammenschluß der rheinischen und der westfälischen Handelskammer geschaffene *Rheinisch-westfälische Wirtschaftsarchiv zu Köln*, das auf der Grundlage des Schriftgutes der angeschlossenen Handelskammern das Archivgut der Unternehmungen und Betriebe seines Bezirks sammeln sollte[164]), und das *Saarwirtschaftsarchiv*, das 1906 unter dem Namen „Südwestdeutsches Wirtschaftsarchiv" zu Saarbrücken für den Bereich der dortigen Handelskammer begründet worden ist, aber zunächst nur gedrucktes Material erlangte. Auch das *Archiv zur Wirtschaftsgeschichte Leipzigs* bei der dortigen Handelskammer war als Sammelarchiv für das Schriftgut der dortigen Handelsunternehmungen gedacht. Im Auslande gehen das schon genannte *Schweizerische Wirtschaftsarchiv im Staatsarchiv Basel* und das 1914 gegründete *Nederlandsch Economisch-Historisch Archief in den Haag*, wohl das größte Wirtschaftsarchiv der Welt, das wirtschaftliches Schriftgut seit dem 16. Jh., zahlreiche hinterlegte Betriebsarchive, Archive von wirtschaftlichen Vereinen und die Archive der Gewerkschaften, sowie Sammlungsgut (Börsen-

[164]) Durch die Gründung des Bezirkswirtschaftsarchivs bei der Wirtschaftskammer Westfalen-Lippe (der jetzigen Handelskammer) zu Dortmund ist 1943 das westfälische Wirtschaftsgebiet aus dem Zuständigkeitsbereich des rheinisch-westfälischen Wirtschaftsarchivs ausgeschieden.

listen, Prospekte von Aktiengesellschaften u. a.) enthält, wie auch die beiden ältesten deutschen Betriebsarchive, das 1905 gegründete *Archiv der Firma Krupp* und das 1907 gegründete *Siemensarchiv*, die beide aus Familienarchiven erwachsen sind, auf diese wirtschaftshistorischen Bestrebungen zurück.

Doch bald folgte eine neue Periode wirtschaftlicher Archivpflege, die in den Wirtschaftsarchiven lediglich Informationsstellen für praktische Gegenwartsbedürfnisse der Wirtschaft sah und ihnen die Sammlung und statistische Auswertung von Druckmaterial wirtschaftlichen Inhalts als alleinige Aufgabe zuwies. Das *Hamburgische Weltwirtschaftsarchiv* (gegründet 1908 als Zentralstelle des hamburgischen Kolonialinstituts), das lediglich informatorischen und statistischen Aufgaben dient, ist neben dem *Wirtschaftsarchiv des Instituts für Weltwirtschaft und Seeverkehr zu Kiel* (gegründet 1912) das bekannteste unter den aus diesen Bestrebungen erwachsenen Instituten und Sammlungen, die den Namen „Archiv" zu Unrecht tragen.

Erst in den letzten Jahren ist man zu der Erkenntnis gelangt, daß Gegenwarts- und Zukunftsplanung ohne historische Erfahrung nicht möglich ist, und hat schließlich die Synthese der beiden früheren Richtungen gefunden in der Verbindung von historischer, erhaltender und aktueller, informierender Aufgabenstellung des Wirtschaftsarchivs. Man nimmt jetzt nicht nur das aus der Geschäftsführung erwachsene Schriftgut und Druckmaterial (Geschäftsberichte, Betriebsordnungen, Satzungen, Werbeschriften, Preislisten, Rundschreiben) auf, sondern sammelt überhaupt alles volkswirtschaftliche Tatsachenmaterial, das für Informations- und statistische Zwecke innerhalb des Gesichtskreises der Unternehmungen, denen das Archiv dient, in Frage kommt (Statistiken, Fest- und Denkschriften, wirtschaftliche Zeitungen und Zeitschriften, Presseausschnitte, Pläne, Karten, Bilder). Die großen regionalen Archive, wie das Rheinisch-westfälische oder das Saarwirtschaftsarchiv, dienen als Informationsstelle und statistische Zentrale der Wirtschaft ihres Bezirkes, die Betriebsarchive bieten ihrem Betriebe die Unterlagen für die technische Weiterentwicklung und die geschäftliche Planung. Man hat diese beiden ineinandergreifenden Tätigkeiten unter dem modernen Begriff der „*Dokumentation*" zusammengefaßt, deren Aufgabe das Sammeln, Ordnen und Nutzbarmachen von Dokumenten jeder Art — also nicht nur von Archivgut oder Schriftgut — ist, die als *Tatsachenmaterial* für bestimmte praktische und theoretische Zwecke von Bedeutung sein können. Mit dieser doppelten Aufgabenstellung kehrt das moderne Wirtschaftsarchiv zur doppelten Zwecksetzung des alten Archivwesens zurück, die erst durch die einseitige historische Blickrichtung des 19. Jhs. abgelöst worden ist, und wird damit vorbildlich für das moderne Archivwesen überhaupt, das ja vor der Aufgabe steht, über seine historische und theoretische Zweckbestimmung hinaus seine einstige aktuelle und praktische Bedeutung wiederzugewinnen.

Bei der Organisation der Wirtschaftsarchivpflege hat man sich zunächst auf die Konzentration von Archiven der Betriebe und Verbände und von Unternehmernachlässen in regionalen Sammelarchiven („*Bezirkswirtschaftsarchiven*“) beschränkt, die nach dem Vorgange der rheinisch-westfälischen, der Saarbrücker und der Leipziger Handelskammern bei zahlreichen Industrie- und Handelskammern entstanden sind und die ohne Rücksicht auf die Kammerbezirke möglichst ein einheitliches Wirtschaftsgebiet umfassen sollten. Doch seitdem man neben der wirtschaftshistorischen auch die aktuelle Bedeutung der Wirtschaftsarchive würdigen gelernt hat, ist man von der unbedingten Konzentration abgekommen und sieht als Ziel der Archivpflege die Förderung der Eigenverwaltung an (eine Analogie zur kirchlichen und kommunalen Archivpflege). Damit tritt den Bezirkswirtschaftsarchiven als zweiter Typ innerhalb der Gruppe der Wirtschaftsarchive das nunmehr in seinem Eigenwert erkannte „*Betriebsarchiv*“ (für gewerbliche und für Handelsbetriebe, für Versicherungen und für Banken) zur Seite. Wie es die Denkschrift der preußischen Archivverwaltung vom Februar 1939 (s. Mitt.bl. d. preuß. Archivverw. 1939 S. 86ff.) gefordert hat, soll das wirtschaftliche Archivgut grundsätzlich in eigener Verwaltung bleiben und Konzentration nur dort eintreten, wo Eigenverwaltung nicht möglich ist oder versagt, also gegenüber dem Schriftgut kleiner Unternehmungen, die kein eigenes Archiv tragen können, der Hinterlassenschaft eingegangener Betriebe, dem Schriftgut der Berufsverbände und den Nachlässen von Unternehmern und Wirtschaftspolitikern, soweit sie keinen Anschluß an große Betriebs- oder Familienarchive finden. Bei einer derartigen Konzentration sollte man sich aber auf Betriebsarchive beschränken, die von volkswirtschaftlichen, geschichtlichen oder örtlichen Gesichtspunkten aus oder durch die Person ihres Gründers wirkliche Bedeutung besitzen.

Im Aufbau der Betriebsarchive begegnen uns die aus der allgemeinen Archivkunde bekannten Struktur- und Organisationstypen. Während das Siemensarchiv ebenso wie etwa das der „Guten-Hoffnungs-Hütte“ in Oberhausen streng nach dem Provenienzprinzip (Einteilung nach Betrieben und Abteilungen des Unternehmens) aufgebaut ist, gliedert sich das Krupparchiv nach sachlichen und formalen Gesichtspunkten und trägt der Provenienzgliederung nur auf dem Papier Rechnung. Beim Borsigarchiv zu Berlin begegnet uns der alte Dualismus von Auslesearchiv und Behördenarchiven, indem man aus den Abteilungsregistraturen auserlesenes Material (Aufsichtsratsprotokolle, Prozesse der Firma, Briefe Rathenaus u. a.) herausgezogen und zum „Archiv“ vereinigt hat.

Als Träger der Archivpflege innerhalb der privaten Wirtschaft sind in erster Linie die bezirklichen Fachverbände öffentlich-rechtlichen Charakters hervorgetreten, denen die staatliche Archivverwaltung beratend zur Seite steht. Einen Zusammenschluß der Archivbesitzer, wie wir ihn von den Adelsarchivbesitzern in Westfalen und im Rheinlande kennen und wie er uns auf dem Gebiete der Wirtschaft in England in dem „Council for the Preservation of Business Archives" begegnet, der sich auf Anregung und Beratung der Archivbesitzer beschränkt, finden wir in Deutschland nicht; gewisse archivpflegerische Funktionen üben lediglich inoffiziell die hauptamtlichen Archivare der Bezirkswirtschaftsarchive aus. Die Pläne, in Analogie zur evangelischen reichskirchlichen Archivorganisation und in enger Zusammenarbeit mit der staatlichen Archivverwaltung eine umfassende, regional gegliederte Archivorganisation im Anschluß an die Reichswirtschaftskammer und ihre Untergliederungen, die Wirtschaftskammern, bei denen Archivbeiräte mit dem Staatsarchivdirektor als geborenem Mitglied gebildet werden sollten, zu schaffen, sind nicht verwirklicht worden[165]).

Aufgaben eines allgemeinen Archivgutschutzes

Während die bis dahin erreichte Organisation der Archivpflege im großen und ganzen — abgesehen vom Bereich der privaten Wirtschaft — als ausreichend angesehen werden konnte, fehlten bis zum Zusammenbruch von 1945 in Deutschland weitgehend die rechtlichen Handhaben, um die im Interesse der Archivpflege notwendigen Maßnahmen durchzusetzen; ein allgemeines Archivgutschutzgesetz, das einheitliche und wirksame Schutzbestimmungen für das gesamte öffentliche und private Archivgut trifft, ist nach

---

[165]) Einen besonderen Aufschwung hat das Wirtschaftsarchivwesen nach 1945 in der Deutschen Demokratischen Republik genommen, wo infolge der Bodenreform und der Überführung wichtiger Betriebe in das Volkseigentum besonders günstige Voraussetzungen für eine neuartige, planvoll gelenkte staatliche Archivpflege bestehen. Diese hat sich jedoch bisher lediglich auf die verstaatlichte Wirtschaft beschränkt und das Archivgut der privaten Wirtschaft unberücksichtigt gelassen. Die „Anweisung zur Errichtung von Betriebsarchiven" vom 27. April 1950 (mit Richtlinien für die Anlage von Betriebsarchiven) bezog sich zunächst nur auf die dem Ministerium für Industrie unterstellten volkseigenen Betriebe, ist inzwischen aber auch auf die den anderen Ministerien unterstehenden Wirtschaftszweige wie volkseigene Güter, Handelsorganisation, Verkehrsbetriebe, Banken, Versicherungen u. a. ausgedehnt worden. Als zweiter Wirtschaftsarchivtyp neben dem Betriebsarchiv sind hier an Stelle der bisherigen Bezirkswirtschaftsarchive, die eine regionale Zusammenfassung von Betriebsarchiven erstreben, die Archive der „Vereinigungen (seit 1952 Verwaltungen) volkseigener Betriebe" im Entstehen, die die älteren Betriebsarchive nach Branchen zusammenfassen sollen und die man als „Fachwirtschaftsarchive" bezeichnen könnte; ähnlich wie bisher — allerdings nur auf freiwilliger Grundlage — die Archivare der Bezirkswirtschaftsarchive, üben hier die Archivare der „Vereinigungen volkseigener Betriebe" archivpflegerische Funktionen gegenüber den Betriebsarchivaren ihrer „Vereinigung" aus. Oberste Aufsichtsinstanz ist die staatliche Archivverwaltung.

dem Scheitern der Entwürfe von 1936 und 1942 nicht mehr Wirklichkeit geworden[166]). Die wichtigsten Voraussetzungen für einen umfassenden und wirksamen Archivgutschutz sollen zum Abschluß, unabhängig davon. wie weit sie inzwischen bereits verwirklicht sind und unter den gegenwärtigen Verhältnissen verwirklicht werden können, kurz dargelegt werden.

1. Die wichtigste Feststellung ist, daß Archivgut als solches, im Gegensatz zu anderen Kulturwerten, ein *gebundenes Eigentum von öffentlichem Interesse* (ähnlich wie das staatliche und kommunale Verwaltungsvermögen) darstellt. Während andere Kulturgüter, auch wenn sie wegen ihres Kulturwertes öffentliches Interesse beanspruchen, nur in einer mehr oder weniger zufälligen und lösbaren Verbindung zum Eigentümer stehen und als Handelsobjekt ihren Wert auch in der Hand des neuen Besitzers behalten, ist Archivgut *unveräußerlicher Bestandteil* der Amts- oder Geschäftsstelle, des Grund- oder gewerblichen Besitzes, der Person, der Familie oder des Personenzweckverbandes, bei denen es erwachsen ist[167]), und lebensnotwendige Grundlage der rechtlichen Existenz und Wirksamkeit, die in den Händen eines Fremden ihren Wert einbüßt. Daraus folgt für den Besitzer das Recht zur Befreiung von staatlichen Vermögensbelastungen (Vermögens- und Erbschaftssteuer). Die Forderung eines staatlichen Vorkaufsrechts, dessen Ausübung in der Praxis meist an den

---

[166]) Die Verordnung über das Archivwesen in der Deutschen Demokratischen Republik vom 13. Juli 1950, die auch Sammlungsgut — sofern es sich im Eigentum öffentlicher Stellen befindet — zu dem zu schützenden Schriftgut rechnet, legt Unveräußerlichkeit, Anzeigepflicht und Strafbarkeit jeder Vernichtung, Beschädigung oder rechtswidrigen Aneignung von Archivgut fest, was einen erheblichen Fortschritt bedeutet. Die gesamte Archivpflege wird zentral durch die staatliche Archivverwaltung geleitet. Jedoch beschränken sich die Bestimmungen auf Archivalien, „die sich im Eigentum von Dienststellen der Deutschen Demokratischen Republik, der Länder, der Kreise, der Stadt- und Landgemeinden oder anderer öffentlicher Körperschaften, Anstalten und Organisationen befinden" (§ 3), also auf das öffentliche Archivgut, in dem freilich infolge Bodenreform und Überführung wichtiger Betriebe in das Volkseigentum erhebliche Bestände an ehemals privatem Archivgut einbegriffen sind. Das grundsätzliche Problem der modernen Archivgesetzgebung, eine Rechtsgrundlage für die Sicherung des im Privateigentum befindlichen Archivgutes zu ermitteln, ohne die Eigentumsrechte aufzuheben, wird also gar nicht berührt.

Mit diesem Problem hat sich die Archivschutzgesetzgebung in der Deutschen Bundesrepublik in erster Linie zu befassen. Das Archivwesen und also auch die Archivschutzgesetzgebung ist hier verfassungsgemäß Länderangelegenheit. Nach langen internen Verhandlungen der archivarischen Fachkreise hat 1951 ein zur Vorlage an die Länderregierungen bestimmter Musterentwurf allgemeine Anerkennung gefunden; er schränkt die staatliche Archivpflege sehr erheblich zugunsten der Selbstverwaltung der Archivbesitzer ein und billigt dem Organ dieser Selbstverwaltung geringe Entscheidungsbefugnisse zu (Entwurf gedruckt in: Der Archivar 4. Jg. 1951 Sp. 137ff.). — S. a. Referate von Sante, Frhn. von Pölnitz und Meinert in: Der Archivar 4. Jg. 1951, Sp. 13ff., 100ff. und 107ff.

[167]) S. a. Mitt.bl. d. preuß. Archivverw. Jg. 1940 S. 82ff., wo ein diesen Gedanken vertretendes Urteil des Obersten Fideikommißgerichts zitiert wird.

beschränkten Geldmitteln des Staates scheitert, zumal da der Staat gewöhnlich an die Kaufbedingungen des Vertrages mit dem vorgesehenen Käufer gebunden ist, wird ebenso wie die Forderung nach staatlicher Ausfuhrgenehmigung angesichts der Unveräußerlichkeit des Archivgutes gegenstandslos. Da der Grundsatz unbedingter Unveräußerlichkeit und Unversehrtheit häufig nicht durchzuführen ist, muß jede für unvermeidbar angesehene Veränderung oder Vernichtung durch die fachliche Aufsichtsinstanz genehmigt werden, die auch bei Orts- und Besitzerwechsel, jedoch nur, sofern dadurch das Archiv aus der Sphäre seiner Entstehung entfernt wird, von Fall zu Fall über den Verbleib zu entscheiden hat[168]). Ist der Eigentümer zur Unterhaltung des Archivs außerstande, so kommt nur eine freiwillige Deponierung oder *Hinterlegung* in einem geeigneten anderen Archiv in Frage, wobei nach Möglichkeit auf landschaftliche und fachliche Verwandtschaft beider Archive zu achten ist. Das „öffentliche Interesse" an dem Archivgut kann es notwendig machen, dem Besitzer die Ordnung und Verzeichnung zwecks besserer Erhaltung und Erschließung aufzuerlegen, wofür allerdings notfalls dem Besitzer finanzielle Unterstützung gewährt und die Entscheidung über die Person des ordnenden Archivars zugebilligt werden muß.

2. Die zweite Voraussetzung wirksamen Archivschutzes ist die *eindeutige Umgrenzung des zu schützenden Schriftgutes.* Da eine erschöpfende und eindeutige Definition nicht möglich ist, wird eine Entscheidung im Einzelfall durch die Archivaufsichtsstelle erforderlich, die durch Eintragen in eine *Archivgutschutzrolle* wirksam wird, wobei allerdings festzuhalten ist, daß der Eigentümer erst dann über sein Schriftgut frei verfügen kann, wenn es ausdrücklich als nicht schutzwürdig befunden worden ist. Die Eintragung in die Schutzrolle erfordert, daß das Archivgut der Archivaufsichtsstelle für diesen Zweck zugänglich gemacht wird und der Eigentümer zu jeder für diesen Zweck benötigten Auskunft verpflichtet ist; die Entscheidung über die Zulassung nichtarchivischer Amtsstellen und Privatpersonen muß dagegen dem Eigentümer überlassen bleiben. Zur lückenlosen Erfassung alles Archivgutes ist eine allgemeine Anzeige- und Auskunftspflicht auch Unbeteiligter über unbekanntes oder verheimlichtes Archivgut notwendig.

3. Die dritte Voraussetzung ist, daß die *fachliche Aufsichtsinstanz* nicht mehr wie bisher nur beratend der Verwaltung oder dem Archivbesitzer zur Seite tritt, sondern *Entscheidungsbefugnisse* erhält und rechtlich bindende Maßnahmen treffen kann, die nur auf dem Wege

---

[168]) Bei Gutsverkäufen verbleibt entweder das Archiv, das dann als Familienarchiv angesehen wird, bei der bisherigen Besitzerfamilie, was sehr häufig zur Verschleuderung führt, oder es bleibt, als Gutsarchiv angesehen, Bestandteil des Gutes. In solchen Fällen hätte die Archivaufsichtsstelle ihre bindende Entscheidung zu treffen, möglichst im Sinne der Erhaltung des Archivs an seinem Ursprungsort und als Einheit.

des Verwaltungsstreitverfahrens angefochten werden können. Als Zwangsmittel kommen in Frage: die Zwangsdeponierung oder *Sicherungsverwahrung*, die Enteignung gegen Entschädigung, Geld- und Freiheitsstrafen. Doch sollten derartige Zwangsmittel nur im äußersten Falle angewandt werden; Grundlage des Verhältnisses zwischen Archivbesitzer und Archivaufsichtsstelle, die zweckmäßigerweise aus staatlichen und nichtstaatlichen Elementen zusammenzusetzen wäre, muß Freiwilligkeit und Vertrauen sein.

4. Aber auch ein wirksam ausgeübter Archivschutz in Verbindung mit einer gut eingespielten Archivpflegeorganisation reicht nicht aus, wenn das notwendige Verständnis der Betroffenen fehlt. Darum muß zu Archivschutz und Archivpflege als drittes Element *Archivkunde*, die Unterrichtung über Wesen, Aufgabe und Wert der Archive, treten, und diese darf sich nicht nur an die Archivpfleger, sondern muß sich auch an die Archivbesitzer selbst wenden. Mittel dazu sind die Gründung von Vereinigungen von Archivbesitzern, wie auch die Vorführung des wissenschaftlichen und vor allem auch des aktuellen Wertes, den Archive für die laufende Verwaltung und besonders bei Rechtsstreitigkeiten gewinnen können, wie dies hinsichtlich der Stadtarchive Brackmann in vorbildlicher Weise getan hat (Arch. Zschr. Bd. 41 1932 S. 299ff), was aber ebenso auch für Guts- und Kirchenarchive gilt. Wenn auch die großen staatlichen und kommunalen Archive die aktuelle Bedeutung ihrer Bestände durch gutachtliche Beteiligung an Rechts- und Verwaltungsfragen unter Beweis stellen, dann wird in der Öffentlichkeit, insbesondere bei den Archivbesitzern selbst, allmählich ein klareres Bild von der Bedeutung der Archive entstehen und damit der Weg bereitet werden für eine regere Anteilnahme der breiten Öffentlichkeit an den Fragen des Archivwesens, wie wir sie in den romanischen Ländern finden, in Deutschland aber immer noch schmerzlich vermissen[169]).

---

[169]) Seit der Einrichtung von Verwaltungsarchiven und Betriebsarchiven, für deren Betreuung ein sehr großer Stab von Mitarbeitern gewonnen und ausgebildet werden muß, vermag das Archivwesen in der Deutschen Demokratischen Republik eine erhebliche Breitenwirkung auszuüben; vor allem wird der archivalische Gedanke in stärkerem Maße als bisher in der Verwaltung lebendig werden.

SACH- UND SCHLAGWORTREGISTER[1])

[1]) Das Register enthält nicht nur Schlagwörter, sondern verzeichnet im Sinne eines Sachregisters alle Textstellen, in denen die betreffende Sache behandelt ist, auch wenn dort der Begriff selbst nicht genannt wird. Von den (kursiv gedruckten) Oberbegriffen ist auf die untergeordneten Begriffe, unter denen die Textstellen zitiert werden, in systematischer Folge hingewiesen. Textstellen, an denen ein Begriff erläutert wird oder ausführlich behandelt ist, sind durch Kursivdruck der Seitenzahl hervorgehoben. Die Zusammenfassung aufeinanderfolgender Seiten (ff.) gilt nur innerhalb der einzelnen Kapitel. — Fp. = Faltplan (hinter S. 104); s. a. = siehe auch.

L

M

N

O

P

R

ORTS- UND LÄNDERREGISTER[1])

[1]) In das Register sind nur die im Zusammenhange der Archivgeschichte genannten Orte und Länder aufgenommen worden. Die an diesen Orten befindlichen Archive und ähnlichen Institutionen sind — soweit nicht der volle Name erscheint — durch folgende Abkürzungen gekennzeichnet: RA oder StA = Reichs- oder Staatsarchiv (modernes staatliches zentrales oder provinziales Staatsarchiv). TA = altes Territorialarchiv, das in einem größeren, modernen Archiv aufgegangen ist. LA = Landschaftsarchiv ständischer Körperschaften. Adp = Archivdepot, Registraturdepot, unselbständiges Filialarchiv. Udp = Urkundendepot, Urkundenarchiv. FA = Fach- oder Behördenarchiv. HA = dynastisches Hausarchiv. KgA = Kriegsarchiv, Heeresarchiv. StdtA = Stadtarchiv. BA = Bistums- und Domarchiv, auch Bischofs-, Generalvikariats-, Diözesanarchiv. DkA = Domkapitelsarchiv. WA = Wirtschaftsarchiv. PrA = Privates Familien- und Gutsarchiv.

Die kursiv gedruckten Zahlen verweisen auf die Textstellen, an denen das betreffende Archiv bzw. die Archivorganisation des betreffenden Landes ausführlich dargestellt ist. — Fp. = Faltplan hinter S. 104.

I

J

K

L

M

O

P

Q

R

U

V

W

Z

PERSONENREGISTER[1])

[1]) Die Jahreszahlen geben, sofern nicht ausdrücklich geb. und gest. hinzugefügt ist, die Zeit der Tätigkeit in der genannten Dienststellung an. — Fp. = Faltplan hinter S. 104.

C

D

E

F

G

H

I

J

S

T

U

V

W

Z

INHALTSÜBERSICHT

2. Teil: Grundzüge einer allgemeinen Archivgeschichte